2013

江西统计年鉴

Jiangxi Statistical Yearbook

江西省统计局 国家统计局江西调查总队·编

总第31期

图书在版编目（C I P）数据

江西统计年鉴. 2013 : 汉英对照 / 江西省统计局, 国家统计局江西调查总队编. -- 北京 : 中国统计出版社, 2013.9
ISBN 978-7-5037-6944-3

Ⅰ. ①江… Ⅱ. ①江… ②国… Ⅲ. ①统计资料－江西省－2013－年鉴－汉、英 Ⅳ. ①C832.56-54

中国版本图书馆 CIP 数据核字(2013)第 206863 号

江西统计年鉴-2013

作　　者/ 江西省统计局　国家统计局江西调查总队
责任编辑/ 佘竞雄　洪　安　黄　珺
装帧设计/ 黄正坤　雷嘉琦
出版发行/ 中国统计出版社
地　　址/ 北京市丰台区西三环南路甲 6 号　邮政编码/100073
电　　话/ 邮购（010）63376909　书店（010）68783171
网　　址/ http://csp.stats.gov.cn
印　　刷/ 江西昌和特种票证有限公司
经　　销/ 新华书店
开　　本/ 890mm×1240mm　1/16
字　　数/ 1030 千字
印　　张/ 33.75
版　　别/ 2013 年 9 月第 1 版
版　　次/ 2013 年 9 月第 1 次印刷
定　　价/ 380.00 元

本书附同版本 CD-ROM 一张，光盘内容以书面文字为准。
如有印装差错，由本社发行部调换。

《江西统计年鉴2013》编辑部

Jiangxi Statistical Yearbook 2013 Editorial Office

经济总量

Economic Aggregate

▶地区生产总值(亿元)

Gross Domestic Product(100 million yuan)

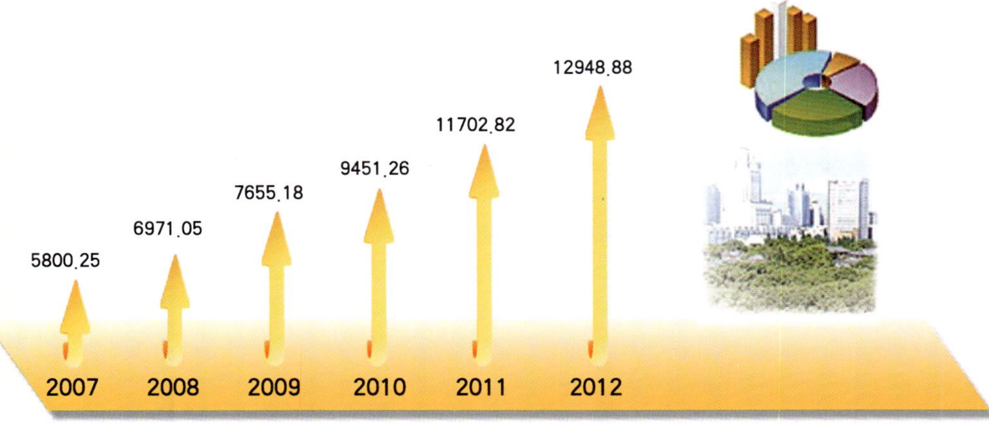

▶财政总收入(亿元)

Government Revenue(100 million yuan)

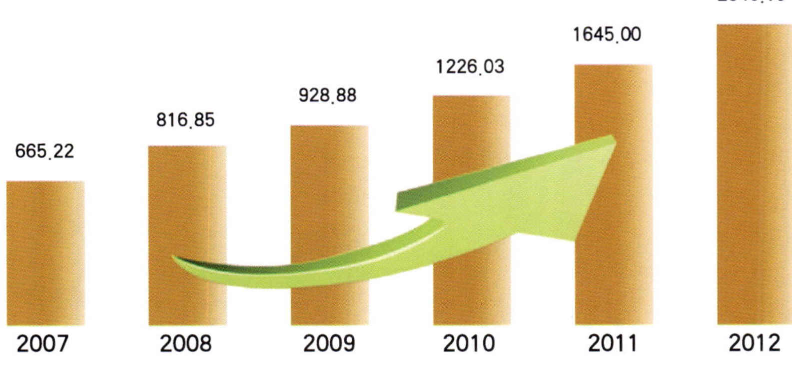

产业结构
Industrial Structure

▶三次产业结构
Three Industrial Structure

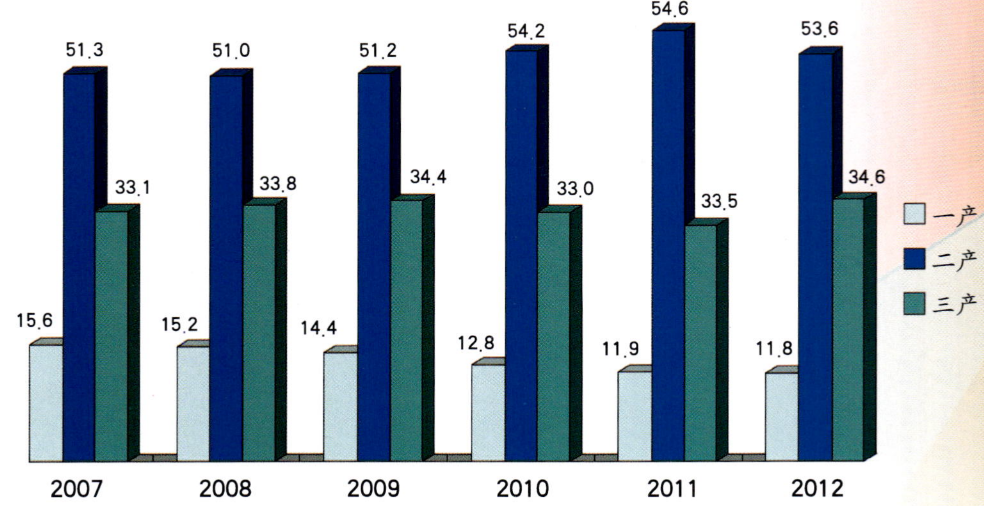

▶农业总产值及工业增加值(亿元)
Agricultural Output and Value-added of Industrial (100 million yuan)

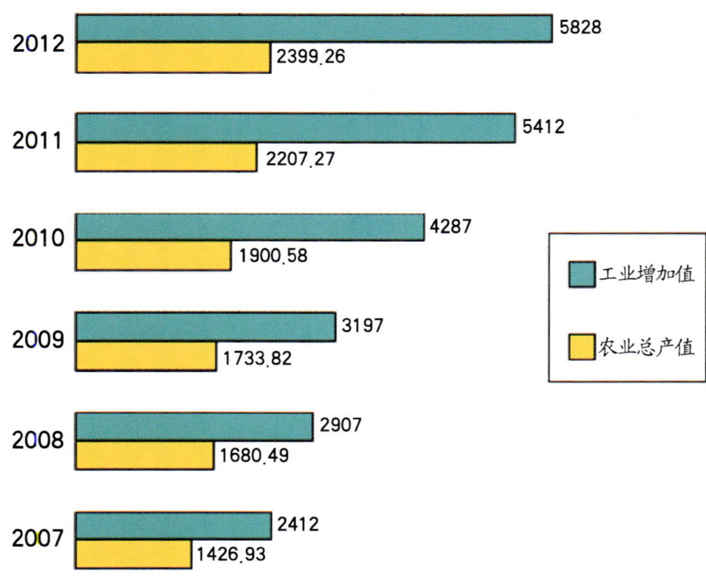

基础设施
Infrastructure Construction

▶固定资产投资(亿元)
Investment in Fixed Assets(100 million yuan)

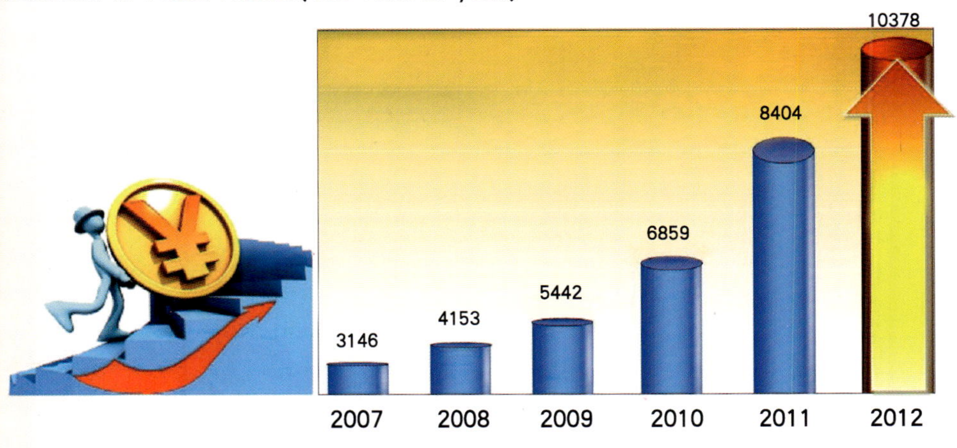

▶高速公路(公里)
Expressway(kilometer)

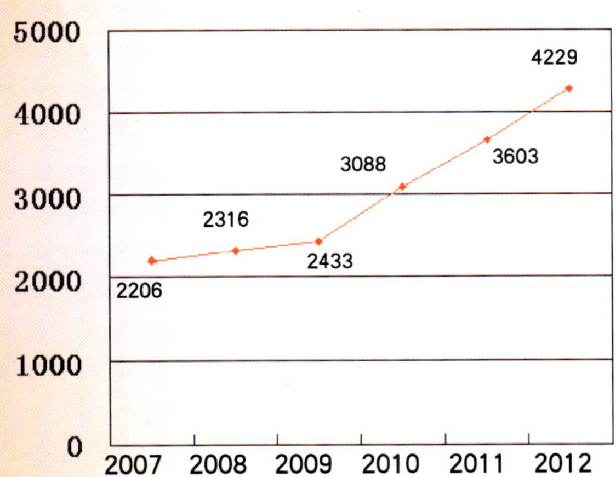

▶城镇化率(%)
Urbanization Rate(%)

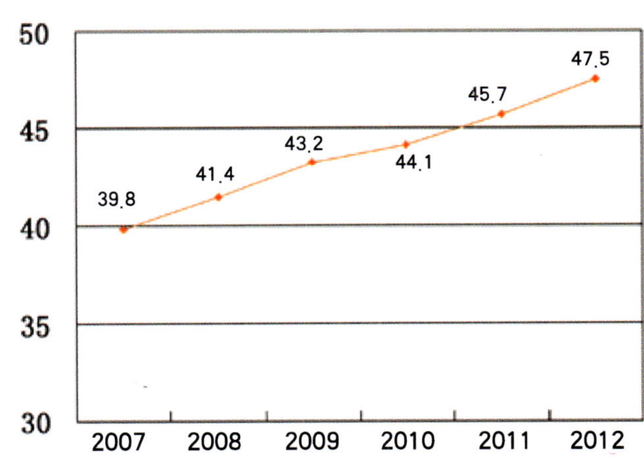

对外开放

Opening to the outside world

▶进出口总额(亿美元)

Total Value of Imports and Exports(USD 100 million)

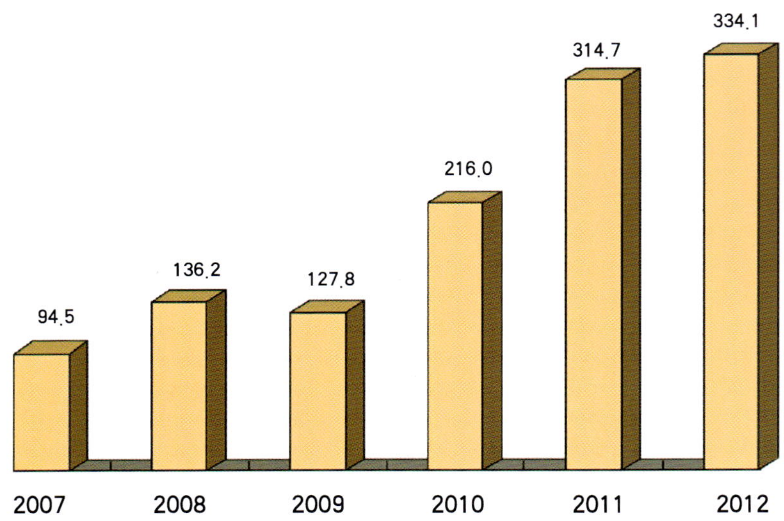

▶实际利用外商直接投资(亿美元)

Direct Foreign Investments(USD 100 million)

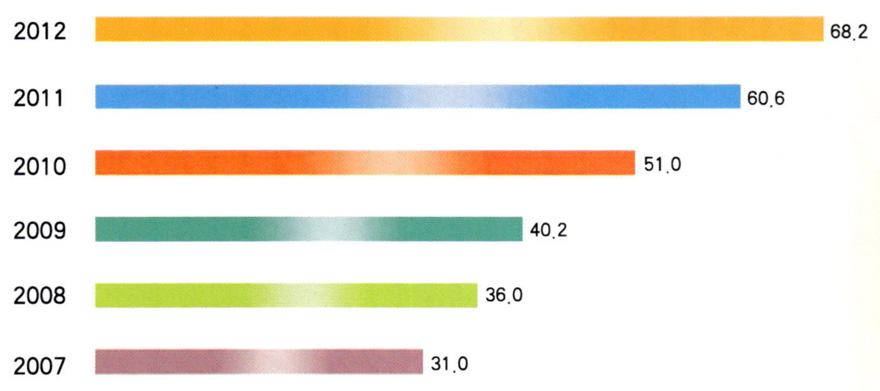

贸易、旅游
Trade and Tourism

▶社会消费品零售总额(亿元)
Total Retail Sales of Consumer Goods(100 million yuan)

▶入境旅游人数(万人次)
Number of Overseas Visitor Arrivals(10000 person-times)

▶旅游外汇收入(万美元)
Foreign Exchange Earnings from International Tourism(USD 10000)

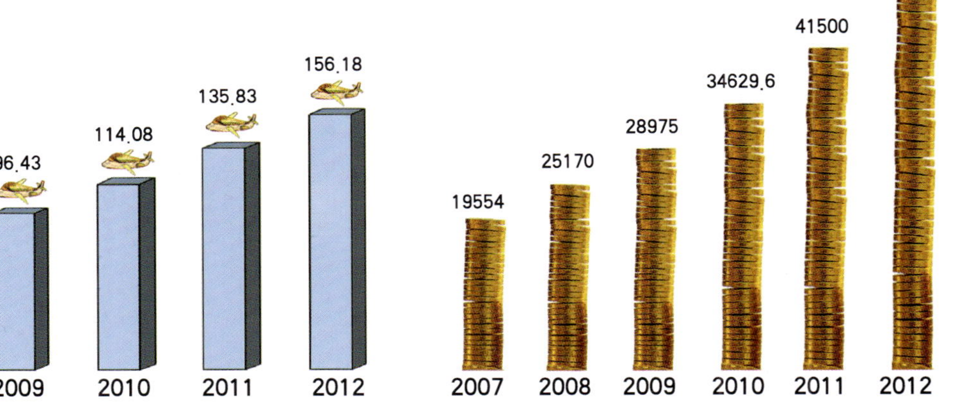

人民生活
People's Livelihood

▶城镇居民人均可支配收入(元)及农民人均纯收入(元)
Per-capita Disposable Income of Urban Households(yuan) and Per-capita Net Income of Rural Residents(yuan)

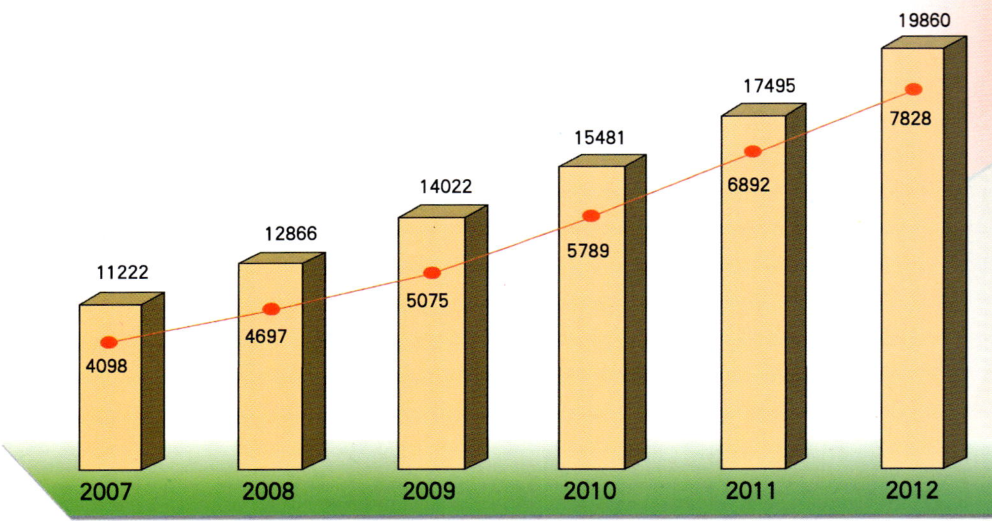

▶城乡居民储蓄存款(亿元)
Balance of Savings Deposit in Urban and Rural Areas(100 million yuan)

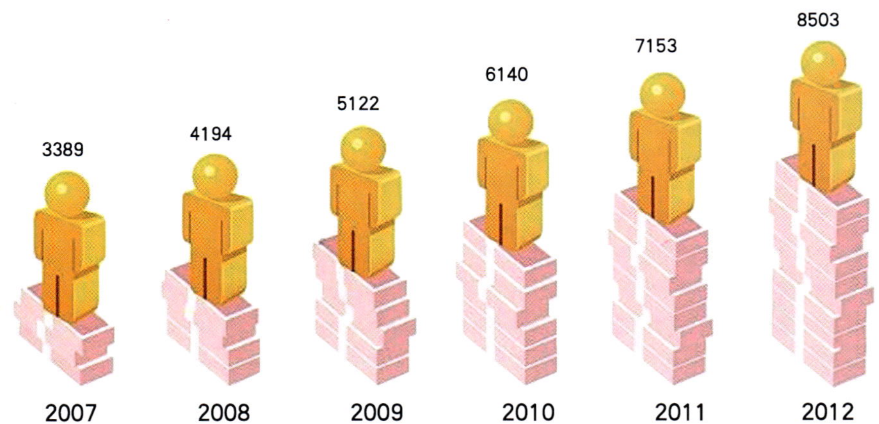

社会事业
Social Undertakings

▶高等学校在校学生数(万人)
Total Enrollment of Regular Institutions of Higher Eduction(10000 persons)

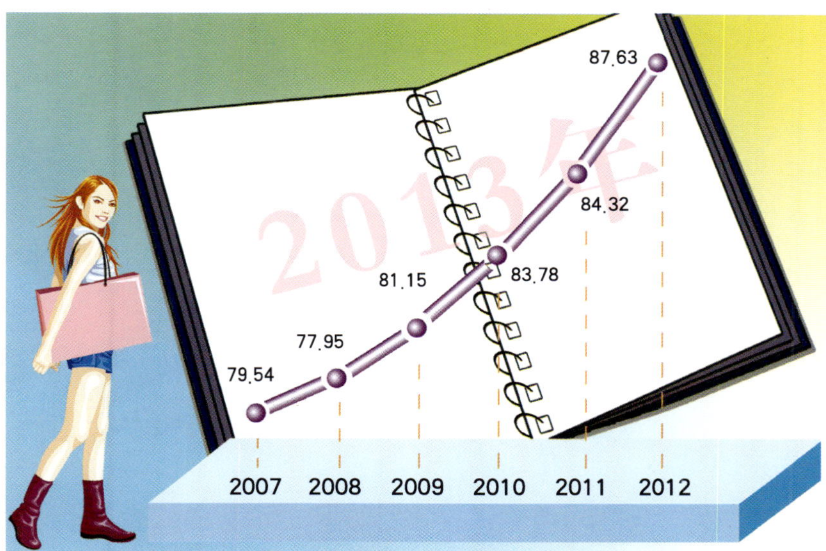

▶卫生技术人员(万人)
Medical Technical Personnel(10000 persons)

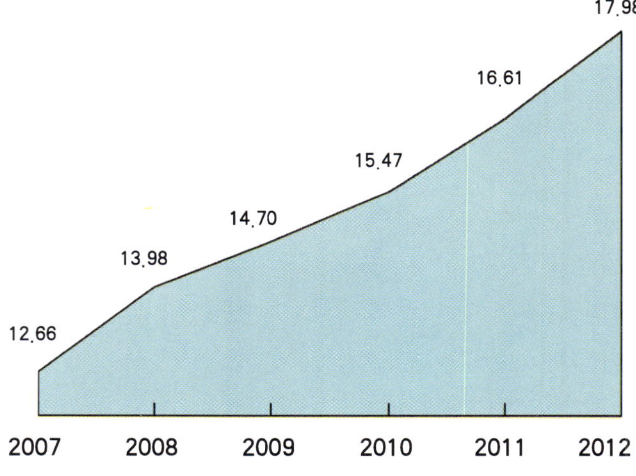

生态建设
Ecological Construction

▶森林覆盖率%
Forest Coverage%

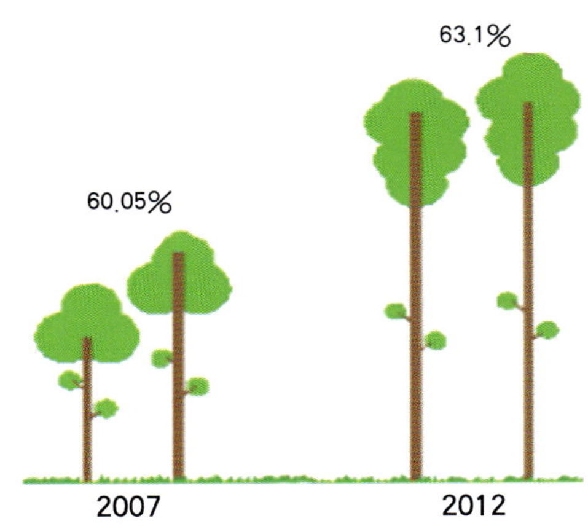

▶万元生产总值能耗(吨标准煤)
Energy Consumed for Each 10,000 yuan of GDP(ton of SCE)

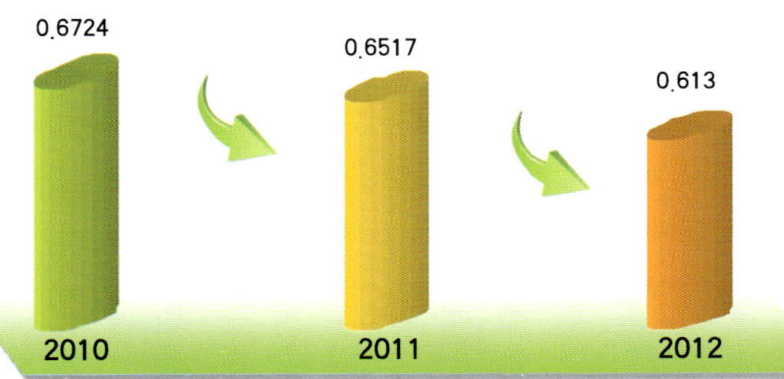

▶城镇污水集中处理率及生活垃圾无害化处理率%
Treatment Rate of Urban Sewage And Treatment Rate of Urban Sewage%

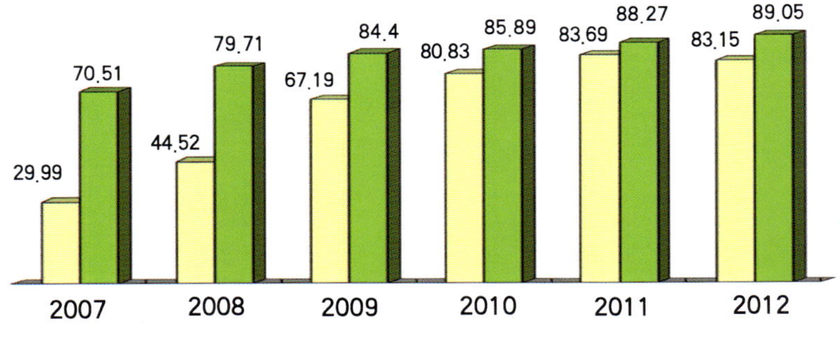

编者说明

一、《江西统计年鉴-2013》系统收录了全省和11个设区市2012年经济、社会各方面的统计数据，改革开放以来和其他历史重要年份的全省主要统计数据，以及全国各省市部分主要指标数据。是一部全面反映江西省经济和社会发展情况的资料性年刊。

二、本年鉴正文内容分为21个篇章，即：综合，人口，就业人员和职工工资，固定资产投资，对外经济贸易，能源，财政，价格指数，人民生活，城市建设，林业建设和生态环境，农业，工业，建筑业，交通运输、邮电通讯业，国内贸易和旅游，金融业，房地产开发，科技、教育、文化，卫生、体育、社会福利及其他，各省、市、自治区主要经济指标及2012年江西统计调查工作大事记。为方便读者使用，各篇章前设有《简要说明》，对本篇章的主要内容、资料来源、统计范围、统计方法等予以简要概述，篇末附有《主要统计指标解释》。

三、本《年鉴》对以前发表的统计资料重新予以审核，凡与本《年鉴》资料有出入的，均以本年鉴为准。

四、本年鉴所使用的度量衡单位，均采用国际统一标准计量单位。

五、本年鉴中部分数据合计数或相对数由于单位取舍不同而产生的计算误差，均未作机械调整。

六、符号使用说明:年鉴各表中的“空格”表示该项统计指标数据不足本表最小单位数、数据不详或无该项数据；“#”表示其中的主要项。

I Editor's Notes

I. *Jiangxi Statistical Yearbook 2013* is an annual statistics publication, which covers very comprehensive data in 2012 and some selected data series in historically important years and the most recent thirty years at level of province and other provinces and municipalities. Therefore, reflects various aspects of Jiangxi's social and economic development.

II. The yearbook contains the following twenty-two chapters, General Survey; Population; Employment and Wages; Investment in Fixed Assets; Energy; Price Indices; People's Livelihood; General Survey of Cities; Environment Protection; Water Resources and Meterology; Agriculture; Industry; Construction; Transport, Post and Telecommunication Services; Domestic Trade; Foreign Trade and Economic Cooperation; Tourism; Financial Intermediation; Insurance; Real Estate; Education, Science and Technology; Culture, Sports and Public Health; Social Welfare and Other Social Activities; Main Statistical Indictors on provinces, autonomous regions and municipalities and Notes of Jiangxi Statistical Events in 2012. For readers' convenience, in Brief Introduction at the beginning of each chapter, main coverage of this chapter, data sources, statistical coverage, statistical methods and historical changes are concerned. In addition, Explanatory Notes on Main Statistical Indicators are provided at the end of each chapter.

III. This Yearbook re-audited statistic data published previously, any data different from this yearbook, take this yearbook's as standard data.

IV. The units of measurement used in this yearbook are internationally standard measurement units.

V. Statistical discrepancies due to rounding are not adjusted in the yearbook.

VI. Notations used in the yearbook: blank space indicates that the figure is not large enough to be measured with the smallest unit in the table, or data are unknown or are not available; "#" indicates a major breakdown of the total.

目 录 Contents

一、综 合 CHAPTER 1 GENERAL SURVEY

二、人 口 CHAPTER 2 POPULATION

四、固定资产投资
CHAPTER 4 INVESTMENT IN FIXED ASSETS

五、对外经济贸易 CHAPTER 5 FOREIAN ECONOMIC RELATIONS AND TRADE

六、能 源 CHAPTER 6 ENERGY

十、城市建设
CHAPTER 10 MUNICIPAL CONSTRUCTION

十一、林业建设和生态环境
CHAPTER 11 FORESTRY CONSTRUCTION AND ECOLOGY

十二、农 业
CHAPTER 12 AGRICULTURE

十三、工 业
CHAPTER 13 INDUSTRY

十四、建筑业
CHAPTER 14 CONSTRUCTION

十五、交通运输、邮电通讯业
CHAPTER 15 TRANSPORTATION,POSTAL AND TELECOMMUNICATIONS

十七、金融业 CHAPTER 17 FINANCIAL INDUSTRY

十八、房地产开发 CHAPTER 18 REAL ESTATE DEVELOPMENT

十九、科技、教育、文化
CHAPTER 19 SCI-TECH,EDUCATION AND CULTURE

综 合

GENERAL SURVEY

◆1/28

资料整理及英文翻译: 张万才、朱志强、兰 园

Ⅰ 简要说明

本篇章由综合资料及国民经济核算资料两个部分组成。

综合资料主要包括国民经济和社会发展综合资料，通过对各篇章主要统计指标及其速度、结构、比例和效益等的加工计算，来反映国民经济和社会发展的总体情况。

国民经济核算资料主要包括地区生产总值及其有关资料。地区生产总值是根据不同产业部门、不同支出构成的特点和资料来源情况而分别采取不同方法计算的。

分设区市的国民经济核算数据由各设区市统计局提供，由于采取分级核算，各设区市数据相加不等于全省总计。

根据第一次第三产业普查结果，对1992年以前全省地区生产总值的历史数据做了调整；2005年根据全国第一次经济普查结果，对1993-2004年的全省地区生产总值历史数据做了调整，本年鉴的数据为调整后数据。

Ⅰ Brief Introduction

This chapter consists of two parts: The summary data and the data on national accounts.

The summary data on the national economy reflect the overall situation of the economic and social development by presenting further processed statistics including growth, structure, ratio and efficiency data derived from other chapters.

The data on national accounts mainly include Gross Domestic Product (GDP) and related data. Data on GDP are calculated with various approaches in accordance with the features of various sectors, various expenditure structures and the data resources.

The data on national accounts by region are provided by the statistical bureaus of various region. The sum of the city data is not equal to the provincial total due to the decentralized accounting approach.

The GDP figures of years up to 1992 been revised in accordance with the result of the First Tertiary Industry Census. In 2005, the GDP figures from the year 1993 to 2004 had in accordance with the result of the First National Economic Census. Data published in this yearbook have been revised.

自然地理资源

位　　置

江西省，简称赣。位于长江中下游交接处的南岸。地处北纬 24° 29′ ~30° 04′ 、东经 113° 34′ ~118° 28′ 之间，东邻浙江、福建，南连广东，西接湖南，北毗湖北、安徽。北控长江，上接武汉三镇，下通南京、上海，东南与沿海开放城市相邻近。京九铁路和浙赣铁路纵横贯通全境，交通便利，地理位置优越。

地势、面积

全省东南西三面群山环绕，内侧丘陵广亘，中北部平原坦荡，整个地势，由外及里，自南而北，渐次向鄱阳湖倾斜，构成一个向北开口的巨大盆地。全省面积 16.69 万平方公里。全境以山地、丘陵为主，山地占全省总面积的 36%，丘陵占 42%，岗地、平原、水面占 22%。

山脉、河流、湖泊

主要山脉分布于省境边陲，山峰一般海拔 1000 米左右，少数海拔 2000 余米。省境东和东北有蜿蜒于赣闽、赣浙之间的武夷山和怀玉山；南有逶迤于赣粤之间的大庾岭和九连山；西有耸峙于赣湘之间的罗霄山脉，雄伟的井冈山就在罗霄山脉的中段；西北有盘亘于赣鄂之间的幕阜山，庐山即是它向东延伸的余脉。

全省有大小河流 2400 多条，总长约 18400 公里，大部分河流汇向鄱阳湖，再注入长江。主要河流有 5 条，即赣江、抚河、信江、修河、饶河。赣江全长 751 公里，为本省第一大川，水量为长江第二大支流，它自南而北流贯全省，从赣州至湖口而入长江，通航里程 5000 余公里。

鄱阳湖是全国最大的淡水湖，它是江西最大的聚水盆，长江水量的巨大调节器，也是沟通省内外各地航道的中转站。

气　　候

江西气候四季变化分明。春季温暖多雨，夏季炎热温润，秋季凉爽少雨，冬季寒冷干燥。2012 年全省平均气温为 18.1 ℃，降水量为 2189 毫米，日照为 1485.6 小时。全年气候温暖，光照充足,雨量充沛,无霜期长，具有亚热带湿润气候特色。

资　　源

2012 年末，全省林业用地面积 1072.22 万公顷，活木蓄积量 4.45 亿立方米，森林覆盖率 63.1%。

2012 年，全省淡水面已养殖面积 43.21 万公顷。已查明鱼类 155 种，产量较多的有鲤、鲫、青、鲢等 30 余种，名贵鱼类有荷包红鲤鱼、玻璃鲤鱼、银鱼、石鱼、鲥鱼、鳜鱼等。省内还有众多的水禽和珍禽，其中不少是受到世界性保护的珍禽。

江西地下矿藏丰富，是我国矿产资源配套程度较高的省份之一。储量居全国前三位的有铜、钨、银、钽、钪、铀、铷、铯、金、伴生硫、滑石、粉石英、硅灰石等。铜、钨、铀、钽、稀土、金、银被誉为江西的“七朵金花”。

Nature, Geography and Resourcesrief

Position

Jiangxi Province, called Gan for short, lies in the southern bank of the middle and lower reaches of the Yangtze River. It is located at latitude 24° 29′ ~30° 04′ north, longitude 113° 34′ ~118° 28′ east. It borders Zhejiang and Fujian provinces to the east, Guangdong to the south, Hunan to the west, and Hubei and Anhui to the north. Jiangxi dominates the Yangtze River on the north, and connects the Wuhan in the upper stream, Nanjing and Shanghai in the downstream. And it closes to the coastal opening cities in the southeast. Both Beijing-Kowloon and Zhejiang¬-Jiangxi railways run through the whole province, which provided with the convenient transportation and superior location.

Topography and area

Mountains surround Jiangxi province on three sides. The southern half of the province is hilly with ranges and valleys interspersed; while the middle and northern half is flatter and lower in altitude. Stretching from south to north, the whole land is generally sloping towards Poyang Lake, which has formed a huge basin opening to the north. The total area of the province is 166,900 square kilometers. Within it are various land forms, with mountains and hills dominating. Mountains account for 36% of the province's total area, hills account for 42%, and mounds, plains, and water surface area for 22%.

Mountain ranges, rivers and lakes

The main mountain ranges are distributed by the border of the province, which generally have the altitude of about 1000m, and minority over 2000m. On the east and northeast of Jiangxi have Wuyi and iHuaiyu Mountains winding between Jiangxi and Fujian, Jiangxi and Zhejiang provinces. On the south have Dayu and Jiulian Mountains wriggling between Jiangxi and Guangdong provinces. In the west have Luoxiao Ranges standing between Jiangxi and Hunan provinces, where the magnificent Mt. Jinggang is situated at the middle. In the northwest have Mufu Mountains circling between Jiangxi and Hubei provinces. And its extending part on the east is namely the famous mountain—Mt. Lushan.

There are more than 2,400 rivers of various sizes in Jiangxi province, which have a combined total length of about 18,400 kilometers. Most of them enter Poyang Lake, which in turn empties into the Yangtze River. The five major rivers are Gan River, Fu River, Xin River, Xiu River, and Rao River. The Gan River winds along 751 kilometers, which is the biggest river of the province, and the second tributary of the Yangtze River in water volume. Flowing through the entire length of the province from south to north, it enters Ganzhou to Hukou, and then pours into the Yangtze River, with navigation mileage of over 5000 kilometers.

Poyang Lake is the largest fresh lake in China, and the biggest water assembling basin of Jiangxi province. It is the huge volume moderator of the Yangtze River, and also the intersection of linking up with all shipping lines in-and-out of the province.

Climate

The climate of Jiangxi province is four seasons alternating distinctively: warm with abundant rainfall in spring, hot and humid in summer, cool with little rainfall in autumn, chilly and dry in winter. In 2012, The average temperature of the whole province is about 18.1℃, with the annual precipitation of 2189mm and sunshine hours of 1485.6h. The whole year of Jiangxi has mild climate, with sufficient sunshine, plentiful rainfall and long frost-free period, which belongs to humid subtropical climate.

Resources

At the end of the year 2012, the total area of afforested land in Jiangxi is 10,720,220 hectares. The total standing forest stock is 445 million cubic meters, and the forest coverage rate of 63.1%.

In 2012, the total cultivated freshwater area of the whole province is 43.21 hectares. The identified species of the fishes are 155 and more than 30 types of them occupied the main production, such as carp, crucian carp, black carp, and silver carp etc. The valuable types are including lotus red carp, transparent carp, whitebait, reeves shad, and mandarin fish etc. There are also numerous birds and cherished ones in province, most of which belonged to world-protected species.

Jiangxi province has a rich reserve of underground minerals, which is one of the provinces with higher matching degree of mineral resources in China. The reserves of Copper, Tungsten, Silver, Tantalum, Scandium, Uranium, Rubidium, Caesium, Gold, and Associated Pyrite etc. rank the top three of the nation. Among all these minerals, Copper, Tungsten, Uranium, Tantalum, Rare Earths, Gold and Silver are called “the seven gold flowers of jiangxi”.

1-1 行 政 区 划 (2012年末)
Administratives Divisions (end of 2012)

地 区	Region	设区市 Cities at Prefecture Level	县级市 Cities at County Level	县 Countries	市辖区 Districts Under the Jurisdication of Cities	市、县、区名称	Name of Cities at County Level, Countries and Districts Under the Jurisdication of Cities
全 省	**Total**	**11**	**11**	**70**	**19**		
南 昌 市	Nanchang	1		4	5	东湖区、西湖区、青云谱区、湾里区、青山湖区、南昌县、新建县、安义县、进贤县	Donghu,Xihu,Qingyunpu, Wanli,Qingshanhu,Nanchang, Xinjian,Anyi,Jinxian
景德镇市	Jingdezhen	1	1	1	2	昌江区、珠山区、浮梁县、乐平市	Changjiang,Zhushan,Fuliang, Leping
萍 乡 市	Pingxiang	1		3	2	安源区、湘东区、莲花县、上栗县、芦溪县	Anyuan,Xiangdong,Lianhua, Shangli,Luxi
九 江 市	Jiujiang	1	2	9	2	庐山区、浔阳区、九江县、武宁县、修水县、永修县、德安县、星子县、都昌县、湖口县、彭泽县、瑞昌市、共青城市	Lushan,Xunyang,Jiujiang, Wuning,Xiushui,Yongxiu, De'an,Xingzi,Duchang, Hukou,Pengze,Ruichang, Gongqingcheng
新 余 市	Xinyu	1		1	1	渝水区、分宜县	Yushui,Fenyi
鹰 潭 市	Yingtan	1	1	1	1	月湖区、余江县、贵溪市	Yuehu,Yujian,Guixi
赣 州 市	Ganzhou	1	2	15	1	章贡区、赣 县、信丰县、大余县、上犹县、崇义县、安远县、龙南县、定南县、全南县、宁都县、于都县、兴国县、会昌县、寻乌县、石城县、瑞金市、南康市	Zhanggong,Ganxian,Xinfeng, Dayu,Shangyou,Chongyi, Anyuan,Longnan,Dingnan, Quannan,Ningdu,Yudu, Xingguo,Huichang,Xunwu, Shicheng,Ruijin,Nankang
吉 安 市	Ji'an	1	1	10	2	吉州区、青原区、吉安县、吉水县、峡江县、新干县、永丰县、泰和县、遂川县、万安县、安福县、永新县、井冈山市	Jizhou,Qingyuan,Ji'an, Jishui,Xiajiang,Xingan, Yongfeng,Taihe,Suichuan, Wan'an,Anfu,Yongxin, Jinggangshan
宜 春 市	Yichun	1	3	6	1	袁州区、奉新县、万载县、上高县、宜丰县、靖安县、铜鼓县、丰城市、樟树市、高安市	Yuanzhou,Fengxin,Wanzai, Shanggao,Yifeng,Jing'an, Tonggu,Fengcheng,Zhangshu, Gao'an
抚 州 市	Fuzhou	1		10	1	临川区、南城县、黎川县、南丰县、崇仁县、乐安县、宜黄县、金溪县、资溪县、东乡县、广昌县	Linchuan,Nancheng,Lichuan, Nanfeng,Chongren,Le'an, Yihuang,Jinxi,Zixi, Dongxiang,Guangchang
上 饶 市	Shangrao	1	1	10	1	信州区、上饶县、广丰县、玉山县、铅山县、横峰县、弋阳县、余干县、鄱阳县、万年县、婺源县、德兴市	Xinzhou,Shangrao,Guangfeng, Yushan,Yanshan,Hengfeng, Yiyang,Yugan,Poyang, Wannian,Wuyuan,Dexing

1-2 国民经济和社会发展主要指标与发展速度

指标	Item	1978	1990
人口(万人)	**Population (10000 persons)**		
年末总人口	Population at Year-end	3182.82	3810.64
#男性人口	Male	1642.78	1972.77
女性人口	Female	1540.04	1837.87
#城镇人口	Urban	533.12	775.47
乡村人口	Rural	2649.70	3035.18
就业(万人)	**Employment (10000 persons)**		
年末社会就业人数	Employment at Year-end	1254.3	1816.5
#职工人数	Staff and Workers	267.4	386.2
年末城镇登记失业人数	Registration Unemployment in Urban Areas at Year-end	21.38	10.26
地区生产总值(亿元)	**Gross Domestic Product (100 million yuan)**	**87.00**	**428.62**
第一产业	Primary Industry	36.18	175.96
第二产业	Secondary Industry	33.08	133.56
第三产业	Tertiary Industry	17.74	119.10
人均生产总值(元)	Per Capita GDP (yuan)	276	1134
固定资产投资(亿元)	**Investment in Fixed Assets (100 million yuan)**		
全社会固定资产投资总额	Total Investment in Fixed Assets	8.13	70.65
#房地产开发投资	Investment in Real Estate Development		2.88
新增固定资产	Newly Increased Fixed Assets		32.5
财政(亿元)	**Government Finance (100 million yuan)**		
财政总收入	Government Revenue	12.22	40.62
公共财政预算收入	Public Financial Revenue of the Local Government		
公共财政预算支出	Public Financial Expenditures of the Local Government	16.27	50.76
能源生产与消费(万吨标准煤)	**Production and Consumption of Energy (10 000 tons of SCE)**		
能源生产总量	Total Energy Production		1282.42
能源消费总量	Total Energy Consumption		1732.29
价格指数(上年=100)	**Price Indices (preceding year=100)**		
居民消费价格指数	Consumer Price Index		102.1
商品零售价格指数	Retail Price Index	100.1	101.3
工业生产者出厂价格指数	Producer Price Index for Industrial Products		
工业生产者购进价格指数	Producer Price Indices for Purchasing Goods		
固定资产投资价格指数	Investment in Fixed Assets Price Indices		
人民生活	**People's Livelihood**		
城镇非私营单位职工平均工资(元)	Average Wage of Staff and Workers in Urban Non-Private Units(yuan)	552	1729
城镇住户人均年可支配收入(元)	Per Capita Annual Disposable Income of Urban Households(yuan)	305.36	1187.88
农村住户人均年纯收入(元)	Per Capita Net Income of Rural Residents (yuan)	140.70	669.90
城乡居民储蓄存款年末余额(亿元)	Outstanding Amount of Saving Deposits in Urban and Rural Areas (100 million yuan)	4.16	142.79
城镇住户人均住宅建筑面积(平方米)	Per Capita Gross Living Space in Cities (sq.m)		
农村居民人均住房面积(平方米)	Per Capita Net Floor Space of Rural Residents (sq.m)		20.58
城市建设、环境保护	**City Construction ,Environmental Protection**		
人工煤气供气量(万立方米)	Coal Gas Supply(10000 cu.m)		1203
液化石油气供气量(吨)	Total Liquefied Petroleum Gas Supply (ton)		12182
道路长度(公里)	Length of Roads (km)		1108
排水管道长度(公里)	Length of Drainpipes (km)		878
公共车辆(汽、电车)运营数(辆)	Operating Public Buses (Buses and Trolley Buses) (unit)		1091.0
绿化覆盖面积(公顷)	Coverage Area of Afforestation (hectare)		7044
工业用水重复利用率(%)	Re-use Rate of Industrial WasteWater (%)		

注：1.地区生产总值、农业总产值、工业增加值的发展速度均按可比价格计算。
2.自1998年起,职工人数为在岗职工人数。自2012年起，职工人数含劳务派遣人员。
3.从2011年起，固定资产投资项目统计起点由过去的计划投资50万元及以上提高到计划投资500万元及以上。

Major Indicators and Growth Rates on National Economic and Social Development

总量指标		Aggregate Data		速度指标 (%)			Indices and Growth Rates (%)			
				指数 Index (2012为以下各年) (2012 as Percentage of the Following Years)				平均增长速度 Average Annual Growth Rate		
2000	2010	2011	2012	1978	1990	2000	211	1979-2012	1991-2012	2001-2012
4148.54	4462.25	4488.44	4503.93	141.5	118.2	108.6	100.3	1.0	0.8	0.7
2157.02	2303.16	2313.38	2318.60	141.1	117.5	107.5	100.2	1.0	0.7	0.6
1991.52	2159.08	2175.06	2185.33	141.9	118.9	109.7	100.5	1.0	0.8	0.8
1148.73	1966.07	2051.22	2139.82	401.4	275.9	186.3	104.3	4.2	4.7	5.3
2999.81	2496.18	2437.22	2364.11	89.2	77.9	78.8	97.0	-0.3	-1.1	-2.0
2060.9	2498.8	2532.6	2556.0	203.8	140.7	124.0	100.9	2.1	1.6	1.8
291.6	279.6	311.3	360.9	135.0	93.4	123.8	115.9	0.9	-0.3	1.8
16.68	26.26	24.64	25.72	120.3	250.7	154.2	104.4	0.5	4.3	3.7
2003.07	**9451.26**	**11702.82**	**12948.88**	**2905.1**	**1032.0**	**402.0**	**111.0**	**10.4**	**11.2**	**12.3**
485.14	1206.98	1391.07	1520.23	583.8	275.6	176.9	104.6	5.3	4.7	4.9
700.76	5122.88	6390.55	6942.59	6710.6	2145.3	664.7	113.1	13.2	15.0	17.1
817.17	3121.40	3921.20	4486.06	4106.9	1072.6	308.9	109.5	11.5	11.4	9.9
4851	21253	26150	28800	2036.8	867.5	369.3	110.4	9.3	10.3	11.5
548.20	8772.27	8737.60	10774.16	132523.5	15250.0	1965.4	126.8	23.3	25.7	29.1
42.37	706.82	867.03	969.62		33688.3	2288.4	111.8		32.4	34.0
453.31	4739.38	6269.13	7662.32		23552.5	1690.3	122.2		28.2	26.6
171.69	1226.24	1645.00	2046.15	16744.3	5037.3	1191.8	124.4	16.3	19.5	22.9
111.55	778.09	1053.43	1371.99			1229.9	130.2			23.3
223.47	1923.26	2534.60	3019.22	18557.0	5948.0	1351.1	119.1	16.6	20.4	24.2
1293.23	2204.40	2581.40	2595.89		202.4	200.7	117.8		3.3	6.0
2505.00	6248.45	6928.17	7232.92		417.5	288.7	115.8		6.7	9.2
100.3	103.0	105.2	102.7		267.8	131.4	102.7		4.6	2.3
98.5	102.7	104.8	102.1	453.7	215.2	124.8	102.1	4.5	3.5	1.9
101.0	115.3	111.3	96.5			171.3	96.5			4.6
101.2	111.8	112.4	98.3			196.7	98.3			5.8
101.4	104.8	108.4	101.0			145.5	101.0			3.2
7014	29092	34055	39651	7183.2	2293.3	565.3	116.4	13.4	15.3	15.5
5103.60	15481.12	17494.87	19860.36	6503.9	1671.9	389.1	113.5	13.1	13.7	12.0
2135.30	5788.56	6891.63	7827.82	5563.5	1168.5	366.6	113.6	12.5	11.8	11.4
1243.15	6113.24	7123.53	8471.86	203650.5	5933.1	681.5	118.9	25.1	20.4	17.3
	38.88	39.39	40.10				101.8			
27.79	40.26	46.82	47.61		231.3	171.3	101.7		3.9	4.6
39463	58208	49641	48497		4031.3	122.9	97.7		18.3	1.7
164698	188847	194329	204258		1676.7	124.0	105.1		13.7	1.8
3033	5742	6086	6477		584.6	213.5	106.4		8.4	6.5
2074	7340	8580	9484		1080.2	457.3	110.5		11.4	13.5
4031	7048	9144	9894		906.9	245.4	108.2		10.5	7.8
20044	48924	49308	50752		720.5	253.2	102.9		9.4	8.0
55.05	76.83	76.95	78.35							

a) Growth rates of Gross Domestic Product, gross output value of agriculture and gross industrial value-added are calculated at constant prices.

b) Since 1998,number of staff and workers refers to number of employed staff and workers.Since 2012,number of staff and workers includes dispatched laborers.

c) From 2011 onwards, the statistical starting point of the fixed assets investment projects from the previous plan to invest 500,000yuan and above to plans to invest 5 million yuan and above.

1-2 续表1

指　　标	Item	总量指标	
		1978	1990
一般工业固体废物综合利用量(万吨)	General Industrial Solid Wastes Utilized (10000 tons)		
一般工业固体废物综合利用率(%)	Ratio of General Industrial Solid Wastes Utilized (%)		
农业	**Agriculture**		
农业总产值(亿元)	Gross Output Value of Agriculture (100 million yuan)	49.29	255.24
主要农产品产量	Output of Major Farm Products		
粮食(万吨)	Grain(10000 tons)	1125.74	1658.20
棉花(万吨)	Cotton(10000 tons)	3.48	5.70
油料折油(万吨)	Oil-bearing Crops Converted Into Oil(10000 tons)	6.63	19.61
油料(万吨)	Oil-bearing Crops(10000 tons)	13.49	54.89
黄红麻(万吨)	Jute and Ambary Hemp(10000 tons)	0.48	1.88
烟叶(万吨)	Tobacco(10000 tons)	0.61	2.31
茶叶(吨)	Tea(ton)	8878	19415
蚕茧(吨)	Silkworm Cocoons(ton)	143	2639
甘蔗(万吨)	Sugar Cane(10000 tons)	68.29	194.29
水果(万吨)	Fruits(10000 tons)	2.92	23.30
肉类总产量(万吨)	Total Output of Meat(10000 tons)	26.27	111.74
水产品(万吨)	Aquatic Products(10000 tons)	5.93	30.68
生猪年末存栏(万头)	Number of Slaughtered Fattened Hogs at Year-end(10000 heads)	944.27	1547.26
生猪当年出栏(万头)	Number of Slaughtered Fattened Hogs of the Year(10000 heads)	574.00	1313.18
工业	**Industry**		
主要工业产品产量	Output of Major Industrial Products		
化学纤维(万吨)	Chemical Fiber (10000 tons)	0.42	2.00
布(混合数)(万米)	Cloth(10000 m)	20173	30566
机制纸及纸板(万吨)	Machine-made Paper and Paperboard (10000 tons)	9.26	25.59
卷烟(万箱)	Cigarettes(10000 boxs)	19.14	47.02
原煤产量(万吨)	Coal(10000 tons)	1435.50	2027.11
原油加工量(万吨)	Processed Crude Oil(10000 tons)		155.10
发电量(亿千瓦时)	Electricity(100 million kwh)	45.31	121.41
粗钢 (万吨)	Crude Steel (10000 tons)	25.64	112.09
钢材 (万吨)	Rolled Steel (10000 tons)	24.50	92.32
水泥(万吨)	Cement(10000 tons)	155.56	469.13
汽车(万辆)	Vehicles(10000 unit)	0.10	0.97
照相机(万架)	Cameras(10000 sets)	1.00	9.00
化学肥料(折合100%)(万吨)	Chemical Fertilezers(pure)(10000 tons)	15.97	31.07
化学农药(原药)(吨)	Chemical Pesticide(ton)	13539	5146
规模以上工业企业主要指标(亿元)	Main Indicators of Industrial Enterprises above Designated Size (100 million yuan)		
工业增加值	Gross Industrial Value-added		
资产总计	Total Assets		
主营业务收入	Revenue from Principal Business		
利税总额	Total Profits		
建筑业(资级企业)	**Construction With Grade**		
建筑业企业人数(万人)	Number of Employed Persons(10000 persons)		12.58
建筑业总产值(亿元)	Gross Output Value(100 million yuan)		13.76
施工房屋面积(万平方米)	Floor Space of Buildings Under Construction(10000 sq.m)		487.50
竣工房屋面积(万平方米)	Floor Space of Buildings Completed(10000 sq.m)		192.50
交通运输业	**Transportation**		
铁路营业里程(公里)	Length of Railways in Operation(km)	1184	1581
公路通车里程(公里)	Length of Highways(km)	30245	33203

注：1.2000年及以后工业产品产量为规模以上产量。
2.公路通车里程从2006年开始包括村道。

continued

Aggregate Data				速度指标 (%)				Indices and Growth Rates (%)		
				指数 Index (2012为以下各年) (2012 as Percentage of the Following Years)				平均增长速度 Average Annual Growth Rate		
2000	2010	2011	2012	1978	1990	2000	2011	1979–2012	1991–2012	2001–2012
702.24	4379.14	6304.66	6071.25			864.6	96.3			19.7
14.64	46.54	55.27	54.46							
741.35	1900.58	2207.27	2399.26	583.2	294.5	174.4	104.6	5.3	5.0	4.7
1614.60	1954.70	2052.79	2084.8	185.2	125.7	129.1	101.6	1.8	1.0	2.2
6.80	13.08	14.29	15.22	437.4	267.0	223.8	106.5	4.4	4.6	6.9
32.52	36.47	44.44	46.04	694.4	234.8	141.6	103.6	5.9	4.0	2.9
96.73	107.57	114.99	117.08	867.9	213.3	121.0	101.8	6.6	3.5	1.6
0.44	0.11	0.10	0.08	16.8	4.3	18.3	81.4	-5.1	-13.3	-13.2
1.82	3.76	4.55	5.25	860.7	227.3	288.5	115.4	6.5	3.8	9.2
15703	29808	35039	38662	435.5	199.1	246.2	110.3	4.4	3.2	7.8
3266	7550	7230	7484	5233.6	283.6	229.1	103.5	12.3	4.9	7.2
136.81	59.10	62.85	61.58	90.2	31.7	45.0	98.0	-0.3	-5.1	-6.4
42.34	297.13	387.65	370.28	12680.8	1589.2	874.5	95.5	15.3	13.4	19.8
192.31	308.20	316.75	333.91	1271.1	298.8	173.6	105.4	7.8	5.1	4.7
127.12	215.34	222.81	237.00	3996.6	772.5	186.4	106.4	11.5	9.7	5.3
1473.50	1756.33	1827.51	1911.62	202.4	123.5	129.7	104.6	2.1	1.0	2.2
1992.27	2897.54	2961.54	3130.64	545.4	238.4	157.1	105.7	5.1	4.0	3.8
7.08	17.92	31.47	37.89	9022.3	1894.7	535.2	132.2	14.2	14.3	15.0
21710	80517	80754	92650	459.3	303.1	426.8	113.5	4.6	5.2	12.9
24.02	186.59	219.39	161.39	1742.9	630.7	671.9	69.5	8.8	8.7	17.2
50.99	111.80	116.80	119.80	625.9	254.8	234.9	102.6	5.5	4.3	7.4
1813.76	2830.21	2443.00	2511.79	175.0	123.9	138.5	101.9	1.7	1.0	2.8
327.62	468.43	431.84	507.64		327.3	154.9	117.6		5.5	3.7
201.06	617.03	688.25	664.71	1467.0	547.5	330.6	97.9	8.2	8.0	10.5
319.86	1834.03	2067.41	2140.85	8349.7	1909.9	669.3	102.7	13.9	14.3	17.2
282.90	1951.55	2247.36	2368.89	9668.9	2566.0	837.4	102.2	14.4	15.9	19.4
1382.00	6220.54	6782.24	7420.94	4770.5	1581.9	537.0	107.0	12.0	13.4	15.0
13.36	37.28	34.35	34.36	34673.6	3538.4	257.3	92.1	18.8	17.6	8.2
17.84	0.58	1.02	1505.22	150521.6	16724.6	8437.3	178.3	24.0	26.2	44.7
43.43	113.42	29.46	93.71	586.8	301.6	215.8	104.8	5.3	5.1	6.6
13796	21213	34210	38866	287.1	755.3	281.7	98.5	3.2	9.6	9.0
269.81	3101.89	3910.88	4885.21			903.9	114.7			20.1
1835.86	8424.86	9964.06	11474.12			625.0	115.2			16.5
897.00	14196.68	18466.82	22267.64			2482.4	120.6			30.7
80.54	1445.95	1814.69	2129.76			2644.3	117.4			31.4
29.80	86.10	85.02	107.40		853.7	360.4	126.3		10.2	11.3
116.41	1691.47	2096.72	2793.72		20303.2	2399.9	133.2		27.3	30.3
2572.30	13669.67	15514.26	18889.37		3874.7	734.3	121.8		18.1	18.1
1359.80	6488.09	7813.18	10148.83		5272.1	746.3	129.9		19.7	18.2
2197	2734.10	2734	2734	230.9	172.9	124.4	100.0	2.5	2.5	1.8
60292	140597	146618	150595	497.9	453.6	249.8	102.7	4.8	7.1	7.9

a) Output of industrial products are above designated size since 2000.

b) The total length of highways have included the village road since 2006.

1-2 续表2

指　　标	Item	总量指标	
		1978	1990
货物周转量(亿吨公里)	Freight Ton-kilometers (100 million ton-km)	128.63	299.06
铁　路(亿吨公里)	Railways (100 million ton-km)	108.48	204.27
公　路(亿吨公里)	Highways (100 million ton-km)	5.14	62.83
水　运(亿吨公里)	Waterways (100 million ton-km)	15.01	31.96
空　运(万吨公里)	Civil Aviation (10000 ton-km)		56
旅客周转量(亿人公里)	Passenger-kilometers (100 million person-km)	44.67	170.37
铁　路(亿人公里)	Railways (100 million person-km)	26.73	74.65
公　路(亿人公里)	Highways (100 million person-km)	16.83	93.88
水　运(亿人公里)	Waterways (100 million person-km)	1.13	1.11
空　运(万人公里)	Civil Aviation (10000 person-km)		7306
邮电通信业	**Postal and Telecommunication Services**		
邮电业务总量(亿元)	Business Volume of Postal and Telecommunication Services (100 million yuan)	0.92	2.85
函　件(万件)	Number of Letters (10000 pcs)	7372	17162
报刊期发数(万份)	Issue of Number of Newspapers and Magazines (10000 copies)	302	490
移动电话用户(万户)	Number of Mobile Telephone Subscribers (10000 subscribers)		
固定电话用户(万户)	Fixed Telephone Subscribers (10000 Subscribers)	5.59	12.61
城市	Urban	3.01	10.11
农村	Rural	2.58	2.49
计算机互联网用户(万户)	Number of Internet Services Subscribers (10000 subscribers)		
局用交换机容量(万门)	Capacity of Office Telephone Exchanges (10000 line)	10.21	26.94
内外贸易和旅游	**Domestic Trade , Foreign Trade and Tourism**		
社会消费品零售总额(亿元)	Total Retail Sales of Consumer Goods(100 million yuan)	33.93	151.94
海关进出口总额(万美元)	Total Value of Imports and Exports (USD 10000)		71934
出口额	Exports		58023
进口额	Imports		13911
外商直接投资合同金额(万美元)	Contracted Foreign Direct Investments (USD 10000)		2855
外商直接投资实际使用金额(万美元)	Actually Utilized Foreign Direct Investments (USD 10000)		621
旅游总收入(亿元)	Total Tourism Earnings (100 million yuan)		
涉外旅游人数(人次)	Number of International Tourists (person-times)		52875
涉外旅游收汇(万美元)	Foreign Exchange Earnings from International Tourism (USD 10000)		418
金融业(亿元)	**Financial Intermediation (100 million yuan)**		
金融机构人民币存款余额	Deposits of National Banking System		
金融机构人民币贷款余额	Loans of National Banking System		
教育、文化、卫生	**Education,Culture and Health Care**		
高等学校在校学生数(人)	Students Enrollment of Higher Education(person)	21847	57087
中等专业学校在校学生数(人)	Students Enrollment of Specialized Secondary Schools(persons)	28926	61675
普通中学在校学生数(万人)	Students Enrollment of Secondary Schools(10000 persons)	169.20	181.06
小学在校学生数(万人)	Students Enrollment of Primary Schools(10000 persons)	513.77	450.44
学龄儿童入学率(%)	Rate of School-age Children Enrollment (%)	94.15	98.24
报纸出版数量(万份)	Number of Newspapers Published(10000 copies)	14453	58930
期刊出版数量(万册)	Number of Magazines Published(10000 copies)	378	2714
图书出版数量(万册)	Number of Books Published (10000 copies)	8495	19216
卫生机构数(个)	Number of Hospitals(unit)	5178	5632
卫生技术人员(人)	Number of Medical Technical Personnels(person)	70247	116786
#医　生	Number of Doctors	30430	51994
病 床 数(张)	Number of Hospital Beds(bed)	72289	92274

注：1.邮电业务总量2000年以前按1990年不变价格计算，2001年以后按2000年不变价格计算,2011年以后按2010年不变价格计算。
2.卫生机构数1996年开始包括个体机构。
3.2007年卫生年报统计口径变动。
4.交通运输数据2008年开始按新口径计算
5.2009年互联网用户口径变化为宽带用户数。

continued

Aggregate Data				速度指标 (%)				Indices and Growth Rates (%)		
				指数 Index (2012为以下各年) (2012 as Percentage of the Following Years)				平均增长速度 Average Annual Growth Rate		
2000	2010	2011	2012	1978	1990	2000	2011	1979-2012	1991-2012	2001-2012
746.93	2738.70	3004.02	3448.97	2681.3	1153.3	461.8	114.8	10.2	11.8	13.6
563.82	705.90	733.77	681.75	628.5	333.7	120.9	92.9	5.6	5.6	1.6
147.19	1850.20	2066.83	2559.78	49801.1	4074.1	1739.1	123.9	20.0	18.4	26.9
35.81	182.41	203.27	207.26	1380.8	648.5	578.7	102.0	8.0	8.9	15.8
1094	1923	1550.34	1743.41		3113.2	159.4	112.5		16.9	4.0
453.07	912.76	962.56	979.85	2193.5	575.1	216.3	101.8	9.5	8.3	6.6
271.91	564.80	600.18	584.06	2185.0	782.4	214.8	97.3	9.5	9.8	6.6
171.33	330.48	340.90	371.89	2209.7	396.1	217.1	109.1	9.5	6.5	6.7
1.20	0.32	0.30	0.32	28.0	28.5	26.4	106.2	-3.7	-5.5	-10.5
86356	171654	211766	235824		3227.8	273.1	111.4		17.1	8.7
81.31	698.05	251.20	309.74	33605.3	10868.1	380.9	123.3	18.7	23.8	11.8
14010	17971	13168	10247	139.0	59.7	73.1	77.8	1.0	-2.3	-2.6
375	361	395	346	114.7	70.6	92.3	87.6	0.4	-1.6	-0.7
140.29	1811.26	2322.1	2638.8			1881.0	113.6			27.7
354.09	709.60	673.9	644.2	11524.2	5108.6	181.9	95.6	15.0	19.6	5.1
234.34	439.74	421.9	405.4	13468.4	4009.9	173.0	96.1	15.5	18.3	4.7
119.75	269.84	252	238.8	9255.8	9590.4	199.4	94.8	14.2	23.1	5.9
26.95	253.40	313	372			1380.3	118.8			24.5
438.63	567.10	296	289	2829.0	1072.5	65.9	97.6	10.3	11.4	-3.4
704.87	2956.21	3485.06	4027.25	11869.3	2650.6	571.3	115.6	15.1	16.1	15.6
162399	2160007	3146771	3341383		4645.1	2057.5	106.2		19.1	28.7
119736	1341606	2187496	2511279		4328.1	2097.3	114.8		18.7	28.9
42663	818400	959275	830104		5967.2	1945.7	86.5		20.4	28.1
26478	749447	844545	816170		28587.4	3082.4	96.6		29.3	33.1
22724	510084	605881	682431		109892.3	3003.1	112.6		37.5	32.8
134.6	818.32	1105.93	1402.59			1042.0	126.8			21.6
163057	1140792	1358265	1561793		2953.7	957.8	115.0		16.6	20.7
6234	34630	41500	48473		11596.4	777.6	116.8		24.1	18.6
1966.78	11846.18	14240.29	16715.91			849.9	117.4			19.5
1739.87	7757.12	9175.16	10924.55			627.9	119.1			16.5
146411	837797	843180	876328	4011.2	1535.1	598.5	103.9	11.5	13.2	16.1
160022	238744	240788	249127	861.3	403.9	155.7	103.5	6.5	6.6	3.8
259.22	273.96	279.26	278.18	164.4	153.6	107.3	99.6	1.5	2.0	0.6
422.68	426.02	434.05	434.14	84.5	96.4	102.7	100.0	-0.5	-0.2	0.2
99.58	99.93	99.76	99.85	106.1	101.6	100.3	100.1	0.2	0.1	0.0
39929	70449	74425	76158	526.9	129.2	190.7	102.3	5.0	1.2	5.5
9060	7060	7325	7217	1909.3	265.9	79.7	98.5	9.1	4.5	-1.9
20300	16039	17201	18196	214.2	94.7	89.6	105.8	2.3	-0.2	-0.9
8048	7172	7121	7137	137.8	126.7	88.7	100.2	0.9	1.1	-1.0
123192	154733	166069	179797	255.9	154.0	145.9	108.3	2.8	2.0	3.2
54437	59264	62888	67168	220.7	129.2	123.4	106.8	2.4	1.2	1.8
90930	127915	136512	157660	218.1	170.9	173.4	115.5	2.3	2.5	4.7

a) Business volume of post and telecommunication services before 2000 are calculated at constant prices of 1990 and at 2000 constant prices since 2000， and at 2011 constant prices since2010.
b) Number of hospitals include individual since 1996.
c) Statistical standards in health report have changed since 2007.
d)The datas of transportation are calculated according to new statistical scope since 2008.
e)Internet subscriber is adjusted to DSL subscriber in 2009.

1-3 国民经济主要比例关系
Principal Relations of Major Indicators on National Economic

单位：% (%)

指　　标	Item	1978	1980	1990	2000	2010	2011	2012
地区生产总值	**Gross Domestic Product**							
第一产业	Primary Industry	41.6	43.5	41.0	24.2	12.8	11.9	11.8
第二产业	Secondary Industry	38.0	36.9	31.2	35.0	54.2	54.6	53.6
工　业	Industry	26.6	27.8	27.2	27.2	45.4	46.2	45.0
建筑业	Construction	11.4	9.1	4.0	7.8	8.8	8.4	8.6
第三产业	Tertiary Industry	20.4	19.6	27.8	40.8	33.0	33.5	34.6
#交通运输邮电业	Transport,Postal and Telecommunication Services	2.9	3.5	5.9	9.7	4.7	4.3	4.9
批零贸易和住宿餐饮业	Wholesaleand Retaill Trades,Hotel and Catering Services	5.6	5.2	4.6	9.1	9.2	9.4	9.6
金融业	Financial Intermediation	1.4	1.3	6.4	4.6	2.6	3.1	3.2
国内支出总额	**Total Domestic Consumption Expenditure**							
最终消费中	Final Consumption Expenditure							
居民消费	Resident Consumption		84.5	80.6	77.9	79.0	76.2	75.3
政府消费	Government Consumption Expenditure		15.5	19.4	22.1	21.0	23.8	24.7
资本形成总额中	Gross Capital Formation							
固定资本形成	Gross Fixed Capital	86.1	86.1	62.1	84.3	97.6	96.6	96.7
存货增加	Changes in Inventories	13.9	13.9	37.9	15.7	2.4	3.4	3.3
全省总人口	**Province Total Population**							
城镇人口	Urban				27.7	44.1	45.7	47.5
乡村人口	Rural				72.3	55.9	54.3	52.5
社会就业人员	**Total Employed Persons**							
第一产业	Primary Industry	77.2	77.7	65.7	46.6	35.6	34.4	32.9
第二产业	Secondary Industry	13.0	12.3	20.3	24.4	29.6	30.1	31.0
第三产业	Tertiary Industry	9.8	10.0	14.0	29.0	34.8	35.5	36.1
农业总产值	**Gross Agricultural Output Value**							
农　业	Farming	74.0	70.7	60.1	46.5	42.2	41.6	41.8
林　业	Forestry	11.9	14.1	9.4	7.8	9.8	9.3	9.5
牧　业	Animal Husbandry	12.8	14.0	26.4	29.9	30.7	33.3	31.4
渔　业	Fishery	1.3	1.2	4.1	13.5	13.5	12.3	13.9
服务业	Service in Support of Agriculture				2.3	3.8	3.5	3.4
规模以上工业增加值	**Gross Industrial Value-added Above Designated Size**							
轻工业	Light Industry				37.7	34.6	31.7	33.6
重工业	Heavy Industry				62.3	65.4	68.3	66.4
全社会固定资产投资	**Total Investment in Fixed Assets**							
第一产业	Primary Industry					2.9	2.6	2.9
第二产业	Secondary Industry					57.5	57.3	55.7
第三产业	Tertiary Industry					39.6	40.1	41.4
公共财政预算支出	**Public Financial Expenditures of the Local Government**							
文教科学卫生事业费	Operating Expenses for Culture, Education, Science and Health Care	18.0	25.4	27.4	24.7	25.7	28.9	30.3
#科　学	Science	0.2	0.4	0.8	0.5	0.9	0.8	0.9
教　育	Education	10.6	15.6	16.4	17.1	15.5	18.7	20.6

1-4 主要指标每人年平均水平

Per Capita Average Annual Level of Major Indicators

指标	Item	1978	1980	1990	2000	2010	2011	2012
地区生产总值(元)	**Gross Domestic Product(yuan)**	**276**	**342**	**1134**	**4851**	**21253**	**26150**	**28800**
第一产业	Primary Industry	115	149	466	1175	2714	3108	3381
第二产业	Secondary Industry	105	126	353	1697	11519	14279	15441
第三产业	Tertiary Industry	56	67	315	1979	7019	8762	9977
财政总收入(元)	**Government Revenue (yuan)**	**39**	**38**	**107**	**416**	**2757**	**3676**	**4551**
年末居民储蓄存款余额(元)	**Balance of Savings Deposit of Households at Year-end(yuan)**	**13**	**24**	**375**	**2997**	**13746**	**15917**	**18842**
主要农产品产量(公斤)	**Output of Major Farm Products(kg)**							
粮　食	Grain	357.33	381.60	438.86	391.04	439.53	458.69	463.69
棉　花	Cotton	1.10	1.32	1.51	1.65	2.94	3.19	3.39
油料折油	Oil-bearing Crops Converted into oil	2.10	2.09	5.19	7.88	8.20	8.32	10.24
甘　蔗	Sugar Cane	21.68	26.38	51.42	33.13	13.29	14.04	13.70
水　果	Fruits	0.93	1.73	6.17	10.25	66.81	86.62	82.35
肉类总产量	Total output of Meat	8.34	11.71	29.57	46.58	69.30	70.78	74.27
牛　奶	Milk	0.16	0.28	0.59	1.36	2.67	2.83	2.82
水 产 品	Aquatic Products	1.88	2.32	8.12	30.79	48.42	49.79	52.71
主要工业产品产量	**Output of Major Industrial Products**							
化学纤维(公斤)	Chemical Fiber(kg)	0.13	0.41	0.53	1.71	4.03	7.03	8.43
布(混合数)(米)	Cloth(m)	6.40	9.24	8.09	5.26	18.10	18.04	20.61
机制纸及纸板(公斤)	Machine-made Paper and Paperboard(kg)	2.94	3.91	6.77	5.82	41.96	49.02	35.90
原　煤(公斤)	Coal(kg)	455.65	458.62	536.50	439.28	636.40	545.88	558.65
原油加工量(公斤)	Processed Crude Oil(kg)					1053.31	964.93	1129.05
发 电 量(千瓦小时)	Electricity(kwh)	143.82	176.05	321.32	486.95	1387.46	1537.87	1478.38
粗钢(公斤)	Crude Steel (kg)	8.14	11.93	29.67	77.47	412.40	461.96	476.15
钢材(公斤)	Rolled Steel(kg)	7.78	14.36	24.43	68.52	438.83	502.17	526.87
水　泥(公斤)	Cement(kg)	49.38	61.85	124.16	334.71	1398.75	1515.47	1650.50
化学肥料(公斤)	Chemical Fertilezers(kg)	5.07	7.92	8.22	10.52	25.50	6.58	20.84
化学农药(公斤)	Chemical Pesticide(kg)	0.43	0.54	0.14	0.33	0.48	0.76	0.86
主要消费品消费量	**Consumption of Major Consumer Good**							
农民生活消费量(公斤)	Living Consumption of Rural Households(kg)							
粮　食	Grain		314.55	340.85	303.61	213.52	203.91	190.77
植 物 油	Vegetable Oils		2.03	4.76	8.73	6.57	8.22	8.27
猪牛羊肉	Pork, Beef and Mutton		6.60	11.99	12.64	12.71	13.70	13.90
蛋　类	Eggs		1.04	1.95	3.26	3.28	4.56	4.71
水 产 品	Aquatic Products		1.54	2.02	3.73	5.23	5.77	5.84
城镇居民购买量(元)	Purchase of Urban Households(yuan)							
粮　食	Grain					353.11	408.64	438.11
油脂类	Vegetable Oils					164.49	191.16	200.77
肉禽及其制品类	Pork, Beef and Mutton					916.40	1107.29	1161.86
蛋　类	Eggs					89.11	104.28	104.01
水 产 品	Aquatic Products					254.69	260.95	291.21

1-5 江 西 的 一 天

One Day of Jiangxi

指　　标	Item	1978	2000	2010	2011	2012
全省每天创造的财富	**Province Daily Production**					
地区生产总值(万元)	Gross Domestic Product(10000 yuan)	2384	54879	258939	320625	354764
第一产业	Primary Industry	991	13292	33068	38112	41650
第二产业	Secondary Industry	907	19199	140353	175084	190208
工业	Industry	635	14788	117445	148270	159677
建筑业	Construction	272	4410	22907	26813	30531
第三产业	Tertiary Industry	486	22388	85518	107430	122906
#交通运输邮电业	Transport,Postal and Telecommunication Services	70	5342	12225	13902	17276
批零贸易和住宿餐饮业	Wholesaleand Retaill Trades,Hotel and Catering Services	135	4985	23770	30199	34158
金融业	Financial Intermediation	32	2708	6616	9793	11317
财政总收入(万元)	Government Revenue(10000 yuan)	335	4704	33596	45068	56059
公共财政预算支出(万元)	Public Financial Expenditures of the Local Government (10000 yuan)	446	6123	52692	69441	82718
布产量(万米)	Cloth(10000 meters)	55	59	221	221	254
机制纸及纸板(吨)	Machine-made Paper and Paperboard(ton)	254	658	5112	6011	4422
原煤产量(吨)	Coal(ton)	39329	49692	77540	66932	68816
原油加工量(吨)	Processed Crude Oil(ton)			12834	11831	13908
发电量(万千瓦小时)	Electricity(10000 kwh)	1241	5508	16905	18856	18211
粗钢(吨)	Crude Steel (ton)	702	8763	50247	56641	58654
钢材(吨)	Rolled Steel (ton)	671	7751	53467	61572	64901
水泥(吨)	Cement(ton)	4262	37863	170426	185815	203314
汽车(辆)	Vehicles(unit)	3	366	1021	941	941
照相机(架)	Cameras(set)	27	489	16	28	41239
全省每天消费	**Province Daily Consumption**					
最终消费(万元)	Final Consumption(10000 yuan)	1558	34783	122992	153258	172995
居民消费	Resident Consumption		27101	97136	116758	130241
农村居民消费	Rural Households Consumption		15743	30204	39555	42244
城镇居民消费	Urban Households Consumption		11358	66932	77203	87997
政府消费	Government Consumption Expenditure		7682	25856	36501	42754
能源消费(万吨标准煤)	Energy Consumption(10000 tons of SCE)		6.86	17.41	18.98	19.82
社会消费品零售总额(万元)	Total Retail Sales of Consumer Goods (10000 yuan)	930	19312	80992	95481	110336
全省每天其他活动	**Province Other Daily Economic Activities**					
货物运输量(万吨)	Freight Traffic(10000 tons)	12.89	64.66	274.90	305.69	369.73
旅客运输量(万人)	Passenger Traffic(10000 persons)	17.69	98.14	209.95	216.82	232.09
出版报纸(万份)	Newspapers Published(10000 copies)	39.60	109.39	193.01	203.90	208.65
出版期刊(万册)	Number of Magazines Published(10000 copies)	1.03	28.70	19.34	20.07	19.77
出版图书(万册)	Books Published(10000 copies)	23.27	55.62	43.94	47.13	49.85
邮电业务总量(万元)	Business Volume of Postal and Telecommunication Services(10000 yuan)	21	2228	19125	21352	8486
邮寄函件(万件)	Letters Delivered(10000 pieces)	20.20	38.38	49.24	36.08	28.07
邮寄包裹(件)	Packages Delivered(piece)		6767	3315	3419	3256
结婚人数(对)	Number of Marriages(couple)	437	810	989	1022	1154
离婚人数(对)	Number of Divorces(couple)	28	66	134	149	164

1-6 地区生产总值

Gross Domestic Product

本表按当年价格计算。

Data in this table are calculated at current prices.

单位：亿元 (100 million yuan)

年 份 地 区 Year Region	地区生产总值 Gross Domestic Product	第一产业 Primary Industry	第二产业 Secondary Industry	工 业 Industry	建筑业 Construction	第三产业 Tertiary Industry	交通运输仓储和邮政业 Transport, Storage and Post	批发零售和住宿餐饮业 Whlesale and Retail Trades,Hotel and Catering Services	金融业 Financial Intermediation	人均地区生产总值（元） Per Capita GDP (yuan)
1978	87.00	36.18	33.08	23.16	9.92	17.74	2.54	4.91	1.18	276
1980	111.15	48.31	41.00	30.84	10.16	21.84	3.92	5.78	1.39	342
1985	207.89	84.06	76.05	63.13	12.92	47.78	12.27	11.57	5.60	597
1990	428.62	175.96	133.56	116.50	17.06	119.10	25.18	19.74	27.33	1134
1991	479.37	183.27	154.77	135.82	18.95	141.33	26.73	27.86	31.17	1249
1992	572.55	200.81	199.40	168.14	31.26	172.34	31.61	35.80	38.83	1472
1993	723.04	225.58	282.46	233.76	48.70	215.00	39.43	44.68	48.44	1835
1994	948.16	314.35	338.23	269.16	69.07	295.58	55.93	57.76	61.71	2376
1995	1169.73	374.64	403.74	314.49	89.25	391.35	78.32	82.39	71.84	2896
1996	1409.74	440.00	481.30	375.83	105.47	488.44	101.64	108.31	86.32	3452
1997	1605.77	475.18	548.84	438.98	109.86	581.75	115.41	124.66	97.40	3890
1998	1719.87	450.44	608.22	477.15	131.07	661.21	145.40	143.54	100.50	4124
1999	1853.65	464.40	648.82	503.79	145.03	740.43	167.74	161.63	101.15	4402
2000	2003.07	485.14	700.76	543.88	156.88	817.17	194.98	181.96	92.97	4851
2001	2175.68	506.00	786.12	603.23	182.89	883.56	217.94	192.06	82.02	5221
2002	2450.48	535.98	941.77	702.42	239.35	972.73	248.61	214.19	76.51	5829
2003	2807.41	560.00	1204.33	863.31	341.02	1043.08	266.11	243.06	64.31	6624
2004	3456.70	664.50	1566.40	1140.00	426.40	1225.80	320.50	296.37	65.10	8097
2005	4056.76	727.37	1917.47	1455.50	461.97	1411.92	300.60	355.63	69.55	9440
2006	4820.53	786.14	2419.74	1905.15	514.59	1614.65	339.08	406.55	79.75	11145
2007	5800.25	905.77	2975.53	2412.30	563.23	1918.95	371.60	473.70	101.34	13322
2008	6971.05	1060.38	3554.81	2906.86	647.95	2355.86	388.42	596.97	130.57	15900
2009	7655.18	1098.66	3919.45	3196.56	722.89	2637.07	394.90	721.48	165.10	17335
2010	9451.26	1206.98	5122.88	4286.76	836.12	3121.40	446.22	867.60	241.49	21253
2011	11702.82	1391.07	6390.55	5411.86	978.69	3921.20	507.44	1102.26	357.44	26150
2012	12948.88	1520.23	6942.59	5828.20	1114.39	4486.06	630.56	1246.78	413.07	28800
南昌市 Nanchang	3000.52	147.19	1693.65	1290.93	402.72	1159.68	138.08	269.01	157.76	58715
景德镇市 Jingdezhen	628.25	48.97	373.78	329.50	44.28	205.50	33.78	65.57	9.26	39151
萍乡市 Pingxiang	733.06	53.12	445.68	404.75	40.93	234.26	40.35	69.50	13.78	39186
九江市 Jiujiang	1420.10	118.29	808.84	679.87	128.97	492.97	82.50	152.26	15.18	29785
新余市 Xinyu	830.32	48.21	502.01	444.75	57.26	280.10	50.05	87.36	24.81	72266
鹰潭市 Yingtan	482.17	41.46	305.92	285.14	20.78	134.79	36.92	35.40	17.33	42449
赣州市 Ganzhou	1508.49	252.41	696.78	603.48	93.30	559.30	81.38	106.62	64.52	17873
吉安市 Ji'an	1006.26	180.51	520.59	447.73	72.86	305.16	42.21	77.34	21.71	20755
宜春市 Yichun	1247.60	202.67	702.20	633.39	68.81	342.73	50.18	91.25	31.81	22855
抚州市 Fuzhou	825.04	152.00	435.93	362.93	73.00	237.11	51.82	55.12	6.79	20893
上饶市 Shangrao	1265.39	192.83	662.54	552.53	110.01	410.02	54.40	118.37	22.56	19077

注：自2005年起，交通运输仓储和邮政业不含信息传输计算机服务和软件业。

a) Since 2005, transportation,storage and post has not included information transmission, computer service and software.

1-7 地区生产总值构成

Composition of Gross Domestic Product

本表按当年价格计算。
Data in this table are calculated at current prices.

单位：% (%)

年份 地区 Year Region	地区生产总值 Gross Domestic Product	第一产业 Primary Industry	第二产业 Secondary Industry	工业 Industry	建筑业 Construction	第三产业 Tertiary Industry	交通运输仓储和邮政业 Transport, Storage and Post	批发零售和住宿餐饮业 Whlesale and Retail Trades,Hotel and Catering Services	金融业 Financial Intermediation
1978	100.0	41.6	38.0	26.6	11.4	20.4	2.9	5.6	1.4
1980	100.0	43.5	36.9	27.8	9.1	19.6	3.5	5.2	1.3
1985	100.0	40.4	36.6	30.4	6.2	23.0	5.9	5.6	2.7
1990	100.0	41.0	31.2	27.2	4.0	27.8	5.9	4.6	6.4
1995	100.0	32.0	34.5	26.9	7.6	33.5	6.7	7.0	6.1
1996	100.0	31.2	34.1	26.6	7.5	34.7	7.2	7.7	6.1
1997	100.0	29.6	34.2	27.3	6.9	36.2	7.2	7.8	6.1
1998	100.0	26.2	35.4	27.8	7.6	38.4	8.5	8.3	5.8
1999	100.0	25.1	35.0	27.2	7.8	39.9	9.0	8.7	5.5
2000	100.0	24.2	35.0	27.2	7.8	40.8	9.7	9.1	4.6
2001	100.0	23.3	36.1	27.7	8.4	40.6	10.0	8.8	3.8
2002	100.0	21.9	38.5	28.7	9.8	39.6	10.1	8.7	3.1
2003	100.0	19.9	42.9	30.8	12.1	37.2	9.5	8.7	2.3
2004	100.0	19.2	45.3	33.0	12.3	35.5	9.3	8.2	1.9
2005	100.0	17.9	47.3	35.9	11.4	34.8	7.4	8.4	1.7
2006	100.0	16.3	50.2	39.5	10.7	33.5	7.0	8.4	1.7
2007	100.0	15.6	51.3	41.6	9.7	33.1	6.4	8.2	1.7
2008	100.0	15.2	51.0	41.7	9.3	33.8	5.6	8.6	1.9
2009	100.0	14.4	51.2	41.8	9.4	34.4	5.2	9.4	2.2
2010	100.0	12.8	54.2	45.4	8.8	33.0	4.7	9.2	2.6
2011	100.0	11.9	54.6	46.2	8.4	33.5	4.3	9.4	3.1
2012	100.0	11.8	53.6	45.0	8.6	34.6	4.9	9.6	3.2
南昌市 Nanchang	100.0	4.9	56.4	43.0	13.4	38.7	4.6	9.0	5.3
景德镇市 Jingdezhen	100.0	7.8	59.5	52.5	7.0	32.7	5.4	10.4	1.5
萍乡市 Pingxiang	100.0	7.2	60.8	55.2	5.6	32.0	5.5	9.5	1.9
九江市 Jiujiang	100.0	8.3	57.0	47.9	9.1	34.7	5.8	10.7	1.1
新余市 Xinyu	100.0	5.8	60.5	53.6	6.9	33.7	6.0	10.5	3.0
鹰潭市 Yingtan	100.0	8.6	63.4	59.1	4.3	28.0	7.7	7.3	3.6
赣州市 Ganzhou	100.0	16.7	46.2	40.0	6.2	37.1	5.4	7.1	4.3
吉安市 Ji'an	100.0	18.0	51.7	44.5	7.2	30.3	4.2	7.7	2.2
宜春市 Yichun	100.0	16.2	56.3	50.8	5.5	27.5	4.0	7.3	2.5
抚州市 Fuzhou	100.0	18.4	52.8	44.0	8.8	28.8	6.3	6.7	0.8
上饶市 Shangrao	100.0	15.2	52.4	43.7	8.7	32.4	4.3	9.4	1.8

1-8 地区生产总值指数

Indices of Gross Domestic Product

本表按可比价格计算。

Data in this table are calculated at constant pieces.

(1978年=100) (year of 1978=100)

年份 Year	地区生产总值 Gross Domestic Product	第一产业 Primary Industry	第二产业 Secondary Industry	工业 Industry	建筑业 Construction	第三产业 Tertiary Industry	交通运输仓储和邮政业 Transport, Storage and Post	批发零售和住宿餐饮业 Whlesale and Retail Trades,Hotel and Catering Services	金融业 Financial Intermediation	人均地区生产总值 Per Capita GDP
1978	100.0	100.0	100.0	100.0	100.0	100.0	100.0	100.0	100.0	100.0
1979	115.8	115.4	115.9	120.9	104.2	116.6	141.6	108.2	83.3	113.8
1980	120.7	116.4	129.7	138.9	108.1	114.4	147.1	106.1	98.1	117.0
1981	127.5	128.3	127.8	142.2	93.6	125.0	152.0	120.4	107.2	122.2
1982	139.4	144.1	131.5	146.5	96.4	141.4	202.3	131.1	141.6	132.0
1983	148.9	144.2	150.6	165.5	115.4	154.8	221.7	149.1	155.1	139.1
1984	171.8	157.9	182.5	211.0	115.4	183.0	235.9	156.6	314.1	157.9
1985	197.2	169.1	218.3	258.7	123.5	222.9	303.1	182.8	382.9	178.3
1986	210.4	171.0	234.2	286.9	117.0	256.8	312.5	210.6	514.6	187.0
1987	227.9	186.6	250.4	310.4	115.5	280.2	320.9	199.9	761.6	199.2
1988	253.9	191.6	291.5	361.3	134.4	327.6	375.1	233.7	1077.7	218.7
1989	269.4	199.1	305.2	373.9	150.8	364.0	390.9	207.8	1353.6	228.5
1990	281.5	211.8	312.8	392.2	133.9	382.9	439.0	136.5	1368.5	234.8
1991	304.6	219.2	349.7	434.6	138.5	429.2	407.4	177.7	1467.0	250.1
1992	349.7	231.9	430.1	511.5	222.7	511.6	449.0	275.3	1665.0	283.4
1993	397.6	235.6	554.4	650.1	315.3	573.0	489.4	277.5	1981.4	318.0
1994	432.6	249.0	593.2	678.1	392.5	659.0	580.4	301.6	2211.2	341.5
1995	462.0	261.5	611.0	684.2	449.0	749.3	705.2	348.6	2339.4	360.4
1996	516.1	283.7	692.3	778.6	499.3	848.2	777.8	425.3	2470.4	398.2
1997	579.6	303.0	799.6	917.2	520.8	966.9	912.4	482.7	2670.5	442.4
1998	620.8	291.5	888.4	1013.5	597.4	1087.8	1121.3	562.3	2729.3	468.9
1999	669.2	309.0	946.1	1068.2	670.3	1204.2	1320.9	634.3	2786.6	500.5
2000	722.7	330.0	1009.5	1143.0	705.2	1329.4	1550.7	726.9	2549.7	551.5
2001	786.3	343.9	1139.7	1266.4	844.8	1434.4	1713.5	780.0	2412.0	594.8
2002	868.9	359.0	1350.5	1495.6	1012.9	1533.4	1895.1	862.7	2151.5	651.3
2003	981.9	368.7	1678.7	1787.2	1408.9	1646.9	2052.4	975.7	1912.7	730.1
2004	1111.5	398.2	1990.9	2114.3	1682.2	1808.3	2309.0	1097.7	1579.9	820.6
2005	1253.8	424.1	2331.3	2545.6	1826.9	2003.6	2593.0	1238.2	1668.4	919.9
2006	1408.0	451.7	2711.3	3029.3	1965.7	2202.0	2917.1	1386.8	1786.9	1026.6
2007	1593.9	470.2	3180.4	3683.6	2012.9	2459.6	3281.7	1547.7	1954.9	1154.9
2008	1804.3	492.8	3721.1	4427.7	2087.4	2742.5	3445.8	1767.5	2166.0	1298.1
2009	2040.7	515.0	4357.4	5242.4	2308.7	3035.9	3483.7	2068.0	2577.5	1457.8
2010	2326.4	535.6	5150.4	6285.6	2525.7	3375.9	3919.2	2336.8	2959.0	1650.2
2011	2617.2	558.1	5933.3	7373.0	2639.4	3750.6	4166.1	2612.5	3281.5	1844.9
2012	2905.1	583.8	6710.6	8361.0	2950.8	4106.9	4524.4	2873.8	3632.6	2036.8

1-9 地区生产总值指数

Indices of Gross Domestic Product

本表按可比价格计算。

Data in this table are calculated at constant prices.

(上年=100) (preceding year =100)

年份 地区 Year Region	地区生产总值 Gross Domestic Product	第一产业 Primary Industry	第二产业 Secondary Industry	工业 Industry	建筑业 Construction	第三产业 Tertiary Industry	交通运输仓储和邮政业 Transport, Storage and Post	批发零售和住宿餐饮业 Whlesale and Retail Trades,Hotel and Catering Services	金融业 Financial Intermediation	人均地区生产总值 Per Capita GDP
1978	113.3	99.8	126.1			128.6				
1980	104.2	100.9	111.9	114.9	103.7	98.1	103.9	98.1	117.8	102.8
1985	114.8	107.1	119.6	122.6	107.0	121.8	128.5	116.7	121.9	112.9
1990	104.5	106.4	102.5	104.9	88.8	105.2	112.3	65.7	101.1	102.7
1991	108.2	103.5	111.8	110.8	103.4	112.1	92.8	130.2	107.2	106.5
1992	114.8	105.8	123.0	117.7	160.8	119.2	110.2	154.9	113.5	113.3
1993	113.7	101.6	128.9	127.1	141.6	112.0	109.0	100.8	119.0	112.2
1994	108.8	105.7	107.0	104.3	124.5	115.0	118.6	108.7	111.6	107.4
1995	106.8	105.0	103.0	100.9	114.4	113.7	121.5	115.6	105.8	105.5
1996	111.7	108.5	113.3	113.8	111.2	113.2	110.3	122.0	105.6	110.5
1997	112.3	106.8	115.5	117.8	104.3	114.0	117.3	113.5	108.1	111.1
1998	107.1	96.2	111.1	110.5	114.7	112.5	122.9	116.5	102.2	106.0
1999	107.8	106.0	106.5	105.4	112.2	110.7	117.8	112.8	102.1	106.7
2000	108.0	106.8	106.7	107.0	105.2	110.4	117.4	114.6	91.5	110.2
2001	108.8	104.2	112.9	110.8	119.8	107.9	110.5	107.3	94.6	107.8
2002	110.5	104.4	118.5	118.1	119.9	106.9	110.6	110.6	89.2	109.5
2003	113.0	102.7	124.3	119.5	139.1	107.4	108.3	113.1	88.9	112.1
2004	113.2	108.0	118.6	118.3	119.4	109.8	112.5	112.5	82.6	112.4
2005	112.8	106.5	117.1	120.4	108.6	110.8	112.3	112.8	105.6	112.1
2006	112.3	106.5	116.3	119.0	107.6	109.9	112.5	112.0	107.1	111.6
2007	113.2	104.1	117.3	121.6	102.4	111.7	112.5	111.6	109.4	112.5
2008	113.2	104.8	117.0	120.2	103.7	111.5	105.0	114.2	110.8	112.4
2009	113.1	104.5	117.1	118.4	110.6	110.7	101.1	117.0	119.0	112.3
2010	114.0	104.0	118.2	119.9	109.4	111.2	112.5	113.0	114.8	113.2
2011	112.5	104.2	115.2	117.3	104.5	111.1	106.3	111.8	110.9	111.8
2012	111.0	104.6	113.1	113.4	111.8	109.5	108.6	110.0	110.7	110.4
南昌市 Nanchang	112.5	104.6	113.6	113.7	113.0	111.9	116.6	110.4	104.5	111.6
景德镇市 Jingdezhen	111.6	104.1	112.4	113.0	108.1	111.7	112.3	104.9	135.0	110.8
萍乡市 Pingxiang	111.8	104.6	112.9	113.5	105.0	111.2	108.1	105.8	113.4	111.2
九江市 Jiujiang	112.0	104.2	113.1	113.9	108.6	112.2	114.6	106.2	121.8	111.5
新余市 Xinyu	110.3	104.5	110.1	110.1	110.3	111.9	104.0	105.4	107.7	109.8
鹰潭市 Yingtan	112.4	104.5	113.9	113.5	120.0	111.7	116.6	105.3	123.8	111.9
赣州市 Ganzhou	111.9	104.8	113.7	114.0	111.4	113.2	116.6	106.3	112.7	111.5
吉安市 Ji'an	111.3	104.7	113.7	113.2	116.8	111.2	110.7	107.3	131.7	110.9
宜春市 Yichun	111.6	104.5	113.6	113.9	110.7	111.8	108.0	105.8	125.1	111.1
抚州市 Fuzhou	110.8	104.6	113.3	114.2	108.8	110.2	108.0	104.9	114.0	110.2
上饶市 Shangrao	111.5	104.5	113.7	113.2	116.2	111.3	115.6	106.3	124.2	111.0

1-10 收入法地区生产总值

Income Approach of Gross Domestic Product

本表按当年价格计算。
Data in this table are calculated at current prices.

单位：亿元 (100 million yuan)

年 份 地 区 Year Region	地区生产总值 Gross Domestic Product	劳动者报酬 Compensation of Employees	固定资产折旧 Net Taxes on Prduction	生产税净额 Depreciation of Fixed Assets	营业盈余 Operating Surplus
1978	87.00	57.36	8.19	7.62	13.83
1980	111.15	73.40	9.06	9.05	19.64
1985	207.89	134.11	17.82	19.79	36.17
1990	428.62	265.24	33.85	42.61	86.92
1991	479.37	277.58	44.06	45.52	112.21
1992	572.55	358.84	55.87	50.56	107.28
1993	723.04	462.89	61.49	80.65	118.01
1994	948.16	613.87	97.04	106.10	131.15
1995	1169.73	718.54	123.45	100.37	227.37
1996	1409.74	898.92	140.02	120.04	250.76
1997	1605.77	1044.68	192.38	160.07	208.64
1998	1719.87	1081.83	229.54	166.88	241.62
1999	1853.65	1151.31	282.15	180.32	239.87
2000	2003.07	1218.70	351.87	210.86	221.64
2001	2175.68	1274.14	419.36	280.09	202.09
2002	2450.48	1399.72	497.42	316.47	236.87
2003	2807.41	1555.45	567.25	374.23	310.48
2004	3456.70	1932.98	684.25	475.52	363.95
2005	4056.76	1845.67	488.88	502.26	1219.95
2006	4820.53	2140.24	568.14	624.30	1487.85
2007	5800.25	2544.29	677.27	778.30	1800.39
2008	6971.05	3006.32	1159.71	1300.32	1504.70
2009	7655.18	3118.08	1364.35	1488.80	1683.95
2010	9451.26	4258.71	1183.45	1616.83	2392.27
2011	11702.82	5143.98	1607.25	1965.45	2986.14
2012	12948.88	5529.01	2114.79	1986.72	3318.36
南 昌 市 Nanchang	3000.52	1270.63	424.53	461.63	843.73
景德镇市 Jingdezhen	628.25	282.25	94.19	98.31	153.50
萍 乡 市 Pingxiang	733.06	237.93	116.63	77.49	301.01
九 江 市 Jiujiang	1420.10	523.29	196.04	221.59	479.18
新 余 市 Xinyu	830.32	245.28	181.41	159.13	244.50
鹰 潭 市 Yingtan	482.17	145.20	61.76	111.70	163.51
赣 州 市 Ganzhou	1508.49	629.69	188.80	246.64	443.36
吉 安 市 Ji'an	1006.26	502.24	115.32	149.39	239.31
宜 春 市 Yichun	1247.60	614.21	238.31	194.87	200.21
抚 州 市 Fuzhou	825.04	403.01	124.55	163.87	133.61
上 饶 市 Shangrao	1265.39	602.35	165.59	147.47	349.98

1-11 支出法地区生产总值

Gross Domestic Product by Expenditure Approach

本表按当年价格计算

Data in this table are calcuated at current prices

单位：亿元 (100 million yuan)

年份 地区 Year Region	支出法地区生产总值 Gross Domestic Product by Expenditure Approach	最终消费支出 Final Consumption Expenditures	居民消费支出 Household Consumption Expenditures	农村居民 Rural Household	城镇居民 Urban Household	政府消费支出 Government Consumption Expenditures	资本形成总额 Gross Capital Formation	固定资本形成总额 Gross Fixed Capital Formation	存货增加 Change in Inventories	货物和服务净出口 Net Exports of Goods and Services
1978	87.00	56.88					34.52	29.71	4.81	-4.40
1980	111.15	81.02	68.45	49.22	19.23	12.57	36.34	31.28	5.06	-6.21
1985	207.89	151.31	126.30	90.76	35.54	25.01	68.83	52.05	16.78	-12.25
1990	428.62	310.12	250.02	172.83	77.19	60.10	126.99	78.87	48.12	-8.88
1991	479.37	341.79	270.89	185.27	85.62	70.90	147.60	86.56	61.04	-10.02
1992	572.55	381.98	299.37	196.36	103.01	82.61	219.50	136.93	82.57	-28.93
1993	723.04	460.22	349.29	222.92	126.37	110.93	298.34	222.47	75.87	-35.52
1994	944.75	597.07	471.91	291.17	180.74	125.16	368.62	282.84	85.78	-20.94
1995	1177.26	769.98	629.78	401.86	227.92	140.20	425.44	325.55	99.89	-18.16
1996	1413.70	919.59	758.36	495.80	262.56	161.23	507.63	395.85	111.78	-13.52
1997	1596.56	989.60	796.77	504.29	292.48	192.83	617.03	477.30	139.73	-10.07
1998	1719.01	1053.66	823.03	516.98	306.05	230.63	672.85	520.82	152.03	-7.50
1999	1831.25	1122.56	865.87	532.56	333.31	256.69	715.49	552.67	162.82	-6.80
2000	1982.17	1269.58	989.20	574.63	414.57	280.38	718.29	605.54	112.75	-5.70
2001	2161.75	1357.47	1041.96	578.29	463.67	315.51	800.83	696.70	104.13	3.45
2002	2460.49	1459.65	1114.58	602.72	511.86	345.07	999.28	931.80	67.48	1.56
2003	2815.35	1525.90	1171.27	628.50	542.77	354.63	1321.68	1269.92	51.76	-32.23
2004	3464.59	1822.14	1431.42	744.46	686.96	390.72	1697.01	1633.53	63.48	-54.56
2005	4061.76	2117.30	1642.20	816.84	825.36	475.10	1981.98	1922.10	59.88	-37.52
2006	4790.28	2348.66	1780.54	893.04	887.50	568.12	2494.67	2422.06	72.61	-53.05
2007	5783.14	2782.34	2036.02	976.65	1059.37	746.32	3060.96	2982.33	78.63	-60.16
2008	6993.94	3302.78	2545.08	829.47	1715.61	757.70	3760.50	3675.71	84.79	-69.34
2009	7647.76	3538.42	2743.30	907.65	1835.65	795.12	4163.37	4082.63	80.74	-54.03
2010	9458.73	4496.69	3552.93	1156.53	2396.40	943.76	4854.65	4740.28	114.37	107.39
2011	11702.82	5593.93	4261.66	1443.74	2817.92	1332.27	5989.05	5785.75	203.30	119.84
2012	12948.88	6314.31	4753.79	1541.90	3211.89	1560.52	6513.67	6301.13	212.54	120.90
南昌市 Nanchang	3000.52	1575.27	1433.50	466.07	967.43	141.77	1482.26	1328.10	154.16	-57.01
景德镇市 Jingdezhen	628.25	282.42	234.77	76.95	157.82	47.65	346.38	317.52	28.86	-0.55
萍乡市 Pingxiang	733.06	287.56	193.11	73.51	119.60	94.45	426.37	419.46	6.91	19.13
九江市 Jiujiang	1420.10	633.09	482.28	153.92	328.36	150.81	777.28	682.28	95.00	9.73
新余市 Xinyu	830.32	275.46	154.71	28.15	126.56	120.75	530.57	538.91	-8.34	24.29
鹰潭市 Yingtan	482.17	165.01	119.04	34.64	84.40	45.97	350.38	325.85	24.53	-33.22
赣州市 Ganzhou	1508.49	745.81	557.39	235.63	321.76	188.42	1076.48	1027.10	49.38	-313.80
吉安市 Ji'an	1006.26	470.99	348.86	190.68	158.18	122.13	542.98	519.27	23.71	-7.71
宜春市 Yichun	1247.60	674.95	550.08	346.55	203.53	124.87	588.87	578.86	10.01	-16.22
抚州市 Fuzhou	825.04	313.78	237.20	113.53	123.67	76.58	503.12	367.38	135.74	8.14
上饶市 Shangrao	1265.39	518.08	448.35	248.33	200.02	69.73	805.01	774.91	30.10	-57.70

注：支出法生产总值不等于前表生产总值是由于计算误差的影响。

a) The gorss regional production by expenditure approach is not equal to gross domestic product due to statistical discrepancies.

1-12 支出法地区生产总值结构

Components of Gross Domestic Product by Expenditure Approach

本表按当年价格计算

Data in this table are calcuated at current prices

单位：%　　　　　　　　　　　　　　　　　　　　　　　　　　　　(%)

年 份 地 区 Year Region	最终消费率 (消费率) Final Consumption Rate	资本形成率 (投资率) Capital Formation Rate	最终消费支出＝100 Final Consumption Expenditures=100		资本形成总额＝100 Gross Capital Formation=100		居民消费支出＝100 Household Consumption Expenditures=100	
			居民消费支出 Household Consumption Expenditures	政府消费支出 Government Consumption Expenditures	固定资本形成总额 Gross Fixed Capital Formation	存货增加 Change in Inventories	农村居民 Rural Household	城镇居民 Urban Household
1978	65.38	39.68			86.1	13.9		
1980	72.89	32.69	84.5	15.5	86.1	13.9	71.9	28.1
1985	72.78	33.11	83.5	16.5	75.6	24.4	71.9	28.1
1990	72.35	29.63	80.6	19.4	62.1	37.9	69.1	30.9
1991	71.30	30.79	79.3	20.7	58.6	41.4	68.4	31.6
1992	66.72	38.34	78.4	21.6	62.4	37.6	65.6	34.4
1993	63.65	41.26	75.9	24.1	74.6	25.4	63.8	36.2
1994	63.20	39.02	79.0	21.0	76.7	23.3	61.7	38.3
1995	65.40	36.14	81.8	18.2	76.5	23.5	63.8	36.2
1996	65.05	35.91	82.5	17.5	78.0	22.0	65.4	34.6
1997	61.98	38.65	80.5	19.5	77.4	22.6	63.3	36.7
1998	61.29	39.14	78.1	21.9	77.4	22.6	62.8	37.2
1999	61.30	39.07	77.1	22.9	77.2	22.8	61.5	38.5
2000	64.05	36.24	77.9	22.1	84.3	15.7	58.1	41.9
2001	62.79	37.05	76.8	23.2	87.0	13.0	55.5	44.5
2002	59.32	40.61	76.4	23.6	93.2	6.8	54.1	45.9
2003	54.20	46.95	76.8	23.2	96.1	3.9	53.7	46.3
2004	52.59	48.98	78.6	21.4	96.3	3.7	52.0	48.0
2005	52.12	48.80	77.6	22.4	97.0	3.0	49.7	50.3
2006	49.03	52.08	75.8	24.2	97.1	2.9	50.2	49.8
2007	48.11	52.93	73.2	26.8	97.4	2.6	48.0	52.0
2008	47.22	53.77	77.1	22.9	97.7	2.3	32.6	67.4
2009	46.27	54.44	77.5	22.5	98.1	1.9	33.1	66.9
2010	47.54	51.32	79.0	21.0	97.6	2.4	32.6	67.4
2011	47.80	51.18	76.2	23.8	96.6	3.4	33.9	66.1
2012	48.80	50.30	75.3	24.7	96.7	3.3	32.4	67.6
南 昌 市 Nanchang	52.50	49.40	91.0	9.0	89.6	10.4	32.5	67.5
景德镇市 Jingdezhen	44.95	55.13	83.1	16.9	91.7	8.3	32.8	67.2
萍 乡 市 Pingxiang	39.23	58.16	67.2	32.8	98.4	1.6	38.1	61.9
九 江 市 Jiujiang	44.58	54.73	76.2	23.8	87.8	12.2	31.9	68.1
新 余 市 Xinyu	33.18	63.90	56.2	43.8	101.6	-1.6	18.2	81.8
鹰 潭 市 Yingtan	34.22	72.67	72.1	27.9	93.0	7.0	29.1	70.9
赣 州 市 Ganzhou	49.44	71.36	74.7	25.3	95.4	4.6	42.3	57.7
吉 安 市 Ji'an	46.81	53.96	74.1	25.9	95.6	4.4	54.7	45.3
宜 春 市 Yichun	54.10	47.20	81.5	18.5	98.3	1.7	63.0	37.0
抚 州 市 Fuzhou	38.03	60.98	75.6	24.4	73.0	27.0	47.9	52.1
上 饶 市 Shangrao	40.94	63.62	86.5	13.5	96.3	3.7	55.4	44.6

1-13 支出法地区生产总值指数

Indices of Gross Domestic Product by Expenditure Approach

本表按可比价格计算.
Data in this table are calculated at constant prices.

(1980=100) (year of 1980=100)

年份 Year	支出法地区生产总值 Gross Domestic Product by Expenditure Approach	最终消费支出 Final Consumption Expenditures	居民消费支出 Household Consumption Expenditures	农村居民 Rural Household	城镇居民 Urban Household	政府消费支出 Government Consumption Expenditures	资本形成总额 Gross Capital Formation	固定资本形成总额 Gross Fixed Capital Formation	存货增加 Change in Inventories
1980	100.0	100.0	100.0	100.0	100.0	100.0	100.0	100.0	100.0
1981	105.6	106.4	107.1	102.6	118.6	104.3	87.8	80.0	105.2
1982	115.4	122.8	121.9	121.8	122.2	129.2	113.0	105.2	145.7
1983	123.2	130.0	129.5	131.3	124.9	133.9	125.1	128.0	77.7
1984	142.2	146.6	141.5	143.5	136.6	180.0	149.0	140.9	163.0
1985	163.2	159.1	154.1	154.0	154.4	192.8	198.5	161.9	315.2
1986	174.1	168.3	158.6	156.0	165.5	233.9	216.4	212.4	204.6
1987	188.6	176.4	166.7	161.1	182.2	240.7	221.2	182.0	324.1
1988	210.1	187.5	177.5	166.4	208.4	252.7	291.8	145.6	815.8
1989	222.9	205.7	181.6	172.4	195.9	362.4	397.7	211.3	904.7
1990	232.9	219.5	193.9	184.8	207.5	385.6	371.8	205.8	811.5
1991	253.6	234.9	205.3	194.8	222.0	430.7	414.6	212.2	1018.4
1992	291.1	257.5	221.9	207.3	248.6	498.3	589.1	313.8	1367.7
1993	331.0	282.0	238.1	220.1	273.0	588.0	705.7	453.8	1131.1
1994	358.8	298.1	255.2	233.3	300.0	588.6	767.1	516.4	1079.1
1995	386.8	318.4	275.6	252.0	324.3	601.0	825.4	568.0	1081.3
1996	430.1	360.7	312.8	293.3	348.6	676.7	884.0	607.2	1164.6
1997	480.4	389.2	330.0	304.4	381.0	793.8	1035.2	700.7	1431.3
1998	516.9	412.6	338.9	310.5	397.0	935.1	1129.4	756.8	1610.2
1999	554.7	441.1	357.2	324.5	426.0	1042.6	1217.5	814.3	1742.2
2000	599.6	498.4	408.3	360.5	514.2	1137.5	1226.0	903.1	1210.8
2001	654.8	534.8	432.0	365.5	575.4	1280.8	1368.2	1040.4	1120.0
2002	726.8	566.9	455.3	375.4	626.0	1385.8	1637.7	1333.8	698.9
2003	821.3	592.4	478.5	389.3	641.7	1420.4	2088.1	1751.3	520.7
2004	929.7	645.7	530.7	424.7	724.5	1458.8	2516.2	2122.6	547.3
2005	1050.6	703.8	585.4	458.3	819.4	1518.6	2926.3	2485.6	507.3
2006	1180.9	777.7	635.7	492.7	898.9	1775.2	3353.5	2851.0	561.6
2007	1336.8	871.0	693.5	523.7	1005.9	2153.3	3829.7	3261.5	595.9
2008	1513.3	971.2	801.7	450.9	1437.4	2144.7	4385.0	3734.4	668.0
2009	1711.5	1080.0	906.7	500.0	1642.9	2249.8	5020.8	4279.6	748.8
2010	1951.1	1212.8	1021.9	565.0	1848.3	2497.3	5763.9	4913.0	852.1
2011	2195.0	1364.4	1147.6	640.7	2066.4	2856.9	6507.4	5532.0	959.5
2012	2436.5	1515.8	1273.8	707.3	2302.0	3179.7	7223.2	6140.5	1064.1

1-14 支出法地区生产总值指数

Indices of Gross Domestic Product by Expenditure Approach

本表按可比价格计算.

Data in this table are calculated at constant prices.

(上年=100) (preceding year=100)

年份 地区 Year Region	支出法地区生产总值 Gross Domestic Product by Expenditure Approach	最终消费支出 Final Consumption Expenditures	居民消费支出 Household Consumption Expenditures	农村居民 Rural Household	城镇居民 Urban Household	政府消费支出 Government Consumption Expenditures	资本形成总额 Gross Capital Formation	固定资本形成总额 Gross Fixed Capital Formation	存货增加 Change in Inventories
1980	104.2	100.2	99.8	97.9	105.3	100.3	93.7	99.3	57.5
1985	114.8	108.5	108.9	107.3	113.0	107.1	133.2	114.9	193.4
1990	104.5	106.7	106.8	107.2	105.9	106.4	93.5	97.4	89.7
1991	108.9	107.0	105.9	105.4	107.0	111.7	111.5	103.1	125.5
1992	114.8	109.6	108.1	106.4	112.0	115.7	142.1	147.9	134.3
1993	113.7	109.5	107.3	106.2	109.8	118.0	119.8	144.6	82.7
1994	108.4	105.7	107.2	106.0	109.9	100.1	108.7	113.8	95.4
1995	107.8	106.8	108.0	108.0	108.1	102.1	107.6	110.0	100.2
1996	111.2	113.3	113.5	116.4	107.5	112.6	107.1	106.9	107.7
1997	111.7	107.9	105.5	103.8	109.3	117.3	117.1	115.4	122.9
1998	107.6	106.0	102.7	102.0	104.2	117.8	109.1	108.0	112.5
1999	107.3	106.9	105.4	104.5	107.3	111.5	107.8	107.6	108.2
2000	108.1	113.0	114.3	111.1	120.7	109.1	100.7	110.9	69.5
2001	109.2	107.3	105.8	101.4	111.9	112.6	111.6	115.2	92.5
2002	111.0	106.0	105.4	102.7	108.8	108.2	119.7	128.2	62.4
2003	113.0	104.5	105.1	103.7	106.9	102.5	127.5	131.3	74.5
2004	113.2	109.0	110.9	109.1	112.9	102.7	120.5	121.2	105.1
2005	113.0	109.0	110.3	107.9	113.1	104.1	116.3	117.1	92.7
2006	112.4	110.5	108.6	107.5	109.7	116.9	114.6	114.7	110.7
2007	113.2	112.0	109.1	106.3	111.9	121.3	114.2	114.4	106.1
2008	113.2	111.5	115.6	86.1	142.9	99.6	114.5	114.5	112.1
2009	113.1	111.2	113.1	110.9	114.3	104.9	114.5	114.6	112.1
2010	114.0	112.3	112.7	113.0	112.5	111.0	114.8	114.8	113.8
2011	112.5	112.5	112.3	113.4	111.8	114.4	112.9	112.6	112.6
2012	111.0	111.1	111.0	110.4	111.4	111.3	111.0	111.0	110.9
南 昌 市 Nanchang	112.5	115.4	116.3	120.3	114.5	106.0	104.3	103.9	108.1
景德镇市 Jingdezhen	111.6	109.4	110.2	110.3	110.1	106.3	113.1	113.4	110.5
萍 乡 市 Pingxiang	111.8	107.6	104.6	104.0	104.9	114.2	115.1	115.2	108.3
九 江 市 Jiujiang	112.0	111.6	111.0	111.7	110.7	113.6	112.4	113.4	105.8
新 余 市 Xinyu	110.3	110.4	107.3	105.1	107.8	114.9	113.1	117.6	-74.0
鹰 潭 市 Yingtan	112.4	118.5	114.2	105.2	118.3	131.1	119.7	116.2	196.1
赣 州 市 Ganzhou	111.9	102.1	102.7	97.1	107.8	100.2	125.2	122.0	252.2
吉 安 市 Ji'an	111.3	112.5	111.4	110.6	112.2	116.4	110.1	110.2	108.7
宜 春 市 Yichun	111.6	111.5	111.6	112.0	110.9	112.0	111.6	111.7	109.0
抚 州 市 Fuzhou	110.8	115.9	120.7	114.5	126.9	102.8	107.8	108.0	107.1
上 饶 市 Shangrao	111.5	110.9	111.0	110.6	111.5	110.2	112.7	113.0	104.9

1-15 各县(市、区)地区生产总值(2012年)
Gross Domestic Product by County(County-level City) (2012)

地 区	Region	绝对值(万元) Value (10000 yuan)				比上年增长(%) Rate of Increase over Preceding Year(%)			
		地区生产总值 Gross Domestic Product	第一产业 Primary Industry	第二产业 Secondary Industry	第三产业 Tertiary Industry	地区生产总值 Gross Domestic Product	第一产业 Primary Industry	第二产业 Secondary Industry	第三产业 Tertiary Industry
东湖区	Donghu	3700911	82	214104	3486725	11.6	-5.4	7.9	11.8
西湖区	Xihu	3927742	145	748949	3178648	11.7	-45.0	4.0	13.4
青云谱区	Qingyunpu	2320654	4841	1534979	780834	12.4	-35.1	11.6	14.7
湾里区	Wanli	348091	24149	159028	164914	11.6	2.1	10.6	13.9
青山湖区	Qingshanhu	4044434	17727	2957986	1068721	12.6	-8.9	11.9	15.1
南昌县	Nanchang	4375736	425577	2856969	1093190	13.7	5.0	13.3	18.9
新建县	Xinjian	2406108	401246	1245996	758866	13.4	5.5	13.5	18.0
安义县	Anyi	753407	88903	373927	290577	13.5	5.6	15.8	12.9
进贤县	Jinxian	2339486	423699	1290144	625643	12.5	5.0	12.5	17.8
昌江区	Changjiang	1718483	57950	1191054	469479	12.0	4.2	12.3	12.0
珠山区	Zhujiang	1748207		884731	863476	11.2		7.4	16.0
浮梁县	Fuliang	740388	138836	413094	188458	11.2	5.6	12.7	11.2
乐平市	Leping	2075446	292930	1248915	533601	14.0	3.8	17.8	10.8
安源区	Anyuan	2084170	37742	1131907	914521	10.6	3.5	9.7	12.2
湘东区	Xiangdong	1511435	146942	988265	376228	11.6	2.7	14.5	6.2
莲花县	Lianhua	395509	71222	168852	155435	10.0	3.7	12.1	10.8
上栗县	Shangli	1394567	133160	892051	369356	13.8	4.0	16.5	9.9
芦溪县	Luxi	1028401	131144	617178	280079	12.1	8.6	12.8	12.1
庐山区	Lushan	1968043	40411	1014094	913538	12.6	3.2	13.3	12.3
浔阳区	Xunyang	2889253	5632	1089395	1794226	9.8	2.6	0.9	15.1
九江县	Jiujiang	701514	103458	442553	155503	12.3	5.8	12.6	16.7
武宁县	Wuning	725656	114902	397411	213343	12.6	1.0	20.8	6.0
修水县	Xiushui	965547	143773	491808	329966	12.5	3.6	17.1	11.2
永修县	Yongxiu	915707	120931	600568	194208	11.8	6.2	13.7	10.0
德安县	De'an	617826	45607	439810	132409	13.8	5.6	14.1	16.0
星子县	Xingzi	490335	53000	233356	203979	12.3	0.7	14.3	13.2
都昌县	Duchang	644936	156011	314147	174778	11.0	4.9	16.4	7.6
湖口县	Hukou	860218	89182	650673	120363	9.5	3.5	9.9	11.4
彭泽县	Pengze	542091	141450	292765	107876	11.5	4.0	15.2	10.0
瑞昌市	Ruichang	1070119	114875	765039	190205	13.9	6.8	14.6	15.5
共青城市	Gongqingcheng	589720	19488	468445	101787	13.0	4.2	13.0	15.5
渝水区	Yushui	6813214	333137	4146529	2333548	10.2	4.1	9.5	12.5
分宜县	Fenyi	1490018	149016	893994	447008	10.5	5.3	12.1	8.2
月湖区	Yuehu	1366467	25834	683965	656668	15.6	-12.8	17.4	15.6
余江县	Yujiang	670039	224809	331825	113405	12.3	9.3	17.8	3.5
贵溪市	Guixi	2785241	163940	2043416	577885	12.4	1.6	13.1	14.1
章贡区	Zhanggong	2001763	44012	766395	1191356	13.1	1.1	14.2	12.9
赣 县	Ganxian	1049176	186824	596279	266073	13.4	5.3	16.0	13.3
信丰县	Xinfeng	1123820	228895	479510	415415	10.7	4.9	11.3	13.4
大余县	Dayu	721615	103725	373149	244741	10.6	4.8	12.0	10.7
上犹县	Shangyou	381880	84695	158504	138681	11.7	4.8	14.3	13.1
崇义县	Chongyi	524906	78811	313658	132437	11.6	3.0	12.5	14.9
安远县	Anyuan	398982	124514	98896	175572	10.8	4.3	14.3	13.7
龙南县	Longnan	904180	100238	505997	297945	13.2	5.0	14.6	13.9
定南县	Dingnan	446246	78150	194487	173609	11.8	4.6	12.7	13.6
全南县	Quannan	399120	66000	206603	126517	13.0	5.2	15.2	14.5
宁都县	Ningdu	1014698	245395	402914	366389	10.4	5.6	13.4	10.0
于都县	Yudu	1210547	198827	621703	390017	11.2	4.8	13.0	12.1
兴国县	Xingguo	1000915	248045	470866	282004	11.3	3.9	13.4	14.4
会昌县	Huichang	601781	142681	250562	208538	13.9	5.5	16.6	16.8
寻乌县	Xunwu	402015	109727	131272	161016	11.4	5.0	13.7	14.2
石城县	Shicheng	310603	104366	92592	113645	11.5	6.7	15.1	13.3
瑞金市	Ruijin	889236	148290	315503	425443	12.5	5.4	15.9	12.4
南康市	Nankang	1228860	208840	639860	380160	12.0	4.9	15.8	9.5

注：本表增长速度按可比价格计算。
a)Data in this table are calculated at constant pieces.

1-15 续表 continued

地 区	Region	绝对值(万元) Value (10000 yuan)				比上年增长(%) Rate of Increase over Preceding Year(%)			
		地 区 生产总值 Gross Domestic Product	第一产业 Primary Industry	第二产业 Secondary Industry	第三产业 Tertiary Industry	地 区 生产总值 Gross Domestic Product	第一产业 Primary Industry	第二产业 Secondary Industry	第三产业 Tertiary Industry
吉州区	Jizhou	900249	83898	344746	471605	13.0	3.8	18.7	10.9
青原区	Qingyuan	614897	70398	375184	169315	11.1	3.8	13.6	8.6
吉安县	Ji'an	1060094	214475	587827	257792	13.6	5.1	18.0	11.3
吉水县	Jishui	850661	186925	391500	272236	12.7	7.7	12.9	15.9
峡江县	Xiajiang	451893	103063	228287	120543	11.6	4.6	12.1	17.7
新干县	Xingan	775152	161510	408542	205100	13.0	3.9	15.0	16.1
永丰县	Yongfeng	918482	165049	472313	281120	15.7	3.7	19.6	16.9
泰和县	Taihe	1004778	218681	548800	237297	11.3	3.7	14.8	10.4
遂川县	Suichuan	762413	133303	378096	251014	12.1	4.8	12.9	15.4
万安县	Wan'an	462606	103934	220217	138455	11.4	4.5	13.2	13.9
安福县	Anfu	888485	180702	495400	212383	12.4	5.0	15.1	12.2
永新县	Yongxin	635064	140840	294486	199738	11.8	4.1	13.4	14.9
井冈山市	Jinggangshan	440396	42330	164126	233940	12.1	5.2	6.6	17.6
袁州区	Yuanzhou	1645565	248530	653355	743680	12.7	3.5	14.9	14.1
奉新县	Fengxin	848476	145200	534077	169199	13.5	3.8	15.3	15.9
万载县	Wanzai	811660	120690	491392	199578	10.7	2.7	14.2	8.0
上高县	Shanggao	1006431	168973	553558	283900	13.8	5.0	17.7	11.0
宜丰县	Yifeng	776030	168873	398803	208354	13.0	15.4	13.2	10.5
靖安县	Jing'an	294764	51659	151728	91377	11.6	4.3	13.9	12.0
铜鼓县	Tonggu	260481	47514	112135	100832	10.4	3.8	14.2	9.2
丰城市	Fengcheng	3146623	523380	1667734	955509	10.1	3.2	11.8	10.6
樟树市	Zhangshu	2340246	264428	1390126	685692	15.6	4.0	17.3	17.9
高安市	Gaoan	1512388	287459	785618	439311	11.3	4.1	12.2	14.4
临川区	Linchuan	2595372	351713	1490723	752936	13.3	4.5	16.9	9.9
南城县	Nancheng	779030	137894	384411	256725	11.3	4.6	15.3	9.1
黎川县	Lichuan	450273	84779	240670	124824	12.1	4.5	15.5	11.3
南丰县	Nanfeng	766253	233847	261731	270675	12.3	5.4	21.5	9.9
崇仁县	Chongren	758571	196550	378096	183925	10.9	4.5	17.3	8.6
乐安县	Le'an	401310	80569	162311	158430	10.5	4.5	13.3	10.7
宜黄县	Yihuang	408304	72163	237594	98547	12.3	4.5	15.3	11.9
金溪县	Jinxi	541114	95630	261429	184055	11.3	4.6	13.1	12.5
资溪县	Zixi	226035	30996	111139	83900	10.3	3.5	10.9	12.3
东乡县	Dongxiang	979095	165545	601680	211870	13.1	4.5	16.3	10.8
广昌县	Guangchang	336323	70287	164242	101794	11.0	4.4	12.3	12.6
信州区	Xinzhou	1570820	63050	650042	857728	11.1	4.2	5.7	15.8
上饶县	Shangrao	1302720	119410	986253	197057	13.3	4.1	15.5	9.3
广丰县	Guangfeng	2060030	182051	1116373	761606	12.6	4.6	13.9	12.8
玉山县	Yushan	936126	129643	465827	340656	12.2	6.0	11.9	15.1
铅山县	Qianshan	732616	136096	360421	236099	11.0	5.0	16.2	8.3
横峰县	Hengfeng	611345	56441	404492	150412	12.0	4.3	13.4	11.3
弋阳县	Yiyang	630158	110856	305123	214179	10.9	4.1	14.4	10.0
余干县	Yugan	939186	311500	373414	254272	11.3	4.0	13.7	17.6
鄱阳县	Poyang	1152019	302135	478561	371323	11.4	3.3	18.7	10.5
万年县	Wannian	800115	116612	469425	214078	12.0	5.1	14.0	12.0
婺源县	Wuyaun	652335	97806	246572	307957	10.9	5.9	9.8	13.5
德兴市	Dexing	1221086	88586	742477	390023	12.5	7.1	13.7	11.5

主要统计指标解释

国内（地区）生产总值 指按市场价格计算的一个国家（或地区）所有常住单位在一定时期内生产活动的最终成果。地区生产总值有三种表现形态，价值形态、收入形态和产品形态。从价值形态看，它是所有常住单位在一定时期内所生产的全部货物和服务价值超过同期投入的全部非固定资产货物和服务价值的差额，即所有常住单位的增加值之和；从产品形态看，它是最终使用的货物和服务减去进口货物和服务。在实际核算中，国内（或地区）生产总值的有三种计算方法，即生产法，收入法和支出法。三种方法分别从不同的方面反映国内（或地区）生产总值及其构成。

地区收入总值 即国民生产总值，指一个国家（或地区）所有常住单位在一定时期内收入初次分配的最终成果，它等于地区生产总值加上来自国外的劳动者报酬和财产收入减去支付给国外的劳动者报酬和财产收入，与地区生产总值不同，地区生产总值是一个生产概念，而地区收入总值是一个收入概念。

支出法地区生产总值 是从最终使用的角度反映一个国家（或地区）一定时期内生产活动最终成果的一种方法，包括最终消费支出、资本形成总额及货物和服务净出口三部分。计算公式为：

支出法地区生产总值=最终消费支出+资本形成总额+货物和服务净出口

最终消费支出 指常住单位为满足物质、文化和精神生活的需要，从本国经济领土和国外购买的货物和服务的支出。它不包括非常住单位在本国经济领土内的消费支出。最终消费支出分为居民消费支出和政府消费支出。

居民消费支出 指常住住户在一定时期内对于货物和服务的全部最终消费支出。居民消费支出除了直接以货币形式购买的货物和服务的消费支出外，还包括以其他方式获得的货物和服务的消费支出，即所谓的虚拟消费支出。居民虚拟消费支出包括如下几种类型：单位以实物报酬及实物转移的形式提供给劳动者的货物和服务；住户生产并由本住户消费了的货物和服务，其中的服务仅指住户的自有住房服务；金融机构提供的金融媒介服务；保险公司提供的保险服务。

政府消费支出 指政府部门为全社会提供的公共服务的消费支出和免费或以较低的价格向居民住户提供的货物和服务的净支出，前者等于政府服务的产出价值减去政府单位所获得的经营收入的价值；后者等于政府部门免费或以较低价格向居民住户提供的货物和服务的市场价值减去向居民住户收取的价值。

资本形成总额 指常住单位在一定时期内获得减去处置的固定资本和存货的净额，包括固定资本形成总额和存货增加两部分。

固定资本形成总额 指常住单位在一定时期内获得的固定资产减处置的固定资产的价值总额。固定资产是通过生产活动生产出来的，且其使用年限在一年以上，单位价值在规定标准以上的资产，不包括自然资产。可分为有形固定资本形成总额和无形固定资本形成总额。有形固定资本形成总额包括一定时期内完成的建筑工程、安装工程和设备器具购置（减处置）价值，以及土地改良、新增役、种、奶、毛、娱乐用牲畜和新增经济林木价值。无形固定资本形成总额包括矿藏的勘探、计算机软件等获得减处置。

存货增加 指常住单位在一定时期内存货实物量变动的市场价值，即期末价值减期初价值的差额，再扣除当期由于价格变动而产生的持有收益。存货增加可以是正值，也可以是负值，正值表示存货上升，负值表示存货下降。包括生产单位购进的原材料、燃料和储备物资等存货，以及生产单位生产的产成品、在制品和半产品等存货。

货物和服务净出口 指货物和服务出口减货物和服务进口的差额。出口包括常住单位向非常住单位出售或无偿转让的各种货物和服务的价值；进口包括常住单位从非常住单位购买或无偿得到的各种货物和服务的价值。由于服务活动的提供与使用同时发生，一般把常住单位从非常住单位得到的服务作为进口，非常住单位从常住单位得到的服务作为出口。货物的出口和进口都按离岸价格计算。

三次产业 三产业的划分是世界上较为常用的产业结构分类，但各国的划分不尽一致。我国的三次产业划分是：

第一产业是指农业、林业、畜牧业、渔业和农林牧渔服务业。

第二产业是指采矿业、制造业、电力、煤气及水的生产和供应业，建筑业。

第三产业是指除第一、二产业以外的其他行业。

固定资产折旧 指一定时期内为弥补固定资产损耗按照规定的固定资产折旧率提取的固定资产折旧，或按国民经济核算统一规定的折旧率虚拟计算的固定资产折旧。它反映了固定资产在当期生产中的转移价值。各类企业和企业化管理的事业单位的固定资产折旧是指实际计提的折旧费。不计提折旧的政府机关、非企业化管理的事业单位和居民住房是按照统一规定的折旧率和固定资产原值计算的虚拟折旧。原则上，固定资产折旧应按固定资产当期的重置价值计算，但是目前我国尚不具备对全社会固定资产进行重估价的基础，所以暂时只能采用上述办法。

劳动者报酬 指劳动者因从事生产活动而获得的全部报酬。包括劳动者获得的各种形式的工资、奖金和津贴，既包括货币形式的，也包括实物形式的，还包括劳动者所享受的公费医疗和医药卫生费、上下班交通补贴、单位支付的社会保险费、住房公积金等。对于个体经济来说，其所有者所获得的劳动报酬和经营利润不易区分，这两部分统一作为劳动者报酬处理。

生产税净额 指生产税减生产补贴后的余额，生产税是指政府对生产单位从事生产、销售和经营活动以及因从事生产活动使用某些生产要素（如固定资产、土地、劳动力）所征收的各种税、附加费和规费。生产补贴与生产税相反，指政府对生产单位的单方面转移支出，因此视为负生产税，包括政策亏损补贴、价格补贴等。

营业盈余 指常住单位创造的增加值扣除固定资产折旧、劳动者报酬和生产税净额后的余额，它相当于企业的营业利润加上生产补贴，但要扣除利润中开支的工资、福利等。

Explanatory Notes on Main Statistical Indicators

Gross Domestic Product (GDP) refers to the final products at market prices produced by all resident units in a country (or a region) during a certain period of time. Gross domestic product is expressed in three different perspectives, namely value, income, and products respectively. GDP in its value perspective refers to the total value of all goods and services produced by all resident units during a certain period of time, minus the total value of input of goods and services of the nature of non-fixed assets; in other words, it is the sum of the value-added of all resident units. GDP from the perspective of income includes the primary income created by all resident units and distributed to resident and non-resident units. GDP from the perspective of products refers to the value of all goods and services for final consumption by all resident units minus the net exports of goods and services during a given period of time. In the practice of national accounting, gross domestic product is calculated from three approaches, namely production approach, income approach and expenditure approach, which reflect gross domestic product and its composition from different angles.

Gross National Income (GNI) also known as Gross National Product, refers to the final result of the primary distribution of the income created by all the resident units of a country (or a region) during a certain period of time. The value-added created by the resident units of a country engaged in production activities is distributed, during the primary distribution, mainly to the resident units of that country, while part of it is distributed to the non-resident units in the form of production tax and import duties (minus subsidies to production and import), labourers remuneration and property income. In the meantime, a part of the value-added created abroad is distributed to the resident units of the country in the form of production tax and import duties (minus subsidies to production and import), labourers remuneration and property income. The concept of Gross National Income is thus developed, which equals to Gross Domestic Product plus the net factor income from abroad. Unlike GDP which is a concept of production, GNP is a concept of income.

GDP by Expenditure Approach refers to the method of measuring the final results of production activities of a country (region) during a given period from the perspective of final uses. It includes final consumption expenditure, gross capital formation and net export of goods and services. The formula for computation is.:

GDP by expenditure approach = final consumption expenditure + gross capital formation + net export of goods and services

Final Consumption Expenditure refers to the total expenditure of resident units for purchases of goods and services from both the domestic economic territory and abroad to meet the needs of material, cultural and spiritual life. It does not include the expenditure of non-resident units on consumption in the economic territory of the country. The final consumption expenditure is broken down into household consumption expenditure and government consumption expenditure.

Household Consumption Expenditure refers to the total expenditure of resident households on the final consumption of goods and services. In addition to the consumption of goods and services bought by the households directly with money, the household consumption expenditure also includes expenditure on goods and services obtained by the households in other ways, i.e. the so-called imputed consumption expenditure, which includes the following: (a) the goods and services provided to households by employers in the form of payment in kind and transfer in kind; (b) goods and services produced and consumed by the households themselves, in which the services refer only to the owner-occupied housing; (c) financial intermediate services provided by financial institutions; (d) insurance services provided by insurance companies.

Government Consumption Expenditure refers to the consumption expenditure spent for the provision of public services provided by the government to the whole country and the net expenditure on the goods and services provided by the government to households free of charge or at reduced prices. The former equals to the output value of the government services minus the value of operating income obtained by the government departments. The latter equals to the market value of the goods and services provided by the government free of charge or at reduced prices to the households minus the value received by the government from the households.

Gross Capital Formation refers to the fixed assets acquired less disposals and the net value of inventory, thus including gross fixed capital formation and changes in inventories.

Gross Fixed Capital Formation refers to the value of acquisitions less those disposals of fixed assets during a given period. Fixed assets are the assets produced through production activities with unit value above a specified amount and which could be used for over one year. Natural assets are not included.Gross fixed capital formation can be categorized into total tangible fixed capital formation and total intangible fixed capital formation. Total tangible fixed capital formation includes the value of the construction projects and installation projects completed and the equipment, apparatus and instruments purchased (less those disposed) as well as the value of land improved, the value of draught animals, breeding stock and animals for milk, for wool and for recreational purposes and the newly increased forest with economic value. Total intangible fixed capital formation includes the prospecting of minerals and the acquisition of computer software minus the disposal of them.

Changes in Inventories refers to the market value of the change in the physical volume of inventory of resident units during a given period, i.e. the difference between the values at the beginning and at the end of the period minus the gains due to the change in prices. The changes in inventories can have a positive or a negative value. A positive value indicates an increase in inventory while a negative value indicates a decrease in inventory. The inventory includes raw materials, fuels and reserve materials purchased by the production units as well as the inventory of finished products, semi-finished products and work-in-progress.

Net Export of Goods and Services refers to the exports of goods and services subtracting the imports of goods and services. Exports include the value of various goods and services sold or gratuitously transferred by resident units to non-resident units. Imports include the value of various goods and services purchased or gratuitously acquired resident units from non-resident units. Because the provision of services and the use of them happen simultaneously, the acquisition of services by resident units from abroad is usually treated as import while the acquisition of services by non-resident units in this country is usually treated as export. The exports and imports of goods are calculated at FOB.

Three Strata of Industry Classification of economic activities into three strata of industry is a common practice in the world, although the grouping varies to some extent form country to country. In China economic activities are categorized into the following three strata of industry:

Primary industry refers to agriculture, forestry, animal husbandry and fishery and services in support of these industries.

Secondary industry refers to mining and quarrying, manufacturing, production and supply of electricity, water and gas, and construction.

Tertiary industry refers to all other economic activities not included in the primary or secondary industries.

Labourers Remuneration refers to the total payment of various forms to labourers for the productive activities they are engaged in. It includes wages, bonuses and allowances, which the labourers earn in cash and in kind. It also includes the free medical services provided to the labourers and the medicine expenses, transport subsidies and social insurance, and housing fund paid by the employers. As regards the individual economy, since labourers remuneration is not easily distinguishable from the operating profit, both parts are treated as labourer remuneration.

Net Taxes on Production refers to taxes on production less subsidies on production. The taxes on production refers to the various taxes, extra charges and fees levied on the production units on their production, sale and business activities as well as on the use of some factors of production, such as fixed assets, land and labour in the production activities they are engaged in. In contrast to taxes on production, subsidies on production refer to the unilateral government transfer to the production units and are therefore regarded as negative taxes on production. They include subsidies on the loss due to implementation of government policies, price subsidies, etc.

Depreciation of Fixed Assets refers to the depreciation of fixed assets in a given period, drawn in accordance with the stipulated depreciation rate for the purpose of compensating the wear-and-tear loss of the fixed assets or the depreciation of fixed assets imputed in accordance with the stipulated unified depreciation rate in the national economic accounting system. It reflects the value of transfer of the fixed assets in the production of the current period. The depreciation of fixed assets in various enterprises and institutions managed as enterprises refers to the depreciation expenses actually drawn. In government agencies and institutions not managed as enterprises which do not draw the depreciation expenses, as well as for the houses of residents, the depreciation of fixed assets is the imputed depreciation, which is calculated in accordance with the stipulated unified depreciation rate. In principle, the depreciation of fixed assets should be calculated on the basis of the re-purchased value of the fixed assets. However, currently the conditions in China do not facilitate the revaluation of all the fixed assets. Therefore, only the above-mentioned methods can be adopted at present.

Operating Surplus refers to the balance of the value added created by the resident units after deducting the labourers remuneration, net taxes on production and the depreciation of fixed assets. It is equivalent to the business profit of the enterprises plus subsidies to production, but the wages and welfare expenses paid from the profits should be deducted.

2

人 口

POPULATION

◆29/38

资料整理及英文翻译:　易鑫村

Ⅰ 简要说明

一、本篇资料的主要内容

本篇资料反映全省2012年及历年人口方面的基本情况，包括全省及11个设区市的主要人口统计数据，如：全省历年人口数、城镇人口、乡村人口、农业人口、非农业人口、男性人口、女性人口、分年龄人口、人口密度、人口受教育程度、婚姻状况；2012年各设区市人口数、出生率、死亡率、自然增长率、家庭户规模等。

二、本篇的资料来源

本篇资料由省统计局人口和就业统计处整理。资料来源为人口普查和年度人口变动情况抽样调查数据。其中表2-2根据公安年报资料推算。

三、本篇的统计调查方法

2012年全省人口变动情况抽样调查是以全省为总体，各设区市为次总体，采用分层、多阶段、整群概率比例抽样方法，在全省11个设区市抽取了100个县（市、区）、490个乡（镇、街道）、643个村（居）委会、806个调查小区的约20万人，调查样本占全省总人口的0.44%。经加权后汇总，2012年全省人口出生率为13.46‰、死亡率为6.14‰、自然增长率为7.32‰。按此推算，2012年全省总人口为4503.93万人，出生人口为60.52万人，死亡人口为27.61万人，考虑迁移流动情况，全省净增人口15.50万人。

Ⅰ Brief Introduction

Ⅰ. Main Contents

Data in this chapter show the basic condition of population in 2012 as well as previous years for the whole province and 11 municipalities. They include the sizes of the provincial population, urban population and rural population ,agricultural population and non-agricultural population, male population and female population ,Population density over the years, as well as age population, education attainment of the population and Marriage; birth rates, death rates, natural growth rate, dependency ratio, household size by region in 2012.

Ⅱ. Sources of Data

Data in this chapter are prepared by the Division of Population and occupation, Jiangxi Provincial Bureau of Statistics. The data sources from statistics of Population Census and Annual Sample Survey on Population Changes. Data in Table 2-2,is adjusted according to data from Public Security Year Report.

Ⅲ. Methodology of Survey

The 2012 Provincial Sample Survey on Population Change adopted a Stratified multi-stage systematic PPS cluster sampling scheme. A total of 200 000 people were selected from 806 survey district in 643 village committees in 490 townships(towns and street committees in 100 counties (cities and districts of 11 municipalities. The size of the sample was thus 0.44% of the provincial population. The weighted estimation procedure suggested that the birth rate was 13.46 per thousand, the death rate was 6.14 per thousand and the natural growth rate was 7.32 per thousand for the whole Province in 2012. Based on these rates, it was further estimated that the whole Province had a total population of 45.04 million, with 0.6052 million births, 0.2761 million deaths and a net increase of 0.1550 million people during the year.

2-1 户数和人口数（年末数）
Households and Population (year-end)

年份 地区 Year Region	总户数 （户） Total Number of Households (household)	总人口 （人） Total Population (person)	按性别分 By Sex		以年末总人口为100 Total Population at year-end=100	
			男 Male	女 Female	男 Male	女 Female
1978	6153908	31828203	16427779	15400424	51.61	48.39
1980	6364176	32701960	16866769	15835191	51.58	48.42
1985	6986097	35097971	18155525	16942446	51.73	48.27
1990	8524926	38106418	19727708	18378710	51.77	48.23
1991	8748781	38646374	19978326	18668148	51.69	48.31
1992	8877008	39130927	20259917	18871010	51.77	48.23
1993	8987115	39660405	20500789	19159616	51.69	48.31
1994	9165092	40154459	20586009	19568450	51.27	48.73
1995	9422399	40625406	20837093	19788313	51.29	48.71
1996	9611344	41054635	21184192	19870443	51.60	48.40
1997	9784924	41503338	21345274	20158064	51.43	48.57
1998	10040894	41912074	21364925	20547149	50.98	49.02
1999	10318396	42311742	21810874	20500868	51.55	48.45
2000	10645841	41485447	21570202	19915245	51.99	48.01
2001	10934368	41857676	21840587	20017089	52.18	47.82
2002	11226475	42224273	21813059	20411214	51.66	48.34
2003	11524786	42542255	21807160	20735095	51.26	48.74
2004	11808762	42835667	22064652	20771015	51.51	48.49
2005	12084036	43112439	21935609	21176830	50.88	49.12
2006	12375753	43391287	22194643	21196644	51.15	48.85
2007	12664544	43684125	22388114	21296011	51.25	48.75
2008	12794161	44001038	22584130	21416908	51.33	48.67
2009	12925542	44321581	22717106	21604475	51.26	48.74
2010	11887821	44622489	23031644	21590845	51.61	48.39
2011	12097969	44884367	23133750	21750617	51.54	48.46
2012	12316056	45039321	23186034	21853287	51.48	48.52
南昌市 Nanchang	1489305	5131564	2677679	2453885	52.18	47.82
景德镇市 Jingdezhen	458373	1609968	836056	773912	51.93	48.07
萍乡市 Pingxiang	502680	1873958	947907	926051	50.58	49.42
九江市 Jiujiang	1296927	4773125	2423800	2349325	50.78	49.22
新余市 Xinyu	370002	1150963	602546	548417	52.35	47.65
鹰潭市 Yingtan	315964	1137888	596423	541465	52.41	47.59
赣州市 Ganzhou	2210285	8451853	4290633	4161220	50.77	49.23
吉安市 Ji'an	1320782	4853594	2512482	2341112	51.77	48.23
宜春市 Yichun	1499682	5464625	2831071	2633554	51.81	48.19
抚州市 Fuzhou	1098369	3948881	2050654	1898227	51.93	48.07
上饶市 Shangrao	1753687	6642902	3416783	3226119	51.44	48.56

2-2 按农业和非农业分的人口数（年末数）

According to Agricultural and Non-agricultural Population(year-end)

年份 地区 Year Region	总人口 （人） Total Population (person)	按农业、非农业分 By Agricultural and Non-agricultural		以年末总人口为100 Total Population at year-end=100	
		非农业人口 Non-agricultural Population	农业人口 Agricultural Population	非农业人口 Non-agricultural Population	农业人口 Agricultural Population
1978	31828203	4594562	27233641	14.44	85.56
1980	32701960	5080910	27621050	15.54	84.46
1985	35097971	6247793	28850178	17.80	82.20
1990	38106418	7083983	31022435	18.59	81.41
1991	38646374	7228163	31418211	18.70	81.30
1992	39130927	7407802	31723125	18.93	81.07
1993	39660405	7601785	32058620	19.17	80.83
1994	40154459	7889735	32264724	19.65	80.35
1995	40625406	8224854	32400552	20.25	79.75
1996	41054635	8423556	32631079	20.52	79.48
1997	41503338	8659324	32844014	20.86	79.14
1998	41912074	8877268	33034806	21.18	78.82
1999	42311742	9065485	33246257	21.43	78.57
2000	41485447	9410159	32075288	22.68	77.32
2001	41857676	9765396	32092280	23.33	76.67
2002	42224273	10159160	32065113	24.06	75.94
2003	42542255	10614293	31927962	24.95	75.05
2004	42835667	11192960	31642707	26.13	73.87
2005	43112439	11329949	31782490	26.28	73.72
2006	43391287	11607169	31784118	26.75	73.25
2007	43684125	11663661	32020464	26.70	73.30
2008	44001038	11990283	32010755	27.25	72.75
2009	44321581	12046606	32274975	27.18	72.82
2010	44622489	12065921	32556568	27.04	72.96
2011	44884367	12138833	32745534	26.78	73.22
2012	45039321	12143200	32896121	26.96	73.04
南昌市 Nanchang	5131564	2367190	2764374	46.13	53.87
景德镇市 Jingdezhen	1609968	627244	982724	38.96	61.04
萍乡市 Pingxiang	1873958	583363	1290595	31.13	68.87
九江市 Jiujiang	4773125	1301631	3471494	27.27	72.73
新余市 Xinyu	1150963	400880	750083	34.83	65.17
鹰潭市 Yingtan	1137888	320884	817004	28.20	71.80
赣州市 Ganzhou	8451853	1725023	6726830	20.41	79.59
吉安市 Ji'an	4853594	1089632	3763962	22.45	77.55
宜春市 Yichun	5464625	1515887	3948738	27.74	72.26
抚州市 Fuzhou	3948881	934700	3014181	23.67	76.33
上饶市 Shangrao	6642902	1276766	5366136	19.22	80.78

2-3 按城乡分的人口数（年末数）

According to The Urban and Rural Population(year-end)

年份 地区 Year Region	总人口（人） Total Population (person)	按城乡分 By Residence		以年末总人口为100 Total Population at year-end=100	
		城镇人口 Urban Population	乡村人口 Rural Population	城镇人口 Urban Population	乡村人口 Rural Population
1978	31828203	5331228	26496975	16.75	83.25
1980	32701960	6145928	26556032	18.79	81.21
1985	35097971	6942379	28155592	19.78	80.22
1990	38106418	7754656	30351762	20.35	79.65
1991	38646374	8148201	30498173	21.08	78.92
1992	39130927	8537586	30593341	21.82	78.18
1993	39660405	8944215	30716190	22.55	77.45
1994	40154459	9350367	30804092	23.29	76.71
1995	40625406	9689159	30936247	23.85	76.15
1996	41054635	10092871	30961764	24.58	75.42
1997	41503338	10507815	30995523	25.32	74.68
1998	41912074	10918934	30993140	26.05	73.95
1999	42311742	11333623	30978119	26.79	73.21
2000	41485447	11487320	29998127	27.69	72.31
2001	41857676	12728919	29128757	30.41	69.59
2002	42224273	13596216	28628057	32.20	67.80
2003	42542255	14472875	28069380	34.02	65.98
2004	42835667	15240930	27594737	35.58	64.42
2005	43112439	15994715	27117724	37.10	62.90
2006	43391287	16783750	26607537	38.68	61.32
2007	43684125	17386282	26297843	39.80	60.20
2008	44001038	18198829	25802209	41.36	58.64
2009	44321581	19138059	25183522	43.18	56.82
2010	44622489	19660669	24961820	44.06	55.94
2011	44884367	20512156	24372211	45.70	54.30
2012	45039321	21398181	23641140	47.51	52.49
南昌市 Nanchang	5131564	3529490	1602074	68.78	31.22
景德镇市 Jingdezhen	1609968	963566	646402	59.85	40.15
萍乡市 Pingxiang	1873958	1167663	706295	62.31	37.69
九江市 Jiujiang	4773125	2208525	2564600	46.27	53.73
新余市 Xinyu	1150963	754917	396046	65.59	34.41
鹰潭市 Yingtan	1137888	583168	554720	51.25	48.75
赣州市 Ganzhou	8451853	3478783	4973070	41.16	58.84
吉安市 Ji'an	4853594	2020066	2833528	41.62	58.38
宜春市 Yichun	5464625	2200604	3264021	40.27	59.73
抚州市 Fuzhou	3948881	1607589	2341292	40.71	59.29
上饶市 Shangrao	6642902	2893648	3749254	43.56	56.44

2-4 人口自然变动情况
Population Natural Change

年 份 地 区 Year Region	年平均人口(人) Average Population (person)	人口出生率 (‰) Birth Rate (‰)	人口死亡率 (‰) Death Rate (‰)	人口自然增长率 (‰) Natural Growth Rate(‰)	人口密度 (人/平方公里) Population Density (person/sq.km)
1978	31504121	27.01	7.39	19.62	191
1980	32495869	18.57	6.38	12.19	196
1985	34838425	20.29	5.39	14.90	210
1990	37784307	24.59	7.54	17.05	228
1991	38376396	21.20	7.13	14.07	231
1992	38888651	19.53	7.07	12.46	234
1993	39395666	20.33	6.89	13.44	238
1994	39907432	19.38	7.00	12.38	241
1995	40389933	18.94	7.28	11.66	243
1996	40840020	17.53	7.02	10.51	246
1997	41278987	17.43	6.56	10.87	249
1998	41707706	16.85	7.05	9.80	251
1999	42111908	16.51	7.02	9.49	253
2000	41289734	15.55	6.07	9.48	249
2001	41671562	15.44	6.06	9.38	251
2002	42040975	14.74	6.02	8.72	253
2003	42383264	14.07	5.98	8.09	255
2004	42688961	13.61	5.99	7.62	257
2005	42974053	13.79	5.96	7.83	258
2006	43251863	13.80	6.01	7.79	260
2007	43537706	13.86	5.99	7.87	262
2008	43842582	13.92	6.01	7.91	264
2009	44161310	13.87	5.98	7.89	266
2010	44472035	13.72	6.06	7.66	267
2011	44753428	13.48	5.98	7.50	269
2012	44961844	13.46	6.14	7.32	270
南昌市 Nanchang	5110280	13.29	6.08	7.21	713
景德镇市 Jingdezhen	1604707	13.30	6.12	7.18	306
萍乡市 Pingxiang	1870734	13.05	6.00	7.05	489
九江市 Jiujiang	4767904	13.23	6.09	7.14	250
新余市 Xinyu	1148983	13.03	5.99	7.04	364
鹰潭市 Yingtan	1135931	13.37	6.15	7.22	320
赣州市 Ganzhou	8439806	13.52	6.18	7.34	215
吉安市 Ji'an	4848234	13.48	6.13	7.35	192
宜春市 Yichun	5458712	13.46	6.11	7.35	293
抚州市 Fuzhou	3943334	13.47	6.15	7.32	210
上饶市 Shangrao	6633219	13.51	6.17	7.34	292

2-5 各地区家庭户数和家庭户规模（2012年末）

Family Households Number and Family Households Size by Region(end of 2012)

地 区	Region	户 数 (户) Number of Households (household)	家庭户 Number of Family Households	人口数 (人) Population (person)	家庭户人口数 Population Family Households	家庭户规模 (人/户) Average Family Household Size (person/household)
全 省	**Provincial Total**	**12316056**	**11902455**	**45039321**	**42491764**	**3.57**
南 昌 市	Nanchang	1489305	1346553	5131564	4443625	3.30
景德镇市	Jingdezhen	458373	447681	1609968	1535546	3.43
萍 乡 市	Pingxiang	502680	494467	1873958	1785026	3.61
九 江 市	Jiujiang	1296927	1255121	4773125	4518436	3.60
新 余 市	Xinyu	370002	355497	1150963	1055826	2.97
鹰 潭 市	Yingtan	315964	307495	1137888	1100832	3.58
赣 州 市	Ganzhou	2210285	2142413	8451853	7966167	3.72
吉 安 市	Ji'an	1320782	1288337	4853594	4650827	3.61
宜 春 市	Yichun	1499682	1461712	5464625	5174460	3.54
抚 州 市	Fuzhou	1098369	1082441	3948881	3842666	3.55
上 饶 市	Shangrao	1753687	1720738	6642902	6418353	3.73

2-6 各地区家庭户规模构成（2012年末）

Family Households Size Composition by Region (end of 2012)

单位：% (%)

地 区	Region	合 计 Total	一人户 One Person	二人户 Two Persons	三人户 Three Persons	四人户 Four Persons	五人及以上户 Five Persons and Over
全 省	**Provincial Total**	**100**	**9.52**	**21.35**	**26.38**	**21.67**	**21.08**
南 昌 市	Nanchang	100	10.97	22.77	27.21	19.15	19.90
景德镇市	Jingdezhen	100	9.96	22.46	28.24	20.05	19.29
萍 乡 市	Pingxiang	100	7.25	17.52	27.11	22.78	25.34
九 江 市	Jiujiang	100	9.25	20.17	27.75	20.88	21.95
新 余 市	Xinyu	100	12.02	25.21	33.98	17.13	11.66
鹰 潭 市	Yingtan	100	10.11	22.34	26.15	18.94	22.46
赣 州 市	Ganzhou	100	9.38	19.67	25.44	22.18	23.33
吉 安 市	Ji'an	100	9.84	19.65	25.71	22.95	21.85
宜 春 市	Yichun	100	9.55	21.49	23.61	24.05	21.30
抚 州 市	Fuzhou	100	9.12	20.45	24.39	22.87	23.17
上 饶 市	Shangrao	100	9.27	20.35	24.17	21.74	24.47

2-7 分年龄、性别的人口构成（2012年末）

Population Composition by Age and Sex (end of 2012)

单位：% (%)

年 龄(岁) Age(year old)	人口构成合计 Population Composition Total	男 Male	女 Female	性别比 (女=100) Sex Rratio (Female=100)
总 计 Total	**100.00**	**51.48**	**48.52**	**106.10**
0—4	6.92	3.86	3.06	126.14
5—9	7.49	4.21	3.28	128.35
10—14	6.62	3.74	2.88	129.86
15—19	7.15	3.89	3.26	119.33
20—24	8.99	4.57	4.42	103.39
25—29	7.28	3.51	3.77	93.10
30—34	7.06	3.48	3.58	97.21
35—39	9.07	4.55	4.52	100.66
40—44	8.61	4.36	4.25	102.59
45—49	7.69	3.89	3.80	102.37
50—54	5.22	2.69	2.53	106.32
55—59	5.51	2.79	2.72	102.57
60—64	4.04	2.00	2.04	98.04
65—69	2.89	1.43	1.46	97.95
70—74	2.44	1.18	1.26	93.65
75—79	1.60	0.73	0.87	83.91
80—84	0.87	0.40	0.47	85.11
85—89	0.38	0.15	0.23	65.22
90-94	0.12	0.04	0.08	50.00
95+	0.05	0.01	0.04	25.00

2-8 6岁及以上人口的文化构成（2012年末）

Educational Attainment Composition of Population Aged 6 and above (end of 2012)

单位：% (%)

年 龄(岁) Age(year old)	不识字或识字很少 Illiterate	小 学 Primary School	初 中 Junior Secondary School	高 中 Senior Secondary School	大专以上 Junior College and Above
总 计 Total	**3.72**	**31.59**	**42.06**	**14.42**	**8.21**
6-9	0.11	5.28	0.05		
10-14	0.04	3.69	3.48	0.20	0.01
15-19	0.01	0.34	3.78	3.39	1.04
20-24	0.02	0.67	4.93	2.05	2.67
25-29	0.02	0.72	4.57	1.29	1.19
30-34	0.03	1.29	5.47	1.31	0.86
35-39	0.05	2.16	5.75	1.39	0.69
40-44	0.07	2.71	4.77	1.25	0.58
45-49	0.11	2.45	3.28	1.31	0.46
50-54	0.21	2.59	2.11	0.97	0.24
55-59	0.34	2.98	1.66	0.53	0.19
60-64	0.42	2.37	1.04	0.30	0.10
65+	2.29	4.34	1.17	0.43	0.18

2-9 15岁及以上人口的婚姻构成（2012年末）

Marital Composition of Population Aged 15 and above (end of 2012)

单位：% (%)

年 龄(岁) Age(year old)	未 婚 Never Married		初婚有配偶 First Married		再婚有配偶 Re-married		离 婚 Divorced		丧 偶 Widowed	
	男 Male	女 Female	男 Male	女 Female	男 Male	女 Female	男 Male	女 Female	男 Male	女 Female
总 计 Total	**10.37**	**7.21**	**36.59**	**37.87**	**0.68**	**0.75**	**0.63**	**0.39**	**1.57**	**3.94**
15-19	4.46	3.70	0.06	0.10			0.01			
20-24	3.43	2.69	0.76	1.94		0.01	0.01	0.01		
25-29	1.24	0.59	2.42	3.54	0.02	0.03	0.04	0.03		0.01
30-34	0.51	0.14	4.17	4.92	0.05	0.06	0.08	0.05	0.01	0.02
35-39	0.25	0.04	5.23	5.63	0.08	0.10	0.11	0.06	0.02	0.04
40-44	0.15	0.02	5.46	5.49	0.09	0.12	0.11	0.07	0.04	0.08
50-54	0.07	0.01	4.02	3.65	0.09	0.09	0.06	0.03	0.09	0.20
55-59	0.06		3.47	3.26	0.08	0.08	0.05	0.03	0.12	0.35
60-64	0.05		2.51	2.16	0.08	0.07	0.04	0.02	0.17	0.46
65+	0.06	0.01	3.84	2.51	0.11	0.08	0.04	0.02	1.03	2.62

2-10 育龄妇女分年龄的生育状况（2012年末）

Age-specific Fertility Rate of Childbearing Women by Age of Mother (end of 2012)

年 龄(岁) Age(year old)	平均育龄妇女比重(%) Average Proportion of Childbearing Women (%)	出生人口比重(%) Births Proportion (%)	育龄妇女生育率(‰) Fertility Rate of Childbearing Women (‰)			
				一 孩 1st Birth	二 孩 2nd Birth	三孩及以上 3rd Birth and Above
总 计 Total	**100.00**	**100.00**	**48.58**	**29.95**	**16.04**	**2.59**
15-19	11.81	2.12	8.71	8.12	0.59	
20-24	16.23	35.22	105.43	87.94	16.92	0.57
25-29	13.41	32.35	117.21	69.36	42.09	5.76
30-34	13.18	16.14	59.47	26.93	27.92	4.62
35-39	16.46	8.92	26.32	10.36	13.17	2.79
40-44	15.25	3.36	10.70	5.97	3.89	0.84
45-49	13.68	1.91	6.77	4.72	1.86	0.19

主要统计指标解释

人口数 指一定时点，一定地区范围内有生命的个人总和。

城镇人口和乡村人口 城镇人口是指居住在城镇范围内的全部常住人口；乡村人口是除上述人口以外的全部人口。

出生率（又称粗出生率） 指在一定时期内（通常为一年）一定地区的出生人数与同期内平均人数（或期中人数）之比，用千分率表示。本资料中的出生率指年出生率，其计算公式为：

$$出生率=\frac{年出生人数}{年平均人数}\times 1000‰$$

式中：出生人数指活产婴儿，即胎儿脱离母体时（不管怀孕月数），有过呼吸或其他生命现象。年平均人数指年初、年底人口数的平均数，也可用年中人口数代替。

死亡率（又称粗死亡率） 指在一定时期内（通常为一年）一定地区的死亡人数与同期平均人数（或期中人数）之比，用千分率表示。本资料中的死亡率指年死亡率，其计算公式为：

$$死亡率=\frac{年死亡人数}{年平均人数}\times 1000‰$$

人口自然增长率 指在一定时期内（通常为一年）人口自然增加数（出生人数减死亡人数）与该时期内平均人数（或期中人数）之比，用千分率表示。计算公式为：

$$人口自然增长率=\frac{本年出生人数-本年死亡人数}{年平均人数}\times 1000‰$$

$$=人口出生率-人口死亡率$$

Explanatory Notes on Main Statistical Indicators

Total Population refers to the total number of people alive at a certain point of time within a given area.

Urban Population and Rural Population Urban population refers to all people residing in cities and towns, while rural population refers to population other than urban population.

Birth Rate (or Crude Birth Rate) refers to the ratio of the number of births to the average population (or mid-period population) during a certain period of time (usually a year), expressed in ‰. Birth rate in the chapter refers to annual birth rate. The following formula is used:

$$\text{Birth Rate}=\frac{\text{Number of Births}}{\text{Annual Average Population}}\times 1000‰$$

Number of births in the formula refers to live births, i.e. when a baby has breathed or showed any vital phenomena regardless of the length of pregnancy. Annual average population is the average of the number of population at the beginning of the year and that at the end of the year. Sometimes it is substituted by the mid-year population.

Death Rate (or Crude Death Rate) refers to the ratio of the number of deaths to the average population (or mid-period population) during a certain period of time (usually a year), expressed in ‰. Death rate in the chapter refers to annual death rate.The following formula is used:

$$\text{Death Rate}=\frac{\text{Number of Deaths}}{\text{Annual Average Population}}\times 1000‰$$

Natural Growth Rate of Population refers to the ratio of natural increase in population (number of births minus number of deaths) in a certain period of time (usually a year) to the average population (or mid-period population) of the same period, expressed in ‰. The following formula is applied:

$$\text{Natural Growth Rate of Population}=\frac{\text{Number of Births - Number of Deaths}}{\text{Annual Average Popultion}}\times 1000‰$$

Natural Growth Rate of Population = Birth Rate-Death Rate

3

就业人员和职工工资

EMPLOYMENT AND WAGE

◆39/60

资料整理及英文翻译：龚　丹

Ⅰ 简要说明

一、本篇资料的主要内容

本篇资料反映全省劳动经济方面的基本情况，包括11个设区市的主要劳动统计数据。如：就业人员、职工工资总额、职工平均工资等情况。

二、本篇资料的统计范围

《劳动统计报表制度》的调查范围为城镇辖区内独立核算法人单位（不包括乡镇企业和个体工商户），自1998年起部分指标有所变动，职工人数为在岗职工；劳动力资源、全社会就业人员统计范围为城镇和乡村16岁以上人口，2002年及以后全社会就业人员、城镇和乡村就业人员的总计资料根据人口和劳动力调查资料推算，因此分地区、分类型、分行业的资料相加不等于总计；私营和个体工商户统计范围为全社会；《培训就业统计报表制度》的填报范围为全省就业服务和职业介绍机构。

三、本篇资料来源

1. 就业基本情况及分组资料、职工工资总额等资料，是省统计局人口和就业处根据《劳动统计报表制度》、《人口变动情况抽样调查制度》、《劳动力调查制度》等资料，加工整理。

2. 职业介绍服务机构、城镇登记失业人数是根据省人力资源和社会保障厅《培训就业统计报表制度》整理。

3. 个体劳动者根据省工商行政管理局报表整理。

四、本篇的统计调查方法

劳动统计采用全面调查方法，由各级统计部门和各直报单位逐级上报；劳动力调查采用抽样调查方法；培训、就业统计及个体工商统计利用行政登记资料加工汇总。

Ⅰ Brief Introduction

I. Main Contents

Data in this chapter show the basic conditions of labour economy for the whole province, including main labour statistics on the 11 municipalities, such as number of employed persons, total wage bills and average wages of staff.

II. Scope of Statistics

The Reporting Form System on Labour Statistics covers independent corporate units within the urban areas (not including township enterprise or self-employed individuals). Since 1998, some indicators varied, number of staff refers to working staff. Scope of statistics on labour force and whole society employment is refers to population above age 16 in urban and rural areas. Since 2002, statistics on whole society employment、urban and rural areas employment are complied according to Population and labour force survey data, thus the sum of region or category or sector does not necessarily equal the total number. Scope of Statistics on private and individual industrial and commercial households is the whole society. Scope of Training and Employment Statistics System is employment services and employment agencies in the whole province.

III. Sources of Data

1. Data on basic conditions of employment, data by groups, total wage bills of staff and workers are collected and compiled through The Reporting Form System on Labour System, The Sample Survey System on Demographic changes and The System of Labour Survey by Division of Population, and Employment Jiangxi Provincial Bureau of Statistics.

2. Data on the employment services and the exchanges of labour force and on the number of registered The Reporting Form System on Training and Employment Statistics, which provided by jiangxi Labour and Social Security Department.

3. Data on the number of employed persons in self-employed individuals are provided by the Provincial Administration for Industry and Commerce.

IV. Methodology of Survey

A complete reporting form from lower-level statistical bureaus to higher level statistical bureaus is used in the labour statistics. The Sampling Survey on Labour Force are conducted by using sampling methods. Statistics on training, employment,and self-employed individuals are collected and complied on basis of administrative registering records.

3-1 劳 动 力 资 源

Labor Force Resources

单位：万人 (10000 persons)

年 份 Year	劳动力资源总数 Total Number of Labor Force Resources	社会就业人数 Number of Employed Persons in Society	#职工人数 Number of Staff and Workers	国有经济单位 State-owned Units	城镇集体经济单位 Urban Collective-owned Units	其他各种经济单位 Units of Other Types of Ownership	劳动力资源总数占人口数的比重(%) Percentage of Total Number of Labor Force Resources to Population(%)	劳动力资源利用率(%) Utilization Ratio of Labor Force Resources (%)
1978	1448.1	1254.3	267.4	221.0	46.4		45.5	86.6
1979	1503.5	1307.0	269.6	219.6	50.0		46.6	86.9
1980	1559.6	1356.3	286.7	233.0	53.7		47.7	87.0
1981	1610.2	1409.8	301.9	242.2	59.7		48.7	87.6
1982	1638.9	1434.0	311.9	249.3	62.6		49.0	87.5
1983	1731.4	1498.2	311.1	245.6	65.5		51.2	86.5
1984	1824.8	1537.3	324.9	247.0	77.9		53.4	84.3
1985	1887.1	1584.8	341.6	261.4	80.1	0.1	54.5	84.0
1986	1934.6	1622.6	351.9	269.4	82.3	0.2	55.1	83.9
1987	1981.4	1668.4	365.3	281.4	83.7	0.2	55.7	84.2
1988	2055.3	1723.0	379.2	293.8	85.0	0.4	56.6	83.8
1989	2107.2	1760.4	380.1	298.3	81.3	0.5	57.0	83.5
1990	2175.3	1816.5	386.2	304.0	81.6	0.6	57.1	83.5
1991	2248.8	1874.5	398.9	313.9	83.9	1.1	58.2	83.4
1992	2354.0	1870.4	408.4	322.0	84.4	2.0	60.2	79.5
1993	2418.7	1903.7	412.0	326.9	80.4	4.7	61.0	78.7
1994	2636.1	2007.7	413.5	328.6	79.2	5.7	65.6	76.2
1995	2653.3	2100.5	411.3	332.7	71.4	7.2	63.3	79.2
1996	2735.4	2107.2	412.0	336.0	68.8	7.2	66.6	77.0
1997	2768.8	2120.6	409.4	334.0	67.6	7.8	66.7	76.6
1998	2809.1	2094.3	322.5	254.9	41.0	26.6	67.0	74.6
1999	2830.2	2089.0	305.9	242.8	36.3	26.8	66.9	73.8
2000	2898.2	2060.9	291.6	231.8	33.0	26.8	69.8	71.1
2001	2898.5	2054.8	279.3	222.2	27.9	29.2	69.2	70.9
2002	2911.6	2130.6	261.9	206.8	22.8	32.3	69.0	73.2
2003	3016.6	2168.2	256.7	196.1	20.0	40.6	70.9	71.9
2004	3073.5	2214.0	258.4	192.4	17.5	48.5	71.8	72.0
2005	3130.0	2276.7	264.8	191.3	17.6	55.9	72.6	72.7
2006	3210.4	2321.1	271.9	191.9	16.0	64.0	74.0	72.3
2007	3290.6	2369.6	275.0	190.5	16.3	68.2	75.3	72.0
2008	3353.0	2404.5	275.2	186.6	13.9	74.7	76.2	71.7
2009	3413.8	2445.2	273.8	187.4	12.6	73.8	77.0	71.6
2010	3417.6	2498.8	279.6	187.8	12.5	79.3	76.6	73.1
2011	3480.5	2532.6	311.3	185.3	15.7	110.2	77.5	72.8
2012	3495.5	2556.0	360.9	195.2	15.6	150.1	77.6	73.1

注：自1998年起，职工人数为在岗职工人数。自2012年起，职工人数含劳务派遣人员。

a) Since 1998,number of staff and workers refers to number of employed staff and workers.Since 2012,number of staff and workers includes dispatched laborers.

3-2 三次产业社会就业人员数(年末数)

Number of Employed Persons by Three Strata of Industry (year-end)

年份 地区 Year Region	合计 (万人) Total (10000 persons)				构成(以合计数为100) Composition (Total=100)		
		第一产业 Primary Industry	第二产业 Secondary Industry	第三产业 Tertiary Industry	第一产业 Primary Industry	第二产业 Secondary Industry	第三产业 Tertiary Industry
1978	1254.3	968.7	163.4	122.2	77.2	13.0	9.8
1980	1356.3	1053.8	166.9	135.6	77.7	12.3	10.0
1985	1584.8	1057.2	320.5	207.1	66.7	20.2	13.1
1990	1816.5	1193.1	368.6	254.8	65.7	20.3	14.0
1991	1874.5	1224.2	388.7	261.6	65.3	20.7	14.0
1992	1870.4	1186.2	412.9	271.3	63.4	22.0	14.6
1993	1903.7	1085.9	462.5	355.3	57.3	24.3	18.4
1994	2007.7	1127.2	493.3	387.2	56.1	24.6	19.3
1995	2100.5	1071.7	525.1	503.7	51.0	25.0	24.0
1996	2107.2	1049.7	539.7	517.8	49.8	25.6	24.6
1997	2120.6	1000.9	549.8	569.9	47.2	25.9	26.9
1998	2094.3	975.5	548.8	570.0	46.6	26.2	27.2
1999	2089.0	969.3	530.7	589.0	46.4	25.4	28.2
2000	2060.9	960.9	502.8	597.2	46.6	24.4	29.0
2001	2054.8	949.6	482.6	622.6	46.2	23.5	30.3
2002	2130.6	964.5	483.8	682.3	45.3	22.7	32.0
2003	2168.2	910.7	568.0	689.5	42.0	26.2	31.8
2004	2214.0	907.7	598.4	707.9	41.0	27.0	32.0
2005	2276.7	907.5	619.5	749.7	39.9	27.2	32.9
2006	2321.1	907.4	639.5	774.2	39.1	27.5	33.4
2007	2369.6	900.8	663.3	805.5	38.0	28.0	34.0
2008	2404.5	900.1	675.0	829.4	37.4	28.1	34.5
2009	2445.2	892.6	710.1	842.5	36.5	29.0	34.5
2010	2498.8	888.6	741.1	869.1	35.6	29.6	34.8
2011	2532.6	870.5	763.3	898.8	34.4	30.1	35.5
2012	2556.0	841.0	792.3	922.7	32.9	31.0	36.1
南昌市 Nanchang	315.9	70.4	113.5	132.0	22.3	35.9	41.8
景德镇市 Jingdezhen	100.8	27.9	34.8	38.1	27.6	34.6	37.8
萍乡市 Pingxiang	111.1	24.4	50.4	36.3	22.0	45.3	32.7
九江市 Jiujiang	309.2	98.2	103.0	108.0	31.8	33.3	34.9
新余市 Xinyu	64.4	24.2	21.7	18.6	37.6	33.6	28.8
鹰潭市 Yingtan	72.0	24.9	20.4	26.7	34.6	28.3	37.1
赣州市 Ganzhou	506.4	185.2	162.7	158.5	36.6	32.1	31.3
吉安市 Ji'an	269.8	125.9	64.3	79.6	46.7	23.8	29.5
宜春市 Yichun	316.3	120.9	91.7	103.7	38.2	29.0	32.8
抚州市 Fuzhou	215.8	90.9	44.1	80.8	42.1	20.4	37.4
上饶市 Shangrao	417.4	129.6	154.5	133.3	31.0	37.0	31.9

3-3　社会就业人员数（年末数）
Number of Employed Persons in Society (year-end)

单位：万人　　　　(10000 persons)

类　　别	Type	2011	2012
总　　计	**Total**	**2532.63**	**2555.95**
按经济类型分	**Classifed by Types of Ownership**		
城镇	Urban	845.69	885.85
#国有	State-owned	200.45	209.03
集体	Collective-owned	18.75	18.10
联营	Joint Ownership	0.26	0.58
股份合作	Cooperative	2.98	3.72
有限责任公司	Limited Liability Corporations	60.79	86.49
股份有限公司	Share-holding Corporations Ltd.	21.96	25.16
外商投资	Foreign Funded	14.10	14.02
港澳台投资	Funds from Hong Kong,Macao&Taiwan	19.47	21.97
私营和个体	Private Enterprises and Self-employed Individuals	334.85	336.68
乡村	Rural	1686.94	1670.10
#私营和个体	Private Enterprises and Self-employed Individuals	296.69	434.14
按国民经济行业分	**Classified by Sector**		
农、林、牧、渔业	Farming,Forestry,Animal Husbandry and Fishery	870.55	840.90
采矿业	Mining	} 534.06	} 554.88
制造业	Manufacturing		
电力、热力、燃气及水生产和供应业	Production and Distribution of Electricity,Heat,Gas and Water	11.41	18.50
建筑业	Construction	217.81	218.96
批发和零售业	Wholesale and Retail Trades	422.03	436.14
交通运输、仓储和邮政业	Traffic, Transport, Storage and Post	82.60	74.54
住宿和餐饮业	Hotels and Catering Services	128.66	113.02
信息传输、软件和信息技术服务业	Information Transmission,Software and Information Technical Services	34.73	38.19
金融业	Financial Intermediation	11.34	11.41
房地产	Real Estate	11.63	17.25
租赁和商务服务业	Leasing and Business Services	16.91	19.55
科学研究和技术服务业	Scientific Research and Technical Service	6.43	7.60
水利、环境和公共设施管理业	Management of Water Conservancy, Environment and Public Facilities	5.66	6.36
居民服务、修理和其他服务业	Services to Households,Repair and Other Services	60.14	71.52
教育	Education	47.96	44.46
卫生和社会工作	Health and Social Work	18.10	21.67
文化、体育和娱乐业	Culture, Sports and Entertainment	6.51	13.44
公共管理、社会保障和社会组织	Public Management,Social Security and Social Organization	46.10	47.55

注：就业人员总计是根据人口变动抽样调查资料推算，因此，分地区、分经济类型、分行业资料相加不等于总计。下表同。

a) The total mumber of employed persons have been estimated in accordance with the data from the national sample survey on population changes. As a result,the sum of the data by region,by ownership and by sector is not equal to the total.The same applies to the following tables.

3-4 城镇私营企业就业人数和城镇个体劳动者（2012年末）

Number of Employed Persons in Urban Private Enterprises and Urban Self-employed Individuals Laborers (end of 2012)

单位：人 (person)

行 业	Sector	城镇私营企业就业人数 Number of Employed Persons in Urban Private Enterprises	城镇个体劳动者 Urban Self-employed Individual Laborers
总 计	**Total**	**2381978**	**1959385**
农、林、牧、渔业	Farming,Forestry,Animal Husbandry and Fishery	25306	48252
采矿业	Mining	124843	6566
制造业	Manufacturing	1367539	235258
电力、热力、燃气及水生产和供应业	Production and Distribution of Electricity,Heat,Gas and Water	13422	2045
建筑业	Construction	328565	4100
批发和零售业	Wholesale and Retail Trades	193545	1131052
交通运输、仓储和邮政业	Traffic, Transport, Storage and Post	64485	53629
住宿和餐饮业	Hotels and Catering Services	73833	210964
信息传输、软件和信息技术服务业	Information Transmission,Software and Information Technical Services	12904	10973
金融业	Financial Intermediation	12904	1010
房地产业	Real Estate	48655	834
租赁和商务服务业	Leasing and Business Services	30710	20297
科学研究和技术服务业	Scientific Research and Technical Service	7161	2935
水利、环境和公共设施管理业	Service and Geologic Management Prospecting of Water Conservancy,Environment and Public Facilities	2626	51
居民服务、修理和其他服务业	Services to Households,Repair and Other Services	28515	190872
教育	Education	26478	470
卫生和社会工作	Health and Social Work	9361	4547
文化、体育和娱乐业	Culture, Sports and Entertainment	11126	12921
其他	Others		22609

3-5 各地区城镇就业人员数（2012年末）

Number of Employed Persons in Urban Areas by Region (end of 2012)

单位：万人 (10000 persons)

地　区	Region	合 计 Total	单 位 就业人员 Employed Persons in Units of Types of Ownership	国 有 State-owned	集 体 Collective-owned	联 营 Joint Ownership	股份合作 Cooperative
全　省	**Provincial Total**	**885.85**	**385.79**	**209.03**	**18.10**	**0.58**	**3.72**
南昌市	Nanchang	177.95	96.25	44.40	3.20	0.04	1.50
景德镇市	Jingdezhen	45.11	19.26	9.68	0.89	0.01	0.01
萍乡市	Pingxiang	44.15	14.12	9.08	0.51	0.03	0.49
九江市	Jiujiang	104.35	41.92	22.06	3.78	0.18	0.65
新余市	Xinyu	33.68	11.36	4.62	0.31		0.20
鹰潭市	Yingtan	30.08	10.23	9.14	0.15		
赣州市	Ganzhou	108.69	48.75	26.81	1.60	0.08	0.30
吉安市	Ji'an	82.92	22.86	17.82	1.55	0.01	0.12
宜春市	Yichun	92.38	36.75	19.17	0.94		0.02
抚州市	Fuzhou	71.80	29.76	17.10	1.63	0.03	0.11
上饶市	Shangrao	94.74	42.89	24.04	3.53	0.20	0.32

3-5 续表 continued

单位：万人 (10000 persons)

地　区	Region	有限责任公司 Limited Liability Corporations	股份有限公司 Shareholding Corporations Ltd.	外商投资经济 Foreign Funded	港澳台投资经济 Funds from Hong Kong, Macao&Taiwan	城镇私营企业就业人数 Number of Employed Persons in Urban Private Enterprises	城镇个体劳动者 Urban Selfviduals Laborers
全　省	**Provincial Total**	**86.49**	**25.16**	**14.02**	**21.97**	**238.20**	**195.94**
南昌市	Nanchang	33.19	9.68	5.28	4.84	37.54	33.73
景德镇市	Jingdezhen	5.78	1.98	0.51	0.35	8.98	9.55
萍乡市	Pingxiang	1.14	1.60	0.11	0.21	26.65	14.53
九江市	Jiujiang	8.03	2.96	1.17	2.59	25.68	30.29
新余市	Xinyu	4.54	0.34	1.26	0.05	10.67	8.79
鹰潭市	Yingtan	0.34	0.38	0.03	0.08	4.35	6.17
赣州市	Ganzhou	7.94	0.94	2.31	8.12	34.74	34.88
吉安市	Ji'an	1.27	0.87	0.34	0.67	28.46	14.26
宜春市	Yichun	9.71	2.50	0.91	3.30	29.99	16.87
抚州市	Fuzhou	7.93	1.13	0.32	0.99	11.73	12.65
上饶市	Shangrao	6.62	2.79	1.77	0.77	19.41	14.21

3-6 城镇登记失业人数及登记失业率

Unemployed Persons and Unemployment Rate in Urban Areas

年 份 地 区 Year Region	城镇登记失业人数 (万人) Unemployed Persons in Urban Areas (10000 persons)	#失业青年 Unemployed-Youth	占城镇登记失业人数 (%) Percentage to Unemployed Persons in Urban Areas(%)	登记失业率 (%) Unemployment Rate (%)
1978	21.38			7.39
1979	15.17	13.35	88.0	5.31
1980	17.03	14.43	84.7	5.59
1981	14.58	11.61	79.6	4.57
1982	14.81	11.63	78.5	4.47
1983	13.26	10.60	79.9	3.98
1984	7.57	6.10	80.6	2.21
1985	5.21	4.74	91.0	1.45
1986	5.42	4.98	91.9	1.46
1987	5.56	4.83	86.9	1.45
1988	6.17	5.57	90.3	1.53
1989	6.95	6.60	95.0	1.69
1990	10.26	9.60	93.6	2.44
1991	10.56	10.14	96.0	2.40
1992	8.65	7.92	91.6	1.92
1993	8.65	8.29	95.8	1.82
1994	8.85	7.13	80.6	1.79
1995	8.66	7.48	86.3	1.57
1996	10.10	6.36	63.1	2.20
1997	14.22	8.52	60.0	2.32
1998	14.45	8.26	57.2	2.47
1999	15.50	5.95	38.4	2.60
2000	16.68	5.45	32.7	2.90
2001	17.28	3.39	19.6	3.30
2002	17.76	3.86	21.7	3.40
2003	21.62	4.21	19.5	3.80
2004	22.42	4.39	19.5	3.56
2005	22.84	3.87	16.90	3.48
2006	25.27	3.83	15.20	3.64
2007	24.34	2.41	9.90	3.37
2008	25.99	2.12	8.15	3.42
2009	27.30	1.36	4.98	3.44
2010	26.26	0.94	3.58	3.31
2011	24.64	1.44	5.84	3.20
2012	25.72	1.03	4.00	3.00

注：自1999年起失业青年为长期失业者。

a) Unemployed youth are the long-term umemployed since 1999.

3-7 城镇非私营单位就业人员年末人数、工资（2012年）
Number and Wage of Employed Persons in Urban Non-Private Units at Year-end (2012)

类　　别	Type	就业人员人数（人）Number of Employed Persons (person)	就业人员工资总额（万元）Total Wage Bill of Employed Persons (10000 yuan)	就业人员平均工资（元）Average Wage of Employed Persons (yuan)
总　　计	**Total**	**3857934**	**13349920**	**38512**
按经济类型分	**Classified by Types of Ownership**			
国有单位	State-owned	2090320	8172453	39422
城镇集体单位	Collective-owned	181000	506853	29429
其他单位	Others	1586614	4670613	38247
#股份合作	Cooperative	37222	96195	32766
联营	Joint Ownership	5837	13270	31178
有限责任公司	Limited Liability Corporations	864887	2562627	38734
股份有限公司	Share-holding Corporations Ltd.	251629	868956	44491
港澳台商投资	Funds from Hong Kong,Macao&Taiwan	219680	525035	30670
外商投资	Foreign Funded	140204	424268	38758
其他	Others	67155	180263	36060
按隶属关系分	**Classified by Subordinative Relationship**			
中央	Central	151299	748424	49877
地方	Regional	3698259	12570626	38000
其他	Others	8376	30871	36860
按企业、事业、机关分	**Classified by Enterprises,Institutions and Agencies**			
#企业	Enterprises	2497719	8100395	38296
事业	Institutions	936105	3567411	38404
机关	Agencies	418783	1646679	39486
按国民经济行业分	**Classified by Sector**			
农、林、牧、渔业	Farming,Forestry,Animal Husbandry and Fishery	116386	236990	20580
采矿业	Mining	101209	399505	39041
制造业	Manufacturing	1020243	2735211	39023
电力、热力、燃气及水生产和供应业	Production and Distribution of Electricity,Gas and Water	105199	490690	46839
建筑业	Construction	666329	2081745	34105
批发和零售业	Wholesale and Retail Trades	166946	537203	32595
交通运输、仓储和邮政业	Traffic, Transport, Storage and Post	128752	664134	51912
住宿和餐饮业	Hotels and Catering Services	42521	95531	22926
信息传输、软件和信息技术服务业	Information Transmission,Software and Information Technical Services	43445	190716	44438
金融业	Financial Intermediation	106257	564872	53798
房地产业	Real Estate	44548	169141	38431
租赁和商务服务业	Leasing and Business Services	29438	109616	37231
科学研究和技术服务业	Scientific Research and Technical Service	54343	213425	39356
水利、环境和公共设施管理业	Service and Geologic Management Prospecting of Water Conservancy,Environment and Public Facilities	58985	163874	28339
居民服务、修理和其他服务业	Services to Households,Repair and Other Services	5891	16172	27611
教育	Education	442133	1829458	41596
卫生和社会工作	Health and Social Work	211067	808648	38962
文化、体育和娱乐业	Culture, Sports and Entertainment	38742	167280	43512
公共管理、社会保障和社会组织	Public Management,Social Security and Social Organization	475500	1875711	39622
按地区分	**Classified by Region**			
南 昌 市	Nanchang	962451	3955823	42417
景德镇市	Jingdezhen	192575	639195	33346
萍 乡 市	Pingxiang	141179	467225	33267
九 江 市	Jiujiang	419189	1340445	32490
新 余 市	Xinyu	113595	453556	39611
鹰 潭 市	Yingtan	102334	348101	34012
赣 州 市	Ganzhou	487493	1580285	32416
吉 安 市	Ji'an	228610	723937	31966
宜 春 市	Yichun	367489	1176427	32216
抚 州 市	Fuzhou	297625	948476	32072
上 饶 市	Shangrao	428906	1317477	32100

3-8 城镇非私营单位在岗职工年末人数、工资（2012年）
Number and Wage of Employed Staff and Workers in Urban Non-Private Units at Year-end (2012)

类别	Type	在岗职工人数（人）Number of Employed Staff and Workers (person)	在岗职工工资总额（万元）Total Wage Bill of Employed Staff and Workers (10000 yuan)	在岗职工平均工资（元）Average Wage of Employed Staff and Workers(yuan)
总计	**Total**	**3608820**	**12823272**	**39651**
按经济类型分	**Classified by Types of Ownership**			
国有单位	State-owned	1952005	7891818	40712
城镇集体单位	Collective-owned	156150	455102	30608
其他单位	Others	1500665	4476352	39030
#股份合作	Cooperative	34907	91305	33788
联营	Joint Ownership	5324	12604	33299
有限责任公司	Limited Liability Corporations	808418	2434813	39546
股份有限公司	Share-holding Corporations Ltd.	235151	833159	46368
港澳台商投资	Funds from Hong Kong,Macao&Taiwan	214645	512324	30776
外商投资	Foreign Funded	138383	419096	38894
其他	Others	63837	173052	37213
按隶属关系分	**Classified by Subordinative Relationship**			
中央	Central	141685	726373	51548
地方	Regional	3459256	12067039	39112
其他	Others	7879	29861	37894
按企业、事业、机关分	**Classified by Enterprises,Institutions and Agencies**			
#企业	Enterprises	2326195	7704154	39332
事业	Institutions	880338	3471456	39696
机关	Agencies	397187	1612936	40762
按国民经济行业分	**Classified by Sector**			
农、林、牧、渔业	Farming,Forestry,Animal Husbandry and Fishery	111336	231190	21011
采矿业	Mining	98988	392732	39448
制造业	Manufacturing	1003943	2700698	39445
电力、燃气及水的生产和供应业	Production and Distribution of Electricity,Gas and Water	101397	479996	47522
建筑业	Construction	552435	1808013	35325
批发和零售业	Wholesale and Retail Trades	158119	518835	33238
交通运输、仓储和邮政业	Traffic, Transport, Storage and Post	125671	657786	52555
住宿和餐饮业	Hotels and Catering Services	41563	93789	23085
信息传输、软件和信息技术服务业	Information Transmission,Software and Information Technical Services	40165	185938	47082
金融业	Financial Intermediation	94647	541172	57895
房地产业	Real Estate	41281	161141	39564
租赁和商务服务业	Leasing and Business Services	27725	105050	37931
科学研究和技术服务业	Scientific Research and Technical Service	49298	202450	41104
水利、环境和公共设施管理业	Service and Geologic Management Prospecting of Water Conservancy,Environment and Public Facilities	46660	147079	31904
居民服务、修理和其他服务业	Services to Households,Repair and Other Services	4820	14854	31141
教育	Education	429290	1811424	42403
卫生和社会工作	Health and Social Work	195453	774310	40237
文化、体育和娱乐业	Culture, Sports and Entertainment	35981	160739	45019
公共管理、社会保障和社会组织	Public Management,Social Security and Social Organization	450048	1836078	40963
按地区分	**Classified by Region**			
南昌市	Nanchang	869901	3693668	43771
景德镇市	Jingdezhen	184466	624044	33937
萍乡市	Pingxiang	133506	452230	34195
九江市	Jiujiang	381914	1275119	33800
新余市	Xinyu	110067	447669	40275
鹰潭市	Yingtan	97820	340777	34838
赣州市	Ganzhou	470162	1544348	32841
吉安市	Ji'an	212580	693113	32892
宜春市	Yichun	356064	1159672	32738
抚州市	Fuzhou	285806	927575	32634
上饶市	Shangrao	393823	1268358	32951

注：在岗职工含劳务派遣人员。

a)Number of employed staff and workers includes dispatched laborers.

3-9 城镇非私营单位各种分组的就业人员人数（2012年末）

Number of Employed Persons in Urban Non-Private Units by Types of Groups (end of 2012)

单位：人 (person)

类别	Type	合计 Total	国有单位 State-owned Units	城镇集体单位 Urban Collective-owned Units	其他单位 Units of Other Types of Ownership
总计	**Total**	**3857934**	**2090320**	**181000**	**1586614**
按企业、事业、机关分	**Grouped by Enterprises,Institutions and Agencies**				
#企业	Enterprises	2497719	751922	169115	1576682
#地方	Regional	2378804	633007	169115	1576682
事业	Institutions	936105	919328	11558	5219
#地方	Regional	918511	901734	11558	5219
机关	Agencies	418783	417839	268	676
#地方	Regional	405239	404295	268	676
按国民经济行业分	**Grouped by Sector**				
农、林、牧、渔业	Farming,Forestry,Animal Husbandry and Fishery	116386	97186	17841	1359
采矿业	Mining	101209	67484	3809	29916
制造业	Manufacturing	1020243	144989	12087	863167
电力、煤气及水的生产和供应业	Production and Distribution of Electricity,Gas and Water	105199	59971	621	44607
建筑业	Construction	666329	172530	103992	389807
批发和零售业	Wholesale and Retail Trades	166946	70611	7737	88598
交通运输、仓储和邮政业	Traffic, Transport, Storage and Post	128752	112748	3106	12898
住宿和餐饮业	Hotels and Catering Services	42521	13043	774	28704
信息传输、软件和信息技术服务业	Information Transmission,Software and Information Technical Services	43445	9454	989	33002
金融业	Financial Intermediation	106257	48994	16458	40805
房地产业	Real Estate	44548	11174	789	32585
租赁和商务服务业	Leasing and Business Services	29438	23013	2236	4189
科学研究和技术服务业	Scientific Research and Technical Service	54343	52572	364	1407
水利、环境和公共设施管理业	Service and Geologic Management Prospecting of Water Conservancy,Environment and Public Facilities	58985	54124	3035	1826
居民服务、修理和其他服务业	Services to Households,Repair and Other Services	5891	5207	550	134
教育	Education	442133	435083	57	6993
卫生和社会工作	Health and Social Work	211067	202293	4838	3936
文化、体育和娱乐业	Culture, Sports and Entertainment	38742	35259	1515	1968
公共管理、社会保障和社会组织	Public Management,Social Security and Social Organization	475500	474585	202	713
按地区分	**Grouped by Region**				
南昌市	Nanchang	962451	444004	32044	486403
景德镇市	Jingdezhen	192575	96821	8920	86834
萍乡市	Pingxiang	141179	90784	5138	45257
九江市	Jiujiang	419189	220637	37751	160801
新余市	Xinyu	113595	46242	3100	64253
鹰潭市	Yingtan	102334	91441	1521	9372
赣州市	Ganzhou	487493	268119	16040	203334
吉安市	Ji'an	228610	178232	15530	34848
宜春市	Yichun	367489	191685	9374	166430
抚州市	Fuzhou	297625	170976	16313	110336
上饶市	Shangrao	428906	240356	35269	153281

3-10 城镇非私营单位各种分组的在岗职工人数（2012年末）

Number of Employed Staff and Workers in Urban Non-Private Units by Types of Groups (end of 2012)

单位：人 (person)

类别	Type	合计 Total	国有单位 State-owned Units	城镇集体单位 Urban Collective-owned Units	其他单位 Units of Other Types of Ownership
总计	**Total**	**3608820**	**1952005**	**156150**	**1500665**
按企业、事业、机关分	**Grouped by Enterprises,Institutions and Agencies**				
#企业	Enterprises	2326195	689582	145546	1491067
#地方	Regional	2215416	578803	145546	1491067
事业	Institutions	880338	864934	10279	5125
#地方	Regional	863924	848520	10279	5125
机关	Agencies	397187	396285	266	636
#地方	Regional	383899	382997	266	636
按国民经济行业分	**Grouped by Sector**				
农、林、牧、渔业	Farming,Forestry,Animal Husbandry and Fishery	111336	92186	17830	1320
采矿业	Mining	98988	65733	3802	29453
制造业	Manufacturing	1003943	139972	11081	852890
电力、煤气及水的生产和供应业	Production and Distribution of Electricity,Gas and Water	101397	57548	621	43228
建筑业	Construction	552435	136630	84766	331039
批发和零售业	Wholesale and Retail Trades	158119	67963	6110	84046
交通运输、仓储和邮政业	Traffic, Transport, Storage and Post	125671	110481	3056	12134
住宿和餐饮业	Hotels and Catering Services	41563	12396	739	28428
信息传输、软件和信息技术服务业	Information Transmission,Software and Information Technical Services	40165	7257	871	32037
金融业	Financial Intermediation	94647	43944	15543	35160
房地产业	Real Estate	41281	10582	721	29978
租赁和商务服务业	Leasing and Business Services	27725	21451	2117	4157
科学研究和技术服务业	Scientific Research and Technical Service	49298	47660	249	1389
水利、环境和公共设施管理业	Service and Geologic Management Prospecting of Water Conservancy,Environment and Public Facilities	46660	43016	1834	1810
居民服务、修理和其他服务业	Services to Households,Repair and Other Services	4820	4146	550	124
教育	Education	429290	422316	55	6919
卫生和社会工作	Health and Social Work	195453	186973	4601	3879
文化、体育和娱乐业	Culture, Sports and Entertainment	35981	32616	1402	1963
公共管理、社会保障和社会组织	Public Management,Social Security and Social Organization	450048	449135	202	711
按地区分	**Grouped by Region**				
南昌市	Nanchang	869901	392041	24660	453200
景德镇市	Jingdezhen	184466	91123	8197	85146
萍乡市	Pingxiang	133506	86179	5134	42193
九江市	Jiujiang	381914	198000	29371	154543
新余市	Xinyu	110067	43368	3017	63682
鹰潭市	Yingtan	97820	87381	1521	8918
赣州市	Ganzhou	470162	257683	15119	197360
吉安市	Ji'an	212580	169937	12629	30014
宜春市	Yichun	356064	184476	7870	163718
抚州市	Fuzhou	285806	164882	15241	105683
上饶市	Shangrao	393823	226310	33391	134122

3-11 城镇非私营单位职工工资总额和平均工资

Total Wages Bill and Average Wage of Staff and Workers in Urban Non-Private Units

年 份 Year	工资总额 (万元) Total Wages Bill (10000 yuan)	国有经济单位 State-owned Units	城镇集体经济单位 Urban Collective-owned Units	其他各种经济单位 Units of Other Types of Ownership	平均工资 (元) Average Wage (yuan)	国有经济单位 State-owned Units	城镇集体经济单位 Urban Collective-owned Units	其他各种经济单位 Units of Other Types of Ownership
1978	145123	122929	22194		552	562	500	
1979	161102	135538	25564		603	624	512	
1980	199674	167220	32454		713	733	625	
1981	210974	175632	35342		719	745	613	
1982	223632	185973	37659		732	758	625	
1983	230035	190050	39985		747	774	640	
1984	284282	230178	54067	37	894	949	716	949
1985	329858	266560	63213	86	997	1052	817	1132
1986	394647	321560	72890	197	1147	1215	919	1190
1987	431756	352660	78895	202	1215	1286	974	1312
1988	533074	440107	92403	564	1446	1539	1121	1675
1989	583499	486785	95917	798	1562	1658	1205	1809
1990	656975	551602	104213	1160	1729	1843	1300	2079
1991	719291	598920	118234	2137	1842	1946	1446	2329
1992	860275	724646	131368	4261	2154	2295	1606	2414
1993	1042007	883776	144510	13720	2580	2753	1842	3114
1994	1407031	1207665	176282	23084	3450	3720	2268	4214
1995	1621603	1393677	189980	37946	4211	4427	2990	5623
1996	1858269	1588203	218857	51209	4852	5050	3562	7275
1997	1944011	1666516	219199	58297	5089	5303	3636	7843
1998	1739295	1400368	152032	186895	5384	5473	3720	7104
1999	2057811	1675969	170518	211325	6749	6930	4692	7913
2000	2047372	1681669	151720	213983	7014	7249	4676	7798
2001	2255433	1864519	144576	246339	8026	8346	5149	8349
2002	2437527	2001095	133577	302855	9262	9607	5859	9444
2003	2710865	2161536	137779	411551	10521	10918	6905	10359
2004	3054546	2367213	136642	550691	11860	12291	7873	11569
2005	3583091	2726459	157004	699628	13688	14276	8952	13140
2006	4170749	3136396	160449	873904	15590	16491	10102	14220
2007	4994197	3703412	203353	1087433	18400	19624	12574	16344
2008	5732519	4204570	192028	1335921	21000	22608	13934	18247
2009	6713864	4900030	205362	1608472	24696	26247	16624	22088
2010	8071398	5796975	223793	2050630	29092	30985	18194	26272
2011	9970075	6256416	378133	3335526	34055	36939	24265	30939
2012	12823272	7891818	455102	4476352	39651	40712	30608	39030

注:自1998年起,职工工资为在岗职工工资。自2012年起，平均工资含劳务派遣人员工资。

a) Since 1998,wage of staff and workers refers to wage of employed staff and workers.Since 2012,average wage includes dispatched laborers' wage.

3-12 城镇非私营单位职工平均工资指数

Average Wage of Staff and Workers and Related Indices in Urban Non-Private Units

(以上年为100) (preceding year=100)

年份 Year	货币工资指数 Currency Wages Indices	国有经济单位 State-owned Units	城镇集体经济单位 Urban Collective-owned Units	其他各种经济单位 Units of Other Types of Ownership	实际工资指数 Actual Wages Indices	国有经济单位 State-owned Units	城镇集体经济单位 Urban Collectiv-owned Units	其他各种经济单位 Units of Other Types of Ownership
1978	106.8	105.4	102.0		106.6	105.2	101.8	
1979	109.2	111.0	102.4		107.0	108.7	100.3	
1980	118.2	117.5	122.1		112.0	111.4	115.7	
1981	100.8	101.6	98.1		97.1	97.9	94.5	
1982	101.8	101.7	102.0		98.7	98.6	98.9	
1983	102.0	102.1	102.4		100.1	100.2	100.5	
1984	119.7	122.6	111.9		116.7	119.5	109.1	
1985	111.5	110.9	114.1	119.3	102.5	101.9	104.9	109.7
1986	115.0	115.5	112.5	105.1	108.5	108.7	106.1	99.2
1987	105.9	105.8	106.0	108.0	98.1	98.1	98.2	100.1
1988	119.0	119.7	115.1	127.7	96.2	96.8	93.0	103.2
1989	108.0	107.7	107.5	108.0	92.2	91.9	91.7	92.2
1990	110.7	111.2	107.9	114.9	109.1	109.6	106.3	113.2
1991	106.5	105.6	111.2	112.0	102.0	101.1	106.5	107.3
1992	116.9	117.9	111.1	103.6	108.7	109.7	103.3	96.4
1993	115.9	115.9	111.5	127.8	100.1	100.1	96.3	110.4
1994	138.2	139.8	126.1	136.6	108.9	110.2	99.4	107.6
1995	122.1	119.0	131.8	133.4	104.4	101.8	112.7	114.1
1996	115.2	114.1	105.8	129.4	106.6	105.5	97.9	119.7
1997	104.9	105.0	102.1	107.8	101.8	101.9	99.1	104.7
1998	105.8	103.2	102.3	90.6	104.8	102.2	101.3	89.7
1999	125.4	126.6	126.1	111.4	127.2	128.4	127.9	112.9
2000	103.9	104.6	99.7	98.5	103.5	104.2	99.4	98.2
2001	114.4	115.1	110.1	107.0	114.9	115.7	110.7	107.5
2002	115.4	115.1	113.8	113.1	115.3	114.9	113.7	112.9
2003	113.6	113.6	117.9	109.7	112.7	112.7	117.0	108.8
2004	112.7	112.6	114.0	111.7	108.9	108.8	110.1	107.9
2005	115.4	116.2	113.7	113.6	113.5	114.3	111.8	111.7
2006	113.9	115.5	112.8	108.2	112.5	114.1	111.5	106.9
2007	118.0	119.0	124.5	114.9	112.6	113.5	118.8	109.6
2008	114.1	115.2	110.8	111.6	107.5	108.7	104.5	105.3
2009	117.6	116.1	119.3	121.1	118.4	116.9	120.1	122.0
2010	117.8	118.1	109.4	118.9	114.4	114.7	106.2	115.4
2011	117.1	119.2	133.4	117.8	111.3	113.3	126.8	112.0
2012	116.3	110.7	125.7	124.1	113.2	107.8	122.4	120.8

3-13 城镇非私营单位各种分组的就业人员工资总额（2012年）

Total Wages Bill of Employed Persons by Types of Groups in Urban Non-Private Units (2012)

单位：万元 (10000 yuan)

类别	Type	工资总额 Total Wages Bill	国有单位 State-owned Units	城镇集体单位 Urban Collective-owned Units	其他单位 Units of Other Types of Ownership
总计	**Total**	**13349920**	**8172453**	**506853**	**4670613**
按企业、事业、机关分	**Grouped by Enterprises,Institutions and Agencies**				
#企业	Enterprises	8100395	2998504	477660	4624231
#地方	Regional	7614102	2512211	477660	4624231
事业	Institutions	3567411	3523322	28491	15598
#地方	Regional	3477063	3432974	28491	15598
机关	Agencies	1646679	1644313	600	1767
#地方	Regional	1588394	1586027	600	1767
按国民经济行业分	**Grouped by Sector**				
农、林、牧、渔业	Farming,Forestry,Animal Husbandry and Fishery	236990	200364	33608	3019
采矿业	Mining	399505	288708	11290	99508
制造业	Manufacturing	2735211	495058	28531	2211621
电力、煤气及水的生产和供应业	Production and Distribution of Electricity,Gas and Water	490690	275368	1702	213619
建筑业	Construction	2081745	575936	292533	1213276
批发和零售业	Wholesale and Retail Trades	537203	255190	17936	264077
交通运输、仓储和邮政业	Traffic, Transport, Storage and Post	664134	619761	5949	38423
住宿和餐饮业	Hotels and Catering Services	95531	32643	986	61902
信息传输、软件和信息技术服务业	Information Transmission,Software and Information Technical Services	190716	54522	1741	134453
金融业	Financial Intermediation	564872	266298	80308	218266
房地产业	Real Estate	169141	35107	1793	132240
租赁和商务服务业	Leasing and Business Services	109616	85972	5520	18124
科学研究和技术服务业	Scientific Research and Technical Service	213425	208296	502	4628
水利、环境和公共设施管理业	Service and Geologic Management Prospecting of Water Conservancy,Environment and Public Facilities	163874	154760	4952	4162
居民服务、修理和其他服务业	Services to Households,Repair and Other Services	16172	14792	945	435
教育	Education	1829458	1807567	95	21796
卫生和社会工作	Health and Social Work	808648	783153	13791	11704
文化、体育和娱乐业	Culture, Sports and Entertainment	167280	145426	4247	17607
公共管理、社会保障和社会组织	Public Management,Social Security and Social Organization	1875711	1873531	427	1753
按地区分	**Grouped by Region**				
南昌市	Nanchang	3955823	2366959	106800	1482064
景德镇市	Jingdezhen	639195	355138	28710	255346
萍乡市	Pingxiang	467225	289800	12701	164724
九江市	Jiujiang	1340445	764511	93428	482506
新余市	Xinyu	453556	173480	9164	270912
鹰潭市	Yingtan	348101	321146	3131	23824
赣州市	Ganzhou	1580285	934621	53543	592121
吉安市	Ji'an	723937	577418	43016	103503
宜春市	Yichun	1176427	670147	28084	478197
抚州市	Fuzhou	948476	531778	46849	369849
上饶市	Shangrao	1317477	788482	81427	447567

3-14 城镇非私营单位各种分组的在岗职工工资总额（2012年）

Total Wages Bill of Employed Staff and Workers by Types of Groups in Urban Non-Private Units (2012)

单位：万元 (10000 yuan)

类别	Type	工资总额 Total Wages Bill	国有单位 State-owned Units	城镇集体单位 Urban Collective-owned Units	其他单位 Units of Other Types of Ownership
总计	**Total**	**12823272**	**7891818**	**455102**	**4476352**
按企业、事业、机关分	**Grouped by Enterprises,Institutions and Agencies**				
#企业	Enterprises	7704154	2845779	427651	4430724
#地方	Regional	7236625	2378250	427651	4430724
事业	Institutions	3471456	3429200	26749	15508
#地方	Regional	3383875	3341618	26749	15508
机关	Agencies	1612936	1610631	598	1707
#地方	Regional	1555056	1552751	598	1707
按国民经济行业分	**Grouped by Sector**				
农、林、牧、渔业	Farming,Forestry,Animal Husbandry and Fishery	231190	194613	33597	2980
采矿业	Mining	392732	283158	11277	98298
制造业	Manufacturing	2700698	486768	27366	2186564
电力、煤气及水的生产和供应业	Production and Distribution of Electricity,Gas and Water	479996	270010	1702	208284
建筑业	Construction	1808013	476517	251280	1080216
批发和零售业	Wholesale and Retail Trades	518835	249593	13508	255734
交通运输、仓储和邮政业	Traffic, Transport, Storage and Post	657786	615153	5899	36734
住宿和餐饮业	Hotels and Catering Services	93789	31371	898	61520
信息传输、软件和信息技术服务业	Information Transmission,Software and Information Technical Services	185938	51586	1633	132719
金融业	Financial Intermediation	541172	255030	77942	208200
房地产业	Real Estate	161141	33996	1752	125393
租赁和商务服务业	Leasing and Business Services	105050	81572	5406	18072
科学研究和技术服务业	Scientific Research and Technical Service	202450	197417	456	4577
水利、环境和公共设施管理业	Service and Geologic Management Prospecting of Water Conservancy,Environment and Public Facilities	147079	139309	3629	4141
居民服务、修理和其他服务业	Services to Households,Repair and Other Services	14854	13498	945	412
教育	Education	1811424	1789670	91	21663
卫生和社会工作	Health and Social Work	774310	749522	13289	11499
文化、体育和娱乐业	Culture, Sports and Entertainment	160739	139139	4005	17596
公共管理、社会保障和社会组织	Public Management,Social Security and Social Organization	1836078	1833901	427	1750
按地区分	**Grouped by Region**				
南昌市	Nanchang	3693668	2231593	88492	1373582
景德镇市	Jingdezhen	624044	346437	27222	250385
萍乡市	Pingxiang	452230	279517	12695	160019
九江市	Jiujiang	1275119	726627	77767	470726
新余市	Xinyu	447669	169062	9070	269538
鹰潭市	Yingtan	340777	314706	3131	22940
赣州市	Ganzhou	1544348	914066	51670	578612
吉安市	Ji'an	693113	564989	36404	91721
宜春市	Yichun	1159672	661055	26195	472422
抚州市	Fuzhou	927575	521889	45212	360474
上饶市	Shangrao	1268358	765181	77244	425933

3-15 城镇非私营单位各种分组的就业人员平均工资（2012年）

Average Wage of Employed Persons by Types of Groups in Urban Non-Private Units (2012)

单位：元 (yuan)

类别	Type	平均工资 Average Wage	国有单位 State-owned Units	城镇集体单位 Urban Collective-owned Units	其他单位 Units of Other Types of Ownership
总计	**Total**	**38512**	**39422**	**29429**	**38247**
按企业、事业、机关分	**Grouped by Enterprises,Institutions and Agencies**				
#企业	Enterprises	38296	40356	29756	38165
#地方	Regional	38119	40178	29756	38165
事业	Institutions	38404	38603	25044	32261
#地方	Regional	38152	38350	25044	32261
机关	Agencies	39486	39518	22286	26367
#地方	Regional	39354	39386	22286	26367
按国民经济行业分	**Grouped by Sector**				
农、林、牧、渔业	Farming,Forestry,Animal Husbandry and Fishery	20580	20522	20748	22834
采矿业	Mining	39041	41946	30275	33423
制造业	Manufacturing	39023	33706	23896	40796
电力、煤气及水的生产和供应业	Production and Distribution of Electricity,Gas and Water	46839	45815	26149	48543
建筑业	Construction	34105	35506	30022	34592
批发和零售业	Wholesale and Retail Trades	32595	36595	23293	30222
交通运输、仓储和邮政业	Traffic, Transport, Storage and Post	51912	55311	19229	30041
住宿和餐饮业	Hotels and Catering Services	22926	24687	12785	22367
信息传输、软件和信息技术服务业	Information Transmission,Software and Information Technical Services	44438	58163	17639	41299
金融业	Financial Intermediation	53798	54591	49184	54717
房地产业	Real Estate	38431	32286	22666	40883
租赁和商务服务业	Leasing and Business Services	37231	37283	24921	43483
科学研究和技术服务业	Scientific Research and Technical Service	39356	39684	13856	33560
水利、环境和公共设施管理业	Management of Water Conservancy, Environment and Public Facilities	28339	29166	16588	23384
居民服务、修理和其他服务业	Services to Households,Repair and Other Services	27611	28518	17336	34776
教育	Education	41596	41767	16579	31204
卫生和社会工作	Health and Social Work	38962	39283	29242	33739
文化、体育和娱乐业	Culture, Sports and Entertainment	43512	41599	28035	89328
公共管理、社会保障和社会组织	Public Management,Social Security and Social Organization	39622	39652	21039	24974
按地区分	**Grouped by Region**				
南昌市	Nanchang	42417	47376	35275	38338
景德镇市	Jingdezhen	33346	36761	33419	29525
萍乡市	Pingxiang	33267	31808	25541	37130
九江市	Jiujiang	32490	34782	27220	30452
新余市	Xinyu	39611	37862	29667	41301
鹰潭市	Yingtan	34012	35186	20572	24936
赣州市	Ganzhou	32416	35130	33811	28796
吉安市	Ji'an	31966	32693	28171	29931
宜春市	Yichun	32216	35258	30625	28818
抚州市	Fuzhou	32072	31131	28937	34017
上饶市	Shangrao	32100	32839	24685	32589

3-16 城镇非私营单位各种分组的在岗职工平均工资（2012年）

Average Wage of Employed Staff and Workers by Types of Groups in Urban Non-Private Units (2012)

单位：元 (yuan)

类别	Type	平均工资 Average Wage	国有单位 State-owned Units	城镇集体单位 Urban Collective-owned Units	其他单位 Units of Other Types of Ownership
总计	**Total**	**39651**	**40712**	**30608**	**39030**
按企业、事业、机关分	**Grouped by Enterprises,Institutions and Agencies**				
#企业	Enterprises	39332	41678	30938	38943
#地方	Regional	39145	41528	30938	38943
事业	Institutions	39696	39891	26403	32710
#地方	Regional	39431	39626	26403	32710
机关	Agencies	40762	40796	22397	27048
#地方	Regional	40651	40686	22397	27048
按国民经济行业分	**Grouped by Sector**				
农、林、牧、渔业	Farming,Forestry,Animal Husbandry and Fishery	21011	21029	20756	22885
采矿业	Mining	39448	42581	30297	33508
制造业	Manufacturing	39445	34248	25001	41133
电力、煤气及水的生产和供应业	Production and Distribution of Electricity,Gas and Water	47522	46765	26149	48875
建筑业	Construction	35325	37019	31633	35573
批发和零售业	Wholesale and Retail Trades	33238	37232	22235	30818
交通运输、仓储和邮政业	Traffic, Transport, Storage and Post	52555	55876	19252	30601
住宿和餐饮业	Hotels and Catering Services	23085	25092	12205	22462
信息传输、软件和信息技术服务业	Information Transmission,Software and Information Technical Services	47082	73036	18791	42053
金融业	Financial Intermediation	57895	58320	50504	60677
房地产业	Real Estate	39564	33225	24298	42112
租赁和商务服务业	Leasing and Business Services	37931	38011	25793	43662
科学研究和技术服务业	Scientific Research and Technical Service	41104	41435	18474	33630
水利、环境和公共设施管理业	Service and Geologic Management Prospecting of Water Conservancy,Environment and Public Facilities	31904	32766	20015	23383
居民服务、修理和其他服务业	Services to Households,Repair and Other Services	31141	32841	17336	35809
教育	Education	42403	42588	16618	31346
卫生和社会工作	Health and Social Work	40237	40615	29663	33710
文化、体育和娱乐业	Culture, Sports and Entertainment	45019	43034	28461	89499
公共管理、社会保障和社会组织	Public Management,Social Security and Social Organization	40963	40997	21039	25000
按地区分	**Grouped by Region**				
南昌市	Nanchang	43771	49987	38255	38670
景德镇市	Jingdezhen	33937	37990	34625	29517
萍乡市	Pingxiang	34195	32509	25549	38745
九江市	Jiujiang	33800	36746	29198	30792
新余市	Xinyu	40275	39267	30172	41408
鹰潭市	Yingtan	34838	36089	20572	25222
赣州市	Ganzhou	32841	35727	34648	29005
吉安市	Ji'an	32892	33548	29188	30733
宜春市	Yichun	32738	36099	33519	28931
抚州市	Fuzhou	32634	31670	29896	34555
上饶市	Shangrao	32951	33811	24728	33439

3-17 城镇私营单位就业人员年末人数、工资（2012年）

Number and Wage of Employed Persons in Urban Private Units at Year-end (2012)

类 别	Type	就业人员人数（人）Number of Employed Persons (person)	就业人员工资总额（万元）Total Wage Bill of Employed Persons (10000 yuan)	就业人员平均工资（元）Average Wage of Employed Persons (yuan)
总 计	**Total**	**2381978**	**5482206**	**23506**
按国民经济行业分	**Classified by Sector**			
农、林、牧、渔业	Farming,Forestry,Animal Husbandry and Fishery	25306	48286	19218
采矿业	Mining	124843	308845	25232
制造业	Manufacturing	1367539	3175791	23488
电力、热力、燃气及水生产和供应业	Production and Distribution of Electricity,Gas and Water	13422	30055	27636
建筑业	Construction	328565	794856	26219
批发和零售业	Wholesale and Retail Trades	193545	372757	19428
交通运输、仓储和邮政业	Traffic, Transport, Storage and Post	64485	155376	23624
住宿和餐饮业	Hotels and Catering Services	73833	143518	19226
信息传输、软件和信息技术服务业	Information Transmission,Software and Information Technical Services	12904	28608	22032
金融业	Financial Intermediation	12904	35608	27422
房地产业	Real Estate	48655	136788	28539
租赁和商务服务业	Leasing and Business Services	30710	70776	23015
科学研究和技术服务业	Scientific Research and Technical Service	7161	18208	26142
水利、环境和公共设施管理业	Service and Geologic Management Prospecting of Water Conservancy,Environment and Public Facilities	2626	6007	23439
居民服务、修理和其他服务业	Services to Households,Repair and Other Services	28515	50527	19253
教育	Education	26478	58762	22516
卫生和社会工作	Health and Social Work	9361	24281	26729
文化、体育和娱乐业	Culture, Sports and Entertainment	11126	23156	21529
公共管理、社会保障和社会组织	Public Management,Social Security and Social Organization			
按地区分	**Classified by Region**			
南昌市	Nanchang	375397	1013930	27988
景德镇市	Jingdezhen	89762	231250	25815
萍乡市	Pingxiang	266465	504396	19011
九江市	Jiujiang	256792	618452	24579
新余市	Xinyu	106744	287314	27803
鹰潭市	Yingtan	43535	95658	22096
赣州市	Ganzhou	347401	821424	23966
吉安市	Ji'an	284607	530159	19345
宜春市	Yichun	299880	717680	24202
抚州市	Fuzhou	117275	227449	19532
上饶市	Shangrao	194120	434494	23225

3–18 公共就业服务工作情况（2012年）
Operating Conditions of Public Employment Service (2012)

单位：人 (person)

指标	Item	本期办理就业登记人数 Registered Employed this Year	本期单位登记招聘人数 Registered Job Vacancies this year	本期登记求职人数 Registered Job-seekers this year	本期职业指导人数 Person Times Vocational Guidance this Year	本期创业服务人数 Providing Imbark Service this year	本期介绍成功人数 Placed Job-seekers this year
合计	**Total**	**986317**	**1749294**	**1600013**	**710611**	**87039**	**700484**
市及以上公共就业(人才)服务机构	Public Employment Service Organization at City and Above	99936	383584	345329	82281	12709	77182
区(县)公共就业(人才)服务机构	Public Employment Service Organization at District(County)	663888	1113873	998188	479163	66575	510906
街道公共就业服务机构	Public Employment Service Organization at Street Communities	56311	59380	63398	27846	954	23060
乡镇公共就业服务机构	Public Employment Service Organization at Township	145695	145104	160563	99025	5459	71227
社区公共就业服务窗口	Public Employment Service Organization at Community	12677	31256	21249	12119	1096	10893
行政村公共就业服务窗口	Public Employment Service Organization at Administrative Village	7810	16097	11286	10177	246	7216

3–19 城镇新增净增就业情况(年末数)
Situations of Newly Increased and Net Increased Employment in Urban Areas (year-end)

年份 地区 Year Region	新增就业人员(万人) Newly Increased Employed Persons (10000 persons)	净增就业人员(万人) Net Increased Employed Persons (10000 persons)
2003	35.00	26.60
2004	42.38	28.80
2005	43.16	29.36
2006	44.50	30.04
2007	45.15	32.48
2008	47.30	33.48
2009	47.51	32.62
2010	50.56	35.44
2011	52.66	43.67
2012	53.32	40.16
南昌市 Nanchang	9.92	8.66
景德镇市 Jingdezhen	2.65	1.02
萍乡市 Pingxiang	3.04	2.29
九江市 Jiujiang	6.09	5.28
新余市 Xinyu	2.47	1.72
鹰潭市 Yingtan	2.26	2.06
赣州市 Ganzhou	6.87	4.87
吉安市 Ji'an	5.08	3.22
宜春市 Yichun	5.38	3.57
抚州市 Fuzhou	4.31	3.45
上饶市 Shangrao	5.25	4.02

主要统计指标解释

就业人员 指从事一定社会劳动并取得劳动报酬或经营收入的人员。包括(1)在岗职工；(2)再就业的离退休人员;(3)私营业主;(4)个体户主;(5)私营企业和个体就业人员；(6)乡镇企业就业人员;(7)农村就业人员;(8)其他就业人员。

单位就业人员 各单位的就业人员是指在各级国家机关、政党机关、社会团体及企业、事业单位中工作，取得工资或其他形式的劳动报酬的全部人员。包括在岗职工、再就业的离退休人员、民办教师以及在各单位中工作的外方人员和港澳台方人员、兼职人员、借用的外单位人员和第二职业者。不包括离开本单位仍保留劳动关系的职工。

在岗职工 指在本单位工作并由单位支付工资的人员，以及有工作岗位，但由于学习、病伤产假等原因暂未工作，仍由单位支付工资的人员。

私营企业就业人员 指在工商管理部门注册登记的私营企业就业人员，包括私营企业投资者和雇工。

个体就业人员 指在工商管理部门注册登记，经批准从事个体工商经营的就业人员，包括个体户主和在个体工商户劳动的家庭帮工和雇工。

单位就业人员劳动报酬 指各单位在一定时期内直接支付给本单位全部就业人员的劳动报酬总额。包括在岗职工工资总额和本单位其他从业人员劳动报酬两部分。

在岗职工工资总额 指各单位在一定时期内直接支付给本单位全部在岗职工的劳动报酬总额。包括：计时工资(含计时标准工资)、计件工资、计件超额工资、奖金、津贴和补贴、加班加点工资、特殊情况下支付的工资等。

津贴和补贴 包括:(1)补偿职工特殊额外劳动消耗的津贴及岗位性津贴；(2)保健性津贴；(3)技术性津贴；(4)年功性津贴；(5)地区津贴;(6)其他津贴包括伙食补贴、上下班交通补贴、洗理卫生费、书报费等。以及为保证职工工资不受物价上涨或变动影响而支付的各种补贴，如副食价格补贴(含肉类等价格补贴)、粮、油、蔬菜等价格补贴，煤价补贴、房贴、水电贴、房改补贴等。

在岗职工平均工资 指在企业、事业、机关单位的在岗职工在一定时期内平均每人所得的货币工资额。

$$\text{在岗职工平均工资}=\frac{\text{报告期实际支付的全部在岗职工工资总额}}{\text{报告期全部在岗职工平均人数}}$$

货币工资指数 指报告期在岗职工平均工资与基期在岗职工平均工资的比率。

$$\text{货币工资指数}=\frac{\text{报告期在岗职工平均工资}}{\text{基期在岗职工平均工资}}\times 100\%$$

实际工资指数 指扣除物价变动因素后的在岗职工平均工资。

$$\text{实际工资指数}=\frac{\text{报告期在岗职工货币工资指数}}{\text{报告期居民消费价格指数}}\times 100\%$$

城镇新增就业人员 指报告期内城镇累计新就业人员数减去自然减员人数。

城镇净增就业人员 指报告期城镇净增加的就业人员总数，等于报告期末城镇就业人数减去期初城镇就业人数。

Explanatory Notes on Main Statistical Indicators

Employed Persons refer to persons who are engaged in gainful employment and thus receive remuneration payment or earn business income. They include 1)employed staff and workers, 2) re-employed retirees, 3) owners of private enterprises,4)owners of self-employed individuals, 5)persons employed in private enterprises and self-employed individuals, 6) persons employed in township enterprises,7)employed persons in rural areas, 8)other employed persons.

Persons Employed in Various Units refer to all the persons working in government agencies of various levels, political and party organizations, social organizations, enterprises and institutions, and receiving wages or other forms of payment. They include fully-employed staff and workers, re-employed retirees, teachers in the schools run by the local people, foreigners and Chinese compatriots from Hong Kong, Macao, and Taiwan working in various units, part-time employees,

employees of other units working temporarily at current posts, and employees holding the second job, but do not include persons who have left their working units while keeping their labour contract (employment relation) unchanged.

Employed Staff and Workers refer to persons who work in, and receive wages from their working units, including persons who have their work posts but are temporarily absent from work for reasons of study or on sick, injury or maternal leave and still receive wages from their working units.

Persons Employed in Private Enterprises refer to the persons employed in the private enterprises which have been registered at the departments of industrial and commercial administration, including investors of private enterprises and hired labourers.

Persons Employed in Self-Employed Individuals refer to persons employed in the self-employed individuals which have been registered at the departments of industrial and commercial administration and approved to be engaged in individual industrial or commercial business, including self-employed persons as well as helpers and hired labourers who work in individual households.

Earning of Persons Employed in Various Units refers to the total remuneration payment to all employees in various units during a certain period of time, including employed staff and workers and other employees.

Total Wage Bill of Employed Staff and workers refers to the total remuneration payment to all employed staff and workers in various units during a certain period of time. Including wage paid on a time basis (including standard wage paid on a time basis),wage paid on a piece basis, extra wage on a piece basis, bonus, allowance and subsidy, wage paid for working extra hours, wage paid in particular circumstance.

Allowance and Subsidy

Including1）allowance compensated for particular extra labour consume and position allowance to staff and workers,2)health care allowance,3)technical allowance,4)seniority allowance, 5)region allowance,6) other allowance including meals subsidy, traffic subsidy, hygiene subsidy, book and newspaper allowance, as well as all sorts of allowance which ensure the price rises or changes not affect the wage of staff and workers, i.e. non-staple food price subsidy(including meat and other foodstuffs price subsidy),grain, edible oil, vegetables and other food price subsidy, gas price subsidy, housing subsidy, water and electricity subsidy, housing reform subsidy.

Average Wage of Employed Staff and workers refer to average earning level in money terms per employee in the enterprise, institution and government organ during a certain period of time. Total Wage Bill of Employed Staff and Workers

$$\text{Staff and Workers} = \frac{\text{Total Wage Bill of Employed Staff and Workers at Reference Time}}{\text{Average Number of Employed Staff and Workers at Reference Time}}$$

Currency Wage Indices refers to the ratio of average wage of employed staff and workers at the reference period to that at the base period.

$$\text{Average Wage Indices} = \frac{\text{Average Wage of Employed Staff and Workers at Reference Time}}{\text{Average Wage of Employed Staff and Workers at Base Time}}$$

Average Real Wage Indices refers to the average wage of employed staff and workers after removing the effects of the price changes.

$$\text{Average Real Wage Indices} = \frac{\text{Average Wage Indices of Employed Staff and Workers at Reference Time}}{\text{Consumer Price Indices at Reference Time}}$$

Newly Increased Employed Persons in Urban Areas refer to the number of accumulated newly employed persons in urban areas minus natural wastages during the reporting period.

Net Increased Employed Persons in Urban Areas refer to the total number of net increased employed persons in urban areas during the reporting period, equal the number of employed persons in urban areas at the beginning of the period minus the number of employed persons in urban areas at the end of the period.

4

固定资产投资

INVESTMENT IN FIXED ASSETS

◆61/92

资料整理及英文翻译：石 磊

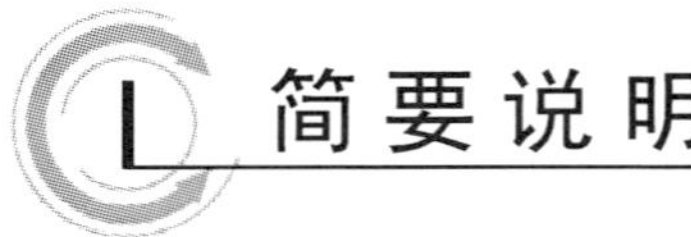

简要说明

一、本篇资料的主要内容

本篇资料通过对一定时期全社会建造和购置固定资产活动的数量描述，反映报告期内固定资产投资的规模和速度、固定资产投资的结构和比例关系、固定资产投资的资金来源及固定资产投资的效果等。

二、本篇资料的统计范围

全社会固定资产投资统计的范围包括：建设项目固定资产投资、房地产开发投资、农村农户固定资产投资。

三、本篇的资料来源

农户固定资产投资资料来自国家统计局江西调查总队；除此以外的固定资产投资统计资料均来自省统计局固定资产投资统计处统计调查。

四、本篇的统计调查方法

除农户固定资产投资统计采用抽样调查方法外，其他均为全面统计报表。

Brief Introduction

I. Main Contents

Statistics in this chapter describe activities on the construction and purchase of fixed assets of the whole country during a given period of time, and reflect the size, growth, structure, financing and results of the investment in fixed assets during the reference period.

II. Scope of Statistics

Statistics on the total investment in fixed assets in the whole country covers construction project investments in fixed assets , investments in real estate development and investments in fixed assets by rural households.

III. Sources of Data

Data on investments in fixed assets by individuals in rural areas are provided by Survey Office of the National Bureau of Statistics of Jiangxi, other data on investments in fixed assets are from surveys conducted by the Department of Investment & Construction Statistics of Jiangxi Provincial Bureau of Statistics.

IV. Methodology of Data Collection

All data on investments in fixed assets are collected by the system of reporting form with complete enumeration, except data on individual investments in fixed assets in rural areas, which are collected through sample surveys.

4-1 全社会固定资产投资

Total Investment in Fixed Assets in the Whole Country

年份 Year	全社会固定资产投资 Total Investment in Fixed Assets in the Whole Country				发展速度(上年=100) Development Speed(preceding year=100)			
	合计(万元) Total (10000 yuan)	固定资产投资 Investment in Fixed Assets	#房地产开发投资 Investment in Real Estate Development	农村农户投资 Farm Households Investment in Fixed Assets	合计(%) Absolute Figures (%)	固定资产投资 Investment in Fixed Assets	#房地产开发投资 Investment in Real Estate Development	农村农户投资 Farm Households Investment in Fixed Assets
1978	81316	81316			157.7	157.7		
1979	83995	83995			103.3	103.3		
1980	188219	163219		25000	224.1	194.3		
1981	170858	134858		36000	90.8	82.6		144.0
1982	244972	199695		45277	143.4	148.1		125.8
1983	280948	205037		75911	114.7	102.7		167.7
1984	352080	261500		90580	125.3	127.5		119.3
1985	440279	318179		122100	125.1	121.7		134.8
1986	533527	368962	9600	164565	121.2	116.0		134.8
1987	587729	407083	9300	180646	110.2	110.3	96.9	109.8
1988	781751	520755	20000	260996	133.0	127.9	215.1	144.5
1989	732849	501940	23000	230909	93.7	96.4	115.0	88.5
1990	706532	561167	28782	145365	96.4	111.8	125.1	63.0
1991	910773	711283	47957	199490	128.9	126.8	166.6	137.2
1992	1253607	995379	76487	258228	137.6	139.9	159.5	129.4
1993	1855038	1511952	137036	343086	148.0	151.9	179.2	132.9
1994	2374548	2018725	187480	355823	128.0	133.5	136.8	103.7
1995	2841825	2224678	258631	617147	119.7	110.2	138.0	173.4
1996	3558519	2673333	263962	885186	125.2	120.2	102.1	143.4
1997	3843045	2957798	251323	885247	108.0	110.6	95.2	100.0
1998	4547650	3557650	271234	990000	118.3	120.3	107.9	111.8
1999	4914811	3806414	335876	1108397	108.1	107.0	123.8	112.0
2000	5482004	4581858	423705	900146	111.5	120.4	126.1	81.2
2001	6604942	5648215	635195	956727	120.5	123.3	149.9	106.3
2002	9246027	8263879	1036441	982148	140.0	146.3	163.2	102.7
2003	13799696	12797615	1774707	1002081	149.3	154.9	171.2	102.0
2004	18196590	17100349	2660196	1096241	131.9	133.6	149.9	109.4
2005	21689712	20468652	3010982	1221060	119.2	119.7	113.2	111.4
2006	26835744	25425744	3459564	1410000	123.7	124.2	114.9	115.5
2007	33019427	31464114	4354573	1555313	123.0	123.7	125.9	110.3
2008	43454333	41532409	5476570	1921924	131.6	132.0	125.8	123.6
2009	56931422	54421272	6345238	2510150	131.0	131.0	115.9	130.6
2010	71646250	68593453	7068222	3052797	125.8	126.0	111.4	121.6
2011	87375985	84039281	8670285	3336704	122.0	122.5	122.7	109.3
2012	107741579	103783697	9696176	3957882	123.3	123.5	111.8	118.6

注：1.本篇章各表均不含跨省中央项目投资。

2.全社会固定资产投资=固定资产投资+农村农户投资。固定资产投资包括建设项目投资和房地产开发投资，后同。

3.2008-2012年为对投资项目复查后的核定数。

a) Central project transprovincially project don't add up to the total.

b)Total Investment in Fixed Assets in the Whole Country= Investment in Fixed Assets+Farm Households Investment in Fixed Assets. Investment in fixed assets including construction project investments in fixed assets、investments in real estate development.

c)Form 2008 to 2012 years,the data is approved investment projects to review the number.

4-2 全社会固定资产投资

Total Investment in Fixed Assets in the Whole Country

指 标	Item	2011	2012
全社会固定资产投资（万元）	**Total Investment in Fixed Assets in the Whole Country(10000 yuan)**	**87375985**	**107741579**
固定资产投资	Total Investment	84039281	103783697
#工 业	Industry	49324025	59206808
#房地产开发投资	Real Estate Development	8670285	9696176
农户投资	Farm Households	3336704	3957882
按登记注册类型分	Grouped by Status of Registration		
内 资	Domestic Funds	78995593	98404581
国 有	State-owned	18312264	22147685
集 体	Collective-owned	923591	1244665
股份合作	Share Holding Cooperative	1095381	673963
联 营	Joint-owned	259232	594253
有限责任公司	Limited Liability Corporations	23622490	28518037
股份有限公司	Share Holding Enterprises	5526007	5511049
私 营	Private	26987506	36554671
其他内资	Others	2269122	3160258
港、澳、台投资	Funds from Hong Kong，Macao and Taiwan	2075336	2146934
外商投资	Foreign Funded	2046015	2025855
个体经营	Individuals	4259041	5164209
按构成分	Grouped by Use of Funds		
建筑工程	Construction	46453268	58749234
安装工程	Installation	8327361	11996729
设备、工器具购置	Purchase of Equipment and Instruments	21342923	23883335
其他费用	Others	11252434	13112281
按建设性质分	Grouped by Type of Construction		
#新 建	New Construction	59481018	72385555
扩 建	Expansion	10140997	13298343
改建和技术改造	Reconstruction and Technical Rennovation	13432547	18527668
按产业分	Grouped by Industry		
第一产业	Primary Industry	2041950	3134815
第二产业	Secondary Industry	49876678	60026028
第三产业	Tertiary Industry	35457357	44580736

注：全社会固定资产投=固定资产投资+农户投资。固定资产投资=计划投资500万元及以上项目固定资产投资+房地产开发投资，后同。
a)Investment in fixed assets added investment in farm households equals total investment.Investment in fixed assets in 5million yuan project investmer added investment in real estate development equals investment in fixed assets. The same applies to the tables following.

4-2 续表 continued

指 标	Item	2011	2012
按行业分	Grouped by Sector		
农、林、牧、渔业	Farming, Forestry, Animal Husbandy and Fishery	2275746	3465250
采矿业	Mining	2204912	2639338
制造业	Manufacturing	44460748	53643168
电力、热力、燃气及水生产和供应业	Production and Supply of Electricity, Heat Power, Gas and Water	2658365	2943089
建筑业	Construction	552653	1032927
批发和零售业	Wholesale and Retail Trade	2721761	4113898
交通运输、仓储和邮政业	Transport, Storage and Post Services	4390186	4724239
住宿和餐饮业	Hotel and Catering Services	1971698	2541235.23
信息传输、软件和信息技术服务业	Information Transmission,Software and Information Technology Services	425720	505798
金融业	Financial Intermediation	226644	247074
房地产业	Real Estate	13056662	16796242
租赁和商务服务业	Leasing and Business Services	838713	1219029
科学研究和技术服务业	Scientific Reseach and Ploytechnic Services	250403	385101
水利、环境和公共设施管理业	Management of Water Conservancy, Public Facilities and Environment	7143341	8288936
居民服务、修理和其他服务业	Services to Households, Repair and Other Services	611687	698417
教 育	Education	1020472	1378214
卫生和社会工作	Health Care and Social Services	700776	745876
文化、体育和娱乐业	Culture, Sports and Entertainment	1022409	977763
公共管理、社会保障和社会组织	Public Management,Social Security and Social Organizations	843090	1395984
资金来源合计(万元)	**Total Source of Funds(10000 yuan)**	**99434031**	**126961361**
上年末结余资金	Balance at last Year-end	5203272	5945511
本年资金来源小计	Subtotal Sources of Funds This Year	94230759	121015850
国家预算内资金	State Budget	4182422	5176253
国内贷款	Domestic Loans	7136675	8435374
债券	Bonds	1968	50864
利用外资	Foreign Investment	1691960	923755
自筹资金	Self-raising Funds	71300750	92544848
其他资金	Others	9916984	13884756
新增固定资产(万元)	**Newly Increased Fixed Assets(10000 yuan)**	**62691280**	**76920129**
施工房屋建筑面积(万平方米)	**Floor Space of Buildings under Construction(10000 sq.m)**	**17490.72**	**24763.57**
#住宅	Residential Buildings	8074.27	10865.66
竣工房屋建筑面积(万平方米)	**Floor Space of Buildings Completed(10000 sq.m)**	**5110.29**	**6353.93**
#住宅	Residential Buildings	2022.03	2475.53

4-3 全社会固定资产投资构成
Composition of Total Investments in Fixed Assets

单位：%　　(%)

指　　标	Item	2011	2012
全社会固定资产投资	**Total Investment in Fixed Assets in the Whole Country**	**100.0**	**100.0**
固定资产投资	Total Investment	96.2	96.3
#工　业	Industry	56.5	55.0
#房地产开发投资	Real Estate Development	9.9	9.0
农户投资	Farm Households	3.8	3.7
按登记注册类型分	Grouped by Status of Registration		
内　资	Domestic Funds	90.4	91.3
国　有	State-owned	21.0	20.6
集　体	Collective-owned	1.1	1.2
股份合作	Share Holding Cooperative	1.3	0.6
联　营	Joint-owned	0.3	0.6
有限责任公司	Limited Liability Corporations	27.0	26.5
股份有限公司	Share Holding Enterprises	6.3	5.1
私　营	Private	30.9	33.9
其他内资	Others	2.6	2.9
港、澳、台投资	Funds from Hong Kong，Macao and Taiwan	2.4	2.0
外商投资	Foreign Funded	2.3	1.9
个体经营	Individuals	4.9	4.8
按构成分	Grouped by Use of Funds		
建筑工程	Construction	53.2	54.5
安装工程	Installation	9.5	11.1
设备、工器具购置	Purchase of Equipment and Instruments	24.4	22.2
其他费用	Others	12.9	12.2
按建设性质分	Grouped by Type of Construction		
#新　建	New Construction	68.1	67.2
扩　建	Expansion	11.6	12.3
改建和技术改造	Reconstruction and Technical Rennovation	15.4	17.2
按产业分	Grouped by Industry		
第一产业	Primary Industry	2.3	2.9
第二产业	Secondary Industry	57.1	55.7
第三产业	Tertiary Industry	40.6	41.4
按行业分	Grouped by Sector		
农、林、牧、渔业	Farming, Forestry, Animal Husbandy and Fishery	2.6	3.2
采矿业	Mining	2.5	2.4
制造业	Manufacturing	50.9	49.8
电力、热力、燃气及水生产和供应业	Production and Supply of Electricity,Heat Power, Gas and Water	3.0	2.7
建筑业	Construction	0.6	1.0
批发和零售业	Wholesale and Retail Trade	2.3	2.4
交通运输、仓储和邮政业	Transport, Storage and Post Services	3.1	3.8
住宿和餐饮业	Hotel and Catering Services	0.5	0.5
信息传输、软件和信息技术服务业	Information Transmission, Software and Information Technology Services	5.0	4.4
金融业	Financial Intermediation	0.3	0.2
房地产业	Real Estate	14.9	15.6
租赁和商务服务业	Leasing and Business Services	1.0	1.1
科学研究和技术服务	Scientific Reseach and Ploytechnic Services	0.3	0.4
水利、环境和公共设施管理业	Management of Water Conservancy, Environment and Public Facilities	8.2	7.7
居民服务、修理和其他服务业	Services to Households,Repair and Other Services	0.7	0.6
教　育	Education	1.2	1.3
卫生和社会工作	Health Care and Social Services	0.8	0.7
文化、体育和娱乐业	Culture, Sports and Entertainment	1.2	0.9
公共管理、社会保障和社会组织	Public Management, Social Security and Social Organizations	1.0	1.3

4-4 固定资产投资
Investment in Fixed Assets

指 标	Item	2011	2012
固定资产投资(万元)	**Total Investment(10000 yuan)**	**84039281**	**103783697**
#工 业	Industry	49313552	59206808
按登记注册类型分	Grouped by Status of Registration		
内 资	Domestic Funds	78995593	98404581
国 有	State-owned	18312264	22147685
集 体	Collective-owned	923591	1244665
股份合作	Share Holding Cooperative	1095381	673963
联 营	Joint-owned	259232	594253
有限责任公司	Limited Liability Corporations	23622490	28518037
股份有限公司	Share Holding Enterprises	5526007	5511049
私 营	Private	26987506	36554671
其他内资	Others	2269122	3160258
港、澳、台投资	Funds from Hong Kong，Macao and Taiwan	2075336	2146934
外商投资	Foreign Funded	2046015	2025855
个体经营	Individuals	922337	1206327
按构成分	Grouped by Use of Funds		
建筑工程	Construction	43900894	55635387
安装工程	Installation	8327361	11996729
设备、工器具购置	Purchase of Equipment and Instruments	21002785	23537632
其他费用	Others	10808241	12613949
按建设性质分	Grouped by Type of Construction		
#新 建	New Construction	56144314	68427673
扩 建	Expansion	10140997	13298343
改建和技术改造	Reconstruction and Technical Rennovation	13432547	18527668
按产业分	Grouped by Industry		
第一产业	Primary Industry	1512299	2554134
第二产业	Secondary Industry	49866205	59971672
第三产业	Tertiary Industry	32660777	41257891
资金来源合计(万元)	**Total Source of Funds(10000 yuan)**	**96097327**	**123003479**
上年末结余资金	Balance at last Year-end	5203272	5945511
本年资金来源小计	Subtotal Sources of Funds This Year	90894055	117057968
国家预算内资金	State Budget	4182422	5176253
国内贷款	Domestic Loans	7115020	8250190
债券	Bonds	1968	50864
利用外资	Foreign Investment	1691960	923755
自筹资金	Self-raising Funds	68018948	89021525
其他资金	Others	9883737	13635381
新增固定资产(万元)	**Newly Increased Fixed Assets(10000 yuan)**	**59354576**	**72962247**
施工房屋建筑面积(万平方米)	**Floor Space of Buildings under Construction(10000 sq.m)**	**17490.28**	**24763.01**
#住宅	Residential Buildings	8073.86	10865.11
竣工房屋建筑面积(万平方米)	**Floor Space of Buildings Completed(10000 sq.m)**	**5109.92**	**6353.46**
#住宅	Residential Buildings	2021.68	2475.07

注：固定资产投资统计范围为计划投资500万元及以上建设项目固定资产投资和房地产开发投资。后同。

Note: Statistics on the investment in fixed assets covers construction project investments in fixed assets plans to invest 5 miliion yuan and above and investments in real estate development. The same applies to the tables following.

4-5 固定资产投资构成
Composition of Investment in Fixed Assets

单位：% (%)

指　　标	Item	2011	2012
固定资产投资	**Total Investment**	**100.0**	**100.0**
#工　业	Industry	58.7	57.0
按登记注册类型分	Grouped by Status of Registration		
内　资	Domestic Funds	94.0	94.8
国　有	State-owned	21.8	21.3
集　体	Collective-owned	1.1	1.2
股份合作	Share Holding Cooperative	1.3	0.6
联　营	Joint-owned	0.3	0.6
有限责任公司	Limited Liability Corporations	28.1	27.5
股份有限公司	Share Holding Enterprises	6.6	5.3
私　营	Private	32.1	35.2
其他内资	Others	2.7	3.0
港、澳、台投资	Funds from Hong Kong，Macao and Taiwan	2.5	2.1
外商投资	Foreign Funded	2.4	1.9
个体经营	Individuals	1.1	1.2
按构成分	Grouped by Use of Funds		
建筑工程	Construction	52.2	53.6
安装工程	Installation	9.9	11.6
设备、工器具购置	Purchase of Equipment and Instruments	25.0	22.7
其他费用	Others	12.9	12.1
按建设性质分	Grouped by Type of Construction		
#新　建	New Construction	66.8	65.9
扩　建	Expansion	12.1	12.8
改建和技术改造	Reconstruction and Technical Rennovation	16.0	17.9
按产业分	Grouped by Industry		
第一产业	Primary Industry	1.8	2.5
第二产业	Secondary Industry	59.3	57.8
第三产业	Tertiary Industry	38.9	39.7

4-6 分行业固定资产投资和构成

Investment and Expenditure in Fixed Assets by Sector

行　　业	Sector	投资额(万元) Investment (10000 yuan)		构成(%) Percentage (%)	
		2011	2012	2011	2012
总　　计	**Total**	**84039281**	**103783697**	**100.0**	**100.0**
农、林、牧、渔业	**Agriculture, Forestry, Animal Husbandry and Fishery**	**1746095**	**2884569**	**2.1**	**2.8**
采矿业	**Mining**	**2204912**	**2637713**	**2.6**	**2.5**
#煤炭开采和洗选业	Mining and Washing of Coal	754208	647566	0.9	0.6
黑色金属矿采选业	Mining and Processing of Ferrous Metal Ores	260969	546133	0.3	0.5
有色金属矿采选业	Mining and Processing of Non-Ferrous Metal Ores	424847	438176	0.5	0.4
非金属矿采选业	Mining and Processing of Nonmetal Ores	756632	951626	0.9	0.9
制造业	**Manufacturing**	**44450275**	**53626971**	**52.9**	**51.7**
#石油加工、炼焦加工业	Processing of Petroleum, Coking	281206	260539	0.3	0.3
非金属矿物制品业	Manufacture of Non-metallic Mineral Products	5850141	6130034	7.0	5.9
黑色金属冶炼及压延加工业	Smelting and Pressing of Ferrous Metals	1312017	1010493	1.6	1.0
有色金属冶炼及压延加工业	Smelting and Pressing of Non-ferrous Metals	3155306	3038446	3.8	2.9
计算机、通信和其他电子设备制造业	Manufacture of Communication Equipment, Computers and Other Electronic Equipment	2196620	2612705	2.6	2.5
电力、热力、燃气及水生产和供应业	**Production and Supply of Electricity, Heat Power, Gas and Water**	**2658365**	**2942124**	**3.2**	**2.8**
#电力、热力的生产和供应业	Production and Supply of Electric Power and Heat Power	1749905	1641876	2.1	1.6
水的生产和供应业	Production and Supply of Water	516658	867468	0.6	0.8
建筑业	**Construction**	**552653**	**997358**	**0.7**	**1.0**
批发和零售业	**Wholesale and Retail Trades**	**2721761**	**4112759**	**3.2**	**4.0**
交通运输、仓储和邮政业	**Transport, Storage and Post**	**4276819**	**4604906**	**5.1**	**4.4**
#铁路运输业	Railway Transport	58372	28600	0.1	0.0
道路运输业	Road Transport	3760907	3954728	4.5	3.8
邮政业	Post	7949	13198	0.0	0.0
住宿和餐饮业	**Hotels and Catering Services**	**1971698**	**2532647**	**2.3**	**2.4**
信息传输、软件和信息技术服务业	**Information Transmission, Software and Information Technology Services**	**425720**	**505798**	**0.5**	**0.5**
#电信、广播电视和卫星传输服务	Telecommunications, Broadcasting Television and Satellite Transmission Services	131459	148183	0.2	0.1
金融业	**Financial Intermediation**	**226644**	**247074**	**0.3**	**0.2**
房地产业	**Real Estate**	**10504288**	**13730650**	**12.5**	**13.2**
租赁和商务服务业	**Leasing and Business Services**	**838713**	**1219029**	**1.0**	**1.2**
科学研究和技术服务业	**Scientific Reseach and Ploytechnic Services**	**250403**	**385101**	**0.3**	**0.4**
水利、环境和公共设施管理业	**Management of Water Conservancy, Public Facilities and Environment**	**7143341**	**8288936**	**8.5**	**8.0**
水利管理业	Management of Water Conservancy	474477	677738	0.6	0.7
生态保护和环境治理业	Ecological Protection and Environmental Management	173306	147443	0.2	0.1
公共设施管理业	Management of Public Facilities	6495557	7463755	7.7	7.2
居民服务、修理和其他服务业	**Services to Households Repair and Other Services**	**480847**	**570594**	**0.6**	**0.6**
教育	**Education**	**1020472**	**1378214**	**1.2**	**1.3**
卫生和社会工作	**Health Care and Social Services**	**700776**	**745876**	**0.8**	**0.7**
#卫生	Health	644242	589928	0.8	0.6
文化、体育和娱乐业	**Culture, Sports and Entertainment**	**1022409**	**977394**	**1.2**	**0.9**
公共管理、社会保障和社会组织	**Public Management Social Security and Social Organizations**	**843090**	**1395984**	**1.0**	**1.4**

4-7 按行业和登记注册类型分固定资产投资（2012年）

单位：万元

行业	Sector	合计 Total	内资 Domestic Funds	国有 State-owned
总　计	**Total**	**103783697**	**98404581**	**22147685**
农、林、牧、渔业	**Agriculture, Forestry, Animal Husbandry and Fishery**	**2884569**	**2680256**	**436908**
农业	Farming	1086330	1034222	142183
林业	Forestry	635178	546278	142831
畜牧业	Animal Husbandry	703531	656745	33723
渔业	Fishery	129095	123495	7957
农、林、牧、渔服务业	Services in Support of Agriculture	330435	319516	110214
采矿业	**Mining**	**2637713**	**2530098**	**74125**
#煤炭开采和洗选业	Mining and Washing of Coal	647566	608179	1782
黑色金属矿采选业	Mining and Processing of Ferrous Metal Ores	546133	526763	2900
有色金属矿采选业	Mining and Processing of Non-Ferrous Metal Ores	438176	438176	51469
非金属矿采选业	Mining and Processing of Nonmetal Ores	951626	909168	17974
制造业	**Manufacturing**	**53626971**	**50598650**	**2116525**
农副食品加工业	Processing of Food from Agricultural Products	2563338	2421983	80724
食品制造业	Manufacture of Foods	1144798	1048742	52182
酒、饮料和精制茶制造业	Manufacture of Wine,Beverages and Refined Tea	703485	635482	31735
烟草制品业	Manufacture of Tobacco	60738	57878	5525
纺织业	Manufacture of Textile	1851381	1750344	2180
纺织服装、服饰业	Manufacture of Textile Wearing Apparel	2957622	2824142	92371
皮革、毛皮、羽毛及其制品和制鞋业	Manufacture of Leather, Fur, Feather and Related Products Footrware	1168329	1027991	2760
木材加工及木、竹、藤、棕、草制品业	Processing of Timber, Manufacture of Wood, Bamboo, Rattan,Palm and Straw Products	1044143	981584	
家具制造业	Manufacture of Furniture	802590	792160	8240
造纸及纸制品业	Manufacture of Paper and Paper Products	920927	752182	2976
印刷和记录媒介复制业	Printing, Reproduction of Recording Media	684651	677595	70880
文教、美工、体育和娱乐用品制造业	Manufacture of Articles For Culture, Art,Education Sport Activities and Entertainmetn Products	920202	824281	10960
石油加工、炼焦加工业	Processing of Petroleum, Coking	260539	260539	
化学原料及化学制品制造业	Manufacture of Raw Chemical Materials and Chemical Products	5109645	4769199	202742
医药制造业	Manufacture of Medicines	1815088	1776919	19722
化学纤维制造业	Manufacture of Chemical Fibers	341881	301679	
橡胶和塑料制品业	Manufacture of Rubber and Plastics	1379412	1312037	5876
非金属矿物制品业	Manufacture of Non-metallic Mineral Products	6130034	5837859	153612
黑色金属冶炼及压延加工业	Smelting and Pressing of Ferrous Metals	1010493	993646	15988
有色金属冶炼及压延加工业	Smelting and Pressing of Non-ferrous Metals	3038446	2986262	319116
金属制品业	Manufacture of Metal Products	2455217	2370359	25004
通用设备制造业	Manufacture of General Purpose Machinery	2130414	2063519	20396
专用设备制造业	Manufacture of Special Purpose Machinery	2504993	2435433	59700
汽车制造业	Manufacture of Transport Carmaking.	2253631	2036226	243588
铁路、船舶、航空航天和其他运输设备制造业	Manufacture of Railroads,Ships,Aerospace and Other Transportation Equipment	685025	685025	319275
电气机械和器材制造业	Manufacture of Electrical Machinery and Equipment	4986705	4626253	59766
计算机、通信和其他电子设备制造业	Manufacture of Computers, Communication Equipment and Other Electronic Equipment	2612705	2282038	35228
仪器仪表及制造业	Manufacture of Measuring Instruments	896514	893714	53596
其他制造业	Manufacture of Others	578512	568066	197941
废弃资源综合利用业	Comperhensive Utilization of Waste	409127	399127	5230
金属制品、机械和设备修理业	Repair of Metal Products, Machinery and Equipment	206386	206386	19212
电力、热力、燃气及水生产和供应业	**Production and Supply of Electricity Heating Gas and Water**	**2942124**	**2913016**	**1796974**
电力、热力的生产和供应业	Production and Supply of Electric Power and Heat Power	1641876	1636156	1144428
燃气生产和供应业	Production and Supply of Gas	432780	430555	143184
水的生产和供应业	Production and Supply of Water	867468	846305	509362
建筑业	**Construction**	**997358**	**987969**	**405480**
房屋建筑业	Construction of Buildings	363914	361214	50077
木工程建筑业	Construction of Civil Engineering	416849	416849	331412
建筑安装业	Building Installation	48170	45481	2950
建筑装饰业和其他建筑业	Building Decoration and Other	168425	164425	21041
批发和零售业	**Wholesale and Retail Trades**	**4112759**	**3891748**	**334162**

Investment in Fixed Assets by Sector and Registration Status (2012)

(10000 yuan)

集 体 Collective-owned	股份合作 Share Holding Cooperative	联 营 Joint-owned	有限责任公司 Limited Liability Corporations	股份有限公司 Share Holding Enterprises	私 营 Private	其 他 Others	港澳台商投资 Funds from Hong Kong, Macao and Taiwan	外商投资 Foreign Funded	个体经营 Individuals
1244665	**673963**	**594253**	**28518037**	**5511049**	**36554671**	**3160258**	**2146934**	**2025855**	**1206327**
113705	**49879**	**11500**	**352199**	**87496**	**1384088**	**244481**	**64943**	**27381**	**111989**
51735	7690		138596	45417	606775	41826	20454	6300	25354
43238	41739	8000	68420	8892	184763	48395	25000	11400	52500
365		3500	96706	12966	440165	69320	8670	9681	28435
3340			5823	528	60934	44913	2100		3500
15027	450		42654	19693	91451	40027	8719		2200
23079	**84278**		**347191**	**212718**	**1681738**	**106969**	**4500**	**23200**	**79915**
20201	56626		76217	30770	346908	75675		4200	35187
	27652		36356	57260	397395	5200		19000	370
			99746	64318	215143	7500			
2878			134872	60370	679380	13694			42458
166139	**255724**	**74209**	**18470954**	**3509348**	**24618079**	**1387672**	**1142527**	**1599126**	**286668**
12765	5665	7300	870017	164479	1147367	133666	59062	48183	34110
			390242	63671	507775	34872	14354	69122	12580
10055	618		248994	56291	276491	11298	13257	53796	950
			11767		40586				2860
9298	14362		649152	138051	891186	46115	54555	46482	
3247	14045		1051595	75542	1557144	30198	50382	70648	12450
3844	2820		338248	37220	612222	30877	62767	71221	6350
3500	14927		219765	59477	653514	30401	7915	33562	21082
9578			348326	8337	405681	11998	10430		
			310732	99108	304950	34416	147220	13879	7646
10179	7050	5943	231212	16290	328978	7063	2700	1593	2763
2015			397624	17402	390780	5500	51690	33631	10600
			97076	98535	64928				
	2030		1303071	389370	2789500	82486	175740	131335	33371
2800	7652		428994	250094	912211	155446	31879	6290	
			122635	9500	169544		8302	31900	
13269		4310	479101	127776	623912	57793	27116	28969	11290
40041	35754	10316	1993948	297740	3143895	162553	93542	117910	80723
2690	2980	17731	349776	81558	461161	61762	11000	5847	
2670	9197		847097	112859	1593136	102187		52184	
	28000	4700	1053949	144234	1001833	112639	25937	34513	24408
3109	3405	8368	1038097	93962	808156	88026	17217	45533	4145
5697	6799	2891	1060941	209958	1041268	48179	33214	28964	7382
	19368		985441	96385	677512	13932	55569	161836	
19417		3680	166316	40853	135484				
	72468		1810397	379251	2269874	34497	64816	295636	
	5621	8970	908727	164994	1099126	59372	113602	203107	13958
2965	2963		280209	250955	302526	500	2750	50	
			237047	15456	101687	15935	7511	2935	
9000			116639	10000	248043	10215		10000	
			123819		57609	5746			
106972	**19078**	**7385**	**407115**	**150077**	**389653**	**35762**	**9185**	**8900**	**11023**
7815	7000		280421	103062	85963	7467			5720
797	2978	2850	59459	14522	194065	12700	225		2000
98360	9100	4535	67235	32493	109625	15595	8960	8900	3303
14410	**4974**	**10950**	**205059**	**30481**	**262849**	**53766**		**2700**	**6689**
3760		7100	81811	21695	182029	14742		2700	
5521	4974	3850	37787	4400	11545	17360			
2540			28936		8591	2464			2689
2589			56525	4386	60684	19200			4000
24972	**6534**	**1735**	**1349466**	**268543**	**1659665**	**246671**	**16650**	**17948**	**186413**

4-7 续表

单位：万元

行业	Sector	合计 Total	内资 Domestic Funds	国有 State-owned
批发业	Wholesale Trade	2054643	2001939	101209
零售业	Retail Trade	2058116	1889809	232953
交通运输、仓储和邮政业	**Transport, Storage and Post**	**4604906**	**4517551**	**3185314**
铁路运输业	Railway Transport	28600	28600	23600
道路运输业	Road Transport	3954728	3946693	3032757
水上运输业	Water Transport	51885	51885	30474
航空运输业	Air Transport	44605	44605	41625
管道运输业	Transport Via Pipelines	13800	13800	
装卸搬运和其他运输服务业	Loading, Unloading and Other Transport Services	144296	90907	4015
仓储业	Storage	353794	327863	47760
邮政业	Post	13198	13198	5083
住宿和餐饮业	**Hotels and Catering Services**	**2532647**	**2225345**	**123053**
住宿业	Hotels	1611377	1423493	104786
餐饮业	Catering Services	921270	801852	18267
信息传输、软件和信息技术服务业	**Information Transmission,Software and Information Technology Services**	**505798**	**390894**	**48613**
电信、广播电视和卫星传输服务	Telecommunications, Broadcasting Television and Satellite Transmissic Services	148183	92041	36733
互联网和相关服务	Internet and Related Services	57003	53061	8680
软件和信息技术服务业	Software and Information Technology Services	300612	245792	3200
金融业	**Financial Intermediation**	**247074**	**234054**	**101897**
货币金融服务	Monetary and Financial Services	172067	170157	97047
资本市场服务	Capital Market Services	47712	36602	
保险业	Insurance	18060	18060	4850
其他金融活动	Other Financial Activities	9235	9235	
房地产业	**Real Estate**	**13730650**	**12919437**	**3244482**
租赁和商务服务业	**Leasing and Business Services**	**1219029**	**984955**	**238777**
租赁业	Leasing	67365	58179	
商务服务业	Business Services	1151664	926776	238777
科学研究和技术服务业	**Scientific Reseach and Ploytechnic Services**	**385101**	**379185**	**135967**
研究与试验发展	Research and Experimental Development	79029	79029	39207
专业技术服务业	Professional Technical Services	174429	168513	67907
科技推广和应用服务业	Services of Science and Technology Promotion and Application	131643	131643	28853
水利、环境和公共设施管理业	**Management of Water Conservancy, Environment and Public Facilities**	**8288936**	**8240748**	**6934481**
水利管理业	Management of Water Conservancy	677738	676438	631462
生态保护和环境治理业	Ecological Protection and Environmental Management	147443	147443	112521
公共设施管理业	Management of Public Facilities	7463755	7416867	6190498
居民服务、修理和其他服务业	**Services to Households Repair and Other Services**	**570594**	**476761**	**67360**
居民服务业	Services to Households	266626	247661	40926
机动车、电子产品和日用产品修理业	Repair to Motor,Electronic Products and Househole Products	266257	191389	21766
其他服务业	Other Services	37711	37711	4668
教育	**Education**	**1378214**	**1367815**	**846710**
卫生和社会工作	**Health Care and Social Services**	**745876**	**733961**	**598849**
卫生	Health	589928	578013	468740
社会工作	Social Services	155948	155948	130109
文化、体育和娱乐业	**Culture, Sports and Entertainment**	**977394**	**937934**	**374675**
新闻和出版业	Journalism and Publishing Activities	17426	17426	7346
广播、电视、电影和影视录音制作业	Broadcasting, Movies, Television and Video Reccording	33633	33633	15841
文化艺术业	Cultural and Art Activities	382109	382109	264971
体育	Sports Activities	110919	109119	74561
娱乐业	Entertainment	433307	395647	11956
公共管理、社会保障和社会组织	**Public Management,Social Security and Social Organizations**	**1395984**	**1394204**	**1083333**
#中国共产党机关	Organs of Communist Party of China	4712	4712	4712
国家机构	Government Agencies	1041779	1041779	920428
社会保障	Social Security	38926	38926	38926
群众团体、社会团体和其他成员组织	Non-Governmental Organizations, Social Organizations and Other Organizations	246895	245115	111500
基层群众自治组织	Grass Roots Self-governing Organizations	63672	63672	7767

continued

(10000 yuan)

集体 Collective-owned	股份合作 Share Holding Cooperative	联营 Joint-owned	有限责任公司 Limited Liability Corporations	股份有限公司 Share Holding Enterprises	私营 Private	其他 Others	港澳台商投资 Funds from Hong Kong, Macao and Taiwan	外商投资 Foreign Funded	个体经营 Individuals
6713	6534	1735	799949	123839	847037	114923	8000	7368	37336
18259			549517	144704	812628	131748	8650	10580	149077
13385	**13100**	**29977**	**809818**	**115360**	**311345**	**39252**	**57820**	**17800**	**11735**
				5000					
7887		22977	671245	18500	184520	8807		2800	5235
2960			9105	3450	5896				
					2980				
				13800					
			51813	7158	22012	5909	53389		
2538	13100	7000	73610	67452	94367	22036	4431	15000	6500
			4045		1570	2500			
16555	**5920**	**20965**	**510053**	**184441**	**1201649**	**162709**	**66992**	**82010**	**158300**
10545	3380	1900	424935	153571	634044	90332	66992	71681	49211
6010	2540	19065	85118	30870	567605	72377		10329	109089
500	**500**		**209013**	**43480**	**74754**	**14034**	**98215**	**10747**	**5942**
	500		20591	29252	4965		45395	10747	
500			13877	2600	22254	5150			3942
			174545	11628	47535	8884	52820		2000
8537	**2653**	**12500**	**54672**	**13951**	**27410**	**12434**	**2400**	**5000**	**5620**
8537	2653	12500	21830	9601	12710	5279			1910
			25672		6500	4430	2400	5000	3710
			3560	4350	5300				
			3610		2900	2725			
294676	**116845**	**215339**	**4507346**	**598270**	**3620236**	**322243**	**476952**	**185965**	**148296**
88911		**2000**	**342656**	**54979**	**221741**	**35891**	**198350**	**2920**	**32804**
			24608	11499	22072		2850		6336
88911		2000	318048	43480	199669	35891	195500	2920	26468
			105064	**22432**	**96868**	**18854**			**5916**
			12582		22240	5000			
			46949	11587	32867	9203			5916
			45533	10845	41761	4651			
145809	**60573**	**5250**	**479120**	**79050**	**365914**	**170551**	**8400**	**24278**	**15510**
5700		1150	10537		9894	17695			1300
			19278		15644				
140109	60573	4100	449305	79050	340376	152856	8400	24278	14210
8737	**38900**		**88277**	**16305**	**187429**	**69753**		**16100**	**77733**
2985	38900		49764	9250	77741	28095			18965
5752			38190	7055	89819	28807		16100	58768
			323		19869	12851			
43319		**174900**	**57830**	**11908**	**178419**	**54729**			**10399**
22345	**2500**	**1800**	**20397**	**6000**	**50300**	**31770**			**11915**
18066		1800	20397	6000	42840	20170			11915
4279	2500				7460	11600			
15494	**10158**		**175401**	**83610**	**212184**	**66412**			**39460**
					7280	2800			
			2960		14832				
9927	3658		61489	3949	22205	15910			
5567			4300		24691				1800
	6500		106652	79661	143176	47702			37660
137120	**2347**	**25743**	**26406**	**22600**	**10350**	**86305**		**1780**	
50722	2347	4900	26406	10600	2800	23576			
39902		20843		12000	7550	53320		1780	
46496						9409			

4-8 固定资产投资资金来源（2012年）

单位：万元

行　　业	Sector	资金来源合　计 Total Source of Funds	上年末结余资金 Balance of Funds Forward Brought from the Previous Year	本年资金来源小计 Subtotal Sources of Funds This Year
总　计	**Total**	**123003479**	**5945511**	**117057968**
按行业分	**By sector**			
农、林、牧、渔业	Farming, Forestry, Animal Husbandy and Fishery	2997501	51030	2946471
采矿业	Mining	2780890	56148	2724742
制造业	Manufacturing	58620497	936499	57683998
电力、热力、燃气及水生产和供应业	Production and Supply of Electricity Heating Gas and Water	3348238	62501	3285737
建筑业	Construction	1040455	8411	1032044
批发和零售业	Wholesale and Retail Trade	4398457	60852	4337605
交通运输、仓储和邮政业	Transport, Storage and Post Services	5505629	272534	5233095
住宿和餐饮业	Hotel and Catering Services			
信息传输、软件和信息技术服务	Information Transmission,Software and Information	2719808	51945	2667863
业	Technology Services	549119	28509	520610
金融业	Financial Intermediation	292369	48595	243774
房地产业	Real Estate	23881263	3854377	20026886
租赁和商务服务业	Leasing and Business Services	1500764	152431	1348333
科学研究和技术服务业	Scientific Reseach and Ploytechnic Services	386912	4708	382204
水利、环境和公共设施管理业	Management of Water Conservancy, Public Facilities and Environment	9270137	225959	9044178
居民服务、修理和其他服务业	Services to Households Repair and Other Services	741228	10	741218
教　育	Education	1492990	29673	1463317
卫生和社会工作	Health Care and Social Services	851426	45387	806039
文化、体育和娱乐业	Culture,Sports and Entertainment	1050633	38651	1011982
公共管理、社会保障和社会组织	Public Management Social Security and Social Organizations	1575163	17291	1557872
按地区分	**By Region**			
南 昌 市	Nanchang	29942285	2055005	27887280
景德镇市	Jingdezhen	5524729	272259	5252470
萍 乡 市	Pingxiang	7622436	273001	7349435
九 江 市	Jiujiang	14226667	371884	13854783
新 余 市	Xinyu	7120909	274215	6846694
鹰 潭 市	Yingtan	3460492	88465	3372027
赣 州 市	Ganzhou	13752045	695844	13056201
吉 安 市	Ji'an	9829128	255982	9573146
宜 春 市	Yichun	11451627	773843	10677784
抚 州 市	Fuzhou	7323092	164138	7158954
上 饶 市	Shangrao	11193953	720875	10473078
不分地区	Not Classified by Region	1556116		1556116

Investment in Fixed Assets by Sources of Funds (2012)

(10000 yuan)

国家预算内资金 State Budget	国内贷款 Domestic Loans	债券 Bonds	利用外资 Foreign Investment	#外商直接投资 Foreign Direct Investment	自筹资金 Self-raising Funds	#企事业单位自有资金 Fund of Enterprises	其他资金 Others
5176253	**8250190**	**50864**	**923755**	**443312**	**89021525**	**17992279**	**13635381**
91239	80014		47119	47119	2385663	439140	342436
7450	94137				2495923	468655	127232
127797	2868713	200	725442	331079	51902323	9748658	2059523
277157	719614	42568	11700	11700	2129870	399007	104828
124396	38930		20000		791072	92647	57646
9574	47727		32836	29906	4102226	1053885	145242
928565	1267413				2810448	321585	226669
13700	85929		17335	5335	2451049	637292	99850
1380	18056		1200		455113	131515	44861
3480			5000	5000	235294	53302	
879539	2158171	2823	7893	6493	8225957	2503543	8752503
26233	101125		11050	2850	975219	260021	234706
4121	12476				330237	100843	35370
1953780	606353	3000	32500	1000	5586964	906568	861581
5508	51300		2830	2830	670919	200582	10661
245615	25201				1078569	120116	113932
143144	37015				568678	137045	57202
60630	22509	1530	6350		816682	257201	104281
272945	15507	743	2500		1009319	160674	256858
445555	2596530	200	235754	143738	20281219	4466963	4328022
95531	93205		35950	15950	4487914	579406	539870
30936	311848		26906	26906	6702271	2259053	277474
952140	582206		100407	23950	11628757	1434217	591273
444952	374749		46595	46595	5308672	1717575	671726
123983	249925	500	6000		2537570	61933	454049
1289309	970234	5323	190167	91701	8900778	2021215	1700390
766407	589833	2273	43400	16500	7318325	1663757	852908
226282	910354	42 568	125936	51736	8623221	2157595	749423
233082	218703		31265	3765	5000006	921268	1675898
383676	938691		81375	22471	7290844	709297	1778492
184400	413912				941948		15856

4-9 固定资产投资建设项目和新增固定资产（2012年）

Projects Investment Construction and Newly Increased Fixed Assets (2012)

行业	Sector	施工项目(个) Number of Projects under Construction (unit)	全部建成投产(个) Number of Projects Completed and Put into Use (unit)	新增固定资产(万元) Newly Increased Fixed Assets (10000 yuan)
总计	**Total**	**17762**	**12655**	**72962247**
农、林、牧、渔业	**Agriculture, Forestry, Animal Husbandry and Fishery**	**688**	**482**	**2076810**
农业	Farming	261	187	681339
林业	Forestry	106	70	480990
畜牧业	Animal Husbandry	192	127	529444
渔业	Fishery	42	33	118667
农、林、牧、渔服务业	Services in Support of Agriculture	87	65	266370
采矿业	**Mining**	**456**	**310**	**2056044**
#煤炭开采和洗选业	Mining and Washing of Coal	132	96	494862
黑色金属矿采选业	Mining and Processing of Ferrous Metal Ores	52	36	442236
有色金属矿采选业	Mining and Processing of Non-Ferrous Metal Ores	67	46	340759
非金属矿采选业	Mining and Processing of Nonmetal Ores	181	120	744177
制造业	**Manufacturing**	**8625**	**6288**	**40279283**
农副食品加工业	Processing of Food from Agricultural Products	530	407	1984404
食品制造业	Manufacture of Foods	227	181	895330
酒、饮料和精制茶制造业	Manufacture of Wine,Beverages and Refined Tea	147	104	447913
烟草制品业	Manufacture of Tobacco	7	5	20068
纺织业	Manufacture of Textile	281	212	1293770
纺织服装、服饰业	Manufacture of Textile Wearing Apparel	727	595	2583715
皮革、毛皮、羽毛及其制品和制鞋业	Manufacture of Leather, Fur, Feather and Related Products Footrware	241	179	987501
木材加工及木、竹、藤、棕、草制品业	Processing of Timber, Manufacture of Wood, Bamboo, Rattan, Palm and Straw Products	225	166	744351
家具制造业	Manufacture of Furniture	147	114	473886
造纸及纸制品业	Manufacture of Paper and Paper Products	146	106	641656
印刷和记录媒介复制业	Printing, Reproduction of Recording Media	136	117	600811
文教、美工、体育和娱乐用品制造业	Manufacture of Articles For Culture, Art,Education Sport Activities and Entertainmetn Products	172	132	809776
石油加工、炼焦加工业	Processing of Petroleum, Coking	28	21	138841
化学原料及化学制品制造业	Manufacture of Raw Chemical Materials and Chemical Products	762	495	4126151
医药制造业	Manufacture of Medicines	276	207	1224826
化学纤维制造业	Manufacture of Chemical Fibers	21	9	229136
橡胶和塑料制品业	Manufacture of Rubber and Plastics	284	198	1184849
非金属矿物制品业	Manufacture of Non-metallic Mineral Products	1043	746	4618710
黑色金属冶炼及压延加工业	Smelting and Pressing of Ferrous Metals	149	127	771948
有色金属冶炼及压延加工业	Smelting and Pressing of Non-ferrous Metals	317	219	2766344
金属制品业	Manufacture of Metal Products	444	317	1718299
通用设备制造业	Manufacture of General Purpose Machinery	361	260	1449871

4-9 续表1 continued

行 业	Sector	施工项目（个）Number of Projects under Construction (unit)	全部建成投产（个）Number of Projects Completed and Put into Use (unit)	新增固定资产（万元）Newly Increased Fixed Assets (10000 yuan)
专用设备制造业	Manufacture of Special Purpose Machinery	468	362	1858703
汽车制造业	Manufacture of Transport Carmaking.	251	175	1467799
铁路、船舶、航空航天和其他运输设备制造业	Manufacture of Railroads,Ships,Aerospace and Other Transportation Equipment	72	50	282421
电气机械和器材制造业	Manufacture of Electrical Machinery and Equipment	553	361	3851791
计算机、通信和其他电子设备制造业	Manufacture of Computers, Communication Equipment and Other Electronic Equipment	361	246	1846108
仪器仪表及制造业	Manufacture of Measuring Instruments	106	79	597754
其他制造业	Manufacture of Others	53	29	255249
废弃资源综合利用业	Comperhensive Utilization of Waste	62	46	274987
金属制品、机械和设备修理业	Repair of Metal Products, Machinery and Equipment	28	23	132315
电力、热力、燃气及水生产和供应业	**Production and Supply of Electricity Heating Gas and Water**	**472**	**341**	**1909235**
电力、热力的生产和供应业	Production and Supply of Electric Power and Heat Power	223	170	1028278
燃气生产和供应业	Production and Supply of Gas	51	33	230230
水的生产和供应业	Production and Supply of Water	198	138	650727
建筑业	**Construction**	**273**	**226**	**705744**
房屋建筑业	Construction of Buildings	98	62	136408
木工程建筑业	Construction of Civil Engineering	103	103	391937
建筑安装业	Building Installation	14	14	47319
建筑装饰业和其他建筑业	Building Decoration and Other	58	53	130080
批发和零售业	**Wholesale and Retail Trades**	**1257**	**1013**	**3234564**
批发业	Wholesale Trade	641	489	1605737
零售业	Retail Trade	616	524	1628827
交通运输、仓储和邮政业	**Transport, Storage and Post**	**558**	**338**	**1696128**
铁路运输业	Railway Transport	10	5	8065
道路运输业	Road Transport	436	263	1306216
水上运输业	Water Transport	12	8	42295
航空运输业	Air Transport	4	3	8890
管道运输业	Transport Via Pipelines	2	2	13600
装卸搬运和其他运输服务业	Loading, Unloading and Other Transport Services	22	13	70597
仓储业	Storage	66	40	236746
邮政业	Post	6	4	9719
住宿和餐饮业	**Hotels and Catering Services**	**692**	**549**	**1836121**
住宿业	Hotels	362	262	1110391
餐饮业	Catering Services	330	287	725730
信息传输、软件和信息技术服务业	**Information Transmission,Software and Computer Services**	**113**	**77**	**403647**
电信、广播电视和卫星传输服务	Telecommunications, Broadcasting Television and Satellite Transmission	39	25	128613
互联网和相关服务	Internet and Related Services	13	10	36458
软件和信息技术服务业	Software and Information Technology Services	61	42	238576

4-9 续表2 continued

行 业	Sector	施工项目（个） Number of Projects under Construction (unit)	全部建成投产（个） Number of Projects Completed and Put into Use (unit)	新增固定资产（万元） Newly Increased Fixed Assets (10000 yuan)
金融业	**Financial Intermediation**	**83**	**78**	**196828**
货币金融服务	Monetary and Financial Services	53	48	125365
资本市场服务	Capital Market Services	19	19	48002
保险业	Insurance	7	7	15185
其他金融活动	Other Financial Activities	4	4	8276
房地产业	**Real Estate**	**763**	**340**	**8156433**
租赁和商务服务业	**Leasing and Business Services**	**270**	**203**	**669581**
租赁业	Leasing	18	15	66605
商务服务业	Business Services	252	188	602976
科学研究和技术服务业	**Scientific Reseach and Ploytechnic Services**	**98**	**82**	**323409**
研究与试验发展	Research and Experimental Development	19	16	60085
专业技术服务业	Professional Technical Services	44	35	114090
科技推广和应用服务业	Services of Science and Technology Promotion and Application	35	31	149234
水利、环境和公共设施管理业	**Management of Water Conservancy, Environment and Public Facilities**	**1871**	**1226**	**5760803**
水利管理业	Management of Water Conservancy	232	147	400299
生态保护和环境治理业	Ecological Protection and Environmental Management	35	25	96518
公共设施管理业	Management of Public Facilities	1604	1054	5263986
居民服务、修理和其他服务业	**Services to Households Repair and Other Services**	**197**	**175**	**429700**
居民服务业	Services to Households	92	75	182039
机动车、电子产品和日用产品修理业	Repair to Motor,Electronic Products and Househole Products	91	87	215882
其他服务业	Other Services	14	13	31779
教 育	**Education**	**417**	**315**	**1034072**
卫生和社会工作	**Health Care and Social Services**	**231**	**162**	**619754**
卫 生	Health	184	126	477324
社会工作	Social Services	47	36	142430
文化、体育和娱乐业	**Culture, Sports and Entertainment**	**244**	**178**	**587576**
新闻和出版业	Journalism and Publishing Activities	5	4	7900
广播、电视、电影和影视录音制作业	Broadcasting, Movies, Television and Video Reccording	14	11	27013
文化艺术业	Cultural and Art Activities	92	63	206898
体 育	Sports Activities	30	18	92504
娱乐业	Entertainment	103	82	253261
公共管理、社会保障和社会组织	**Public Management,Social Security and Social Organizations**	**454**	**272**	**986515**
#中国共产党机关	Organs of Communist Party of China	2	2	4712
国家机构	Government Agencies	333	182	690570
社会保障	Social Security	10	7	46594
群众团体、社会团体和其他成员组织	Non-Governmental Organizations, Social Organizations and Other Organizations	75	51	184549
基层群众自治组织	Grass Roots Self-governing Organizations	34	30	60090

4-10 农村农户固定资产投资

Farm Households Investment in Fixed Assets in Rural Area

指　　标	Item	2011	2012
农户固定资产投资(万元)	**Total Investment(10000 yuan)**	**3336704**	**3957882**
按资金来源分	Grouped by Sources of Funds		
#国内贷款	Domestic Loans	21655	185184
自筹资金	Self-raising Funds	3281802	3523323
按构成分	Grouped by Use of Funds		
建筑工程	Construction	2552374	3113847
#水　利	Water Conservancy		1855
房　屋	Building	2552374	3107268
#住　宅	Residential Buildings	2432958	2996977
安装工程	Installation		
设备、工器具购置	Purchase of Equipment and Instruments	340138	345703
#生产设备	Product Equipment	226771	226369
其　它	Others	444193	498332
按行业分	Grouped by Sector		
农业	Farming	529651	580681
采矿业	Mining		1625
制造业	Manufacturing	10473	16197
电力、燃气及水的生产和供应业	Production and Supply of Electricity Gas and Water		965
建筑业	Construction		35569
交通运输、仓储和邮政业	Transport, Storage and Post Services	113367	119333
信息传输、计算机服务和软件业	Information Transmission, Computer Software and Services		
批发和零售业	Wholesale and Retail Trade		1139
住宿和餐饮业	Hotel and Catering Services		8588
金融业	Financial Intermediation		
房地产业	Real Estate	2552374	3065592
租赁和商务服务业	Leasing and Business Services		
科学研究、技术服务和地质勘查业	Scientific Reseach, Ploytechnic Services and Geological Prospecting		
水利、环境和公共设施管理业	Management of Water Conservancy, Environment and Public Facilities		
居民服务和其他服务业	Services to Households and Other Services	130840	127823
教　育	Education		
卫生、社会保障和社会福利业	Health Care, Social Security and Social Welfare		
文化、体育和娱乐业	Culture, Sports and Entertainment		369
公共管理和社会组织	Public Management and Social Organizations		
按具体投资项目分	Grouped by Project		
房　屋	Building	2552374	3107268
#住　宅	Residential Buildings	2432958	2996977
道　路	Road		4725
桥　梁	Bridge		
设　备	Equipment	226771	226369
水　利	Water Conservancy		1855
其　他	Others	557560	617665
新增固定资产(万元)	**Newly Increased Fixed Assets(10000 yuan)**	**3336704**	**3957882**
施工房屋建筑面积(万平方米)	**Floor Space of Buildings under Construction(10000 sq.m)**	**4347.65**	**5588.61**
#住宅	Residential Buildings	4176.32	5435.47
竣工房屋建筑面积(万平方米)	**Floor Space of Buildings Completed(10000 sq.m)**	**3628.70**	**4703.55**
#住宅	Residential Buildings	3485.09	4550.14

注：本表资料来自国家统计局江西调查总队，为抽样调查数据。
a) Data in the table are provided by Survey Office of the National Bureau of Statistics in Jiangxi , Source in the sample census.

4-11 各地区固定资产投资（2012年）

Investment in Fixed Assets by Region (2012)

单位：万元 (10000 yuan)

地区	Region	合计 Total	#工业 Industry	第一产业 Primary Industry	第二产业 Secondary Industry	第三产业 Tertiary Industry
全省	**Provincial Total**	**103783697**	**59206808**	**2554134**	**59971672**	**41257891**
南昌市	Nanchang	23930288	10013341	258996	10269032	13402260
景德镇市	Jingdezhen	4566908	3319662	39246	3391495	1136167
萍乡市	Pingxiang	6904001	5515658	129051	5515658	1259292
九江市	Jiujiang	12063292	8422152	102495	8412332	3548465
新余市	Xinyu	6704115	3717987	585534	3619401	2499180
鹰潭市	Yingtan	3279948	2082863	107267	2126328	1046353
赣州市	Ganzhou	10359054	4348917	202406	4341159	5815489
吉安市	Ji'an	8859057	6091947	182257	6108558	2568242
宜春市	Yichun	9269785	6502915	280291	6535100	2454394
抚州市	Fuzhou	6614052	3841688	358317	3831888	2423847
上饶市	Shangrao	9875066	5207322	308274	5678365	3888427
不分地区	Not Classified by Region	1358131	142356		142356	1215775

注：4-11至4-18表统计范围为计划总投资500万元及以上项目投资和房地产开发投资。

a)The statistical scope of 4-11 to 4-18 table is more than 5000000 yuan project investment,including investment for real estate development, no-including farm households investment in fixed assets in rural area.

4-12 各地区固定资产投资增长速度（2012年）

Growth Rates of Investment in Fixed Assets by Region (2012)

地区	Region	合计 Total	#工业 Industry	第一产业 Primary Industry	第二产业 Secondary Industry	第三产业 Tertiary Industry
全省	**Provincial Total**	**23.5**	**20.1**	**68.9**	**20.3**	**26.3**
南昌市	Nanchang	24.6	23.5	9.2	23.6	25.7
景德镇市	Jingdezhen	24.6	25.0	-4.7	25.9	22.2
萍乡市	Pingxiang	24.6	25.5	9.1	25.5	22.6
九江市	Jiujiang	24.3	20.6	13.2	20.3	35.4
新余市	Xinyu	11.5	-3.5	211.1	-6.1	26.6
鹰潭市	Yingtan	23.5	14.0	185.4	15.6	34.2
赣州市	Ganzhou	31.8	26.3	110.8	25.7	34.8
吉安市	Ji'an	24.7	18.7	7.7	18.9	42.9
宜春市	Yichun	23.6	14.8	117.5	15.1	44.8
抚州市	Fuzhou	24.4	26.7	46.1	26.1	19.3
上饶市	Shangrao	24.2	28.4	92.8	31.8	11.5
不分地区	Not Classified by Region	-10.1	-16.1		-16.3	-9.3

4-13 各地区按登记注册类型分的固定资产投资（2012年）
Investment in Fixed Assets by Region and Status of Registration (2012)

单位：万元 (10000 yuan)

地区	Region	合计 Total	内资 Domestic Funds	国有 State-owned	集体 Collective-owned	股份合作 Share Holding Cooperative	联营 Joint-owned
全省	**Provincial Total**	**103783697**	**98404581**	**22147685**	**1244665**	**673963**	**594253**
南昌市	Nanchang	23930288	21853949	3724709	529610	138041	209970
景德镇市	Jingdezhen	4566908	4486612	748312	21800	22620	22300
萍乡市	Pingxiang	6904001	6668244	404522	27080	2710	2500
九江市	Jiujiang	12063292	11323504	2839731	45127	85070	14077
新余市	Xinyu	6704115	6146241	1477656	262910	190958	10010
鹰潭市	Yingtan	3279948	3268768	1015683		400	
赣州市	Ganzhou	10359054	9811852	3688866	42711	30195	194764
吉安市	Ji'an	8859057	8559609	1919812	24138	32010	15000
宜春市	Yichun	9269785	8857974	1132958	82310	117278	22793
抚州市	Fuzhou	6614052	6487947	1519674	12786	16790	5608
上饶市	Shangrao	9875066	9581750	2317631	196193	37891	97231
不分地区	Not Classified by Region	1358131	1358131	1358131			

4-13 续表 continued

单位：万元 (10000 yuan)

地区	Region	有限责任公司 Limited Liability Corporations	股份有限公司 Share Holding Enterprises	私营 Private	其他 Others	港澳台商投资 Funds from Hong Kong, Macao and Taiwan	外商投资 Foreign Funded	个体经营 Individuals
全省	**Provincial Total**	**28518037**	**5511049**	**36554671**	**3160258**	**2146934**	**2025855**	**1206327**
南昌市	Nanchang	9265254	903445	6270555	812365	786701	736487	553151
景德镇市	Jingdezhen	1327631	71948	2214610	57391	55172	16824	8300
萍乡市	Pingxiang	1137829	666049	4234172	193382	75781	72560	87416
九江市	Jiujiang	4014472	765140	3318369	241518	423194	256503	60091
新余市	Xinyu	1900720	476047	1580448	247492	40002	369369	148503
鹰潭市	Yingtan	438277	54082	1638708	121618		11180	
赣州市	Ganzhou	1992485	211816	3519490	131525	242756	151176	153270
吉安市	Ji'an	1859032	388077	4215169	106371	218937	61431	19080
宜春市	Yichun	2819215	466880	3960168	256372	155850	214009	41952
抚州市	Fuzhou	1870464	635276	2224976	202373	33054	44000	49051
上饶市	Shangrao	1892658	872289	3378006	789851	115487	92316	85513
不分地区	Not Classified by Region							

4-14 各地区按行业分固定资产投资（2012年）

单位：万元

行业	Sector	全省 Total	南昌市 Nanchang	景德镇市 Jingdezhen
总计	**Total**	**103783697**	**20486681**	**4046538**
农、林、牧、渔业	**Agriculture, Forestry, Animal Husbandry and Fishery**	**2884569**	**336150**	**39246**
农业	Farming	1086330	110092	5000
林业	Forestry	635178	29105	4000
畜牧业	Animal Husbandry	703531	88925	29646
渔业	Fishery	129095	30874	600
农、林、牧、渔服务业	Services in Support of Agriculture	330435	77154	
采矿业	**Mining**	**2637713**	**47369**	**95492**
#煤炭开采和洗选业	Mining and Washing of Coal	647566	2320	11970
黑色金属矿采选业	Mining and Processing of Ferrous Metal Ores	546133	2900	6000
有色金属矿采选业	Mining and Processing of Non-Ferrous Metal Ores	438176		
非金属矿采选业	Mining and Processing of Nonmetal Ores	951626	34078	73522
制造业	**Manufacturing**	**53626971**	**9669375**	**3182537**
农副食品加工业	Processing of Food from Agricultural Products	2563338	618582	108280
食品制造业	Manufacture of Foods	1144798	351346	20762
酒，饮料和精制茶制造业	Manufacture of Wine, Beverages and Refined Tea	703485	190621	23350
烟草制品业	Manufacture of Tobacco	60738	1821	
纺织业	Manufacture of Textile	1851381	277413	37946
纺织服装、服饰业	Manufacture of Textile Wearing Apparel	2957622	1012872	103630
皮革、毛皮、羽毛及其制品和制鞋业	Manufacture of Leather, Fur, Feather and Related Products Footwrare	1168329	99465	44180
木材加工及木、竹、藤、棕、草制品业	Processing of Timber, Manufacture of Wood, Bamboo, Rattan, Palm and Straw Products	1 044 143	206 440	73 819
家具制造业	Manufacture of Furniture	802590	132070	58030
造纸及纸制品业	Manufacture of Paper and Paper Products	920927	152470	39707
印刷和记录媒介复制业	Printing, Reproduction of Recording Media	684651	298043	13650
文教、美工、体育和娱乐用品制造业	Manufacture of Articles For Culture, Art,Education Sport Activities and Entertainmetn Products	920 202	130 029	34 281
石油加工、炼焦加工业	Processing of Petroleum, Coking	260539	20515	28090
化学原料及化学制品制造业	Manufacture of Raw Chemical Materials and Chemical Products	5109645	355406	638916
医药制造业	Manufacture of Medicines	1815088	363486	45 100
化学纤维制造业	Manufacture of Chemical Fibers	341881		3 650
橡胶和塑料制品业	Manufacture of Rubber and Plastics	1379412	214201	41019
非金属矿物制品业	Manufacture of Non-metallic Mineral Products	6130034	692609	660203
黑色金属冶炼及压延加工业	Smelting and Pressing of Ferrous Metals	1010493	290226	27090
有色金属冶炼及压延加工业	Smelting and Pressing of Non-ferrous Metals	3038446	163056	1000
金属制品业	Manufacture of Metal Products	2455217	624530	147040
通用设备制造业	Manufacture of General Purpose Machinery	2130414	361640	96915
专用设备制造业	Manufacture of Special Purpose Machinery	2504993	771898	192428
汽车制造业	Manufacture of Transport Carmaking.	2253631	807554	165905
铁路、船舶、航空航天和其他运输设备制造业	Manufacture of Railroads,Ships,Aerospace and Other Transportation Equipment	685025	298976	187883
电气机械及器材制造业	Manufacture of Electrical Machinery and Equipment	4 986 705	577 940	293 924
计算机、通信和其他电子设备制造业	Manufacture of Computers, Communication Equipment and Other Electronic Equipment	2612705	400758	69369
仪器仪表及制造业	Manufacture of Measuring Instruments	896514	150385	11670
其他制造业	Manufacture of Others	578512	22462	5300
废弃资源综合利用业	Comperhensive Utilization of Waste	409127	46093	4400
金属制品、机械和设备修理业	Repair of Metal Products, Machinery and Equipment	206386	36468	5000
电力、热力、燃气及水生产和供应业	**Production and Supply of Electricity Heating Gas and Water**	**2942124**	**296597**	**41633**
电力、热力的生产和供应业	Production and Supply of Electric Power and Heat Power	1641876	168429	3782
燃气生产和供应业	Production and Supply of Gas	432780	27866	9420
水的生产和供应业	Production and Supply of Water	867468	100302	28431
建筑业	**Construction**	**997358**	**292159**	**80833**
房屋建筑业	Construction of Buildings	363914	79756	
木工程建筑业	Construction of Civil Engineering	416849	38739	80833
建筑安装业	Building Installation	48170	46570	
建筑装饰业和其他建筑业	Building Decoration and Other	168425	127094	
批发和零售业	**Wholesale and Retail Trades**	**4112759**	**2301224**	**100280**

注：本表全省数据含跨地区项目数。

Investment in Fixed Assets by Regin and Asector (2012)

(10000 yuan)

萍乡市 Pingxiang	九江市 Jiujiang	新余市 Xinyu	鹰潭市 Yingtan	赣州市 Ganzhou	吉安市 Ji'an	宜春市 Yichun	抚州市 Fuzhou	上饶市 Shangrao
6732402	**11482106**	**6456828**	**3028492**	**8726347**	**8420037**	**8460129**	**5953197**	**8936633**
129051	**108495**	**666683**	**107267**	**240398**	**208207**	**299924**	**387023**	**362125**
70931	77790	170963	77 779	72922	66940	144029	117954	171930
25 070		321583	17105	28457	35630	67612	64787	41829
33050	11700	92498	12383	101027	79687	64672	140936	49007
	13005	490				3 978	34640	45508
	6000	81149		37992	25950	19633	28706	53851
503359	**206713**	**551528**	**48153**	**111174**	**441904**	**227555**	**111669**	**292797**
263919	3600	140268		3382	8 700	126456	1 682	85269
139390	7124	192348			169000		14330	15041
6250	150806	18345	19928	73354	11 500	48750	23749	85494
89300	44652	200567	28 225	26680	252704	51449	54966	95483
4785450	**7554850**	**2795267**	**1867010**	**4019955**	**5350338**	**6087857**	**3556901**	**4757431**
112160	241162	207814	47571	275831	243637	332964	151038	224299
16200	91758	12974	24262	112354	68788	338798	50033	57523
5100	108706	5500		51484	118935	68296	65105	66388
				58917				
41098	486346	96982	3982	13158	165991	186624	354979	186862
65693	356494		31100	177573	240562	258980	277394	433324
153765	181966		47415	82814	241062	135081	70188	112393
36 780	72 000	81 477	74 341	106 273	100 066	156 006	66 592	70 349
26570	159684	27889	6200	129483	103405	37995	59788	61476
54982	260181	9850	5644	144063	63880	56132	90723	43295
47980	71811	46500	12806	30990	14911	103626	35024	9310
39 770	49 700	6 000	11 929	125 612	298 528	92 647	74 621	57 085
	91393			12150		25900	49637	32854
1161659	951118	14000	86987	249449	473325	486548	340353	351884
50250	242729	41400	24 650	82 958	257309	399492	133239	174475
	204359	9500	9 960		5700	60291	41051	7370
71330	143034	48000	64900	53155	164363	240252	246603	92555
1319497	737876	325775	113531	269360	292211	1126630	268188	324154
83510	76931	244587	9 247	56398	113815	47363	2820	58506
57800	540735	87023	844667	529357	114486	244331	118131	337860
149331	284956	247868	18640	151035	39366	341712	195944	254795
221998	205659	292247	26781	67124	288566	227988	113543	227953
255826	313013	147303	31452	135868	178280	304412	50232	124281
122310	99376	39568	82758	90110	227803	79605	238677	299965
8700	47620		5000		12358	46203	13174	65111
307 231	863 556	295 143	128 212	421 599	611 738	413 013	348 554	725 795
273925	350542	244220	61235	398092	561591	106937	53852	92184
32020	35108	78533	55500	23649	291880	53211	12330	152228
9350	264637		28240	54582	5200	97720	26588	64433
60615	12580	38907	10000	116517	52582	19100	8500	39833
	9820	146207						8891
226849	**660589**	**371192**	**167700**	**217788**	**299705**	**187503**	**173118**	**157094**
66 281	505836	94 597	129429	124631	247423	92778	85014	76698
106 470	68422	19 574		10630	5400	63181	10069	16370
54 098	86 331	257 021	38271	82 527	46 882	31 544	78 035	64 026
		47 621	**43465**		**16 611**	**32 185**		**484 484**
		5 250	4008		3 600	10495		260 805
		42 371	39457		9 011	14690		191 748
								1 600
					4 000	7000		30 331
247 036	**323 051**	**235 635**	**80 196**	**93 364**	**139139**	**212 204**	**129 893**	**250 737**

a) The data of this table containing trans regional project data.

4-14 续表

单位：万元

行　　业	Sector	全　省 Total	南昌市 Nanchang	景德镇市 Jingdezhen
批发业	Wholesale Trade	2054643	1305201	12000
零售业	Retail Trade	2058116	996023	88280
交通运输、仓储和邮政业	**Transport, Storage and Post**	**4604906**	**867446**	**59031**
铁路运输业	Railway Transport	28600	8320	
道路运输业	Road Transport	3954728	696613	54831
水上运输业	Water Transport	51885	23191	
航空运输业	Air Transport	44605	8890	
管道运输业	Transport Via Pipelines	13800		
装卸搬运和其他运输服务业	Loading, Unloading and Other Transport Services	144296	27601	4200
仓储业	Storage	353794	89683	
邮政业	Post	13198	13148	
住宿和餐饮业	**Hotels and Catering Services**	**2532647**	**970800**	**94 900**
住宿业	Hotels	1611377	401001	76 900
餐饮业	Catering Services	921270	569799	18000
信息传输、软件和信息技术服务业	**Information Transmission,Software and Information Technology Services**	**505798**	**309540**	
电信、广播电视和卫星传输服务	Telecommunications, Broadcasting Television and Satellite Transmission Services	148183	59050	
互联网和相关服务	Internet and Related Services	57003	36106	
软件和信息技术服务业	Software and Information Technology Services	300612	214384	
金融业	**Financial Intermediation**	**247074**	**177615**	**2900**
货币金融服务	Monetary and Financial Services	172067	116558	
资本市场服务	Capital Market Services	47712	41512	
保险业	Insurance	18060	13210	
其他金融活动	Other Financial Activities	9235	6335	2900
房地产业	**Real Estate**	**13730650**	**724617**	**124763**
租赁和商务服务业	**Leasing and Business Services**	**1219029**	**792190**	**54 036**
租赁业	Leasing	67365	54985	8 500
商务服务业	Business Services	1151664	737205	45 536
科学研究和技术服务业	**Scientific Reseach and Ploytechnic Services**	**385101**	**220577**	**2300**
研究与试验发展	Research and Experimental Development	79029	20829	
专业技术服务业	Professional Technical Services	174429	105558	2 300
科学推广和应用服务业	Services of Science and Technology Promotion and Applicaion	131643	94190	
水利、环境和公共设施管理业	**Management of Water Conservancy, Environment and Public Facilities**	**8288936**	**1738008**	**141233**
水利管理业	Management of Water Conservancy	677738	128755	42343
生态保护和环境治理业	Ecological Protection and Environmental Management	147443	21940	
公共设施管理业	Management of Public Facilities	7463755	1587313	98890
居民服务、修理和其他服务业	**Services to Households Repair and Other Services**	**570594**	**418438**	**500**
居民服务业	Services to Households	266626	178557	500
机动车、电子产品和日用产品修理业	Repair to Motor,Electronic Products and Househole Products	266 257	216 961	
其他服务业	Other Services	37711	22920	
教　育	**Education**	**1378214**	**602059**	**10494**
卫生和社会工作	**Health Care and Social Services**	**745876**	**205346**	**4660**
卫　生	Health	589928	175445	4660
社会工作	Social Services	155948	29901	
文化、体育和娱乐业	**Culture, Sports and Entertainment**	**977394**	**300638**	**7600**
新闻和出版业	Journalism and Publishing Activities	17426	17426	
广播、电视、电影和影视录音制作业	Broadcasting, Movies, Television and Video Reccording	33633	16213	
文化艺术业	Cultural and Art Activities	382109	92416	7600
体　育	Sports Activities	110919	31622	
娱乐业	Entertainment	433307	142961	
公共管理、社会保障和社会组织	**Public Management,Social Security and Social Organizations**	**1395984**	**216533**	**4 100**
#中国共产党机关	Organs of Communist Party of China	4712	4712	
国家机构	Government Agencies	1041779	126016	800
社会保障	Social Security	38926	2980	
群众团体、社会团体和其他成员组织	Non-Governmental Organizations, Social Organizations and Other Organizations	246895	34648	3300
基层群众自治组织	Grass Roots Self-governing Organizations	63672	48177	

continued

(10000 yuan)

萍乡市 Pingxiang	九江市 Jiujiang	新余市 Xinyu	鹰潭市 Yingtan	赣州市 Ganzhou	吉安市 Ji'an	宜春市 Yichun	抚州市 Fuzhou	上饶市 Shangrao
79 670	154 346	74 475	53 514	23 362	91510	136 725	35 149	88 691
167 366	168 705	161 160	26 682	70 002	47629	75 479	94 744	162 046
105 966	**156 639**	**106 142**	**122 380**	**679 574**	**200572**	**277 949**	**370 771**	**442 661**
	1800			900		16800	600	180
70 275	149380	18387	90 305	589762	140047	147101	364571	417681
	2700					25494		500
						35715		
		11 500						2300
6 750		8 900	4 015	59196		33634		
28 941	2759	67 355	28 060	29716	60 475	19 205	5600	22 000
					50			
295364	**277417**	**171882**	**64811**	**58947**	**157797**	**79652**	**111 621**	**249456**
161 394	253658	104 632	46811	58 177	157797	79 652	92534	178821
133970	23759	67250	18000	770			19087	70635
11300	**11828**		**4000**	**17545**	**57660**	**11680**	**6327**	**75918**
	1700			5 465	2 640	3 000	6 327	70 001
6000			2900			8680		3317
5300	10128		1100	12080	55020			2600
1200		**3480**	**3000**	**7549**	**13063**	**9300**		**28967**
		3480	3000	2549	8213	9300		28967
1200				5000				
					4850			
36000	**661283**	**154148**	**117 368**	**1546682**	**125245**	**153 758**	**123811**	**266799**
77 090	**40 943**		**21 902**	**52 413**	**52 081**	**20 266**	**87 128**	**20 980**
2 900			2			978		
74 190	40943		21 900	52 413	52 081	19 288	87 128	20 980
12100	**11620**	**37933**	**10100**	**37178**		**5932**	**30911**	**16450**
12100	11500	9 200		6039		4300	1301	13760
			3500	31 139		1 632	27610	2690
	120	28 733	6600				2000	
148114	**952216**	**1053980**	**246117**	**1214724**	**839867**	**517366**	**530806**	**906505**
52338	44192	10 836	21 065	61208	97 872	19 680	176 637	22812
	6432		26890	21391	12658	6076	30331	21725
95776	901592	1043144	198162	1132125	729 337	491610	323 838	861968
4 500	**22783**	**18 485**	**17000**	**14357**	**9 562**		**15 039**	**49930**
3200	22783	8715	7200	11796	7156		6189	20530
1 300		9 770			2 406		6 420	29 400
			9800	2561			2430	
24993	**85796**	**145704**	**59662**	**163301**	**33996**	**30193**	**95270**	**126746**
31120	**102667**	**23092**	**31721**	**118740**	**25392**	**38861**	**29734**	**134543**
31120	68646	4802	31721	108170	19224	37991	24528	83621
	34021	18290		10570	6168	870	5206	50922
78090	**124906**	**59039**	**16640**	**82584**	**55856**	**56123**	**112647**	**83271**
5800			4040		5580			2000
49910	55324	33453	3 800	59266	29323	11843	38274	900
4150	6420	8266	1000	15480	16717		10300	16964
18 230	63 162	17 320	7 800	7 838	4 236	44 280	64 073	63 407
14 820	**180310**	**15017**		**50074**	**393042**	**211821**	**80528**	**229739**
14820	152086	15017		37359	343798	177474	76932	97477
	700				34074			1172
	27024			3440	13800	34043	3050	127590
	500			9275	1370	304	546	3500

4-15 各地区按构成分固定资产投资（2012年）

Investment in Fixed Assets by Region and Use of Funds (2012)

单位：万元 (10000 yuan)

地 区	Region	合 计 Total	建筑、安装工程 Construction and Installation	设备、工器具购置 Purchase of Equipment and Instruments	其他费用 Others
全 省	**Provincial Total**	**103783697**	**67632116**	**23537632**	**12613949**
南 昌 市	Nanchang	23930288	17032069	4682173	2216046
景德镇市	Jingdezhen	4566908	3178219	834122	554567
萍 乡 市	Pingxiang	6904001	4304347	1634555	965099
九 江 市	Jiujiang	12063292	6550037	3882488	1630767
新 余 市	Xinyu	6704115	3820266	2079353	804496
鹰 潭 市	Yingtan	3279948	2059407	716988	503553
赣 州 市	Ganzhou	10359054	7352154	1321720	1685180
吉 安 市	Ji'an	8859057	6030204	1882768	946085
宜 春 市	Yichun	9269785	5042160	3269796	957829
抚 州 市	Fuzhou	6614052	4269992	1211534	1132526
上 饶 市	Shangrao	9875066	6635130	2022135	1217801
不分地区	Not Classified by Region	1358131	1358131		

4-16 各地区按建设性质分固定资产投资（2012年）

Investment in Fixed Assets by Region and Type of Construction (2012)

单位：万元 (10000 yuan)

地 区	Region	合 计 Total	#新 建 New Construction	#扩 建 Expansion	#改建和技术改造 Reconstruction Technical Rennovation
全 省	**Provincial Total**	**103783697**	**68427673**	**13298343**	**18527668**
南 昌 市	Nanchang	23930288	9008007	2227085	10988197
景德镇市	Jingdezhen	4566908	3959603	243872	350039
萍 乡 市	Pingxiang	6904001	4736586	1155279	1005136
九 江 市	Jiujiang	12063292	9843653	882953	1168019
新 余 市	Xinyu	6704115	3743961	1830258	1057975
鹰 潭 市	Yingtan	3279948	3214413	25129	7586
赣 州 市	Ganzhou	10359054	6980805	1015722	1281218
吉 安 市	Ji'an	8859057	7648382	867438	320636
宜 春 市	Yichun	9269785	6684977	2119671	418899
抚 州 市	Fuzhou	6614052	4917754	1044628	479261
上 饶 市	Shangrao	9875066	6331401	1886308	1450702
不分地区	Not Classified by Region	1358131	1358131		

4-17 各地区工业投资（2012年）
Investment in Industry by Region (2012)

单位：万元 (10000 yuan)

地 区	Region	合 计 Total	采矿业 Mining	制造业 Manufacturing	电力、燃气及水的生产和供应业 Production and Supply of Electricity, Gas and Water
全 省	**Provincial Total**	**59206808**	**2637713**	**53626971**	**2942124**
南昌市	Nanchang	10013341	47369	9669375	296597
景德镇市	Jingdezhen	3319662	95492	3182537	41633
萍乡市	Pingxiang	5515658	503359	4785450	226849
九江市	Jiujiang	8422152	206713	7554850	660589
新余市	Xinyu	3717987	551528	2795267	371192
鹰潭市	Yingtan	2082863	48 153	1867010	167700
赣州市	Ganzhou	4348917	111174	4019955	217788
吉安市	Ji'an	6091947	441904	5350338	299705
宜春市	Yichun	6502915	227555	6087857	187503
抚州市	Fuzhou	3841688	111669	3556901	173118
上饶市	Shangrao	5207322	292797	4757431	157094
不分地区	Not Classified by Region	142356			142356

4-18 各地区固定资产投资建设项目和新增固定资产（2012年）
Projects Investment Construction and Newly Increased Fixed Assets by Region (2012)

地 区	Region	施工项目（个） Number of Projects under Construction (unit)	#新开工 Started this Year	全部建成投产（个） Number of Projects Completed and Put into Use (unit)	新增固定资产（万元） Newly Increased Fixed Assets (10000 yuan)
全 省	**Provincial Total**	**17762**	**13123**	**12655**	**72962247**
南昌市	Nanchang	6186	4946	5414	15910949
景德镇市	Jingdezhen	679	492	225	2709399
萍乡市	Pingxiang	1156	879	743	4805303
九江市	Jiujiang	1169	838	769	10293180
新余市	Xinyu	679	552	579	6034406
鹰潭市	Yingtan	472	333	326	2768164
赣州市	Ganzhou	1691	1158	934	6596854
吉安市	Ji'an	1115	745	721	5899526
宜春市	Yichun	1400	924	862	7352670
抚州市	Fuzhou	1555	1074	955	4208298
上饶市	Shangrao	1650	1181	1125	6175243
不分地区	Not Classified by Region	10	1	2	208255

主要统计指标解释

全社会固定资产投资 是以货币形式表现的在一定时期内全社会建造和购置固定资产的工作量以及与此有关的费用的总称。该指标是反映固定资产投资规模、结构和发展速度的综合性指标,又是观察工程进度和考核投资效果的重要依据。全社会固定资产投资按登记注册类型可分为国有、集体、个体、联营、股份制、外商、港澳台商、其他等。按统计方式可分为建设项目固定资产投资和房地产开发投资(全面统计)、农村农户固定资产投资(抽样调查)。建设项目投资不同的时期有不同的统计起点。1995-1996年,项目投资统计的起点为计划总投资5万元及以上;自1997年起,项目投资统计的起点由5万元提高到50万元及以上;自2011年起,项目投资的统计起点由50万元提高至500万元及以上。为便于比较,2010年调整为500万元以上起点数。

固定资产投资 指各种登记注册类型的企业、事业、行政单位及个体户进行的建设项目投资、房地产开发投资。

房地产开发投资 指各种登记注册类型的房地产开发公司、商品房建设公司及其他房地产开发法人单位和附属于其他法人单位实际从事房地产开发或经营活动的单位统一开发的包括统代建、拆迁还建的住宅、厂房、仓库、饭店、宾馆、度假村、写字楼、办公楼等房屋建筑物和配套的服务设施,土地开发工程(如道路、给水、排水、供电、供热、通讯、平整场地等基础设施工程)的投资;不包括单纯的土地交易活动。

固定资产投资的资金来源 根据固定资产投资的资金来源不同,分为国家预算内资金、国内贷款、利用外资、自筹资金和其他资金。

(1)国家预算内资金:分为财政拨款和财政安排的贷款两部分。包括中央财政的基本建设基金(分经营性基金和非经营性基金两部分)、专项支出(如煤代油专项等)、收回再贷、贴息资金,财政安排的挖潜改造和新产品试制支出、城建支出、商业部门简易建筑支出、不发达地区发展基金等资金中用于固定资产投资的资金;地方财政中由国家统筹安排的资金等。

(2)国内贷款:指报告期固定资产投资单位向银行及非银行金融机构借入的用于固定资产投资的各种国内借款,包括银行利用自有资金及吸收的存款发放的贷款、上级主管部门拨入的国内贷款、国家专项贷款、地方财政专项资金安排的贷款、国内储备贷款、周转贷款等。

(3)利用外资:指报告期收到的用于固定资产建造和购置的国外资金(包括设备、材料、技术在内)。包括对外借款(外国政府、国际金融组织贷款、出口信贷、外国银行商业贷款、对外发行债券和股票)、外商直接投资及外商其他投资。不包括我国自有外汇资金(国家外汇、地方外汇、留成外汇、调剂外汇和中国银行自有资金发行的外汇贷款等)。计算利用外资时,需要折算成人民币,折算中所使用的外汇汇率按现汇计算,即按使用外汇时的汇率计算。

(4)自筹资金:指固定资产投资单位报告期收到的,由各地区、各部门及企、事业单位筹集用于固定资产投资的预算外资金,包括中央各部门、各级地方和企、事业单位的自筹资金。

(5)其他资金:指在报告期收到的除以上各种资金之外其他用于固定资产投资的资金,包括企业或金融机构通过发行各种债券筹集到的资金、群众集资、个人资金、无偿捐赠的资金及其他单位拨入的资金等。

固定资产投资按国民经济行业分 根据建设项目建成投产后的主要产品或主要用途及社会经济活动性质来确定国民经济行业。一般情况下,一个建设项目或一个企业、事业单位只能属于一种国民经济行业。

固定资产投资按建设性质分 根据整个建设项目情况来确定。建设项目的性质一般分为新建、扩建、改建和技术改造、迁建、恢复。

(1)新建:一般指从无到有开始建设的企业、事业和行政单位或建设项目。现有企业、事业、行政单位一般不属于新建。但如有的单位原有基础很小,经过建设后新增的固定资产价值超过该企、事业、行政单位原有固定资产价值(原值)三倍以上的也应作为新建。

(2)扩建:指在厂内或其他地点,为扩大原有产品的生产能力(或效益)或增加新的产品生产能力,而增建主要的生产车间(或主要工程)、分厂、独立的生产线。行政、事业单位在原单位增建业务用房(如学校增建教学用房、医院增建门诊部、病房等)也作为扩建。

现有企、事业单位为扩大原有主要产品生产能力或增加新的产品生产能力,增建一个或几个主要生产车间(或主要工程)、分厂,同时进行一些更新改造工程的,也应作为扩建。

(3)改建和技术改造:指现有企业、事业单位,对原有设施进行技术改造或更新(包括相应配套的辅助性生产、生活福利设施)的建设项目。现有企业、事业单位为适应市场变化的需要,而改变企业的主要产品种类(如军工企业转产民用品等)的建设项目,应作为改建。原有产品生产作业线由于各工序(车间)之间能力不平衡,为填平补齐充分发挥原有生产能力而增建不增加本企业主要产品设计能力的车间,也应作为改建。技术改造是指企业、事业单位在现有基础上，用先进的技术代替落后的技术，用先进的工艺和装备代替落后的工艺和装备，以改变企业落后的技术经济面貌，实现以内涵为主的扩大再生产，达到提高产品质量、促进产品更新换代、节约能源、降低消耗、扩大生产规模、全面提高社会经济效益的目的。技术改造具体包括以下内容：机器设备和工具的更新改造；生产工艺改革、节约能源和原材料的改造；厂房建筑和公共设施的改造；劳动条件和生产环境的改造等。

固定资产投资按构成分 固定资产投资活动按其工作内容和实现方式分为建筑安装工程，设备、工具、器具购置，其他费用三个部分。

(1)建筑安装工程(建筑安装工作量)：指各种房屋、建筑物的建造工程和各种设备、装置的安装工程。包括各种房屋建造工程；各种用途设备基础和各种工业窑炉的砌筑工程及金属结构工程；为施工而进行的各种准备工作和临时工程以及完工后的清理工作等；铁路、道路的铺设，矿井的开凿及石油管道的架设等；水利工程；防空地下建筑等特殊工程；列入房屋工程预算内的暖气、卫生、通风、照明、煤气等设备的价值及装设油饰工程；列入建筑工程预算内的各种管道(蒸汽、压缩空气、石油、给排水等管道)、电力、电讯电缆导线等的敷设工程；以及各种机械设备的安装工程；为测定安装工程质量，对设备进行的试运工作；房地产开发单位进行的商品房屋开发建设工程、土地开发工程。

在安装工程中，不包括被安装设备本身的价值。

(2)设备、工具、器具购置：指建设单位或企、事业单位购置或自制的，达到固定资产标准的设备、工具、器具的价值。新建单位及扩建单位的新建车间，按照设计或计划要求购置或自制的全部设备、工具、器具，不论是否达到固定资产标准均计入“设备、工具、器具购置”中。

(3)其他费用：指在固定资产建造和购置过程中发生的，除上述几项内容以外的各种应分摊计入固定资产的费用。

施工项目 指报告期内进行过建筑或安装施工活动的项目。凡是报告期内施过工的建设项目，不论施工时间长短，均作为施工项目统计。施工项目个数可以反映一定时期固定资产投资的实际规模，与同期全部建成投产项目个数相比，可以从建设速度的角度反映固定资产投资的效果。根据建设项目施工活动的不同性质，施工项目又分为：本年正式施工项目、本年收尾项目和以前年度全部停缓建项目。

全部建成投产项目 工业项目指设计文件规定形成生产能力的主体工程及其相应配套的辅助设施全部建成，经负荷试运转，证明具备生产设计规定合格产品的条件，并经过验收鉴定合格或达到竣工验收标准，与生产性工程配套的生活福利设施可以满足近期正常生产的需要，正式移交生产的建设项目。非工业项目指设计文件规定的主体工程和相应的配套工程全部建成，能够发挥设计规定的全部效益，经验收鉴定合格或达到竣工验收标准，正式移交使用的建设项目。

房屋建筑面积 指房屋建筑物勒脚以上外墙外围的水平截面面积，包括房屋建筑物的有效面积和结构面积。该指标是从实物形态上反映建设规模和建设成果的重要指标之一，也是检查工程形象进度、计算工程造价、分析投资效果、研究施工任务和建筑材料之间平衡情况的重要依据。

住宅建筑面积 指施工和竣工房屋建筑面积中供居住用的房屋建筑面积。

施工面积 指报告期内施工的全部房屋建筑面积。包括本期新开工的面积和上期开工跨入本期继续施工的房屋面积，以及上期已停建在本期恢复施工的房屋面积。本期竣工和本期施工后又停缓建的房屋，其建筑面积仍计入本期房屋施工面积中。

竣工面积 指在报告期内房屋建筑按照设计要求已经全部完工，达到住人和使用条件，经验收鉴定合格(或达到竣工验收标准)，正式移交使用单位的各栋房屋建筑面积的总和。

新增固定资产 指报告期内已经完成建造和购置过程，并已交付生产或使用单位的固定资产价值。该指标是表示固定资产投资成果的价值指标，也是反映建设进度，计算固定资产投资效果的重要指标。

I Explanatory Notes on Main Statistical Indicators

Total Investment in Fixed Assets in the Whole Country refers to the volume of activities in construction and purchases of fixed assets of the whole country and related fees, expressed in monetary terms during the reference period. It is a comprehensive indicator which shows the size, structure and growth of the investment in fixed assets, providing a basis for observing the progress of construction projects and evaluating results of investment. Total investment in fixed assets in the whole country includes, by type of ownership, the investment by State-owned units, collective-owned units, individuals, joint ownership units, share-holding units, as well as investments by entrepreneurs from foreign countries and from Hong Kong, Macao and Taiwan, and by other units. According to statistical methods can be divided into construction project investments in fixed assets and investments in real estate development(Comprehensive Statistics), investments in fixed assets by rural households(sampling survey).Construction project investment of different periods have different starting point of statistics. From 1995 to 1996 the cut-off point of project investment was 50000 yuan and above; Since 1997 the cut-off point of project investment had changed from 50000 yuan to 500000 yuan and above; Since 2011,the cut-off point of project investment had changed from 500000 yuan to 5 million yuan and above. For the convenience of comparison, relevant data of 2010 were adjusted to 5 million yuan and above.

Investment in Fixed Assets refers to enterprises of various types of ownership, institutions, administrative units and individuals in the construction project investment, investments in real estate development.

Investment in Real Estate Development refers to investment by real estate development companies, commercialized buildings construction companies and other real estate development units of various types of ownership in the construction of buildings, such as residential buildings, factory buildings, warehouses, hotels, guesthouses, holiday villages, office buildings, and the complementary service facilities and land development projects, such as roads, water supply, water drainage, power supply, heating supply, telecommunications, land leveling and other infrastructural projects. It does not include activities in pure land transactions.

Sources of Funds for Investment in Fixed Assets are categorized as funds from the State budget, domestic loans, foreign investment, self-raised funds, and others, depending on the sources of investment.

(1) Fund from the State budget consists of budgetary appropriation and loans from the State budget. More specifically, it includes, from the budget of the central government, capital construction fund (operation fund and non-operational fund), special expenses (e.g. expenses on substituting petroleum with coal), loans from repayment, discount fund, expenses on innovation and trial production of new products, expenses on urban construction, expenses on temporary construction from business departments, development fund for less developed areas, as well as local budgetary fund transferred from the central budget.

(2) Domestic loans refer to loans of various forms borrowed by investing units from banks and non-bank financial institutions during the reference period for the purpose of investment in fixed assets, including loans issued by banks from their self-owned funds and deposit, loans appropriated by higher authorities, special loans by government, loans arranged by local government from special funds, domestic reserve loan, and working loan.

(3) Foreign investment refers to foreign funds received during the reference period for the construction and purchase of investment in fixed assets (covering equipment, materials and technology), including foreign borrowings (loans from foreign governments and international financial institutions, export credit, commercial loans from foreign banks, issue of bonds and stocks overseas), foreign direct investment and other foreign investments. Excluded from this category is capital in foreign exchanges owned by China (foreign exchanges owned by the central and local governments, foreign exchanges retained by enterprises, foreign exchanges by enterprises through the regulating mechanism, loans in foreign exchanges issued by the Bank of China with its own fund, etc.). In calculating the utilization of foreign capital, foreign currencies are converted into Chinese Renminbi applying the current exchange rate when the foreign capitals are actually used.

(4) Self-raised funds refer to extra-budgetary funds for investment in fixed assets received during the reference period by investing units from central government ministries, local governments, enterprises and institutions, including their self-raised funds.

(5) Others refer to funds for investment in fixed assets received from sources other than those listed above, including capital raised through issuing bonds by enterprises or financial institutions, funds raised from individuals and through donations, and funds transferred from other units.

Investment in Fixed Assets by Sector The classification of construction projects by sector is determined by the major products or the purpose of the projects when they are put into production or use, and by the nature of their social economic activities. In general, one project or one enterprise or institution can only be classified into one sector.

Investment in Fixed Assets by Type of Construction Construction projects in general can be classified, by the type of construction, into new construction, expansion, reconstruction and technical transformation, moving and restoration.

(1) New construction in general refers to construction projects, which start from scratch, of enterprises, institutions, administrative agencies. Construction in existing enterprises, institutions or agencies is generally not considered as new construction. In case the size of the existing unit is quite small, and the value of newly added fixed assets is more than three times of the the original value, the expansion will be considered as new construction.

(2) Expansion refers to construction of new major production workshop, branch factory or independent production line within a factory or in other locations, for the purpose of increasing the production capacity (or improving efficiency) or adding new production capacity. Newly constructed

accommodation for the operation of institutions and administrative organizations (such as newly constructed buildings for teaching in schools, buildings for clinics or wards in hospitals, etc.) are also classified as expansion.

Also included in expansion are investments by existing enterprises or institutions in building major production line(s) or branch factory(ies) along with some work on innovation, for the purpose of expanding the production capacity of original products or producing new products.

(3) Reconstruction and technical transformation refers to construction projects by existing enterprises or institutions in innovation or technical transformation of the old facilities (including auxiliary production equipment and welfare facilities). Also considered as reconstruction is the construction of new workshops by the existing enterprises or institutions to change the variety of products to meet the market demand (such as the production of civil products by defence industries), or to bring the designed production capacity into full play through a more balanced production process on production lines. Technical transformation refers to replacement of old technology or equipment by new technology or equipment, in order to expand the reproduction through improvement of technology contents in production, to improve product quality, to promote new products, to save energy, to reduce consumption, to expand the production scale and to improve overall social-economic efficiency. Contents of technical transformation include: updating of machinery, equipment and tools; reforming production process by using energy or materials saving technology; construction of factory workshops and transformation of public facilities; improvement of working conditions and environment, etc.

Investment in Fixed Assets by Structure By their contents and the mode of implementation, investment activities are classified into 3 categories, i.e. construction and installation, purchase of equipment and instrument, and other expenses.

(1) Construction and installation (work volume of construction and installation) refers to the construction of houses and buildings and the installation of various kinds of equipment and instruments. They include construction of houses; equipment foundations, industrial kilns and stoves, and metal structure work; preparation works and temporary works for project construction, and clearing up works post project construction; pavement of railways and roads, drilling of mines and putting up of oil pipes; construction of water conservancy; construction of underground air-raid shelters and construction of other special projects; value of equipment for heating, sanitation, ventilation, lighting, gas, painting, etc. that are covered by the budget of housing projects; laying out of various pipelines (for steam, compressed air, petroleum, tap water and sewage) and wiring and cabling for electric power and for communications; installation of various machinery and equipment; testing operation for pre-testing the quality of installation projects, and land and other development work conducted by real estate developers for commercialized housing. The value of equipment installed is itself not included in the value of installation projects.

(2) Purchase of equipment and instruments refers to the total value of equipment, tools, and instruments purchased or self-produced which come up to the cut-off point for fixed assets by the construction units or investing enterprises or institutions. Equipment, tools and instruments purchased or self-produced for new workshops by newly established or expanded units are categorized as "purchase of equipment and instruments" no matter whether they come up to the cut-off point for fixed assets.

(3) Other expenses refer to expenses arising during the construction or purchase of fixed assets other than those mentioned above.

Projects under Construction refer to projects with construction and installation activities undertaken in the reference period. All projects that have construction activities undertaken during the reference period are reported as projects under construction irrespective of the length of construction work. The number of projects under construction can reflect the actual size of investment in fixed assets during a given period, and when compared with the number of projects completed and put into use during the same period, it demonstrates the results of investment in fixed assets from the angle of the speed of the construction. Depending on the nature of construction activities, projects under construction can also be classified into projects beginning construction in current year, winding-up projects in current year and stopped or suspended projects in previous years (with resumption of work in current year).

Projects Completed and Put into Use Industrial projects refer to the major projects and anxilliary facilities having been completed in accordance with the design documents, resulting in forming production capacity and having checked and accepted after relevant tests, while the living and welfare facilities having been completed and being capable of ensuring normal production. Non-industrial projects refer to the major projects and anxilliary facilities which have been completed in accordance with the design documents ; have been checked, accepted after relevant examination; and have been formally delivered for use..

Floor Space of Buildings under Construction refers to the total floor space of the horizontal section of outer walls above the plinth of the building, including the effective area and the area occupied by the structure. This indicator is one of the important indicators in physical terms to reflect the scale and accomplishment of the construction industry and also an important basis for monitoring the progress, calculating the cost, analyzing the efficiency and studying the supply of building materials in relation to the construction projects.

Floor Space of Residential Buildings refers to the floor space of the residential buildings among the total space of buildings under construction or completed.

Floor Space under Construction refers to total floor space of all buildings under construction during the reference period, including floor space of newly started buildings during the reference period, floor space of construction extended from the previous period to the current period, and floor space of construction suspended during the previous period and resumed in the current period. Floor space of construction completed in the current period, and floor space of construction started and then suspended in the current period are also included in the floor space under construction of the current year.

Floor Space Completed refers to the floor space of all buildings completed in the reference period, which have been appraised and accepted (or come up to the designed standards) and have been transferred to owner units.

Newly Increased Fixed Assets refer to the newly increased value of fixed assets, constructed or purchased, that have been transferred to the investors. This is an indicator that demonstrates the results of investment in fixed assets in monetary terms, and an important indicator to reflect the speed of construction and to calculate the efficiency of investment.

对外经济贸易

FOREIAN ECONOMIC RELATIONS AND TRADE

◆93/115

资料整理及英文翻译：　林　红

Ⅰ 简要说明

本篇资料综合反映全省对外贸易、外商直接投资、对外经济合作、外出交流、与国外结成友好城市，重点反映对外经济贸易的近期发展状况。

一、对外贸易部分

对外贸易统计的主要内容包括：进出口货物的金额、品种、国别(地区)、经营单位、境内目的地、境内货源地、贸易方式、类别等项目。

对外贸易统计的范围是按照联合国的国际贸易统计原则制定的，即凡能引起中华人民共和国关境内物质资源存量增加或减少的进出口货物，除制度另有规定者外，均列入该项统计。

对外贸易统计的资料来源于南昌海关，调查方法是全面调查。

历年出口商品分类金额和历年进口商品分类金额按照联合国《国际贸易标准分类》(SITC)进行统计。进出口商品分类金额按照海关合作理事会制定的《商品名称和编码协调制度》(HS)目录进行统计。

全省对各国(地区)进出口总额表中，出口货物按中华人民共和国关境外最终目的国(地区)，进口货物按中华人民共和国关境外原产国(地区)统计。各地区进出口商品总值分别按境内经营单位所在地和目的地、货源地列示。经营单位所在地是指中华人民共和国关境内进出口企业报关注册的登记地；境内货源地是指出口货物在中华人民共和国关境内的产地或原始发货地；境内目的地则指进口货物在中华人民共和国关境内的消费、使用地或最终运抵地。

二、外商直接投资统计部分

外商直接投资统计的主要内容包括：外商直接投资、外商投资企业登记注册情况。

统计范围是凡经工商行政管理机关核准登记，在江西所有利用外资的单位和部门，经批准设立的中外合资经营企业、合作经营企业、外资企业、外商投资股份制企业、合作开发项目等具有法人资格的独立核算企业(包括港澳台地区投资企业)，在江西从事经营活动的外国及港澳台地区企业及外国公司在江西境内设立的分支机构。

外商直接投资统计的资料来源于省商务厅，其中，外商投资企业的登记注册情况资料来源于省工商行政管理局外资局，调查方法是全面调查。

三、对外经济合作部分

对外经济合作统计的主要内容包括：对外承包工程的合同数、合同金额、完成营业额及对外劳务合作的合同工资总额、实际收入总额和对外直接投资额等。

统计调查对象是经各级商务主管部门批准的从事对外承包和劳务合作业务并具有法人地位的对外承包劳务企业、境内投资主体通过直接投资在境外设立的各类公司型企业和非公司型企业。

资料来源是省商务厅，调查方法是全面调查。

四、其他

外出交流、与国外结成友好城市部分的统计资料来源是省外侨办、省教育厅。

Ⅰ Brief Introduction

Data in this chapter show the summary data of the whole province foreign trade foreign direct investment contracted projects and labors cooperation with the foreign countries exchange, foreign sister city with foreign countries, Focusing on the recent situation of foreign trade and economic cooperation.

I. Foreign Trade

Data on foreign trade include: varieties of imports and exports, amount (weight), value, countries (regions), imports and exports corporations, destination within territory, origin of goods within territory, means of trade, types of taxes and so on.

The coverage of foreign trade statistics is designed according to principle on international trade by United Nations, that is: all imports or exports that will lead to stock changes of material resources with the territory of People's Republic of China; excluding goods by escape clause.

Sources of data on foreign trade are from General Administration of Customs of the People's Republic of China through comprehensive reporting system.

Customs statistics on value term imports and exports by categories are using the UN Standard International Trade Classification (SITC). However, the Harmonized Commodity Description and Coding System (HS) stipulated by the Customs Cooperation Council is used in the classification of the import and export commodities.

In the table on provincial total imports and exports with related countries and regions, the export commodities are calculated at the customs of the countries (regions) of destination and the import commodities are calculated at the customs of the countries (regions) of origin. The total values of the import and export commodities by region are calculated respectively at the provinces where the import or export corporations are situated and at the provinces of destination or provinces of origin within the boundary of the People's Republic of China. The province where the import or export corporations are situated refers to the province where the import or export corporations have applied to and have been registered at the customs. The province of origin within the boundary of the People's Republic of China refers to the province where the export commodities are produced or originally delivered. The province of destination within the boundary of the Peoples Republic of China refers to the province where the import commodities are consumed, used or transported to the destination.

II. Statistics on Utilization of Foreign Capitals

Utilization of foreign capitals includes: foreign loans, foreign direct investments and other foreign investments, and the basic condition of registration of foreign funded enterprises.

The statistics cover all the units and departments which have utilized foreign capital and all the Sino-foreign joint ventures, Sino-foreign cooperative enterprises, ventures exclusively with foreign investment, foreign-funded stock companies, Sino-foreign cooperative development projects and other corporate enterprises (including the enterprises funded by the entrepreneurs from Hong Kong, Macao and Taiwan) with independent accounting system which have been approved by the Jiangxi provincial government to set up in the boundary of Jiangxi.

Data on utilization of foreign capitals are from Department of Commerce of Jiangxi Province, of which, data on basic condition of registration of foreign funded enterprises are from Jiangxi Administration for Industry and Commerce through comprehensive reporting system.

III. Foreign Economic Cooperation

Data on foreign economic cooperation include: number, volume and turnover of foreign project-contracting. Total wages of contract, complete business turnover, foreign direct investment of foreign labor service cooperation and so on.

The statistical unit in the scheme is the corporate enterprise engaged in contracted projects and labors services cooperation with foreign countries and has been approved by the department of commerce at various levels, company type and non-company type enterprises established overseas by domestic subjects of investment.

Data on foreign economic cooperation are from Department of Commerce of Jiangxi Province through comprehensive reporting system.

IV. Others

Statistical of data on exchange and foreign sister city with foreign countries are from Overseas Chinese Affairs of Jiangxi Province, and Jiangxi Provincial Office of Education.

5-1 海关货物进出口总额

Total Value of Imports and Exports

年 份 地 区 Year Region	人民币（万元）10000 yuan				美 元（万美元）USD 10000			
	进出口总额 Total Imports & Exports	出口总额 Total Exports	进口总额 Total Imports	差额 Balance	进出口总额 Total Imports & Exports	出口总额 Total Exports	进口总额 Total Imports	差额 Balance
1989	232715	174932	57783	117149	62487	46948	15539	31409
1990	322283	257970	64313	193657	71934	58023	13911	44112
1991	408347	270925	137422	133503	76568	50814	25754	25060
1992	531711	355773	175938	179835	96533	64707	31826	32881
1993	665418	350031	315387	34644	116740	61409	55331	6078
1994	1126963	690113	436850	253263	130457	80014	50443	29571
1995	1080209	845224	234985	610239	129044	101035	28009	73026
1996	928914	709206	219708	489498	111672	85243	26429	58814
1997	1105121	924093	181028	743065	133284	111438	21846	89592
1998	1033368	844234	189134	655100	124720	101870	22850	79020
1999	1087884	750259	337625	412634	131387	90611	40776	49835
2000	1344664	991414	353250	638164	162399	119736	42663	77073
2001	1267519	860333	407186	453147	153119	103930	49189	54741
2002	1402687	871005	531682	339323	169468	105232	64236	40996
2003	2092670	1246410	846260	400150	252799	150569	102230	48339
2004	2923218	1651484	1271734	379750	353195	199539	153656	45883
2005	3338761	2005931	1332830	673101	405938	244004	161934	82070
2006	4948598	3000716	1947882	1052834	619356	375307	244049	131258
2007	7230425	4168726	3061698	1107028	944886	544473	400413	144060
2008	9545118	5412965	4132153	1280812	1361793	772666	589127	183539
2009	8727529	5033213	3694316	1338897	1277878	736849	541029	195820
2010	14629821	9079759	5550062	3529697	2160529	1341606	818923	522683
2011	20387440	14160957	6226483	7934474	3146881	2187606	959275	1228331
2012	21086322	15846515	5239807	10606708	3341383	2511279	830104	1681175
南 昌 市 Nanchang	5231467	4080488	1150979	2929509	828936	646567	182369	464198
景德镇市 Jingdezhen	804792	765117	39674	725443	127572	121266	6306	114960
萍 乡 市 Pingxiang	701360	694616	6744	687872	111134	110061	1073	108988
九 江 市 Jiujiang	2853617	2224709	628908	1595801	452123	352572	99551	253021
新 余 市 Xinyu	1545113	896614	648499	248115	244821	142019	102802	39217
鹰 潭 市 Yingtan	2734348	510516	2223832	-1713316	433180	80905	352275	-271370
赣 州 市 Ganzhou	2077591	1793878	283713	1510165	329238	284286	44952	239334
吉 安 市 Ji'an	1723702	1622923	100779	1522144	273158	257194	15964	241230
宜 春 市 Yichun	1042751	941777	100973	840804	165235	149241	15994	133247
抚 州 市 Fuzhou	665723	659867	5856	654011	105490	104563	927	103636
上 饶 市 Shangrao	1705857	1656008	49849	1606159	270495	262605	7890	254715

5-2 海关进出口货物分类金额（2012年）

Value of Imports and Exports by HS Section and Division (2012)

单位：万美元 (USD 10000)

商品类别	Section & Division	进出口总额 Total Imports & Exports	出口总额 Total Exports	进口总额 Total Imports
总计	**Total**	**3341383**	**2511279**	**830104**
活动物;动物产品	**Live Animals & Animal Products**	**3033**	**2763**	**270**
活动物	Live Animals	1762	1762	
肉及食用杂碎	Meat and Edible Haslets	78	78	
鱼、甲壳动物、软体动物及其他水生无脊动物	Fish;Shellfish;Molluscs and Other Aquatic Invertebrates	216	182	34
乳品；蛋品；天然蜂蜜;其他食用动物产品	Dairy Products;Eggs;Natural Honey;Other Edible Animal Products	292	247	45
其他动物产品	Other Animal Products	686	495	191
植物产品	**Vegetables; Fruits and Cereals**	**12604**	**8931**	**3673**
活树及其他活植物;鳞茎、根及类似品;	Live Trees and other Live Plants;Bulbs;Roots and Similar	25	25	
插花及装饰用簇叶	Goods;Floral and Decorative Leaf Clusters	1475	1475	
食用蔬菜、根及块茎	Edible Vegetables; Roots and Stem Tubers	3959	3957	2
食用水果及坚果;甜瓜或柑桔属水果的果皮	Edible Fruits and Nuts; Muskmelon and Peels of Citrus Fruits	2966	2816	150
咖啡、茶、马黛茶及调味香料	Coffee; Tea and Spices	3411		3411
谷物	Cereals	13	12	1
制粉工业产品;麦芽;淀粉;菊粉;面筋	Milling Products; Malt; Starch; Inulin and Gluten	359	250	108
含油子仁及果实;杂项子仁及果实;工业用或药用植物;稻草、秸秆及饲料	Oil Seeds and Kernels and Oleaginous Fruits;Other Seeds and Kernels and Fruits; Plants for Industrial and Medicinal Use; Straws and Forage			
虫胶;树胶、树脂及其他植物液、汁	Lac; Rubber; Resin and Other Plant Juices	281	281	
编结用植物材料;其他植物产品	Plaiting Plant Materials; Other Plant Products	115	114	1
动植物油、脂及其分解产品;精制的食用油脂;动、植物蜡	**Animal and Vegetable Oils; Fats and Wax; Refined Edible Oils and Fats**	**36**	**2**	**34**
食品；饮料、酒及醋;烟草、烟草及烟草代用品的制品	**Food; Beverages; Liquor and Vinegar;Tobacco and Tobacco Substitutes**	**29419**	**25634**	**3785**
肉、鱼、甲壳动物、软体动物及其他水生无脊椎动物的制品	Meat; Fish and Shellfish Products Mollusks and Other Aquatic Products	16270	16270	
糖及糖食	Sugar and Sugar Products	430	354	76
可可及可可制品	Cocoa and Cocoa Products	60	60	
谷物、粮食粉、淀粉或乳的制品;糕饼点心	Cereals; Grain; Starches or Milk and Pastry Products	2505	2504	
蔬菜、水果、坚果或植物其他部分的制品	Products of Vegetables; Fruits and Nuts	2203	2197	6
杂项食品	Miscellaneous Food	92	90	3
饮料、酒及醋	Beverages; Liquor and Vinegar	176	13	163
食品工业的残渣及废料;配制的动物饲料	Waste Residues of Food Industry and Configuration of Animal Feed	7683	4146	3537
矿产品	**Minerals**	**353164**	**3619**	**349545**
盐;硫酸;泥土及石料;石膏料、石灰及水泥	Salt; Sulphur; Clay and Rock; Plaster Stone; Lime and Cement	6536	3468	3069
矿砂、矿渣及矿灰	Ore; Slag and Mortar	338639	53	338586
矿物燃料、矿物油及其 蒸馏产品;沥青物质;矿物蜡	Mineral Fuels; Lubricants; Asphalt;Mineral Wax	7989	98	7890

5-2 续表1 continued

单位：万美元 (USD 10000)

商品类别	Section & Division	进出口总额 Total Imports & Exports	出口总额 Total Exports	进口总额 Total Imports
化学工业及其相关工业的产品	**Chemicals and Related Products**	**228769**	**206954**	**21814**
无机化学品;贵金属、稀土金属、放射性元素及其同位素的有机及无机化合物	Inorganic Chemicals;Precious Metals;Rare Earth; Radioactive Elements and Isotopes of Organic and Inorganic Compounds	84352	76621	7731
有机化学品	Organic Chemicals	45649	43352	2297
药品	Medicinal and Pharmaceutical Products	4181	3905	277
肥料	Fertilizers	39	39	
鞣料浸膏及染料浸膏;鞣酸及其他衍生物;染料、颜料及其他着色料;油漆及清漆;油灰及其他类似胶粘剂;墨水、油墨	Tanning and Dyeing Extracts;Tannic Acid;Coloring and Dyeing Materials; Paint and Lacquer; Putty and other similar Adhesive; Ink and Printing Ink	6283	5818	464
精油及香膏;芳香料制品及化妆盥洗品	Essential Oils and Perfumed Materials; Cosmetics Washing Goods	3489	2482	1008
肥皂、有机表面活性剂、洗涤剂、润滑剂、人造蜡、调制蜡、光洁剂、蜡烛及类似品、塑型用膏、“牙科用蜡”及牙科用熟石膏制剂	Soap;Organic Surfactant;Detergent;Lubricant;Man-made Wax; Modulated Wax,Lacquer;Candles and Similar Goods;Remodeling Paste;"Dental Wax"and Plaster Preparation of Dental Use	5502	4771	731
蛋白类物质；改性淀粉;胶；酶	Protein like Substances; Modified Starch;Gel and Enzymes	4307	2217	2090
烟火制品；火柴;引火合金；易燃材料制品	Explosives and Matches Products;Inflammable Material Products	20451	20446	5
照相及电影用品	Photographic and Film Supplies	573	44	528
杂项化学产品	Miscellaneous Chemical Products	53943	47260	6683
塑料及其制品；橡胶及其制品	**Plastics and Related Products;Rubber and Related Products**	**170267**	**142210**	**28057**
塑料及其制品	Plastics and Related Products	147882	128056	19826
橡胶及其制品	Rubber and Related Products	22386	14155	8231
生皮、皮革、毛皮及其制品;鞍具及挽具;旅行用品、手提包及类似品；动物肠线(蚕胶丝除外)制品	**Raw Hides; Leather; Furs and Related Products; Saddle;Travel Articles; Handbags and Similar Containers**	**119542**	**116186**	**3356**
生皮及皮革	Raw Hides and Leather	3262	54	3208
皮革制品;鞍具及挽具;旅行用 品、手提包及类似容器;动物肠线制品	Leather Products;Saddle;Travel Articles;Handbags and Similar Containers	115935	115822	113
毛皮、人造毛皮及其制品	Furs; Artificial Furs and Related Products	346	310	36
木及木制品;木炭;软木及软木制品;稻草、秸秆、针茅或其他编结材料制品;蓝筐及柳条编结品	**Wood and Wooden Products; Charcoal; Cork and Related Products; Straws;Plaited Products; Baskets and Wickerwork**	**16848**	**16016**	**832**
木及木制品;木炭	Wood and Wooden Products, Charcoal	16145	15315	830
软木及软木制品	Cork and Related Products			
稻草、秸秆、针茅或其他编结材料制品;篮筐及柳条编结品	Straws;Plaited Products; Baskets and Wickerwork	703	701	2
木浆及其他纤维状纤维素浆;纸及纸板的废碎品;纸、纸板及其制品	**Paper Pulp and Cellulose Pulp; Paper and Waste Paper; Paperboard and Related Products**	**62522**	**43804**	**18718**
木浆及其他纤维状纤维;纸及纸板的废碎品	Paper Pulp and Cellulose Pulp; Paper and Paper Board Waste	17954		17954

5-2 续表2 continued

单位：万美元 (USD 10000)

商品类别	Section & Division	进出口总额 Total Imports & Exports	出口总额 Total Exports	进口总额 Total Imports
纸及纸板;纸浆、纸或纸板制品	Paper and Paperboard; Articles of Paper Pulp or Paper and Paperboard Products	39681	39038	642
书籍、报纸、印刷图画及其他印刷品;手稿、打字稿及设计图纸	Books,Newspaper and Other Prints; Manuscript,Design Drawings	4888	4766	122
纺织原料及纺织制品	**Textile Materials and Products**	**359336**	**349116**	**10220**
蚕丝	Natural Silk	251	233	17
羊毛、动物细毛或粗毛;马毛纱线及其机织物	Wool; Wool Yarn and Woolen Woven Fabrics	556	58	498
棉花	Cotton	11737	9452	2286
其他植物纺织纤维;纸纱线及其机织物	Other Textile Fibres Yarn and Related Woven Fabrics	5363	5142	221
化学纤维长丝	Man-Made Filament	5008	3554	1454
化学纤维短纤	Man-Made Short Fibres	20183	19489	694
絮胎、毡呢及无纺织物;特种纱线;线、绳、索、缆及其制品	Wadding; Felt and Adhesive-Bond Fabrics;Special Yarn; Thread; Rope; Cable and Related Products	3677	3084	593
地毯及纺织材料的其他铺地制品	Carpets and Related Products	3758	3758	
特种机织物；簇绒织物；花边；装饰毯；装饰带；刺绣品	Special Woven Fabrics; Lace; Embroidery	4748	3797	951
浸渍、涂布、包覆或层压的纺织物；工业用纺织制品	Coated Textiles; Textile Products for Industrial Use	2976	1703	1273
针织物及钩编织物	Knitwear and Crocheted Fabrics	5919	4161	1758
针织或钩编的服装及衣着附件	Knitted or Crocheted Garments&Clothing Accessories	218829	218812	18
非针织或非钩编的服装及衣着附件	Garments Not Knitted or Crocheted	47791	47452	339
其他纺织制成品；旧衣着及旧纺织品；碎织物	Other Textile Products; Secondhand Garments	28539	28422	117
鞋、帽、伞、杖、鞭及其零件；已加工的羽毛及其制品；人造花；人发制品	**Footwear; Headgear; Umbrellas; Canes; Whips;Processed Feather; Artificial Flowers; Wigs**	**156517**	**155890**	**627**
鞋靴、护腿和类似品及其零件	Parts of Footwear; Gaiters	110388	110235	153
帽类及其零件	Headgear And Accessories	7665	7647	17
雨伞、阳伞、手仗、鞭子、马鞭及其零件	Umbrellas; Canes; Whips and Accessories	11742	11742	
已加工羽毛、羽绒及其制品；人造花；人发制品	Processed Feathers and Related Products;Artificial Flowers; Wigs	26723	26266	457
石料、石膏、水泥、石棉、云母及类似材料的制品；陶瓷产品；玻璃及其制品	**Gypsum; Cement; Asbestos; Mica; Ceramic Glass**	**154681**	**151715**	**2966**
石料、石膏、水泥、石棉、云母及类似材料的制品	Gypsum; Cement; Asbestos; Mica and Related Products	21337	21018	319
陶瓷产品	Ceramics	70809	70578	230
玻璃及其制品	Glass and Glassware	62535	60119	2416
天然或养殖珍珠、宝石或半宝石、贵金属、包贵金属及其制品；仿首饰；硬币	**Natural or Cultivated Pearls;Precious or Semi-Precious Stones; Jewelry of Precious Metal or Rolled Precious Metal; Artificial Jewelry; Coins**	**11352**	**6616**	**4736**

5-2 续表3 continued

单位：万美元 (USD 10000)

商品类别	Section & Division	进出口总额 Total Imports & Exports	出口总额 Total Exports	进口总额 Total Imports
贱金属及其制品	**Base Metals and Related Products**	**451010**	**302400**	**148610**
钢铁	Iron and Steel	92338	91193	1145
钢铁制品	Iron and Steel Products	87440	86477	963
铜及其制品	Copper and Related Products	160198	21155	139043
镍及其制品	Nickel and Related Products	827	656	171
铝及其制品	Aluminum and Related Products	9411	8841	571
铅及其制品	Lead and Related Products	8	8	
锌及其制品	Zinc and Related Products	1039	281	758
锡及其制品	Tin and Related Products	158	85	73
其他贱金属、金属陶瓷及其制品	Other Base Metals and Related Products	16439	11525	4914
贱金属工具、器具、利口器、餐匙、餐叉及其零件	Tools and Apparatus of Base Metals;Spoon and Accessories	35180	34783	397
贱金属杂项制品	Miscellaneous Products of Base Metals and Accessories	47973	47397	575
机器、机械器具、电气设备及其零件;录音机及放声机、电视图像、声音的录制和重放设备及其零件、附件	**Machinery; Electric Equipment and Accessories; Recorders; Video Recorder and Accessories**	**672127**	**473483**	**198644**
锅炉、机器机械器具及其零件等	Boilers;Machinery and Accessories	220141	157239	62902
电机、电气设备及其零件;录音机及放声机、电视图像、声音的录制和重放设备及其零件、附件	Electric Equipment and Accessories;Recorders;Video Recorder and Accessories	451986	316244	135741
车辆、船舶及有关运输设备	**Locomotives; Vehicles; Ship and Related Transportation Equipment**	**105982**	**99698**	**6284**
光学、照相、电影、计量、检验、医疗或外科用仪器及设备、精密仪器及设备;上述物品的零件、附件	**Optical; Photographic; Film; Measuring and Checking and Medical Instruments and Equipment; Precision Instruments and Equipment; (Clocks; Musical Instruments;) Related Parts and Accessories**	**82664**	**55290**	**27374**
光学、照相、电影、计量、检验、医疗或外科用仪器及设备、精密仪器及设备;零件、附件	Optical; Photographic; Film; Measuring and Checking and Medical Instruments and Equipment; Precision Instruments and Equipment; Clocks; Musical Instruments; Related Parts and Accessories	68035	40683	27353
钟表及其零件	Clocks and Accessories	11956	11949	8
乐器及其零件、附件	Musical Instruments; Related Parts and Accessories	2665	2651	14
其它及其零件、附件	Other parts and Accessories	8	8	
杂项制品	**Miscellaneous Products**	**349593**	**349060**	**533**
家具、寝具、褥垫、弹簧床垫、软座垫及类似的填充制品;未列名灯具及照明装置;发光标志、发光名牌及类似品;活动房屋	Furniture and Lighting Fixtures;Luminous Signs&similar Goods; Prefabricated Houses	230679	230523	155
玩具、游戏品、运动用品及其零件、附件	Toys, Games, Sporting Goods and Accessories	67245	67160	85
杂项制品	Miscellaneous Products	51669	51377	292
艺术品、收藏品及古物	**Works of Art, Collectibles and Antiques**	**1891**	**1891**	
其它	**Others**	**25**		**25**

5-3 按国别(地区)分海关货物进出口总额（2012年）

Volume of Imports and Exports by Country (Region) of Origin/Destination (2012)

单位：万美元 (USD 10000)

国别（地区）	Country (Region)	进出口总额 Total	出口总额 Exports	进口总额 Imports
合计	**Total**	**3341383**	**2511279**	**830104**
亚洲	Asia	1415798	1137097	278701
#孟加拉国	Bangladesh	9642	9560	82
中国香港	Hong Kong, China	273872	269400	4472
中国澳门	Macao, China	5575	5575	
中国台湾	Taiwan, China	137256	32449	104806
印度	India	79508	71740	7768
印度尼西亚	Indonesia	85748	69936	15812
伊朗	Iran	29222	25844	3378
以色列	Israel	17487	17371	116
日本	Japan	128903	98622	30281
马来西亚	Malaysia	101877	97553	4324
蒙古	Mongolia	2412	2412	
巴基斯坦	Pakistan	18734	11798	6935
菲律宾	Philippines	43690	28996	14694
沙特阿拉伯	Saudi Arabia	46850	43560	3290
新加坡	Singapore	67293	63297	3996
韩国	Korea Rep.	97413	73658	23755
斯里兰卡	Sri Lanka	4043	4026	17
叙利亚	Syria	2317	2317	
泰国	Thailand	46221	36996	9225
土耳其	Turkey	14661	13936	724
阿拉伯联合酋长国	United Arab Emirates	53271	52762	509
也门	Republic of Yemen	9779	9779	
越南	Vietnam	33282	32095	1187
非洲	Africa	299977	257788	42189
#阿尔及利亚	Algeria	17845	17845	
埃及	Egypt	23608	23590	18
科特迪瓦	Cote d'lvoire	1727	1727	
尼日利亚	Nigeria	16314	14951	1363
南非	South Africa	63339	44301	19038
多哥	Togo	24094	24094	
民主刚果	Congo DR	19059	2121	16938

5-3 续表 continued

单位: 万美元 (USD 10000)

国别（地区）	Country (Region)	进出口总额 Total	出口总额 Exports	进口总额 Imports
欧洲	Europe	545468	459878	85589
#比利时	Belgium	41038	33844	7194
丹麦	Denmark	3471	3183	288
英国	United Kingdom	60469	57094	3375
德国	Germany	125309	88800	36509
法国	France	28058	24834	3224
意大利	Italy	41834	32073	9761
荷兰	Netherlands	72446	71285	1161
希腊	Greece	6512	6459	53
西班牙	Spain	37548	32400	5148
奥地利	Austria	2742	920	1822
芬兰	Finland	12453	6538	5915
波兰	Poland	16550	15724	826
瑞典	Sweden	6529	5064	1465
瑞士	Switzerland	4676	2225	2451
爱沙尼亚共和国	Estonia	1004	738	266
俄罗斯联邦	Russia	29194	26069	3125
乌克兰	Ukraine	11277	11277	
捷克共和国	Czech	2233	1663	570
拉丁美洲	Latin America	523268	215471	307797
#阿根廷	Argentina	12191	12138	53
巴西	Brazil	82793	35353	47440
智利	Chile	201067	25137	175930
古巴	Cuba	1626	1626	
危地马拉	Guatemala	1479	1463	16
牙买加	Jamaica	4815	4802	13
墨西哥	Mexico	27225	18500	8725
巴拿马	Panama	31305	31222	83
秘鲁	Peru	76001	6413	69587
委内瑞拉	Venezuela	9640	8931	708
北美洲	North America	437985	401775	36210
#加拿大	Canada	38857	33368	5489
美国	United States	399127	368407	30720
大洋洲及太平洋群岛	Oceanic and Pacific Islands	118885	39270	79615
#澳大利亚	Australia	111538	32238	79300
新西兰	New Zealand	4567	4254	313
巴布亚新几内亚	Papua New Guinea	1555	1555	
其他	Others	3		3

5-4 海关主要商品出口总额
Main Export Commodities in Value

单位：万美元 (USD 10000)

品　　名	Item	2011	2012
机电产品	Mechanical and Electrical Products	814824	935900
高新技术产品	High and New-tech Products	384775	328437
服装及衣着附件	Clothing and Accessories	228408	282282
二极管及类似半导体器件	Diode and Semi Conductors	161270	54955
旅行用品及箱包	Articles, Chests and Bags for Travel	100071	112590
纺织纱线、织物及制品	Spinning Yarn,Fabric and the Products	77781	77727
塑料制品	Plastic Articles	73999	107377
家具及其零件	Furniture and Parts	72005	151442
钢材	Rolled Steel	63419	65172
铁合金	Ferroalloy	60428	30134
鞋类	Shoes	57884	110235
陶瓷产品	Ceramic Products	59974	70578
玻璃制品	Glass ware	40934	43700
农产品	Agriculture Products	29138	38226
#茶叶	Tea	2749	2803
鲜、干水果及坚果	Fresh and Dry Fruits,Nuts	2409	3954
蔬菜	Vegetables	2214	1720
活猪	Live Hogs	1608	1740
灯具、照明装置及类似品	Lamps and lighting fittings	26371	67941
钨及其化合物	Tungsten & its Compounds	22461	17998
体育用具及设备	Articles and Equipment of Sports	21212	22415
医药品	Medical and Pharmaceutical Products	15883	21840
烟花、爆竹	Fireworks and Firecrackers	14767	20233
纸及纸板	Paper and Paperboard in Rolls	9987	10326
伞	Umbrellas	9384	9962
玩具	Toys	9326	18604
烤鳗	River Eels Processed or Preserved	8529	14433
轮胎	Tyres	7660	5683
未锻造的铜及铜材	Unwrought Copper and its Alloys	5012	19784
床垫、寝具及类似品	Mattess, Bedclothing and Analogs	4908	8949
家用或装饰用木制品	Wood Products for household Use or Decoration	4054	4745
未锻造的铝及铝材	Unwrought aluminium and aluminium products	3509	3670
打火机	Porket lighters,gas-filled	3436	3629
氟石	Fluorite	3193	1339

5-5 海关主要商品进口总额

Main Import Commodities in Value

单位：万美元 (USD 10000)

品 名	Item	2011	2012
机电产品	Mechanical and Electrical Products	261581	234930
铜矿砂	Copper Ores	235158	216377
高新技术产品	High and New-tech Products	175168	146522
未锻造铜及铜材	Unwrought Copper and its Alloys	141162	113502
铁矿砂	Iron Ore	121980	101677
集成电路	Integrated Circuit	31748	95481
纸浆	Paper Pulp	33959	17254
废铜	Scrap Copper	30240	25099
二极管及类似半导体器件	Diode and Semi Conductors	21869	6212
纺织纱线、织物及制品	Spinning Yarn,Fabric and the Products	9037	8485
初级形状的塑料	Plastics of Primary Pattern	7154	7201
废塑料	Waste,parings and scrap,of plastics	5034	3322
天然橡胶	Natural Rubber	3349	2694
塑料制品	Plastic Articles	2922	2714
合成橡胶	Synthetic Rubber	2831	1848
牛皮革及马皮革	Bovine or equine leather	1734	1994
棉花	Cotton, not Carded or Combed	1614	724
废纸	Waste Paper	1447	700
钢材	Rolled Steel	788	581
医药品	Medical and Pharmaceutical Products	372	285
成品油	Petroleum Products Refined	351	148
服装及衣着附件	Clothing and Accessories	129	639

5-6 按贸易方式分海关货物进出口总额（2012年）

Total Value of Imports and Exports by Customs Regime (2012)

单位：万美元 (USD 10000)

贸易方式	Customs Regime	进出口总额 Total Imports & Exports	出口总额 Total Exports	进口总额 Total Imports
总计	**Total**	**3341383**	**2511279**	**830104**
一般贸易	Ordinary Trade	2214134	1735240	478894
国家间、国际组织无偿援助和赠送的物资	Aid and Donation between Countries and from International Associations	298	298	
其他境外捐赠物资	Other Donation Abroad			
来料加工装配贸易	Trade for Processing and Assembling with Customer's Materials	104634	78337	26297
进料加工贸易	Trade for Processing with Imported Materials	681585	384412	297173
边境小额贸易	Border Trade	9	9	
加工贸易进口设备	Processing Equipments	28		28
对外承包工程出口货物	Goods for Contracted Foreign Projects	9650	9650	
租赁贸易	Rental Trade			
外商投资企业作为投资进口的设备、物品	Foreign Funded Equipments and Goods	15583		15583
出料加工贸易	Give Makings Treatment	95	37	58
保税监管场所进出境货物	Inbound and Outbound Goods in Bonded Supervision Area	5848	3453	2395
海关特殊监管区域物流货物	Logistic Good Customs in Particular Supervision Areas	24446	19948	4498
海关特殊监管区域进口设备	Imported Equipment in Particular Supervision Areas	4804		4804
其他	Others	280267	279894	373

5-7 对外经济合作

Economic Cooperation with Foreign Countries or Regions

指标	Item	2000	2005	2010	2011	2012
对外承包工程	**Contracted Projects**					
合同数(份)	Number of Contracts (unit)	27	32	102	135	127
合同额(万美元)	Contracted Value (USD 10000)	5149	19963	135697	144191	168284
营业额(万美元)	Value of Turnover Fulfilled (USD 10000)	6382	14817	104334	158503	184082
对外劳务合作	**Labor Services**					
合同工资总额(万美元)	Contracted Wage in Total (USD 10000)	4354	8555	3531	4285	5317
实际收入总额(万美元)	Real Income in Total (USD 10000)	4567	6350	6582	6704	8046
对外直接投资(非金融类)	**Overseas Direct Investment(Non-Finance)**					
新设境外投资企业(家)	Enterprise Newly Established Investing Overseas (unit)		3	46	44	42
中方协议投资额(万美元)	Contractual Foreign Investment (USD 10000)		35	21747	51570	54208
对外直接投资额(万美元)	Overseas Direct Investment(USD 10000)		630	21280	28090	36542

注：从2002年始，商务部和国家统计局制订了《对外直接投资统计制度》。

a)State department of commerce and state statistical bureau drafted statistical system of foreign direct investment in 2002.

5-8 外商直接投资情况

Utilization of Direct Foreign Investments

年 份 地 区 Year Region	项 日 数 (个) Number of Projects (unit)	合同外资金额 (万美元) Total Amount of Con- tracted Foreign Investment (USD10000)	实际使用外资 (万美元) Total Amount of Foreign Investment Actually Utilized (USD 10000)
1984	18	708	80
1985	29	2781	517
1986	8	2093	458
1987	15	1990	394
1988	35	1760	563
1989	24	513	587
1990	54	2855	621
1991	162	5562	1949
1992	906	58990	9653
1993	1293	90983	20817
1994	536	39158	26168
1995	522	53966	28818
1996	369	39485	30068
1997	395	64444	47768
1998	334	41919	46493
1999	245	35136	32080
2000	272	26478	22724
2001	308	52660	39575
2002	591	153387	108725
2003	759	233094	161234
2004	964	311289	205238
2005	940	387645	242258
2006	982	403068	280657
2007	867	544615	310358
2008	689	492550	360368
2009	821	490484	402354
2010	1092	749447	510084
2011	812	844545	605881
2012	789	816170	682431
南 昌 市 Nanchang	164	249575	190259
景德镇市 Jingdezhen	17	11586	11762
萍 乡 市 Pingxiang	31	22846	21236
九 江 市 Jiujiang	119	136785	98826
新 余 市 Xinyu	60	56883	54503
鹰 潭 市 Yingtan	24	12661	16855
赣 州 市 Ganzhou	129	121913	97684
吉 安 市 Ji'an	110	71862	56498
宜 春 市 Yichun	23	40675	47667
抚 州 市 Fuzhou	47	20629	19625
上 饶 市 Shangrao	65	70755	67516

5-9 外商在赣直接投资情况（2012年）
Utilization of Direct Foreign Investments in Jiangxi (2012)

类别	Type	项目数(个) Number of Projects (unit)	合同外资金额(万美元) Total Amount of Contracted Foreign Investment (USD10000)	实际使用外资(万美元) Total Amount of Foreign Investment Actually Utilized (USD 10000)
总计	**Total**	**789**	**816170**	**682431**
按投资方式分	**By Form**			
合资经营企业	Joint venture Enterprises	63	55778	54010
合作经营企业	Cooperative Operation Enterprises	2	2769	1200
外资企业	Foreign Investment Enterprise	723	756123	620059
外商投资股份制企业	Foreign Investment Share	1	1500	7162
按国民经济行业分	**By Sector**			
农、林、牧、渔业	Agriculture, Forestry, Animal Husbandry and Fishery	84	68845	50221
采矿业	Mining	1	3614	9415
制造业	Manufacturing	517	514715	427482
#食品制造业	Manufacture of Foods	1	972	503
饮料制造业	Manufacture of Beverages	4	4550	3972
纺织业	Manufacture of Textile	15	16164	11651
纺织服装、鞋、帽制造业	Manufacture of Textile Wearing Apparel, Footware and Caps	116	87414	76951
家具制造业	Manufacture of Furniture	5	4672	4526
文教体育用品制造业	Manufacture of Articles for Culture, Education and Sport Activties	9	7276	5289
化学原料及化学制品制造业	Manufacture of Raw Chemical Materials and Chemical Products	8	19287	12850
医药制造业	Manufacture of Medicines	6	16593	6328
塑料制品业	Manufacture of Plastics	8	6280	9400
非金属矿物制品业	Manufacture of Non-metallic Mineral Products	37	34817	25844
有色金属冶练及压延加工业	Smelting and Pressing of Non-ferrous Metals	19	11069	8973
通用设备制造业	Manufacture of General Purpose Machinery	23	33541	18193
交通运输设备制造业	Manufacture of Transport Equipment	11	9903	4789
电气机械及器材制造业	Manufacture of Electrical Machinery and Equipment	94	107806	91003
通信设备、计算机及其他电子设备制造业	Manufacture of Communication Equipment,Computers and Other Electronic Equipment	80	88589	70310
电力、燃气及水的生产和供应业	Production and Supply of Electricity, Gas and Water	5	2571	3504
建筑业	Construction	9	11218	7867
交通运输、仓储和邮政业	Transport, Storage and Post	7	7433	2790
#仓储业	Storage	6	6153	2790
信息传输、计算机服务和软件业	Information Transmission, Computer Services and Software	45	61463	34415
#计算机服务业	Computer Services	15	14139	8846
软件业	Software Industry	29	46334	24579
批发和零售业	Wholesale and Retail Trades	22	13146	45821
批发业	Wholesale Trade	20	11795	4980
零售业	Retail Trade	2	1351	40841
住宿和餐饮业	Hotels and Catering Services	8	5234	5496
住宿业	Hotels	2	289	61
餐饮业	Catering Services	6	4945	5435
金融业	Financial Intermediation		785	4406
房地产业	Real Estate	10	24147	20744

5-9 续表 continued

类别	Type	项目数（个） Number of Projects (unit)	合同外资金额（万美元） Total Amount of Contracted Foreign Investment (USD 10000)	实际使用外资（万美元） Total Amount of Foreign Investment Actually Utilized (USD 10000)
租赁和商务服务业	Leasing and Business Services	51	57282	43653
#商务服务业	Business Services	50	54282	42143
科学研究、技术服务和地质勘查业	Scientific Research, Technical Service and Geologic Prospecting	16	29667	16668
水利、环境和公共设施管理业	Management of Water Conservancy, Environment and Public Facilities	12	14420	6993
居民服务和其他服务业	Services to Households and Other Services	1	696	1942
教育	Education			93
卫生、社会保障和社会福利业	Health, Social Security and Social Welfare	1	1424	
文化、体育和娱乐业	Culture, Sports and Entertainment		-490	921
其他	Others			
按投资国别（地区）分	**By Country (Region)**			
亚　洲	Asia	753	783199	633634
中国香港	Hong Kong, China	604	659046	520078
中国澳门	Macao, China	20	19245	17947
中国台湾	Taiwan, China	72	61116	52933
印度尼西亚	Indonesia	5	2280	1763
日　本	Japan	8	4897	8076
马来西亚	Malaysia	6	2963	1709
菲律宾	Philippines	1	-105	
新加坡	Singapore	3	6027	11888
韩　国	Korea Rep.	2	-1024	
泰　国	Thailand	2	1223	1643
非　洲	Africa	6	243	4296
欧　洲	Europe	7	8191	6819
#英　国	United Kingdom	1	195	1361
德　国	Germany	2	4295	3418
法　国	France	1	993	13
意大利	Italy	2	2895	1755
荷　兰	Netherlands			156
西班牙	Spain	1	6	16
拉丁美洲	Latin America	7	8579	13339
北美洲	North America	7	3676	7634
#加拿大	Canada	3	2499	2820
美　国	United States	4	1177	4814
大洋洲及太平洋群岛	Oceanic and Pacific Islands	10	9947	7765
#澳大利亚	Australia	3	1078	1072
新西兰	New Zealand			110
其他	Others	4	2335	8944

注：利用外资项目中，存在多个国家投资同一项目，故按投资国别、地区分的项目个数之和不等于合计数。

a) Among the projects of utilization of foreign investments,there exists the same project with investments from different countries,so the number of projects by country or region is not equal to the total.

5-10 外商投资企业年底注册登记情况（2012年）

Registration Status of Foreign Funded Enterprises at Year-end (2012)

类别	Type	企业法人数（户）Number of Enterprises Corporate (unit)	投资总额（万美元）Total Investment (USD 10000)	注册资本（万美元）Registered Capital (USD 10000)	#外方 Foreign Investor
总计	**Total**	**5778**	**5385714**	**3490420**	**3012073**
按投资方式分	**By Form**				
合资经营企业	Joint venture Enterprises	1428	1626507	930829	555656
合作经营企业	Cooperative Operation Enterprises	90	118391	63325	47193
外资企业	Foreign Investment Enterprise	4241	3503926	2372824	2372824
外商投资股份制企业	Foreign Investment Share	17	134870	122432	35600
其他企业	Other Enerprise	2	2020	1010	800
按国民经济行业分	**By Sector**				
农、林、牧、渔业	Agriculture, Forestry, Animal Husbandry and Fishery	523	344382	265441	243885
采矿业	Mining	30	86522	65435	30169
制造业	Manufacturing	3544	3060401	1964423	1730119
#食品制造业	Manufacture of Foods	78	49847	32683	28738
饮料制造业	Manufacture of Beverages	47	49084	29048	25085
纺织业	Manufacture of Textile	251	111716	81335	75660
纺织服装、鞋、帽制造业	Manufacture of Textile Wearing Apparel, Footware and Caps	752	296165	238765	228490
家具制造业	Manufacture of Furniture	39	16425	12236	11946
文教体育用品制造业	Manufacture of Articles for Culture, Education and Sport Activties	106	72290	46723	45375
化学原料及化学制品制造业	Manufacture of Raw Chemical Materials and Chemical Products	120	163833	84637	63997
医药制造业	Manufacture of Medicines	33	39782	29556	22572
塑料制品业	Manufacture of Plastics	28	9676	6187	6080
非金属矿物制品业	Manufacture of Non-metallic Mineral Products	197	230023	142670	110380
黑色金属冶炼及压延加工业	Smelting and Pressing of Ferrous Metals	10	30974	19072	5463
通用设备制造业	Manufacture of General Purpose Machinery	73	66124	52107	43355
交通运输设备制造业	Manufacture of Transport Equipment	101	126970	89987	54956
电气机械及器材制造业	Manufacture of Electrical Machinery and Equipment	287	277949	169094	162312
通信设备、计算机及其他电子设备制造业	Manufacture of Communication Equipment,Computers and Other Electronic Equipment	261	272930	183791	170547
电力、燃气及水的生产和供应业	Production and Supply of Electricity, Gas and Water	78	111427	60780	44972
建筑业	Construction	126	286768	122930	102740
交通运输、仓储和邮政业	Transport, Storage and Post	39	32678	16943	12452
#道路运输业	Road Transport	23	19308	9437	5949
信息传输、计算机服务和软件业	Information Transmission, Computer Services and Software	97	52490	45562	45177
批发和零售业	Wholesale and Retail Trades	450	360626	235853	219651
批发业	Wholesale Trade	291	244609	156064	144173
零售业	Retail Trade	159	116017	79789	75478
住宿和餐饮业	Hotels and Catering Services	133	57641	42547	38385
住宿业	Hotels	73	42804	29270	26682
餐饮业	Catering Services	60	14837	13277	11702
金融业	Financial Intermediation	9	44188	42188	16420
房地产业	Real Estate	369	374275	252703	210737

5-10 续表 continued

类别	Type	企业法人数（户）Number of Enterprises Corporate (unit)	投资总额（万美元）Total Investment (USD 10000)	注册资本（万美元）Registered Capital (USD 10000)	#外方 Foreign Investor
租赁和商务服务业	Leasing and Business Services	146	198295	126878	107498
#商务服务业	Business Services	145	198282	126865	107492
科学研究、技术服务和地质勘查业	Scientific Research, Technical Service and Geologic Prospecting	98	159170	136210	131583
水利、环境和公共设施管理业	Management of Water Conservancy,Environment and Public Facilities	52	83932	57269	51073
居民服务和其他服务业	Services to Households and Other Services	35	36217	26584	9187
教育	Education	8	5171	3114	2812
卫生、社会保障和社会福利业	Health, Social Security and Social Welfare	2	247	174	164
文化、体育和娱乐业	Culture, Sports and Entertainment	35	87457	22764	12734
其他	Others	3	3827	2623	2317
按投资国别(地区)分	**By Country (Region)**				
亚　洲	Asia	4893	4362516	2885522	2504228
中国香港	Hong Kong, China	3633	3504901	2303181	2015462
中国澳门	Macao, China	126	72014	61889	60281
中国台湾	Taiwan, China	730	318010	245554	221721
印度尼西亚	Indonesia	17	8578	5036	3896
日　本	Japan	98	108436	70980	42563
马来西亚	Malaysia	30	35697	16450	14155
菲律宾	Philippines	36	22381	13667	11636
新加坡	Singapore	88	208451	111651	81217
韩　国	Korea Rep.	44	11513	8255	6305
泰　国	Thailand	19	14373	10078	9070
非　洲	Africa	59	61591	31310	25487
欧　洲	Europe	146	56536	35472	28939
#比利时	Belgium	5	1075	1001	1001
英　国	United Kingdom	31	10454	6937	5317
德　国	Germany				
法　国	France	18	9898	5363	4747
意大利	Italy	26	7416	5438	4249
荷　兰	Netherlands	6	3183	2752	2026
西班牙	Spain	18	5484	4166	3741
瑞　典	Sweden	3	248	190	190
拉丁美洲	Latin America	221	526374	312037	281231
北美洲	North America	242	202057	123066	90897
#加拿大	Canada	51	18645	14153	11935
美　国	United States	187	181742	107506	77666
大洋洲及太平洋群岛	Oceanic and Pacific Islands	58	29573	18727	17087
#澳大利亚	Australia	47	24558	15247	13954
新西兰	New Zealand	11	5016	3480	3133
其他	Others	159	147065	84285	64203

5-11 外出交流情况
Development of Exchange Abroad

指标	Item	2000	2001	2002	2003	2004	2005
外出交流批数(批)	Batch of Persons Exchange Abroad (batch)	2056	2029	1426	1149	1579	1534
外出交流人数(人次)	Number of Persons Exchange Abroad (person-time)	6625	6863	5360	4085	5726	5760
友好访问	Friendly Visit	318	359	412	284	484	299
科学技术	Scientific Technology	47	147	44	90	76	113
经济贸易	Economic Trade	2510	1873	3093	2319	3610	3779
劳务	Labor Service	2787	3155	755	3	2	
留学进修培训	Study Abroad & Refresher Training	334	360	354	388	680	864
留学生、学者	Overseas Students and Scholars	206	211	198	157	45	26
参加会议	Conference Participation	89	159	141	625	290	263
文化体育	Culture & Sports	211	140	273	198	395	265
考察	Investigation						
其他	Others	123	459	90	21	144	151

注：从2004年始，留学生、学者仅指国家公派、单位公派等的录取人数。
a) The number of overseas students and scholars only refer to those supported by the government and unit since 2004.

5-11 续表 continued

指标	Item	2006	2007	2008	2009	2010	2011	2012
外出交流批数(批)	Batch of Persons Exchange Abroad (batch)	1817	1689	1207	938	1231	1482	1120
外出交流人数(人次)	Number of Persons Exchange Abroad (person-time)	6912	6175	4966	3285	4526	5009	3613
友好访问	Friendly Visit	317	333	359	277	398	421	445
科学技术	Scientific Technology	279	136	227	168	233	401	279
经济贸易	Economic Trade	4493	3845	2326	1588	2145	2392	1685
劳务	Labor Service		5					
留学进修培训	Study Abroad & Refresher Training	943	856	898	703	778	901	532
留学生、学者	Overseas Students and Scholars	35	82	107	54	120	140	111
参加会议	Conference Participation	225	177	108	114	170	130	119
文化体育	Culture & Sports	505	616	542	275	556	431	255
考察	Investigation			262	5			
其他	Others	115	125	137	101	126	193	187

5-12　江西与国外结成友好城市一览

List of Foreign Sister Cities with Jiangxi

国　别	Country Region	城市(州、县)	Sister City (State, Prefecture)	缔结日期 Date of Conclusion
马其顿	Macedonia	斯科普里市	Skopje	1984.03.20
德国	Germany	黑森州	Hesse	1985.04.03
美国	United States	肯塔基州	Kentucky	1985.10.06
美国	United States	犹他州	Utah	1986.07.10
日本	Japan	歧阜县	Gifu	1988.06.21
墨西哥	Mexico	托卢卡市	Toluca	1988.08.16
日本	Japan	高松市	Takamatsu-shi	1990.09.28
日本	Japan	冈山县	Okayama	1992.06.01
摩洛哥	Morocco	萨菲市	Safi	1993.10.15
美国	United States	罗马市	Rome	1993.11.07
澳大利亚	Australia	沃拉格尔市	Wollongong	1993.12.09
美国	United States	麦卡伦市	McAllen	1994.10.27
斯洛文尼亚	Slovenia	科佩尔市	Koper	1995.04.05
日本	Japan	佐贺县有田町	Arita-cho, Saga	1996.08.28
日本	Japan	玉野市	Tamano-shi	1996.10.05
芬兰	Finland	瓦尔济考斯基市	Valkeakoski	1997.11.20
芬兰	Finland	托亚拉市	Toijala	1997.11.20
日本	Japan	冈山县真庭市	Yubara-cho, Gifu	2001.01.16
美国	United States	路易维尔市	Louisville	2003.12.19
日本	Japan	冈山县浅口市	Kamogata-cho, Okayama	2004.10.29
俄罗斯	Russia	雅罗斯拉夫尔州	Jarraud Slavic	2005.02.28
美国	United States	索拉洛郡	Solano	2005.10.13
日本	Japan	和歌山县清水町	Shimizu-cho, Wakayama	2006.04.03
韩国	Korea Rep.	南海郡市	Namhae	2006.04.13
菲律宾	Philippines	保和省	Bohol	2006.05.08
芬兰	Finland	卡亚尼市	Kajaani	2006.06.26
日本	Japan	歧阜县安八町	Anpachi-cho, Gifu	2006.08.25
法国	France	第戎市	Dijon	2006.10.17
日本	Japan	濑户市	Seto-shi	2006.11.23
韩国	Korea Rep.	庆尚北道尚州市	Sangju-si,Gyeongsangbuk-do	2007.04.03
智利	Chile	科皮亚波市	Copiapo	2007.06.11
阿根廷	Argentina	拉普拉塔市	Laplata	2007.06.11
韩国	Korea Rep.	利川市	Lcheon	2007.08.07
韩国	Korea Rep.	罗州市	Naju-si	2007.08.13
南非	South Africa	艾古莱尼市	Ekurhuleni	2007.08.23
美国	United States	埃荣顿市	Overton	2007.09.25
巴西	Brazil	索罗卡巴市	Sorocaba	2007.09.29
韩国	Korea Rep.	堤川市	Jye Chun	2008.02.13
希腊	Greece	希俄斯市	Chios	2008.04.02
波兰	Poland	莱基奥诺沃市	Legionowo	2008.06.11

5-12 续表 continued

国别	Country Region	城市(州、县)	Sister City (State, Prefecture)	缔结日期 Date of Conclusion
法国	France	中央大区	Centre	2008.07.08
法国	France	奥赛市	Auxerre	2008.09.10
德国	Germany	威斯巴登市	Wiesbaden	2008.09.18
美国	United States	萨凡纳市	Savannah	2008.10.15
阿根廷	Argentina	基尔梅斯市	Quilmes	2008.12.05
埃塞俄比亚	Ethiopia	阿姆哈拉区	Amhara	2009.03.25
塞拉利昂	Sierra Leone	弗里敦市	Freetown	2009.04.08
韩国	Korea Rep.	太白市	Taebaek	2009.09.15
澳大利亚	Australia	奥本市	Auburn	2009.09.24
德国	Germany	派尼区	Piney	2009.10.13
英国	United Kingdom	巴斯—东北萨莫塞特郡	Bath and North East Somerset	2009.10.20
巴西	Brazil	南马托格罗索州	Mato Grosso do Sul	2009.10.23
匈牙利	Hugary	蒂萨新城	Tiszaujvaros	2009.12.02
美国	United States	罕斯维尔市	Hansiweier	2009.12.07
法国	France	图尔市	Tours	2010.01.06
南非	South Africa	新堡市	Newcastle	2010.01.26
美国	United States	不伦瑞克市	Brunswick	2010.01.28
美国	United States	威斯康星州门县市	Men of Wisconsin	2010.02.24
津巴布韦	Zimbabwe	穆塔雷市	Mutare	2010.04.28
荷兰	Holland	代尔夫特市	Delfe	2010.05.12
希腊	Greece	维欧提亚省	Vea tia	2010.07.06
美国	United States	奥林匹亚市	Olympia	2010.08.18
巴西	Brazil	基玛多斯市	Jimaduosi City	2011.02.24
德国	Germany	沃尔泽伦市	Wall Zelen City	2011.03.17
法国	France	香槟-阿登大区	Champagne-Ardenne	2011.03.21
英国	United Kingdom	红桥市	Redbridge	2011.03.29
南非	South Africa	自由省	Free State	2011.11.15
埃及	Egypt	卢克索省	Luxor	2011.11.18
俄罗斯	Russia	苏兹达里市	Suzy Dario	2012.01.16
匈牙利	Hugary	包尔绍德—奥包乌伊—曾普伦州	Borsod-Abauj-Zemplén	2012.02.09
墨西哥	Mexico	科阿韦拉州蒙克罗瓦市	Monk Luova, Coahuila	2012.02.29
韩国	Korea Rep.	全罗南道	Jeollanam-do	2012.04.13
意大利	Italy	卡乃利市	Kanaili	2012.06.20
博茨瓦纳	Botswana	塞罗韦市	Serowe	2012.09.04
西班牙	Spain	阿尔巴塞特市	Albacete	2012.11.16

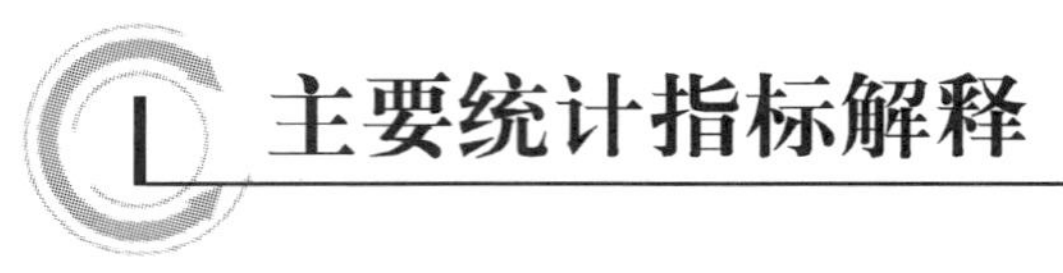

主要统计指标解释

进出口总额　指实际进出我国国境的货物总金额。包括对外贸易实际进出口货物，来料加工装配进出口货物，国家间、联合国及国际组织无偿援助物资和赠送品，华侨、港澳台同胞和外籍华人捐赠品，租赁期满归承租人所有的租赁货物，进料加工进出口货物，边境地方贸易及边境地区小额贸易进出口货物(边民互市贸易除外)，中外合资企业、中外合作经营企业、外商独资经营企业进出口货物和公用物品，到、离岸价格在规定限额以上的进出口货样和广告品(无商业价值、无使用价值和免费提供出口的除外)，从保税仓库提取在中国境内销售的进口货物，以及其他进出口货物。该指标可以观察一个国家在对外贸易方面的总规模。我国规定出口货物按离岸价格统计，进口货物按到岸价格统计。

商品经营单位所在地进、出口额　指在所在地海关注册登记的有进出口经营权的企业实际进、出口额。

商品目的地进口额和商品货源地出口额　目的地进口额指进口货物的消费、使用或最终抵运地的实际进口额；货源地出口额指出口货物的产地或原始发货地的实际出口额。

外商直接投资　是指外国投资者在我国境内通过设立外商投资企业、合伙企业、与中方投资者共同进行石油资源的合作勘探开发以及设立外国公司分支机构等方式进行投资。

外国投资者可以用现金、实物、无形资产、股权等投资，还可以用从外商投资企业获得的利润进行再投资。

对外承包工程　指我国境内企业法人或者其他经济组织按照国际通行做法，在国外及港澳台地区承揽、实施工程建设项目的勘察、设计、施工、监理、设备材料采购、安装调试、工程咨询、工程管理等经营活动。

对外劳务合作　指我国境内企业法人与国（境）外允许招收或雇用外籍劳务人员的公司、中介机构或私人雇主签订合同，并按合同约定的条件有组织地招聘、选拔、派遣我国公民到国（境）外为外方雇主提供劳务服务并进行管理的经济活动。

对外直接投资　指我国企业、团体等(简称境内投资主体）在国外及港澳台地区以现金、实物、无形资产等方式投资，并以控制国(境)外企业的经营管理权为核心的经济活动。对外直接投资的内涵主要体现在一经济体通过投资于另一经济体而实现其持久利益的目标。

Explanatory Notes on Main Statistical Indicators

Total Value of Imports and Exports　refer to the real value of commodities imported into and exported from the boundary of China. They include the actual imports and exports through foreign trade, imported and exported goods under the processing and assembling trades and materials, supplies and gifts as aid given gratis between governments and by the United Nations and other international organizations, and contributions donated by overseas Chinese, compatriots in Hong Kong and Macao and Chinese with foreign citizenship, leasing commodities owned by tenant at the expiration of leasing period, the imported and exported commodities processed with imported materials, commodities trading in border areas (excluding mutual exchange goods), the imported and exported commodities and articles for public use of the Sino-foreign joint ventures, cooperative enterprises and ventures exclusively with foreign own investment. Also included are import or export of samples and advertising goods for whose CIF or FOB value are beyond the permitted ceiling (excluding goods of no trading or use value and free commodities for export), imported goods sold in China from bonded warehouses and other imported or exported goods. The indicator of the total imports and exports at customs can be used to observe the total size of external trade in a country. In accordance with the stipulation of the Chinese government, imports are calculated at CIF, while exports are calculated at FOB.

Import Export Value by Location of China' s Foreign Trade Managing Units　refers to actual value of imports and exports carried out by corporations which have been registered by the local customhouse and are vested with right to run import export business.

Import Value of Commodities by the Places of their Destination and Export Value of Commodities by the Places of their Origin in China　The former indicator refers to the value of import commodities of the places of their consumption, utilization or the places of their final destination. The latter indicator refers to the value of export commodities of the places of their origin or the places of the commodities dispatched.

Foreign Direct Investment　refers to foreign investment in China through the establishment of foreign invested enterprises, cooperative exploration and development of petroleum resources with domestic investors and the establishment of branch organizations of foreign enterprises.

Foreign investment can be made in forms of cash, physical investment, technical know-how and reinvestment of the foreign enterprises with the profits gained from the investment.

Overseas Contracted Project refers to in accordance with the international common practice, domestic corporates or other economic organizations contract and implement construction projects in foreign countries, Hong Kong SAR, Macao SAR and Taiwan province including reconnaissance, design, construction, supervision, purchasing of equipment and materials, installation and testing, engineering consulting and project management.

Overseas Labour Services refer to domestic corporates which signed contracts with overseas corporations, intermediary agencies and private employers which are allowed to recruit or hire foreign labour forces, they will send Chinese citizens to go abroad to provide labour services to foreign employers through organized recruitment and selection according to the signed contracts and relevant management activities.

Overseas Direct Investment refers to investment made by domestic enterprises and organizations (referred to as domestic investors) in foreign countries and Hong Kong SAR, Macao SAR and Taiwan province in forms of cash, physical investment and intangible assets, and the economic activities centring on operation and management of those enterprises are under the control of domestic investors.The content of overseas direct investment mainly reflects one economic entity by investing in another economic entity to achieve its goal of lasting interest.

6

能 源

ENERGY

◆117/134

资料整理及英文翻译：方颖　李曦

Ⅰ 简要说明

一、本篇资料的主要内容

本篇包括的主要内容有能源生产、消费及品种构成，能源生产和消费弹性系数，综合能源平衡表和主要能源品种的单项平衡表，分行业、分主要能源品种的消费量，生活用能源消费量等。

二、本篇资料的来源

本篇资料来源于全省能源平衡表和规模以上工业企业能源报表。能源平衡表的编制范围为辖区内除军队系统以外的全部能源生产和消费活动的单位。

三、关于数据口径与计算的说明

1.一次能源生产量与工业统计数字一致。

2.能源生产与消费弹性系数分别以能源生产、消费增长速度与国内生产总值增长速度相比求得。

3.能源平衡表中的库存量、进口量、出口量和消费量，根据有关部门和企业提供的数据综合评估得出。电力折算标准煤系数按平均发电煤耗计算。

I Brief Introduction

I. Main Contents

Data in this chapter cover mainly the energy production and consumption and their composition, the elasticity ratio of energy production and consumption, the overall balance of energy and the balance by different types of energy, the consumption of energy by sector and by types of energy, efficiency of energy conversion and the consumption of energy for non-production uses.

II. Source of Data

Data in this chapter comes from the province energy balance and energy-scale industrial enterprises above Designated Size. Energy balance for the establishment of the area in addition to the military system other than the total energy production and consumption activities of the units.

III. Notes on Coverage and Calculation of Data:

(1) The data on the production of primary energy are the same as the concerned data of the industrial statistics.

(2) The elasticity ratio of energy production is calculated as the quotient of the growth rate of energy production divided by the growth rate of GDP; and the elasticity ratio of energy consumption is calculated as the quotient of the growth rate of energy consumption divided by the growth rate of GDP.

(3)The storage,import and export in the energy balance tables are comprehensively evaluated based on data from related departments and enterprises. The coefficient for conversion of electric power into the standard coal equivalent is calculated according to the average consumption of coal for generating electricity.

6-1 能源生产总量及构成
Total Production of Energy and Its Composition

年 份 Year	能源生产总量 (万吨标准煤) Total Energy Production (10000 tons of SCE)	占能源生产总量的比重（%） As Percentage of Total Energy Production(%)			
		原 煤 Raw Coal	原 油 Crude Oil	天然气 Natural Gas	水 电 Hydro Power
1995	1868.8	88.0			12.0
1996	1573.2	88.5			11.5
1997	1410.0	83.7			16.3
1998	1394.7	78.6			21.4
1999	1154.5	85.7			14.3
2000	1293.2	81.5			18.5
2001	1242.7	80.5			19.5
2002	1252.2	77.0			23.0
2003	1505.4	83.5			16.5
2004	1902.5	81.9			18.1
2005	2010.5	86.0			14.0
2006	2241.0	84.6		0.1	15.3
2007	2253.3	87.9		0.3	11.8
2008	2395.0	87.0		0.2	12.8
2009	2528.8	89.1		0.2	10.7
2010	2299.1	82.6		0.2	13.1
2011	2581.4	88.3		0.7	11.0
2012	2595.9	81.1		0.5	18.5

注：电力折算标准煤的系数根据当年平均发电煤耗计算。下表同。

a) The coefficient for conversion of electric power into SCE (standard coal equivalent) is calculated on the basis of the data on average coal consumption in generating electric power in the same year. The same applies to the tables following.

6-2 能源消费总量及构成
Total Consumption of Energy and Its Composition

年 份 Year	能源消费总量 (万吨标准煤) Total Energy Composition (10000 tons of SCE)	占能源消费总量的比重（%） As Percentage of Total Energy Composition(%)			
		煤 炭 Raw Coal	石 油 Crude Oil	天然气 Natural Gas	水 电 Hydro Power
1995	2391.7	79.8	10.0		10.2
1996	2154.7	78.4	12.0		9.6
1997	2132.4	75.2	12.9		11.9
1998	2028.4	73.3	16.3		10.4
1999	2123.3	73.6	17.8		8.7
2000	2505.0	70.5	17.3		12.2
2001	2628.0	71.5	17.0		11.5
2002	2933.0	68.7	21.8		9.5
2003	3426.0	74.5	22.2		3.2
2004	3814.0	72.6	16.9		10.5
2005	4286.0	74.0	17.0		6.6
2006	4660.1	73.8	16.9	0.2	7.4
2007	5052.5	74.9	16.9	0.3	5.3
2008	5383.0	71.7	16.7	0.6	5.7
2009	5812.5	72.0	16.0	0.5	4.7
2010	6248.5	71.9	16.6	1.0	4.8
2011	6928.2	74.3	15.4	1.2	4.1
2012	7232.9	70.0	15.7	1.8	6.6

注：2010年开始，能源消费总量不包括回收能，下表同。

a) From2010,the total energy consumption does not include the total amaunt of the recycled energy.The same applies to the tables following.

6-3 综合能源平衡表

Overall Energy Balance Sheet

单位：万吨标准煤 (10000 tons of SCE)

指标	Item	1990	2000	2005	2010	2011	2012
可供消费的能源总量	**Total Energy Available for Consumption**	**1704.54**	**2371.75**	**4275.49**	**6349.20**	**6928.17**	**7232.92**
一次能源生产量	Primary Energy Output	1282.42	1293.23	2010.45	2299.08	2581.40	2595.89
外省(区、市)调入量	Transferred in from Other Provinces	808.97	1157.24	2407.12	4588.00	5192.46	4646.47
进口量	Imports	0.09	229.73	197.63	328.98	349.65	1069.00
本省(区、市)调出量(-)	Sent Out to Other Provinces(-)	-303.53	-225.80	-309.00	-887.59	-1075.95	-1159.00
出口量(-)	Exports (-)	-8.15					
年初年末库存差额	Stock Changes in the Year	-75.26	-82.65	-57.98	21.00	-119.38	80.10
能源消费总量	**Total Energy Consumption**	**1732.29**	**2505.00**	**4286.01**	**6248.45**	**6928.21**	**7232.97**
在总量中	Consumption by Sector						
农、林、牧、渔、水利业	Agriculture, Forestry, Animal Husbandry, Fishery and Water Conservancy	132.87	151.00	206.89	139.87	132.96	121.16
工业	Industry	1264.22	1751.76	3076.99	4602.79	5107.38	5343.12
建筑业	Construction	8.88	7.72	28.39	57.33	70.21	74.79
交通运输、仓储和邮政业	Transport, Storage and Post	65.93	177.97	327.94	469.32	520.00	540.76
批发、零售业和住宿、餐饮业	Wholesale and Retail Trades,Hotels and Catering Services	10.81	30.59	75.20	140.97	173.14	180.26
其他	Others	25.60	44.46	101.72	183.28	214.84	222.19
生活消费	Household Consumption	223.98	341.50	468.88	654.88	709.68	750.68
在总量中	Consumption by Usage						
终端消费	End-use Consumption	1617.12	2320.40	3982.09	5926.37	6557.55	6907.42
#工业	Industry	1149.05	1567.16	2777.56	4282.85	4738.06	5018.40
加工转换损失量	Losses During the Process of Enery Conversion	74.40	130.64	151.15	139.98	185.77	144.98
#炼焦	Coking	9.71	24.88	1.40	62.63	86.77	63.83
炼油	Petroleum Refining	2.46	24.91	22.57	4.13	1.55	1.82
损失量	Energy Losses	40.77	53.96	152.77	182.09	184.85	180.53
#输变电损失量	Losses in Transmission	40.68	53.96	148.28	179.96	183.52	179.70
平衡差额	**Balance**	**-27.75**	**-133.25**	**-10.52**	**6.06**		

注：电力、热力按等价热值计算，因此加工转换损失量中不包括发电、供热损失量。下表同。

a) Electric power and heat are converted on the basis of equal caloric value. Therefore, losses during the process of energy conversion do not include losses in power generation and heating. The same applies to the tables following.

6-4 煤炭平衡表

Coal Balance Sheet

单位：万吨 (10000 tons)

指　　标	Item	1990	2000	2005	2010	2011	2012
可供量	**Total Energy Available for Consumption**	**2218.37**	**2245.84**	**4348.30**	**6246.24**	**6988.41**	**6801.85**
生产量	Output	2027.11	1813.76	2565.05	2912.22	3236.84	2950.00
外省(市、区)调入量	Transferred in from Other Provinces	491.22	649.08	1957.85	3829.37	4437.88	3310.23
进口量	Imports						852.00
本省(市、区)调出量(−)	Sent Out to Other Provinces(-)	-178.29	-111.96	-97.90	-389.23	-558.17	-397.00
出口量(−)	Exports (-)	-4.78					
年初年末库存差额	Stock Changes in the Year	-116.89	-105.04	-76.70	-106.12	-128.14	86.62
消费量	**Total Energy Consumption**	**2265.87**	**2468.63**	**4348.30**	**6246.24**	**6988.41**	**6801.85**
在消费量中	Consumption by Sector						
农、林、牧、渔、水利业	Agriculture, Forestry, Animal Husbandry, Fishery and Water Conservancy	54.20	12.10	4.00	23	22.00	16.00
工　业	Industry	1852.93	2263.78	4073.46	5989.18	6783.11	6608.15
建筑业	Construction	2.29			3.00	5.50	2.00
交通运输、仓储和邮政业	Transport, Storage and Post	38.66	11.42	7.56	3.06	1.80	2.70
批发、零售业和住宿、餐饮业	Wholesale and Retail Trades,Hotels and Catering Services	11.41	5.20	15.00	16.00	15.00	16.00
其他	Others	2.51		6.00	24.00	20.00	22.00
生活消费	Household Consumption	303.87	176.13	242.28	188.00	141.00	135.00
在消费量中	Consumption by Usage						
中间消费(用于加工转换)	Intermediate Consumption (Consumed in Conversion)	882.27	1261.89	2733.96	3973.62	4485.07	4092.76
#发　电	Power Generation	720.53	906.11	1869.31	2648.31	3080.51	2649.47
炼　焦	Coking	161.74	247.94	323.06	920.48	1076.01	1101.08
终端消费	End-use Consumption	1254.79	1076.66	1614.34	2272.62	2503.34	2709.09
#工　业	Industry	841.85	871.81	1339.50	2015.56	2298.04	2515.39
洗选损耗	Losses in Coal Washing and Dressing	128.81	130.08	205.46	291.59	254.99	263.57
平衡差额	**Balance**	**-47.50**	**-222.79**				

注：生产量为原煤产量。

a) Data on output refer to the output of raw coal.

6-5 石油平衡表
Petroleum Balance Sheet

单位：万吨 (10000 tons)

指标	Item	1990	2000	2005	2010	2011	2012
可供量	**Total Energy Available for Consumption**	**132.89**	**297.33**	**507.29**	**713.89**	**727.32**	**779.82**
外省(市、区)调入量	Movong In from Other Provinces	244.24	249.59	478.91	837.82	855.18	900.70
进口量	Imports	0.06	160.81	138.34	230.28	244.75	322.82
本省(市、区)调出量(-)	Sending Out to Other Provinces(-)	-109.04	-103.36	-106.58	-354.02	-361.21	-447.46
出口量(-)	Exports (-)	-3.06					
年初年末库存差额	Stock Changes in the Year	0.69	-9.71	-3.38	-0.19	-11.40	3.76
消费量	**Total Energy Consumption**	**133.09**	**304.46**	**507.29**	**713.89**	**727.32**	**779.83**
在消费量中:	Consumption by Sector						
农、林、牧、渔、水利业	Agriculture, Forestry, Animal Husbandry, Fishery and Water Conservancy	25.82	61.25	73.00	55.00	55.00	53.00
工业	Industry	62.96	105.96	146.93	232.68	199.20	222.02
建筑业	Construction	2.27	1.48	12.48	23.43	23.07	27.03
交通运输、仓储和邮政业	Transport, Storage and Post	26.27	105.17	208.63	288.73	314.54	327.81
批发、零售业和住宿、餐饮业	Wholesale and Retail Trades,Hotels and Catering Services	0.18	2.12	11.98	17.06	18.05	28.25
其他	Others	8.01	4.08	16.79	20.57	24.71	29.62
生活消费	Non-Production Consumption	7.58	24.40	37.48	76.42	92.75	92.10
在消费量中:	Consumption by Usage						
中间消费(用于加工转换)	Intermediate Consumption (Consumed in Conversion)	8.63	28.56	33.19	4.74	5.16	6.29
#发电	Power Generation	8.63	11.56	2.65	0.86	0.50	0.33
供热	Heating		17.00	6.26	7.00	6.71	4.82
终端消费	End-use Consumption	119.34	253.08	470.96	707.66	721.23	772.95
#工业	Industry	49.21	54.58	113.74	227.94	194.04	215.72
炼油损失量	Losses in Petroleum Refining	5.06	19.26	24.28	-3.12	-2.05	1.14
损失量	Other Losses	0.06	3.56	3.14	1.49	0.93	0.58
平衡差额	**Balance**	**-0.20**	**-7.13**				

6-6 电力平衡表
Electricity Balance Sheet

单位：亿千瓦小时

指标	Item	1990	2000	2005	2010	2011	2012
可供量	**Total Energy Available for Consumption**	**127.65**	**233.85**	**391.98**	**700.51**	**835.10**	**867.67**
发电量	Output	121.41	226.77	373.49	637.59	742.22	759.58
水电、风电	Hydropower， Windpower	27.77	77.96	67.88	87.84	83.76	149.62
火电	Thermal Power	93.64	148.81	305.61	549.75	658.46	609.96
外省(市、区)调入量	Transferred in from Other Provinces	6.51	7.12	19.75	62.92	92.88	108.09
本省(市、区)调出量(-)	Sent Out to Other Provinces(-)	-0.27	-0.04	-1.26			
消费量	**Total Energy Consumption**	**127.65**	**233.85**	**391.98**	**700.51**	**835.10**	**867.67**
在消费量中	Consumption by Sector						
农、林、牧、渔、水利业	Agriculture,Forestry,Animal Husbandry, Fishery and Water Conservancy	14.34	21.92	23.59	13.00	11.00	10.13
工　业	Industry	99.05	173.98	268.60	496.72	596.04	595.62
建 筑 业	Construction	0.93	0.80	2.74	6.69	10.14	11.24
交通运输、仓储和邮政业	Transport, Storage and Post	1.19	3.42	4.35	13.28	17.49	18.71
批发、零售业和住宿、餐饮业	Wholesale and Retail Trades,Hotels and Catering Services	0.90	2.98	9.56	21.73	30.34	34.49
其他	Others	2.77	7.52	17.61	38.27	45.14	51.00
生活消费	Household Consumption	8.47	23.23	65.53	110.82	124.95	146.48
在消费量中	Consumption by Usage						
终端消费	End-use Consumption	118.55	221.67	356.14	648.14	780.91	811.57
#工　业	Industry	89.95	161.80	232.76	444.35	541.85	539.52
输配损失量	Losses in Transmission	9.10	12.18	35.84	52.37	54.19	56.10

6-7 能源消费量
Consumption of Energy by Sector

单位：万吨标准煤　　　　(10000 tons of SCE)

行　　业	Sector	1990	2000	2005	2010	2011	2012
消费总量	**Total Consumption**	**1732.29**	**2505.00**	**4286.01**	**6248.45**	**6928.21**	**7232.97**
农、林、牧、渔、水利业	**Agriculture, Forestry, Animal Husbandry, Fishery and Water Conservancy**	**132.87**	**151.00**	**206.89**	**139.87**	**132.96**	**121.16**
工　业	**Industry**	**1264.22**	**1751.76**	**3076.99**	**4602.84**	**5107.38**	**5343.12**
#煤炭开采和洗选业	Mining and Washing of Coal	115.91	165.95	225.15	215.02	182.72	154.32
黑色金属矿采选业	Mining and Processing of Ferrous Metal Ores	2.74	5.41	13.56	32.49	35.01	33.91
有色金属矿采选业	Mining and Processing of Non-Ferrous Metal Ores	48.27	46.01	61.64	38.79	41.27	41.52
非金属矿采选业	Mining and Processing of Non-metal Ores	6.21	20.86	20.14	44.59	43.04	55.35
其他采矿业	Mining of Other Ores	0.06	0.08	4.26			
农副食品加工业	Processing of Food from Agricultural Products	20.12	27.87	17.58	46.77	44.34	56.81
食品制造业	Manufacture of Foods	3.06	17.70	41.35	55.62	73.39	64.29
酒、饮料和精制茶制造业	Manufacture of Wine, Beverage and Refined Tea	16.32	10.34	14.85	19.61	18.38	21.36
烟草制品业	Manufacture of Tobacco	2.42	2.49	4.66	3.61	3.36	3.72
纺织业	Manufacture of Textile	48.08	37.07	46.22	78.48	75.61	79.85
纺织服装、服饰业	Manufacture of Textile and Clothing Apparels	1.64	0.68	5.71	15.53	17.69	34.62
皮革、毛皮、羽毛及其制品和制鞋业	Manufacture of Leather, Fur, Feathers and Related Products, Footware	1.78	1.04	2.31	14.01	13.73	17.81
木材加工及木、竹、藤、棕、草制品业	Processing of Timber, Manufacture of Wood, Bamboo, Rattan, Palm, and Straw Products	11.90	14.83	29.37	42.13	31.22	37.88
家具制造业	Manufacture of Furniture	0.88	0.93	0.74	4.54	5.16	6.59
造纸及纸制品业	Manufacture of Paper and Paper Products	38.67	35.57	55.70	73.40	69.53	84.15
印刷业和记录媒介的复制	Printing, Reproduction of Recording Media	1.20	1.77	3.41	5.67	4.72	13.02
文教、工美、体育和娱乐用品制造业	Manufacture of Articles for Culture, Education, Art, Sports and Entertainment Product	0.63	0.38	2.23	5.66	6.05	9.86
石油加工、炼焦及核燃料加工业	Processing of Petroleum, Coking, Processing of Nuclear Fuel	53.45	145.55	172.68	221.47	147.35	193.75
化学原料及化学制品制造业	Manufacture of Raw Chemical Materials and Chemical Products	154.02	171.93	244.53	298.94	300.79	307.03
医药制造业	Manufacture of Medicines	23.02	20.31	34.39	51.62	44.19	60.02
化学纤维制造业	Manufacture of Chemical Fibres	14.83	32.57	80.30	24.65	42.59	51.14
橡胶和塑料制品业	Manufacture of Rubber and Plastics	11.20	4.45	19.09	39.43	37.59	47.59
非金属矿物制品业	Manufacture of Non-metallic Mineral Products	248.61	313.35	452.81	964.53	1254.68	1398.51
黑色金属冶炼及压延加工业	Smelting and Pressing of Ferrous Metals	232.43	323.10	979.77	1355.85	1535.37	1531.77
有色金属冶炼及压延加工业	Smelting and Pressing of Non-ferrous Metals	31.80	102.17	137.49	283.05	320.44	316.36
金属制品业	Manufacture of Metal Products	9.80	5.20	23.31	26.62	25.53	34.44
通用设备制造业	Manufacture of General Purpose Machinery	16.52	10.95	18.94	24.94	27.93	25.74
专用设备制造业	Manufacture of Special Purpose Machinery	7.95	10.38	13.94	14.02	15.53	19.41
汽车制造业	Manufacture of Automobiles	11.09	14.39	26.07	54.94	65.24	62.94
铁路、船舶、航空航天和其他运输设备制造业	Manufacture of Railroads, Ships, Aerospace and Other Transport Equipment	2.27	2.95	5.34	11.25	13.36	13.03
电气机械及器材制造业	Manufacture of Electrical Machinery and Equipment	8.23	7.69	16.02	64.46	81.18	97.86
通信设备、计算机及其他电子设备制造业	Manufacture of Communication Equipment, Computers and Other Electronic Equipment	5.65	6.68	4.57	22.36	31.91	38.88
仪器仪表制造业	Manufacture of Measuring Instruments	1.64	3.61	1.98	2.94	4.31	3.57
其他制造业	Other Manufacturing	14.25	6.83	13.50	9.68	11.62	9.80
废弃资源综合利用业	Comprehensive Utilization of Dsiposal of Waste					1.78	3.66
电力、热力的生产和供应业	Production and Supply of Electric Power and Heat Power	84.97	164.68	253.03	411.64	453.66	392.97
燃气生产和供应业	Production and Supply of Gas	2.30	1.37	5.40	5.35	10.29	3.96
水的生产和供应业	Production and Supply of Water	6.90	13.70	21.10	16.11	16.79	15.57
建筑业	**Construction**	**8.88**	**7.72**	**28.39**	**57.33**	**70.21**	**74.79**
交通运输、仓储和邮政业	**Transport, Storage and Post**	**65.93**	**177.97**	**327.94**	**469.32**	**520.00**	**540.76**
批发、零售业和住宿、餐饮业	**Wholesale and Retail Trades, Hotels and Catering Services**	**10.81**	**30.59**	**75.20**	**140.97**	**173.14**	**180.26**
其他	**Others**	**25.60**	**44.46**	**101.72**	**183.28**	**214.84**	**222.19**
生活消费	**Non-Production Household Consumption**	**223.98**	**341.50**	**468.88**	**654.88**	**709.68**	**750.68**
城　镇	Urban	120.75	231.33	257.89	365.16	402.11	418.89
乡　村	Rural	103.23	110.17	211.00	289.73	307.57	331.79

6-8 煤炭消费量
Coal Consumption

单位：万吨 (10000 tons)

行业	Sector	1990	2000	2005	2010	2011	2012
消费总量	**Total Consumption**	**2265.87**	**2468.63**	**4348.30**	**6246.24**	**6988.41**	**6801.85**
农、林、牧、渔、水利业	**Agriculture, Forestry, Animal Husbandry, Fishery and Water Conservancy**	**54.20**	**12.10**	**4.00**	**23.00**	**22.00**	**16.00**
工业	**Industry**	**1852.93**	**2263.78**	**4073.46**	**5989.18**	**6783.11**	**6608.15**
#煤炭开采和洗选业	Mining and Washing of Coal	182.33	200.13	310.24	367.29	346.72	287.22
黑色金属矿采选业	Mining and Processing of Ferrous Metal Ores	0.42	0.86	2.00	5.81	5.14	4.34
有色金属矿采选业	Mining and Processing of Non-Ferrous Metal Ores	13.90	4.76	5.22	3.91	2.88	3.33
非金属矿采选业	Mining and Processing of Non-metal Ores	3.87	22.40	6.88	15.18	12.46	8.05
其他采矿业	Mining of Other Ores						
农副食品加工业	Processing of Food from Agricultural Products	26.03	18.59	6.98	11.40	13.53	20.27
食品制造业	Manufacture of Foods	6.58	7.72	49.56	61.64	95.29	93.21
酒、饮料和精制茶制造业	Manufacture of Wine, Beverage and Refined Tea	17.53	14.48	13.16	12.04	10.43	9.95
烟草制品业	Manufacture of Tobacco	1.98	2.23	2.98	1.31	1.15	1.19
纺织业	Manufacture of Textile	47.21	32.80	24.48	12.30	11.24	8.36
纺织服装、服饰业	Manufacture of Textile and Clothing Apparels	1.14	0.03	2.57	3.68	1.82	2.33
皮革、毛皮、羽毛及其制品和制鞋业	Manufacture of Leather, Fur, Feathers and Related Products, Footware	1.09	0.64	0.52	1.01	0.93	1.39
木材加工及木、竹、藤、棕、草制品业	Processing of Timber, Manufacture of Wood,Bamboo, Rattan, Palm, and Straw Products	12.82	18.09	13.66	3.41	1.93	1.02
家具制造业	Manufacture of Furniture	0.38	0.07	0.32	0.42	0.59	0.54
造纸及纸制品业	Manufacture of Paper and Paper Products	43.20	60.49	26.41	60.18	62.89	60.72
印刷业和记录媒介的复制	Printing, Reproduction of Recording Media	0.24	0.25	0.98	0.34	0.32	0.08
文教、工美、体育和娱乐用品制造业	Manufacture of Articles for Culture, Education, Art, Sports and Entertainment Product	0.13	0.12	0.43	0.67	1.01	1.64
石油加工、炼焦及核燃料加工业	Processing of Petroleum, Coking, Processing of Nuclear Fuel	90.60	125.50	422.53	387.56	480.45	573.92
化学原料及化学制品制造业	Manufacture of Raw Chemical Materials and Chemical Products	146.91	179.20	133.94	152.40	179.73	169.87
医药制造业	Manufacture of Medicines	24.08	19.20	28.78	20.71	20.18	23.04
化学纤维制造业	Manufacture of Chemical Fibres	17.98	20.32	63.35	28.50	58.06	57.40
橡胶和塑料制品业	Manufacture of Rubberf and Manufacture of Plastics	11.95	5.76	7.83	8.14	13.47	5.41
非金属矿物制品业	Manufacture of Non-metallic Mineral Products	316.22	360.31	437.98	1031.44	1286.98	1433.53
黑色金属冶炼及压延加工业	Smelting and Pressing of Ferrous Metals	152.40	290.36	628.36	1083.66	1169.44	1176.09
有色金属冶炼及压延加工业	Smelting and Pressing of Non-ferrous Metals	12.09	24.17	29.31	63.89	58.27	51.21
金属制品业	Manufacture of Metal Products	3.69	2.39	4.19	3.39	2.81	4.02
通用设备制造业	Manufacture of General Purpose Machinery	4.46	4.99	6.72	4.07	3.60	3.37
专用设备制造业	Manufacture of Special Purpose Machinery	3.16	2.32	1.19	1.73	1.47	1.74
汽车制造业	Manufacture of Automobiles	4.18	5.68	7.53	7.43	7.18	6.77
铁路、船舶、航空航天和其他运输设备制造业	Manufacture of Railroads, Ships, Aerospace and Other Transport Equipment	0.86	1.18	1.56	1.54	1.49	1.78
电气机械及器材制造业	Manufacture of Electrical Machinery and Equipment	11.93	12.90	3.91	7.90	7.05	8.48
通信设备、计算机及其他电子设备制造业	Manufacture of Communication Equipment, Computers and Other Electronic Equipment	2.45	2.03	0.59	1.13	0.67	1.72
仪器仪表制造业	Manufacture of Measuring Instruments	0.81	0.66	0.23	0.16	0.13	0.02
其他制造业	Other Manufacturing	1.12	8.04	1.31	1.57	0.95	0.56
废弃资源综合利用业	Comprehensive Utilization of Dsiposal of Waste					0.15	0.69
电力、热力的生产和供应业	Production and Supply of Electric Power and Heat Power	685.20	857.12	1825.03	2613.88	2922.87	2584.87
燃气生产和供应业	Production and Supply of Gas	1.92	1.83	2.60	9.11	7.96	
水的生产和供应业	Production and Supply of Water		0.04		0.03		
建筑业	**Construction**	**2.29**			**3.00**	**5.50**	**2.00**
交通运输、仓储和邮政业	**Transport, Storage and Post**	**38.66**	**11.42**	**7.56**	**3.06**	**1.80**	**2.70**
批发、零售业和住宿、餐饮业	**Wholesale and Retail Trades, Hotels and Catering Services**	**11.41**	**5.20**	**15.00**	**16.00**	**15.00**	**16.00**
其他	**Others**	**2.51**		**6.00**	**24.00**	**20.00**	**22.00**
生活消费	**Non-Production Household Consumption**	**303.87**	**176.13**	**242.28**	**188.00**	**141.00**	**135.00**
城镇	Urban	165.12	95.64	74.00	35.00	24.00	22.00
乡村	Rural	138.75	80.49	168.28	153.00	117.00	113.00

6-9 电力消费量
Electricity Consumption

单位：亿千瓦小时　　　　(100 million kwh)

行　业	Sector	1990	2000	2005	2010	2011	2012
消费总量	**Total Consumption**	**127.65**	**233.85**	**391.98**	**700.51**	**835.10**	**867.67**
农、林、牧、渔、水利业	**Agriculture, Forestry, Animal Husbandry, Fishery and Water Conservancy**	**14.34**	**21.92**	**23.59**	**13.00**	**11.00**	**10.13**
工　业	**Industry**	**99.05**	**173.98**	**268.60**	**496.72**	**596.04**	**595.62**
#煤炭开采和洗选业	Mining and Washing of Coal	8.28	7.54	8.67	11.70	10.20	12.18
黑色金属矿采选业	Mining and Processing of Ferrous Metal Ores	0.51	0.07	2.07	6.12	6.68	7.90
有色金属矿采选业	Mining and Processing of Non-Ferrous Metal Ores	8.63	2.88	13.39	8.79	9.37	11.42
非金属矿采选业	Mining and Processing of Non-metal Ores	0.57	0.90	2.14	3.35	2.78	3.68
其他采矿业	Mining of Other Ores	0.05	0.01	1.03			
农副食品加工业	Processing of Food from Agricultural Products	1.58	4.26	2.22	8.05	8.60	12.00
食品制造业	Manufacture of Foods	0.42	1.01	1.40	5.91	6.02	7.48
酒、饮料和精制茶制造业	Manufacture of Wine, Beverage and Refined Tea	0.85	0.89	1.17	2.75	2.90	3.77
烟草制品业	Manufacture of Tobacco	0.23	0.32	0.45	0.53	0.53	0.60
纺织业	Manufacture of Textile	4.42	5.00	6.36	17.41	18.94	21.56
纺织服装、服饰业	Manufacture of Textile and Clothing Apparels	0.16	0.15	0.86	3.18	4.53	7.81
皮革、毛皮、羽毛及其制品和制鞋业	Manufacture of Leather, Fur, Feathers and Related Products, Footware	0.23	0.17	0.41	3.21	3.49	4.97
木材加工及木、竹、藤、棕、草制品业	Processing of Timber, Manufacture of Wood,Bamboo, Rattan, Palm, and Straw Products	0.61	1.52	3.67	8.19	8.15	9.00
家具制造业	Manufacture of Furniture	0.09	0.19	0.12	1.04	1.38	1.80
造纸及纸制品业	Manufacture of Paper and Paper Products	2.91	3.00	7.63	14.08	14.75	16.48
印刷业和记录媒介的复制	Printing, Reproduction of Recording Media	0.27	0.33	0.50	1.24	1.27	1.65
文教、工美、体育和娱乐用品制造业	Manufacture of Articles for Culture, Education, Art, Sports and Entertainment Product	0.11	0.07	0.46	1.43	1.53	2.61
石油加工、炼焦及核燃料加工业	Processing of Petroleum, Coking, Processing of Nuclear Fuel	1.31	4.05	4.62	5.93	5.25	6.95
化学原料及化学制品制造业	Manufacture of Raw Chemical Materials and Chemical Products	13.37	16.76	23.60	49.75	47.94	42.08
医药制造业	Manufacture of Medicines	1.95	1.52	3.01	6.44	7.32	9.80
化学纤维制造业	Manufacture of Chemical Fibres	0.69	1.95	3.97	2.59	3.92	4.74
橡胶和塑料制品业	Manufacture of Rubberf and Manufacture of Plastics	0.82	0.70	2.67	7.96	9.22	11.66
非金属矿物制品业	Manufacture of Non-metallic Mineral Products	7.81	16.34	30.53	57.69	95.58	77.25
黑色金属冶炼及压延加工业	Smelting and Pressing of Ferrous Metals	11.69	26.37	38.57	58.61	66.45	56.94
有色金属冶炼及压延加工业	Smelting and Pressing of Non-ferrous Metals	3.64	18.25	23.61	46.04	61.15	60.51
金属制品业	Manufacture of Metal Products	0.91	1.78	4.47	5.80	6.10	8.89
通用设备制造业	Manufacture of General Purpose Machinery	1.78	1.78	2.77	5.50	6.67	6.60
专用设备制造业	Manufacture of Special Purpose Machinery	1.05	1.94	2.92	3.20	3.81	5.33
汽车制造业	Manufacture of Automobiles	1.44	2.07	3.77	8.67	10.26	10.55
铁路、船舶、航空航天和其他运输设备制造业	Manufacture of Railroads, Ships, Aerospace and Other Transport Equipment	0.45	0.66	1.19	2.74	3.24	3.33
电气机械及器材制造业	Manufacture of Electrical Machinery and Equipment	0.93	1.10	2.82	15.34	20.52	25.51
通信设备、计算机及其他电子设备制造业	Manufacture of Communication Equipment, Computers and Other Electronic Equipment	0.45	0.62	0.93	5.85	8.85	11.59
仪器仪表制造业	Manufacture of Measuring Instruments	0.19	0.29	0.38	0.73	1.00	1.10
其他制造业	Other Manufacturing	0.12	0.15	2.17	2.21	2.81	2.77
废弃资源综合利用业	Comprehensive Utilization of Dsiposal of Waste					0.40	0.80
电力、热力的生产和供应业	Production and Supply of Electric Power and Heat Power	18.84	45.68	58.04	56.77	129.10	118.51
燃气生产和供应业	Production and Supply of Gas	0.03	0.03	0.25	0.76	0.81	0.95
水的生产和供应业	Production and Supply of Water	1.51	3.04	4.86	4.39	4.51	4.83
建筑业	**Construction**	**0.93**	**0.80**	**2.74**	**6.69**	**10.14**	**11.24**
交通运输、仓储和邮政业	**Transport, Storage and Post**	**1.19**	**3.42**	**4.35**	**13.28**	**17.49**	**18.71**
批发、零售业和住宿、餐饮业	**Wholesale and Retail Trades, Hotels and Catering Services**	**0.90**	**3.08**	**9.56**	**21.73**	**30.34**	**34.49**
其他	**Others**	**2.77**	**7.52**	**17.61**	**38.27**	**45.14**	**51.00**
生活消费	**Non-Production Household Consumption**	**8.47**	**23.23**	**65.53**	**110.82**	**124.95**	**146.48**
城　镇	Urban	4.51	15.68	40.81	61.48	69.71	80.72
乡　村	Rural	3.96	7.55	24.72	49.34	55.24	65.76

6-10 能源生产量
Energy Production

能源品种	Type of Energy	1990	2000	2005	2010	2011	2012
一次能源生产量(万吨标准煤)	**Primary Energy Output(10000 tons of SCE)**	**1282.42**	**1293.23**	**2010.45**	**2299.09**	**2581.40**	**2595.89**
原煤(万吨)	Raw Coal(10000 tons)	2027.11	1813.76	2565.05	2912.22	3236.84	2950.00
洗精煤(万吨)	Cleaned Coal(10000 tons)	144.84	125.84	192.72	126.10	379.84	437.71
其他洗煤(万吨)	Other Washed Coal(10000 tons)	189.72	52.10	91.97	429.78	126.88	85.82
焦炭(万吨)	Coke(10000 tons)	119.96	177.5	396.7	678.44	775.90	802.12
燃料油(万吨)	Fuel Oil(10000 tons)	42.36	54.27	39.53	20.89	7.77	4.29
汽油(万吨)	Gasoline(10000 tons)	47.82	81.75	86.10	108.07	100.69	130.61
煤油(万吨)	Kerosene(10000 tons)	1.10	2.41	4.67			3.24
柴油(万吨)	Diesel Oil(10000 tons)	46.12	125.82	132.53	190.85	193.88	229.01
液化石油气(万吨)	Liquefied Petroleum Gas(10000 tons)	4.53	16.92	26.90	24.27	21.27	26.18
炼厂干气(万吨)	Refinery Gas(10000 tons)	3.98	9.43	12.21	14.84	13.84	17.58
焦炉煤气(亿立方米)	Coke Oven Gas(100 million cu.m)	3.72	7.03	11.89	15.71	20.77	22.50
电力(亿千瓦小时)	Electricity(100 million kwh)	121.41	226.77	373.49	637.59	742.22	759.58

6-11 平均每天能源消费量
Average Daily Energy Consumption by Type of Energy

能源品种	Type of Energy	1990	2000	2005	2010	2011	2012
合计(吨标准煤)	**Total(ton of SCE)**	**47460**	**68630**	**117425**	**171192**	**189813**	**198162**
煤炭(吨)	Coal(ton)	62079	67634	119132	171130	191463	186352
焦炭(吨)	Coke(ton)	4308	5642	12407	21167	23899	24073
原油(吨)	Crude Oil (ton)	4249	9073	10083	12875	11857	13924
燃料油(吨)	Fuel Oil(ton)	641	937	852	648	734	818
汽油(吨)	Gasoline(ton)	1159	1602	2233	4253	5007	5436
煤油(吨)	Kerosene(ton)	145	62	196	233	248	261
柴油(吨)	Diesel Oil(ton)	1245	2871	7454	10103	10755	11415
电力(万千瓦小时)	Electricity(10000 kwh)	3497	6407	10739	19192	22879	23772

6-12 人均生活能源消费量

Annual per Capita Energy Consumption of Households

能源品种	Type of Energy	1990	2000	2005	2010	2011	2012
生活消费能源(千克标准煤)	**Consumption for Households(kg of SCE)**	**59.68**	**82.71**	**109.11**	**147.26**	**158.59**	**166.97**
煤 炭(千克)	Coal(kg)	80.97	42.66	56.38	42.27	31.51	30.03
汽 油(千克)	Petrol(kg)		0.97	2.79	6.39	7.37	8.90
天然气(立方米)	Natural Gas(cu.m)			0.12	3.46	3.60	5.83
液化石油气(千克)	Liquefied Petroleum Gas(kg)	0.89	4.94	5.64	8.95	8.94	6.90
煤气(立方米)	Coal Gas(cu.m)	0.24	1.52	2.54	4.61	6.93	2.22
电力(千瓦小时)	Electricity(kwh)	22.57	56.26	152.49	249.19	279.22	325.80

6-13 能源生产弹性系数

Elasticity Ratio of Energy Production

年 份 Year	能源生产比上年增长(%) Growth Rate of Energy Production over Preceding Year (%)	电力生产比上年增长(%) Growth Rate of Electricity Production over Preceding Year (%)	地区生产总值比上年增长(%) Growth Rate of Gross Domestic Product (GDP) over Preceding Year (%)	能源生产弹性系数 Elasticity Ratio of Energy Production	电力生产弹性系数 Elasticity Ratio of Electricity Production
1985	2.52	15.43	14.8	0.17	1.04
1986	-3.94	13.74	6.7		2.05
1987	5.63	8.98	8.3	0.68	1.08
1988	6.75	12.54	11.4	0.59	1.10
1989	-0.09	3.50	6.1		0.57
1990	-2.86	1.42	4.5		0.32
1991	5.51	7.04	8.2	0.67	0.86
1992	-0.60	10.52	14.8		0.71
1993	1.57	5.08	13.7	0.11	0.37
1994	10.79	13.01	17.0	0.63	0.77
1995	22.50	3.45	14.5	1.55	0.24
1996	-15.82	3.94	13.4		0.29
1997	-10.37	-1.89	11.5		
1998	-1.09	0.69	8.2		0.08
1999	-17.22	8.90	7.8		1.14
2000	12.02	7.73	8.0	1.50	0.97
2001	-3.91	6.85	8.8		0.78
2002	0.76	14.73	10.5	0.07	1.40
2003	20.22	22.64	13.0	1.55	1.74
2004	26.37	13.85	13.2	2.00	1.05
2005	5.68	1.89	12.8	0.44	0.15
2006	11.47	16.68	12.3	0.93	1.36
2007	0.55	13.42	13.2	0.04	1.02
2008	6.29	-0.21	13.2	0.48	
2009	5.59	6.33	13.1	0.43	0.48
2010	-9.08	21.58	14.0		1.54
2011	12.28	16.41	12.5	0.98	1.31
2012	0.56	2.34	11.0	0.05	0.21

6-14 能源消费弹性系数

Elasticity Ratio of Energy Consumption

年 份 Year	能源消费比上年增长(%) Growth Rate of Energy Consumption over Preceding Year (%)	电力消费比上年增长(%) Growth Rate of Electricity Consumption over Preceding Year (%)	地区生产总值比上年增长(%) Growth Rate of Gross Domestic Product (GDP) over Preceding Year (%)	能源消费弹性系数 Elasticity Ratio of Energy Consumption	电力消费弹性系数 Elasticity Ratio of Electricity Consumption
1985	4.75	14.11	14.8	0.32	0.95
1986	11.19	11.10	6.7	1.67	1.66
1987	8.07	11.53	8.3	0.97	1.39
1988	8.75	11.76	11.4	0.77	1.03
1989	0.76	4.61	6.1	0.12	0.76
1990	-2.08	4.10	4.5		0.91
1991	3.53	6.22	8.2	0.43	0.76
1992	4.35	9.37	14.8	0.29	0.63
1993	3.99	6.20	13.7	0.29	0.45
1994	6.45	10.37	17.0	0.38	0.61
1995	15.50	4.30	14.5	1.07	0.30
1996	-9.90	4.97	13.4		0.37
1997	-1.03	-2.18	11.5		
1998	-4.88	0.83	8.2		0.10
1999	5.23	3.35	7.8	0.67	0.42
2000	4.01	7.98	8.0	0.50	1.00
2001	4.91	6.23	8.8	0.56	0.71
2002	11.61	11.32	10.5	1.11	1.08
2003	16.81	15.54	13.0	1.29	1.20
2004	11.33	21.80	13.2	0.86	1.65
2005	12.38	6.37	12.8	0.97	0.50
2006	8.73	13.83	12.3	0.71	1.12
2007	8.42	14.54	13.2	0.64	1.10
2008	6.54	6.98	13.2	0.50	0.53
2009	7.98	11.42	13.1	0.61	0.87
2010	7.50	14.98	14.0	0.54	1.07
2011	10.88	19.21	12.5	0.87	1.54
2012	4.40	3.90	11.0	0.40	0.36

6-15 规模以上工业主要能源分行业消费量（2012年）

单位：吨

行业	sector	原煤 Raw Coal	洗精煤 Cleaned Coal
总计	**Total**	**51981493**	**11152507**
煤炭开采和洗选业	Mining and Washing of Coal	8107563	
黑色金属矿采选业	Mining and Processing of Ferrous Metal Ores	43445	
有色金属矿采选业	Mining and Processing of Non-Ferrous Metal Ores	32889	238
非金属矿采选业	Mining and Processing of Non-metal Ores	80353	145
农副食品加工业	Processing of Food from Agricultural Products	202555	
食品制造业	Manufacture of Foods	927858	
酒、饮料和精制茶制造业	Manufacture of Wine, Beverage and Refined Tea	99531	
烟草制品业	Manufacture of Tobacco	2004	9922
纺织业	Manufacture of Textile	83591	
纺织服装、服饰业	Manufacture of Textile and Clothing Apparels	23332	
皮革、毛皮、羽毛及其制品和制鞋业	Manufacture of Leather, Fur, Feathers and Related Products, Footware	13873	
木材加工及木、竹、藤、棕、草制品业	Processing of Timber, Manufacture of Wood, Bamboo, Rattan, Palm, and Straw Products	10019	
家具制造业	Manufacture of Furniture	5410	
造纸及纸制品业	Manufacture of Paper and Paper Products	607179	
印刷和记录媒介复制业	Printing, Reproduction of Recording Media	829	
文教、工美、体育和娱乐用品制造业	Manufacture of Articles for Culture, Education, Art, Sports and Entertainment Product	15718	
石油加工、炼焦及核燃料加工业	Processing of Petroleum, Coking, Processing of Nuclear Fuel	29409	5709762
化学原料及化学制品制造业	Manufacture of Raw Chemical Materials and Chemical Products	1609707	17040
医药制造业	Manufacture of Medicines	230328	30
化学纤维制造业	Manufacture of Chemical Fibres	574025	
橡胶和塑料制品业	Manufacture of Rubber and Plastics	54117	
非金属矿物制品业	Manufacture of Non-metallic Mineral Products	9522050	47088
黑色金属冶炼及压延加工业	Smelting and Pressing of Ferrous Metals	3130970	5344422
有色金属冶炼及压延加工业	Smelting and Pressing of Non-ferrous Metals	458854	10803
金属制品业	Manufacture of Metal Products	29384	
通用设备制造业	Manufacture of General Purpose Machinery	33678	131
专用设备制造业	Manufacture of Special Purpose Machinery	17231	191
汽车制造业	Manufacture of Automobiles	67535	1994
铁路、船舶、航空航天和其他运输设备制造业	Manufacture of Railroads, Ships, Aerospace and Other Transport Equipment	15815	
电气机械及器材制造业	Manufacture of Electrical Machinery and Equipment	84277	10741
计算机、通信和其他电子设备制造业	Manufacture of Computers, Communication Equipment, and Other Electronic Equipment	6460	
仪器仪表制造业	Manufacture of Measuring Instruments	245	
其他制造业	Other Manufacturing	5609	
废弃资源综合利用业	Comprehensive Utilization of Dsiposal of Waste	6950	
电力、热力的生产和供应业	Production and Supply of Electric Power and Heat Power	25848699	
燃气生产和供应业	Production and Supply of Gas		
水的生产和供应业	Production and Supply of Water		

Main Energy Consumption of Industrial Enterprises above Designated Size by Sector (2012)

(ton)

其他洗煤 Other Washed Coal	焦炭 Coke	原油 Crude Oil	汽油 Gasoline	煤油 Kerosene	柴油 Diesel Oil	燃料油 Fuel Oil
442151	**8786584**	**5082178**	**32643**	**3039**	**269477**	**278482**
			891		3300	
			174		17077	
114	66		759	106	9342	
	760		145		62594	
99	172		1143	3	1849	
4050			779		1351	
			314		592	
			263		1460	
			852	167	496	15
			1854	2	1317	22
			401		772	1198
197			639	1	1533	
			184		422	
			340		1245	
			812	5	1101	
588			334		653	
		5082178	166		337	160401
683	1405		2047	45	6477	180
			866		1655	
	1421		13		177	
			1176	25	1339	6249
			2104	29	34546	
424223	8651209		407		7353	556
12197	112104		1636	225	75259	109611
	4243		779	68	2460	121
	3287		905	56	1292	54
	5144		879	8	2901	
	6394		1647	74	11000	
			795	2220	3031	
	379		2007	5	4283	15
			674		568	
			163	1	8	
			334		1397	62
			216		1651	
			4987		7406	
			503		943	
			453		291	

6-16 各地区能源消费总量及用电量（2012年）

The Energy Consumption and Electrical by Region(2012)

地　区	Region	能源消费总量（万吨标准煤） Total Energy Composition (10000 tons of SCE)	规模以上工业能源消费量（当量值）（万吨标准煤） Energy Consumption of Industrial Enterprises above Designated Size by Region (equivalent value) (10000 tons of SCE)	全社会用电量（亿千瓦时） Society Electrical (100million kwh)	工业用电量（亿千瓦时） Industrical Electricity (100million kwh)	居民生活用电量（亿千瓦时） Residential Electricity Consumption (100million kwh)
全　省	**Provincial Total**	**7232.92**	**4522.4**	**867.7**	**595.6**	**146.5**
南 昌 市	Nanchang	1622.87	497.6	136.4	73.9	26.9
景德镇市	Jingdezhen	383.26	252.3	41.1	29.9	6.3
萍 乡 市	Pingxiang	1068.73	574.0	58.9	46.8	7.3
九 江 市	Jiujiang	1019.52	667.5	107.1	76.3	18.3
新 余 市	Xinyu	954.39	724.0	70.6	61.5	4.1
鹰 潭 市	Yingtan	242.11	205.0	35.6	27.8	3.5
赣 州 市	Ganzhou	819.5	263.2	111.8	69.5	25.6
吉 安 市	Ji'an	474.29	278.1	58.3	38.9	10.8
宜 春 市	Yichun	930.78	641.2	113.0	84.8	15.3
抚 州 市	Fuzhou	420.83	99.1	40.1	23.2	10.0
上 饶 市	Shangrao	613.76	320.5	94.7	62.9	18.3

6-17 各地区规模以上工业主要能源消费量（2012年）

Main Energy Consumption of Industrial Enterprises above Designated Size by Region (2012)

单位：吨　　(ton)

地　区	Region	原　煤 Raw Coal	洗精煤 Cleaned Coal	其他洗煤 Other Washed Coal	焦　炭 Coke	原　油 Crude Oil	汽　油 Gasoline	煤　油 Kerosene	柴　油 Diesel Oil	燃料油 Fuel Oil
全　省	**Provincial Total**	**51981493**	**11152507**	**442151**	**8786584**	**5082178**	**32643**	**3039**	**269477**	**278482**
南 昌 市	Nanchang	3679060	1162734	424223	1401453		12250	681	36747	17972
景德镇市	Jingdezhen	3675330	3975496				1021	1780	1686	153515
萍 乡 市	Pingxiang	6622493	2106923		2110761		1562	16	10012	6266
九 江 市	Jiujiang	5183360			1653717	5082178	3469	4	74142	1307
新 余 市	Xinyu	5127144	3752448		3498960		1402	204	24859	
鹰 潭 市	Yingtan	2767107	823		8018		1063		65027	61605
赣 州 市	Ganzhou	2977245	4449	114	7295		3024	172	11009	647
吉 安 市	Ji'an	4332227	21063	5253	5322		848	16	5287	1750
宜 春 市	Yichun	12229499	110158	68	3116		3634	46	17694	2936
抚 州 市	Fuzhou	447827	1113	12493	14124		2144	64	4903	7441
上 饶 市	Shangrao	4940200	17300		83819		2225	56	18111	25044

主要统计指标解释

能源生产总量 指一定时期内，全国或地区一次能源生产量的总和。该指标是观察全国或地区能源生产水平、规模、构成和发展速度的总量指标。一次能源生产量包括原煤、原油、天然气、水电、核能及其他动力能(如风能、地热能等)发电量，不包括低热值燃料生产量、生物质能、太阳能等的利用和由一次能源加工转换而成的二次能源产量。

能源消费总量 指一定时期内，全国或地区各行业和居民生活消费的各种能源的总和。该指标是观察能源消费水平、构成和增长速度的总量指标。能源消费总量包括原煤和原油及其制品、天然气、电力，不包括低热值燃料、生物质能和太阳能等的利用。能源消费总量分为终端能源消费量、能源加工转换损失量和能源损失量三部分。

(1)终端能源消费量：指一定时期内，全国或地区生产和生活消费的各种能源在扣除了用于加工转换二次能源消费量和损失量以后的数量。

(2)能源加工转换损失量：指一定时期内，全国或地区投入加工转换的各种能源数量之和与产出各种能源产品之和的差额。该指标是观察能源在加工转换过程中损失量变化的指标。

(3)能源损失量：指一定时期内，能源在输送、分配、储存过程中发生的损失和由客观原因造成的各种损失量，不包括各种气体能源放空、放散量。

能源生产弹性系数 是研究能源生产增长速度与国民经济增长速度之间关系的指标。计算公式：

$$能源生产弹性系数=\frac{能源生产总量年平均增长速度}{国民经济年平均增长速度}$$

国民经济年平均增长速度，可根据不同的目的或需要，用国民生产总值、国内生产总值等指标来计算，本年鉴是采用国内生产总值指标计算的。

电力生产弹性系数 是研究电力生产增长速度与国民经济增长速度之间关系的指标。一般来说，电力的发展应当快于国民经济的发展，也就是说电力应超前发展。计算公式为：

$$电力生产弹性系数=\frac{电力生产量年平均增长速度}{国民经济年平均增长速度}$$

能源消费弹性系数 反映能源消费增长速度与国民经济增长速度之间比例关系的指标。计算公式为：

$$能源消费弹性系数=\frac{能源消费量年平均增长速度}{国民经济年平均增长速度}$$

电力消费弹性系数 反映电力消费增长速度与国民经济增长速度之间比例关系的指标。计算公式为：

$$电力消费弹性系数=\frac{电力消费量年平均增长速度}{国民经济年平均增长速度}$$

Explanatory Notes on Main Statistical Indicators

Total Energy Production refers to the total production of primary energy by all energy producing enterprises in the country or region in a given period of time. It is a comprehensive indicator to show the level, scale, composition and pace of development of energy production of the country or region. The production of primary energy includes that of coal, crude oil, natural gas, hydro-power and electricity generated by nuclear energy and other means such as wind power and geothermal power. However, it does not include the production of fuels of low calorific value, bio-energy, solar energy and secondary energy converted from primary energy.

Total Energy Consumption refers to the total consumption of energy of various kinds by the production sectors and the households in the country or region in a given period of time. It is a comprehensive indicator to show the scale, composition and pace of increase of energy consumption. Total energy consumption includes that of coal, crude oil and their products, natural gas and electricity. However, it does not include the consumption of fuel of low calorific value, bio-energy and solar energy. Total energy consumption can be divided into three parts: end-use energy consumption; loss during the process of energy conversion; and energy loss.

(1)End-use Energy Consumption: It refers to the total energy consumption by the production sectors and the households in the country or region in a given period of time. It does not include the consumption during the conversion of primary energy into secondary energy and the loss in the process of energy conversion.

(2)Loss During the Process of Energy Conversion: It refers to the total input of various kinds of energy for conversion, minus the total output of various kinds of energy in the country or region in a given period of time. It is an indicator to show the loss that occurs during the process of energy conversion.

(3)Energy Loss: It refers to the total of the loss of energy during the course of energy transport, distribution and storage and the loss caused by any objective reason in a given period of time. The loss of various kinds of gas due to gas discharges and stocktaking is not included.

Elasticity Ratio of Energy Production is an indicator to show the relationship between the growth rate of energy production and the growth rate of the national economy. The formula is:

$$\text{Elasticity Ratio of Energy Production} = \frac{\text{Average Annual Growth Rate of Energy Production}}{\text{Average Annual Growth Rate of National Economy}}$$

The average annual growth rate of the national economy can be measured by indicators such as the Gross National Product and the Gross Domestic Product, depending on the purposes or needs. The Gross Domestic Product has been used in the calculation of the ratio in this Yearbook.

Elasticity Ratio of Electricity Production is an indicator to show the relationship between the growth rate of electricity production and the growth rate of the national economy. Generally speaking, the growth rate of electricity production should be higher than that of the national economy.

Its formula is:

$$\text{Elasticity Ratio of Electricity Production} = \frac{\text{Average Annual Growth Rate of Electricity Production}}{\text{Average Annual Growth Rate of National Economy}}$$

Elasticity Ratio of Energy Consumption is an indicator to show the relationship between the growth rate of energy consumption and the growth rate of the national economy. The formula is:

$$\text{Elasticity Ratio of Energy Consumption} = \frac{\text{Average Annual Growth Rate of Energy Consumption}}{\text{Average Annual Growth Rate of National Economy}}$$

Elasticity Ratio of Electricity Consumption is an indicator to show the relationship between the growth rate of electricity consumption and the growth rate of the national economy. The formula is:

$$\text{Elasticity Ratio of Electricity Consumption} = \frac{\text{Average Annual Growth Rate of Electricity Consumption}}{\text{Average Annual Growth Rate of National Economy}}$$

7

财 政

GOVERNMENT FINANCE

◆135/143

资料整理及英文翻译：吴 洁

简要说明

一、主要内容

本篇包括全省财政收支和预算外资金收支资料。

二、统计口径

2007 年起，财政收支科目实施了较大改革，特别是财政支出项目口径变化很大，与往年数据不可比。

三、资料来源

资料来源于省财政厅的财政总决算报表，由省统计局国民经济核算处编辑整理。

Brief Introduction

I. Main Contents

The data in this chapter present provincial government revenue and expenditure situation, the extra-budgetary revenue and expenditure.

II. Scope of Statistics

Due to the adjustment on classifications of revenue and expenditure accounts since 2007, the relative data are not compared with data in preceding years.

III. Sources of Data

The data are based on final provincial financial accounts, which are provided by the Department of National Accounts of the provincial Bureau of Statistics.

7-1 财 政 收 入
Government Revenue

单位：万元 (10000 yuan)

年 份 Year	财政总收入 Total Government Revenue	公共财政预算收入 Public Financial Revenue of the Local Government	税收收入 Taxes	#增值税 Value-added Tax	#营业税 Business Tax	#企业所得税 Company Income Tax	非税收入 Other Revenue	上交中央收入 Revenue Handed in the Central Government	财政总收入占GDP比重(%) Ratio to Gross Domestic Product (%)
1994	886126	492907	421932	106344	111482	38491	70975	393219	9.4
1995	1052156	641328	524945	110526	151464	56004	116383	410828	9.0
1996	1235752	770936	635070	126810	194011	63139	135866	464816	8.8
1997	1349161	905924	712721	119902	216962	81443	193203	443237	8.4
1998	1456586	971561	769453	123145	250849	73469	202108	485025	8.5
1999	1549806	1051371	812280	125302	249255	86842	239091	498435	8.4
2000	1716931	1115536	856481	150826	263986	95048	259055	601395	8.6
2001	2001639	1319790	1021023	172324	266187	226086	298767	681849	9.2
2002	2345064	1405457	1040551	187248	334960	105994	364906	939607	9.6
2003	2858087	1681670	1230510	230683	431628	97428	451160	1176417	10.2
2004	3508081	2057667	1450860	254350	553126	135045	606807	1450414	10.1
2005	4259007	2529236	1707228	338739	628395	173966	822008	1729771	10.5
2006	5186139	3055214	2087123	411759	755107	246651	968091	2130925	10.8
2007	6652189	3898510	2818573	530534	973988	379803	1079937	2753679	11.5
2008	8169872	4886476	3579635	642916	1181937	474319	1306841	3283396	11.7
2009	9288753	5813012	4300204	667374	1534987	462744	1512808	3475741	12.1
2010	12262376	7780922	5851073	847892	2043822	637192	1929849	4481454	13.0
2011	16450001	10534342	7770948	1058993	2727856	979220	2763394	5915659	14.1
2012	20461475	13719940	9780836	1074123	3634642	1241189	3939104	6741535	15.8

注：1.1994-2009年企业所得税含退税。
2.1994-1997年国有资产经营收益体现为国有企业上缴利润。
3.1997年地方财政收入和非税收入包含当年纳入基金预算收入的城市教育附加费、矿产资源补偿费、排污费和城市水资源费收入。
4.从2002年开始，上交中央收入包含上划所得税。
5.农业税收包含农业税、农业特产税(2006年含烟叶税部分)、耕地占用税、契税。
6.以上数据根据江西省历年财政总决算整理得出。

a) From 1994 to 2006,Company income tax indudes tax rebate for it.
b) From 1994 to 1997,the operating income of State-owned enterprises reflects the profits the state-owned enterprises handed in.
c) In 1997,the local government revenue and non-tax income indude extra-charges for urban education,compensation for mineral resources,fee on sewage treatment and on urban water resource,which has brought into the income of funds budget at current year.
d) Since 2002,revenue handed in the central government has induded income tax divided above.
e) Agricultural tax includes Agricultural tax,tax on special Agricultural,products(inducle tobacco tax in 1996),tax on the occupancy of cultivated land, and contract tax.
f) Data above are collected according to Jiangxi annual general final budget of public finance.

7-2 公共财政预算收入

Public Financial Revenue of the Local Government

单位：万元 (10000 yuan)

项　　　目	Item	2009	2010	2011	2012
总　　计	**Total**	**5813012**	**7780922**	**10534342**	**13719940**
税收收入	**Total Tax revence**	**4300204**	**5851073**	**7770948**	**9780836**
#增值税	Value Added Tax	667374	847892	1058993	1074123
营业税	Business Tax	1534987	2043822	2727856	3634642
企业所得税	Corporate Income Tax	462744	637192	979220	1241189
企业所得税退税	Tax Rebate for Corporate Income Tax			-502	
个人所得税	Individual Income Tax	163954	202683	323167	265246
资源税	Resource Tax	108670	129069	186589	297208
固定资产投资方向调节税	Tax on the Adjustment of the Investment in the Fixed Assets			102	8
城市维护建设税	City Maintenance and Construction Tax	234170	307547	417979	479944
房产税	House Property Tax	77672	91334	113455	158630
印花税	Stamp Tax	47678	62339	83785	99177
城镇土地使用税	Urban Land Use Tax	124491	156654	182787	251690
土地增值税	Land Appreciation Tax	163282	257207	373328	522790
车船税	Tax on Vehicles and Boat Operation	31336	41498	56060	68976
烟叶税	Tobacco Leaf Tax	11628	10480	15762	18891
耕地占用税	Farm Land Occupation Tax	229160	357445	471965	717578
契　税	Deed Tax	443058	705911	780402	950744
非税收入	**Non Tax Revenue**	**1512808**	**1929849**	**2763394**	**3939104**
#国有资本经营收入	Profit from State-owned Assets	167689	240752	203415	356719
行政性收费收入	Charge of Administrative and Institutional Units	563583	709133	1166206	1507833
罚没收入	Penalty Receipts	297586	304785	393730	547590
专项收入	Special Program Receipts	220068	354497	490545	520261
国有资源(资产)有偿使用收入	Revenue of Compensable Use of State-owned Resources	131788	200901	307627	658977
其他收入	Other Revences	132094	119781	201871	347724

7-3 公共财政预算支出

Public Financial Expenditures of the Local Government

单位：万元 (10000 yuan)

项目	Item	2009	2010	2011	2012
总计	**Total**	**15623742**	**19232633**	**25345989**	**30192244**
一般公共服务	General Public Services	1934186	2187548	2579961	3081631
国防	National Defence	32497	40877	50259	54023
公共安全	Public Security	862164	1074864	1238986	1417128
教育	Education	2519286	2974961	4744279	6220594
科学技术	Science and Technology	134021	182628	213209	274969
文化体育与传媒	Culture,Sports and Media	229317	283833	396558	447728
社会保障和就业	Social Seaurity and Employment	2193351	2330159	2727451	3230628
医疗卫生	Health Care and Medical Services	1205455	1500167	1963204	2191516
节能环保	Energy saving and Environment Protection	431419	491411	437613	669129
城乡社区事务	Community Affairs in Urban and Rural Areas	797080	1024679	1253419	1766999
农林水事务	Agriculture,Forestry and Water Conservancy	2034071	2323354	2879919	3847674
交通运输	Transportation	1129603	1073072	2180462	1927848
资源勘探电力信息等事务	Affairs of Exploration,Power and Information	796459	1175299	1573585	1960281
商业服务业等事务	Affairs of Financial Supervision			381595	382196
金融监管等事务支出	Expenditure for Affairs of Financial Supervision	5235	10633	20640	69217
地震灾后恢复重建支出	Expenditure for Post-earthquake Recovery and Reconstruction	40000	1825		
国土资源气象等事务	Affairs of Land and Weather			285089	303591
住房保障支出	Expenditure for Affairs of Housing Security			1082808	1344319
粮油物资储备事务	Expenditure for Affairs of Grain & Oil Reserves				189497
国债还本付息支出	Expenditure for National Debt Repay Capital with Interest	20545	66273	125105	118517
其他支出	Other Expenditure			740722	694759

7-4 财政收支总额及增长速度

Government Revenue and Expenditure and Growth Rates

年 份 Year	财政总收入 (万元) Government Revenue (10000 yuan)	公共财政预算支出(万元) Public Financial Revenue of the Local Government (10000 yuan)	收支差额 (万元) Balance (10000 yuan)	比上年增长(%) Growth Rate over preceding year(%) 财政总收入 Government Revenue	比上年增长(%) 公共财政预算支出 Public Financial Revenue of the Local Government
1978	122246	162701	-40455	60.4	35.5
1979	117771	176302	-58531	-3.7	8.4
1980	124667	159884	-35217	5.9	-9.3
1981	131822	140292	-8470	5.7	-12.3
1982	123283	155407	-32124	-6.5	10.8
1983	135281	174677	-39396	9.7	12.4
1984	150126	219439	-69313	11.0	25.6
1985	211843	297263	-85420	41.1	35.5
1986	240552	366258	-125706	13.6	23.2
1987	282110	377878	-95768	17.3	3.2
1988	322931	423518	-100587	14.5	12.1
1989	374886	487126	-112240	16.1	15.0
1990	406155	507559	-101404	8.3	4.2
1991	448050	603651	-155601	10.3	18.9
1992	493882	683826	-189944	10.2	13.3
1993	656721	818983	-162262	33.0	19.8
1994	886707	920290	-33583	35.0	12.4
1995	1052172	1103381	-51209	18.7	19.9
1996	1235782	1318475	-82693	17.5	19.5
1997	1349160	1526026	-176866	9.2	15.7
1998	1456584	1752605	-296021	8.0	14.8
1999	1549809	2078293	-528484	6.4	18.6
2000	1716943	2234722	-517779	10.8	7.5
2001	2001638	2837144	-835506	16.6	27.0
2002	2344259	3413843	-1069584	17.1	20.3
2003	2858122	3820981	-962859	21.9	11.9
2004	3508096	4540598	-1032502	22.7	18.8
2005	4259007	5639525	-1380518	21.4	24.2
2006	5186139	6964361	-1778222	21.8	23.5
2007	6652189	9050582	-2398393	28.3	30.0
2008	8169872	12100730	-3930858	22.8	33.7
2009	9288753	15623742	-6334989	13.7	29.1
2010	12262376	19232633	-6970257	32.0	23.1
2011	16450001	25345989	-8895988	34.2	31.8
2012	20461475	30192244	-9730769	24.4	19.1

7-5 各地区公共财政预算收入（2012年）
Public Financial Revenue of the Local Government by Region (2012)

单位：万元 (10000 yuan)

地　区	Region	公共财政预算收入 Public Financial Revenue of the Local Government	增值税 Value-added Tax	营业税 Business Tax	企业所得税 Company Income Tax	个人所得税 Personal Income Tax	其他收入 Other Revenue
全　省	**Provincial Total**	**13719940**	**1074123**	**3634642**	**1241189**	**265246**	**7504740**
南昌市	Nanchang	2401427	151891	871127	257675	105059	1015675
景德镇市	Jingdezhen	666397	30259	150450	36778	11161	437749
萍乡市	Pingxiang	740916	62168	266088	25725	5759	381176
九江市	Jiujiang	1418709	87775	380113	116258	18045	816518
新余市	Xinyu	832339	54813	194751	39451	9784	533540
鹰潭市	Yingtan	588261	47807	135205	27720	10414	367115
赣州市	Ganzhou	1412773	141085	375028	176459	45870	674331
吉安市	Ji'an	1034953	79976	275673	57802	19639	601863
宜春市	Yichun	1324310	141566	324945	103267	16122	738410
抚州市	Fuzhou	872478	49647	301378	50392	7944	463117
上饶市	Shangrao	1341619	144637	321012	91399	15252	769319

注：本表财政收入不含中央两税收入。
The local Government Revenue in the table do not include the Value-added tax and consumption tax of the central Government.

7-6 各地区公共财政预算支出（2012年）
Public Financial Expenditures of the Local Government by Region (2012)

单位：万元 (10000 yuan)

地　区	Region	公共财政预算支出 Public Financial Expenditures of the Local Government	一般公共服务 General Public Services	教　育 Education	社会保障和就业 Social Seaurity and Employment	医疗卫生 Health Care and Medical	农林水事务 Agriculture, Forestry and Water	其他支出 Other Expenditure
全　省	**Provincial Total**	**30192244**	**3081631**	**6220594**	**3230628**	**2191516**	**3847674**	**11620201**
南昌市	Nanchang	3459909	317807	635175	378404	309684	257808	1561031
景德镇市	Jingdezhen	1213534	179541	183517	167243	82318	133058	467857
萍乡市	Pingxiang	1343449	155934	208835	175984	90581	129650	582465
九江市	Jiujiang	2980139	320442	552883	344328	230619	354633	1177234
新余市	Xinyu	1261187	107629	184588	94560	60300	83449	730661
鹰潭市	Yingtan	879700	60785	127013	88702	71577	67711	463912
赣州市	Ganzhou	4041635	393952	943613	592466	345246	548165	1218193
吉安市	Ji'an	2469444	242048	549380	270159	214334	449967	743556
宜春市	Yichun	2692561	277429	543554	395910	229938	406382	839348
抚州市	Fuzhou	2022092	192028	419226	239637	174787	303420	692994
上饶市	Shangrao	3042588	305669	697366	353274	305710	423429	957140

7-7 县(市、区)公共财政预算收入(2012年)

Public Financial Revenue of the Local Government by County(County-level City) (2012)

单位：万元　　　　　　　　　　　　　　　　　　　　　　　　(10000 yuan)

地区	Region	公共财政预算收入 Local Government Budgetary Expenditure	地区	Region	公共财政预算收入 Local Government Budgetary Expenditure	地区	Region	公共财政预算收入 Local Government Budgetary Expenditure
东湖区	Donghu	86298	余江县	Yujiang	98854	袁州区	Yuanzhou	97593
西湖区	Xihu	98190	贵溪市	Guixi	244570	奉新县	Fengxin	95311
青云谱区	Qingyunpu	65027	章贡区	Zhanggong	109055	万载县	Wanzai	85121
湾里区	Wanli	37573	赣县	Ganxian	70100	上高县	Shanggao	100046
青山湖区	Qingshanhu	113600	信丰县	Xinfeng	67001	宜丰县	Yifeng	62537
南昌县	Nanchang	353669	大余县	Dayu	44985	靖安县	Jing'an	41652
新建县	Xinjian	152344	上犹县	Shangyou	32754	铜鼓县	Tonggu	40768
安义县	Anyi	50466	崇义县	Chongyi	43551	丰城市	Fengcheng	292915
进贤县	Jinxian	94873	安远县	Anyuan	27682	樟树市	Zhangshu	186538
昌江区	Changjiang	74204	龙南县	Longnan	65208	高安市	Gaoan	150738
珠山区	Zhujiang	47070	定南县	Dingnan	39404	临川区	Linchuan	106236
浮梁县	Fuliang	72523	全南县	Quannan	30001	南城县	Nancheng	80733
乐平市	Leping	200498	宁都县	Ningdu	50460	黎川县	Lichuan	59989
安源区	Anyuan	238677	于都县	Yudu	72593	南丰县	Nanfeng	64725
湘东区	Xiangdong	97120	兴国县	Xingguo	51861	崇仁县	Chongren	63236
莲花县	Lianhua	40840	会昌县	Huichang	53623	乐安县	Le'an	38464
上栗县	Shangli	108992	寻乌县	Xunwu	29622	宜黄县	Yihuang	48022
芦溪县	Luxi	72289	石城县	Shicheng	29556	金溪县	Jinxi	55229
庐山区	Lushan	114680	瑞金市	Ruijin	73208	资溪县	Zixi	42914
浔阳区	Xunyang	106586	南康市	Nankang	109529	东乡县	Dongxiang	111735
九江县	Jiujiang	76594	吉州区	Jizhou	67248	广昌县	Guangchang	46051
武宁县	Wuning	73802	青原区	Qingyuan	43181	信州区	Xinzhou	98504
修水县	Xiushui	96337	吉安县	Ji'an	122664	上饶县	Shangrao	86424
永修县	Yongxiu	87648	吉水县	Jishui	66501	广丰县	Guangfeng	177089
德安县	De'an	63275	峡江县	Xiajiang	49737	玉山县	Yushan	92255
星子县	Xingzi	53977	新干县	Xingan	81073	铅山县	Qianshan	75037
都昌县	Duchang	59330	永丰县	Yongfeng	71498	横峰县	Hengfeng	72672
湖口县	Hukou	105226	泰和县	Taihe	82693	弋阳县	Yiyang	61551
彭泽县	Pengze	62125	遂川县	Suichuan	66217	余干县	Yugan	70148
瑞昌市	Ruichang	121331	万安县	Wan an	48204	鄱阳县	Poyang	77090
共青城市	Gongqingcheng	61778	安福县	Anfu	99345	万年县	Wannian	72969
渝水区	Yushui	186455	永新县	Yongxin	47249	婺源县	Wuyaun	67437
分宜县	Fenyi	196863	井冈山市	Jinggangshan	53958	德兴市	Dexing	174044
月湖区	Yuehu	82527						

主要统计指标解释

财政收入 国家财政参与社会产品分配所取得的收入，是实现国家职能的财力保证。财政收入所包括的内容几经变化，目前主要包括：

1. 各项税收：包括增值税、营业税、消费税、土地增值税、城市维护建设税、资源税、城市土地使用税、印花税、固定资产投资方向调节税、个人所得税、企业所得税、关税和耕地占用税等。

2. 专项收入：包括征收排污费、征收城市水资源费收入、教育费附加收入等。

3. 其他收入：包括基本建设贷款归还收入、国家能源交通重点建设基金收入、国家预算调节基金等。

4. 国有企业计划亏损补贴：这项为负收入，冲减财政收入。

财政支出 国家财政将筹集起来的资金进行分配使用，以满足经济建设和各项事业的需要，主要包括一般公共服务、外交、国防、教育、公共安全、科学技术、文化体育与传媒、社会保障和就业、医疗卫生、环境保护、城乡社区事务、农林水事务、交通运输、工业商业金融等事务和其他支出等科目。

Explanatory Notes on Main Statistical Indicators

Government Revenue refers to income for the government finance through participating in the distribution of social products. It is the financial guarantee to ensure government functioning. The contents of government revenue have changed several times. Now it includes the following main items:

(1) Various tax revenues, including value added tax, business tax, consumption tax, land value added tax, tax on city maintenance and construction, resources tax, tax on use of urban land, enterprise income tax, personal income tax, tariff, stamp tax on security transactions, tax on purchase of motor vehicles, tax on agriculture and animal husbandry and tax on occupancy of cultivated land, etc.

(2) Special revenues, including revenues from the fee on sewage treatment, fee on urban water resources and extra-charges for education, etc.

(3) Other revenues, including revenue from the repayment of capital construction loan, funds for national key construction projects in energy industry and transportation, and national budget adjustment funds.

(4) Subsidies for the losses of State-owned enterprises. This is an item of negative revenue, counteracting revenues.

Government Expenditure refers to the distribution and use of the funds the government finance has raised, so as to meet the needs of economic construction and various causes. It includes expenditure for capital construction, innovation funds of the enterprises, geological prospecting expenses, expenditures for science and technology promotion, expenditure for supporting rural production, operating expenses of the departments of farming, forestry, water conservancy and meteorology etc., operating expenses of the departments of industry, transport and commerce, operating expenses of the departments of culture, education, science and public health, pension for the disabled or for the families of the bereaved and relief funds for social welfare, expenditures for national defence, administrative expenses, expenditure for price subsidies.

8

价格指数

PRICE INDICES

◆145/160

资料整理及英文翻译：饶云青、徐玉冰、夏 茵、吴 静

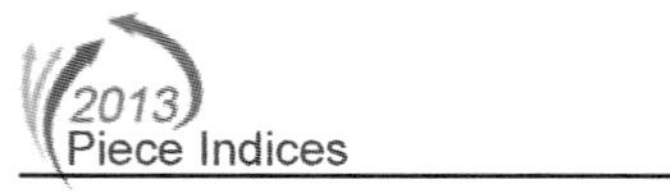

简要说明

一、本篇资料的主要内容

本篇资料反映了全省生产、投资、流通、消费等环节价格变动状况，主要包括居民消费、商品零售、生产资料、工业品出厂、原材料燃料动力购进、固定资产投资等价格指数。

二、本篇资料的来源

1.居民消费、商品零售和农业生产资料价格指数来源于消费价格统计调查年报，由国家统计局江西调查总队消费价格调查处整理提供。

2.工业品出厂、原材料燃料动力购进、固定资产投资等价格指数来源于生产价格统计调查年报，由国家统计局江西调查总队生产投资价格调查处整理提供。

Brief Introduction

I. Main Content

Data on the price indices in this chapter show the changing trend in production, investment, circulation and consumption, including mainly consumer price indices of residents, retail price indices, price indices of means of production, production price indices of industrial products, purchasing price indices of raw materials, fuels and power, price indices of investment in fixed assets.

II. Source of Data

(1) Data on consumer price indices of residents, retail price indices and price indices of agricultural means of production are based on yearly report on consumer price and are provided by the Division of Consumer Price Survey of Survey Office of the National Bureau of Statistics in Jiangxi.

(2) Data on production price indices of industrial products, purchasing price indices of raw materials, fuels and power, price indices of investment in fixed assets are based on yearly report on production price and are provided by the Division of Production Investment Price Survey of Survey Office of the National Bureau of Statistics in Jiangxi.

8-1 各 种 价 格 指 数
Price Indices

(上年=100) (preceding year=100)

年 份 Year	商品零售价格指数 Retail Price Index	城 市 Urban Areas	农 村 Rural Areas	居民消费价格指数 Consumer Price Index	城 市 Urban Areas	农 村 Rural Areas
1978	100.1	100.2	100.1		100.2	
1980	104.3	106.6	102.9		106.0	
1985	108.3	109.0	107.8	109.0	108.8	109.1
1990	101.3	100.3	102.2	102.1	101.5	102.8
1991	102.4	104.0	101.2	102.8	104.4	101.3
1992	105.6	107.2	103.9	105.7	107.5	103.5
1993	111.1	112.6	110.1	114.6	115.8	112.5
1994	123.9	122.9	125.4	126.9	126.9	126.7
1995	115.9	115.0	116.9	116.9	116.9	117.0
1996	106.6	106.4	106.7	108.4	108.1	108.6
1997	99.6	100.1	99.3	102.0	103.0	102.1
1998	98.8	98.5	98.9	101.0	101.0	101.0
1999	96.8	97.3	96.3	98.6	99.1	98.1
2000	98.5	98.6	98.5	100.3	102.1	99.1
2001	98.4	98.3	98.4	99.5	99.8	99.2
2002	100.2	100.1	100.3	100.1	100.2	99.9
2003	100.1	99.4	100.7	100.8	100.9	100.6
2004	103.0	101.9	104.0	103.5	103.3	103.5
2005	100.9	100.3	101.4	101.7	101.5	102.2
2006	101.2	101.0	101.4	101.2	100.9	101.6
2007	104.0	103.5	105.1	104.8	104.4	105.8
2008	106.1	106.0	106.4	106.0	105.9	106.3
2009	99.1	99.1	99.0	99.3	99.4	99.2
2010	102.7	102.6	102.9	103.0	102.9	103.3
2011	104.8	104.8	105.0	105.2	105.1	105.6
2012	102.1	101.9	102.5	102.7	102.6	103.0

8-2 各 种 价 格 指 数 (2012年)
Price Indices (2012)

类 别	Type	以1978年价格为100 year of 1978=100	以1980年价格为100 year of 1980=100	以1985年价格为100 year of 1985=100	以1990年价格为100 year of 1990=100	以1995年价格为100 year of 1995=100	以2005年价格为100 year of 2005=100	以2010年价格为100 year of 2010=100
商品零售价格指数	Retail Price Index	453.7	431.2	356.5	215.2	124.9	121.6	107.0
城 市	Urban Areas	474.2	438.3	359.7	214.6	121.1	120.3	106.8
农 村	Rural Areas	433.2	419.8	359.8	219.9	129.6	124.4	107.6
居民消费价格指数	Consumer Price Index			448.4	267.8	144.9	124.4	108.0
城 市	Urban Areas	630.9	584.3	480.6	285.5	148.2	122.9	107.8
农 村	Rural Areas			421.4	253.6	144.9	127.4	108.8

注：1990-1993年零售、消费价格指数中城市、农村口径为城镇、农村。

a) Statistic standards of retail and consumer price index from 1990-1993 are urban and rural areas.

8-3 商品零售价格分类指数（2012年）

Retail Price Indices by Category (2012)

（上年=100） (preceding year=100)

类别	Type	全省 Province Indices	城市 Urban Areas	农村 Rural Areas
商品零售价格总指数	**Retail Price Index**	**102.1**	**101.9**	**102.5**
食品类	**Food**	**105.3**	**105.4**	**105.3**
粮食	Grain	103.8	103.8	103.8
淀粉及制品	Starches and Tubers	102.3	102.8	101.5
干豆类及豆制品	Beans and Bean Products	101.9	102.0	101.6
油脂	Oil or Fat	104.5	105.3	103.0
肉禽及其制品	Meat, Poultry and Their Products	99.1	97.5	102.2
蛋	Eggs	96.5	95.7	98.4
水产品	Aquatic Products	112.7	113.9	110.4
菜	Vegetables	117.7	117.5	118.2
调味品	Flavoring	103.5	103.0	104.3
糖	Carbohydrate	102.7	102.5	103.0
干鲜瓜果	Dried and Fresh Melons and Fruits	102.2	102.7	100.8
糕点饼干面包	Cake, Biscuit and Bread	104.3	104.8	103.2
液体乳及乳制品	Milk and Its Products	104.2	104.8	102.5
在外用膳食品	Outward Dinner Food	111.1	113.0	107.4
其它食品	Other Foods	102.9	102.7	103.4
饮料、烟酒	**Beverages, Tobacco and Liquor**	**103.2**	**102.9**	**103.7**
茶及饮料	Tea and Beverages	104.7	105.2	103.4
烟草	Tobacco	100.8	100.5	101.5
酒	Liquor	105.2	104.7	106.2
服装、鞋帽类	**Garments, Shoes and Hats**	**100.1**	**99.6**	**101.2**
服装	Garments	99.9	99.1	101.5
鞋袜帽	Footgear and Hats	100.8	100.7	101.0
其它	Others	99.7	99.6	99.8
纺织品类	**Textiles**	**100.3**	**98.7**	**103.4**
衣着材料	Cotton Cloth	105.1	104.7	105.9
床上用品	Blend Cloth	96.1	93.3	101.5
家用电器及音像器材	**Household Appliances, Music and Video Equipment**	**97.1**	**96.9**	**97.5**
家庭设备	Household Appliances	98.1	97.8	99.1
文娱用耐用消费品	Culture and Recreat Durable Consumable	95.1	94.6	95.9
专业音像器材	Household Appliances and Hifi	102.5	102.9	99.7
文化办公用品	**Cultural and Office Appliances**	**99.4**	**99.1**	**100.4**
日用品	**Articles for Daily Use**	**102.5**	**103.2**	**101.1**
日用百货	General Merchandise for Daily Use	102.3	102.0	102.9
日用杂品	Miscellaneous for Daily Use	101.6	103.1	98.9
洗涤用品	Washing	105.2	107.0	101.2
其它日用品	Other Daily Use Articles	100.1	100.2	99.9
体育娱乐用品	**Sports and Recreation Articles**	**100.3**	**99.6**	**102.3**

8-3 续表 continued

(上年=100) (preceding year=100)

类　　别	Type	全　省 Province Indices	城　市 Urban Areas	农　村 Rural Areas
体育用品	Sports Articles	102.1	101.0	105.3
娱乐用品	Recreation Articles	99.1	98.6	100.4
交通、通信用品	**Transportation and Communication Appliances**	**96.4**	**95.9**	**97.7**
交通运输机械	Transportation Equipments	98.7	98.4	99.8
通信器材类	Communication Equipments	93.3	92.2	95.5
家具	**Furniture**	**104.1**	**105.4**	**101.0**
化妆品类	**Cosmetics**	**101.0**	**101.2**	**100.4**
金银珠宝类	**Gold, Silver and Jewelry**	**101.6**	**100.8**	**103.3**
中西药品及医疗保健用品类	**Traditional Chinese and Western Medicines and Health Care Articles**	**103.0**	**102.9**	**103.3**
医疗器具及用品	Medical Apparatus and Article	101.7	101.7	101.4
中药材及中成药	Traditional Chinese Medicinal Materials and Medicines	105.7	105.6	106.0
西药	Western Medicines	101.6	101.5	101.7
保健器具及用品	Medical Apparatus and Articles	101.6	101.4	102.3
书报杂志及电子出版物类	**Books, Newspapers, Magazines and Electronic Publications**	**101.2**	**100.9**	**101.9**
教材及参考书	Teaching Material and Reference Book	101.9	101.1	103.8
书报杂志	Books and Magazines	101.0	101.3	100.4
电子音像制品	Electronic Publications	99.5	99.5	99.8
燃料类	**Fuels**	**103.3**	**102.5**	**105.0**
煤炭及制品类	Coal and Coal Products	105.5	102.4	108.9
石油及制品类	Petroleum and Related Products	102.5	102.5	102.6
建筑材料及五金电料类	**Building Materials and Hardware**	**100.8**	**101.7**	**99.1**
建筑装璜材料	Building Decoration Materials	100.1	101.0	98.7
五金电料类	Hardware	103.8	105.1	101.4
农业生产资料价格指数	**Price Indices of Agricultural Means of Production**	**106.6**		**106.6**
农用手工工具	Farm Handtools	106.9		106.9
饲料	Forage	105.3		105.3
产品畜	Production Livestock	106.6		106.6
半机械化农具	Semi-mechanized Farm Tools	105.8		105.8
机械化农具	Mechanized Farm Machinery	106.6		106.6
化学肥料	Chemical Fertilizer	105.8		105.8
农药及农药器械	Pesticide and Its Appliances	102.0		102.0
化学农药	Chemical Pesticides	102.0		102.0
农药器械	Pesticides Appliances	102.0		102.0
农用机油	Oil for Farm Machinery	103.9		103.9
其他农业生产资料	Other Means of Agricultural Production	106.9		106.9
农用种子	Farm Seed	111.3		111.3
其他	Others	99.6		99.6
农业生产服务	Service of Agricultural Production	120.5		120.5

8-4 居民消费价格分类指数（2012年）
Consumer Price Indices by Category (2012)

(上年=100) (preceding year=100)

类别	Type	全省 Province Indices	城市 Urban Areas	农村 Rural Areas
居民消费价格总指数	**Consumer Price Index**	**102.7**	**102.6**	**103.0**
服务项目价格指数	**Price Index of Services**	**102.3**	**102.1**	**102.9**
食品	**Food**	**105.2**	**105.5**	**104.8**
粮食	Grain	103.8	103.8	103.7
淀粉及制品	Starches and Tubers	101.4	102.2	100.0
干豆类及豆制品	Beans and Bean Products	101.5	102.0	100.6
油脂	Oil or Fat	104.2	105.4	102.4
肉禽及其制品	Meal, Poultry and Processed Products	98.9	97.8	101.0
食用畜肉及副产品	Meat and Sideline Product	97.5	96.4	99.6
禽	Pourtry	100.6	98.6	104.7
加工肉禽	Meat and Pourty Products	105.2	106.1	104.1
蛋	Eggs	96.9	95.8	99.1
水产品	Aquatic Products	112.6	113.6	110.1
鱼	Fish	111.6	112.5	110.0
其它水产品	Other Aquatic Products	115.6	116.1	111.3
菜	Vegetables	118.2	117.4	120.1
调味品	Flavoring	103.3	102.7	104.3
糖	Carbohydrate	102.7	102.5	103.0
茶及饮料	Tea and Beverages	104.6	105.1	103.4
茶叶	Tea	103.0	102.7	103.9
饮料	Beverages	105.0	106.0	103.3
干鲜瓜果	Dried and Fresh Melons and Fruits	102.4	102.7	101.7
糕点饼干面包	Cake, Biscuit and Bread	104.2	104.7	103.2
液体乳及乳制品	Milk and Its Products	104.0	104.5	102.5
在外用膳食品	Outward Dinner Food	110.8	112.8	107.1
其它食品	Other Foods	102.9	102.7	103.2
烟酒	**Tobacco and Liquor**	**102.2**	**101.6**	**103.1**
烟草	Tobacco	100.8	100.4	101.4
酒	Liquor	105.2	104.5	106.0
衣着	**Clothing**	**100.2**	**99.6**	**101.7**
服装	Garments	99.7	99.1	101.4
男式服装	Clothing for Men	99.7	99.5	100.1
女式服装	Clothing for Women	99.5	98.9	102.0
儿童服装	Clothing for Children	100.2	98.0	103.6
衣着材料	Clothing Material	105.0	104.6	105.6
鞋袜帽	Footgear and Hats	100.8	100.6	101.3
鞋	Shoes	100.5	100.8	99.3
袜子	Hose	102.2	100.4	105.2
帽子	Hats	103.4	93.9	107.8
衣着加工服务费	Clothing Manufacturing Services	108.5	108.3	108.8
家庭设备用品及维修服务	**Household Facilities, Articles and Services**	**101.7**	**102.1**	**100.9**
耐用消费品	Durable Consumer Goods	99.7	99.5	100.1

8-4 续表 continued

(上年=100) (preceding year=100)

类别	Type	全省 Province Indices	城市 Urban Areas	农村 Rural Areas
家具	Furniture	103.0	104.5	100.9
家庭设备	Household Facilities	98.4	97.8	99.7
室内装饰品	Interior Decorations	103.2	104.0	101.3
床上用品	Bed Articles	97.4	95.7	101.8
家庭日用杂品	Daily Use Household Articles	103.3	104.2	100.5
家庭服务及加工维修服务	Household Services and Maintenance and Renovation	110.6	111.5	107.5
医疗保健和个人用品	**Health Care and Personal Articles**	**102.2**	**102.1**	**102.4**
医疗保健	Health Care	102.1	102.2	102.0
医疗器具及用品	Medical Instrument and Articles	101.8	101.6	102.2
中药材及中成药	Traditional Chinese Medicine	105.3	105.2	105.4
西药	Western Medicine	101.3	101.3	101.4
保健器具及用品	Health Care Appliances and Articles	101.4	101.3	102.5
医疗保健服务	Health Care Services	101.0	101.2	100.7
个人用品及服务	Personal Articles and Services	102.4	102.0	103.3
化妆美容用品	Cosmetics	100.6	100.7	100.2
清洁化妆用品	Sanitation Articles	102.5	102.7	102.2
个人饰品	Personal Ornaments	101.0	99.1	104.4
个人服务	Personal Services	105.5	105.6	105.3
交通和通讯	**Transportation and Communication**	**100.1**	**99.3**	**101.7**
交通	Transportation	102.7	102.0	103.6
交通工具	Transportation Facility	100.9	100.9	100.8
车用燃料及零配件	Fuels and Parts	103.3	102.5	103.8
车辆使用及维修费	Fees for Vehicles Use and Maintenance	106.9	107.5	106.3
市区公共交通费	Incity Traffic Fare	101.8	101.1	104.6
城市间交通费	Intercity Traffic Fare	103.8	102.3	106.0
通信	Communication	97.8	97.5	98.6
通信工具	Communication Facility	88.0	87.1	90.6
通信服务	Communication Service	99.6	99.3	100.5
娱乐教育文化用品及服务	**Recreation, Education and Culture Articles**	**100.9**	**100.5**	**101.8**
文娱用耐用消费品及服务	Durable Consumer Goods for Cultural and Recreational Use and Services	95.4	94.8	96.8
教育	Education	101.9	101.5	102.6
教材及参考书	Teaching Materials and Reference Books	101.8	101.3	103.2
教育服务	Education Service	101.9	101.5	102.6
文化娱乐	Cultural and Recreational Articles	101.2	101.3	101.0
文化娱乐用品	Cultural Articles	100.7	100.4	101.4
书报杂志	Newspapers and Magazines	101.0	101.2	100.5
文娱费	Expenditure on Culture and Recreation	101.9	102.0	101.0
旅游	Touring	102.0	101.4	105.5
居住	**Residence**	**102.7**	**102.9**	**102.1**
建房及装修材料	Building and Building Decoration Materials	102.2	104.2	100.2
住房租金	Renting	103.0	103.0	103.1
自有住房	Private Housing	104.1	104.2	103.8
水、电、燃料	Water, Electricity and Fuels	102.2	101.8	103.4

8-5 各市、县商品零售价格分类指数（2012年）

（上年=100）

类　　别	Type	南昌市 Nan chang	景德镇市 Jing dezhen	萍乡市 Ping xiang	九江市 Jiu jiang	新余市 Xin yu
商品零售价格总指数	**Retail Price Index**	**102.4**	**101.7**	**101.6**	**101.8**	**101.1**
食品类	Food	106.7	101.7	105.1	105.5	104.3
饮料、烟酒	Beverages, Tobacco and Liquor	103.3	101.8	101.5	104.6	100.0
服装、鞋帽类	Garments, Shoes and Hats	98.4	102.0	101.5	101.2	99.9
纺织品类	Textiles	100.4	95.7	99.6	100.2	99.0
家用电器及音像器材	Household Appliances, Music and Video Equipment	98.4	99.3	96.3	87.2	100.0
文化办公用品	Cultural and Office Appliances	97.8	99.6	100.2	95.7	102.8
日用品	Articles for Daily Use	104.0	102.9	98.9	102.2	102.8
体育娱乐用品	Sports and Recreation Articles	100.2	101.5	101.7	94.5	100.3
交通、通信用品	Transportation and Communication Appliances	96.8	99.2	93.3	96.5	89.5
家具	Furniture	109.7	100.7	101.6	102.2	101.0
化妆品类	Cosmetics	101.6	101.3	103.5	100.5	102.6
金银珠宝类	Gold, Silver and Jewelry	100.8	93.4	99.0	106.5	101.8
中西药品及医疗保健用品类	Traditional Chinese and Western Medicines and Health Care Articles	100.9	108.9	104.2	105.4	104.0
书报杂志及电子出版物类	Books, Newspapers, Magazines and Electronic Publications	100.3	99.9	102.5	98.8	104.0
燃料类	Fuels	102.6	107.9	103.2	102.7	101.8
建筑材料及五金电料类	Building Materials and Hardware	101.9	100.5	98.5	104.1	99.3
农业生产资料价格指数	**Price Indices of Agricultural Means of Production**					

8-6 各市、县居民消费价格分类指数（2012年）

（上年=100）

类　　别	Type	南昌市 Nan chang	景德镇市 Jing dezhen	萍乡市 Ping xiang	九江市 Jiu jiang	新余市 Xin yu
居民消费价格总指数	**Consumer Price Index**	**102.9**	**102.7**	**102.6**	**102.8**	**102.3**
服务项目价格指数	Price Index of Services	101.8	103.4	101.9	102.5	102.5
食品	Food	106.7	101.9	105.0	105.6	104.4
烟酒	Tobacco and Liquor	102.3	101.8	101.2	104.0	99.1
衣着	Clothing	98.3	102.0	101.3	101.1	100.0
家庭设备用品及维修服务	Household Facilities, Articles and Services	104.1	100.7	102.3	98.1	104.0
医疗保健和个人用品	Health Care and Personal Articles	101.4	106.3	104.2	103.7	103.0
交通和通讯	Transportation and Communication	100.1	100.2	95.5	99.8	97.9
娱乐教育文化用品及服务	Recreation, Education and Culture Articles	100.0	101.7	100.8	100.4	102.2
居住	Residence	102.9	105.8	103.1	102.3	102.0

Retail Price Indices by Category and Region (2012)

(preceding year=100)

鹰潭市 Ying tan	赣州市 Gan zhou	宜春市 Yi chun	上饶市 Shang rao	吉安市 Ji'an	抚州市 Fuzhou	井冈山市 Jing gangshan	瑞昌市 Rui chang	信丰县 Xin feng	宁都县 Ning du	上高县 Shang gao	铅山县 Yan shan	泰和县 Taihe	南城县 Nan cheng
101.8	**102.6**	**101.6**	**101.9**	**101.2**	**101.5**	**102.8**	**102.1**	**102.2**	**103.1**	**102.0**	**103.0**	**102.4**	**101.8**
104.8	105.5	103.5	106.9	104.8	104.5	106.0	105.3	104.3	106.3	106.2	105.3	105.8	104.6
102.1	100.9	102.6	100.0	101.7	101.1	103.6	100.8	110.7	100.3	99.9	102.6	104.2	100.6
101.1	102.1	103.3	94.4	100.1	100.0	105.5	102.0	99.3	103.4	99.0	101.0	102.5	101.3
99.8	107.7	101.2	97.8	100.0	102.8	106.3	100.0	102.1	101.4	107.2	103.3	105.0	105.4
98.3	99.7	93.9	96.5	94.3	96.5	93.6	99.8	101.3	96.7	94.8	99.4	95.7	97.1
101.2	99.2	98.8	102.8	96.2	98.5	98.3	99.9	100.4	99.1	100.6	100.0	100.3	100.3
103.0	103.8	100.4	100.3	102.3	101.9	100.4	100.2	98.8	100.6	101.1	101.9	102.4	101.5
101.9	100.1	100.2	96.0	100.5	100.4	101.8	100.0	108.5	98.5	100.2	104.8	101.0	101.3
95.5	99.3	96.7	95.9	93.0	94.8	95.3	96.4	96.8	100.5	95.9	101.9	93.0	95.6
103.1	100.3	95.2	99.5	100.6	107.2	107.1	98.4	95.9	105.1	100.6	100.0	107.0	98.6
103.2	102.1	100.0	99.2	103.1	100.0	100.1	100.4	99.7	103.2	100.9	102.1	99.1	98.4
98.4	97.4	103.3	109.1	102.1	96.7	101.7	108.9	93.4	98.7	103.8	105.6	103.5	109.1
102.4	104.5	108.9	101.2	102.1	101.2	106.3	104.5	102.1	109.4	103.5	103.1	101.1	97.8
101.5	100.1	99.9	101.3	103.3	99.7	99.5	100.0	102.1	102.9	99.9	100.5	104.9	104.6
102.4	99.4	101.4	103.8	98.2	100.9	104.4	103.2	108.3	106.1	105.9	104.6	102.0	104.3
98.7	101.4	101.5	105.0	101.2	103.4	101.6	98.6	97.1	96.5	96.1	101.2	99.1	104.1
							104.2	**110.3**	**103.9**	**105.1**	**105.0**	**105.3**	**104.2**

Consumer Price Indices by Category and Region (2012)

(preceding year=100)

鹰潭市 Ying tan	赣州市 Gan zhou	宜春市 Yi chun	上饶市 Shang rao	吉安市 Ji'an	抚州市 Fuzhou	井冈山市 Jing gangshan	瑞昌市 Rui chang	信丰县 Xin feng	宁都县 Ning du	上高县 Shang gao	铅山县 Yan shan	泰和县 Taihe	南城县 Nan cheng
102.5	**102.8**	**102.5**	**102.6**	**102.6**	**102.4**	**102.8**	**103.3**	**102.6**	**104.2**	**102.3**	**103.3**	**103.0**	**103.3**
102.1	102.9	103.1	101.8	105.0	102.6	100.5	104.3	102.0	103.9	102.0	102.0	101.7	105.7
104.9	105.5	103.6	106.4	104.8	104.7	105.5	104.9	104.4	106.0	105.4	105.0	106.0	103.9
101.8	100.8	101.5	98.9	100.9	100.2	104.5	101.1	111.1	100.2	99.3	102.6	104.5	100.1
101.0	102.9	104.9	95.2	100.2	100.5	104.6	102.2	100.3	104.3	98.8	101.0	102.6	102.0
101.5	99.8	96.6	99.3	100.9	101.4	100.6	100.1	99.3	102.2	100.8	101.4	101.9	100.7
102.3	102.6	104.4	102.5	102.9	100.7	104.3	102.6	101.5	105.5	102.4	102.6	101.2	104.0
99.6	101.4	99.1	98.8	98.8	99.2	100.5	99.5	101.7	104.5	102.2	101.2	100.3	102.4
101.0	101.8	103.1	101.2	102.3	98.9	97.9	105.2	101.8	101.8	100.1	102.2	100.1	102.3
102.1	100.3	101.6	103.7	102.2	104.2	100.8	103.0	100.7	102.1	100.7	104.2	101.3	105.2

8-7 工业生产者出厂价格指数
Producer Price Index for Industrial Products

(上年=100) (preceding year=100)

类别	Type	2007	2008	2009	2010	2011	2012
总指数	**General Index**	**106.2**	**106.4**	**93.0**	**115.3**	**111.3**	**96.5**
按轻重工业分	**Grouped by Light & Heavy Industries**						
轻工业	Light Industry	105.0	105.4	99.5	104.3	103.7	98.3
以农产品为原料	Agricultural Products as Raw Materials	104.0	104.7	99.9	105.4	109.0	102.5
以非农产品为原料	Non-agricultural Products as Raw Materials	106.3	106.2	99.0	103.2	94.8	90.2
重工业	Heavy Industry	106.8	106.9	89.6	121.3	114.1	95.8
采掘	Mining	106.6	110.5	92.0	123.0	123.3	98.2
原料	Raw Materials	106.5	104.2	90.8	123.7	123.0	95.2
加工	Processing	107.1	109.5	88.0	118.8	108.0	95.8
按部类分	**Grouped by Category of Industry**						
生产资料	Means of Production	106.6	107.0	91.3	117.9	112.8	95.1
采掘	Mining	107.2	110.1	92.8	121.5	123.3	98.2
原料	Raw Materials	106.2	102.6	91.2	124.3	123.3	95.2
加工	Processing	106.8	109.9	91.2	113.8	106.5	94.7
生活资料	Consumer Goods	104.1	103.5	100.7	103.1	105.6	101.4
食品	Food	103.3	105.1	101.5	103.5	107.6	102.7
衣着	Clothing	106.6	102.7	100.7	103.3	106.6	104.2
一般日用品	Articles for Daily Use	102.3	102.0	100.3	102.4	103.2	98.1
耐用消费品	Durable Consumer Goods	105.4	101.7	97.8	102.1	103.4	99.7
按工业部门分	**Grouped by Industrial Department**						
冶金工业	Metallurgical Industry	110.7	106.3	82.9	131.8	123.4	91.0
电力工业	Power Industry	102.3	102.3	103.4	102.2	102.0	105.6
煤炭及炼焦工业	Coal Industry and Coking Industry	108.6	129.7	93.2	115.4	112.9	98.3
石油工业	Petroleum Industry	103.8	118.4	101.0	115.4	114.9	103.8
化学工业	Chemical Industry	102.9	111.0	100.4	108.4	109.2	98.1
机械工业	Machine Building Industry	103.5	100.8	95.9	103.4	98.8	93.6
建筑材料工业	Building Materials Industry	106.7	111.2	98.2	104.9	113.6	97.5
森林工业	Timber Industry	103.5	104.3	100.3	104.1	105.4	102.2
食品工业	Food Industry	104.3	106.5	100.8	103.9	108.4	103.8
纺织工业	Textile Industry	100.5	102.6	96.2	117.4	119.2	97.7
缝纫工业	Tailoring Industry	107.2	101.9	101.2	103.4	107.0	103.8
皮革工业	Leather Industry	103.6	106.1	97.7	102.7	104.3	105.1
造纸工业	Paper Industry	101.4	105.0	95.6	103.5	103.9	96.1
文教艺术用品工业	Industry of Cultural, Educational & Handicrafts Articles	99.6	100.9	98.8	103.8	101.0	100.7
其他工业	Others Industry	101.8	102.9	105.0	105.3	103.8	99.9

注:自2011年起,工业品价格指数更名为工业生产者价格指数,执行新的《工业生产者价格统计调查制度》。

a)Producer price indices for manufactured goods changed into producer price index for industrial products, which implies the newly established statisti investigation system of producer price for industrial products since 2011.

8-8 按工业行业分工业生产者出厂价格指数
Producer Price Index for Industrial Products by Sectors

(上年＝100) (preceding year=100)

行　　业	Sector	2011	2012
煤炭开采和洗选业	**Mining and Washing of Coal**	**116.2**	**99.1**
烟煤和无烟煤的开采洗选	Mining and Washing of Bituminous Coal and Anthracite	116.2	99.1
黑色金属矿采选业	**Mining and Processing of Ferrous Metal Ores**	**119.6**	**95.8**
铁矿采选	Mining and Processing of Iron Ores	119.6	95.8
有色金属矿采选业	**Mining and Processing of Non-Ferrous Metal Ores**	**133.6**	**96.1**
常用有色金属矿采选	Mining and Processing of Frequently Used Non-Ferrous Metal Ores	116.6	92.5
贵金属矿采选	Mining and Processing of Precious Metal Ores	145.9	102.3
稀有稀土金属矿采选	Mining and Processing of Rare Earth and Rare Metals Ores	145.3	96.4
非金属矿采选业	**Mining and Processing of Nonmetal Ores**	**120.9**	**103.1**
土砂石开采	Mining of Soil,Sand and Stone	123.1	103.0
化学矿采选	Mining of Chemical Ores	100.0	100.0
采盐	Mining and Processing of Salt Ores	125.8	90.1
石棉及其它非金属矿采选产品	Mining and Processing of Asbestos and Other Nonmetal Ores	109.0	105.6
农副食品加工业	**Processing of Food from Agricultural Products**	**112.1**	**106.4**
谷物磨制	Polishing of Grain	119.0	106.7
饲料加工	Processing of Feed	105.9	106.1
植物油加工	Processing of Vegetable Oil	107.3	99.4
制糖业	Processing of Sugar	97.2	92.4
屠宰及肉类加工	Slaughtering and Processing if Meat	114.7	110.7
水产品加工	Processing of Aquatic Products	132.5	113.6
蔬菜、水果和坚果加工	Processing of Vegetables, Fruits and Nuts	106.2	103.2
其他农副食品加工	Processing of Other Food from Agricultural Products	103.3	102.0
食品制造业	**Manufacture of Foodstuff**	**107.6**	**102.4**
焙烤食品制造	Manufacture of Baking Foodstuff	103.0	100.6
糖果、巧克力及蜜饯制造	Manufacture of Sweet,Chocolate and Candied Fruit	114.9	113.2
方便食品制造	Manufacture of Convenience Food	111.0	103.7
乳制品制造	Manufacture of Dairy Products	101.1	101.9
罐头食品制造	Manufacture of Cans Food	105.1	97.7
调味品、发酵制品制造	Manufacture of Condiments and Fermentation Products	112.8	101.2
其他食品制造	Manufacture of Other Foodstuff	107.8	101.5
酒、饮料和精制茶制造业	**Manufacture of Wine, Beverages and Refined Tea**	**101.5**	**95.8**
酒的制造	Manufacture of Liquor	100.2	89.3
饮料制造	Manufacture of Beverages	103.4	103.5
精制茶加工	Processing of Refined Tea	101.7	101.8
烟草制品业	**Manufacture of Tobacco**	**100.0**	**100.4**
卷烟制造	Manufacture of Cigarettes	100.0	100.4
纺织业	**Manufacture of Textile**	**115.9**	**99.2**
棉纺织及印染精加工	Processing and Dyeing of Cotton and Textile	118.9	95.5
毛纺织及染整精加工	Processing and Dyeing of Wool Textile	126.4	109.5
麻纺织及染整精加工	Processing and Dyeing of Flax Textile	125.2	118.7
丝绢纺织及印染精加工	Processing and Dyeing of Silk Textile	115.6	97.1
针织或钩针纺织物及其制品制造	Mznufacture of Knitted or Crocheted Fabrics and Products	110.9	101.7
家用纺织制成品制造	Manufacture of Household Textile Products	124.7	101.2
非家用纺织制成品制造	Manufacture of Non-Household Textile Products	106.7	94.9
纺织服装、服饰业	**Manufacture of Textile Wearing Apparel, Dress**	**104.1**	**105.6**
机织服装制造	Manufacture of Woven Garments	104.1	105.6
皮革、毛皮、羽毛及其制品和制鞋业	**Manufacture of Leather, Fur, Feather and Related Products and Footwear**	**106.1**	**105.0**

8-8 续表1 continued

(上年＝100) (preceding year=100)

行 业	Sector	2011	2012
皮革鞣制加工	Processing of Leather	102.1	107.0
皮革制品制造	Manufacture of Leather Products	107.7	112.5
毛皮鞣制及制品加工	Manufacture and Processing of Fur Products	114.0	112.7
羽毛(绒)加工及制品制造	Manufacture and Processing of Feather Products	115.8	103.1
制鞋业	Manufacture of Shoes	105.0	102.9
木材加工及木、竹、藤、棕、草制品业	**Processing of Timber,Manufacture of Wood,Bamboo,Rattan,Palm, and Straw Products**	**105.9**	**102.5**
木材加工	Processing of Wood	102.8	96.7
人造板制造	Manufacture of Plywood	104.3	102.8
木制品制造	Manufacture of Wood Products	108.5	101.8
竹、藤、棕、草等制品制造	Manufacture of Penny,Vines Coir and Grass Products	108.5	103.4
家具制造业	**Manufacture of Furniture**	**104.1**	**100.2**
木质家具制造	Manufacture of Wood Furniture	103.4	100.6
金属家俱制造	Manufacture of Metal Furniture	113.7	96.9
其他家具制造	Manufacture of Other Furniture	99.6	100.0
造纸及纸制品业	**Manufacture of Paper and Paper Products**	**103.9**	**96.1**
造纸	Manufacture of Paper	102.1	95.1
纸制品制造	Manufacture of Paper Products	107.6	98.1
印刷和记录媒介复制业	**Printing, Reproduction of Recording Media**	**100.7**	**100.0**
印刷	Printing	100.7	100.0
装订及印刷相关服务	Binding and Printing Service	110.5	99.8
记录媒介复制	Copy of Record Media	98.0	100.0
文教、工美、体育和娱乐用品制造业	**Manufacture of Articles For Culture,Education, Artwork, Sport Activity and Amusement**	**102.9**	**101.2**
文教办公用品制造	Manufacture of Office Supplies For Culture,Education	103.7	101.2
乐器制造	Manufacture of Music Instruments	102.7	100.0
工艺美术品制造	Manufacture of Artwork	103.8	101.3
体育用品制造	Manufacture of Sport Articles	100.5	100.0
玩具制造	Manufacture of Toys	101.1	102.0
石油加工、炼焦和核燃料加工业	**Processing of Petroleum, Coking, Processing of Nuclear Fuel**	**113.0**	**101.7**
精炼石油产品制造	Manufacture of Refined Petroleum Products	115.3	104.0
炼焦	Coking	107.1	95.7
化学原料和化学制品制造业	**Manufacture of Raw Chemical Materials and Chemical Products**	**112.2**	**96.1**
基础化学原料制造	Manufacture of Basic Chemical Material	124.3	100.0
肥料制造	Manufacture of Fertilizers	109.7	101.5
农药制造	Manufacture of Pesticides	108.3	103.7
涂料、油墨、颜料及类似产品制造	Manufacture of Coating,Ink and Paint Products	107.1	98.6
合成材料制造	Manufacture of Synthetic Materials	109.4	89.8
专用化学产品制造	Manufacture of Specialized Chemical Products	110.2	83.9
炸药、火工及焰火产品制造	Manufacture of Explosives, pyrotechnics and fireworks	101.0	100.9
日用化学产品制造	Manufacture of Daily Used Chemical Products	100.4	104.4
医药制造业	**Manufacture of Medicines**	**102.6**	**100.9**
化学药品原料药制造	Manufacture of Chemical Original Drug	100.8	98.5
化学药品制剂制造	Manufacture of Chemical Agents	103.7	101.5
中药饮片加工	Manufacture of Herbal Medicine	115.1	99.4
中成药生产	Manufacture of Proprietary Chinese Medicine	102.0	101.6
兽用药品制造	Manufacture of Veterinary Drugs	104.0	99.9
生物药品制造	Manufacture of Biopharmaceutical Products	100.9	100.9
卫生材料及医药用品制造	Manufacture of Sanitation Materials and Medical Supplies	97.3	98.8
化学纤维制造业	**Manufacture of Chemical Fibers**	**117.3**	**93.3**
纤维素纤维原料及纤维制造	Manufacture of Cellulose Fibers and Fibers	114.7	94.1
合成纤维制造	Manufacture of Synthetic Fibers	124.1	90.8
橡胶和塑料制品业	**Manufacture of Rubber and Plastics**	**105.7**	**102.7**
橡胶制品业	Manufacture of Rubber	107.9	100.1
塑料制品业	Manufacture of Plastics	104.9	103.8

8-8 续表2 continued

(上年＝100) (preceding year=100)

行　　业	Sector	2011	2012
非金属矿物制品业	**Manufacture of Non-metallic Mineral Products**	**112.0**	**96.9**
水泥、石灰和石膏制造	Manufacture of Cement, Lime and Gypsum	132.3	85.9
石膏、水泥制品及类似制品制造	Manufacture of Cement and Gypsum	117.2	104.6
砖瓦、石材等建筑材料制造	Manufacture of Brick, Stone	101.1	100.2
玻璃制造	Manufacture of Glass	101.0	100.1
玻璃制品制造	Manufacture of Glass Products	106.4	93.3
玻璃纤维和玻璃纤维增强塑料制品制造	Manufacture of Glass Fiber and Glass Fiber Reinforced Plastic Products	102.7	101.3
陶瓷制品制造	Manufacture of Ceramic Products	103.0	102.0
耐火材料制品制造	Manufacture of Refractory Products	105.7	107.8
石墨及其他非金属矿物制品制造	Manufacture of Graphite and Other Non-metallic Mineral Products	101.1	100.0
黑色金属冶炼和压延加工业	**Smelting and Pressing of Ferrous Metals**	**112.0**	**90.5**
炼铁	Ironmaking	210.9	87.5
炼钢	Steelmaking	115.8	97.6
黑色金属铸造	Casting of Ferrous Metals	104.9	101.1
钢压延加工	Smelting and Pressing of Steel	110.3	89.0
铁合金冶炼	Smelting of Alloy Iron	91.2	98.2
有色金属冶炼和压延加工业	**Smelting and Pressing of Non-ferrous Metals**	**129.3**	**90.0**
常用有色金属冶炼	Smelting of Frequently Used Non-Ferrous Metal	115.0	87.3
贵金属冶炼	Smelting of Precious Metal	148.1	93.4
稀有稀土金属冶炼	Smelting of Rare Earth and Rare Metals	237.9	79.4
有色金属合金制造	Manufacture of Non-Ferrous Metaling Alloy	113.4	92.0
有色金属铸造	Casting of Non-Ferrous Metals	171.8	82.4
有色金属压延加工	Pressing of Non-Ferrous Metal	113.4	93.6
金属制品业	**Manufacture of Metal Products**	**109.3**	**97.7**
结构性金属制品制造	Manufacture of Structural Metal Products	110.4	96.9
金属工具制造	Manufacture of Metal Tools	100.0	100.7
集装箱及金属包装容器制造	Manufacture of Containers and Metal Packaging	103.9	97.5
金属丝绳及其制品制造	Manufacture of Metal Wire, Ropes and Its Products	111.6	94.0
建筑、安全用金属制品制造	Manufacture of Metal Products for Construction and Safety	101.5	100.7
搪瓷制品制造	Manufacture of Enamel Products	105.8	104.4
其他金属制品制造	Manufature of Other Metal Products	116.9	97.1
通用设备制造业	**Manufacture of General Purpose Machinery**	**102.9**	**100.2**
锅炉及原动设备制造	Manufacture of Boilers and Original Motivation	104.4	99.7
金属加工机械制造	Manufacture of Metal Processing Machinery	109.3	107.5
物料搬运设备制造	Manufacture of Material Handling Equipment	104.9	97.3
泵、阀门、压缩机及类似机械制造	Manufacture of Pumps, Valves, Compressors	100.1	98.5
轴承、齿轮和传动部件制造	Manufacture of Bearings, Gears and Transmission Components	103.3	99.5
烘炉、风机、衡器、包装等设备制造	Manufacture of Ovens,Fans, Weighing,Packaging Equipment	98.9	99.5
文化、办公用机械制造	Manufacture of Machinery for Cultural Activity and Office Work	96.1	114.2
通用零部件制造	Manufacture of General Components	104.2	100.6
专用设备制造业	**Manufacture of Special Purpose Machinery**	**104.1**	**100.7**
采矿、冶金、建筑专用设备制造	Manufacture of Special Equipment for Mining,Metallurgy, Construction	101.4	97.5
化工、木材、非金属加工专用设备制造	Manufacture of Special Equipment for Chemicals, Wood, Non-metallic Processing	109.0	103.5
食品、饮料、烟草及饲料生产专用设备制造	Manufacture of Special Equipment for Food, Beverage,Tobacco and Feed Production	102.8	100.6
印刷、制药、日化及日用品生产专用设备制造	Manufacture of Special Equipment for Printing, Pharmaceuticals, Cosmetics and Daily Production	100.5	100.4
纺织、服装和皮革加工专用设备制造	Manufacture of Special Equipment for Textiles, Clothing and Leather Industry	122.2	103.8
农、林、牧、渔专用机械制造	Manufacture of Special Equipment for Agriculture,Forestry, Animal Husbandry, Fishery	100.3	96.5
医疗仪器设备及器械制造	Manufacture of Medical Equipment and Instrument	102.8	101.9
环保、社会公共服务及其他专用设备制造	Manufacture of Special Equipment for Environmental,Social Public Service and Others	103.7	104.2

8-8 续表3 continued

(上年＝100) (preceding year=100)

行业	Sector	2011	2012
汽车制造业	**Manufacture of Automobiles**	100.3	98.7
汽车整车制造	Manufacture of Automobiles	99.0	98.1
改装汽车制造	Manufacture of Refit Automobiles	109.3	103.1
汽车车身、挂车制造	Manufacture of Automobiles and Trailers	107.2	96.2
汽车零部件及配件制造	Manufacture of Auto parts and accessories	100.2	98.7
铁路、船舶、航空航天和其他运输设备制造业	**Manufacture of Railway,Shipping,Aerospace and Other Transport Equipment**	**101.8**	**100.2**
铁路运输设备制造	Manufacture of Equipment for Railway Transport	**98.5**	**99.9**
船舶及相关装置制造	Manufacture of Shipping and Related Devices	101.3	100.0
摩托车制造	Manufacture of Motorcycles	106.2	102.2
自行车制造	Manufacture of Bicycles	104.1	100.6
电气机械及器材制造业	**Manufacture of Electrical Machinery and Equipment**	**95.1**	**84.3**
电机制造	Manufacture of Electrical Motors	**98.5**	**101.0**
输配电及控制设备制造	Manufacture of Power Distribution and Control Equipment	104.1	99.0
电线、电缆、光缆及电工器材制造	Manufacture of Wires, Cables,Fiber-optic Cables and Electrical Equipment	119.9	93.4
电池制造	Manufacture of Electric Cells	74.6	59.2
家用电力器具制造	Manufacture of Household Electrical Apparatus	109.9	99.6
非电力家用器具制造	Manufacture of Household Nonelectrical Apparatus	100.0	100.1
照明器具制造	Manufacture of Lighting Devices	101.5	104.6
计算机、通信和其他电子设备制造业	**Manufacture of Computers,Communications and Other Electronic Equipment**	**100.7**	**100.3**
计算机制造	Manufacture of Computers	99.5	103.6
通信设备制造	Manufacture of Communication Equipment	97.4	101.0
广播电视设备制造	Manufacture of Communication Broadcasting and TV Equipment	103.0	101.7
视听设备制造	Manufacture of Audio-visual Equipment	96.8	97.6
电子器件制造	Manufacture of Electronic Devices	107.9	103.6
电子元件制造	Manufacture of Electronic Components	100.9	96.9
仪器仪表制造业	**Manufacture of Measuring Instruments**	**102.2**	**98.4**
通用仪器仪表制造	Manufacture of General Measuring Instruments and Machinery	99.2	98.7
专用仪器仪表制造	Manufacture of Special Measuring Instruments and Machinery	103.2	102.9
钟表与计时仪器制造	Manufacture of Clocks and Timing Equipment	102.1	101.5
光学仪器及眼镜制造	Manufacture of Optical Equipment and Glasses	105.4	95.8
其他制造业	**Manufacture of Other**	**101.5**	**101.1**
日用杂品制造	Manufacture of Groceries for Daily Use	101.5	101.1
废弃资源综合利用业	**Comprehensive Utilization of Waste Resources**	**100.0**	**95.8**
金属废料和碎屑加工处理	Metal Waste and Fragment Treatment and Processing	100.0	95.8
金属制品、机械和设备修理业	**Repair of Metal Products, Machinery and Equipment**	106.2	98.7
金属制品修理	Repair of Metal Products	108.3	97.6
专用设备修理	Repair of Special Equipment	101.1	101.4
电力、热力生产和供应业	**Production and Supply of Electric Power and Heat Power**	**101.9**	**105.6**
电力生产	Production of Electric Power	104.5	108.6
电力供应	Supply of Electric Power	100.8	104.2
热力生产和供应	Production and Supply of Heat Power	104.3	100.0
燃气生产和供应业	**Production and Supply of Gas**	**104.7**	**100.9**
水的生产和供应业	**Production and Supply of Water**	**100.6**	**101.6**
自来水生产和供应	Production and Supply of Water	100.3	100.3
污水处理及其再生利用	Sewage Treatment and Recycling	108.0	131.3

8-9 工业生产者购进价格指数
Producer Price Indices for Purchasing Goods

(上年=100) (preceding year=100)

类别	Type	2007	2008	2009	2010	2011	2012
总指数	**General Index**	**107.9**	**114.2**	**90.7**	**111.8**	**112.4**	**98.3**
燃料、动力类	Fuel and Power	103.8	113.3	96.3	106.6	108.5	102.8
黑色金属材料类	Ferrous Metals	110.7	131.1	85.5	108.0	111.3	92.2
钢材	Steel	106.6	122.3	84.8	105.3	107.4	94.0
其他	Others	116.3	142.9	86.5	111.4	121.0	88.0
有色金属材料及电线类	Nonferrous Metals and Wire	118.9	102.1	74.9	135.0	125.1	92.4
化工原料类	Raw Chemical Materials	106.7	117.9	85.3	111.9	109.2	93.8
木材及纸浆类	Timber and Paper Pulp	106.2	107.3	97.9	106.6	107.5	98.4
建筑材料及非金属类	Building Materials and Nonmetal Ores	106.0	114.4	103.1	104.5	126.7	94.4
其它工业原材料及半成品类	Other Industrial Raw Materials and Semifinished Products	108.4	108.6	95.6	108.3	107.5	102.6
农副产品类	Agricultural Products	105.8	107.3	98.8	119.8	120.2	103.1
纺织原料类	Textile Materials	102.3	103.6	97.2	112.7	114.0	98.4

8-10 固定资产投资价格指数
Price Indices of Investment in Fixed Assets

(上年=100) (preceding year=100)

类别	Type	2007	2008	2009	2010	2011	2012
固定资产投资	**Investment in Fixed Assets**	**105.4**	**108.1**	**96.1**	**104.8**	**108.4**	**101.0**
建筑安装工程	**Construction and Installation**	**106.9**	**110.9**	**93.9**	**105.6**	**112.1**	**101.2**
人工费	Labor Costs	109.4	110.7	105.0	106.7	112.8	110.8
材料费	Material Costs	106.7	111.5	89.9	105.6	112.5	98.2
钢材	Steel	107.8	116.4	83.5	105.1	111.2	90.7
木材	Wood	104.3	102.8	101.6	104.3	105.7	102.4
水泥	Cement	106.9	107.9	97.1	106.5	122.5	93.1
地方建筑材料	Local Building Materials	104.9	105.7	101.6	106.0	111.7	107.2
化工材料	Chemical Materials	107.2	103.3	88.1	113.7	106.5	102.0
电料	Electric Materials	101.2	101.6	106.4	107.7	107.4	99.8
其他材料	Other Materials	105.6	101.9	105.2	102.3	102.8	102.7
机械使用费	Machinery Costs	103.7	104.4	103.1	103.2	107.4	105.4
设备、工器具购置	**Purchase of Equipment,Tools and Instruments**	**100.5**	**100.5**	**97.4**	**102.0**	**101.6**	**98.8**
其他费用	**Others**	**106.2**	**107.5**	**104.7**	**105.4**	**106.4**	**104.4**

主要统计指标解释

居民消费价格指数 是反映一定时期内城乡居民所购买的生活消费品价格和服务项目价格变动趋势和程度的相对数，是对城市居民消费价格指数和农村居民消费价格指数进行综合汇总计算的结果。该指数可以观察和分析消费品的零售价格和服务项目价格变动对城乡居民实际生活费支出的影响程度。

商品零售价格指数 是反映一定时期内城乡商品零售价格变动趋势和程度的相对数。商品零售价格的变动直接影响到城乡居民的生活支出和国家的财政收入，影响居民购买力和市场供需的平衡，影响到消费与积累的比例关系。因此，该指数可以从一个侧面对上述经济活动进行观察和分析。

工业生产者价格指数 是反映工业产品价格变化趋势和变动幅度的统计指标，是工业企业的产品价格在不同时间和空间条件下平均变动的相对数，包括工业品第一次出售时的出厂价格和企业作为中间投入的原材料、燃料、动力购进价格。该指数是进行国民经济核算和经济管理的重要依据。

固定资产投资价格指数 是反映一定时期内固定资产投资品及项目的价格变动趋势和程度的相对数。固定资产投资额是由建筑安装工程投资完成额、设备工器具购置投资完成额和其他费用投资完成额三部分组成的。编制固定资产投资价格指数应首先分别编制上述三部分投资的价格指数，然后采用加权算术平均法求出固定资产投资价格总指数。

该指数可以准确地反映固定资产投资中涉及的各类投资品和取费项目价格变动趋势和变动幅度，消除按现价计算的固定资产投资指标中的价格变动因素，真实地反映固定资产投资的规模、速度、结构和效益，为国家科学地制定、检查固定资产投资计划并提高宏观调控水平，为完善国民经济核算体系提供科学的、可靠的依据。

Explanatory Notes on Main Statistical Indicators

Consumer Price Indices reflect the trend and degree of changes in prices of consumer goods and services purchased by urban and rural households during a given period. They are obtained by combining the Urban Consumer Price Indices and the Rural Consumer Price Indices. The Indices enable the observation and analysis of the degree of impact of the changes in the prices of retailed goods and services on the actual living expenses of urban and rural residents.

Retail Price Indices reflect the trend and degree of change in retail prices of commodities during a given period. The change in retail prices of commodities directly affect the living expenses of urban and rural residents, government revenue, purchasing power of residents and the equilibrium of market supply and demand, and the ratio of consumption to accumulation. Therefore, the retail price indices are useful from an oblique perspective for observing and analyzing the changes of the above economic activities.

Industry producer price index measures the trend and degree of variance of industry producer price. It is a relative figure of average variance in different time and space, which includes factory price of first sale and intermediate inputs of raw materials, fuel and power. It is a important base of national economic accounting and economic governance.

Price Indices of Investment in Fixed Assets reflect the trend and degree of changes in prices of investment goods and projects in fixed assets during a given period. The investment in fixed assets consists of three components, namely the investment in construction and installation, the investment in purchases of equipment and instrument, and the investment in other items. Price indices of investment in fixed assets are calculated as the weighted arithmetic mean of the price indices of the three components of investment in fixed assets.

Removing the factor of price change in the aggregates of investment at current prices, this indicator shows the changes in the prices of commodities and fees involved in the investment of fixed assets, and can be used to observe the actual size, growth, structure, and efficiency of investment in fixed assets and provides reliable and scientific data for government planning, management, decision-making, and further improving the current national accounting system.

人民生活

PEOPLE'S LIVELIHOOD

◆161/192

资料整理及英文翻译：张万才、兰 园、吴 洁、廖超群、曾淑珍、丁邦伟、周 伟、刘 巍

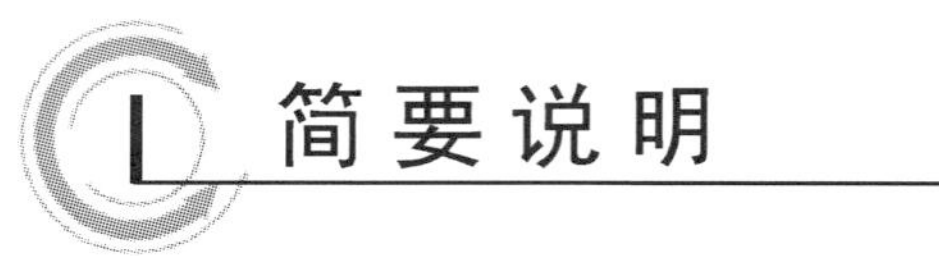

简要说明

一、本篇资料的主要内容

本篇资料反映了全省城镇、农村居民的家庭收支、人口就业、居住、耐用消费品拥有、生产和生活等方面的情况。

二、本篇资料的来源

1. 本篇资料中城镇居民家庭相关资料来源于城镇住户调查年报，由国家统计局江西调查总队城镇住户调查处整理提供。

2. 本篇资料中农民家庭相关资料来源于农村住户调查年报，由国家统计局江西调查总队农村住户调查处整理提供。

Brief Introduction

I. Content

Data in this chapter show the basic conditions of the people's livelihood for the whole province, including income and expenditure of the households, employment, housing condition, consumption and possession of the major consumer goods, etc.

II. Source of Data

(1) Data in this chapter are based on the data collected by the sample survey on urban households and are prepared and provided by the Division of Urban Household Survey of Survey Office of the National Bureau of Statistics in Jiangxi.

(2) Data in this chapter are based on the data collected by the sample survey on rural households and are prepared and provided by the Division of Rural Household Survey of Survey Office of the National Bureau of Statistics in Jiangxi.

9-1 人民物质文化生活情况
People's Material and Cultural Life

指标	Item	1978	2000	2010	2011	2012
就业(人)	**Employment (person)**					
城镇住户每一就业者赡养人数	Number of Dependents per Employee of Urban Household		1.79	1.87	1.89	1.85
农村住户每一劳动力负担人口	Number of Dependents per Laborer of Rural Household	2.50	1.46	1.35	1.39	1.40
收入(元)	**Income(yuan)**					
城镇非私营单位职工平均工资	Average Wage of Staff and Workers in Urban NonPrivate Units	552	7014	29092	34055	39651
城镇住户人均年可支配收入	Per Capita Annual Disposable Income of Urban Households	305	5104	15481	17495	19860
农村住户人均年纯收入	Per Capita Net Income of Rural Residents	141	2135	5789	6892	7828
消费(亿元)	**Consumption(100 million yuan)**					
国内支出总消费	Total Domestic Consumption Expenditure	56.88	1269.58	4496.69	5593.93	6314.31
居民消费	Resident Consumption		989.20	3552.93	4261.66	4753.79
农村居民消费	Rural Households Consumption		574.63	1156.53	1443.74	1541.90
城镇居民消费	Urban Households Consumption		414.57	2396.40	2817.92	3211.89
政府消费	Government Consumption Expenditure		280.38	943.76	1332.27	1560.52
储蓄(元)	**Saving(yuan)**					
平均每人储蓄存款年末余额	Per Capita Balance of Saving Deposit at Year-end	13	2997	13746	15917	18842
居住(平方米)	**Residence(sq.m)**					
城镇住户人均建筑面积	Per Capita Building Space of Urban Households			38.88	39.39	40.10
农村住户人均居住面积	Per Capita Living Space of Rural Households		27.79	40.26	46.82	47.61
交通、通讯	**Traffic and Communication**					
城镇住户每百户摩托车拥有量(辆)	Number of Motor Cycles per 100 Urban Households(unit)		12.96	20.77	19.38	19.80
城镇住户每百户汽车拥有量(辆)	Number of Automobiles per 100 Urban Households(unit)		0.39	5.31	8.88	10.76
城镇居民每百户拥有移动电话(台)	Number of Mobile Telephones per 100 Urban Households(set)		14.37	181.18	200.46	206.71
农村住户每百户自行车拥有量(辆)	Number of Bicycles per 100 Rural Households (unit)		116.12	84.86	60.78	62.65
农村住户每百户摩托车拥有量(辆)	Number of Motor Cycles per 100 Rural Households(unit)		17.47	60.49	67.88	69.27
农村住户每百户拥有移动电话(台)	Number of Mobile Telephones per 100 Rural Households(set)		1.43	140.98	189.43	200.16
教育	**Education**					
每万人中有普通高等学校在校学生(人)	Students Enrollment of Regular Higher Education Institutions per 10000 Population(person)	6.86	35.29	187.75	187.86	194.57
每万人中有中等学校在校学生(人)	Students Enrollment of Secondary Schools per 10000 Population(person)	540.69	702.41	787.684	780.82	769.18
每万人中有小学在校学生(人)	Students Enrollment of Primary Schools per 10000 Population(person)	1614.20	1018.85	954.72	967.04	963.92
学龄儿童入学率(%)	Enrollment Rate of School-Age Children(%)	94.15	99.58	99.93	99.76	99.85
卫生	**Health**					
每万人中有卫生技术人员(人)	Number of Medical Technical Personnels per 10000 Population(person)	22.1	29.7	34.7	37.0	39.9
#医生	Doctors	9.6	13.1	13.3	14.0	14.9
每万人中有病床数(张)	Number of Hospital Beds per 10000 Population (bed)	22.7	21.9	28.7	30.4	35.0
#医院卫生院	Hospital Beds	20.5	20.1	23.1	29.5	31.6
文化(台/套)	**Culture(set)**					
城镇住户每百户拥有彩色电视机	Number of Color TV per 100 Urban Households		106.01	148.00	155.52	156.68
城镇住户每百户拥有照相机	Number of Cameras per 100 Urban Households		25.48	33.82	35.98	35.80
城镇住户每百户拥有组合音响	Number of Hi-Fi Stereo Component Players per 100 Urban Households		16.00	27.82	21.50	20.76
城镇住户每百户拥有家用电脑	Number of Computers per 100 Urban Households		4.56	59.91	73.87	78.17
农村住户每百户拥有彩色电视机	Number of Color TV per 100 Rural Households		30.16	106.86	116.98	120.49
农村住户每百户拥有照相机	Number of Cameras per 100 Rural Households		2.08	2.69	2.49	2.61

9-2 居民消费水平

Household Consumption Expenditure

本表绝对数按当年价格计算，指数按可比价格计算.

Level in this table are calculated at current prices,while indices are calculated at constant prices

年 份 Year	绝对数(元) Level(yuan)			指数(上年=100) Index(Preceding Year=100)			指数(1978=100) Index(year of 1978=100)		
	全体居民 All Households	农村居民 Rural Household	城镇居民 Urban Household	全体居民 All Households	农村居民 Rural Household	城镇居民 Urban Household	全体居民 All Households	农村居民 Rural Household	城镇居民 Urban Household
1978	181	161	281	115.7	115.7	109.7	100.0	100.0	100.0
1979	203	179	323	110.7	109.7	113.4	110.7	109.7	113.4
1980	211	183	340	99.7	98.0	101.0	110.4	107.5	114.5
1981	230	194	394	104.1	101.3	110.8	114.9	108.9	126.9
1982	266	235	403	112.4	117.7	99.5	129.1	128.2	126.3
1983	282	253	410	104.5	106.1	100.3	134.9	136.0	126.7
1984	311	279	448	107.6	107.6	106.6	145.2	146.3	135.1
1985	367	327	535	108.7	107.9	109.7	157.8	157.9	148.2
1986	395	346	590	101.6	101.0	101.6	160.3	159.5	150.6
1987	427	365	675	103.7	101.7	107.0	166.2	162.2	161.1
1988	506	421	842	104.7	101.7	111.7	174.0	165.0	179.9
1989	580	480	971	100.0	101.6	96.5	174.0	167.6	173.6
1990	666	577	1017	104.5	104.8	103.6	181.8	175.6	179.8
1991	706	605	1105	103.6	103.2	104.6	188.3	181.2	188.1
1992	770	634	1295	106.7	105.1	110.0	200.9	190.4	206.9
1993	887	712	1566	105.9	105.0	107.8	212.8	199.9	223.0
1994	1182	923	2165	105.8	105.2	106.3	225.1	210.3	237.0
1995	1559	1266	2632	106.8	107.6	104.2	240.4	226.3	247.0
1996	1857	1553	2942	112.2	115.7	104.4	269.7	261.8	257.9
1997	1930	1569	3200	104.4	103.1	106.7	281.6	269.9	275.2
1998	1973	1599	3267	101.6	101.4	101.7	286.1	273.7	279.9
1999	2056	1637	3482	104.4	103.9	105.0	298.7	284.4	293.9
2000	2396	1793	4488	116.6	114.9	117.2	348.3	326.8	344.5
2001	2500	1801	4845	104.8	101.2	108.0	365.0	330.7	372.1
2002	2651	1879	5138	106.0	104.3	106.0	386.9	344.9	394.4
2003	2739	1964	5127	102.9	104.0	99.6	392.5	353.6	387.3
2004	3353	2342	6300	111.6	109.8	110.8	438.0	388.3	429.1
2005	3821	2576	7329	109.6	108.1	109.5	480.0	419.8	469.9
2006	4117	2810	7738	125.0	120.1	129.2	600.0	504.2	607.1
2007	4676	3061	9105	108.4	105.9	110.3	650.4	533.9	669.6
2008	5805	3184	9642	114.8	105.4	93.4	746.7	562.7	625.4
2009	6212	3560	9833	112.3	113.4	108.9	838.5	638.1	681.1
2010	7989	4613	12353	111.9	114.8	108.3	938.3	732.5	737.6
2011	9523	5853	14029	111.6	115.3	108.0	1047.1	844.6	796.6
2012	10573	6423	15327	110.5	113.4	106.7	1157.0	957.8	850.0

9-3 各地区居民消费水平（2012年）

Household Consumption Expenditure by Region (2012)

地 区	Region	绝对数(元) Level(yuan)			指 数(上年=100) Index(preceding year=100)		
		全体居民 All Households	农村居民 Rural Household	城镇居民 Urban Household	全体居民 All Households	农村居民 Rural Household	城镇居民 Urban Household
南昌市	Nanchang	28051	16930	41038	115.5	119.1	114.0
景德镇市	Jingdezhen	14637	11677	16701	109.5	114.0	106.5
萍乡市	Pingxiang	10323	5706	20539	104.1	103.6	104.1
九江市	Jiujiang	10115	6014	14868	107.7	110.6	103.7
新余市	Xinyu	13465	7119	16794	106.8	110.7	104.0
鹰潭市	Yingtan	10480	6141	14759	113.6	108.7	113.2
赣州市	Ganzhou	6604	4673	9471	102.3	99.7	102.4
吉安市	Ji'an	7196	5128	14001	110.9	110.3	111.3
宜春市	Yichun	8810	7589	11590	113.9	114.3	110.2
抚州市	Fuzhou	6007	4849	7693	120.1	117.5	120.4
上饶市	Shangrao	6759	4801	13687	110.5	110.8	108.8

9-4 各地区储蓄存款年末余额（2012年）

Balance of Savings Depositat at Year-end by Region (2012)

单位：万元 (10000 yuan)

地 区	Region	年末余额 Balance	比年初 Over Beginning of Year	比年初增长(%) Growth Rate (%)
全 省	**Provincial Total**	**8471.86**	**1348.19**	**18.9**
南昌市	Nanchang	1853.57	249.56	**15.6**
景德镇市	Jingdezhen	345.16	52.17	**17.8**
萍乡市	Pingxiang	318.38	44.89	**16.4**
九江市	Jiujiang	822.11	141.96	**20.9**
新余市	Xinyu	306.40	39.41	**14.8**
鹰潭市	Yingtan	228.95	36.68	**19.1**
赣州市	Ganzhou	1327.76	227.38	**20.7**
吉安市	Ji'an	825.96	143.30	**21.0**
宜春市	Yichun	899.53	150.90	**20.2**
抚州市	Fuzhou	636.33	114.35	**21.9**
上饶市	Shangrao	906.59	147.27	**19.4**

9-5 城镇住户基本情况
Basic Condition of Urban Households

年 份 地 区 Year Region	调查户数 (户) Number of Households Surveyed (houshold)	家庭人口数 (人) Household Size (person)	就业人口 (人) Employed Population (person)	平均每户人口数 (人) Average Household Size (person)	平均每户就业人口数(人) Average Number of Employed Persons per Household (person)	平均每户就业面 (%) Proportion of Employment per Household (%)
1986	1000	4024.36	2154.74	4.02	2.15	53.48
1987	1000	3982.45	2143.89	3.98	2.14	53.83
1988	1280	4755.00	2554.70	3.72	2.00	53.72
1989	1280	4668.66	2556.73	3.65	2.00	54.72
1990	1280	4612.26	2525.10	3.60	1.97	54.75
1991	1280	4533.51	2507.11	3.54	1.96	55.30
1992	1280	4419.19	2479.57	3.45	1.94	56.11
1993	1280	4317.27	2457.96	3.37	1.92	56.93
1994	1180	3870.41	2245.89	3.28	1.90	58.03
1995	1180	3777.63	2224.19	3.20	1.88	58.88
1996	1180	3757.83	2221.32	3.18	1.88	59.12
1997	1180	3693.40	2242.00	3.13	1.90	60.70
1998	1180	3631.62	2210.20	3.08	1.87	60.86
1999	1314	4023.70	2385.53	3.06	1.82	59.29
2000	1280	3943.31	2205.98	3.08	1.72	55.94
2001	1280	3892.75	2151.10	3.04	1.68	55.26
2002	1280	3801.60	2048.00	2.97	1.60	53.87
2003	1280	3801.60	2035.20	2.97	1.59	53.54
2004	1280	3724.80	1996.80	2.91	1.56	53.61
2005	1280	3699.20	1945.60	2.89	1.52	52.60
2006	1280	3660.80	1958.40	2.86	1.53	53.50
2007	1280	3648.00	2022.40	2.85	1.58	55.44
2008	1280	3712.00	2060.80	2.90	1.61	55.52
2009	1280	3686.40	2009.60	2.88	1.57	54.51
2010	1230	3493.20	1869.60	2.84	1.52	53.52
2011	1230	3530.10	1869.60	2.87	1.52	52.96
2012	1230	3517.80	1906.50	2.86	1.55	54.20
南昌市 Nanchang	300			2.83	1.58	55.83
景德镇市 Jingdezhen	100			2.67	1.48	55.43
萍乡市 Pingxiang	50			3.16	1.72	54.43
九江市 Jiujiang	100			2.73	1.74	63.74
新余市 Xinyu	50			2.90	1.73	59.66
鹰潭市 Yingtan	50			2.88	1.41	48.96
赣州市 Ganzhou	100			2.89	1.56	53.98
吉安市 Ji'an	50			2.65	1.51	56.98
宜春市 Yichun	50			2.73	1.29	47.25
抚州市 Fuzhou	50			2.74	1.43	52.19
上饶市 Shangrao	50			2.87	1.52	52.96
井冈山市 Jinggangshan	30			2.80	1.74	62.14
瑞昌市 Ruichang	50			3.24	1.64	50.62
信丰县 Xinfeng	50			3.44	1.78	51.74
泰和县 Taihe	50			2.61	1.41	54.02
上高县 Shanggao	50			3.06	1.50	49.02
铅山县 Yanshan	50			2.99	1.47	49.16

9-5 续表 continued

年份 地区 Year Region	平均每一就业者赡养人数(人) Number of Dependents per Employee (person)	平均每人每年总收入(元) Per Capita Total Annual Income (yuan)	平均每人每年可支配收入(元) Per Capita Annual Disposable Income (yuan)	可支配收入指数 Index of Disposable Income 以上年为100 (preceding year=100)	以1978年为100 (year of 1978=100)	平均每人每年消费性支出(元) Per Capita Annual Consumption Expenditure (yuan)
1986	1.87	744.12	729.84	118.0	171.9	630.96
1987	1.86	808.20	791.88	100.6	172.9	703.20
1988	1.83	965.16	937.80	95.7	165.5	876.48
1989	1.83	1116.84	1081.92	98.4	161.2	977.88
1990	1.83	1224.48	1187.88	107.5	173.3	983.76
1991	1.81	1327.32	1295.40	104.5	181.0	1110.24
1992	1.78	1589.28	1584.96	113.8	206.0	1275.96
1993	1.76	1986.72	1984.80	108.1	222.8	1585.68
1994	1.72	2778.96	2776.80	110.2	245.6	2201.04
1995	1.70	3380.88	3376.56	104.0	255.5	2712.48
1996	1.69	3782.28	3780.24	103.6	264.6	2942.16
1997	1.65	4090.68	4071.36	104.6	276.7	3199.56
1998	1.64	4274.28	4251.48	103.4	286.0	3266.76
1999	1.69	4746.24	4720.56	112.0	320.3	3482.28
2000	1.79	5129.52	5103.60	105.9	339.2	3623.52
2001	1.81	5545.68	5506.08	108.1	366.7	3894.48
2002	1.86	6521.28	6335.64	114.8	421.0	4549.32
2003	1.87	7153.68	6901.44	108.0	454.7	4914.60
2004	1.87	7876.68	7559.64	106.0	482.0	5337.84
2005	1.90	9042.48	8619.72	112.3	541.3	6109.44
2006	1.87	10014.61	9551.12	110.0	595.4	6645.54
2007	1.80	11754.16	11221.87	112.5	669.8	7810.73
2008	1.80	13463.58	12866.44	108.3	725.4	8717.37
2009	1.83	15047.19	14021.54	109.6	795.0	9739.99
2010	1.87	16558.01	15481.12	107.3	853.0	10618.69
2011	1.89	18656.52	17494.87	107.5	917.0	11747.21
2012	1.85	21150.24	19860.36	110.6	1014.2	12775.65
南昌市 Nanchang	1.79	25152.12	23602.39			16450.03
景德镇市 Jingdezhen	1.80	22424.77	21621.35			14104.35
萍乡市 Pingxiang	1.84	23235.94	21257.21			14488.33
九江市 Jiujiang	1.57	21813.04	20330.40			13174.18
新余市 Xinyu	1.68	24302.68	22470.28			14427.00
鹰潭市 Yingtan	2.04	21646.50	19882.67			12587.18
赣州市 Ganzhou	1.85	20110.97	18704.27			12707.61
吉安市 Ji'an	1.75	21330.99	20133.68			12667.45
宜春市 Yichun	2.12	20169.37	18895.84			11923.63
抚州市 Fuzhou	1.92	19892.28	18932.46			11389.38
上饶市 Shangrao	1.89	21268.54	20177.39			11748.63
井冈山市 Jinggangshan	1.61	20330.03	19461.88			10887.99
瑞昌市 Ruichang	1.98	14443.19	14128.77			9472.75
信丰县 Xinfeng	1.93	18154.26	16896.23			9483.85
泰和县 Taihe	1.85	17885.68	16969.64			8903.49
上高县 Shanggao	2.04	16369.28	15751.22			10390.76
铅山县 Yanshan	2.03	16791.10	15481.55			9394.66

注：可支配收入指数均按可比价计算，2002年之后人均每年实际收入指标为人均每年家庭总收入。后同。

a) Disposable Income indices are calculated by constant price.Per Capita Total Annual Income after 2002 refers to total Income of household. The same applies to the tables following.

9-6 城镇住户分组基本情况（2012年）

Basic Condition of Urban Households by Level of Income (2012)

指标	Item	合计 Total	最低收入户 Lowest Income Households	#更低收入户 Poor Households
调查户数(户)	Number of Households Surveyed (household)	1230	122	61
平均每户家庭人口数(人)	Average Household Size (person)	2.86	3.40	3.48
平均每户有收入人口数(人)	Average Number of Persons with Income per Household (person)	2.11	1.77	1.71
平均每户就业人口数(人)	Average Number of Employed Persons per Household (person)	1.55	1.39	1.43
平均每户就业面(%)	Proportion of Employment per Household (%)	54.20	40.88	41.09
平均每一就业者赡养人数(含就业者本人)(人)	Number of Dependents per Employee (including the employee himself or herself)(person)	1.85	2.45	2.43
平均每人每年家庭总收入(元)	Per Capita Annual Total Income (yuan)	21150	8908	7886
平均每人每年可支配收入(元)	Per Capita Annual Disposable Income (yuan)	19860	8063	6731
平均每人每年消费性支出(元)	Per Capita Annual Consumption Expenditure (yuan)	12776	6770	6554

9-6 续表1 continued

指标	Item	低收入户 Low Income Households	中等偏下收入户 Lower Middle Income Households	中等收入户 Middle Income Households
调查户数(户)	Number of Households Surveyed (household)	124	245	245
平均每户家庭人口数(人)	Average Household Size (person)	3.24	3.10	2.78
平均每户有收入人口数(人)	Average Number of Persons with Income per Household (person)	2.05	2.13	2.17
平均每户就业人口数(人)	Average Number of Employed Persons per Household (person)	1.52	1.63	1.50
平均每户就业面(%)	Proportion of Employment per Household (%)	46.91	52.58	53.96
平均每一就业者赡养人数(含就业者本人)(人)	Number of Dependents per Employee (including the employee himself or herself)(person)	2.13	1.90	1.85
平均每人每年家庭总收入(元)	Per Capita Annual Total Income (yuan)	12072	15717	20036
平均每人每年可支配收入(元)	Per Capita Annual Disposable Income (yuan)	11332	14691	18959
平均每人每年消费性支出(元)	Per Capita Annual Consumption Expenditure (yuan)	8070	9745	12005

9-6 续表2 continued

指标	Item	中等偏上收入户 Upper Middle Households	高收入户 High Income Households	最高收入户 Highest Income Households
调查户数(户)	Number of Households Surveyed(household)	248	125	121
平均每户家庭人口数(人)	Average Household Size(person)	2.63	2.47	2.43
平均每户有收入人口数(人)	Average Number of Persons with Income per Household(person)	2.20	2.19	2.18
平均每户就业人口数(人)	Average Number of Employed Persons per Household(person)	1.45	1.58	1.85
平均每户就业面(%)	Proportion of Employment per Household(%)	55.13	63.97	76.13
平均每一就业者赡养人数(含就业者本人)(人)	Number of Dependents per Employee(including the employee himself or herself)(person)	1.81	1.56	1.31
平均每人每年家庭总收入(元)	Per Capita Annual Total Income(yuan)	25075	32528	49237
平均每人每年可支配收入(元)	Per Capita Annual Disposable Income(yuan)	23690	30652	46105
平均每人每年消费性支出(元)	Per Capita Annual Consumption Expenditure (yuan)	14494	18336	28877

9-7 城镇住户平均每人每年现金收支

Per Capital Annual Cash Income and Expenditure of Urban Households

单位：元 (yuan)

指标	Item	2010	2011	2012
家庭总收入	**Total Income of Households**	**16558.01**	**18656.52**	**21150.24**
#可支配收入	Disposable Income	15481.12	17494.87	19860.36
工资性收入	Income of Wages and Salaries	10613.83	11654.36	13348.06
#工资及补贴收入	Wages and Subsidies	10434.46	11552.87	13255.38
其它劳动收入	Other Income	179.37	101.49	92.67
经营净收入	Net Business Income	1266.21	1721.84	1946.82
财产性收入	Income from Property	344.77	471.73	527.63
转移性收入	Income from Transfers	4333.20	4808.59	5327.72
#养老金或离退休金	Pension or Retirement Annuities	3281.38	3658.53	4115.07
赡养收入	Alimony Income	287.01	312.41	462.51
捐赠收入	Donated Income	373.47	488.34	323.06
出售财物收入	**Income from Properties Sale**	**160.32**	**77.74**	**4.28**
借贷收入	**Loan Income**	**4439.01**	**4916.00**	**5079.44**
#提取储蓄存款	Withdrawal of Savings Deposits	4310.42	4788.47	4839.12
借入款	Borrowed Money	55.49	35.81	7.82
住房贷款	Loans for Housing	37.45	36.51	95.15
家庭总支出	**Total Expenditure of Households**	**13922.69**	**15153.33**	**16190.34**
#消费性支出	Consumption Expenditure	10618.69	11747.21	12775.65
购房建房支出	Expenditure for Housing Purchase and Building	555.09	457.69	208.82
个人所得税	Individual Income Tax	31.03	28.95	15.99
捐赠支出	Contribution Expenditure	1205.35	1215.32	1304.97
赡养支出	Alimony Expenditure	417.88	485.28	564.19
借贷支出	**Expenditure for Lending**	**6923.65**	**7876.25**	**9838.44**
#存入储蓄款	Money Deposited in Bank	6462.79	7526.69	9335.57
借出款	Lending Money	23.96	21.99	2.56
归还借款	Money Returned to the Borrower	60.30	21.15	92.65
归还住房贷款	Housing Loan Returned	222.70	164.83	284.06

9-8 城镇住户平均每人每年现金收支（2012年）

单位：元

指 标	Item	合 计 Total	最 低 收入户 Lowest Income Households	#更 低 收入户 Poor Households
家庭总收入	**Total Income of Households**	**21150.24**	**8907.98**	**7886.25**
#可支配收入	Disposable Income	19860.36	8062.92	6731.27
工资性收入	Income of Wages and Salaries	13348.06	5635.35	5288.79
#工资及补贴收入	Wages and Subsidies	13255.38	5473.57	5150.09
其它劳动收入	Other Income	92.67	161.78	138.70
经营净收入	Net Business Income	1946.82	1022.50	763.20
财产性收入	Income from Property	527.63	222.65	211.54
转移性收入	Income from Transfers	5327.72	2027.48	1622.73
#养老金或离退休金	Pension or Retirement Annuities	4115.07	1165.74	690.89
赡养收入	Alimony Income	462.51	169.26	269.75
捐赠收入	Donated Income	323.06	144.65	189.30
出售财物收入	**Income from Properties Sale**	**4.28**	**2.04**	**0.76**
借贷收入	**Loan Income**	**5079.44**	**2420.87**	**2634.50**
#提取储蓄存款	Withdrawal of Savings Deposits	4839.12	2287.23	2596.19
借入款	Borrowed Money	7.82	28.81	27.36
住房贷款	Loans for Housing	95.15	95.15	
家庭总支出	**Total Expenditure of Households**	**16190.34**	**8538.85**	**8490.84**
#消费性支出	Consumption Expenditure	12775.65	6770.36	6554.08
购房建房支出	Expenditure for Housing Purchase and Building	208.82	122.30	
个人所得税	Individual Income Tax	15.99	0.88	0.80
捐赠支出	Contribution Expenditure	1304.97	579.12	492.39
赡养支出	Alimony Expenditure	564.19	329.65	394.93
借贷支出	**Expenditure for Lending**	**9838.44**	**2656.92**	**1892.15**
#存入储蓄款	Money Deposited in Bank	9335.57	2363.92	1816.90
借出款	Lending Money	2.56	1.93	
归还借款	Money Returned to the Borrower	92.65	11.62	20.19
归还住房贷款	Housing Loan Returned	284.06	276.71	49.30

Per Capital Annual Cash Income and Expenditure of Urban Households (2012)

(yuan)

低收入户 Low Income Households	中等偏下户 Lower Middle Income Households	中等收入户 Middle Income Households	中等偏上户 Upper Middle Income Households	高收入户 High Income Households	最高收入户 Highest Income Households
12072.31	**15717.32**	**20036.20**	**25075.36**	**32528.20**	**49236.76**
11331.78	14691.19	18958.53	23690.06	30652.26	46105.46
7456.21	10559.58	12699.43	14845.25	19996.61	32241.68
7411.70	10469.68	12667.07	14723.52	19971.48	32040.18
44.51	89.90	32.36	121.73	25.14	201.50
1196.73	1153.51	1299.57	2077.43	3041.81	6642.33
82.96	259.57	225.60	519.75	1071.59	2511.91
3336.40	3744.66	5811.60	7632.93	8418.20	7840.83
2548.09	2743.50	4930.00	6140.56	6792.33	5209.88
206.89	414.22	301.01	770.15	372.76	1159.27
170.96	218.89	271.44	336.15	487.12	1011.44
0.68	**2.10**	**3.07**	**12.09**	**3.30**	**4.26**
2070.08	**2964.75**	**3746.32**	**5665.94**	**7515.58**	**18270.81**
2062.44	2680.89	3730.67	5576.09	7144.88	16908.85
4.07	2.75	0.65		37.14	
					1157.51
9775.28	**11827.68**	**14670.34**	**17966.86**	**24025.06**	**40079.57**
8070.09	9745.34	12004.84	14494.37	18336.12	28876.91
			41.45		2255.89
0.38	3.67	1.00	21.21	16.61	115.94
673.25	868.71	1198.49	1516.59	2408.60	3121.18
384.73	208.93	428.57	529.46	1081.90	1995.04
4122.27	**6604.20**	**8938.16**	**12468.73**	**15999.80**	**27309.00**
4060.98	6172.59	8759.04	11916.56	15372.83	25155.64
14.11	1.42		0.03		5.12
0.99	19.77	58.44	204.69	68.58	381.62
21.41	324.28	60.75	281.24	422.39	952.44

9-9 城镇住户平均每人每年消费性支出（2012年）

单位：元

类别	Type	合计 Total	最低收入户 Lowest Income Households	#更低收入户 Poor Households
消费性支出	**Consumption Expenditure**	**12775.65**	**6770.36**	**6554.08**
食品	Food	5071.61	3172.21	3151.81
#粮食	Grain	438.11	330.01	335.88
油脂类	Oil or Fat	200.77	158.16	159.90
肉禽及其制品类	Meat,Poultry and Related Products	1161.86	781.84	768.84
蛋类	Eggs	104.01	71.42	67.71
水产品类	Aquatic Products	291.21	179.24	184.94
蔬菜类	Vegetables	671.27	493.64	484.76
干鲜瓜果类	Dried and Fresh Melons and Fruits	422.99	268.92	254.98
奶及奶制品	Milk and Dairy Products	218.08	125.33	129.77
在外饮食	Outward Dinner	674.62	244.33	293.69
衣着	Clothing	1476.63	606.54	534.09
居住	Residence	1173.91	936.51	641.05
家庭设备用品及服务	Household Appliances and Services	966.23	424.64	477.25
#耐用消费品	Durable Consumer Goods	336.87	93.65	103.96
医疗保健	Health Care and Medical Services	670.71	459.30	628.34
交通和通信	Transport and Communications	1501.34	405.84	317.74
#交通	Transport	915.30	138.32	72.12
通信	Communications	586.04	267.51	245.62
教育文化娱乐服务	Education, Cultural and Recreation Services	1487.30	653.49	699.67
#文化娱乐用品	Cultural and Recreational Articles	321.57	103.40	93.91
文化娱乐服务	Education, Cultural and Recreation Services	617.08	171.68	182.37
教育	Education	548.65	378.40	423.39
其他商品和服务	Other Goods and Services	427.93	111.83	104.13

Per Capitia Consumption Expenditure of Urban Households (2012)

(yuan)

低收入户 Low Income Households	中等偏下户 Lower Middle Income Households	中等收入户 Middle Income Households	中等偏上户 Upper Middle Income Households	高收入户 High Income Households	最高收入户 Highest Income Households
8070.09	**9745.34**	**12004.84**	**14494.37**	**18336.12**	**28876.91**
3945.47	4374.74	5145.56	5806.76	6788.23	7834.52
371.12	393.24	455.95	493.17	537.40	548.67
174.39	181.84	208.21	226.19	242.85	235.22
946.91	1025.06	1223.22	1355.80	1527.30	1454.08
84.63	90.92	110.33	122.81	137.30	124.52
234.86	253.58	292.04	352.80	405.33	385.38
565.17	589.01	714.46	765.69	826.70	835.14
314.21	363.88	442.92	489.09	557.87	634.03
179.40	195.27	223.11	264.60	307.60	268.27
409.35	528.95	557.78	767.07	964.14	1867.02
845.29	1124.39	1404.04	1676.45	2008.96	3800.79
786.99	837.87	1027.21	1170.97	1528.99	2955.03
500.23	691.96	984.91	1080.92	1403.99	2422.58
139.33	203.00	364.62	360.86	569.03	984.90
433.15	471.31	556.08	905.14	990.34	1266.26
566.08	869.05	1098.95	1679.08	2662.28	5541.18
210.71	383.89	507.73	1038.50	1818.34	4272.44
355.37	485.16	591.22	640.57	843.94	1268.74
814.30	1109.54	1390.05	1725.53	2282.06	3593.40
182.65	207.13	314.55	357.86	489.24	917.58
218.84	375.21	534.72	773.92	1081.06	1865.49
412.80	527.20	540.78	593.76	711.76	810.33
178.59	266.49	398.05	449.53	671.27	1463.15

9-10 城镇住户平均每人每年消费性支出和构成

Per Capitia Consumption Expenditure and Expenditure Percentage of Urban Households

类别	Type	消费性支出（元） Consumption Expenditure(yuan)		构成（%） Percentage (%)	
		2011	2012	2011	2012
消费性支出	**Consumption Expenditure**	**11747.21**	**12775.65**	**100.00**	**100.00**
食品	Food	4675.16	5071.61	39.80	39.70
#粮食	Grain	408.64	438.11	3.48	3.43
油脂类	Oil or Fat	191.16	200.77	1.63	1.57
肉禽及其制品类	Meat,Poultry and Related Products	1107.29	1161.86	9.43	9.09
蛋类	Eggs	104.28	104.01	0.89	0.81
水产品类	Aquatic Products	260.95	291.21	2.22	2.28
蔬菜类	Vegetables	580.69	671.27	4.94	5.25
干鲜瓜果类	Dried and Fresh Melons and Fruits	392.04	422.99	3.34	3.31
奶及奶制品	Milk and Dairy Products	205.83	218.08	1.75	1.71
在外饮食	Outward Dinner	659.42	674.62	5.61	5.28
衣着	Clothing	1272.88	1476.63	10.84	11.56
居住	Residence	1114.49	1173.91	9.49	9.19
家庭设备用品及服务	Household Appliances and Services	914.88	966.23	7.79	7.56
#耐用消费品	Durable Consumer Goods	379.17	336.87	3.23	2.64
医疗保健	Health Care and Medical Services	641.23	670.71	5.46	5.25
交通和通信	Transport and Communications	1310.21	1501.34	11.15	11.75
#交通	Transport	763.55	915.30	6.50	7.16
通信	Communications	546.66	586.04	4.65	4.59
教育文化娱乐服务	Education, Cultural and Recreation Services	1429.30	1487.30	12.17	11.64
#文化娱乐用品	Cultural and Recreational Articles	317.87	321.57	2.71	2.52
文化娱乐服务	Education, Cultural and Recreation Services	500.74	617.08	4.26	4.83
教育	Education	610.69	548.65	5.20	4.29
其他商品和服务	Other Goods and Services	389.06	427.93	3.31	3.35

9-11 城镇住户平均每百户主要消费品年末拥有量

Ownership of Major Consumer Good Per 100 Urban Households at Year-end

品　　名	Item	2005	2010	2011	2012
摩托车(辆)	Motorcycle(set)	24.38	20.77	19.38	19.80
家用汽车(辆)	Family Car(unit)	0.73	5.31	8.88	10.76
洗衣机(台)	Washing Machine(unit)	95.29	93.84	93.73	95.10
电冰箱(台)	Refrigerator(unit)	90.66	96.57	94.59	95.19
彩色电视机(台)	Color Television Set(unit)	139.31	148.00	155.52	156.68
计算机(台)	Computer(unit)	32.03	59.91	73.87	78.17
组合音响(套)	Hi-Fi Stereo Component System(set)	24.64	27.82	21.50	20.76
摄像机(架)	Pickup Camera(unit)	2.35	4.45	5.96	5.66
照相机(架)	Camera(unit)	37.35	33.82	35.98	35.80
中高档乐器(件)	Medium and High Grade Musical Instruments(piece)	8.67	6.70	5.13	5.64
微波炉(台)	Microwave Oven(unit)	38.93	55.86	55.04	55.79
空调器(台)	Air Conditioner(unit)	72.41	107.67	124.57	128.61
淋浴热水器(台)	Shower Heater(unit)	81.77	92.28	95.50	95.42
健身器材(套)	Body Building Equipment(piece)	1.77	3.17	2.14	2.35
移动电话(部)	Mobile Telephone(unit)	136.26	181.18	200.46	206.71

9-12 农村居民家庭基本情况

Basic Statistics on Rural Households

年 份 Year	平均每户常住人口（人） Average Permanent Population Per Household (person)	平均每户整半劳动力（人） Average Number of Full Semi Labour Force Per Household (person)	平均每个劳动力负担人口（人） Average Number of Dependents Per Laborer Force (person)	平均每人纯收入（元） Per Capita Average Net Income (yuan)	平均每人住房面积（平方米） Per Capita Floor Space of Residential Buildings (sq.m)
1978	5.68	2.77	2.50	140.7	
1979	5.67	2.26	2.50	156.5	
1980	5.91	2.5	2.36	181.24	9.09
1981	6.06	2.78	2.18	226.87	10.05
1982	5.97	2.63	2.27	269.71	11.57
1983	5.92	2.9	2.04	301.76	13.92
1984	5.94	3.02	1.97	334.11	15.55
1985	5.79	3.09	1.87	377.31	16.20
1986	5.72	3.04	1.88	395.63	17.50
1987	5.61	3.02	1.85	429.29	18.47
1988	5.48	3.01	1.82	488.16	19.35
1989	5.38	3.02	1.78	558.64	19.94
1990	5.28	3.00	1.76	669.90	20.58
1991	5.09	2.92	1.74	702.53	20.08
1992	5.01	2.94	1.70	768.41	20.70
1993	4.92	3.02	1.63	869.81	22.91
1994	4.86	3.10	1.57	1218.19	21.61
1995	4.79	3.12	1.54	1537.36	22.70
1996	4.71	3.02	1.56	1869.63	24.00
1997	4.61	3.00	1.54	2107.28	24.33
1998	4.56	2.99	1.52	2048.00	25.31
1999	4.50	2.99	1.50	2129.45	26.90
2000	4.44	3.03	1.46	2135.30	27.79
2001	4.43	3.01	1.47	2231.60	28.25
2002	4.39	3.01	1.46	2334.20	29.24
2003	4.36	3.05	1.43	2457.53	30.55
2004	4.33	3.08	1.41	2952.56	31.35
2005	4.34	3.14	1.38	3265.53	34.10
2006	4.30	3.15	1.37	3584.72	35.91
2007	4.29	3.17	1.35	4097.82	36.78
2008	4.29	3.16	1.36	4697.19	37.56
2009	4.29	3.17	1.35	5075.01	39.53
2010	4.29	3.18	1.35	5788.56	40.26
2011	4.25	3.06	1.39	6891.63	46.82
2012	4.24	3.04	1.40	7827.82	47.61

9-13 平均每百户农民家庭主要生产用固定资产拥有量

Ownership of Major Fixed Assets for Production Per 100 Rural Households

指　　标	Item	2010	2011	2012
生产性固定资产原值（元）	**Productive Original Value of Fixed Assets (yuan)**	**625712**	**941280**	**999931**
农　业	Farming	328301	438403	468904
林　业	Forestry	1152	1235	1933
牧　业	Animal Husbandry	118505	171820	192077
渔　业	Fishing	2844	3641	3836
采矿业	Mining	1469	1937	1743
制造业	Manufacturing	28298	31423	33911
电力煤气与水的生产及供应	Production and Supply of Electric Power and Heat Power	2024	1222	1241
建筑业	Construction	6801	32513	36060
交通运输业、仓储和邮政业	Traffic, Transport, Storage and Post	86620	175309	168653
批发和零售贸易业	Wholesale and Retail Trade	24793	38554	41144
住宿和餐饮业	Hotels and Catering Services	1266	8011	12101
居民服务与其他服务业	Services to Households and Other Services	14351	19771	20348
教　育	Education	653	1077	980
卫生、社会保障和福利业	Health, Social Security and Social Welfare	4449	10147	10833
文化、体育和娱乐业	Culture, Sports and Entertainment	598	906	988
其　他	Others	3588	5311	5181
主要生产性固定资产数量	**Amount of Major Productive Fixed Assets**			
房屋及建筑物（平方米）	Housing and Building (aq.m)	3043.84	2805.39	2740.92
汽　车（辆）	Automobile (unit)	2.02	2.67	2.69
大中型拖拉机（台）	Large and Medium Tractor (unit)	0.53	0.90	1.39
小型和手扶拖拉机（台）	Small and Walking Tractor (unit)	5.24	9.22	10.12
机动脱粒机（台）	Motorized Thresher (unit)	27.79	24.12	25.31
收割机（台）	Harvester (unit)	0.63	1.53	1.67
农用动力机械（台）	Farm Power Plant (unit)	20.34	24.58	25.98
胶轮大车（架）	Cart with Rubber Tires (unit)	10.12	13.10	12.33
水　泵（台）	Pump (unit)	23.29	25.71	28.09
役　畜（头）	Draught Animal (head)	30.83	24.33	21.98
产品畜（头）	Commodity Animal (head)	11.10	23.63	16.37

9-14 农村住户人口与就业情况
Population and Employment of Rural Households

单位：人 (person)

指　　标	Item	2010	2011	2012
农村住户人口状况	**Population of Rural Households**			
家庭常住人口	Number of Permanent Residents	10501	10420	10400
6岁及以下	6 and Under	781	981	1052
7-15岁	Aged 7 - 15	997	1144	1145
16-18岁	Aged 16 - 18	410	329	326
19-22岁	Aged 19 - 22	857	768	738
23-25岁	Aged 23 - 25	685	605	587
26-30岁	Aged 26 - 30	909	777	767
31-40岁	Aged 31 - 40	1443	1437	1437
41-50岁	Aged 41 - 50	1656	1735	1741
51-60岁	Aged 51 - 60	1778	1658	1652
61岁及以上	61 and Over	985	985	967
在校学生人数	Students Enrollment	1646	1544	1608
#6-15岁以下在校学生人数	Enrollment Aged 6 - 15	983	1189	1210
农村住户劳动力素质状况	**Labor Force Quality of Rural Households**			
整半劳动力数	Number of Full/Semi Labour Force	7786	7489	7448
#男劳动力人数	Number of Male Labour Force	4140	3949	3963
整劳动力	Number of Full Labour Force	4866	4776	4752
劳动力文化程度	Education of Labor Force			
不识字或识字很少	Can Not Read or Read Very Little	380	315	316
小学程度	Primary School	2319	2192	2165
初中程度	Junior High School	3889	3735	3680
高中程度	Senior High School	824	835	643
中　专	Specialized	223	241	206
大专及以上	Junior College and over	151	171	188

9-14 续表 continued

单位：人 (person)

指 标	Item	2010	2011	2012
农村住户劳动力就业情况	**Employment of Rural Labor Force**			
就业劳动力人数	Number of Employed Labor Force	7765	7273	7198
#男劳动力人数	Male Labor Force	4137	3892	3911
整劳动力人数	Full Labor Force	4848	4643	4575
就业地点	Place of Employment			
乡 内	the Village	5257	4912	4889
县内乡外	the County but Outside the Village	250	366	373
省内县外	the Province but Outside the County	275	243	221
国内省外	China but outside the Province	1979	1746	1709
国 外	Abroad	4	6	6
行业分布	Sector of Employment			
第一产业就业劳动力	Primary Industry	4432	3586	3554
第二产业就业劳动力	Secondary Industry	2259	2409	2386
采矿业	Mining and Quarrying	81	88	71
制造业	Manufacturing	1793	1766	1735
电力煤气及水的生产供应业	Production and Supply of Electricity, Gas & Water	22	26	27
建筑业	Construction	363	529	553
第三产业就业劳动力	Tertiary Industry	1074	1278	1258
交通运输仓储及邮电通讯业	Transport,Storage and Post	178	166	165
批发和零售贸易	Wholesale and Retail Trades	168	245	252
住宿和餐饮业	Hotels and Catering Services	116	163	153
居民服务和其他服务业	Services to Households and Other Services	263	267	263
教 育	Education	68	63	65
卫生、社会保障和社会福利业	Health,Social Security and Social Welfare	33	35	39
文化、体育和娱乐业	Culture,Sports and Entertainment	38	27	33
其 他	Others	210	312	288

9-15 平均每百户农民家庭主要耐用消费品拥有量

Ownership of Major Durable Consumer Goods Per 100 Rural Households

品　　名	Item	2010	2011	2012
自行车(辆)	Bicycle(unit)	84.86	60.78	62.65
#电动自行车(辆)	Electric Bicycle(unit)	17.80	25.71	27.10
洗衣机(台)	Washing Machine(unit)	14.08	21.96	27.84
电冰箱(台)	Refrigerator(unit)	45.84	68.08	73.63
摩托车(辆)	Motorcycle(unit)	60.49	67.88	69.27
彩色电视(台)	Color TV Set(unit)	106.86	116.98	120.49
抽油烟机(台)	Smoke Absorber(unit)	3.76	6.45	8.69
吸尘器(台)	Vacuam Cleaner(unit)	0.24	0.45	0.57
空调机(台)	Air Conditioner(unit)	10.24	17.35	21.22
热水器(台)	Water Heater(unit)	16.33	28.98	33.88
微波炉(台)	Oven(unit)	2.69	3.80	5.31
电话机(部)	Telephone(unit)	50.90	25.14	22.90
移动电话(部)	Mobile Telephone(unit)	140.98	189.43	200.16
摄像机(台)	Pickup Camera(unit)	0.94	0.41	0.33
影碟机(台)	Video Disc Player(unit)	32.16	19.84	19.31
照相机(架)	Camera(unit)	2.69	2.49	2.61
家用计算机(台)	Computer(unit)	5.22	10.61	13.31
中高档乐器(件)	Medium and High Grade Musical Instrument(unit)	0.16	0.20	0.16

9-16 农民人均食品消费量

Peasants' Per Capita Consumption on Living Consumer Goods

单位：公斤 (kg)

类别	Type	2010	2011	2012
粮食	Grain	213.52	203.91	190.77
稻谷	Rice	209.78	200.16	187.36
薯类	Tubers	1.24	1.36	1.44
豆类及豆制品	Soybeans and Related Products	4.88	4.84	4.23
蔬菜及菜制品	Presh Vegetable and Related Products	132.54	115.47	115.57
油脂类	Oil	7.49	9.13	9.01
植物油	Vegetable Oil	6.57	8.22	8.27
肉禽及其制品	Meats,Poultry and Related Products	18.86	19.82	20.25
#猪肉	Pork	12.31	13.08	13.38
牛肉	Beef	0.37	0.55	0.49
羊肉	Mutton	0.03	0.07	0.03
家禽	Poultry	4.14	3.95	3.66
肉禽制品	Related Products	2.02	2.18	2.69
蛋类及蛋制品	Eggs and Related Products	3.28	4.56	4.71
奶和奶制品	Milk and Dairy Products	3.18	3.83	3.85
水产品	Aquatic Products	5.23	5.77	5.84
食糖	Sugar	0.83	1.29	0.79
酒和饮料	Liquor and Beverages	11.45	13.50	11.86
水果及水果制品	Fruits and Related Products	12.60	11.95	12.75
坚果及果制品	Nuts and Related Products	1.14	1.36	1.26

9-17 农民家庭平均每人总收入

Per Capita Total Income in Rural Households

单位：元 (yuan)

指标	Item	2010	2011	2012
全年总收入	**Annual Total Income**	**7468.53**	**8994.48**	**10039.13**
工资性收入	Income From Wages and Salaries	2394.62	2994.49	3530.72
在非企业组织中劳动得到的收入	Income for Working in Non-enterprise Organization	211.25	196.03	220.03
在本地劳动得到的收入	Income From Township Enterprises	728.17	1155.65	1375.49
常住人口外出从业得到的收入	Income of Permanent Person for Working in Other Place	1455.20	1642.82	1935.20
家庭经营收入	Income from Household Operations	4508.73	5414.03	5838.04
第一产业	Primary Industry	3625.34	4385.13	4717.06
第二产业	Secondary Industry	343.12	364.05	396.42
第三产业	Tertiary Industry	540.28	664.85	724.56
财产性收入	Property Income	100.21	111.52	120.69
转移性收入	Transfer Income	464.96	474.43	549.68

9-18 农民家庭平均每人现金收入

Per Capita Cash Income in Rural Households

单位：元 (yuan)

指标	Item	2010	2011	2012
全年现金收入	**Annual Total Cash Income**	**6462.14**	**7863.24**	**8795.02**
工资性收入	Income from Wages and Salaries	2394.61	2993.89	3530.20
在非企业组织中劳动得到收入	Incomes from Working in the Non-business Organizations	211.25	196.03	219.92
在本乡地域内劳动得到收入	Incomes from Working Inside the Village	728.16	1155.06	1375.42
在企业中劳动得到收入	Incomes from Working in Enterprises	236.48	346.32	426.13
外出从业得到收入	Income from Working Somewhere Away from Home	1455.20	1642.79	1934.86
在乡外县内从业得到收入	In the County but Outside the Village	121.29	276.86	356.81
在县外省内从业得到收入	In the Province but Outside the County	139.86	144.12	172.00
在省外国内从业得到收入	In China but Outside the Province	1187.34	1212.36	1389.76
在国外从业得到收入	Abroad	6.71	9.45	16.29
家庭经营现金收入	Cash Income from Household Operations	3532.45	4307.49	4608.35
第一产业现金收入	Cash Income from Primary Industry	2649.12	3278.61	3487.38
#出售农产品收入	Farming Products	1773.29	1963.39	2155.32
出售林业产品收入	Forestry Products	95.63	130.80	157.27
出售牧业产品收入	Animal Husbandry Products	610.14	992.35	955.72
出售渔业产品收入	Fishery Products	84.30	77.27	80.54
第二产业现金收入	Cash Income from Secondary Industry	343.05	364.05	396.42
出售工业产品收入	Industrial Products	62.93	43.47	37.08
出售建筑业产品收入	Construction Products	3.50	4.67	3.17
第三产业现金收入	Cash Income from Tertiary Industry	540.28	664.83	724.56
出售其他产品收入	Other Products	1.04	0.32	0.20
交通、运输、邮电业收入	Transport,Storage and Post	145.12	216.04	247.77
批零贸易业、饮食业收入	Wholesale , Retail and Catering Trades	234.17	294.51	310.53
社会服务业收入	Social Services	73.30	83.57	90.41
文教卫生业收入	Culture , Education and Health	30.41	42.04	43.56
其他行业收入	Other Sectors	56.24	28.37	32.08
财产性收入	Income from Properties	78.13	90.77	109.10
转移性收入	Income from Transfers	456.95	471.09	547.37

9-19 农民家庭平均每人总支出
Per Capita Total Expenditures in Rural Households

单位：元 (yuan)

指　　标	Item	2010	2011	2012
全年总支出	**Annual Total Expenditure**	**5904.31**	**7280.80**	**7872.73**
家庭经营费用支出	Expenditure for Household Business	1484.45	1837.69	1935.43
第一产业	Primary Industry	1210.92	1532.61	1603.31
第二产业	Secondary Industry	93.15	106.72	114.13
第三产业	Tertiary Industry	180.38	198.36	218.00
购置生产性固定资产支出	Expenditure on Purchasing Productive Fixed Assets	133.27	164.39	173.00
税费支出	Expenditure of Tax	7.54	7.39	2.52
第一产业	Primary Industry	0.00	0.08	
第二产业	Secondary Industry	2.91	1.05	0.22
第三产业	Tertiary Industry	1.17	4.03	1.17
其他各项收费	Others	3.46	2.22	1.14
生活消费支出	Living Expenditure	3911.61	4660.09	5129.78
食品	Food	1812.66	2106.44	2233.05
衣着	Clothing	174.61	233.58	264.96
居住	Residence	782.72	888.85	1030.24
家庭设备、用品及服务	Household Facilities,Articles and Services	205.27	277.51	278.31
交通和通讯	Transportation and Communications	331.81	393.34	494.49
文化、教育、娱乐用品及服务	Cultural,Education and Recreational Article and Services	285.23	319.39	342.70
医疗保健	Medical Articles	243.84	346.68	380.45
其他商品和服务	Other Commodities and Services	75.48	94.30	105.59
财产性支出	Property Expenditure	34.82	19.23	14.10
转移性支出	Transfer Expenditure	332.24	587.62	615.88

9-20 农民家庭平均每人生活消费支出
Per Capita Living Expenditure of Rural Households

单位：元 (yuan)

指标	Item	2010	2011	2012
全年生活消费支出	**Annual Living Expenditure for Consumption**	**3911.61**	**4660.09**	**5129.78**
#货币性消费	Consumption Paid in Money	3269.06	4029.71	4456.12
食品	Food	1812.66	2106.44	2233.05
#货币性消费	Consumption Paid in Money	1212.20	1486.91	1580.03
衣着	Clothing	174.61	233.58	264.96
#货币性消费	Consumption Paid in Money	174.43	233.58	264.88
居住	Residence	782.72	888.85	1030.24
#货币性消费	Consumption Paid in Money	744.24	878.36	1009.68
家庭设备、用品及服务	Household Facilities, Articles and Services	205.27	277.51	278.31
#货币性消费	Consumption Paid in Money	201.84	277.15	278.31
医疗保健	Medical Articles	243.84	346.68	380.45
#货币性消费	Consumption Paid in Money	243.84	346.68	380.45
交通和通讯	Transportation and Communications	331.81	393.34	494.49
#货币性消费	Consumption Paid in Money	331.81	393.34	494.49
文化、教育、娱乐用品及服务	Cultural,Educational and Recreational Article and Services	285.23	319.39	342.70
#货币性消费	Consumption Paid in Money	285.23	319.39	342.70
其他商品和服务	Other Commodities and Services	75.48	94.30	105.59
#货币性消费	Consumption Paid in Money	75.48	94.30	105.59

9-21 农民家庭平均每人纯收入
Per Capita Annual Net Income in Rural Households

单位：元 (yuan)

指 标	Item	2010	2011	2012
全年纯收入	**Annual Net Income**	**5788.56**	**6891.63**	**7827.82**
工资性收入	Income of Wage	2394.62	2934.49	3530.72
在非企业组织中	Income for Working in Non-enterprise	211.25	196.03	220.03
在本地劳动得到的收入	Income from Township Enterprises	728.17	1095.65	1375.49
常住人口外出从业得到的收入	Income of Permanent Person for Working in Other Place	1455.20	1642.82	1935.20
家庭经营收入	Income from Household Business Operation	2919.42	3421.42	3743.05
第一产业	Primary Industry	2341.39	2752.90	3004.23
种植业收入	Planting	1910.08	2184.65	2447.31
林业收入	Forestry	125.02	137.99	156.62
牧业收入	Animal Husbandry	257.70	382.46	351.82
渔业收入	Fishery	48.59	47.80	48.48
第二产业	Secondary Industry	240.92	244.64	273.89
第三产业	Tertiary Industry	337.11	423.88	464.93
财产性收入	Property Income	100.21	111.52	120.69
转移性收入	Transfer Income	374.31	424.19	433.36

9-22 农民家庭平均每人按纯收入水平分组的户数构成
Composition of Rural Households by Per Capita Annual Net Income

单位：% (%)

分组	Group	2010	2011	2012
600元以下的户	600 yuan and below	0.45	0.08	0.20
600-1000元的户	600-1000 yuan	0.53	0.12	0.04
1000-1500元的户	1000-1500 yuan	3.47	0.65	0.37
1500-2000元的户	1500-2000 yuan	1.80	1.88	1.18
2000-2500元的户	2000-2500 yuan	4.49	5.51	7.51
2500-3000元的户	2500-3000 yuan	5.06	2.53	0.94
3000-3500元的户	3000-3500 yuan	6.78	5.43	2.16
3500-4000元的户	3500-4000 yuan	7.39	5.55	4.08
4000-5000元的户	4000-5000 yuan	14.86	6.16	9.35
5000元以上的户	5000 yuan and over	55.18	72.08	74.16

9-23 按收入高低五等分分组农民家庭基本情况（2012年）
Basic Indicators of Rural Households of Five Groups Divided Equally by Income Lever (2012)

指标	Item	低收入组 Low Income Households	中低收入组 Lower Middle Income Households	中等收入组 Middle Income Households	中高收入组 Upper Middle Income Households	高收入组 High Income Households
占调查总户数比重(%)	Percentage of Households (%)	20.00	20.00	20.00	20.00	20.00
平均每户常住人口(人)	Average Number of Permanent Residents Per Household(Person)	5.04	4.65	4.35	3.90	3.30
平均每户整半劳动力(人)	Average Number of Able-bodied and Semi-able-bodied Laborers Per Household(Person)	3.33	3.16	3.15	2.86	2.69
平均每一劳动力负担人口(人)	Average Number of Persons Supported by A Laborer(Person)	1.51	1.47	1.38	1.36	1.23
平均每户生产性固定资产原值(元)	Average Original Value of Productive Fixed Assets Per Household(yuan)	7274.01	8191.48	9261.49	10221.40	15048.15
平均每人家庭纯收入(元)	Per Capita Net Income(yuan)	2989.93	5354.91	7264.61	9881.78	17010.70
工资性收入	Income of Wage	1454.63	2777.73	3644.41	4830.94	6074.01
家庭经营收入	Income from Household Business Operation	1254.22	2188.32	3149.06	4348.01	9799.93
第一产业	Primary Industry	1124.78	1768.50	2535.22	3456.80	7696.96
第二产业	Secondary Industry	76.62	118.74	180.24	332.82	847.31
第三产业	Tertiary Industry	52.82	301.07	433.60	558.39	1255.66
财产性收入	Property Income	36.17	57.59	88.28	118.58	383.77
转移性收入	Transfer Income	244.91	331.27	382.86	584.25	753.00
平均每人生活消费支出(元)	Per Capita Living Expenditure(yuan)	3153.85	4177.42	4953.40	6098.19	8204.32
食品消费支出	Food Expenditure	1543.98	2027.20	2259.92	2536.00	3181.43
衣着消费	Clothing Expenditure	133.25	229.87	261.07	318.95	456.76
居住消费	Residence Expenditure	631.33	612.06	886.84	1450.13	1920.82
家庭设备、用品及服务	Household,Facilities,Articles and Services	154.35	237.44	244.54	325.20	514.20
交通和通讯	Transport and Communication	201.92	355.41	494.98	534.63	1088.93
文教娱乐用品及服务	Cultural,Educational and Recreational Articles and Services	162.61	243.27	308.79	328.22	448.42
医疗保健	Medicines and Health Care	275.12	373.84	395.03	481.10	412.37
其他商品和服务消费	Other Commodities and Services	51.30	98.32	102.24	123.95	181.40

9-24 各地区农村居民主要指标（2012年）

指 标	Item	南昌市 Nanchang	景德镇市 Jingdezhen
调查户数(户)	Number of Households Surveyed(household)	400	180
常住人口(人)	Number of Permanent Residents(person)	1629	693
整半劳动力数(人)	Number of Full/Semi Labour Force	1157	527
每百劳动力中(人)	Among Per 100 Labor Force(person)		
文盲或半文盲	Illiterate and Semiliterate	2	2
小学程度	Primary School	26	26
初中程度	Junior High School	59	55
高中程度	Senior High School	8	10
中 专	Secondary School	3	3
大专及以上	Junior College and over	2	3
平均每人使用住房面积(平方米)	Per Capita Use Living Space (sq.m)	50.12	57.39
平均每人总支出(元)	Per Capita Total Expenditure (yuan)	10526.37	7124.10
平均每人生活消费支出(元)	Per Capita Living Expenditures (yuan)	5208.69	5338.27
食品	Food	2585.99	2455.96
衣着	Clothing	306.76	967.23
居住	Residence	632.56	531.82
家庭设备用品及服务	Household,Facilities,and Services Articles	248.72	289.28
医疗保健	Medicines and Health Care	458.75	289.75
交通及通讯	Transport and Communication	542.12	364.67
文教娱乐用品及服务	Cultural,Educational and Recreational Articles and Services	305.49	258.75
其他商品和服务	Other Commodities and Services	128.31	180.81
平均每人生产费用支出(元)	Per Capita Productive Expenditure (yuan)	4620.06	1126.82
全年纯收入(元)	Net Income (yuan)	9730.43	8864.85
工资性纯收入	Net Income from Wages and Salaries	4581.11	4470.27
家庭经营纯收入	Net Income from Household Operations	4617.08	3269.27
财产性纯收入	Net Income from Properties	254.90	511.15
转移性纯收入	Net Income from Transfers	277.34	614.15
全年总收入	Total Income	14656.72	10137.09
工资性收入	Income from Wages and Salaries	4581.11	4470.27
#在企业中劳动得到收入	Earning Money by Working at Enterprises	1297.96	816.23
外出从业得到收入	Earning Money by Working outside	1666.37	1666.77
家庭经营收入	Income from Household Operations	9438.24	4435.35
财产性收入	Income from Properties	254.90	511.15
转移性收入	Income from Transfers	382.47	720.33

Major Indicators of Rural Households by Region (2012)

萍乡市 Pingxiang	九江市 Jiujiang	新余市 Xinyu	鹰潭市 Yingtan	赣州市 Ganzhou	吉安市 Ji'an	宜春市 Yichun	抚州市 Fuzhou	上饶市 Shangrao
170	780	140	180	1260	920	800	770	795
732	3311	236	746	5663	3795	3093	3114	3335
475	2443	187	512	3900	2790	2260	2278	2416
1	4	3		4	4	2	3	6
11	23	32	25	27	27	20	33	33
55	51	50	59	52	54	60	49	47
23	14	9	10	11	9	13	9	10
3	3	3	3	3	3	2	3	3
7	5	4	3	3	3	3	3	1
55.47	45.75	55.88	55.04	38.78	39.12	57.35	42.38	46.08
7935.98	7080.85	10661.75	8186.12	5445.27	7338.11	8327.00	6946.40	5691.94
6035.15	5163.64	6129.73	5497.30	3945.22	4529.12	5268.52	4363.82	4116.88
2517.19	2117.61	2512.50	2530.62	1790.52	2002.68	2272.63	2176.29	1918.65
418.77	322.42	450.94	639.14	171.31	229.49	286.51	268.91	310.53
580.02	1222.50	1059.43	639.01	761.96	816.43	1152.50	654.06	718.09
403.24	289.96	358.54	363.10	259.17	293.08	293.68	234.89	265.76
530.06	306.65	463.23	257.46	278.66	351.35	339.61	254.84	261.81
549.89	522.82	799.93	608.11	385.23	476.29	534.53	423.62	310.16
819.03	244.88	383.27	281.60	219.22	261.78	275.23	244.14	236.14
216.95	136.80	101.88	178.27	79.16	98.02	113.83	107.07	95.75
602.61	1266.38	3660.93	2011.69	1031.78	2143.06	2218.95	2144.97	1051.96
9999.51	7785.14	10048.09	8802.71	5300.92	7102.86	8052.12	8095.30	7011.25
5421.86	4833.92	5399.17	4298.04	2695.19	3136.57	3573.19	2453.52	4339.92
4050.84	2274.88	3730.39	4067.20	2222.83	3411.74	3909.89	5222.34	2348.50
260.48	271.25	228.62	99.52	85.26	141.72	150.69	129.82	35.98
266.32	405.10	689.91	337.94	297.64	412.82	418.34	289.62	286.85
10886.07	9371.87	13751.43	11084.71	6449.94	9292.94	10416.74	10307.18	8156.25
5421.86	4833.92	5399.17	4298.04	2695.19	3136.57	3573.19	2453.52	4339.92
2073.57	824.43	525.42	91.66	205.22	461.35	825.34	239.80	446.77
1389.71	2369.86	3425.54	2554.87	1292.36	1366.62	1308.33	1286.98	2194.72
4750.25	3763.78	7258.10	6162.77	3305.10	5531.94	6154.19	7353.90	3386.78
260.48	271.25	228.62	99.52	85.26	141.72	150.69	129.82	35.98
453.48	502.92	865.53	524.38	364.40	482.70	538.67	369.94	393.57

主要统计指标解释

一、城镇住户

城镇家庭人口 指居住在一起，经济上合在一起共同生活的家庭成员。凡计算为家庭人口的成员其全部收支都包括在本家庭中。

城镇就业面 指就业人口占家庭人口的百分比。

城镇就业者负担人数 指家庭人口与就业人口之比。

城镇家庭总收入 指家庭成员在调查期得到的工资性收入、经营净收入、财产性收入、转移性收入之和，不包括出售财物收入和借贷收入。

城镇家庭可支配收入 指家庭成员可用于最终消费支出和其它非义务性支出以及储蓄的总和，即居民家庭可以用来自由支配的收入。它是家庭总收入扣除交纳的所得税、个人交纳的社会保障支出以及记账补贴后的收入。计算公式为:

可支配收入=家庭总收入-交纳所得税-个人交纳的社会保障支出-记账补贴

城镇家庭总支出 指除借贷支出以外的全部家庭支出。包括消费性支出、购房建房支出、转移性支出、财产性支出、社会保障支出。

城镇家庭消费性支出 指家庭用于日常生活的支出，包括食品、衣着、家庭设备用品及服务、医疗保健、交通和通信、娱乐教育文化服务、居住、其他商品和服务等八大类支出。

城镇家庭服务性消费支出 指家庭用于支付社会提供的各种文化和生活方面的非商品性服务费用。

二、农村住户

农村住户 指农村常住户。农村常住户指长期(一年以上)居住在乡镇(不包括城关镇)行政管理区域内的住户，以及长期居住在城关镇所辖行政村范围内的农村住户。户口不在本地而在本地居住一年及以上的住户也包括在本地农村常住户范围内；有本地户口，但举家外出谋生一年以上的住户，无论是否保留承包耕地都不包括在本地农村住户范围内。

常住人口 指全年经常在家或在家居住6个月以上，而且经济和生活与本户连成一体的人口。外出从业人员在外居住时间虽然在6个月以上，但收入主要带回家中，经济与本户连为一体，仍视为家庭常住人口；在家居住，生活和本户连成一体的国家职工、退休人员也为家庭常住人口。但是现役军人、中专及以上(走读生除外)的在校学生、以及常年在外(不包括探亲、看病等)且已有稳定的职业与居住场所的外出从业人员，不算家庭常住人口。家庭常住人口主要作为计算农村住户平均每人收入、消费和积累水平及分析家庭人口状况的依据。

整、半劳动力 整劳动力指男子18周岁到50周岁，女子18周岁到45周岁；半劳动力指男子16周岁到17周岁，51周岁到60周岁；女子16周岁到17周岁，46周岁到55周岁，同时具有劳动能力的人。虽然在劳动年龄之内，但已丧失劳动能力的人，不应算为劳动力；超过劳动年龄，但能经常参加劳动，计入半劳动力数内。常住人口中的职工，若这些职工为劳动力，就包括在本户的整半劳动力中。

总收入 指调查期内农村住户和住户成员从各种来源渠道得到的收入总和。按收入的性质划分为工资性收入、家庭经营收入、财产性收入和转移性收入。

工资性收入 指农村住户成员受雇于单位或个人，靠出卖劳动而获得的收入。

家庭经营收入 指农村住户以家庭为生产经营单位进行生产筹划和管理而获得的收入。农村住户家庭经营活动按行业划分为农业、林业、牧业、渔业、工业、建筑业、交通运输业邮电业、批发和零售贸易餐饮业、社会服务业、文教卫生业和其他家庭经营。

财产性收入 指金融资产或有形非生产性资产的所有者向其他机构单位提供资金或将有形非生产性资产供其支配，作为回报而从中获得的收入。

转移性收入 指农村住户和住户成员无须付出任何对应物而获得的货物、服务、资金或资产所有权等，不包括无偿提供的用于固定资本形成的资金。一般情况下，是指农村住户在二次分配中的所有收入。

现金收入 指农村住户和住户成员在调查期内得到以现金形态表现的收入。按来源分成工资性收入、家庭经营现金收入、财产性收入、转移性收入。

纯收入 指农村住户当年从各个来源得到的总收入相应地扣除所发生的费用后的收入总和。计算方法:

纯收入=总收入-税费支出-家庭经营费用支出-生产性固定资产折旧-赠送农村亲友支出

纯收入主要用于再生产投入和当年生活消费支出，也可用于储蓄和各种非义务性支出。“农民人均纯收入”按人口平均的纯收入水平，反映的是一个地区或一个农户农村居民的平均收入水平。

总支出 指农村住户用于生产、生活和再分配的全部支出。家庭经营费用支出、购置生产性固定资产支出、生产性固定资产折旧、税费支出、生活消费支出、财产性支出和转移性支出。

Explanatory Notes on Main Statistical Indicators

I. Urban Households

Population of Urban Households refer to members of households living and sharing economically together in the urban areas. All the income and expenditure of all the members of such households are included in the income and expenditure of the household.

Proportion of Urban Employment refers to the proportion of employed population to the population of urban households.

Number of Dependents per Urban Employee refers to the ratio between number of persons in an urban household and the number of employed persons.

Total Income of Urban Households refers to the sum of wage and salary; net business income; income from properties; and income from transfers of members of the households. Income from selling of properties and income from borrowing are not included..

Disposable Income of Urban Households refers to the actual income at the disposal of members of the households which can be used for final consumption, other non-compulsory expenditure and savings. This equals to total income minus income tax, personal contribution to social security and subsidy for keeping diaries in being a sample household. The following formula is used:

Disposable income = total household income - income tax - personal contribution to social security - subsidy for keeping diaries for a sampled household

Total Expenditure of Urban Households refers to all expenditure of households except expenditure on lending. It includes expenditure on consumption; on purchasing or building houses; on transfers; on properties; and on social security.

Consumption Expenditure of Urban Households refers to total expenditure of households for consumption in daily life, including expenditure on the eight categories of food; clothing; household appliances and services; health care and medical services; transport and communications; recreation, education and cultural services; housing; and miscellaneous goods and services.

Expenditure of Urban Households on Consumption of Services refers to expenditure of households on various kinds of non-commercial services provided in life and culture by society.

II. Rural Household

Rural Households refer to usual resident households in rural areas. Usual resident households in rural areas are households residing on a long term basis(for more than one year) in the areas under the administration of township governments (not including county towns), and in the areas under the administration of villages in county towns. Households residing in the current addresses for over one year with their household registration in other places are still considered as resident households of the locality. For households with their household registration in one place but all members of the households having moved away to make a living in another place for over one year, they will not be included in the rural households of the area where they are registered, irrespective of whether they still keep their contracted land.

Usual Resident Population refers to persons staying at home regularly or for over 6 months during a year and integrated with the household economically and in terms of living.. Members of the household staying away from the household for over 6 months but keeping a close economic relation with the household by sending the majority of income to the household are regarded as usual resident of the household. Government staff and workers or retirees living as close members of the household are also considered as usual resident. However, servicemen, students of secondary technical schools or schools of higher education and persons with stable jobs and residence outside the household (excluding those visiting relatives or seeking medical service) are not included as resident population of the household. Resident population is used in calculating income, consumption, accumulation on per capita basis of rural households and in analyzing composition of rural households.

Full/Semi Labour Force Full labour force refers to persons capable of work, aged 18-50 for males and 18-45 for females. Semi labour force refers to persons capable of work, aged 16-17 and 51-60 for males and 16-17 and 46-55 for females. Persons at their working ages but not capable of work are not to be included as labour force. Persons not at working ages but participating regularly in work are included in semi labour force. For staff and workers who are usual residents, are included as full or semi labour force of the household if they are in the labour force.

Total Income refers to the sum of income earned from various sources by the rural households and their members during the reference period, and is classified as income from wages and salaries, income from household operations, income from properties and income from transfers.

Income from Wages and Salaries refers to income from labour earned by the members of rural households employed by other units or individuals.

Income from Household Operations refers to income by the rural households as units of production and operation. Operations by rural households are classified according to their economic activities namely agriculture, forestry, animal husbandry, fishery, manufacturing, construction, transportation, post and telecommunications, wholesale, retail and catering, social service, culture, education, health, and other household operations.

Income from Properties refers to the income received as returns by owners of financial assets or tangible non-productive assets by providing capitals or tangible non-productive assets to other institutional units.

Income from Transfers refers to the receipt by rural households and their members of goods, services, capital or rights of assets without giving or repaying accordingly, excluding capital provided to them for the formation of fixed assets. In general, it refers to all income received by rural households through redistribution.

Cash Income refers to income received by rural households and their members in the form of cash during the reference period. It is classified, by source of income, into income from wages and salaries, cash income from household operations, income from properties and income from transfers.

Net Income refers to the total income of rural households from all sources minus all corresponding expenses. The formula for calculation is as follows:

Net income = total income - taxes and fees paid - household operation expenses - taxes and fees depreciation of fixed assets for production - gifts to non-rural relatives

Net income is mainly used as input for reinvestment in production and as consumption expenditure of the year, and also used for savings and non-compulsory expenses of various forms. "Per capita net income of farmers" is the level of net income averaged by population, reflecting the average income level of rural households in a given area.

Total Expenditure refers to total expenses of rural households on production, consumption and redistribution, including expenditure on household operations,; purchase of productive fixed assets; depreciation of productive fixed assets; taxes and fees; expenses on household consumption; expenses on properties; and expenses on transfers.

10

城市建设

MUNICIPAL CONSTRUCTION

◆193/208

资料整理及英文翻译：涂姗华

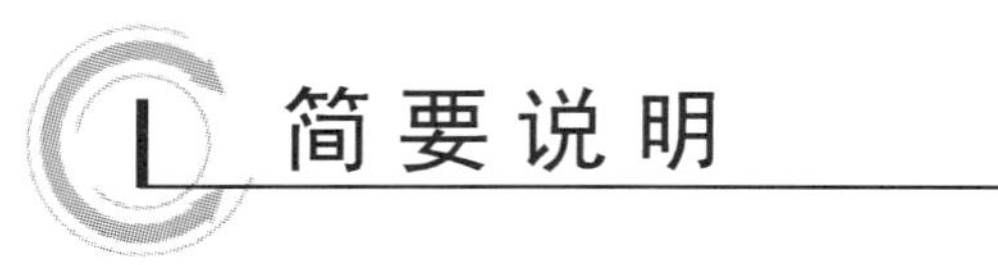

I 简要说明

一、主要内容

本篇反映江西省城市公用事业概况，主要包括：城市建设、供水、供气、供热、市政设施、公共交通、城市绿化、环境卫生等资料。

二、统计范围

包括全省所有设市城市在建成区范围内所有的城市规划管理、投资、建设或经营管理相关设施的单位。

三、资料来源

设区市和县级市城市公用事业基本情况资料由省建设厅和省交通厅提供，由省统计局固定资产投资处编辑整理。

I Brief Introduction

I. Main Contents

Data in this chapter present the basic conditions of public facilities of urban construction of Jiangxi provincial cities, mainly include supply of water, gas and heating; municipal infrastructure; public transportation; urban greenery; and environmental, sanitation.

II. Scope of Statistics

Data in this chapter cover all units under the jurisdiction of cities which are engaged in urban planning and management, investment, construction and operation of relevant facilities.

III. Sources of Data

Data on basic conditions and overall level of urban public facilities are collected by the Jiangxi Provincial Bureau of Housing and Urban-Rural Development and Provincial Bureau of Communications , provided by the Department of Investment & Construction Statistics of Jiangxi Provincial Bureau of Statistics.

10-1 城市公用事业和建设基本情况
Basic Statistics on City Public Utilities and Construction

指　　标	Item	2000	2005	2010	2011	2012
用水普及率(%)	Rate of Population with Access to Tap Water (%)	93.3	92.6	97.4	97.9	97.7
供水管道长度(公里)	Length of Gas Supply Pipelines (km)	3968.00	6079.00	9526.55	10836.87	11830.56
公共车辆(汽、电车)运营数(辆)	Operating Public Buses (Buses and Trolley Buses) (unit)	4031	5818	7048	9144	9894
平均每万人拥有(标台)	Number of Public Transportation Vehicles per 10000 Population (standardized)	3.0	8.0	9.3	11.6	11.9
排水管道长度(公里)	Length of Drainpipes (km)	2074	3564	7340	8580	9484
道路长度(公里)	Length of Roads (km)	3033	3916	5742	6086	6477
道路面积(万平方米)	Area of Roads (10000 sq.m)	3293	6667	11330	12329	13630
人工煤气供应量(万立方米)	Coal Gas Supply (10000 cu.m)	39463	31707	58208	49641	48497
#家庭用量	Used by Residential Households	12299	10906	18321	10199	8516
天然气供应量(万立方米)	Natural Gas Supply(10000 cu.m)			11263	27004	41910
#家庭用量	Used by Residential Households			3384	5380	10822
液化石油气供应量(吨)	Total Liquefied Petroleum Gas Supply (ton)	164698	174521	188847	194329	204258
#家庭用量	Used by Residential Households	162783	154998	151656	158207	163772
燃气普及率(%)	Rate of Population with Accessto Gas (%)	69.2	80.6	92.4	94.3	94.4
绿化覆盖面积(公顷)	Coverage Area of Afforestation (hectare)	20044	27381	48924	49308	50752
公园数(个)	Number of Parks (unit)	109	125	238	264	285
公园面积(公顷)	Area of Parks and Zoos (hectare)	1820	2259	6442	7501	8104
污水处理率(%)	Rate of Sewage Disposal (%)		34.92	80.83	85.08	84.25
生活垃圾清运量(万吨)	Volume of Garbage Disposal (10000 tons)	197.00	264.00	284.00	306.55	327.15
生活垃圾无害化处理率(%)	Rate of Garbages innocuously Treated (%)		48.87	85.89	88.27	89.05
市政公用设施建设固定资产投资(万元)	Investment in Public Utilities and Municipal Construction (10000 yuan)	152077	794496	4233310	5508220	7849023
#供水	Water Supply	15535	41276	95408	57620	77017
燃气	Gas Supply	4972	25530	66967	427900	745094
公共交通	Public Traffic	9781	22289	23165	56131	35498
轨道交通	Rail Transit			112894	111451	725600
道路桥梁	Roads & Bridges	60596	354638	2539040	3595860	3494090
排水	Drainage	11905	83160	177934	132987	144547
防洪	Flood Protecting	15755	13661	173535	164788	155656
园林绿化	Parks, Gardens and Green Areas	11427	85816	948889	625776	930401
市容环境卫生	Environmental Sanitation	4921	13419	61536	23107	59225
其他	Others	17185	154707	33942	312600	1481895

10-2 城市人口和面积（2012年）
Basic Statistics on City Population and Area (2012)

单位：平方公里、万人 (sq.km,10000 persons)

城市	City	市区面积 City Area	城区面积 Urban Area	城区户籍人口 Registered Population of Urban Area	建成区面积 Developed Area	城市建设用地面积 Area of Land for Urban Construction	#居住用地 Land for Residence
合　计	**Total**	**32230.01**	**1949.64**	**829.89**	**1077.61**	**1034.27**	**320.70**
南昌市	Nanchang	687.20	222.00	215.23	215.00	208.80	68.59
景德镇市	Jingdezhen	580.00	198.50	46.59	75.39	70.41	19.89
乐平市	Leping	1974.00	49.21	16.86	19.15	21.14	6.25
萍乡市	Pingxiang	1065.00	85.70	39.77	44.50	44.31	13.80
九江市	Jiujiang	699.00	104.85	62.30	99.77	97.27	31.55
瑞昌市	Ruichang	1423.11	23.36	16.60	17.30	15.80	7.32
共青城市	Gongqing	181.28	14.00	4.06	14.00	7.61	2.80
新余市	Xinyu	1789.00	230.00	44.41	70.00	65.14	23.87
鹰潭市	Yingtan	137.50	63.00	20.00	32.00	26.27	6.15
贵溪市	Guixi	2480.00	90.00	11.93	27.10	25.27	5.43
赣州市	Ganzhou	528.28	106.14	51.88	89.02	89.02	25.06
瑞金市	Ruijin	2449.00	83.00	30.60	24.14	24.14	7.11
南康市	Nankang	1844.96	50.00	20.41	29.60	28.17	7.58
吉安市	Ji'an	1381.53	223.20	31.70	45.53	45.53	9.64
井冈山市	Jinggangshan	1297.50	8.90	2.69	8.90	6.02	2.49
宜春市	Yichun	2532.36	88.00	41.89	60.00	60.00	13.90
丰城市	Fengcheng	2845.00	62.60	33.80	43.90	43.00	8.61
樟树市	Zhangshu	1290.99	46.00	22.48	25.60	25.53	7.70
高安市	Gaoan	2439.00	34.68	21.30	24.23	21.67	5.80
抚州市	Fuzhou	2153.30	85.30	51.04	55.00	55.00	17.69
上饶市	Shangrao	370.00	60.20	37.95	46.88	44.57	25.89
德兴市	Dexing	2082.00	21.00	6.40	10.60	9.60	3.58

10-2 续表 continued

单位：平方公里、万人 (sq.km,10000 persons)

城市	City	#公共管理与公共服务用地 Land for Public Management and Service	#商业服务业设施用地 Land for Commercial Management and Service	#工业用地 Land for Industry	#物流仓储用地 Land for logistics and warehousing	#交通设施用地 Land for External Transportation	#公用设施用地 Land for Public Facilities	#绿地 Land for Afforestation
合　计	**Total**	**94.31**	**88.74**	**197.98**	**29.47**	**126.65**	**51.08**	**125.32**
南昌市	Nanchang	11.90	27.16	37.19	3.65	31.99	4.66	23.66
景德镇市	Jingdezhen	4.00	5.51	19.71	3.38	5.11	6.71	6.10
乐平市	Leping	2.92	1.10	2.28	4.16	0.83	0.85	2.75
萍乡市	Pingxiang	4.00	0.50	7.67	1.04	6.40	4.70	6.20
九江市	Jiujiang	5.90	5.90	24.27	1.90	13.22	2.81	11.72
瑞昌市	Ruichang	1.69	0.69	2.73	0.19	1.32	0.59	1.27
共青城市	Gongqing	1.06	0.50	0.28	0.18	1.19	0.05	1.53
新余市	Xinyu	8.37	1.09	12.87	1.93	1.65	9.01	6.35
鹰潭市	Yingtan	0.59	1.15	2.91	1.10	5.27	2.60	6.50
贵溪市	Guixi	3.73	3.74	10.09	0.29	0.29	0.32	1.38
赣州市	Ganzhou	10.72	4.39	21.63	1.11	13.90	2.11	10.10
瑞金市	Ruijin	3.36	2.06	3.13	1.10	0.99	4.62	1.77
南康市	Nankang	5.45	3.54	0.91	1.31	3.31	1.52	4.55
吉安市	Ji'an	7.02	10.32	4.05	1.50	6.02	2.48	4.50
井冈山市	Jinggangshan	0.93	0.97	0.25	0.15	0.16	0.49	0.58
宜春市	Yichun	4.30	6.46	7.95	2.60	10.85	2.94	11.00
丰城市	Fengcheng	2.29	2.98	18.33	1.12	3.65	1.79	4.23
樟树市	Zhangshu	3.55	4.36	1.15	0.72	4.55	0.65	2.85
高安市	Gaoan	3.00	0.88	6.35	0.39	2.75	0.80	1.70
抚州市	Fuzhou	5.41	3.34	11.04	1.20	8.95	0.92	6.45
上饶市	Shangrao	2.91	1.44	2.14	0.19	3.72	0.16	8.12
德兴市	Dexing	1.21	0.66	1.05	0.26	0.53	0.30	2.01

10-3 市政公用设施建设固定资产投资（2012年）
Basic Statistics on Investment in Public Utilities and Municipal Construction (2012)

单位：万元 (10000 yuan)

城市	City	本年完成投资合计 Total Investment this year	供水 Water Supply	燃气 Gas Supply	公共交通 Public Traffic	轨道交通 Rail Transit	道路桥梁 Roads & Bridges	排水 Drain	#污水处理 Sewage Disposal
合计	**Total**	**7849023**	**77017**	**745094**	**35498**	**725600**	**3494090**	**144547**	**63963**
南昌市	Nanchang	2781233	26818	121947	19740	725600	1207713	31083	10815
景德镇市	Jingdezhen	167510	28		1265		530	7228	2634
乐平市	Leping	141199	7000	22800	280		44698	6554	4964
萍乡市	Pingxiang	119458	1965	900			90520	1947	100
九江市	Jiujiang	1508123	1755	549829	2996		293714	8000	5000
瑞昌市	Ruichang	25597	278	367	37		18652		
共青城市	Gongqing	11700					7750	1800	
新余市	Xinyu	741503	6393	4005	2898		516509	23438	2500
鹰潭市	Yingtan	95677	1571	7050	329		57166	11900	11900
贵溪市	Guixi	45062	3663	7810	80		30632	800	800
赣州市	Ganzhou	231195		7709	5018		187521	9688	2050
瑞金市	Ruijin	51286					33826		
南康市	Nankang	150085		11500	225		95130	5000	5000
吉安市	Ji'an	212193	9080				62456	8500	5500
井冈山市	Jinggangshan	14425	600				3600	2325	1200
宜春市	Yichun	535090	803	3924	1764		175111	4231	
丰城市	Fengcheng	43933	1520	205	60		36603	2245	
樟树市	Zhangshu	49770	69	414			47095	1726	
高安市	Gaoan	18088	3600	2089			3089	822	
抚州市	Fuzhou	402142	10978	3295	627		132790	15740	11500
上饶市	Shangrao	488854	820	1250			437735	1520	
德兴市	Dexing	14900	76		179		11250		

10-3 续表 continued

单位：万元 (10000 yuan)

城市	City	防洪 Flood Protecting	园林绿化 Parks, Gardens and Green Areas	市容环境卫生 Environmental Sanitation	#垃圾处理 Garbage Disposal	其他 Others	本年新增固定资产 Newly Increased Fixed Assets
合计	**Total**	**155656**	**930401**	**59225**	**8786**	**1481895**	**2725364**
南昌市	Nanchang	1500	341058	23702	900	282072	572566
景德镇市	Jingdezhen	58843	46562			53054	134816
乐平市	Leping	8000	22397	20000		9470	
萍乡市	Pingxiang		24126				6460
九江市	Jiujiang	29400	96619	2862	500	522948	445591
瑞昌市	Ruichang		1580	183		4500	25460
共青城	Gongqing		2000			150	11700
新余市	Xinyu	26600	48285	448		112927	328379
鹰潭市	Yingtan		700			16961	
贵溪市	Guixi		1781	296	296		17141
赣州市	Ganzhou	4625	6960			9674	48903
瑞金市	Ruijin		17460				43682
南康市	Nankang	2900	3230	600	600	31500	149860
吉安市	Ji'an		35134	4495	4495	92528	166834
井冈山市	Jinggangshan		7900				33525
宜春市	Yichun	5000	114042	2015		228200	102052
丰城市	Fengcheng		2500			800	43873
樟树市	Zhangshu		466				71987
高安市	Gaoan		1593	327		6568	18088
抚州市	Fuzhou	18788	118759	1622		99543	396985
上饶市	Shangrao		36270	259		11000	92744
德兴市	Dexing		979	2416	1995		14718

10-4 市政设施水平（2012年）

Basic Statistics on Municipal Infrastructure in Cities (2012)

城市	City	人口密度（人/平方公里）Population Density (person/sq.km)	人均日生活用水量(升) Per Capita Daily Consumption of Tap Water for Residential Use (liter)	用水普及率(%) Rate of Population with Access to Tap Water (%)	燃气普及率(%) Rate of Population with Access to Gas (%)	人均城市道路面积(平方米) Per Capita Area of Roads (sq.m)	排水管道密度(公里/平方公里) Density of drainpipe (km/sq.km)
合　计	**Total**	**4663**	**175.69**	**97.67**	**94.40**	**14.99**	**8.80**
南昌市	Nanchang	10179	277.11	98.90	94.70	10.58	9.04
景德镇市	Jingdezhen	2381	192.06	99.60	96.30	16.10	9.35
乐平市	Leping	3465	91.18	100.00	95.84	12.43	9.77
萍乡市	Pingxiang	4757	116.15	100.00	95.12	16.27	7.39
九江市	Jiujiang	6195	127.77	100.00	99.23	22.05	10.00
瑞昌市	Ruichang	7380	141.98	97.16	94.26	20.60	8.85
共青城	Gongqing	3629	146.94	75.00	70.87	18.62	6.01
新余市	Xinyu	1961	181.33	100.00	99.38	23.65	10.83
鹰潭市	Yingtan	3460	130.98	96.33	93.21	13.76	2.45
贵溪市	Guixi	1424	134.42	91.73	91.26	15.99	6.02
赣州市	Ganzhou	7433	143.02	100.00	97.35	10.11	6.45
瑞金市	Ruijin	3789	72.59	92.53	65.12	10.41	5.26
南康市	Nankang	4954	135.85	99.39	96.93	14.62	10.43
吉安市	Ji'an	1604	155.32	94.72	96.59	16.92	10.81
井冈山市	Jinggangshan	4663	180.43	80.48	43.61	22.48	4.99
宜春市	Yichun	6119	146.53	95.15	95.04	13.62	7.58
丰城市	Fengcheng	5435	177.12	90.01	95.47	17.89	6.02
樟树市	Zhangshu	5207	82.76	89.10	91.86	15.68	8.99
高安市	Gaoan	6445	136.23	100.00	89.49	12.15	7.64
抚州市	Fuzhou	6277	157.98	98.24	99.08	18.69	12.49
上饶市	Shangrao	6952	129.53	99.76	95.32	21.14	13.25
德兴市	Dexing	3067	143.07	99.38	95.03	13.76	9.06

10-4 续表 continued

城市	City	污水处理率(%) Treatment Rate of Polluted Water (%)	#污水处理厂集中处理率 Intensive Treatment Rate of Polluted Water by Sewage Factories	人均公园绿地面积(平方米) Per Capita Park Green Land (sq.m)	建成区绿化覆盖率(%) Rate of Afforestation Covered Area to Developed Area (%)	建成区绿地率(%) Rate of Green Area to Developed Area (%)	生活垃圾处理率(%) Treatment Rate of Garbage Disposal (%)	#生活垃圾无害化处理率 Treatment Rate of Consumption Wastes
合　计	**Total**	**84.25**	**83.15**	**14.10**	**45.95**	**42.74**	**100.00**	**89.05**
南昌市	Nanchang	89.66	89.66	12.03	43.00	40.68	100.00	100.00
景德镇市	Jingdezhen	69.56	69.56	15.65	53.69	52.29	100.00	100.00
乐平市	Leping	81.45	81.45	17.48	48.83	45.80	100.00	100.00
萍乡市	Pingxiang	89.46	89.46	11.53	46.02	44.04	100.00	100.00
九江市	Jiujiang	99.23	97.24	17.00	51.80	49.45	100.00	100.00
瑞昌市	Ruichang	95.45	95.45	12.18	42.31	37.98	100.00	
共青城	Gongqing	50.00	50.00	27.17	43.71	43.64	100.00	27.41
新余市	Xinyu	96.78	96.78	18.45	53.37	51.96	100.00	100.00
鹰潭市	Yingtan	94.73	94.73	12.39	38.91	35.22	100.00	100.00
贵溪市	Guixi	45.85	45.85	12.09	41.77	37.64	100.00	100.00
赣州市	Ganzhou	63.14	45.67	12.02	40.60	35.28	100.00	100.00
瑞金市	Ruijin	69.39	69.39	14.50	39.44	30.65	100.00	
南康市	Nankang	42.92	42.92	13.12	41.72	39.02	100.00	100.00
吉安市	Ji'an	91.24	91.24	16.95	45.55	41.03	100.00	100.00
井冈山市	Jinggangshan	89.25	89.25	44.10	48.88	44.38	100.00	100.00
宜春市	Yichun	93.10	93.10	14.99	43.08	40.70	100.00	100.00
丰城市	Fengcheng	81.50	81.50	12.23	49.82	45.26	100.00	100.00
樟树市	Zhangshu	85.45	85.45	12.03	42.85	37.97	100.00	
高安市	Gaoan	30.97	30.97	12.98	44.57	41.31	100.00	
抚州市	Fuzhou	78.03	78.03	16.44	47.71	43.76	100.00	100.00
上饶市	Shangrao	90.02	90.02	13.76	47.21	41.72	100.00	100.00
德兴市	Dexing	68.28	68.28	16.46	49.06	45.09	100.00	

10-5 城市人工煤气生产、供应和使用情况（2012年）

Basic Statistics on Produce,Supply and Use of Gaswork Gas in Cities (2012)

城市	City	生产能力（万立方米/日）Productive Capacity (10000 cu.m/day)	储气能力（万立方米）Capacity of Gas Storage (10000 cu.m)	供气管道长度(公里) Length of Gas Supply Pipelines (km)	自制气量（万立方米）Volume of Home-made Gas(10000 cu.m)	供气总量（万立方米）Volume of Gas Supply (10000 cu.m)
合计	**Total**	**157.30**	**54.20**	**1754.72**	**13085.00**	**48496.98**
南昌市	Nanchang	40.00	16.20	541.51		8027.48
景德镇市	Jingdezhen	50.30	20.00	554.02		22401.50
萍乡市	Pingxiang	55.00	7.00	402.00	10950.00	17355.00
新余市	Xinyu	12.00	11.00	257.19	2135.00	713.00

10-5 续表 continued

城市	City	销售气量 Volume of Gas Sale	#居民家庭 for Households	燃气损失量 Volume of Gas Loss	用气户数（户）Households with Access to Gas (household)	#家庭用户 Residential Households	用气人口（万人）Population with Access to Gas(10000 persons)
合计	**Total**	**46192.98**	**8515.84**	**2304.00**	**262302**	**256558**	**80.30**
南昌市	Nanchang	8027.48	3951.01		108206	108035	36.62
景德镇市	Jingdezhen	20387.50	904.83	2014.00	86607	81065	22.15
萍乡市	Pingxiang	17095.00	2977.00	260.00	47586	47555	16.33
新余市	Xinyu	683.00	683.00	30.00	19903	19903	5.20

10-6 城市天然气供应和使用情况（2012年）

Basic Statistics on Supply and Use of Natural Gas in Cities (2012)

城市	City	储气能力（万立方米）Capacity of Gas Storage (10000 cu.m)	供气管道长度(公里) Length of Gas Supply Pipelines (km)	供气总量（万立方米）Volume of Gas Supply (10000 cu.m)	销售气量 Volume of Gas Sale
合计	**Total**	**422.57**	**6478.70**	**41910.48**	**39979.65**
南昌市	Nanchang	79.20	2369.54	11092.89	10250.32
景德镇市	Jingdezhen	55.00	313.71	7356.60	7245.59
萍乡市	Pingxiang	20.00	144.40	2495.00	2495.00
九江市	Jiujiang	24.00	668.91	2292.00	2292.00
瑞昌市	Ruichang		49.70	36.00	35.00
新余市	Xinyu	10.00	246.68	7949.89	7352.51
鹰潭市	Yingtan	5.40	70.00	120.70	120.00
贵溪市	Guixi	5.20	67.00	204.20	202.10
赣州市	Ganzhou	99.00	623.20	3000.00	2900.00
瑞金市	Ruijin	7.00	56.21	164.10	164.00
南康市	Nankang	11.70	60.10	54.55	54.52
吉安市	Ji'an	37.00	497.30	1119.00	1086.00
宜春市	Yichun	28.00	500.90	2644.57	2512.34
丰城市	Fengcheng	9.87	214.09	540.60	536.80
樟树市	Zhangshu	16.00	93.11	224.00	222.00
抚州市	Fuzhou	12.50	228.13	1901.38	1885.47
上饶市	Shangrao	2.70	275.72	715.00	626.00

10-6 续表 continued

城市	City	#居民家庭 for Households	燃气损失量 Volume of Gas Loss	用气户数（户）Households with Access to Gas (household)	#家庭用户 Residential Households	用气人口（万人）Population with Access to Gas(10000 persons)
合计	**Total**	**10821.99**	**1930.83**	**987805**	**980342**	**321.96**
南昌市	Nanchang	3316.98	842.57	378783	377449	97.82
景德镇市	Jingdezhen	23.29	111.01	7775	7517	1.22
萍乡市	Pingxiang	376.00		21010	20615	7.45
九江市	Jiujiang	993.00		68562	68273	21.00
瑞昌市	Ruichang	32.00	1.00	321	315	0.13
新余市	Xinyu	2025.01	597.38	126718	123025	38.25
鹰潭市	Yingtan	23.00	0.70	3464	3420	1.20
贵溪市	Guixi	29.70	2.10	4210	4003	1.20
赣州市	Ganzhou	1070.00	100.00	98491	98109	45.00
瑞金市	Ruijin	86.50	0.10	6254	6210	2.48
南康市	Nankang	42.51	0.03	2058	2025	0.92
吉安市	Ji'an	878.00	33.00	63090	63000	20.89
宜春市	Yichun	746.08	132.23	53482	53189	22.40
丰城市	Fengcheng	530.00	3.80	38236	38225	21.02
樟树市	Zhangshu	160.00	2.00	15085	15051	6.00
抚州市	Fuzhou	115.92	15.91	62741	62716	21.96
上饶市	Shangrao	374.00	89.00	37525	37200	13.02

10-7　城市液化石油气供应和使用情况（2012年）
Basic Statistics on Supply and Use of Liquefied Petroleum Gas in Cities (2012)

城市	City	储气能力（吨）Capacity of Gas Storage (ton)	供气管道长度(公里) Length of Gas Supply Pipelines (km)	供气总量（吨）Volume of Gas Supply (ton)	销售气量 Volume of Gas Sale
合　计	**Total**	**18751.25**	**464.97**	**204257.75**	**200726.30**
南昌市	Nanchang	1101.00	411.32	34815.50	34815.50
景德镇市	Jingdezhen	932.00		24800.00	24800.00
乐平市	Leping	336.00		1757.15	1755.00
萍乡市	Pingxiang	1200.00		5720.00	5655.00
九江市	Jiujiang	4530.00		16840.60	16800.00
瑞昌市	Ruichang	560.00		5752.80	5743.80
共青城市	Gongqing	32.00		954.70	950.00
新余市	Xinyu	1430.00		1614.00	1596.00
鹰潭市	Yingtan	352.15	22.25	9630.00	9625.00
贵溪市	Guixi	100.00		3900.00	3840.00
赣州市	Ganzhou	1500.00		8100.00	8000.00
瑞金市	Ruijin	200.00		5217.00	5180.00
南康市	Nankang	778.00		8435.00	8435.00
吉安市	Ji'an	2450.00		4590.00	4590.00
井冈山市	Jinggangshan	87.00		365.00	365.00
宜春市	Yichun	290.00		15306.00	14120.00
丰城市	Fengcheng	550.00		4800.00	4800.00
樟树市	Zhangshu	100.10		2400.00	2400.00
高安市	Gaoan	1200.00	31.40	4504.00	4500.00
抚州市	Fuzhou	637.00		23356.00	23356.00
上饶市	Shangrao	86.00		18000.00	16000.00
德兴市	Dexing	300.00		3400.00	3400.00

10-7　续表　continued

城市	City	#居民家庭 for Households	燃气损失量 Volume of Gas Loss	用气户数（户）Households with Access to Gas (household)	#家庭用户 Residential Households	用气人口（万人）Population with Access to Gas(10000 persons)
合　计	**Total**	**163772.20**	**3531.45**	**1200637**	**1114105**	**455.93**
南昌市	Nanchang	32801.20		227307	225307	79.56
景德镇市	Jingdezhen	11200.00		76885	75913	22.15
乐平市	Leping	1541.00	2.15	15450	15300	16.34
萍乡市	Pingxiang	5587.00	65.00	43774	42095	15.00
九江市	Jiujiang	12060.00	40.60	146500	123500	43.45
瑞昌市	Ruichang	5634.00	9.00	40963	37196	16.12
共青城	Gongqing	880.00	4.70	10235	9748	3.60
新余市	Xinyu	1063.00	18.00	4637	4310	1.37
鹰潭市	Yingtan	6000.00	5.00	68500	55000	19.12
贵溪市	Guixi	3720.00	60.00	28000	26000	10.50
赣州市	Ganzhou	7800.00	100.00	61000	60000	31.80
瑞金市	Ruijin	3360.00	37.00	23268	22160	18.00
南康市	Nankang	8228.00		45324	45231	23.09
吉安市	Ji'an	3600.00		33900	33100	13.70
井冈山市	Jinggangshan	286.00		2685	2138	1.81
宜春市	Yichun	8806.00	1186.00	73040	70988	28.78
丰城市	Fengcheng	4800.00		38200	38200	11.46
樟树市	Zhangshu	1850.00		39000	20000	16.00
高安市	Gaoan	4500.00	4.00	49880	49880	20.00
抚州市	Fuzhou	23356.00		63500	63500	31.09
上饶市	Shangrao	13600.00	2000.00	90319	76771	26.87
德兴市	Dexing	3100.00		18270	17768	6.12

10-8 城市公共交通和出租车情况（2012年）
Basic Statistics on Public Transportation and Taxi in Cities (2012)

城 市	City	公共交通 Public Transportation 运营车数（辆）Number of Public Vehicles Under Operation (unit)	标准运营车数（标台）Number of Standard Vehicles Under Operation (standardized)	营运里程（万公里）Operation Mileage (10000 kms)
合 计	**Total**	**9849**	**10899**	**79679.7**
南昌市	Nanchang	3864	4799	34286.0
景德镇市	Jingdezhen	398	473	3635.0
乐平市	Leping	104	89	456.0
萍乡市	Pingxiang	367	414	2883.8
九江市	Jiujiang	403	471	3276.4
瑞昌市	Ruichang	61	55	333.0
共青城	Gongqing	9	13	62.0
新余市	Xinyu	416	421	3270.6
鹰潭市	Yingtan	159	163	983.2
贵溪市	Guixi	68	64	489.4
赣州市	Ganzhou	504	582	3861.0
瑞金市	Ruijin	48	39	323.8
南康市	Nankang	100	96	841.3
吉安市	Ji'an	234	254	2160.0
井冈山市	Jinggangshan	6	7	2.4
宜春市	Yichun	334	360	2310.0
丰城市	Fengcheng	96	96	721.0
樟树市	Zhangshu	71	71	713.7
高安市	Gaoan	47	47	352.0
抚州市	Fuzhou	277	291	2390.0
上饶市	Shangrao	228	236	1551.8
德兴市	Dexing	43	43	258.0

10-8 续表 continued

城 市	City	运营线路总长度（公里）Network Length (km)	客运总量（万人次）Number of Passengers Carried by Bus (10000 person-times)	出租车 Taxi 运营车数（辆）Number of Taxi under Operation (unit)	客运总量（万人次）Number of Passengers Carried by Taxi (10000 person-times)
合 计	**Total**	**17222**	**147502.2**	**16219**	**64526.2**
南昌市	Nanchang	3908	60538.5	4753	19394.4
景德镇市	Jingdezhen	503	8476.0	595	2365.0
乐平市	Leping	140	908.0	110	229.0
萍乡市	Pingxiang	476	7460.9	700	3559.0
九江市	Jiujiang	622	9252.6	1487	7013.5
瑞昌市	Ruichang	172	610.0	180	898.0
共青城	Gongqing	53	111.0	60	500.0
新余市	Xinyu	992	6165.6	531	3250.5
鹰潭市	Yingtan	372	2580.0	271	1092.7
贵溪市	Guixi	121	859.0	138	967.6
赣州市	Ganzhou	1142	7715.0	792	2871.5
瑞金市	Ruijin	62	335.9	71	180.0
南康市	Nankang	190	1210.0	24	49.8
吉安市	Ji'an	530	4322.1	393	1917.0
井冈山市	Jinggangshan	95	5.0	16	31.1
宜春市	Yichun	665	4962.0	404	857.0
丰城市	Fengcheng	252	1314.0	200	756.0
樟树市	Zhangshu	301	548.0	120	266.9
高安市	Gaoan	44	531.0	180	826.0
抚州市	Fuzhou	510	4880.0	335	1566.0
上饶市	Shangrao	256	4247.0	511	1210.0
德兴市	Dexing	72	830.0	100	415.0

10-9 城市道路和桥梁情况（2012年）

Basic Statistics on Urban Roads and Bridges (2012)

城 市	City	道路长度（公里）Length of Roads(km)	道路面积（万平方米）Area of Roads (10000 sq.m)	#人行道 Sidewalk	桥梁数（座）Number of Bridges(unit)	#立交桥 Crossroads
合 计	**Total**	**6476.9**	**13630.1**	**2802**	**550**	**54**
南 昌 市	Nanchang	1059.4	2391.3	441	121	15
景德镇市	Jingdezhen	356.9	760.9	107	28	1
乐 平 市	Leping	166.8	211.9	56	3	1
萍 乡 市	Pingxiang	242.4	663.3	171	29	
九 江 市	Jiujiang	817.2	1431.9	255	66	12
瑞 昌 市	Ruichang	283.5	355.2	68	38	
共青城市	Gongqing	62.3	94.6	29	2	1
新 余 市	Xinyu	419.3	1066.6	343	30	7
鹰 潭 市	Yingtan	127.0	300.0	80	24	6
贵 溪 市	Guixi	110.7	205.1	46	10	5
赣 州 市	Ganzhou	310.4	797.9	60	22	
瑞 金 市	Ruijin	170.2	327.4	68	11	
南 康 市	Nankang	199.1	362.2	137	21	
吉 安 市	Ji'an	321.0	606.0	150	14	
井冈山市	Jinggangshan	39.7	93.3	32	18	
宜 春 市	Yichun	322.1	733.2	111	19	1
丰 城 市	Fengcheng	263.5	608.6	100	9	2
樟 树 市	Zhangshu	170.7	375.4	113	25	
高 安 市	Gaoan	176.7	271.5	73	11	
抚 州 市	Fuzhou	424.1	1000.7	243	25	3
上 饶 市	Shangrao	379.2	884.7	107	15	
德 兴 市	Dexing	55.0	88.6	11	9	

10-9 续表 continued

城 市	City	道路照明灯盏数（盏）Number of Street Lights (units)	安装路灯的道路长度（公里）Length of Roads with Lights (km)	防洪堤长度（公里）Length of Flood Protecting Embankments (km)	#百年一遇标准 100 Years Once standard	#五十年一遇标准 50 Years Once standard
合 计	**Total**	**467213**	**4724.2**	**628**	**187**	**285**
南 昌 市	Nanchang	75859	1059.4	129	129	
景德镇市	Jingdezhen	5788	316.5			
乐 平 市	Leping	6855	103.0	16		16
萍 乡 市	Pingxiang	36922	146.0	32		32
九 江 市	Jiujiang	31366	362.9	33		
瑞 昌 市	Ruichang	8364	75.3	18		10
共 青 城	Gongqing	3697	32.0	14	14	
新 余 市	Xinyu	66221	229.9	55	24	31
鹰 潭 市	Yingtan	11884	115.0	48		
贵 溪 市	Guixi	9028	110.0	3		3
赣 州 市	Ganzhou	16640	160.9	22		22
瑞 金 市	Ruijin	4320	64.0	99	10	70
南 康 市	Nankang	7358	199.0	24		
吉 安 市	Ji'an	27778	321.0	12	6	6
井冈山市	Jinggangshan	9054	31.0			
宜 春 市	Yichun	26345	226.6	16		16
丰 城 市	Fengcheng	23150	204.9			
樟 树 市	Zhangshu	5992	99.0	7		7
高 安 市	Gaoan	10469	147.0	37		37
抚 州 市	Fuzhou	36946	398.7	31	4	27
上 饶 市	Shangrao	34093	270.1	24		
德 兴 市	Dexing	9084	52.0	8		8

10-10 城市排水和污水处理情况（2012年）
Basic Statistics on Urban Drainage and Sewage Disposal (2012)

城市	City	污水排放量（万立方米） Discharged Volume of Sewage (10000 cu.m)	排水管道长度（公里） Length of Drainpipes (km)	#污水管道 Sewage Pipes	污水处理厂 Sewage Treatment Plant 座数（座） Units (unit)	#二、三级 Second or Third Grade	日处理能力（万立方米） Daily Disposal Capacity (10000 cu.m)	#二、三级 Second or Third Grade
合计	**Total**	**75575**	**9484**	**4169**	**33**	**33**	**212.0**	**212.0**
南昌市	Nanchang	31104	1944	1446	5	5	95.0	95.0
景德镇市	Jingdezhen	3913	705	423	1	1	8.0	8.0
乐平市	Leping	927	187	76	1	1	2.0	2.0
萍乡市	Pingxiang	3189	329	68	2	2	9.0	9.0
九江市	Jiujiang	5432	998	338	2	2	16.0	16.0
瑞昌市	Ruichang	880	153	18	1	1	2.5	2.5
共青城市	Gongqing	292	84	16	1	1	1.0	1.0
新余市	Xinyu	4565	758	242	2	2	16.0	16.0
鹰潭市	Yingtan	1613	78	12	1	1	5.0	5.0
贵溪市	Guixi	833	163	53	1	1	1.1	1.1
赣州市	Ganzhou	4121	575	232	1	1	6.0	6.0
瑞金市	Ruijin	895	127	44	1	1	2.0	2.0
南康市	Nankang	1347	309	29	1	1	2.0	2.0
吉安市	Ji'an	2020	492	308	2	2	9.0	9.0
井冈山市	Jinggangshan	208	44	32	2	2	1.1	1.1
宜春市	Yichun	2725	455	190	1	1	8.0	8.0
丰城市	Fengcheng	1777	264	139	2	2	5.5	5.5
樟树市	Zhangshu	825	230	45	1	1	2.0	2.0
高安市	Gaoan	2154	185	50	1	1	2.0	2.0
抚州市	Fuzhou	3469	687	152	2	2	9.8	9.8
上饶市	Shangrao	2811	621	230	1	1	8.0	8.0
德兴市	Dexing	476	96	27	1	1	1.0	1.0

10-10 续表 continued

城市	City	处理量（万立方米） Treated Volume (10000 cu.m)	#二、三级 Second or Third Grade	其他污水处理装置 Other Disposal Equipment 日处理能力（万立方米） Daily Disposal Capacity (10000 cu.m)	处理量（万立方米） Treated Volume (10000 cu.m)	污水处理总量（万立方米） Treated Volume of Sewage (10000 cu.m)	污水处理厂干污泥产生量（吨） Output of Dewatered Sludge (ton)	污水处理厂干污泥处置量（吨） Treated Volume of Dewatered Sludge (ton)
合计	**Total**	**62843**	**62843**	**14.0**	**828**	**63671**	**81172**	**81172**
南昌市	Nanchang	27888	27888			27888	36686	36686
景德镇市	Jingdezhen	2722	2722			2722	2860	2860
乐平市	Leping	755	755			755	720	720
萍乡市	Pingxiang	2853	2853			2853	4013	4013
九江市	Jiujiang	5282	5282	12.0	108	5390	5948	5948
瑞昌市	Ruichang	840	840			840	880	880
共青城	Gongqing	146	146			146	163	163
新余市	Xinyu	4418	4418			4418	4924	4924
鹰潭市	Yingtan	1528	1528			1528	1820	1820
贵溪市	Guixi	382	382			382	528	528
赣州市	Ganzhou	1882	1882	2.0	720	2602	2500	2500
瑞金市	Ruijin	621	621			621	1093	1093
南康市	Nankang	578	578			578	1010	1010
吉安市	Ji'an	1843	1843			1843	2824	2824
井冈山市	Jinggangshan	186	186			186	336	336
宜春市	Yichun	2537	2537			2537	3312	3312
丰城市	Fengcheng	1448	1448			1448	2172	2172
樟树市	Zhangshu	705	705			705	1400	1400
高安市	Gaoan	667	667			667	1200	1200
抚州市	Fuzhou	2707	2707			2707	3225	3225
上饶市	Shangrao	2530	2530			2530	3188	3188
德兴市	Dexing	325	325			325	370	370

10-11 城市园林绿化情况（2012年）

Basic Statistics on Urban Parks, Gardens and Green Areas (2012)

单位：公顷 (hectare)

城市	City	绿化覆盖面积 Coverage Area of Afforestation	#建成区 Developed Area	园林绿地面积 Area of Green Areas	#建成区 Developed Area
合计	**Total**	**50752**	**49517**	**46874**	**46053**
南昌市	Nanchang	9247	9245	8748	8746
景德镇市	Jingdezhen	4048	4048	3942	3942
乐平市	Leping	990	935	957	877
萍乡市	Pingxiang	2049	2048	1961	1960
九江市	Jiujiang	5168	5168	4934	4934
瑞昌市	Ruichang	776	732	678	657
共青城市	Gongqing	635	612	630	611
新余市	Xinyu	3767	3736	3668	3637
鹰潭市	Yingtan	1245	1245	1127	1127
贵溪市	Guixi	1215	1132	1181	1020
赣州市	Ganzhou	3942	3614	3341	3141
瑞金市	Ruijin	952	952	740	740
南康市	Nankang	1237	1235	1165	1155
吉安市	Ji'an	2627	2074	2099	1868
井冈山市	Jinggangshan	436	435	396	395
宜春市	Yichun	2585	2585	2442	2442
丰城市	Fengcheng	2187	2187	1987	1987
樟树市	Zhangshu	1197	1097	1000	972
高安市	Gaoan	1090	1080	1036	1001
抚州市	Fuzhou	2626	2624	2408	2407
上饶市	Shangrao	2213	2213	1956	1956
德兴市	Dexing	520	520	478	478

10-11 续表 continued

单位：公顷 (hectare)

城市	City	公园绿地面积 Area of Park Green Areas	公园个数（个） Number of Parks(unit)	公园面积 Area of Parks
合计	**Total**	**12817**	**285**	**8104**
南昌市	Nanchang	2718	26	736
景德镇市	Jingdezhen	740	11	481
乐平市	Leping	298	9	161
萍乡市	Pingxiang	470	15	351
九江市	Jiujiang	1104	14	609
瑞昌市	Ruichang	210	5	82
共青城	Gongqing	138	3	96
新余市	Xinyu	832	27	819
鹰潭市	Yingtan	270	12	216
贵溪市	Guixi	155	11	127
赣州市	Ganzhou	948	23	819
瑞金市	Ruijin	456	6	455
南康市	Nankang	325	5	183
吉安市	Ji'an	607	10	462
井冈山市	Jinggangshan	183	5	142
宜春市	Yichun	807	13	418
丰城市	Fengcheng	416	15	304
樟树市	Zhangshu	288	14	131
高安市	Gaoan	290	2	60
抚州市	Fuzhou	880	26	843
上饶市	Shangrao	576	22	547
德兴市	Dexing	106	11	62

10-12 城市市容环境卫生情况（2012年）
Basic Statistics on Urban Sanitation in Cities (2012)

城市	City	道路清扫保洁面积（万平方米）Area under Cleaning Program (10000 sq.m)	#机械化 Mechanisation	生活垃圾 Residential Garbage 清运量（万吨）Collection & Transport Volume (10 000 tons)	#密闭车（箱）Hermetic Vehicles (Compartment)	处理量（万吨）Disposal Volume (10 000 tons)	无害化处理厂（场）数（座）Number of Innocent Treatment Plants (unit)
合　计	**Total**	**11964**	**3010**	**327.15**	**275.80**	**327.15**	**15**
南昌市	Nanchang	2919	904	81.94	66.00	81.94	1
景德镇市	Jingdezhen	330	76	14.58		14.58	1
乐平市	Leping	185		6.62		6.62	1
萍乡市	Pingxiang	446	138	16.83	16.83	16.83	1
九江市	Jiujiang	1191	247	19.26	19.26	19.26	1
瑞昌市	Ruichang	230	58	5.10	5.10	5.10	
共青城市	Gongqing	79	33	5.40	4.65	5.40	
新余市	Xinyu	963	199	16.33	16.33	16.33	1
鹰潭市	Yingtan	171	59	7.48	5.00	7.48	1
贵溪市	Guixi	139	35	5.68	5.68	5.68	
赣州市	Ganzhou	914	217	35.00	35.00	35.00	1
瑞金市	Ruijin	306	135	9.46	9.06	9.46	
南康市	Nankang	305	24	7.71	7.71	7.71	1
吉安市	Ji'an	345	285	12.04	12.04	12.04	1
井冈山市	Jinggangshan	106	26	2.96	2.96	2.96	1
宜春市	Yichun	675	202	15.92	15.92	15.92	1
丰城市	Fengcheng	573	2	9.94		9.94	1
樟树市	Zhangshu	164	21	7.30	7.30	7.30	
高安市	Gaoan	132	39	6.53	6.21	6.53	
抚州市	Fuzhou	903	120	18.50	18.50	18.50	1
上饶市	Shangrao	800	168	19.06	19.06	19.06	1
德兴市	Dexing	88	22	3.51	3.19	3.51	

10-12 续表 continued

城市	City	日无害化处理能力（吨）Daily Innocent Treatment Capacity (ton)	无害化处理量（万吨）Volume of Wastes Disposed (10000 tons)	粪便 Excrement and Urine 清运量（万吨）Collection & Transport Volume (10000 tons)	处理量（万吨）Disposal Volume (10000 tons)	公共厕所（座）Number of Public Lavatories (unit)	市容环卫专用车辆设备总数（辆）Number of Special Vehicles for Environmental Sanitation (unit)
合　计	**Total**	**9193**	**291.33**	**44.62**	**8.85**	**2041**	**1184**
南昌市	Nanchang	2699	81.94	0.72	0.72	329	300
景德镇市	Jingdezhen	360	14.58			199	30
乐平市	Leping	255	6.62			83	12
萍乡市	Pingxiang	503	16.83	1.57	1.57	146	75
九江市	Jiujiang	800	19.26	32.80		242	129
瑞昌市	Ruichang			4.75		36	14
共青城	Gongqing		1.48			5	16
新余市	Xinyu	635	16.33	0.32		91	84
鹰潭市	Yingtan	350	7.48			20	23
贵溪市	Guixi		5.68			20	14
赣州市	Ganzhou	983	35.00	3.46	5.58	94	100
瑞金市	Ruijin			0.57		50	23
南康市	Nankang	210	7.71			47	26
吉安市	Ji'an	300	12.04			119	33
井冈山市	Jinggangshan	35	2.96			4	20
宜春市	Yichun	350	15.92		0.55	104	59
丰城市	Fengcheng	263	9.94	0.07	0.07	45	32
樟树市	Zhangshu			0.10	0.10	56	30
高安市	Gaoan			0.26	0.26	45	56
抚州市	Fuzhou	650	18.50			192	56
上饶市	Shangrao	800	19.06			105	37
德兴市	Dexing					9	15

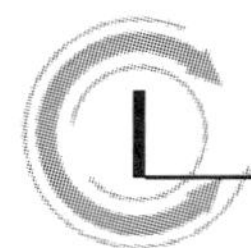

主要统计指标解释

供水综合生产能力 指按供水设施取水、净化、送水、出厂输水干管等环节设计能力计算的综合生产能力。包括在原设计能力的基础上，经挖、革、改增加的生产能力。计算时，以四个环节中最薄弱的环节为主确定能力。

年末供水管道长度 指从送水泵至用户水表之间所有管道的长度。不包括新安装尚未使用、水厂内以及用户建筑物内的管道。

全年供水总量 指报告期供水企业(单位)供出的全部水量。包括有效供水量和漏损水量。

生活用水量 包括公共服务用水和居民家庭用水。公共服务用水指为城市社会公共生活服务的用水。包括行政事业单位、部队营区和公共设施服务、社会服务业、批发零售贸易业、旅馆饮食业以及其他公共服务业等单位的用水。居民家庭用水指城市范围内所有居民家庭的日常生活用水。包括城市居民、农民家庭、公共供水站用水。

用水普及率 指城市用水人口数与城市人口总数的比率。计算公式:

$$用水普及率=\frac{城市用水人口数}{城市人口总数}\times100\%$$

人工煤气生产能力 指报告期末人工煤气生产厂制气、净化、输送等环节的综合生产能力，不包括备用设备能力。一般按设计能力计算，如果实际生产能力大于设计能力时，应按实际测定的生产能力计算。测定时应以制气、净化、输送三个环节中最薄弱的环节为主。

供气管道长度 指报告期末从气源厂压缩机的出口或门站出口至各类用户引入管之间的全部已经通气投入使用的管道长度。不包括煤气生产厂、输配站、液化气储存站、灌瓶站、储配站、气化站、混气站、供应站等厂(站)内的管道。

全年供气总量 指全年燃气企业(单位)向用户供应的燃气数量。包括销售量和损失量。

燃气普及率 指报告期末使用燃气的城市人口数与城市人口总数的比率。计算公式为:

$$燃气普及率=\frac{城市用气人口数}{城市人口总数}\times100\%$$

年末道路长度 指年末道路长度和与道路相通的桥梁、隧道的长度，按车行道中心线计算。在统计时只统计路面宽度在3.5米(含3.5米)以上的各种铺装道路，包括开放型工业区和住宅区道路在内。

城市桥梁 指为跨越天然或人工障碍物而修建的构筑物。包括跨河桥、立交桥、人行天桥以及人行地下通道等。按使用年限分为永久性桥和半永久性桥。

城市排水管道长度 指所有排水总管、干管、支管、检查井及连接井进出口等长度之和。

城市污水日处理能力 指污水处理厂(或污水处理装置)每昼夜处理污水量的设计能力。

年末运营车数 指年末城市用于公共交通运营业务的全部车辆数。新购、新制和调入的运营车辆，自投入之日起开始计算；调出、报废和调作他用的运营车辆，自上级主管机关批准之日起不再计入。

城市绿地面积 指报告期末用作园林和绿化的各种绿地面积。包括公园绿地、生产绿地、防护绿地、附属绿地和其他绿地的面积。

公园绿地 城市中向公众开放的以游憩为主要功能，有一定的游憩设施和服务设施，同时兼有健全生态、美化景观，防灾减灾等综合作用的绿化用地。包括综合公园、社区公园、专类公园、带状公园和街旁绿地。其中综合公园、专类公园和带状公园面积之和为公园面积。

清扫保洁面积 指报告期末对城市道路和公共场所（主要包括城市行车道、人行道、车行隧道、人行过街地下通道、道路附属绿地、地铁站、高架路、人行过街天桥、立交桥、广场、停车场及其他设施等）进行清扫保洁的面积。一天清扫多次的，按清扫保洁面积最大的一次计算。

市容环卫专用车辆 指用于环境卫生作业、监察的专用车辆和设备，包括用于道路清扫、冲洗、洒水、除雪、垃圾粪便清运、市容监察以及与其配套使用的车辆和设备。

每万人拥有公共交通车辆 指报告期末城区内每万人平均拥有的公共交通车辆标台数。计算公式:

$$每万人拥有公共交通车辆=\frac{公共交通运营车标台数}{城市人口总数}$$

生活垃圾清运量 指报告期内收集和运送到垃圾处理厂(场)的生活垃圾数量。生活垃圾指城市日常生活或为城市日常生活提供服务的活动中产生的固体废物以及法律行政规定的视为城市生活垃圾的固体废物。包括：居民生活垃圾、商业垃圾、集市贸易市场垃圾、街道清扫垃圾、公共场所垃圾和机关、学校、厂矿等单位的生活垃圾。

Explanatory Notes on Main Statistical Indicators

Production Capacity of Water Supply refers to the designed overall production capacity of water facilities, covering the four segments of water collection, purification, conveyance, and outflow through trunk pipelines. Increased capacity through transformation and innovation projects is included as well. The capacity is determined mainly on the weakest of the above-mentioned four segments.

Length of Water Supply Pipelines at the Year-end refers to the total length of all the pipelines between the water pumps and the user water meters, excluding pipelines newly installed but not used yet, pipeline in the water factory,and pipeline in the user's buildings.

Annual Volume of Water Supply refers to the total volume of water supplied by water-works (units) during the reference period, including both the effective water supply and loss during the water supply.

Consumption of Water for Residential Use refers to water consumption of households for daily life and water consumption of public service facilities. The latter refers to water consumption for urban public services, including the consumption of government agencies and public institutions, military barracks, public facilities, wholesale and retail outlets, restaurants, hotels, and other units providing public services. Household water consumption refers to consumption of water for daily life of all households within the boundary of cities, including households of urban residents and farmers, and public water supply stations.

Coverage Rate of Urban Population with Access to Tap Water refers to the ratio of the urban population with access to tap water to the total urban population. The formula is:

$$\text{Coverage of urban population with access to tap water} = \frac{\text{Urban population with access to tap water}}{\text{Urban population}} \times 100\%$$

Production Capacity of Gaswork Gas refers to the overall production capacity of the urban gasworks in gas generation, purification and delivery at the end of the reference period, excluding capacity of the reserved facilities. In general, it is determined by the designed capacity, and when actual production capacity is larger than the designed capacity, the capacity is determined by the actual measurement on the weakest segment in the production, purification and delivery.

Length of Gas Pipelines refers to the total length of pipelines in use between the outlet of the compressor of gas-work or outlet of gas stations and the leading pipe of users, excluding pipelines within gasworks, delivery stations, LPG storage stations, refilling stations, gas-mixing stations and supply stations.

Volume of Gas Supply refers to the total volume of gas provided to users by gas-producing enterprises (units) in a year, including the volume sold and the volume lost.

Coverage Rate of Urban Population with Access to Gas refers to the ratio of the urban population with access to gas to the total urban population at the end of the reference period. The formula is:

$$\text{Coverage rate of urban population with access to gas} = \frac{\text{Urban population with access to gas}}{\text{Urban population}} \times 100\%$$

Length of Paved Roads at Year-end refers to the length of roads with paved surface including bridges and tunnels connected with roads by the end of the year. Length of the roads is measured by the central lines for vehicles for paved roads with a width of 3.5 meters and over, including roads in open-ended factory compounds and residential quarters.

Urban Bridges refer to bridges built to cross over natural or man-made barriers, including bridges over rivers, overpasses for traffic and for pedestrians, underpasses for pedestrians, etc. Both permanent and semi-permanent bridges are included.

Length of Urban Sewage Pipes refers to the total length of general drainage, trunks, branch and inspection wells, connection wells, inlets and outlets, etc.

Daily Disposal Capacity of Urban Sewage refers to the designed 24-hour capacity of sewage disposal by the sewage treatment works or facilities.

Number of Vehicles under Operation at Year-end refers to the total number of vehicles under operation by public transport enterprises (units) at the end of the year, based on the records of operational vehicles by the enterprises (units).

Area of Urban Green Areas refers to the total area occupied for green projects at the end of the reference period, including park green land, production green land, protection green land, green land attached to institutions, and other green areas.

Park Green Area refers to green areas open to the public for amusement and rest with the facilities of amusement, rest and services. Its function includes perfecting ecology, beautifying landscape, and preventing and reducing disaster. Park green areas include comprehensive park, community park, topic park, belt-shaped park and green area nearby street. Total areas of comprehensive park, topic park and belt-shaped is the area of park.

Area Cleaned refers to the area which are regularly cleaned, as at the end of the reference period, at urban roads and public places (mainly including urban roadways, pedestrian walkways, vehicular tunnels, pedestrian underpasses, underground railway stations, lifted roads, pedestrians walk bridges, overpasses, plazas, carparks and other facilities). If there are several times of cleaning in a day at a location, the area of that time of cleaning with the largest area cleaned will be taken.

Vehicles Dedicated to Urban Cleanliness and Environmental Sanitation refer to vehicles and facilities dedicated for use in the operation, management and monitoring of environmental hygiene work. They include vehicles for road cleaning, washing, showering, ice removal, disposal of garbage and human wastes, cleanliness monitoring and related activities.

Public Transportation Vehicles per 10000 Population refers to the number of public transportation vehicles, at the end of the reference period, per 10000 population in the city district. The formula for calculation is:

$$\text{Public Transportation Vehicles per 10000 Population} = \frac{\text{Number of Public Transportation Vehicles}}{\text{City District Population}}$$

Consumption Wastes Transported refers to volume of consumption wastes collected and transported to disposal factories or sites. Consumption wastes are solid wastes produced from urban households or from service activities for urban households, and solid wastes regarded by laws and regulations as urban consumption wastes, including those from households, commercial activities, markets, cleaning of streets, public sites, offices, schools, factories, mining units and other sources.

11

林业建设和生态环境

PORESTRY CONSTRUCTION AND ECOLOGY

◆209/242

资料整理及英文翻译：张辉、陈梦捷、杨建萍

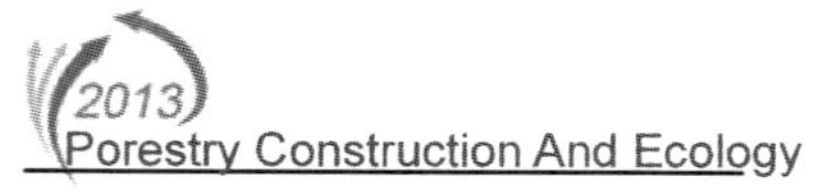

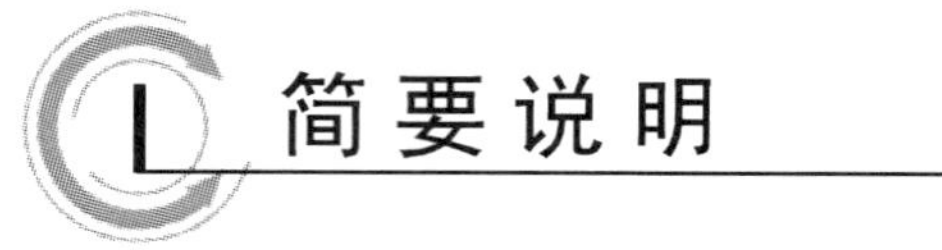

简要说明

本篇资料由林业建设、环境保护、水资源和气象三个部分组成。

林业建设部分反映全省森林生态建设和林业发展的情况。主要包括森林资源、生态建设、产业发展、固定资产投资、国有林场以及森林主要灾害的情况。资料来源于省林业厅年报数据。由省统计局农业处整理提供。

环境保护统计资料包括工业废水、生活污水排放及治理情况；工业废气排放及处理情况；一般工业固体废物的产生、处理及利用情况；城镇生活污染情况；烟（粉）尘排放情况。资料来源于省环保厅，由省统计局科技环保处整理提供。

水资源资料主要包括水资源总量、供水量及用水量，资料来源于省水文局；气象资料主要包括各设区市平均气温、降水量、日照等方面的资料，资料来源于省气象局。由省统计局综合处整理提供。

Brief Introduction

This chapter includes three parts: urban construction; environment protection; water resources and meteorological.

Data in this chapter show the basic condition of the construction of forest ecology and forestry development. They include the condition of the forest resources, ecology construction, industrial development, investments in fixed assets, state-owned farms, and forest disaster. Data source from the Forestry department of Jiangxi Province. Data are provided by ….

Data on environment protection include discharge and treatment of industrial and consumption waste water; emission treatment and utilization of general industrial waste gas;urban household pollution; industrial waste air and dust emitted. Data source from Bureau of Environmental Proctection. Data are provided by the Division of Science and Environmental Protection of Jiangxi Statistics Bureau.

Data on water resources include total amount of water resources,supply and ues.Data source from Jiangxi Hydrological Bureau. Data on meteorological include annual average temperature,precipitation and sunshine hours by region.Data source from Jiangxi Meteorological Bureau. Data are provided by the Division of Integrated Statistics of Jiangxii Statistics Bureau.

11-1 森林资源情况

Condition of Forest Resourses

指　　标	Item	1949	1964	1977	1983	1988
全省林业用地总面积(千公顷)	**Total Forest Land Area (1000 hectares)**			**10578.31**	**10456.00**	**10496.20**
有林地面积	Soil Surface of Forest	6736.00	6226.00	5462.25	5532.00	5992.40
用材林	Timber Forest		4715.55	3748.89	3413.00	3555.70
防护林	Protection Forest		346.68	51.07	120.00	191.90
薪炭林	Fuel Forest			223.34	385.00	577.20
特种用材林	Forest for Special Purpose				19.00	32.00
经济林	Economic Forest		767.98	982.70	1085.00	1101.60
#油茶林	Camellia Oleifera			906.12	945.00	972.00
竹　林	Bamboo Forest		395.79	456.25	510.00	534.00
稀疏林	Sparse Forest		1474.00	676.39	1566.00	1421.30
灌木林	Shrubbery		327.00	690.75	272.00	107.20
未成林造林地	Immature Forest Land			350.97	232.00	426.90
荒山宜林地	Barren			3109.20	2854.00	2342.20
其他	Others			288.75		206.20
活立木总蓄积量(万立方米)	**Total Standing Forest Stock (10000 cu.m)**	**51926.80**	**40010.80**	**30084.90**	**25375.70**	**24219.19**
杉木林	Fir Forest			5176.96	5662.30	6376.39
马尾松	Redpine			7907.72	5639.60	3997.69
阔叶树及其它	Broadleafe Tree and Others			17000.23	14073.80	13845.11
毛竹林蓄积量(万株)	**Mao Bamboo Reserves (10000 units)**		**55225.02**	**69189.27**	**88025.40**	**95737.00**
森林覆盖率(%)	**Forest Coverage Rate (%)**	**40.30**	**37.30**	**37.22**	**34.73**	**36.88**

注：本表数据为林业普查年份数据。
a)The data in the table were the figures of general survey of forest.

11-1 续表 continued

指　　标	Item	1991	1996	1999	2004	2010
全省林业用地总面积(千公顷)	**Total Forest Land Area (1000 hectares)**	**10483.40**	**10453.20**	**10628.75**	**10626.47**	**10720.22**
有林地面积	Soil Surface of Forest	6727.70	8897.80	9506.55	9413.00	9278.57
用材林	Timber Forest	4148.80	5902.10	3813.91	3800.88	5858.17
防护林	Protection Forest	255.80	352.00	3439.84	3521.63	3193.41
薪炭林	Fuel Forest	610.70	608.00	186.20	67.35	75.78
特种用材林	Forest for Special Purpose	30.40	44.80	362.22	449.96	547.81
经济林	Economic Forest	1130.40	1363.50	961.55	749.29	814.88
#油茶林	Camellia Oleifera	986.40	1011.50	742.50	696.76	699.19
竹　林	Bamboo Forest	551.60	627.30	742.82	823.88	986.45
稀疏林	Sparse Forest	1165.50	441.70	168.39	138.70	111.59
灌木林	Shrubbery	105.60	217.60	397.05	490.47	122.57
未成林造林地	Immature Forest Land	562.20	211.20	143.77	317.01	230.11
荒山宜林地	Barren	1811.40	531.30	121.64	127.75	60.64
其他	Others	111.00	153.60	291.35	139.54	90.53
活立木总蓄积量(万立方米)	**Total Standing Forest Stock (10000 cu.m)**	**24590.10**	**27695.69**	**28992.72**	**35357.23**	**44530.55**
杉木林	Fir Forest	7013.65	8168.95	10262.04	12464.90	14528.74
马尾松	Redpine	3933.33	5131.51	8895.39	11115.11	11653.61
阔叶树及其它	Broadleafe Tree and Others	13643.12	14395.23	9835.29	11777.23	18348.20
毛竹林蓄积量(万株)	**Mao Bamboo Reserves (10000 units)**	**105065.00**	**108556.00**	**136984.00**	**150209.02**	**190860.33**
森林覆盖率(%)	**Forest Coverage Rate (%)**	**40.93**	**55.24**	**59.70**	**60.05**	**63.10**

11−2　造林面积和营林情况

单位：千公顷

年 份 地 区 Year Region	造林总面积 Total Afforested Area	#公有经济造林 Public Ownership	#人工造林 Manual Planting	按林种用途分 用材林 Timber Forests	经济林 By-Product Forest	防护林 Protection Forest
1978	241.73	195.95	241.73	115.76	95.24	0.45
1980	225.85	177.09	225.85	136.51	80.56	2.95
1985	409.05	314.53	409.05	247.87	32.87	14.42
1990	276.19	259.07	276.19	185.70	12.57	11.07
1991	506.00	358.47	389.10	331.00	20.60	68.60
1992	435.00	367.20	372.30	277.07	50.73	81.40
1993	243.27	190.60	215.40	159.13	44.07	27.80
1994	251.93	232.82	229.90	145.03	55.16	37.89
1995	250.09	221.57	227.10	143.98	54.76	37.30
1996	191.43	172.02	171.00	89.98	58.43	29.73
1997	81.00	73.78	68.60	46.92	25.11	7.18
1998	53.07	46.58	47.10	23.70	21.81	7.05
1999	36.72	33.07	30.80	12.57	12.09	11.48
2000	35.23	30.58	28.20	13.45	10.32	11.29
2001	37.15	25.17	28.30	10.32	6.40	20.11
2002	162.28	77.95	162.28	20.50	19.63	121.64
2003	219.75	84.53	219.75	21.30	24.46	172.98
2004	58.10	15.49	58.10	19.58	3.62	33.85
2005	47.59	16.60	47.59	20.74	3.91	22.14
2006	63.60	20.77	63.60	36.35	4.39	22.38
2007	157.42	31.52	147.58	95.25	20.30	41.16
2008	267.03	71.24	234.60	147.43	32.91	84.85
2009	228.63	63.47	209.02	120.39	23.28	82.53
2010	200.78	47.86	170.86	103.88	32.51	59.73
2011	164.52	38.70	141.69	71.03	33.42	56.94
2012	138.65	40.46	127.03	66.68	32.38	37.85
南 昌 市　Nanchang	6.73	2.65	6.73	2.20	0.06	3.85
景德镇市　Jingdezhen	1.73	0.77	1.53	1.17	0.36	0.20
萍 乡 市　Pingxiang	5.46	1.69	4.53	3.74	1.12	0.61
九 江 市　Jiujiang	16.26	3.92	15.73	9.11	4.08	2.97
新 余 市　Xinyu	6.26	1.87	5.21	3.42	1.57	1.28
鹰 潭 市　Yingtan	3.32	1.69	2.99	0.21	0.61	2.50
赣 州 市　Ganzhou	30.12	3.95	26.45	14.95	5.96	9.00
吉 安 市　Ji'an	20.98	13.87	18.84	11.69	4.60	4.03
宜 春 市　Yichun	15.92	4.29	14.85	4.87	6.95	3.99
抚 州 市　Fuzhou	15.24	2.49	13.54	9.81	4.19	1.20
上 饶 市　Shangrao	16.56	3.20	16.56	5.51	2.88	8.16

注：1.2002以前年末实有封山育林面积含封山护林面积。
2.全省数据含省直单位数据。

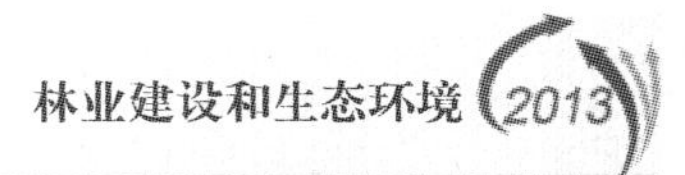

Condition of Afforested Area and Silviculture

(1000 hectares)

By Function of Forest		年末实有封山育林面积	更新造林面积	低产低效林改造面积	零星(四旁)植树(万株)
薪炭林 Firewood	特种用途林 Special Using	Area Fenced off for Afforestation	Area of Slash Reforestation	Reconstrueted Area of Forest of Poor Output	Scattered Tree-planting (10000 units)
	30.28		18.08		3595.88
	5.83	552.20	17.94	41.28	3564.75
106.06	7.83	2224.00	30.47	38.60	5164.97
64.61	2.24	2412.47	31.85	28.13	5724.62
85.47	0.33	2923.00	33.40	48.73	7248.00
23.67	2.13	3363.87	34.53	60.27	6594.90
12.20	0.10	3052.53	31.87	117.33	6986.90
13.27	0.58	2888.47	35.24	183.00	7356.00
13.17	0.88	2649.81	29.82	187.03	6662.00
12.41	0.88	2394.93	33.42	168.41	7088.00
1.56	0.23	2492.51	39.80	246.03	9929.00
0.46	0.05	2309.50	32.85	257.93	7770.00
0.57	0.01	2739.50	25.00	220.11	8201.00
0.10	0.08	1463.06	22.60	247.06	7739.00
0.24	0.08	1881.40	17.10	180.16	6738.00
0.17	0.34	1402.12	11.70	62.77	6255.00
0.55	0.45	430.07	1.11	5.90	6746.00
0.99	0.06	627.21	1.40	43.13	7422.00
0.33	0.47	610.10	7.20	26.50	5226.00
0.25	0.23	605.56	8.50	11.43	9020.60
0.55	0.17	718.20	17.82	6.90	18172.60
0.31	1.55	409.83	28.25	55.91	1383.00
1.72	0.72	459.60	24.35	44.53	15378.67
2.12	2.54	621.19	39.01	37.48	12032.94
1.62	1.52	919.26	26.75	66.20	14820.16
0.55	1.19	1045.28	18.14	30.76	18414.31
	0.63	19.01	0.26	0.05	1939.39
		3.51	0.82	2.00	1085.60
		31.75		0.88	929.00
0.10		438.57	0.34	3.12	2064.17
		6.16	0.11	1.08	962.50
		8.15		0.33	1119.60
0.14	0.07	30.88	4.33	3.99	1964.26
0.17	0.49	73.45	8.41	8.62	1969.04
0.10		196.55	2.16	6.51	2361.51
0.04		194.93	1.11	2.02	1913.04
		41.98	0.61	2.16	2106.21

a)Before the 2002,the areas of Fenced off for afforest include the protection at the end of year.
b)The data of provincial total include the provincial unit's data.

11-3 林业重点工程建设情况

Condition of Forestry Engineering Construction of Key

单位：千公顷 (1000 hectares)

指标	Item	2005	2010	2011	2012
本年完成造林面积	**Total Afforested Area in Current Year**	**42.57**	**65.11**	**52.89**	**32.19**
退耕还林工程	Grain for Green Program	34.78	37.85	22.66	18.77
人工造林	Manual Planting Afforestation	33.33	19.39	12.00	10.11
无林地和疏林地新封	Non-forest and Scattered Land	1.45	18.46	10.66	8.66
长江流域防护林工程	Shelterbelt Forestry Project of the Yangtze Basin	7.34	13.88	26.89	11.42
人工造林	Grain for Green Program	5.34	7.96	17.53	10.89
无林地和疏林地新封	Non-forest and Scattered Land	2.00	5.92	9.36	0.53
珠江流域防护林工程	Shelterbelt Forestry Project of the Pearl River Basin	0.45	3.38	3.34	2.00
人工造林	Grain for Green Program	0.45	2.48	2.53	2.00
无林地和疏林地新封	Non-forest and Scattered Land		0.90	0.81	

11-4 各地区林业重点工程建设情况(2012年)

Condition of Forestry Engineering Construction of Key by Region(2012)

单位：千公顷 (1000 hectares)

地区	Region	本年完成造林面积 Total Afforested Area in Current Year	退耕还林工程 Grain for Green Program	长江流域防护林工程 Shelterbelt Forestry Project of the Yangtze Basin	珠江流域防护林工程 Shelterbelt Forestry Project of the Pearl River Basin
全省	**Provincial Total**	**32.19**	**18.77**	**11.42**	**2.00**
南昌市	Nanchang				
景德镇市	Jingdezhen	0.77	0.37	0.40	
萍乡市	Pingxiang	1.87	1.80	0.07	
九江市	Jiujiang				
新余市	Xinyu	1.73	1.60	0.13	
鹰潭市	Yingtan	1.40	0.80	0.60	
赣州市	Ganzhou	11.53	6.67	2.87	2.00
吉安市	Ji'an	5.47	3.87	1.60	
宜春市	Yichun	3.09	0.87	2.22	
抚州市	Fuzhou	4.21	2.81	1.40	
上饶市	Shangrao	2.07		2.07	

11-5 自然保护区和森林公园基本情况
Basic Condition of Natural Reserve and Forest Park

指 标	Item	2005	2010	2011	2012
自然保护区	**Natural Reserve**				
数 量(个)	Quantity (unit)	142	195	201	220
国家级	National	5	8	9	11
省 级	Provincial	21	28	32	30
县 级	County-level	116	159	160	179
面 积(公顷)	Area(hectare)	992539	1151641	1141415	1194282
国家级	National	85019	144434	155976	184027
省 级	Provincial	297327	337192	356270	325530
县 级	County-level	610193	670015	629169	684725
湿地公园	**Wetland Park**				
数 量(个)	Quantity(unit)		33	48	54
面 积(公顷)	Area(hectare)		105300	112845	124852
森林公园	**Forest Park**				
数 量(个)	Quantity (unit)	79	155	156	161
国家级	National	33	43	44	44
省 级	Provincial	42	100	99	103
县 级	County-level	4	12	13	14
面 积(公顷)	Area (hectare)	394652	496573	498978	500756
国家级	National	305253	357220	363731	363731
省 级	Provincial	85578	111699	107579	109169
县 级	County-level	3820	27654	27668	27856

11-6 各地区森林资源情况(2012年)

Condition of Forest Resources by Region(2012)

地区	Region	林业用地面积(千公顷) Area of Afforested Land (1000 hectare)	活立木总蓄积(万立方米) Total Standing Forest Stock (10000 cu.m)	毛竹林蓄积量(万株) Mao Bamboo Reserves (10000 units)	森林覆盖率(%) Forest Coverage Rate (%)
全　省	**Provincial Total**	**10720.22**	**44530.55**	**190860.33**	**63.10**
南昌市	Nanchang	138.85	522.06	1065.33	21.96
景德镇市	Jingdezhen	352.39	1788.92	2324.18	65.05
萍乡市	Pingxiang	249.35	840.97	7132.71	66.02
九江市	Jiujiang	1061.94	4454.62	9317.65	54.92
新余市	Xinyu	183.67	670.44	3756.50	56.49
鹰潭市	Yingtan	201.92	785.54	5800.99	57.38
赣州市	Ganzhou	3039.12	11921.65	34720.72	76.24
吉安市	Ji'an	1756.01	8238.44	27982.58	67.61
宜春市	Yichun	1067.80	5132.36	41542.45	56.97
抚州市	Fuzhou	1297.26	4972.93	35691.01	64.54
上饶市	Shangrao	1371.91	5202.62	21526.21	61.67

11-7 各地区自然保护基本情况(2012年)

Basic Condition of Natural Reserve by Region(2012)

地区	Region	自然保护区个数(个) Quantity of Natural Reserve (unit)	#国家级 National	自然保护区面积(千公顷) Area of Natural Reserve (1000 hectares)	#国家级 National	自然保护区占辖区面积比重(%) Percentage to Natural Reserve Area (%)
全　省	**Provincial Total**	**220**	**11**	**1194.28**	**184.03**	**7.15**
南昌市	Nanchang	11	1	124.49	33.30	16.82
景德镇市	Jingdezhen	7		45.62		8.69
萍乡市	Pingxiang	4		16.42		4.29
九江市	Jiujiang	43	2	229.01	34.90	12.17
新余市	Xinyu	3		2.73		0.86
鹰潭市	Yingtan	4	1	15.24	10.95	4.29
赣州市	Ganzhou	34	2	242.98	30.52	6.17
吉安市	Ji'an	35	1	108.10	21.45	4.28
宜春市	Yichun	27	2	74.47	23.03	3.99
抚州市	Fuzhou	26	1	149.80	13.87	7.96
上饶市	Shangrao	26	1	185.42	16.01	8.14

11-8 国家级森林公园(2012年)
National Forest Park (2012)

公园名称	Name	所在地	Location	面积(公顷) Area (hectare)	建立时间	Foundation Time
三爪仑国家示范森林公园	Sanzhualun National Forest Park	靖安县	Jing'an	12133	1993.03	Mar.1993
庐山山南国家森林公园	South Lushan Moutain National Forest Park	星子县	Xingzi	3347	1993.05	May.1993
梅岭国家森林公园	Meiling National Forest Park	湾里区	Wanli	11173	1993.05	May.1993
三百山国家森林公园	Sanbaishan National Forest Park	安远县	Anyuan	3330	1993.05	May.1993
马祖山国家森林公园	Muzhushan National Forest Park	庐山区	Lushan	667	1993.05	May.1993
鄱阳湖口国家森林公园	Poyanghukou National Forest Park	湖口县	Hukou	1280	1993.05	May.1993
灵岩洞国家森林公园	Lingyan cave National Forest Park	婺源县	Wuyuan	3000	1993.05	May.1993
明月山国家森林公园	Mingyue Moutain National Forest Park	宜春市	Yichun	7842	1994.12	Dec.1994
翠微峰国家森林公园	Cuiwei Moutain National Forest Park	宁都县	Ningdu	7867	1999.01	Jan.1999
天柱峰国家森林公园	Tianzhu Moutain National Forest Park	铜鼓县	Tonggu	20757	2000.02	Feb.2000
泰和国家森林公园	Taihe National Forest Park	泰和县	Taihe	3000	2000.12	Dec.2000
鹅湖山国家森林公园	Erhu Moutain National Forest Park	铅山县	Yanshan	7950	2000.12	Dec.2000
龟峰国家森林公园	Guifeng National Forest Park	弋阳县	Yiyang	7400	2000.12	Dec.2000
上清国家森林公园	Shangqing National Forest Park	鹰潭市	Yingtan	11800	2000.12	Dec.2000
梅关国家森林公园	Meiguan National Forest Park	大余县	Dayu	5300	2001.11	Nov.2001
永丰国家森林公园	Yongfeng National Forest Park	永丰县	Yongfeng	7600	2001.11	Nov.2001
阁皂山国家森林公园	Gezao Moutain National Forest Park	樟树市	Zhangshu	6860	2001.11	Nov.2001
三叠泉国家森林公园	Sandiequan National Forest Park	庐山区	Lushan	1651	2001.11	Nov.2001
武功山国家森林公园	Wugong Moutain National Forest Park	安福县	Anfu	24190	2002.12	Dec.2002
铜钹山国家森林公园	Tongbo Moutain National Forest Park	广丰县	Guangfeng	19500	2002.12	Dec.2002
阳岭国家森林公园	Yangling National Forest Park	崇义县	Congyi	6890	2003.12	Dec.2003
天花井国家森林公园	Tianhuajing National Forest Park	九江市	Jiujiang	685	2003.12	Dec.2003
五指峰国家森林公园	Wuzhi Moutain National Forest Park	上犹县	Shangyou	24533	2003.12	Dec.2003
柘林湖国家森林公园	Talin Lake National Forest Park	永修县	Yongxiu	16450	2004.12	Dec.2004
陡水湖国家森林公园	Doushui Lake National Forest Park	上犹县	Shangyou	22667	2004.12	Dec.2004
万安国家森林公园	Wan'an National Forest Park	万安县	Wan'an	16333	2004.12	Dec.2004
三湾国家森林公园	Sanwan National Forest Park	永新县	Yongxin	15513	2004.12	Dec.2004
安源国家森林公园	Anyuan National Forest Park	安源区	Anyuan	7866	2004.12	Dec.2004
九连山国家森林公园	Jiulianshan National Forest Park	龙南县	Longnan	20063	2005.12	Dec.2005
岩泉国家森林公园	Yanquan National Forest Park	黎川县	Lichuan	4885	2005.12	Dec.2005
云碧峰国家森林公园	Yunbi Moutain National Forest Park	上饶市	Shangrao	873	2005.12	Dec.2005
景德镇国家森林公园	Jingdezhen National Forest Park	景德镇市	Jingdezhen	3796	2005.12	Dec.2005
瑶里国家森林公园	Yaoli National Forest Park	浮梁县	Fuliang	4471	2005.12	Dec.2005
清凉山国家森林公园	Qingliang Moutain National Forest Park	资溪县	Zixi	3398	2006.12	Dec.2006
峰山国家级森林公园	Fengshan National Forest Park	赣州市	Ganzhou	20735	2006.12	Dec.2006
九岭山国家级森林公园	Jiulingshan National Forest Park	武宁县	Wu'ning	1266	2006.12	Dec.2006
岑山国家级森林公园	Censhan National Forest Park	横峰县	Hengfeng	955	2008.01	Jan.2008
五府山国家级森林公园	Wufu Moutain National Forest Park	上饶县	Shangrao	1715	2008.01	Jan.2008
军峰山国家级森林公园	Junfeng Moutain National Forest Park	南丰县	Nanfeng	1217	2008.01	Jan.2008
碧湖潭国家森林公园	Bihutan National Forest Park	湘东区	Xiangdong	6839	2008.12	Dec.2008
怀玉山国家森林公园	Huaiyu Moutain National Forest Park	玉山县	Yushan	3354	2008.12	Dec.2008
仰天岗国家森林公园	Yangtiangang National Forest Park	新余市	Xinyu	2010	2009.08	Aug.2009
圣水堂国家森林公园	Shengshuitang National Forest Park	安义县	Anyi	4060	2009.12	Dec.2009
鄱阳莲花山国家森林公园	Boyang Lotus Mountain National Forest Park	鄱阳县	Boyang	6510	2012.01	Jan.2012

11-9 国家级、省级自然保护区(2012年)

名　　称	Name	级别	Level	类型	Type
鄱阳湖自然保护区	Poyang Lake Natural Reserve	国家级	National	湿地生态	Wetland Ecology
井冈山自然保护区	Jinggangshan Natural Reserve	国家级	National	森林生态	Forest Ecology
桃红岭梅花鹿自然保护区	Taohong Range Sike Natural Reserve	国家级	National	野生动物	Wild Animal
武夷山自然保护区	Wuyi Mountain Natural Reserve	国家级	National	森林生态	Forest Ecology
九连山自然保护区	Jiulian Mountain Nature Reserve	国家级	National	森林生态	Forest Ecology
官山自然保护区	Guanshan Nature Reserve	国家级	National	野生动物	Wild Animal
鄱阳湖南矶湿地自然保护区	Poyang Lake Southern Rockies Wetland Nature Reserve	国家级	National	湿地生态	Wetland Ecology
马头山自然保护区	Matou Tiger Nature Reserve	国家级	National	野生植物	Wild Plant
九岭山自然保护区	Jiuling Mountain Nature Reserve	国家级	National	森林生态	Forest Ecology
齐云山自然保护区	Qishan Mountain Nature Reserve	国家级	Provincial	森林生态	Forest Ecology
阳际峰自然保护区	Yangji Mountain Nature Reserve	国家级	Provincial	森林生态	Forest Ecology
庐山自然保护区	Lushan Mountain Nature Reserve	省　级	Provincial	森林生态	Forest Ecology
云居山自然保护区	Yunju Mountain Nature Reserve	省　级	Provincial	森林生态	Forest Ecology
青岚湖自然保护区	Qinglan Lake Nature Reserve	省　级	Provincial	湿地生态	Wetland Ecology
阳岭自然保护区	Yang Range Nature Reserve	省　级	Provincial	森林生态	Forest Ecology
水浆自然保护区	Water Slurry Nature Reserve	省　级	Provincial	森林生态	Forest Ecology
鸳鸯湖自然保护区	Yuanyang Lake Nature Reserve	省　级	Provincial	野生动物	Wild Animal
瑶里自然保护区	Yaoli Nature Reserve	省　级	Provincial	森林生态	Forest Ecology
三十把自然保护区	Sanshiba Nature Reserve	省　级	Provincial	森林生态	Forest Ecology
华南虎自然保护区	South China Tiger Nature Reserve	省　级	Provincial	野生动物	Wild Animal
岩泉自然保护区	Yanquan Nature Reserve	省　级	Provincial	野生植物	Wild Plant
都昌候鸟自然保护区	Duchang Migratory Birds Nature Reserve	省　级	Provincial	湿地生态	Wetland Ecology

National and Provincial Natural Reserves (2012)

主要保护对象	Main Protection	地点	Location	面积 Area (公顷) (hectare)	建立时间 Founda-tion Time
越冬候鸟及湿地生态	Rare birds Wintering and Wetland Ecology	新建、永修、星子	Xinjian, Yongxiu, Xingzi	22400	1988
中亚热带常绿阔叶林及珍稀动植物	Subtropical Evergreen Broad-leaved Forest, Rare Plants and Animals	井冈山	Jinggang-shan	21449	2000
野生梅花鹿南方亚种	Sika South Asian Species	彭泽	Pengze	12500	2001
中亚热带常绿阔叶林及珍稀动植物	Subtropical Evergreen Broad-leaved Forest, Rare Plants and Animals	铅山	Yanshan	16007	2002
中亚热带常绿阔叶林及珍稀动植物	Subtropical Evergreen Broad-leaved Forest, Rare Plants and Animals	龙南	Longnan	13412	2003
白颈长尾雉	Syrmaticus ellioti	宜丰、铜鼓	Yifeng, Tonggu	11501	2007
湿地生态及候鸟	Wetland Ecology and Migrant Birds	新建	Xinjian	33300	2008
珍稀植物	Rare Plants	资溪	Zixi	13867	2008
中亚热带常绿阔叶林及珍稀动植物	Subtropical Evergreen Broad-leaved Forest, Rare Plants	靖安	Jing'an	11541	2010
中亚热带常绿阔叶林及珍稀动植物	Subtropical Evergreen Broad-leaved Forest, Rare Plants and Animals	崇义	Congyi	17105	2012
中亚热带常绿阔叶林及珍稀动植物	Subtropical Evergreen Broad-leaved Forest, Rare Plants and Animals	贵溪	Guixi	10946	2012
森林生态系统、珍稀野生动植物和冰川迹地	Forest Ecosystem, Rare Plants and Animals, Glacial Sites	庐山区	Lushan	30459	1981
中亚热带常绿阔叶林及珍稀动植物	Subtropical Evergreen Broad-leaved Forest, Rare Plants and Animals	永修	Yongxiu	2480	1997
越冬候鸟及湿地生态	Rare birds Wintering and Wetland Ecology and Animals	进贤	Jinxian	1000	1997
中亚热带常绿阔叶林及珍稀动植物	Subtropical Evergreen Broad-leaved Forest, Rare Plants and Animals	崇义	Congyi	1880	1997
中亚热带常绿阔叶林及珍稀动植物	Subtropical Evergreen Broad-leaved Forest, Rare Plants and Animals	永丰	Yongfeng	2000	1997
鸳鸯及湿地生态	Mandarin Duck and Wetland Ecology	婺源	Wuyuan	917	1997
中亚热带常绿阔叶林及珍稀动植物	Subtropical Evergreen Broad-leaved Forest, Rare Plants and Animals	浮梁	Fuliang	3627	2001
中亚热带常绿阔叶林及珍稀动植物	Subtropical Evergreen Broad-leaved Forest, Rare Plants and Animals	万载	Wanzai	2100	2001
华南虎栖息地	Rare Animals and Their Habitats	宜黄	Yihuang	58300	2001
珍稀植物	Rare Plants	黎川	Lichun	2460	2001
越冬候鸟及湿地生态	Rare birds Wintering and Wetland Ecology	都昌	Duchang	41100	2004

11-9 续表

名称	Name	级别	Level	类型	Type
峤岭自然保护区	Qiao Range Nature Reserve	省 级	Provincial	森林生态	Forest Ecology
羊狮幕自然保护区	Yangshimu Nature Reserve	省 级	Provincial	森林生态	Forest Ecology
赣江源自然保护区	Ganjiang River Source Nature Reserve	省 级	Provincial	森林生态	Forest Ecology
老虎脑自然保护区	Laohunao Nature Reserve	省 级	Provincial	野生动物	Wild Animal
修河源五梅山自然保护区	Xiu River Wumei Mountain Nature Reserve	省 级	Provincial	森林生态	Forest Ecology
黄字号黑麂自然保护区	Huangzhihao Muntiacus Crinifrons Nature Reserve	省 级	Provincial	野生动物	Wild Animal
桃江源自然保护区	Taojiangyuan Nature Reserve	省 级	Provincial	森林生态	Forest Ecology
铜钹山自然保护区	Tongbo Mountain Nature Reserve	省 级	Provincial	森林生态	Forest Ecology
南风面自然保护区	Nanfengmian Nature Reserve	省 级	Provincial	森林生态	Forest Ecology
七溪岭自然保护区	Qixi Range Nature Reserve	省 级	Provincial	森林生态	Forest Ecology
高天岩自然保护区	Gaotianyan Nature Reserve	省 级	Provincial	森林生态	Forest Ecology
五指峰自然保护区	Wuzhi Mountain Nature Reserve	省 级	Provincial	森林生态	Forest Ecology
章江源自然保护区	Zhang River Nature Reserve	省 级	Provincial	森林生态	Forest Ecology
抚河源自然保护区	Fu River Nature Reserve	省 级	Provincial	森林生态	Forest Ecology
南方红豆杉自然保护区	South Chinese Yew Nature Reserve	省 级	Provincial	植 物	Plant
伊山自然保护区	Yi Mountain Nature Reserve	省 级	Provincial	森林生态	Forest Ecology
凌云山自然保护区	Lingyun Mountain Nature Reserve	省 级	Provincial	森林生态	Forest Ecology
玉京山自然保护区	Yujing Mountain Nature Reserve	省 级	Provincial	森林生态	Forest Ecology
信江源自然保护区	Headwaters of Xin River Nature Reserve	省 级	Provincial	森林生态	Forest Ecology

continued

主要保护对象	Main Protection	地点	Location	面积 Area (公顷) (hectare)	建立时间 Foundation Time
中亚热带常绿阔叶林及珍稀动植物	Subtropical Evergreen Broad-leaved Forest, Rare Plants and Animals	安义	Anyi	4490	2004
中亚热带常绿阔叶林及珍稀动植物	Subtropical Evergreen Broad-leaved Forest, Rare Plants and Animals	芦溪	Luxi	7006	2004
赣江源头森林生态	Forest Ecology of Ganjiang River Source	石城、瑞金	Shicheng, Ruijin	16101	2004
华南虎栖息地	Rare Animals and Their Habitats	乐安	Le'an	22000	2004
中亚热带常绿阔叶林及珍稀动植物	Subtropical Evergreen Broad-leaved Forest, Rare Plants and Animals	修水	Xiushui	14485	2010
黑麂等野生动物及其栖息地	Muntiacus Crinifrons and Their Habitats	浮梁	Fuliang	17356	2010
中亚热带常绿阔叶林及珍稀动植物	Subtropical Evergreen Broad-leaved Forest, Rare Plants and Animals	全南	Quannan	15427	2010
中亚热带常绿阔叶林及珍稀动植物	Subtropical Evergreen Broad-leaved Forest, Rare Plants and Animals	广丰	Guangfeng	10800	2010
中亚热带常绿阔叶林及珍稀动植物	Subtropical Evergreen Broad-leaved Forest, Rare Plants and Animals	遂川	Suichun	4205	2010
中亚热带常绿阔叶林及珍稀动植物	Subtropical Evergreen Broad-leaved Forest, Rare Plants and Animals	永新	Yongxin	10500	2010
中亚热带常绿阔叶林及珍稀动植物	Subtropical Evergreen Broad-leaved Forest, Rare Plants and Animals	莲花	Lianhua	7267	2010
中亚热带常绿阔叶林及珍稀动植物	Subtropical Evergreen Broad-leaved Forest, Rare Plants and Animals	上犹	Shangyou	3000	2010
中亚热带常绿阔叶林及珍稀动植物	Subtropical Evergreen Broad-leaved Forest, Rare Plants and Animals	崇义	Congyi	10452	2010
中亚热带常绿阔叶林及珍稀动植物	Subtropical Evergreen Broad-leaved Forest, Rare Plants	广昌	Guangchang	8188	2010
南方红豆杉	and Animals	瑞昌	Ruichang	2500	2011
亚热带常绿阔叶林及珍稀动植物	Subtropical Evergreen Broad-leaved Forest, Rare Plants and Animals	武宁	Wuning	11340	2011
亚热带常绿阔叶林及珍稀动植物	Subtropical Evergreen Broad-leaved Forest, Rare Plants and Animals	宁都	Ningdu	11045	2011
亚热带常绿阔叶林及珍稀动植物	Subtropical Evergreen Broad-leaved Forest, Rare Plants and Animals	宜春	Yichun	1199	2011
亚热带常绿阔叶林及珍稀动植物	Subtropical Evergreen Broad-leaved Forest, Rare Plants and Animals	玉山	Yushan	4535	2011

11-10 林业产业分行业产值情况

Gross Output Value Composition of Forestry Industry

单位：万元、% (10000 yuan,%)

年份 Year	林业产业总产值 Gross Output Value of Forestry Industy	第一产业 Primary Industry	第二产业 Secondary Industry	第三产业 Tertiary Industry	林业产业产值构成 Composition of Gross Output Value of Forestry Industry 第一产业 Primary Industry	第二产业 Secondary Industry	第三产业 Tertiary Industry
1978	108783	58723	50060				
1980	154705	96038	58667				
1985	228646	141190	87456				
1990	434156	239624	171426	23106	55.2	39.5	5.3
1991	508578	288951	198135	21492	56.8	39.0	4.2
1992	598287	315804	257455	25028	52.8	43.0	4.2
1993	659138	326678	308840	23620	49.6	46.9	3.6
1994	870888	379679	462656	28553	43.6	53.1	3.3
1995	826746	414590	384248	27908	50.1	46.5	3.4
1996	936747	485916	420539	30292	51.9	44.9	3.2
1997	1154003	544138	578773	31092	47.2	50.2	2.7
1998	1171651	695593	436399	39659	59.4	37.2	3.4
1999	1246367	782388	426359	37620	62.8	34.2	3.0
2000	1282913	790813	445288	46812	61.6	34.7	3.6
2001	1532871	824407	665322	43142	53.8	43.4	2.8
2002	1804839	1042920	714677	47242	57.8	39.6	2.6
2003	2195668	1428024	663979	103665	65.0	30.2	4.7
2004	3071029	1617867	1024077	429085	52.7	33.3	14.0
2005	3837166	1833047	1401960	602159	47.8	36.5	15.7
2006	4832087	2207180	1828333	796574	45.7	37.8	16.5
2007	6103350	2796135	2233699	1073516	45.8	36.6	17.6
2008	7602225	3532148	2677858	1392219	46.5	35.2	18.3
2009	9183321	4097649	3210495	1875177	44.6	35.0	20.4
2010	10529719	4533001	3611699	2385019	43.0	34.3	22.7
2011	13177449	5435418	4823215	2918816	41.2	36.6	22.2
2012	16281972	6891044	5600945	3789983	42.3	34.4	23.3
南昌市 Nanchang	1249743	243306	748512	257925	19.5	59.9	20.6
景德镇市 Jingdezhen	360582	196381	66170	98031	54.5	18.3	27.2
萍乡市 Pingxiang	531217	313234	125463	92520	59.0	23.6	17.4
九江市 Jiujiang	1759737	499041	234051	1026645	28.4	13.3	58.3
新余市 Xinyu	633552	335557	197162	100833	53.0	31.1	15.9
鹰潭市 Yingtan	438681	208067	187161	43453	47.4	42.7	9.9
赣州市 Ganzhou	2771216	1607578	963863	199775	58.0	34.8	7.2
吉安市 Ji'an	2065320	753015	736151	576154	36.5	35.6	27.9
宜春市 Yichun	1663244	705512	675850	281882	42.4	40.6	17.0
抚州市 Fuzhou	1835086	925890	591874	317322	50.5	32.2	17.3
上饶市 Shangrao	1701103	642421	412592	646090	37.8	24.2	38.0

11-11 林业投资资金来源情况
Condition of Forestry Investment Fund Resource

单位：万元 (10000 yuan)

年份 地区 Year Region	合计 Total	国家预算内资金 State Budgetary Appropriations	#中央财政专项资金 Central Funds Earmarked for Environment Protection	国内贷款 Domestic Loans	利用外资 Foreign Capitals	自筹资金 Enterprise Fundraising	其他资金 Other Funds
1978	2010	700	700				1310
1980	3503	540	540			1489	1474
1985	6973	774	774	471		1321	4407
1990	3532	2444	2444	243		384	461
1991	3524	2095	2095	30		564	835
1992	4957	1874	1874	690		1232	1161
1993	4676	1244	1244	638		1661	1133
1994	21897	1377	1377	7217	3077	5615	4611
1995	14460	1505	1505	4780	90	5789	2296
1996	61125	1234	1234	13195	3472	20635	22589
1997	56083	1344	1344	14959	4013	15702	20065
1998	57874	2064	364	15300	2523	17349	20638
1999	68072	4019	2069	21393	2935	22462	17263
2000	83862	13961	7614	15409	3738	24311	26443
2001	41003	11359	4219	7816	3313	6805	11710
2002	62495	38289	19165	3323	3814	6880	10189
2003	75661	36696	14836	12250	7619	4936	14160
2004	137207	79187	67831	15189	15792	6093	20946
2005	103703	64635	52758	10375	8395	6360	13938
2006	164764	104747	87795	10805	20216	8237	20759
2007	132861	93786	67824	6307	7763	10937	14068
2008	269632	153068	116735	38691	8504	7488	61881
2009	339813	161587	130333	18702	4976	18009	155241
2010	472986	203121	147446	3000	2016	56215	208634
2011	570649	373401	219800	14585	7487	66893	108283
2012	763176	499087	244574	32856	12119	141008	78106
南昌市 Nanchang	41331	35167	7207			4601	1563
景德镇市 Jingdezhen	14251	11814	3876		12	1995	430
萍乡市 Pingxiang	21362	20473	13256		889		
九江市 Jiujiang	118582	53901	26071	13683	352	15327	35319
新余市 Xinyu	162239	45959	9509	18160	572	83237	14311
鹰潭市 Yingtan	8560	8497	5451			63	
赣州市 Ganzhou	76937	60995	39473		5468	425	10049
吉安市 Ji'an	76354	69423	47811	1000	2357	3252	322
宜春市 Yichun	67163	47748	29967		450	13012	5953
抚州市 Fuzhou	49993	48337	33132		759		897
上饶市 Shangrao	72974	43343	28756	13	1260	19096	9262

11-12 森林病虫害防治情况

Condition of Forest Pets Prevention

年份 地区 Year Region	合计 Total			森林病害 Forest Disease			森林虫害 Forest Pet Plague		
	发生面积（千公顷）Occurrence Area (1000 hectares)	防治面积（千公顷）Prevention Area (1000 hectares)	防治率(%) Prevention Rate (%)	发生面积（千公顷）Occurrence Area (1000 hectares)	防治面积（千公顷）Prevention Area (1000 hectares)	防治率(%) Prevention Rate (%)	发生面积（千公顷）Occurrence Area (1000 hectares)	防治面积（千公顷）Prevention Area (1000 hectares)	防治率(%) Prevention Rate (%)
1984	305.63	153.35	50.2	16.79	8.39	50.0	288.84	144.97	50.2
1985	200.39	88.88	44.4	30.13	4.33	14.4	170.25	84.55	49.7
1990	126.87	68.17	53.7	19.71	6.53	33.1	107.15	61.64	57.5
1991	133.70	77.80	58.2	6.08	3.79	62.4	127.62	74.01	58.0
1992	136.01	91.26	67.1	10.77	6.81	63.2	125.23	79.33	63.3
1993	177.20	110.77	62.5	9.60	7.11	74.0	167.60	103.67	61.9
1994	163.16	104.01	63.7	27.57	14.67	53.2	135.59	89.35	65.9
1995	174.35	110.54	63.4	32.79	21.29	64.9	141.57	89.25	63.0
1996	187.35	119.28	63.7	35.84	16.44	45.9	151.51	101.51	67.0
1997	179.27	113.42	63.3	48.58	21.94	45.2	130.69	91.48	70.0
1998	136.89	88.31	64.5	43.31	25.53	58.9	93.59	62.79	67.1
1999	189.83	120.77	63.6	19.77	11.59	58.6	170.06	109.19	64.2
2000	205.58	129.93	63.2	28.73	15.41	53.7	176.85	114.51	64.8
2001	188.85	143.67	76.1	27.29	15.18	55.6	161.56	128.47	79.5
2002	175.27	114.06	65.1	25.27	13.90	55.0	150.00	100.16	66.8
2003	215.85	135.14	62.6	29.23	18.88	64.6	186.63	116.26	62.3
2004	190.49	122.97	64.6	20.65	12.39	60.0	169.85	111.25	65.5
2005	405.59	265.99	65.6	82.86	47.81	57.7	322.73	218.17	67.6
2006	409.86	178.50	43.6	71.33	27.40	38.4	334.53	151.10	45.2
2007	403.23	245.19	60.8	52.82	23.89	45.2	350.41	221.30	63.2
2008	387.35	239.43	61.8	57.45	44.01	76.6	329.89	195.41	59.2
2009	376.56	252.79	67.1	61.47	37.45	60.9	315.09	215.40	68.4
2010	385.40	268.31	69.6	55.39	33.86	61.1	330.05	234.45	71.0
2011	365.80	248.66	68.0	54.26	26.40	48.7	313.37	222.26	70.9
2012	305.31	255.80	83.8	57.92	44.34	76.6	247.39	211.46	85.5
南昌市 Nanchang	3.63	3.47	95.6	0.05	0.05	100.0	3.58	3.42	95.5
景德镇市 Jingdezhen	21.67	20.43	94.3	2.78	1.93	69.5	18.89	18.50	98.0
萍乡市 Pingxiang	15.41	10.94	71.0	4.10	3.06	74.6	11.31	7.88	69.7
九江市 Jiujiang	28.24	20.84	73.8	3.73	2.99	80.0	24.51	17.85	72.8
新余市 Xinyu	7.51	6.93	92.4	2.32	2.17	93.7	5.19	4.76	91.8
鹰潭市 Yingtan	4.57	3.76	82.3	0.80	0.33	40.8	3.77	3.43	90.9
赣州市 Ganzhou	75.83	73.88	97.4	12.25	11.21	91.5	63.58	62.67	98.6
吉安市 Ji'an	60.68	59.13	97.4	4.77	4.77	100.0	55.91	54.36	97.2
宜春市 Yichun	44.80	25.82	57.6	7.00	5.43	77.5	37.80	20.39	53.9
抚州市 Fuzhou	20.46	15.10	73.8	9.56	6.00	62.8	10.90	9.10	83.5
上饶市 Shangrao	22.51	15.50	68.9	10.56	6.40	60.6	11.95	9.10	76.2

11-13 森林火灾发生情况及森林防火专业队建设情况
Forest Fires and Construction of Prevention of Forest Fire Team

指　标	Item	2005	2010	2011	2012
森林火灾次数(次)	Forest Fires(unit)	355	79	151	46
一般火灾	Ordinary Fires	60	24	37	12
较大火灾	Biggish Fires	295	55	114	34
重大火灾	Major Fires				
特大火灾	Severe Fires				
火场总面积(公顷)	Total Area of Fires(hectare)	9321	1338	3828	1154
受害森林面积(公顷)	Destructed Forest Area(hectare)	4626	729	1435	412
#天然林	Natural Forest	529	37	44	6
人工林	Man-made Forest	4098	692	1391	406
损失林木	Timber Loss				
成林蓄积(立方米)	Mature Forest Stock(cu.m)	84834	4253	12966	5363
幼林株数(万株)	Sapling Forest(10000 units)	403.00	109.50	171.98	50.89
人员伤亡(人)	Casualties(person)				
轻伤	Minor				
重伤	Severe	1		1	
死亡	Deaths	6	1	4	
直接经济损失(万元)	Economic Loss(10000 yuan)	1275	210	579	248
森林防火扑火队伍建设(个)	Construction of Prevention of Forest Fire Team(unit)				
专业队	Professional	96	109	109	109
半专业	Semi-professional	247	1027	1821	1492
村级扑火应急队	Village-level Fires Emergency Team	5224	9015	9554	9664

11-14 各地区森林火灾情况(2012年)

Forest Fires by Region(2012)

地 区	Region	森林火灾次数(次) Forest Fires (case)	#一般火灾 Ordinary Fires	#较大火灾 Biggish Fires	火场总面积(公顷) Total Area of Fires(hectare)
全 省	**Provincial Total**	**46**	**12**	**34**	**1154**
南昌市	Nanchang	3		3	128
景德镇市	Jingdezhen	1		1	52
萍乡市	Pingxiang	9		9	53
九江市	Jiujiang	8	8		329
新余市	Xinyu	2	2		3
鹰潭市	Yingtan				
赣州市	Ganzhou	4		4	68
吉安市	Ji'an	2		2	18
宜春市	Yichun	1		1	5
抚州市	Fuzhou	5	2	3	110
上饶市	Shangrao	11		11	387

11-14 续表 continued

地 区	Region	受害森林面积(公顷) Destructed Forest Area(hectare)	天然林 National Forest	人工林 Man-made Forest	直接经济损失(万元) Economic Loss (10000 yuan)
全 省	**Provincial Total**	**411.66**	**5.53**	**406.13**	**248.13**
南昌市	Nanchang	128.43		128.43	51.10
景德镇市	Jingdezhen	52.00		52.00	62.40
萍乡市	Pingxiang	30.30		30.30	10.00
九江市	Jiujiang	0.80	0.80		2.30
新余市	Xinyu	0.80		0.80	
鹰潭市	Yingtan				
赣州市	Ganzhou	34.30		34.30	24.67
吉安市	Ji'an	12.03	4.73	7.30	7.30
宜春市	Yichun	2.00		2.00	0.60
抚州市	Fuzhou	41.70		41.70	10.07
上饶市	Shangrao	109.30		109.30	79.69

11-15 各地区国有林场情况(2012年)
Condition of State-owned Farms by Region(2012)

地 区	Region	个数 Units	活立木蓄积量(万立方米) Total Standing Forest Stock (10000 cu.m)	经营面积(千公顷) Operation Area (1000 hectares)	#联营面积 Area of Affiliation	有林地面积(千公顷) Soil Surface of Forest (1000 hectares)
全 省	**Provincial Total**	**421**	**9824**	**1714.89**	**573.12**	**1482.25**
南昌市	Nanchang	15	81	14.45	2.83	11.25
景德镇市	Jingdezhen	10	346	58.68	20.41	47.56
萍乡市	Pingxiang	17	261	66.36	52.93	56.91
九江市	Jiujiang	31	537	95.64	28.85	77.91
新余市	Xinyu	8	130	18.36	8.73	15.56
鹰潭市	Yingtan	9	318	36.32	3.38	33.20
赣州市	Ganzhou	105	2702	483.57	98.07	426.12
吉安市	Ji'an	97	3343	483.11	257.28	432.42
宜春市	Yichun	49	615	120.55	34.56	104.90
抚州市	Fuzhou	45	660	114.86	25.47	95.08
上饶市	Shangrao	34	825	222.07	40.61	180.52

11-15 续表 continued

地 区	Region	生态公益林补偿面积(千公顷) Ecological Public Welfare Forest Compensation Area (1000 hectares)	中央 Center Government	省级 Provincial	商品木竹采伐量 Commercial Timber and Bamboo Cutting Volume: 木材(立方米) Timber (cu.m)	毛竹(万根) Mao Bamboo (10000 units)
全 省	**Provincial Total**	**766.04**	**531.00**	**235.04**	**1465399**	**1400.97**
南昌市	Nanchang	6.93	4.24	2.70	8253	0.88
景德镇市	Jingdezhen	15.76	4.47	11.29	40868	6.81
萍乡市	Pingxiang	34.10	13.79	20.31	45831	28.59
九江市	Jiujiang	64.07	45.38	18.69	26517	41.08
新余市	Xinyu	10.48	2.83	7.65	57618	14.15
鹰潭市	Yingtan	26.81	17.79	9.02	62490	88.61
赣州市	Ganzhou	231.53	208.61	22.92	198646	227.72
吉安市	Ji'an	162.55	99.89	62.65	641003	116.59
宜春市	Yichun	64.05	41.92	22.13	155663	218.10
抚州市	Fuzhou	53.59	28.11	25.48	196271	99.57
上饶市	Shangrao	95.26	63.93	31.33	32026	558.87

11-16 重点调查工业企业“三废”排放及处理利用情况（2012年）

行 业	Sector	工 业 用水量 (万吨) Industry Water Use (10000 tons)	#重 复 用水量 (万吨) Re-use (10000 tons)
总 计	**Total**	**634275.93**	**498878.35**
煤炭开采和洗选业	Mining and Washing of Coal	2502.41	801.33
黑色金属矿采选业	Mining and Processing of Ferrous Metal Ores	5647.92	3842.95
有色金属矿采选业	Mining and Processing of Non-Ferrous Metal Ores	46121.88	33628.94
非金属矿采选业	Mining and Processing of Nonmetal Ores	2227.23	1166.27
农副食品加工业	Mining of Other Ores	1619.25	144.76
食品制造业	Processing of Food from Agricultural Products	1584.66	399.60
酒、饮料和精制茶制造业	Manufacture of Foods	3287.55	499.61
烟草制品业	Manufacture of Beverages	56.81	7.30
纺织业	Manufacture of Tobacco	2755.22	370.91
纺织服装、服饰业	Manufacture of Textile	68.75	3.21
皮革、毛皮、羽毛及其制品和制鞋业	Manufacture of Textile Wearing Apparel, Footware, and Caps	765.31	123.45
木材加工和木、竹、藤、棕、草制品业	Manufacture of Leather, Fur, Feather and Related Products	873.48	510.60
家具制造业	Processing of Timber, Manufacture of Wood,Bamboo, Rattan,Palm,	2.15	1.50
造纸和纸制品业	Manufacture of Paper and Paper Products	27783.57	10220.83
印刷和记录媒介复制业	Manufacture of Furniture	1243.24	1185.97
文教、工美、体育和娱乐用品制造业	Manufacture of Paper and Paper Products	105.34	1.69
石油加工、炼焦和核燃料加工业	Printing, Reproduction of Recording Media	3012.66	1875.40
化学原料和化学制品制造业	Manufacture of Articles For Culture, Education and Sport Activity	54200.57	43889.32
医药制造业	Processing of Petroleum, Coking, Processing of Nuclear Fuel	10603.78	7659.13
化学纤维制造业	Manufacture of Raw Chemical Materials and Chemical Products	6624.73	3574.39
橡胶和塑料制品业	Manufacture of Rubber and Plastics	445.64	76.04
非金属矿物制品业	Manufacture of Non-metallic Mineral Products	12297.35	8405.23
黑色金属冶炼和压延加工业	Smelting and Pressing of Ferrous Metals	316950.67	307128.02
有色金属冶炼和压延加工业	Smelting and Pressing of Non-ferrous Metals	42591.83	37933.68
金属制品业	Manufacture of Metal Products	2159.07	1635.31
通用设备制造业	Manufacture of General Purpose Machinery	501.59	58.43
专用设备制造业	Manufacture of Special Purpose Machinery	94.31	13.86
汽车制造业	Manufacture of Automobiles	877.86	323.67
铁路、船舶、航空航天和其他运输设备制造业	Manufacture of Railway,Ships,Aerospace and Other Delivery Equipment	668.39	341.23
电气机械和器材制造业	Manufacture of Electrical Machinery and Equipment	1243.04	808.97
计算机、通信和其他电子设备制造业	Manufacture of Computers, Communication Equipment and Other Electronic Equipment	18579.80	16707.63
仪器仪表制造业	Manufacture of Measuring Instruments	82.94	17.78
其他制造业	Other Manufactures	135.13	22.21
废弃资源综合利用业	Recycling and Disposal of Waste	312.78	154.95
金属制品、机械和设备修理业	Repair Services of Metals and Machinery	27.34	0.97
电力、热力生产和供应业	Production and Distribution of Electric Power and Heat Power	66221.69	15343.17

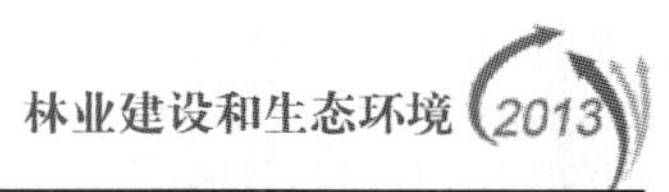

Discharge and Treatment of Industrial Waste Gas, Waste Water & Solid Wastes of Focused Investigated Industrial Enterprises (2012)

工业废水排放量(万吨) Industry Waste Water Discharge (10000tons)	废水治理设施数(套) Number of Facilities for Treatment of Waste Water (set)	废水治理设施处理能力(万吨/日) Waste Water Treatment Facilities Capacity (10000 tons/day)	化学需氧量排放量(吨) Chemical Oxygen Demand Emission (ton)	氨氮排放量(吨) Ammonia Nitrogen Emission (ton)	工业废气排放量(亿立方米) Total Volume of Industrial Waste Gas Emission (100 billion cu.m)	废气治理设施数(套) Facilities for Treatment of Waste Gas (set)	#脱硫设施数(套) Desulfu-rization Facilities (set)
63542.30	**2487**	**811.01**	**92163**	**9320**	**14814.10**	**5426**	**340**
2003.45	140	9.69	2129	32	9.08	27	11
767.24	75	22.89	439		52.28	11	
10639.90	239	172.97	6153	273	5.24	10	3
267.93	40	3.15	772	60	7.38	6	1
1248.07	98	5.42	6289	270	46.78	221	16
912.42	81	4.39	3626	312	38.00	85	11
1964.83	49	8.84	5760	329	26.62	84	15
24.58	2	0.14	22		11.95	20	
1923.39	55	11.48	3565	173	36.39	103	8
52.46	1	0.05	109	14	1.20	12	
517.50	22	3.05	756	63	3.23	20	1
246.62	32	1.65	3876	152	138.66	151	1
0.02					3.38		
14145.85	161	62.50	21465	522	113.74	188	
47.62	8	0.51	379	4	3.53	7	
88.55	6	0.28	129	16	2.68	20	
907.72	10	3.95	2031	231	103.88	13	8
7862.21	335	64.14	12614	2014	363.48	545	62
2284.58	145	9.65	5098	253	60.33	243	25
2607.37	12	10.59	2932	334	290.56	16	1
323.93	17	0.78	453	26	9.54	30	3
1787.08	293	38.05	2396	111	6561.10	2289	35
5303.00	120	307.48	3143	117	3948.65	291	11
3873.55	235	45.03	3430	3504	327.21	458	70
393.13	64	3.76	447	252	45.98	86	7
383.36	23	1.01	383	10	20.80	41	1
54.72	9	0.14	90	7	3.60	5	
404.10	28	1.52	855	58	34.10	34	6
264.32	15	1.03	298	36	5.97	9	4
242.17	42	3.12	580	20	33.44	187	3
1463.28	41	7.87	1469	104	36.77	66	
61.23	3	0.26	51		0.80	6	3
90.53	17	0.32	119	1	9.28	29	3
99.35	8	0.17	212	22	171.15	14	
20.50	3	0.16	11		0.27	4	2
265.76	58	4.95	85		2287.06	95	29

11-16 续表

行　　业	Sector	废气治理设施处理能力（万立方米/时）Emission Control Facilities Treatment Capacity (10000 cu.m/hour)	#脱硫设施处理能力（千克/时）Desulfurization Facilities Treatment Capacity (kg/hour)
总　计	**Total**	**26452.05**	**413931.55**
煤炭开采和洗选业	Mining and Washing of Coal	4.75	20.88
黑色金属矿采选业	Mining and Processing of Ferrous Metal Ores	0.90	
有色金属矿采选业	Mining and Processing of Non-Ferrous Metal Ores	6.77	341.43
非金属矿采选业	Mining and Processing of Nonmetal Ores	14.65	1000.00
农副食品加工业	Mining of Other Ores	151.19	4195.40
食品制造业	Processing of Food from Agricultural Products	120.06	6727.03
酒、饮料和精制茶制造业	Manufacture of Foods	95.93	12336.06
烟草制品业	Manufacture of Beverages	13.05	
纺织业	Manufacture of Tobacco	174.51	10115.33
纺织服装、服饰业	Manufacture of Textile	3.75	
皮革、毛皮、羽毛及其制品和制鞋业	Manufacture of Textile Wearing Apparel, Footware, and Caps	11.22	1.00
木材加工和木、竹、藤、棕、草制品业	Manufacture of Leather, Fur, Feather and Related Products	484.39	10.00
家具制造业	Processing of Timber, Manufacture of Wood,Bamboo, Rattan,Palm,		
造纸和纸制品业	Manufacture of Paper and Paper Products	228.94	
印刷和记录媒介复制业	Manufacture of Furniture	5.69	
文教、工美、体育和娱乐用品制造业	Manufacture of Paper and Paper Products	10.98	
石油加工、炼焦和核燃料加工业	Printing, Reproduction of Recording Media	100.21	37780.00
化学原料和化学制品制造业	Manufacture of Articles For Culture, Education and Sport Activity	716.36	13143.64
医药制造业	Processing of Petroleum, Coking, Processing of Nuclear Fuel	249.56	12026.51
化学纤维制造业	Manufacture of Raw Chemical Materials and Chemical Products	164.79	295.00
橡胶和塑料制品业	Manufacture of Rubber and Plastics	78.48	1520.00
非金属矿物制品业	Manufacture of Non-metallic Mineral Products	6828.88	1172.83
黑色金属冶炼和压延加工业	Smelting and Pressing of Ferrous Metals	7528.33	27792.99
有色金属冶炼和压延加工业	Smelting and Pressing of Non-ferrous Metals	977.94	183767.49
金属制品业	Manufacture of Metal Products	179.69	610.83
通用设备制造业	Manufacture of General Purpose Machinery	913.19	10.00
专用设备制造业	Manufacture of Special Purpose Machinery	13.36	
汽车制造业	Manufacture of Automobiles	106.45	92.07
铁路、船舶、航空航天和其他运输设备制造业	Manufacture of Railway,Ships,Aerospace and Other Delivery Equipment	28.64	49.50
电气机械和器材制造业	Manufacture of Electrical Machinery and Equipment	224.86	174.60
计算机、通信和其他电子设备制造业	Manufacture of Computers, Communication Equipment and Other Electronic Equipment	170.38	
仪器仪表制造业	Manufacture of Measuring Instruments	0.80	10.00
其他制造业	Other Manufactures	18.68	215.00
废弃资源综合利用业	Recycling and Disposal of Waste	40.98	
金属制品、机械和设备修理业	Repair Services of Metals and Machinery	1.50	6.50
电力、热力生产和供应业	Production and Distribution of Electric Power and Heat Power	6782.22	100517.46

废气治理设施运行费用(万元) Waste Gas Treatment Facilities Operating Cost (10000 yuan)	二氧化硫排放量(吨) Sulphur Dioxide Emission (ton)	氮氧化物排放量(吨) Nitroger Oxide Emission (ton)	烟(粉)尘排放量(吨) Volume of Dust Emission (ton)	一般工业固体废物产生量(万吨) General Industrial Solid Wastes Produced (10000 tons)	一般工业固体废物综合利用量(万吨) General Industrial Solid Wastes Utilized (10000 tons)	一般工业固体废物处置量(万吨) General Industrial Solid Wastes Treated (10000 tons)	一般工业固体废物贮存量(万吨) General Industrial Solid Wastes in Stocks (10000 tons)	一般工业固体废物倾倒丢弃量(万吨) General Industrial Solid Wastes Discharged (10000 tons)
332532.10	**508604**	**336137**	**300099**	**10793.74**	**5746.92**	**382.52**	**4682.13**	**2.40**
199.80	576	215	244	190.16	173.32	0.64	18.63	0.02
32.50		30	2628	1206.27	1127.45	17.34	66.98	0.70
361.80	253	43	167	5990.08	1246.13	312.55	4435.58	0.01
97.10	199	48	2596	216.69	198.32	13.53	5.44	
818.60	1618	540	11247	16.53	16.26	0.27		0.01
787.10	6341	1070	3189	17.75	14.69	3.07		
926.90	3244	821	4022	14.72	14.58	0.15		
60.20	956	77	783	1.38	0.96			0.43
927.80	1309	361	1451	4.74	4.17	0.58		
18.20	91	10	31	0.08	0.08	0.00		
73.20	620	80	276	0.81	0.76	0.06		
1278.10	1998	644	50648	17.37	17.07	0.22		0.10
	26	3	21	0.01	0.01			
3501.90	23182	3561	5204	46.42	45.58	0.80	0.03	0.06
14.80	109	19	67	0.31	0.29	0.02		
106.90	141	36	124	0.39	0.26	0.12		0.01
2994.00	11882	3590	2791	0.91	0.91			
7978.60	27077	7202	22800	208.65	197.21	1.79	9.71	0.03
1369.80	10357	1670	2051	12.47	7.70	4.78	0.02	0.01
1572.60	12549	2619	3191	22.64	15.76	6.91	0.01	
163.90	1437	203	849	46.38	46.35	0.03		
30285.70	149582	114553	121229	268.62	263.07	4.85	4.24	0.91
94608.90	110722	25483	32030	1318.24	1251.94	1.96	64.34	
85569.00	21796	1593	8720	278.13	206.50	2.74	69.19	0.07
1791.20	1559	231	1769	8.60	1.49	6.60	0.51	
140.30	223	27	347	0.69	0.66	0.02	0.01	
20.20	109	22	1581	0.41	0.35	0.05		
491.90	636	280	317	8.54	8.36	0.19		
121.20	282	140	147	0.92	0.66	0.27		
1366.30	343	108	372	1.89	1.89	0.01	0.01	
346.80	255	225	96	2.26	0.38	1.88		
42.00	17	4	90	0.14	0.14			
93.10	324	72	709	0.36	0.26	0.10		
437.20	834	84	759	8.39	7.67	0.72	0.35	
15.00	29	7	15	0.05	0.05			
93919.50	117929	170467	17538	881.72	875.66	0.26	7.08	

11-17 各地区工业“三废”排放及处理情况(2012年)

指标	Item	全 省 Total	南昌市 Nanchang
工业废水	**Industrial Waste Water**		
工业用水总量(万吨)	Industrial Water Use (10000 tons)	654086.84	61576.28
工业用水重复利用率(%)	Re-use Rate of Industrial WasteWater (%)	78.35	76.25
工业废水排放量(万吨)	Industrial Waste Water Discharge (10000 tons)	67871	10928.7
废水治理设施数(套)	Facilities for Treatment of Waste Water (set)	2488	228
废水治理设施处理能力(万吨/日)	Waste Water Treatment Facilities Capacity (10000 tons/day)	811.01	66.66
工业废气	**Industrial Waste Gas**		
工业废气排放总量(万立方米)	Industrial Waste Air Emission (10 thousand cu.m)	148140961	11990394
废气治理设施数(套)	Facilities for Treatment of Waste Gas (set)	5426	604
#脱硫设施数(套)	Desulfurization Facilities (set)	340	53
废气治理设施处理能力(万立方米/时)	Emission Control Facilities Treatment Capacity(10000 cu.m/hour)	26452.05	2405.31
#脱硫设施处理能力(千克/时)	Desulfurization Facilities Treatment Capacity(kg/hour)	413931.55	8808.99
工业二氧化硫排放量(吨)	Industrial Sulphur Dioxide Emission (ton)	551502	43470
工业氮氧化物排放量(吨)	Industrial Nitrogen Oxides Emission (ton)	352508	24567
工业烟(粉)尘排放量(吨)	Volume of Industrial Dust Emission (ton)	321830	11115
工业固体废物	**Industrial Solid Wastes**		
一般工业固体废物产生量(万吨)	Generation of general industrial solid waste (10000 tons)	11133.60	186.32
#危险废物(吨)	Hazardous Wastes	305644.73	24658.26
一般工业固体废物综合利用量(万吨)	General Industrial Solid Wastes Utilized (10000 tons)	6071.25	183.89
#危险废物(吨)	Hazardous Wastes (ton)	252234.43	19983.51
一般工业固体废物综合利用率(%)	Ratio of General Industrial Solid Wastes Utilized (%)	54.46	98.70
一般工业固体废物贮存量(万吨)	General Industrial Solid Wastes in Stocks (10000 tons)	4692.32	0.01
一般工业固体废物处置量(万吨)	General Industrial Solid Wastes Treated (10000 tons)	387.80	1.96
一般工业固体废物倾倒丢弃量(万吨)	General Industrial Solid Wastes Discharged (10000 tons)	2.46	0.47

Discharge and Treatment of Industrial Waste Gas, Waste Water & Solid Wastes(2012)

景德镇市 Jingdezhen	萍乡市 Pingxiang	九江市 Jiujiang	新余市 Xinyu	鹰潭市 Yingtan	赣州市 Ganzhou	吉安市 Ji'an	宜春市 Yichun	抚州市 Fuzhou	上饶市 Shangrao
22055.69	73318.97	123894.15	215210.87	41645.16	24838.11	15642.92	22552.32	12881.03	40471.33
71.19	94.03	59.50	93.58	88.40	42.06	52.04	55.24	47.91	78.45
3950.38	2442.32	9951.89	5714.90	2876.83	11302.55	4909.84	7174.89	4010.12	4608.98
138	175	203	181	85	375	214	465	137	287
14.43	94.15	67.10	197.85	26.69	64.90	43.95	68.06	31.41	135.81
4888937	19503691	24977617	14748964	3862283	20406467	6318262	23189266	5260394	12994687
211	249	614	330	174	973	516	793	433	529
24	7	52	16	14	57	14	38	23	42
916.49	3463.96	3253.64	4343.87	1251.99	1554.62	1596.10	3150.17	1481.46	3034.43
9029.86	57022.37	43112.64	11964.79	166543.00	10224.93	33995.20	16196.70	51299.54	5733.53
23477	87127	92076	60637	18892	50885	36823	83384	19908	34823
19687	26181	61234	22602	15582	25082	25361	91706	3250	37256
13718	41048	33648	30553	3424	67466	16494	43161	35172	26032
136.06	539.66	912.53	2073.20	357.03	986.14	352.53	689.45	96.46	4804.21
9336.81	1263.26	54276.21	99285.67	35856.25	11204.75	13703.72	29412.56	6199.58	20447.63
124.31	520.62	439.20	1901.95	323.91	824.25	339.84	625.83	79.75	707.71
4410.58	721.84	49994.67	82721.64	35598.98	4594.12	7131.13	28384.52	802.60	17890.82
91.36	96.47	48.03	91.74	90.72	83.17	96.40	90.75	82.17	14.71
0.28	17.20	389.12	168.53	33.06	26.66	11.16	0.17	5.42	4040.73
11.49	1.82	88.72	2.82	0.06	140.92	0.71	64.07	11.97	63.32
	0.01	0.05			1.05	0.83	0.02	0.02	

11-18 工业"三废" 排放及处理利用情况
Discharge and Treatment of Industrial Waste Gas, Waste Water & Solid Wastes

指标	Item	2000	2005	2010	2011	2012
工业废水	**Industrial Waste Water**					
工业用水总量(万吨)	Industrial Water Use (10000 tons)	329408	557544	666813	697649	654087
#重复用水量(万吨)	Re-use (10000 tons)				536835	512476
工业用水重复利用率(%)	Re-use Rate of Industrial WasteWater (%)	55.05	61.25	76.83	76.95	78.35
工业废水排放总量(万吨)	Industrial Waste Water Discharge (10000 tons)	42083	53972	72526	71196	67871
工业废气	**Industrial Waste Gas**					
工业废气排放总量(亿立方米)	Industrial Waste Air Emission (100 billion cu.m)	2220	4378	9812	16102	14814
工业二氧化硫排放量(万吨)	Industry Sulphur Dioxide Emission (10000 tons)	29	55	47	56.81	55.15
工业氮氧化物排放量(万吨)	Industry Sulphur Dioxide Emission (10000 tons)				39.35	35.25
工业烟(粉)尘排放量(万吨)	Volume of Industrial Dust Emission (10000 tons)				35.91	32.18
工业固体废物	**Industrial Solid Wastes**					
一般工业固体废物产生量(万吨)	General Industrial Solid Wastes Produced (10000 tons)	4814.97	7006.71	9407.30	11372.43	11133.60
#危险废物	Hazardous Wastes	1.71	3.28	8.98	23.24	30.56
一般工业固体废物综合利用量(万吨)	General Industrial Solid Wastes Utilized (10000 tons)	702.24	1898.51	4379.14	6304.66	6071.25
#危险废物	Hazardous Wastes	1.60	3.25	7.87	17.89	25.22
一般工业固体废物综合利用率(%)	Ratio of General Industrial Solid Wastes Utilized (%)	14.64	27.10	46.54	55.27	54.46
一般工业固体废物贮存量(万吨)	General Industrial Solid Wastes in Stocks (10000 tons)	3861.40	572.84	557.14	4420.25	4692.32
#危险废物贮存量	Hazardous Wastes in Stocks	0.86	0.01	0.04	0.19	0.33
一般工业固体废物处置量(万吨)	General Industrial Solid Wastes Treated (10000 tons)	98.71	4590.95	4486.55	651.86	387.80
#危险废物处置量	Hazardous Wastes Treated	0.01	0.06	1.25	5.20	5.10
一般工业固体废物倾倒丢弃量(万吨)	General Industrial Solid Wastes Discharged (10000 tons)	28.70	10.28	13.23	15.44	2.46

注：1.工业废气排放总量的计量单位2011年改为：亿立方米，历年数据是万标立方米；
2.工业固体废物产生量、工业固体废物综合利用量、工业固体废物综合利用率、工业固体废物贮存量、工业固体废物处置量、工业固体废物丢弃量2011年统一改为一般工业固体废物产生量、一般工业固体废物综合利用量、一般工业固体废物综合利用率、一般工业固体废物贮存量、一般工业固体废物处置量和一般工业固体废物倾倒丢弃量,且口径发生变化，后同。

a) The measuring unit of industrial waste air emission changed from 10 thousand cu.m into 100 billion cu.m.

b) Industrial solid wastes in stocks, industrial solid wastes treated, industrial solid wastes discharged changed into general industrial solid wastes produced,general industrial solid wastes utilized, ratio of general industrial solid wastes utilized, general industrial solid wastes in stocks, general industrial solid wastes treated, general industrial solid wastes discharged. Statistical range changed accordingly, the same as following tables.

11-19 各地区城镇生活污染情况（2012年）

Basic Statistics on Urban Consumption Waste by Region (2012)

地区	Region	城镇生活污水排放量（万吨）Urban Consumption Waste Water Discharge (10000 tons)	城镇生活污水中COD产生量（吨）COD Produced from Urban Consumption Waste Water(ton)	城镇生活污水中COD排放量（吨）COD Discharged from Urban Consumption Waste Water(ton)	城镇生活污水中氨氮产生量（吨）Ammonia Nitrogen Produced from Urban Consumption Waste Water(ton)	城镇生活污水中氨氮排放量（吨）Ammonia Nitrogen Discharged from Urban Consumption Waste Water(ton)
全　　省	**Provincial Total**	**133059**	**530527**	**398212**	**60891**	**50306**
南昌市	Nanchang	32749	87845	41125	9705	6298
景德镇市	Jingdezhen	6190	23917	19119	2813	2358
萍乡市	Pingxiang	7095	28382	23108	3339	2863
九江市	Jiujiang	13475	55926	42890	6043	5478
新余市	Xinyu	4831	18862	12737	2224	1591
鹰潭市	Yingtan	3789	12215	11944	1407	1401
赣州市	Ganzhou	20824	86345	72681	10158	8495
吉安市	Ji'an	12089	49494	43243	5844	5234
宜春市	Yichun	14851	58712	43890	6907	5707
抚州市	Fuzhou	9344	42481	32814	4998	3738
上饶市	Shangrao	7822	66349	54661	7452	7144

11-19 续表 continued

地区	Region	煤炭消费总量（万吨）Coal Consumption (10000 tons)	#生活煤炭消费量 Living Consumption of Coal	生活煤炭含硫率(%) Sulphur Rate of Living Coal Consumption (%)	生活煤炭含灰率(%) Ash Rate of Living Coal Consumption (%)	SO2排放量（吨）Volume of Sulphur Dioxide Emission (ton)	氮氧化物排放量（吨）Nitroger Oxide Emission (ton)	烟尘排放量（吨）Volume of Soot Emission (ton)
全　　省	**Provincial Total**	**6326.53**	**88.68**	**1.31**	**24.75**	**16176**	**2984**	**8811**
南昌市	Nanchang	557.15	3.50	1.10	18.90	719	70	280
景德镇市	Jingdezhen	661.00	24.00	1.25	30.00	2550	240	2000
萍乡市	Pingxiang	602.06	2.21	1.20	27.60	424	43	143
九江市	Jiujiang	691.95	25.02	1.75	20.00	6509	1781	2129
新余市	Xinyu	878.46	2.10	0.50	8.00	180	41	300
鹰潭市	Yingtan	293.70	0.13	1.00	25.00	14	16	15
赣州市	Ganzhou	375.73	9.13	1.06	24.06	1651	208	1401
吉安市	Ji'an	463.76	5.18	1.40	27.40	1233	113	337
宜春市	Yichun	1137.62	6.03	1.00	26.30	965	190	1206
抚州市	Fuzhou	124.09	4.55	1.00	30.00	728	91	455
上饶市	Shangrao	541.01	6.83	1.10	25.00	1203	191	546

11-20 水资源总量（2012年）

Water Resources (2012)

地区	Region	水资源总量（亿立方米）Total Amount of Water Resources (100 million cu.m)	年降水量 Annual Precipitation		地表水资源量 Surface Water Resources		地下水资源量（亿立方米）Groundwater Resources (100 million cu.m)
			年降水深（毫米）(mm)	年降水量（亿立方米）(100 million cu.m)	年径流深（毫米）Annual Flow Depth(mm)	年径流量（亿立方米）Annual Flow (100 million cu.m)	
全省	**Province Total**	**2174.36**	**2165.10**	**3614.53**	**1291.30**	**2155.79**	**462.28**
南昌市	Nanchang	90.71	1954.50	144.69	1176.00	87.06	19.08
景德镇市	Jingdezhen	70.80	2425.70	127.30	1349.10	70.80	15.42
萍乡市	Pingxiang	46.80	2040.50	78.09	1222.90	46.80	10.97
九江市	Jiujiang	196.71	1845.50	347.37	1019.60	191.91	39.47
新余市	Xinyu	41.77	2211.20	69.96	1320.20	41.77	11.63
鹰潭市	Yingtan	71.36	2784.70	98.97	2005.10	71.26	11.84
赣州市	Ganzhou	445.61	2015.40	793.67	1131.60	445.61	106.26
吉安市	Ji'an	252.64	1931.90	488.20	1334.90	249.22	54.86
宜春市	Yichun	371.75	2174.30	405.94	1602.30	365.17	67.69
抚州市	Fuzhou	282.93	2586.20	486.65	1119.60	282.93	53.69
上饶市	Shangrao	303.28	2517.20	573.69	1611.60	303.26	71.37

11-21 供水量（2012年）

Water Supply (2012)

单位：亿立方米 (100 million cu.m)

地区	Region	总供水量 Total Water Supply	地表水源供水量 Surface Water	蓄水 Storage	引水 Diversion	提水 Carry	地下水源供水量 Groundwater
全省	**Province Total**	**242.54**	**233.18**	**92.87**	**43.41**	**96.90**	**9.36**
南昌市	Nanchang	28.82	27.70	4.35	5.22	18.13	1.12
景德镇市	Jingdezhen	7.82	7.27	2.94	0.36	3.97	0.55
萍乡市	Pingxiang	7.60	6.91	2.38	2.14	2.39	0.69
九江市	Jiujiang	27.48	26.89	8.50	1.96	16.43	0.59
新余市	Xinyu	7.96	7.78	2.65	1.35	3.78	0.18
鹰潭市	Yingtan	6.52	6.25	2.18	0.81	3.26	0.27
赣州市	Ganzhou	31.59	29.57	16.50	9.21	3.86	2.02
吉安市	Ji'an	34.70	33.88	18.45	7.24	8.19	0.82
宜春市	Yichun	39.24	38.01	14.39	5.40	18.22	1.23
抚州市	Fuzhou	24.10	23.38	8.67	7.09	7.62	0.72
上饶市	Shangrao	26.71	25.54	11.86	2.63	11.05	1.17

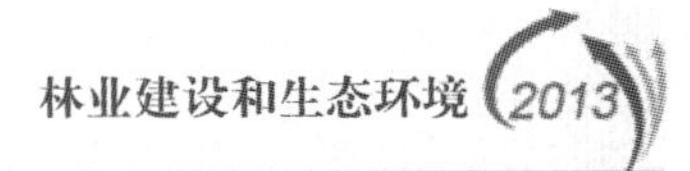

11-22 用 水 量 (2012年)

Water Use (2012)

单位：亿立方米 (100 million cu.m)

地 区	Region	总用水量 Total	农田灌溉 Irrigated	林牧渔畜 Agricultural	规模以上工业 Industrial above Designated Size	规模以下工业 Industrial below Designated Size	城镇公共 Urban Publical	城镇居民生活 Urban Residential	农村居民生活 Rural Residential	生态环境 Ecological Protection
全 省	**Province Total**	**242.54**	**146.06**	**9.60**	**48.69**	**10.03**	**5.20**	**12.80**	**8.11**	**2.05**
南昌市	Nanchang	28.82	13.90	0.78	6.09	3.11	1.60	2.21	0.55	0.58
景德镇市	Jingdezhen	7.82	3.98	0.14	1.74	0.80	0.20	0.60	0.23	0.13
萍乡市	Pingxiang	7.60	2.99	0.26	2.58	0.53	0.28	0.64	0.25	0.07
九江市	Jiujiang	27.48	15.17	0.28	8.88	0.41	0.42	1.28	0.86	0.18
新余市	Xinyu	7.96	3.06	0.24	2.36	1.43	0.19	0.45	0.14	0.09
鹰潭市	Yingtan	6.52	3.46	0.29	1.98	0.02	0.16	0.36	0.19	0.06
赣州市	Ganzhou	31.59	19.57	2.79	3.97	0.28	0.83	2.09	1.80	0.26
吉安市	Ji'an	34.70	25.91	0.90	5.06	0.24	0.29	1.18	0.95	0.17
宜春市	Yichun	39.24	21.31	1.51	12.34	0.98	0.50	1.32	1.10	0.18
抚州市	Fuzhou	24.10	17.94	1.55	1.17	1.18	0.35	0.96	0.80	0.15
上饶市	Shangrao	26.71	18.77	0.86	2.52	1.05	0.38	1.71	1.24	0.18

注：1.规模以上工业指独立核算国有工业和年产品销售收入2000万元以上非国有工业。
2.城镇公共用水指建筑业用水和服务业用水。
3.生态环境用水指城镇环境用水和农村环境用水。

a) Industrial enterprises above designated size refer to state-owned industrial enterprises with independent accounting system and non-state-owned industrial enterprises with annual revenue from products sale over 5 million yuan..

b) Urban publical water use refer to water use of construction and services.

c) Ecological water use refer to water use of urban and rural areas.

11-23 耗 水 量 (2012年)

Total Water Consumption(2012)

单位：亿立方米 (100 million cu.m)

地 区	Region	总耗水量 Water Consumption	农田灌溉 Irrigated	林牧渔畜 Agricultural	工业 Industry		城镇公共 Urban Publical	城镇居民生活 Urban Residential	农村居民生活 Rural Residential	生态环境 Ecological Protection
					火(核)电 Thermal (Nuclear) Power Generation	非火(核)电 Non-Thermal (Nuclear) Power Generation				
全 省	**Province Total**	**107.76**	**70.55**	**8.87**	**1.6**	**13.80**	**2.19**	**3.2**	**5.91**	**1.64**
南昌市	Nanchang	13.00	6.88	0.73	0.1	3.18	0.70	0.6	0.40	0.46
景德镇市	Jingdezhen	3.45	1.93	0.13	0.1	0.82	0.06	0.2	0.15	0.10
萍乡市	Pingxiang	3.31	1.49	0.24	0.0	1.04	0.14	0.2	0.17	0.06
九江市	Jiujiang	10.56	7.33	0.27	0.2	1.44	0.12	0.3	0.70	0.14
新余市	Xinyu	3.30	1.47	0.22	0.2	1.07	0.09	0.1	0.10	0.07
鹰潭市	Yingtan	3.10	1.72	0.27	0.1	0.66	0.06	0.1	0.15	0.05
赣州市	Ganzhou	15.42	9.13	2.56	0.1	1.46	0.30	0.5	1.17	0.21
吉安市	Ji'an	15.70	12.44	0.84	0.2	0.96	0.14	0.3	0.67	0.14
宜春市	Yichun	15.43	10.76	1.41	0.5	1.32	0.23	0.3	0.77	0.15
抚州市	Fuzhou	11.17	7.85	1.41		0.75	0.16	0.2	0.64	0.12
上饶市	Shangrao	13.32	9.55	0.79	0.1	1.10	0.19	0.4	0.99	0.14

11-24 废污水排放量（2012年）
Discharge of Waste Water (2012)

单位：万吨/年 (10000 tons/year)

地 区	Region	合 计 Total	第二产业 Secondary Industry	工 业 Industry	建筑业 Construction	第三产业 Tertiary Industry	城镇居民生活 Urban Household Consumption
全 省	**Province Total**	**383872**	**264650**	**261952**	**2698**	**25516**	**93706**
南昌市	Nanchang	82357	58696	57802	894	7496	16165
景德镇市	Jingdezhen	20485	14831	14799	32	1215	4439
萍乡市	Pingxiang	26039	20219	20020	199	1130	4690
九江市	Jiujiang	40737	28473	28358	115	2694	9570
新余市	Xinyu	24062	20087	19955	132	842	3133
鹰潭市	Yingtan	15433	11952	11886	66	854	2627
赣州市	Ganzhou	46367	26314	26050	264	4764	15289
吉安市	Ji'an	29308	19423	19240	183	1275	8610
宜春市	Yichun	38745	26820	26521	299	2262	9663
抚州市	Fuzhou	24092	15522	15290	232	1492	7078
上饶市	Shangrao	36247	22313	22031	282	1492	12442

11-25 各地区气象台站及主要技术装备情况（2012年）
Weather Stations and Machinery in Cities by Region (2012)

地 区	Region	国家基准气侯站（个） National Reference Climatological Station (unit)	国家基本气象站（个） Basic Synoptic Station (unit)	国家一般气象站（个） General Synoptic (unit)	区域气象观测站（个） Number of Regional Observatory (unit)	农业气象观测站（个） Agrometeorological Observatory (unit)	生态气象观测站（个） Ecometeorological Observatory (unit)	紫外线观测站（个） Ultraviolet Radiation Observatory (unit)	天气雷达（部） Weather Radar (unit)	闪电定位仪（个） Lightning Orientation (unit)
全 省	**Province Total**	**5**	**21**	**65**	**1583**	**18**	**6**	**12**	**5**	**12**
南昌市	Nanchang		1	4	95	1	1	1	1	1
景德镇市	Jingdezhen		1	2	43	1		1		1
萍乡市	Pingxiang		1	3	47	1	1	1		
九江市	Jiujiang	1	2	9	183	2	1	2	1	2
新余市	Xinyu			2	41	1		1		
鹰潭市	Yingtan		1	2	38	1		1		1
赣州市	Ganzhou		4	13	343	3	1	1	1	2
吉安市	Ji'an	1	3	8	220	2	1	1	1	1
宜春市	Yichun	1	3	6	156	2		1		1
抚州市	Fuzhou	1	2	8	148	1		1		2
上饶市	Shangrao	1	3	8	269	3	1	1	1	1

11-26 各地区气候基本情况（2012年）
Climate by Region (2012)

地 区	Region	年平均气温 Annual Average Temperature (0.1℃)/△T	年降水量 Annual Precipitation (0.1mm)/△R	年日照时数 Annual Sunshine Hours (0.1h)/△S	年平均相对湿度 Annual Average Relative Humidity (%)/△U
全省平均	**Province Average**	**181/-1**	**21890/5295**	**14856/-1726**	**79/0**
南 昌 市	Nanchang	180/0	20598/4461	16220/-2133	77/1
景德镇市	Jingdezhen	178/0	24945/6897	15841/-1599	74/-2
萍 乡 市	Pingxiang	178/2	20798/4551	12457/-2056	85/4
九 江 市	Jiujiang	175/-1	15938/1476	16539/-137	73/-2
新 余 市	Xinyu	180/-3	22410/6377	12265/-4063	77/0
鹰 潭 市	Yingtan	182/-4	26562/7791	15818/-1032	77/1
赣 州 市	Ganzhou	196/0	18703/4240	16439/-1079	77/2
吉 安 市	Ji'an	184/-3	17408/1746	13608/-2285	82/3
宜 春 市	Yichun	176/1	21908/5594	12829/-2197	86/6
抚 州 市	Fuzhou	180/-2	25699/7742	14737/-1365	76/-3
上 饶 市	Shangrao	177/-2	25821/7340	16658/-1043	80/2

注：△T、△R、△S、△U分别表示本年度平均气温、降水量、日照时数、平均相对湿度与近三十年情况比较的偏差值,其中鹰潭为新建站点，无历史记录，这几项空缺。

a) △T,△R,△S and △U indicate differences of annual average temperature, precipitation and sunshine hours at current year compared with nearly 30 years.Data of Yingtan are not available because it is newly established.

11-26 续表 continued

地 区	Region	重大灾害性天气(站次) Great calamity weather(time)					
		暴雨 Storm	大风 Gale	冰雹 Hail	大雾 Fog	大雪 Heavy snow	雷暴 Thunder-storm
合 计	**Total**	**743**	**43**	**8**	**1266**	**2**	**5689**
南 昌 市	Nanchang	39		2	32		275
景德镇市	Jingdezhen	28	1		61		129
萍 乡 市	Pingxiang	21	3		124		270
九 江 市	Jiujiang	66	5		174		582
新 余 市	Xinyu	16	1		16		92
鹰 潭 市	Yingtan	30	3		48		174
赣 州 市	Ganzhou	125	7	1	127		1302
吉 安 市	Ji'an	81	10	3	133		827
宜 春 市	Yichun	69	5	1	139		474
抚 州 市	Fuzhou	154	6	1	257	2	790
上 饶 市	Shangrao	114	2		155		774

主要统计指标解释

林业用地面积 指用来发展林业的土地，包括郁闭度 0.2 以上的乔木林地以及竹林地、灌木林地、疏林地、采伐迹地、火烧迹地、未成林造林地、苗圃地和县级以上人民政府规划的宜林地面积。

造林总面积 指报告期内在荒山、荒地、沙丘、退耕地等一切可以造林的土地上，采用人工播种、飞机播种、植苗造林、分植造林等方法新植成片乔木林和灌木林，经过检查验收符合《造林技术规程》要求的单位面积株数，并按《中华人民共和国森林法实施条例》规定，成活率达 85%以上(含 85%，年降雨量在 400 毫米以下且无浇灌条件的地区造林成活率达 70%以上)的总面积。四旁植树如一侧在四行以上，连片面积 0.066 公顷(一亩)以上，应统计在造林面积内。造林面积，通常按所有制(国有、国有集体合作、集体和个人)、造林方式(人工、飞机播种)、主要林种用途(用材林、经济林、防护林、薪炭林、特种用途林)分组进行统计。

活立木总蓄积量 指一定范围土地上全部树木蓄积的总量，包括森林蓄积、疏林蓄积、散生木蓄积和四旁树蓄积。

森林覆盖率 指一个国家或地区森林面积占土地面积的百分比。在计算森林覆盖率时，森林面积包括郁闭度 0.20 以上的乔木林地面积和竹林地面积、国家特别规定的灌木林地面积、农田林网以及林旁、路旁、水旁、宅旁林木的覆盖面积。森林覆盖率表明一个国家或地区森林资源的丰富程度和生态平衡状况，是反映林业生产发展水平的主要指标。

自然保护区 指对有代表性的自然生态系统、珍稀濒危野生动植物物种的天然分布、水源涵养区、有特殊意义的自然历史遗迹等保护对象所在的陆地、陆地水体或海域，依法划出一定面积进行特殊保护和管理的区域。以县及县以上各级政府正式批准建立的自然保护区为准。风景名胜区、文物保护区不计在内。

林业产业总产值 指一定时期内（通常为 1 年）以货币表现的林业物质生产部门和非物质生产部门的生产总值，包括林业第一、第二、第三产业的生产总值。林业产业总产值的现行统计范围为：第一产业（农林牧渔业）中全社会的林业产值，种植业中全社会的花卉产值和茶、桑、果产值，畜牧业中全社会的狩猎业产值，林业系统的其他种植业产值、牧业产值和渔业产值；第二产业中采掘业之中全社会的木竹采运业产值，制造业之中全社会的木材加工及竹、藤、棕、草制品业产值和林产化学产品制造业产值，林业系统其他采掘业产值和制造业产值、电力煤气及水的生产供应业产值、建筑业产值；第三产业中全社会的森林旅游产值，林业系统的批发及零售贸易及餐饮业产值、交通运输仓储及邮电通讯业产值、房地产业产值、除森林旅游业外的其他社会服务业产值及其他第三产业产值。

工业废水排放量 指经过企业厂区所有排放口排到企业外部的工业废水量。包括生产废水、外排的直接冷却水、超标排放的矿井地下水和与工业废水混排的厂区生活污水，不包括外排的间接冷却水(清污不分流的间接冷却水应计算在内)。

工业废气排放量 指报告期内企业厂区内燃料燃烧和生产工艺过程中产生的各种排入大气的含有污染物的气体的总量，以标准状态(273K，101325Pa)计算。

工业烟（粉）尘排放量 指报告期内企业在燃料燃烧和生产工艺过程中排入大气的烟尘及工业粉尘的总质量之和。烟尘或工业粉尘排放量可以通过除尘系统的排风量和除尘设备出口烟尘浓度相乘求得。

一般工业固体废物综合利用量 指报告期内企业通过回收、加工、循环、交换等方式，从固体废物中提取或者使其转化为可以利用的资源、能源和其他原材料的固体废物量(包括当年利用往年的工业固体废物贮存量)，如用作农业肥料、生产建筑材料、筑路等。综合利用量由原产生固体废物的单位统计。

供水总量 指各种水源工程为用户提供的包括输水损失在内的毛供水量之和，不包括海水直接利用量。

地表水源供水量 指地表水体工程的取水量，按蓄、引、提、调四种形式统计。从水库、塘坝中引水或提水，均属蓄水工程供水量；从河道或湖泊中自流引水的，无论有闸或无闸，均属引水工程供水量；利用扬水站从河道或湖泊中直接取水的，属提水工程供水量；跨流域调水指水资源一级区或独立流域之间的跨流域调配水量，不包括在蓄、引、提水量中。

地下水源供水量 指水井工程的开采量，按浅层淡水、深层承压水和微咸水分别统计。城市地下水源供水量包括自来水厂的开采量和工矿企业自备井的开采量。

用水量 指各类用水户取用的包括输水损失在内的毛用水量，按农田灌溉、林牧渔畜、工业、城镇公共、居民生活、生态环境六大类统计。工业用水为取用的新水量，不包括企业内部的重复利用水。

耗水量 指在输、用水过程中，通过蒸腾、蒸发、土壤吸收、产品吸附、居民和牲畜饮用等多种途径与形式消耗，不能回归到地表水体或地下含水层的水量。

Explanatory Notes on Main Statistical Indicators

Forest Land Area Refer to areas of forestry development, including arbor forest that over 0.2 canopy density, bamboo forest land, bush forest land, sparse forest land, cutting blanks, the burns, immature forest land, seedling nursery site, and suitable for planting of the planning of governments at and above county level.

Total area of afforestation Refers to the total area of land suitable for afforestation, including barren hills, idle land, sand dunes, "grain for green" land, on which acres of arbores or bushes are planted through manual planting, airplane planting, plant seedlings, etc. in accordance with the required density standards of the Technical Procedures of Afforestation, and with a survival rate of over 85% in line with the Implementing Rules of the Forest Law of the People's Republic of China (or a survival rate of 75% in areas with less that 400 mm of annual rainfall and without irrigation facilities). Included in the this category are trees planted alone the roadsides, riversides, or next to houses that occupy an area over 0.066 hectares, or where more than 4 lines of trees are planted. Total area of afforestation is further classified by ownership (state-owned, state-collective, collective or private), by approach of planting (manual, airplane), and by type of forests (timber, by-products, protection, fuel, special use, etc.).

Total standing forest stock Refer to total stock of all trees on certain range land, including forest stock, sparse forest stock, sporadic trees stock, and scattered trees stock.

Forest coverage rate Refer to the percentage of the area of land in the area of forest of a country or region. While counting the forest coverage rate, the areas of forest include the arbor forest areas that over 0.2 canopy density, areas of bamboo forest land, areas of bush forest land of nation special provision, areas of farmland shelterbelt network, beside forests, road, water, house. Forest coverage rate indication that the degree of abundance of forest resource and ecological balance of a country or region. Forest coverage rate is the main item to mirror the development of forestry.

Nature Reserves Refer to certain areas of land, waters or sea that are representative in natural ecological systems, or are natural habitats for rare or endangered wild animals or plants, or water conservation zones, or the location of important natural or historic relics, which are demarked by law and put under special protection and management. Nature reserves are designated by the formal approval of governments at and above county level (including those approved by relevant departments or "revolutionary committees" before 1980). Scenic spots and cultural preservation zones are not included.

Gross output value of forestry Refer to the total value of products of productive departments and nonproductive departments during a given period of time (usually a year), including the primary Industry, the secondary Industry, and the tertiary Industry. The current Statistics of gross output value of Forestry include the output value of forestry in the whole country, the output value of flower, tea, mulberry and fruit in planting, the output value of hunting in animal husbandry, the output value of the other planting, animal husbandry and fishery of the forestry system; the output value of the bamboo and timber's cutting and transport in extractive industry, the processing of timber, the products of bamboo, rattan, palm, grass and forestry chemical, the output value of the other extractive industry, manufacturing, the production and supply of electric power and heat power, the construction; the output value of the forestry tourist, wholesale and retail trades and catering, transport, storage and post, real estate, and the other social services except the forestry tourist.

Waste Water Discharged by Industry refers to the volume of waste water discharged by industrial enterprises through all their outlets, including waste water from production process, directly cooled water, groundwater from mining wells which does not meet discharge standards and sewage from households mixed with waste water produced by industrial activities, but excluding indirectly cooled water discharged (It should be included if the discharge is not separated from waste water).

Industrial Waste Air Emission refers to the discharge into atmosphere of waste air containing pollutants generated from fuel burning and production processes in enterprises within a given period of time. It is calculated at standard status (273K, 101325Pa)

Volume of Dust Emission refers to volume of smoke and industrial dust emitted by burning and production process of enterprises and suspended in the air.Volume of smoke and industrial dust is calculated by volume of air flow timing thickness of dust from dedusting equipment exits.

General Industrial Solid Wastes Utilized refers to volume of solid wastes from which useful materials can be extracted or which can be converted into usable resources, energy or other materials by means of reclamation, processing, recycling and exchange (including utilizing in the year the stocks of industrial solid wastes of the previous year). Examples of such utilizations include fertilizers, building materials and road materials. The information shall be collected by the producing units of the wastes.

Water Supply refers to gross water supply by supply systems from sources to consumers, including losses during distribution.

Surface Water Supply refers to withdrawals by surface water supply system, broken down with storage, flow, pumping and transfer. Supply from storage projects includes withdrawals from reservoirs; supply from flow includes withdrawals from rivers and lakes with natural flows no matter if there are locks or not; supply from pumping projects includes withdrawals from rivers or lakes with pumping stations; and supply from transfer refers to water supplies transferred from first-level regions of water resources or independent river drainage areas to others, and should not be covered under supplies of storage, flow and pumping.

Groundwater Supply refers to withdrawals from supplying wells, broken down with shallow layer freshwater, deep layer freshwater and slightly brackish water. Groundwater supply for urban areas includes water mining by both waterworks and own wells of enterprises.

Water Consumption refers to water used including lose during transportation. Water consumption is divided into farmland irrigation, forestry husbandry fishing and farming, industry, public affair, livelihoods, ecological environment. Industry water consumption refers to newly using, do not include reusing.

Water consumption is the amount of water consumed through evaporation, interception, adsorption, inhabitant and livestock drinking during water use and cannot recycled into surface waters and aquifers.

12

农　业

AGRICULTURE

◆243/286

资料整理及英文翻译：　廖有伦

简要说明

一、本篇资料反映全省农业生产和农村经济的基本情况。主要包括农村基层组织、乡村劳动力、耕地、主要农产品面积和产量、农村基础设施以及农林牧渔综合计算等方面的统计资料。

二、本篇资料主要来源于江西省《农林牧渔业、农业产值综合、乡村社会经济统计报表制度》，其统计范围包括各市、县(区)各种经济类型的全部农林牧渔业以及各非农行业附属的农林牧渔业生产单位。

三、本篇资料中的农村基层组织、乡村劳动力、主要农产品面积和产量以及农林牧渔业总产值和增加值等由省统计局农业处提供；林业、渔业、农机和水利情况则分别根据省林业厅、省农业厅、省水利厅和省国土资源厅等部门资料整理提供。

四、部分指标依据2006年全国第二次农业普查资料进行了修正。

Brief Introduction

Ⅰ. The data in this chapter show the basic conditions of agricultural production and rural economy for the whole province, including mainly rural grassroots units, rural employed labors force, cultivated land, areas and output of major products, rural infrastructure, and Comprehensive Statistical of farming, forestry, animal husbandry and fishery.

Ⅱ. Data in this chapter mainly come from the Comprehensive Statistical Reporting on Farming, Forestry, Animal Husbandry and Fishery, the Comprehensive Statistical Reporting on Agricultural Output, and the Rural Social and Economic Survey of Jiangxi Province. Statistics on agriculture includes all productive units of farming, forestry, animal husbandry and fishery and units engaged in farming, forestry, animal husbandry and fishery in non-agricultural sectors with various types of ownership in cities, counties and districts of Jiangxi Province.

Ⅲ. Data on rural grassroots units, employed labor force, agricultural production and area, gross output value and value-added of farming, forestry, animal husbandry, and fishery are provided by Statistical Bureau. Data on forestry, fishery, agricultural machinery, and water conservancy are provided by Forestry, Agriculture, Water Conservancy department of Jiangxi province, and department of land and resources of jiangxi province.

Ⅳ. Some Indicators have been adjusted according to the Second National Agricultural Census in 2006.

12-1 农村乡(镇)基本情况

Basic Conditions of Township and Town of Country

指　　标	Iterm	2011	2012
乡镇政府(个)	Number of Township and Town Governments(unit)	1403	1403
镇政府	Number of Town Governments(unit)	790	802
乡政府	Number of Township Governments(unit)	613	601
村民委员会(个)	Number of Villagers' Committees(unit)	17251	17196
村民小组(个)	Number of Villagers' Group(unit)	200600	200360
通汽车的村委会个数(个)	Number of Villages Which is Accessible by Automobile(unit)	17217	17167
占村委会总个数比重(%)	Rate to Total Number of Villages(%)	99.8	99.8
自来水受益村委会个数(个)	Number of Villages Benifited by Tap Water(unit)	8161	9051
占村委会总个数比重(%)	Rate to Total Number of Villages(%)	47.3	52.6
通电话的村委会个数(个)	Number of Villages with Telephones(unit)	17218	17182
占村委会总个数比重(%)	Rate to Total Number of Villages(%)	99.8	99.9
通广播的村委会个数(个)	Number of Villages with Radio(unit)	13339	14006
占村委会总个数比重(%)	Rate to Total Number of Villages(%)	77.3	81.4

12-2 各地区乡(镇)组织情况（2012年）

Organizing Conditions of Township and Town by Region (2012)

地　区	Region	乡(镇)政府个数(个) Number of Township and Town Governments (unit)	#镇政府 Number of Town Governments	村民委员会(个) Number of Villagers' Committees (unit)	村民小组(个) Number of Villagers' Group (unit)
全　省	**Provincial Total**	**1403**	**802**	**17196**	**200360**
南昌市	Nanchang	80	51	1179	9706
景德镇市	Jingdezhen	39	25	505	4229
萍乡市	Pingxiang	46	28	640	9593
九江市	Jiujiang	181	101	1750	23395
新余市	Xinyu	26	16	406	3784
鹰潭市	Yingtan	33	22	353	4005
赣州市	Ganzhou	283	140	3460	48932
吉安市	Ji'an	214	116	2535	26690
宜春市	Yichun	157	110	2249	26371
抚州市	Fuzhou	151	91	1796	17318
上饶市	Shangrao	193	102	2323	26337

12-3 农、林、牧、渔业总产值和商品产值

Gross Output Value, and Commodity Output Value of Farming, Forestry, Animal Husbandry and Fishery

本表按当年价格计算

Data in this table are calculated at current prices.

单位：万元 (10000 yuan)

年份 Year	农林牧渔业总产值 Gross Output Value of Farming,Forestry, Animal Husbandry and Fishery	农业产值 Output Value of Farming	林业产值 Output Value of Forestry	牧业产值 Output Value of Animal Husbandry	渔业产值 Output Value of Fishery	服务业产值 Output Value of Services	农林牧渔业商品产值 Commodity Output Value of Farming, Forestry, Animal Husbandry and Fishery	农林牧渔业商品率(%) Commodity Rate of Farming, Forestry, Animal Husbandry and Fishery(%)
1978	492900	364752	58723	63025	6400		175842	35.7
1980	681508	482402	96038	95168	7900		279874	41.1
1985	1145040	740353	141190	228397	35100		566795	49.5
1990	2119055	1202955	195286	620351	100463		1372256	64.8
1990	2552437	1534586	239624	674764	103463		1372256	53.8
1991	2715836	1612274	288951	688523	126088		1483574	54.6
1992	2983528	1683513	315804	830611	153600		1735728	58.2
1993	3601064	1961358	314875	1095139	229692		2165316	60.1
1994	5278602	2762704	375230	1776561	364107		3368228	63.8
1995	6317137	3316376	414590	2095348	490823		4053816	64.2
1996	7334888	3863193	463328	2311829	696538		4751920	66.9
1997	7855119	3946088	468592	2558551	881888		5180617	66.0
1998	7348844	3615365	476187	2383146	874146		4824857	65.7
1999	7502895	3881699	495903	2239960	885333		4824974	64.3
2000	7602670	3872737	511086	2217976	1000871		4923589	64.8
2000	7413543	3446961	579735	2217976	1000871	168000	4497813	60.7
2001	7674396	3583299	605300	2261129	1042668	182000	4812927	62.7
2002	7918643	3664496	649332	2339367	1099548	165900	5093507	64.3
2003	8416300	3837127	704801	2540056	1185493	148823	5598337	66.5
2004	10549211	4910558	790778	3249823	1431346	166706	6836789	64.8
2005	11429925	5104715	873713	3650964	1625621	174912	7797125	68.2
2006	12252714	5571936	1046051	3440455	1643115	551157	8364442	68.3
2007	14269333	6212597	1264574	4355792	1822009	614361	9673395	67.8
2008	16804990	6943243	1507654	5560144	2115976	677973	11427251	68.0
2009	17338215	7297223	1617850	5414950	2311804	696388	12638262	72.9
2010	19005843	8013643	1867952	5840500	2555809	727939	13893271	73.1
2011	22072655	9178214	2061050	7343392	2722023	767976	15937301	72.2
2012	23992583	10032063	2289114	7526773	3330579	814054	17491174	72.9
南昌市 Nanchang	2493474	930081	28720	938123	548788	47762	1942797	77.9
景德镇市 Jingdezhen	729396	394740	50488	201456	53015	29697	544056	74.6
萍乡市 Pingxiang	823174	307595	58675	396751	54468	5685	539332	65.5
九江市 Jiujiang	2000138	910320	112791	433733	491845	51449	1346650	67.3
新余市 Xinyu	801641	374543	107328	220065	78939	20766	554609	69.2
鹰潭市 Yingtan	653082	246172	36505	283466	77674	9265	484596	74.2
赣州市 Ganzhou	4053589	1897601	254279	1399876	427094	74739	2819316	69.6
吉安市 Ji'an	3043268	1468640	327899	892196	300079	54454	2302323	76.7
宜春市 Yichun	3589346	1601332	307523	1271110	382923	26458	2555612	71.2
抚州市 Fuzhou	2813438	1624611	127741	778662	230866	51558	2198842	78.2
上饶市 Shangrao	3057054	1244693	240691	861522	639562	70586	2169735	71.0

注：1990年数为按老口径计算的数据，自2000年后按新的国民经济行业分类计算,后同。

a)The data of 1990 was calculated on old basis.The data since 2000 is calculated on the new classification standards for national economic.

12-4 农、林、牧、渔业总产值构成
Gross Output Value Composition of Farming, Forestry, Animal Husbandry and Fishery

本表按当年价格计算

Data in this table are calculated at current prices.

单位：% (%)

年 份 Year	农林牧渔业总产值 Gross Output Value of Farming,Forestry, Animal Husbandry and Fishery	农业产值 Output Value of Farming	林业产值 Output Value of Forestry	牧业产值 Output Value of Animal Husbandry	渔业产值 Output Value of Fishery	服务业产值 Output Value of Services
1978	100.0	74.0	11.9	12.8	1.3	
1980	100.0	70.7	14.1	14.0	1.2	
1985	100.0	64.7	12.3	19.9	3.1	
1990	100.0	56.8	9.2	29.3	4.7	
1990	100.0	60.1	9.4	26.4	4.1	
1991	100.0	59.4	10.6	25.4	4.6	
1992	100.0	56.5	10.6	27.8	5.1	
1993	100.0	54.5	8.7	30.4	6.4	
1994	100.0	52.3	7.1	33.7	6.9	
1995	100.0	52.4	6.6	33.2	7.8	
1996	100.0	52.7	6.3	31.5	9.5	
1997	100.0	50.2	6.0	32.6	11.2	
1998	100.0	49.2	6.5	32.4	11.9	
1999	100.0	51.7	6.6	29.9	11.8	
2000	100.0	50.9	6.7	29.2	13.2	
2000	100.0	46.5	7.8	29.9	13.5	2.3
2001	100.0	46.7	7.9	29.5	13.6	2.3
2002	100.0	46.3	8.2	29.5	13.9	2.1
2003	100.0	45.6	8.4	30.2	14.1	1.7
2004	100.0	46.5	7.5	30.8	13.6	1.6
2005	100.0	44.7	7.7	31.9	14.2	1.5
2006	100.0	45.5	8.5	28.1	13.4	4.5
2007	100.0	43.5	8.9	30.5	12.8	4.3
2008	100.0	41.3	9.0	33.1	12.6	4.0
2009	100.0	42.1	9.3	31.2	13.3	4.0
2010	100.0	42.2	9.8	30.7	13.5	3.8
2011	100.0	41.6	9.3	33.3	12.3	3.5
2012	100.0	41.8	9.5	31.4	13.9	3.4
南昌市 Nanchang	100.0	37.3	1.2	37.6	22.0	1.9
景德镇市 Jingdezhen	100.0	54.1	6.9	27.6	7.3	4.1
萍乡市 Pingxiang	100.0	37.4	7.1	48.2	6.6	0.7
九江市 Jiujiang	100.0	45.5	5.6	21.7	24.6	2.6
新余市 Xinyu	100.0	46.7	13.4	27.5	9.8	2.6
鹰潭市 Yingtan	100.0	37.7	5.6	43.4	11.9	1.4
赣州市 Ganzhou	100.0	46.8	6.3	34.5	10.5	1.9
吉安市 Ji'an	100.0	48.2	10.8	29.3	9.9	1.8
宜春市 Yichun	100.0	44.6	8.6	35.4	10.7	0.7
抚州市 Fuzhou	100.0	57.7	4.6	27.7	8.2	1.8
上饶市 Shangrao	100.0	40.7	7.9	28.2	20.9	2.3

12-5 农、林、牧、渔业总产值指数

Indices of Gross Output Value of Farming,Forestry,Animal Husbandry and Fishery

本表按可比价格计算。
Data in this table are calculated at constant pieces.

年 份 Year	以1978年为100 (year of 1978=100)						以上年为100 (preceding year=100)					
	农林牧渔业总产值 Gross Output Value of Farming, Forestry, Animal Husbandry and Fishery	农业产值 Output Value of Farming	林业产值 Output Value of Forestry	牧业产值 Output Value of Animal Husbandry	渔业产值 Output Value of Fishery	服务业产值 Output Value of Services	农林牧渔业总产值 Gross Output Value of Farming, Forestry, Animal Husbandry and Fishery	农业产值 Output Value of Farming	林业产值 Output Value of Forestry	牧业产值 Output Value of Animal Husbandry	渔业产值 Output Value of Fishery	服务业产值 Output Value of Services
1978	100	100	100	100	100	100	102.8	101.6	105.7	107.2	98.9	
1979	114.8	115.0	112.4	116.5	113.6		114.8	115.0	112.4	116.5	113.6	
1980	111.2	109.3	108.7	120.6	127.4		96.9	95.1	96.8	103.6	112.2	
1981	115.6	111.2	127.3	122.6	150.7		103.9	101.7	117.1	101.8	118.3	
1982	127.4	122.4	124.8	148.7	170.0		110.2	110.1	98.0	121.1	112.8	
1983	129.4	122.7	128.2	152.7	213.2		101.5	100.2	102.7	102.7	125.4	
1984	143.3	135.4	144.5	169.0	240.9		110.8	110.3	112.7	110.7	112.9	
1985	153.6	140.4	153.7	200.8	291.5		107.2	103.7	106.4	118.8	121.0	
1986	157.7	138.0	154.9	232.9	337.4		102.6	98.3	100.8	116.0	115.7	
1987	171.6	150.8	169.3	247.9	387.9		108.8	109.3	109.3	106.4	115.0	
1988	176.3	147.5	176.9	282.1	445.1		102.7	97.8	104.5	113.8	114.8	
1989	185.8	156.8	177.6	296.5	485.3		105.4	106.3	100.4	105.1	109.0	
1990	198.0	167.7	184.0	315.5	532.0		106.5	106.9	103.6	106.4	109.6	
1991	210.0	176.0	199.4	337.6	584.6		106.1	105.0	108.3	107.0	109.9	
1992	223.8	181.4	212.9	378.7	712.1		106.6	103.0	106.8	112.2	121.8	
1993	240.1	185.2	194.2	456.3	972.1		107.3	102.1	91.2	120.5	136.5	
1994	264.7	193.4	209.7	537.7	1243.1		110.2	104.5	108.0	117.8	127.9	
1995	278.4	193.9	210.3	590.9	1562.5		105.2	100.2	100.3	109.9	125.7	
1996	301.8	208.4	221.5	609.2	2087.5		108.4	107.5	105.3	103.1	133.6	
1997	322.9	221.3	218.1	644.1	2510.9		107.0	106.2	98.5	105.7	120.3	
1998	310.2	203.8	220.4	623.6	2656.1		96.1	92.1	101.1	96.8	105.8	
1999	325.4	226.2	216.8	600.3	2847.3		104.9	111.0	98.4	96.3	107.2	
2000	334.5	230.3	234.4	599.1	3103.6	335.0	102.8	101.8	108.1	99.8	109.0	100.6
2001	344.5	238.1	237.2	608.7	3261.9	364.8	103.0	103.4	101.2	101.6	105.1	108.9
2002	358.3	244.5	251.2	628.8	3539.2	332.3	104.0	102.7	105.9	103.3	108.5	91.1
2003	368.1	243.3	268.7	651.4	3819.9	296.1	102.7	99.5	107.0	103.6	107.9	89.1
2004	397.6	269.3	280.8	685.9	4125.4	307.9	108.0	110.7	104.5	105.3	108.0	104.0
2005	424.6	278.5	293.2	770.3	4451.3	316.8	106.8	103.4	104.4	112.3	107.9	102.9
2006	450.5	293.5	346.8	794.2	4780.5	356.4	106.1	105.4	118.3	103.1	107.4	112.5
2007	469.4	303.5	377.0	818.0	5067.3	383.8	104.2	103.4	108.7	103.0	106.0	107.7
2008	491.9	315.3	406.8	859.7	5340.9	399.5	104.8	103.9	107.9	105.1	105.4	104.1
2009	514.5	323.5	430.8	909.6	5725.4	413.1	104.6	102.6	105.9	105.8	107.2	103.4
2010	535.1	327.1	458.8	962.4	6137.6	434.2	104.0	101.1	106.5	105.8	107.2	105.1
2011	557.6	346.7	484.0	985.5	6211.3	458.0	104.2	106.0	105.5	102.4	101.2	105.5
2012	583.2	356.0	515.0	1034.7	6726.8	485.5	104.6	102.7	106.4	105.0	108.3	106.0

12-6 农、林、牧、渔业总产值
Gross Output Value of Farming,Forestry,Animal Husbandry and Fishery

单位：万元 (10000 yuan)

行业	Sector	2011	2012	2012年比2011年增长（%）Increase Rate in 2012 over 2011(%)
农林牧渔业总产值	**Gross Output Value of Farming,Foretry, Animal Husbands and Fishery**	**22072655**	**23992583**	**4.6**
农业产值	**Output Value of Farming**	**9178214**	**10032063**	**2.7**
谷物及其他作物	Cereal and Other Cereal	6100603	6276500	2.0
谷物	Cereal	4805708	4958818	1.6
薯类	Tubers	177011	89154	3.6
油料	Oil-bearing Crops	522346	581231	3.1
豆类	Soybeans	153564	162872	4.1
棉花	Cotton	120854	121154	6.5
麻类	Fiber Crops	8497	10205	-8.6
糖料	Sugar Crops	49284	57882	-5.0
烟草	Tobacco	75083	104996	15.3
其他农作物	Other Cereal	188256	190188	1.1
蔬菜、食用菌及花卉、盆景园艺产品	Vegetable, Edible Fungi and Gardening Cereal	2357721	2778761	5.0
水果、坚果、茶、饮料和香料作物	Fruit, Nut, Tea, Drink and Spicery Cereal	669702	932252	0.1
中药材	Chinese Traditional Medicinal Materials	50188	44550	10.5
林业产值	**Output Value of Forestry**	**2061050**	**2289114**	**6.4**
林木的培育和种植	Forest Cultivated and Planted	748957	761238	1.4
竹木采运	Bamboo and timber's Cutting and Transport	371001	436172	10.5
林产品	Forestry Products	941092	1091704	8.7
牧业产值	**Output Value of Animal Husbandry**	**7343392**	**7526773**	**5.0**
牲畜饲养	Livestock Raised	570515	607541	1.8
猪的饲养	Hogs Raised	4902341	4849974	5.9
家禽饲养	Poultry Raised	1664574	1844346	3.6
狩猎和捕捉动物	Animal Hutted and Caught	22813	28530	4.2
其他畜牧业	Other Animal Husbandry	183149	196382	3.7
渔业产值	**Output Value of Fishery**	**2722023**	**3330579**	**8.3**
鱼类	Fish	1896572	2171364	3.5
甲壳类	Carapace	277657	334863	7.4
贝类	Shell-fish	130546	29528	-57.2
其他渔业	Other Fishery	417248	794824	51.2
农林牧渔服务业产值	**Services Output Value of Farming, Forestry, Animal Husbandry and Fishery**	**767976**	**814054**	**6.0**

注：增长速度由当年可比价格产值除以上年现行价格产值所得。

a) The growth is equal to the output value that caculated at current year's constant prices divided by the output value that caculated at last year's current prices.

12-7 各地区粮食作物和多种经营产值（2012年）

Output Value of Grain Crops and Multi deal by Region (2012)

本表按当年价格计算

Data in this table are calculated at current prices.

地区	Region	农林牧渔业总产值（万元） Gross Output Value of Farming, Forestry, Animal Husbandry and Fishery(10000yuan)			构成(%) Composition (%)	
			粮食作物 Grain Crops	多种经营 Multi-dealing	粮食作物 Grain Crops	多种经营 Multi-dealing
全省	**Provincial Total**	**23992583**	**5210844**	**18781739**	**21.7**	**78.3**
南昌市	Nanchang	2493474	566730	1926744	22.7	77.3
景德镇市	Jingdezhen	729396	155480	573916	21.3	78.7
萍乡市	Pingxiang	823174	134122	689052	16.3	83.7
九江市	Jiujiang	2000138	378558	1621580	18.9	81.1
新余市	Xinyu	801641	190982	610659	23.8	76.2
鹰潭市	Yingtan	653082	164289	488793	25.2	74.8
赣州市	Ganzhou	4053589	658165	3395424	16.2	83.8
吉安市	Ji'an	3043268	932215	2111053	30.6	69.4
宜春市	Yichun	3589346	985570	2603776	27.5	72.5
抚州市	Fuzhou	2813438	713838	2099600	25.4	74.6
上饶市	Shangrao	3057054	796679	2260375	26.1	73.9

12-8 农林牧渔业商品产值和商品率

Commodity Output Value and Commdity Rate of Farming, Forestry, Animal Husbandry and Fishery

本表按当年价格计算

Data in this table are calculated at current prices.

行业	sector	农林牧渔业商品产值(万元) Commodity Output Value of Farming, Forestry, Animal Husbandry and Fishery (10000 yuan)		农林牧渔业商品率(%) Commdity Rate of Farming, Forestry, Animal Husbandry and Fishery (%)	
		2011	2012	2011	2012
合计	**Total**	**15937301**	**17491174**	**72.2**	**72.9**
#粮食作物产值	Output Value of Grain Crops	3531357	3544433	67.3	68.0
多种经营产值	Output Value of Multi-dealing	12405944	13946741	73.7	74.3
农业	Farming	6260998	6924269	68.2	69.0
林业	Forestry	960581	1088037	46.6	47.5
牧业	Animal Husbandry	6179566	6377999	84.2	84.7
渔业	Fishery	2301144	2797808	84.5	84.0
服务业	Services	235012	303061	30.6	37.2

12-9 农、林、牧、渔业中间消耗

Intermediate Consumption of Farming,Forestry,Animal Husbandry and Fishery

单位：万元 (10000 yuan)

行　　业	Sector	2011	2012
农林牧渔业中间消耗总计	**Total Intermediate Consumption of Farming,Forestry, Animal Husbandry and Fishery**	**8161966**	**8790249**
农业中间消耗	**Intermediate Consumption of Farming**	**3060967**	**3362128**
物质消耗	Material Consumption	2713099	2968359
用种量	Quantity of Seeds Used	579307	621675
役畜用饲料、饲草	Feedstuff for Service-lovestock	139417	149098
肥料	Fertilizer	1105992	1197376
燃料	Fuel	158851	172935
农药	Pesticide	207620	248139
农用塑料薄膜	Plastic Film for Farming	103477	112607
用电量	Consumption of Electricity	152639	162400
小农具购置	Small Dead Stock	108594	124195
办公用品购置	Office Stationary Purchased	9407	10906
其他	Others	147795	169028
生产服务支出	Production and Services Expenditure	347868	393769
林业中间消耗	**Intermediate Consumption of Forestry**	**463001**	**514126**
物质消耗	Material Consumption	362469	398994
用种量	Quantity of Seeds Used	125954	136118
肥料	Fertilizer	85761	92453
燃料	Fuel	26346	30820
农药	Pesticide	21773	24334
用电量	Consumption of Electricity	14929	16078
小农具购置	Small Dead Stock	25247	27082
办公用品购置	Office Stationary Purchased	9691	12061

12-9 续表 continued

单位：万元 (10000 yuan)

行　　业	Sector	2011	2012
其他物质消耗	Other Material Consumption	52768	60048
生产服务支出	Production and Services Expenditure	100532	115132
牧业中间消耗	**Intermediate Consumption of Animal Husbandry**	**3484999**	**3553646**
物质消耗	Material Consumption	3276287	3341065
用种量	Quantity of Seeds Used	533115	546500
饲料、饲草	Feedstuff,Forage Grass	2435633	2482284
燃料	Fuel	98445	101301
用电量	Consumption of Electricity	24831	26217
畜牧用药品	Leechdom for Livestock	96975	99801
其他	Others	87288	84962
生产服务支出	Production and Services Expenditure	208712	212581
渔业中间消耗	**Intermediate Consumption of Fishery**	**812999**	**999007**
物质消耗	Material Consumption	682582	835267
饲料	Feedstuff	471074	568429
燃料	Fuel	32212	49857
用电量	Consumption of Electricity	18914	23253
办公用品购置	Office Stationary Purchased	9332	10198
其他	Others	151050	183530
生产服务支出	Production and Services Expenditure	130417	163740
农林牧渔服务业中间消耗	**Intermediate Consumption of Services of Farming,Forestry, Animal Husbandry and Fishery**	**340000**	**361342**
物质消耗	Material Consumption	206313	219038
生产服务支出	Production and Services Expenditure	133687	142304

12-10 主要农业机械年末拥有量和机耕情况

Major Agricultural Machinery at the Year-end and Condition of Tractor-ploughing

指 标	Item	1990	2000	2010	2011	2012
农业机械总动力(万瓦特)	**Total Power of Agricultural Machinery(10000 watts)**	**667717**	**902307**	**3805000**	**4200000**	**4599685**
柴油发动机动力	Power of Diesel Motor	410637	620228	2978000	3253090	3548674
汽油发动机动力	Power of Pectol Motor	80651	63401	161000	180310	239694
电动机动力	Power of Electromotor	176429	211399	666000	766600	811300
其他机械动力	Power of Other Engine		7279			
农业机械与设备	**Agricultural Machinery and Equiment**					
大中型拖拉机(台)	Large and Medium Agricultural Tractors(unit)	19324	22725	16700	18247	20528
(万瓦特)	(10000 watts)	49449	54001	38490	58530	66941
小型拖拉机(台)	Mini-Tractors(unit)	91682	78634	390300	463800	533229
(万瓦特)	(10000 watts)	76492	65329	469800	486990	574744
大中型配套农具(部)	Number of Large and Medium Agricultural Tractor Towing Farm Machinery(unit)	10190	3037	20500	22400	28960
小型配套农具(部)	Number of Mini-Tractor Towing Farm Machinery(unit)	67319	105813	286100	335300	376890
农用排灌动力机械(台)	Agricultural Irrigation and Drainage Engines(unit)	130713	253881	1164000	1220100	1301638
(万瓦特)	(10000 watts)	150864	213168	880000	899460	952832
#柴油机(台)	Diesel Engines(unit)	67476	144926	742000	772200	821050
(万瓦特)	(10000 watts)	68615	111667	510650	537270	574416
电动机(台)	Electromotors(unit)	60446	90423	401000	407600	439237
(万瓦特)	(10000 watts)	80923	103744	329480	335230	362051
农用水泵(台)	Agricultural Water Pumps(unit)	118122	223295	731000	789459	816057
节水灌溉机械(套)	Water-saving Irrigation Machine(set)	4816	7033	50900	126330	138510
机动脱粒机(台)	Motorized Thrashing Machine(unit)	42047	253864	931400	957192	863366
机动喷雾(粉)机(部)	Motorized Spraying Machine(unit)	6942	24589	158800	185600	201249
(万瓦特)	(10000 watts)	1155	3676	39520	46980	50646
农用运输车(辆)	Agricultural Transport Cars(unit)	22811	57489	203800	225400	259495
(万瓦特)	(10000 watts)	27037	92667	517000	573650	664334
农业机耕情况	**Condition of Agricultural Tractor-ploughing**					
当年实际机耕面积(千公顷)	Real Tractor-ploughing Areas in Current Year(1000 hectares)	640.6	1029.4	2898.8	2890.0	2950.0

12-11 农村小水电和农业电气化、化学化、水利化情况

Rual Small Hydropower and Agricultural Electrization, Chamization, Adequate Irrigation

指标	Item	1990	2000	2010	2011	2012
农村小水电情况	**Rual Small Hydropower Condition**					
乡镇(场)及以下办水电站个数(个)	Number of Hydropower Stations under Town (Township)(unit)	4623	2069	2570	2754	2643
发电能力(千瓦)	Gegerating Capacity(kw)	219709	344232	1104406	1170554	1134446
农业电气化情况	**Agricultural Electrization**					
农村用电量(万千瓦小时)	Electricity Consumed in Rural Areas(10000 kwh)	159927	339255	715738	773087	846160
通电的村民委员会个数(个)	Number of Villagers' Committees with Electricity(unit)	18957	20242	17245	17251	17196
通电的村委会占村委会总数比重(%)	Percentage of Villagers' Committees with Electricity in Total Villagers'Committees(%)	91.1	97.6	99.9	100.0	100.0
农业化学化情况	**Agricultural Chamization**					
农用化肥施用量(实物量)(万吨)	Quantity of Chemical Fertilizers Used for Farming (Material) (10000 tons)	285.6	343.4	415.1	422.9	426.9
氮　　肥	Nitrogenous Fertilizer	150.5	150.2	135	135.3	136.3
磷　　肥	Phosphorus Fertilizer	90.0	88.2	81.2	81.6	81.6
钾　　肥	Kalium Fertilizer	26.7	40.0	53.3	53.8	53.6
复 合 肥	Compound Fertilizer	18.4	65.0	145.6	152.2	155.4
农用化肥施用量(折纯量)(万吨)	Quantity of Chemical Fertilizers Used for Farming (net)(10000 tons)	83.6	106.9	137.6	141.1	141.3
氮　　肥	Nitrogenous Fertilizer	46.1	47.5	43.4	43.7	42.9
磷　　肥	Phosphorus Fertilizer	17.8	19.6	22.1	22.2	22.7
钾　　肥	Kalium Fertilizer	13.3	17.2	21.1	21.4	21.1
复 合 肥	Compound Fertilizer	6.4	22.7	50.9	53.7	54.6
农用塑料薄膜使用量(吨)	Quantity of Plastic Film for Farming Consumed(ton)	16428	28599	45491	47375	50275
农药使用量(吨)	Quantity of Pesticide Consumed(ton)	36482	51406	106530	99691	100413
农业水利化情况	**Agricultural Adequate Irrigation**					
有效灌溉面积(千公顷)	Irrigated Areas(1000 hectares)	1836.7	1903.4	1852.4	1867.6	1907.1
旱涝保收面积(千公顷)	Farmland of Stable Yields Despite of Drought or Waterlogging(1000 hectares)	1365.9	1544.1	1497.2	1508.3	1520.4

12-12 水利灌溉设施年末建成达到情况

Construction Condition of Water Conservancy for Irrigation at the End of Year

指 标	Item	1990	2000	2010	2011	2012
工程座数	**Number of Projects**					
蓄水工程(座)	Water Storage Project(unit)	265967	256664	258727	257408	258126
大型水库	Large-scale Reservoir	18	23	26	26	27
中型水库	Medium-scale Reservoir	193	209	240	240	241
小(一)型水库	Small(1)-scale Reservoir	1307	1328	1451	1448	1450
小(二)型水库	Small(2)-scale Reservoir	7969	8042	8092	8110	8112
塘 坝	Embankment	256480	247062	248918	247584	248296
引水工程(处)	Diversion Projectset)	98388	97907	96125	96125	96129
机电灌站(处)	Mechanical and Electrical Irrigation Station(set)	24460	26572	26649	26649	26652
水轮泵站(处)	Water-wheel and Pump Station(set)	1237	1147	746	586	569
机电井(眼)	Mechanical and Electrical Well(unit)	2036	2248	5361	5404	5404
蓄水工程总库容(万立方米)	**Total Holding Capacity of Water storage projects(10000 cu.m)**	**2527166**	**2948757**	**3122496**	**3127864**	**3144479**
大型水库	Large-scale Reservoir	1325400	1664860	1741558	1741558	1752039
中型水库	Medium-scale Reservoir	437727	495538	566483	568190	571743
小(一)型水库	Small(1)-scale Reservoir	369672	372721	407905	405169	405438
小(二)型水库	Small(2)-scale Reservoir	214169	221578	221248	226211	226788
塘 坝	Embankment	180198	194060	185302	186736	188472
有效灌溉面积(千公顷)	**Irrigated Areas(1000 hectares)**	**1836.8**	**1903.4**	**1852.4**	**1867.6**	**1907.1**
蓄水工程	Water Storage Project	930.0	974.3	957.0	955.5	982.8
大型水库	Large-scale Reservoir	80.2	81.3	82.3	82.6	83.0
中型水库	Medium-scale Reservoir	204.9	214.6	229.7	227.4	232.1
小(一)型水库	Small(1)-scale Reservoir	242.5	247.7	251.8	251.2	265.7
小(二)型水库	Small(2)-scale Reservoir	201.2	210.8	202.3	203.8	210.5
塘 坝	Embankment	201.2	219.9	190.9	190.5	191.5
引水工程	Diversion Project	488.6	503.4	487.3	503.9	511.4
30万亩以上	300000 mu and over	54.9	57.3	52.0	52.5	53.8
1-30万亩	10000-100000 mu	93.2	94.4	94.8	102.2	103.1
1万亩以下	under 10000 mu	340.5	351.7	340.5	349.2	354.5
机电泵井提灌	Mechanical and Electrical Well Pump Irrigation	414.0	423.9	407.1	408.2	410.2
其 他	Others	4.2	1.8	1		3

12-13 各地区农村小水电和农业电气化、化学化、水利化情况（2012年）

指　　标	Item	全省 Provincial Total	南昌市 Nanchang
农村小水电情况	**Rual Small Hydropower Condition**		
乡镇(场)及以下办水电站个数(个)	Number of Hydropower Stations under Town(Township)(unit)	2643	11
发电能力(千瓦)	Gegerating Capacity(kw)	1124446	900
农业电气化情况	**Agricultural Electrization**		
农村用电量(万千瓦小时)	Electricity Consumed in Rural Areas(10000 kw per hour)	846160	135936
通电的村民委员会个数(个)	Number of Villagers' Committees with Electricity(unit)	17196	1179
通电的村委会占村委会总数比重(%)	Percentage of Villagers' Committees with Electricity in Total Villagers'Committees(%)	100.0	100.0
农业化学化情况	**Agricultural Chamization**		
农用化肥施用量(实物量)(吨)	Quantity of Chemical Fertilizers Used for Farming (material) (ton)	4269298	386585
氮　肥	Nitrogenous Fertilizer	1362802	114177
磷　肥	Phosphorus Fertilizer	816413	88338
钾　肥	Kalium Fertilizer	535972	52608
复合肥	Compound Fertilizer	1554111	131462
农用化肥施用量(折纯量)(吨)	Quantity of Chemical Fertilizers Used for Farming (net)(ton)	1412600	149202
氮　肥	Nitrogenous Fertilizer	428817	37217
磷　肥	Phosphorus Fertilizer	226669	27226
钾　肥	Kalium Fertilizer	211376	25190
复合肥	Compound Fertilizer	545738	59569
农用塑料薄膜使用量(吨)	Quantity of Plastic Film for Farming Consumed(ton)	50275	2134
农药使用量(吨)	Quantity of Pesticide Consumed(ton)	100413	8315
农业水利化情况	**Agricultural Adequate Irrigation**		
有效灌溉面积(千公顷)	Irrigated Areas(1000 hectares)	1907	191
旱涝保收面积(千公顷)	Farmland of Stable Yields Despite of Drought or Waterlogging(1000 hectares)	1520	160

Rual Small Hydropower and Agricultural Electrization,Chamization, Adequate Irrigation by Region (2012)

景德镇市 Jingdezheng	萍乡市 Pingxiang	九江市 Jiujiang	新余市 Xinyu	鹰潭市 Yingtan	赣州市 Ganzhou	吉安市 Ji'an	宜春市 Yichun	抚州市 Fuzhou	上饶市 Shangrao
20	106	261	12	28	603	316	509	286	491
5967	55205	107795	1399	10120	235871	213086	167557	174660	161886
26642	50324	98816	23907	30080	101217	77269	117744	47631	136594
505	640	1750	406	353	3460	2535	2249	1796	2323
100.0	100.0	100.0	100.0	100.0	100.0	100.0	100.0	100.0	100.0
89973	98904	421369	119777	112637	749373	537252	634054	561813	557561
25050	43109	159314	38040	28392	270604	148312	191942	172518	171344
12756	21921	76389	32741	25110	134497	91324	126724	119846	86767
8575	12523	55525	18670	11858	84567	59691	93712	75482	62761
43592	21351	130141	30326	47277	259705	237925	221676	193967	236689
34009	39734	158623	28088	29036	229679	182631	210107	207533	143958
9268	15803	59783	8623	7033	62233	49949	64710	68775	45423
3189	9673	26653	7925	6247	29939	26117	30159	37759	21782
4116	5891	22485	4113	2987	36091	24083	37384	31727	17309
17436	8367	49702	7427	12769	101416	82482	77854	69272	59444
1348	920	3596	870	2223	11595	5950	9235	6625	5779
1450	2085	12032	1970	1459	14706	14178	11546	14944	17728
51	38	203	49	52	262	305	287	217	250
44	33	122	41	43	227	224	237	180	208

12-14 堤防、水闸、除涝、水土保持及解决饮水困难情况

Condition of Dike,Sluice,Waterlogging Control,Water and Soil Conversation and Easing the Shortage of Drinking Water

指标	Item	1990	2000	2010	2011	2012
堤防长度(公里)	Dike Projects(km)	9259.06	9868.00	9837.40	10239.19	10365.38
堤防保护耕地面积(千公顷)	Area of Cultivated Land Protected by Dike (1000 hectares)	629.28	677.84	762.85	771.81	780.64
堤防保护人口(万人)	Population Protected by Dike(10000 persons)	936.10	1118.71	1198.56	1247.10	1314.45
水闸工程设施(座)	Sluice Projects(set)	365	394	1181	1209.00	1312.00
大型水闸	Large-scale Sluice	3	3	30	30.00	32.00
中型水闸	Medium-scale Sluice	31	34	271	271.00	279.00
小型水闸	Small-scale Sluice	331	357	880	908.00	1001.00
除涝面积	Area of Waterlogging Control	313.86	337.95	375.72	378.24	382.80
除涝标准3-5年一遇的	Once 3-5 Years	143.52	157.73	180.59	182.12	184.61
除涝标准5年以上的	Once over 5 Years	170.34	180.22	195.13	196.12	198.19
水土流失治理达到面积(千公顷)	Area of Soil Erosion under Control(1000 hectares)	1223.45	2759.98	4514.04	4626.80	4822.40
#小流域综合治理	Small Water Basin Comprehensive Management	184.63	630.39	520.23	908.55	896.72
采取水平梯田措施治理	Horizontal Terrace	73.49	179.60	225.15	227.12	229.48
采取沟坝地措施治理	Dyke	21.03	55.76	71.51	71.94	72.81
采取水保林措施治理	Forestry Conversed by Water	1091.82	2221.67	2126.54	2157.38	2208.25
采取种草措施治理	Planting Grass	9.19	55.49	123.28	133.17	142.49
采取其他措施治理	Others	27.93	247.46	1967.56	2053.99	2208.53

12-15 农作物播种面积和产量（2012年）

Total Sown Areas and Output of Farm Crops (2012)

类别	Type	播种面积（千公顷） Sown Area (1000 hectares)	单产（千克/公顷） Yield per Unit (kg/hectare)	总产量(粮食:万吨；其他：吨) Total Output (Grain:10000 tons; Others:ton)	总产量比上年增长(%) Total Growth Over Last Year (%)
总计	**Total**	**5525.89**			
粮食作物	Grain Crops	3675.93	5672	2084.8	1.6
谷物	Cereal	3376.12	5901	1992.3	1.4
稻谷	Rice	3328.33	5937	1976.1	1.3
早稻	Early Rice	1389.53	5758	800.2	1.9
中稻及一季晚稻	Middle-season and Late Rice	398.13	6671	265.6	-0.3
二季晚稻	Second season Late Rice	1540.67	5908	910.3	1.3
小麦	Wheat	11.85	2059	2.4	11.4
玉米	Corn	26.97	4079	11.0	4.9
大(米)麦	Barley	0.29	1724	0.1	25.0
豆类合计	Total Legume	159.63	1841	29.4	2.6
大豆	Soybean	97.83	2177	21.3	2.7
杂豆	Mixed bean	61.80	1309	8.1	2.1
薯类(按折粮计算)	Tubers (converted into grain)	140.18	4508	63.2	5.6
油料合计	Total Oil-bearing	744.16	1573	1170753	1.8
#花生	Peanuts	160.71	2788	448133	2.4
油菜籽	Rape Seeds	551.85	1246	687541	3.1
芝麻	Sesame	31.23	1104	34476	8.7
棉花	Cotton	85.01	1790	152203	6.5
麻类合计	Total Fiber Crops	5.70	1592	9071	-8.6
黄红麻	Jute and Ambary Hemp	0.17	4757	804	-18.6
苎麻	Ramee	5.53	1495	8267	-7.5
甘蔗	Sugarcane	13.76	44747	615764	-2.0
烟叶合计	Tabacco Total	23.82	2203	52472	15.3
烤烟	Flue-cured Tobacco	22.88	2200	50338	13.1
晒烟	Sun-cured Tobacco	0.93	2287	2134	111.7
中药材	Traditional Chinese Medicinal Materials	20.01			
蔬菜类及食用菌	Vegetables and Edible Mushrooms	548.43	22120	12131089	4.1
瓜果类	Melons and Fruits	74.48	26989	2010118	4.2
其他作物	Other Crops	334.59			
#莲子	Lotus Seeds	13.02	1417	18452	8.0
青饲料	Succulence	81.86	11962	979186	-0.9

注：本表粮食作物均为农产量抽样调查数，后同。

a) Data of Grain Crops in this table are estimated from sample surveys, The same applies to the tables following.

12-16 农作物播种面积

单位：千公顷

年份 Year	合计 Total	粮食作物 Grain Crops	#稻谷 Cereal	#小麦 Wheat	棉花 Cotton	油料 Oil-bearing	#花生 Peanut
1978	5701.1	3820.8	3380.3	121.2	114.3	270.8	46.2
1979	5699.5	3844.0	3386.8	136.1	98.9	329.7	46.4
1980	5553.7	3775.3	3383.7	121.3	108.5	324.0	47.7
1981	5542.8	3758.3	3362.7	116.3	104.7	360.5	48.7
1982	5578.3	3743.9	3339.5	104.0	100.9	370.3	49.6
1983	5465.3	3714.1	3323.7	98.4	82.6	351.7	48.6
1984	5456.7	3714.1	3326.9	98.7	81.1	348.0	52.3
1985	5419.1	3650.9	3264.9	94.2	66.3	372.0	64.2
1986	5438.7	3629.8	3250.7	86.8	61.5	414.5	80.3
1987	5482.7	3647.9	3268.7	83.7	62.2	449.8	89.7
1988	5396.3	3588.7	3210.5	80.1	65.2	440.9	93.3
1989	5555.3	3693.9	3297.7	78.2	66.1	507.1	91.9
1990	5759.7	3700.9	3286.6	74.9	70.3	686.5	91.7
1991	5829.7	3589.7	3146.1	71.9	114.6	800.7	92.0
1992	5844.9	3446.2	2981.5	72.5	135.1	913.9	117.9
1993	5721.0	3360.1	2865.1	74.0	151.3	840.9	131.1
1994	5753.4	3434.4	2939.5	73.1	163.3	853.8	138.5
1995	5949.5	3510.0	3019.4	59.1	131.8	1057.0	130.3
1996	6105.3	3570.6	3055.4	72.3	107.4	1055.3	140.0
1997	6037.6	3586.5	3087.4	72.5	102.2	1003.3	142.6
1998	5804.0	3421.1	3034.6	63.3	108.4	947.7	151.8
1999	5871.0	3548.2	3050.0	61.5	69.2	900.4	163.5
2000	5650.8	3322.0	2832.0	51.4	69.0	858.1	179.9
2001	5534.7	3265.2	2808.3	38.3	70.5	778.7	183.4
2002	5355.1	3188.0	2786.7	28.5	55.0	704.2	176.7
2003	4997.4	3051.1	2685.3	20.6	65.5	632.7	166.8
2004	5258.1	3425.4	3095.9	19.1	62.5	566.2	134.5
2005	5328.9	3519.0	3187.7	15.9	63.9	577.0	135.1
2006	5255.6	3547.1	3271.1	12.4	65.7	585.8	132.6
2007	5215.0	3525.3	3196.3	11.2	68.3	583.5	132.1
2008	5330.9	3578.1	3255.5	10.2	66.6	658.8	142.0
2009	5376.4	3604.6	3282.1	9.9	75.5	716.4	146.4
2010	5457.7	3639.1	3318.4	10.4	79.7	731.7	152.4
2011	5486.8	3650.1	3359.6	10.9	82.0	732.4	157.9
2012	5525.9	3676.0	3328.3	11.9	85.0	744.2	160.7

Total Sown Areas of Farm Crops

(1000 hectares)

#油菜籽 Rape Seeds	#芝麻 Sesame	黄红麻 Jute and Ambary Hemp	苎麻 Ramee	甘蔗 Sugarcane	烤烟 Flue-cured Tobacco	晒烟 Sun-cured Tobacco	蔬菜 Vegetables
174.3	50.3	5.2	1.3	19.5	3.8	4.1	69.9
214.1	69.3	5.1	1.4	18.8	2.1	3.8	65.1
217.7	58.7	6.4	2.1	19.1	1.1	3.1	70.2
252.2	59.6	10.1	2.7	24.1	2.3	3.3	71.1
255.9	64.7	7.9	2.5	23.7	2.8	3.7	128.7
246.1	57.1	4.7	2.3	21.1	1.8	3.0	159.5
238.3	57.4	5.4	2.6	30.1	2.1	3.8	185.9
245.9	61.9	16.3	9.5	37.7	2.3	4.8	207.1
273.0	61.1	9.7	28.9	38.9	1.7	4.3	211.3
302.9	57.2	7.7	37.3	36.7	3.2	4.9	222.3
300.1	47.5	6.9	21.1	36.1	11.7	6.5	238.3
358.9	56.3	7.7	12.0	31.8	10.5	6.7	243.5
540.9	54.0	8.3	6.6	35.6	14.8	5.9	269.2
657.2	51.3	8.3	5.3	41.8	28.1	6.5	272.3
741.5	54.5	6.9	6.4	50.4	31.1	6.9	317.9
648.8	61.1	6.9	5.0	43.4	37.4	6.5	371.6
653.8	61.4	5.9	7.0	38.5	16.0	5.5	399.1
864.1	62.4	4.4	8.6	40.2	9.8	5.1	436.1
853.6	61.8	3.9	9.1	37.0	11.8	4.9	484.7
801.1	59.7	3.0	8.5	41.8	23.7	4.9	508.1
745.3	50.6	2.8	7.5	38.6	13.9	3.2	491.6
685.4	51.4	1.8	7.3	33.6	11.8	3.1	525.9
629.2	49.0	1.7	9.0	28.4	11.5	2.7	560.1
547.7	47.0	1.3	9.9	25.9	12.1	2.6	605.0
482.9	42.4	1.0	8.9	26.0	11.3	2.1	625.0
428.1	36.1	0.6	8.3	24.4	9.7	1.8	548.3
400.5	29.1	1.1	7.3	18.6	7.8	1.0	552.9
409.7	30.6	0.5	7.3	17.7	10.6	1.0	543.6
418.7	31.7	0.5	7.3	15.1	14.7	0.9	505.5
414.3	35.8	0.3	7.4	14.1	14.7	0.8	500.5
482.3	29.8	0.4	7.8	14.0	19.8	0.7	512.9
538.5	30.8	0.2	7.2	13.6	17.5	0.7	509.7
547.0	31.6	0.2	6.2	13.6	17.0	0.7	521.2
542.6	31.8	0.2	6.0	14.0	19.4	0.6	535.5
551.9	31.2	0.2	5.5	13.8	22.9	0.9	548.4

12-17 主要农产品产量

年份 Year	粮食（万吨）Grain (10000ton)	棉花（吨）Cotton (ton)	油料折油（吨）Oil-bearing (ton)	油料合计（吨）Total Oil-bearing (ton)	#花生 Peanuts	#油菜籽 Rape Seeds	#芝麻 Sesame	黄红麻（吨）Jute and Ambary Hemp (ton)
1978	1125.74	34796	66271	134940	51686	68399	14855	4793
1979	1296.50	43542	103540	199216	60588	100639	37989	7529
1980	1240.04	43039	67804	137605	50502	71999	15104	10775
1981	1268.71	46909	104690	198344	56713	116275	25356	14993
1982	1408.74	65621	105360	259958	62974	159804	37180	11567
1983	1460.45	47932	93031	228752	62424	141353	24975	6427
1984	1549.18	69141	104260	245317	74155	144974	26188	8257
1985	1533.54	62199	122268	288842	103050	156691	29101	29875
1986	1453.77	54558	115323	315869	135578	156664	23627	18301
1987	1562.77	59187	135282	356974	157779	171632	27563	14080
1988	1535.43	32495	122547	328348	138059	174773	15516	10456
1989	1589.62	50050	148379	376519	150739	198755	27025	13423
1990	1658.20	56995	196114	548851	151909	371383	25559	18846
1991	1625.70	108998	226176	621726	149377	444558	27791	20472
1992	1566.00	148368	257389	741627	215142	490178	36307	17984
1993	1517.10	156222	260851	778140	257203	480746	40191	18327
1994	1603.50	174714	282747	836078	309554	483500	42966	17547
1995	1607.40	118547	346693	1035823	302510	690239	42971	13597
1996	1766.30	123071	339313	1010393	331169	634898	44277	9017
1997	1767.70	132390	365379	1056276	332669	681332	42244	7984
1998	1555.50	76092	282503	843455	334317	477853	31165	6555
1999	1732.70	63417	318638	943803	365179	546651	31907	4254
2000	1614.60	68025	325212	967297	403832	529998	33407	4437
2001	1600.00	80510	300390	905295	408616	463306	32333	4142
2002	1549.50	66891	277100	824182	407900	383506	30824	2882
2003	1450.30	76148	252998	759765	368282	364761	24603	1552
2004	1803.40	84812	257237	745278	317971	400887	23035	1793
2005	1853.86	87196	262238	761229	316617	416814	25318	909
2006	1896.52	95015	276246	779766	321554	428286	27094	898
2007	1904.21	107641	285360	841699	332692	429588	26885	1108
2008	1958.10	111915	317434	911919	367891	516281	26398	1404
2009	2002.56	125104	370794	1020240	381959	609619	27626	901
2010	1954.70	130773	364717	1075715	407959	638423	28434	1123
2011	2052.79	142853	444396	1149896	437498	666568	31723	988
2012	2084.84	152203	460395	1170753	448133	687541	34476	804

注：本表1990年以后粮食产量为农产量抽样调查数。

Output of Major Farm Products

苎麻 (吨) Ramee (ton)	甘蔗 (吨) Sugarcane (ton)	烤烟 (吨) Flue-cured Tobacco (ton)	晒烟 (吨) Sun-cured Tobacco (ton)	水果 (吨) Fruits (ton)	肉类总产量 (吨) Output of Meat (ton)	生猪年末存栏 (万头) Hogs on Hand at the End of the Year (10000 heads)	水产品总产量 (万吨) Gross Output of Aquatic Products (10000 tons)
773	682908	2601	3540	29229	262704	944.3	5.93
1212	790784	1726	3266	60190	313749	1004.7	6.73
1252	857362	950	2758	56126	380490	1018.0	7.55
1627	1167281	2542	3265	70870	411140	1006.6	8.58
2050	1204245	3439	4184	73356	441368	1023.3	9.40
1732	1021939	2033	2777	89348	458122	1079.4	11.55
2495	1499874	2758	4046	89485	547967	1138.8	13.01
5106	1971006	2914	5880	107543	642514	1232.5	16.02
13211	1720310	1664	4287	161274	777126	1344.1	19.28
33475	1907887	3525	5928	172879	838692	1387.6	22.59
19212	1735822	7699	5890	146135	978268	1454.5	25.59
10581	1494895	9155	6173	229708	1040340	1486.5	28.12
6039	1942913	17175	5942	232983	1117438	1547.3	30.68
5166	2299461	31454	6686	334161	1239667	1589.6	33.93
6592	2561426	38246	7867	140914	1410488	1656.6	41.32
5727	2311395	46106	7980	208141	1676110	1781.0	55.49
8644	2041521	15186	6433	303658	1976564	1867.1	69.48
11141	2000272	10179	5730	427637	2193984	1951.0	84.04
12224	1857833	14870	6422	503928	2219302	1978.7	100.10
11288	2205930	31444	7527	676384	2275735	1979.8	115.08
9921	1863799	15906	3660	454628	2147125	1799.6	118.35
9692	1720059	14156	3304	703877	1982708	1554.3	122.12
11397	1368109	15092	3065	423403	1923111	1473.5	127.12
13034	1237046	16635	3095	577314	1931396	1406.5	132.26
12729	1308464	17232	2555	652276	1967198	1309.4	138.20
10165	1182490	15470	2434	777691	2013931	1362.7	146.06
10774	857182	15442	1387	1023742	2200265	1421.3	156.34
10944	783147	19761	1469	1302821	2448110	1485.4	168.66
10992	701340	29955	1321	1609336	2402215	1344.1	179.95
11149	660864	32751	1111	2181603	2473363	1420.1	196.06
11416	642066	46724	1070	2753566	2616319	1530.6	190.39
9837	622022	41411	1922	3270764	3009138	1680.1	205.30
9071	590981	36198	1393	2971285	3082029	1756.3	215.34
8938	628475	44497	1008	3876539	3167526	1827.5	222.81
8267	615764	50338	2134	3702788	3339124	1911.6	237.00

a) Data of Grain Crops since 1990 in this table are estimated from sample surveys.

12-18 各地区经济作物播种面积（2012年）

单位：公顷

类　别	Type	全　省 Provincial Total	南昌市 Nanchang	景德镇市 Jingdezheng
油料合计	Total Oil-bearing	744159	86636	23783
#花　生	Peanuts	160712	17528	2658
油菜籽	Rape Seeds	551852	62839	18829
芝　麻	Sesame	31231	6269	2283
棉　花	Cotton	85011	2252	1043
麻类合计	Total Fiber Crops	5697		1
黄红麻	Jute and Ambary Hemp	169		
苎　麻	Ramee	5528		1
甘　蔗	Sugarcane	13761	1038	976
烟叶合计	Tabacco Total	23816		
烤　烟	Flue-cured Tobacco	22883		
晒　烟	Sun-cured Tobacco	933		
中药材	Traditional Chinese Medicinal Materials	20014	68	326
蔬菜类及食用菌	Vegetables and Edible Mushrooms	548428	38839	27425
#叶菜类	Leaf Vegetable	92623	5816	3465
白菜类	Chinese Cabbage Vegetable	106653	8601	5990
甘蓝类	Cole Vegetable	14942	799	780
根茎类	Root Vegetable	97372	6936	5214
瓜菜类	Melons Vegetable	51771	3430	2592
豆类(菜用)	Legumes	38347	2126	2597
茄果菜类	Solanaceous Fruit Vegetable	63775	2685	3141
葱蒜类	Bulb Vegetable	33202	2446	1726
水生菜类	Aquatic Vegetable	14169	1102	420
其他蔬菜类	Others	34601	4898	1500
瓜果类	Melons and Fruits	74481	3888	2068
其他作物	Other Crops	334589	43749	7754
#莲　子	Lotus Seeds	13018		586
青饲料	Succulence	75301	1335	1547

Total Sown Areas of Farm Crops by Region (2012)

(hectare)

萍乡市 Pingxiang	九江市 Jiujiang	新余市 Xinyu	鹰潭市 Yingtan	赣州市 Ganzhou	吉安市 Ji'an	宜春市 Yichun	抚州市 Fuzhou	上饶市 Shangrao
24762	130251	12334	10236	47347	142001	122929	30633	113247
1473	8360	3543	4553	32595	23900	37465	13447	15190
23280	117973	7778	5161	14541	116175	78977	16306	89993
9	3918	670	522	211	1926	6487	880	8056
22	62379	3343		11	190	9872	2128	3771
	1126	2522	8	20	14	1762	96	148
			1	20	5		83	60
	1126	2522	7		9	1762	13	88
24	639	38	630	281	1045	2176	3715	3199
115				9822	5446	297	7964	172
				9757	5392	44	7568	122
115				65	54	253	396	50
1253	2990	4	30	1145	4230	4208	4912	848
25096	43930	11023	11608	108199	93102	70886	63031	55289
5305	6537	2449	1475	19236	16840	13281	9589	8630
4874	8787	1398	2314	16871	16790	12812	15425	12791
721	973	181	295	3555	2038	1900	1607	2093
3411	8449	1738	1871	16782	16387	12935	12017	11632
2610	3804	870	717	13017	9272	5198	5370	4891
2273	3601	973	832	8207	6434	3878	4182	3244
2001	5180	1416	1636	15328	12350	8606	6378	5054
1431	2254	1190	402	6847	5980	4507	3616	2803
480	1321	316	1004	3101	1772	1451	1830	1372
1990	3024	492	1062	5255	4594	6318	2864	2604
3225	5542	3394	1824	9739	8439	11699	19178	5485
11831	14632	5926	10779	83610	14629	63226	56408	22045
1239	149	10	47	5698	112	622	4398	157
3293	5444	4789	570	15777	8382	19664	6753	7747

12-19 各地区主要经济作物单位播种面积产量（2012年）

单位：千克/公顷

类别	Type	全省 Provincial Total	南昌市 Nanchang	景德镇市 Jingdezheng
油料合计	Total Oil-bearing	1573	1451	1408
#花生	Peanuts	2788	3259	3323
油菜籽	Rape Seeds	1246	1002	1153
芝麻	Sesame	1104	899	1284
棉花	Cotton	1790	2254	1696
麻类合计	Total Fiber Crops	1592		1000
黄红麻	Jute and Ambary Hemp	4757		
苎麻	Ramee	1495		1000
甘蔗	Sugarcane	44747	41260	49219
烟叶合计	Tabacco Total	2203		
烤烟	Flue-cured Tobacco	2200		
晒烟	Sun-cured Tobacco	2287		
蔬菜类及食用菌	Vegetables and Edible Mushrooms	22120	29623	31255
#叶菜类	Leaf Vegetable	19224	22697	27397
白菜类	Chinese Cabbage Vegetable	24375	34976	29842
甘蓝类	Cole Vegetable	23837	26101	34394
根茎类	Root Vegetable	25275	40872	39753
瓜菜类	Melons Vegetable	23633	36190	32434
豆类(菜用)	Legumes	18213	19082	30149
茄果菜类	Solanaceous Fruit Vegetable	19693	22258	26624
葱蒜类	Bulb Vegetable	18480	20047	26271
水生菜类	Aquatic Vegetable	19661	27013	31448
其他蔬菜类	Others	21433	22354	26083
其他作物	Other Crops			
#莲子	Lotus Seeds	1417		1331

Output of Unit of Major Farm Crops Sown Area by Region (2012)

(kg/hectare)

萍乡市 Pingxiang	九江市 Jiujiang	新余市 Xinyu	鹰潭市 Yingtan	赣州市 Ganzhou	吉安市 Ji'an	宜春市 Yichun	抚州市 Fuzhou	上饶市 Shangrao
1400	1606	1484	2129	2203	1209	1649	1989	1660
2044	2082	2793	3115	2676	2348	2880	2672	3327
1359	1586	899	1357	1159	978	1099	1467	1433
1333	1183	1300	1163	1090	1008	1240	1222	1054
773	1725	2523		1091	1679	1809	1691	1991
	1774	1339	1750	5950	3214	1420	5865	3061
			5000	5950	4600		5783	2950
	1774	1339	1286		2444	1420	6385	3136
20167	29124	23105	34259	46477	48378	52232	51252	36158
1157				2076	2527	1401	2109	5698
				2077	2540	1932	2088	4016
1157				1815	1278	1308	2508	9800
23285	19946	21648	17061	23017	17745	19663	21330	24331
23976	16853	17341	12555	21263	16575	16720	19066	18806
26059	24759	16903	15513	24513	17244	24371	22574	27558
18241	21427	31033	13180	26394	18036	21002	21596	28565
26561	22266	30268	21726	24142	21386	19083	23845	26595
24160	21692	38986	19457	24175	19225	22732	20277	20830
17429	15882	17465	12352	19460	14973	19057	17388	16282
19792	17432	16310	18844	22951	17231	16527	20117	18512
23166	14644	17416	12189	22357	15972	15245	17063	17268
24350	19076	33858	18601	10986	18186	22149	22004	22338
18143	16709	17323	15589	17284	15151	20531	20388	50970
2098	2423	1900	6170	1488	2348	902	1092	1885

12-20 各地区主要经济作物总产量（2012年）

单位：吨

类别	Type	全省 Provincial Total	南昌市 Nanchang	景德镇市 Jingdezheng
油料合计	Total Oil-bearing	1170753	125748	33498
#花生	Peanuts	448133	57124	8832
油菜籽	Rape Seeds	687541	62988	21716
芝麻	Sesame	34476	5636	2931
棉花	Cotton	152203	5076	1769
麻类合计	Total Fiber Crops	9071		1
黄红麻	Jute and Ambary Hemp	804		
苎麻	Ramee	8267		1
甘蔗	Sugarcane	615764	42828	48038
烟叶合计	Tabacco Total	52472		
烤烟	Flue-cured Tobacco	50338		
晒烟	Sun-cured Tobacco	2134		
蔬菜类及食用菌	Vegetables and Edible Mushrooms	12131089	1150520	857168
#叶菜类	Leaf Vegetable	1780600	132005	94931
白菜类	Chinese Cabbage Vegetable	2599698	300829	178756
甘蓝类	Cole Vegetable	356170	20855	26827
根茎类	Root Vegetable	2461098	283491	207273
瓜菜类	Melons Vegetable	1223504	124133	84069
豆类(菜用)	Legumes	698422	40569	78297
茄果菜类	Solanaceous Fruit Vegetable	1255890	59762	83625
葱蒜类	Bulb Vegetable	613563	49035	45343
水生菜类	Aquatic Vegetable	278583	29768	13208
其他蔬菜类	Others	741591	109488	39124
其他作物	Other Crops			
#莲子	Lotus Seeds	18452		780

Total Output of Major Farm Crops by Region (2012)

(ton)

萍乡市 Pingxiang	九江市 Jiujiang	新余市 Xinyu	鹰潭市 Yingtan	赣州市 Ganzhou	吉安市 Ji'an	宜春市 Yichun	抚州市 Fuzhou	上饶市 Shangrao
34656	209131	18308	21792	104302	171656	202750	60919	187993
3011	17403	9897	14182	87219	56107	107895	35926	50537
31633	187092	6994	7003	16853	113608	86813	23918	128923
12	4636	871	607	230	1941	8042	1075	8495
17	107611	8433		12	319	17860	3599	7507
	1998	3376	14	119	45	2502	563	453
			5	119	23		480	177
	1998	3376	9		22	2502	83	276
484	18610	878	21583	13060	50555	113657	190402	115669
133				20388	13762	416	16793	980
				20270	13693	85	15800	490
133				118	69	331	993	490
584365	876237	238629	198042	2490442	1652132	1393854	1344439	1345261
127194	110165	42467	18519	409016	279129	222053	182822	162299
127013	217553	23630	35898	413553	289531	312242	348202	352491
13152	20848	5617	3888	93831	36757	39904	34704	59787
90601	188125	52605	40650	405145	350460	246845	286546	309357
63057	82516	33918	13951	314683	178250	118159	108888	101880
39616	57191	16993	10277	159705	96335	73903	72718	52818
39603	90296	23095	30828	351788	212797	142232	128304	93560
33151	33008	20725	4900	153077	95515	68708	61699	48402
11688	25199	10699	18675	34068	32225	32138	40267	30648
36104	50529	8523	16556	90829	69605	129715	58391	132727
2600	361	19	290	8478	263	561	4804	296

12-21 茶叶、水果生产情况

Production Conditions of Tea,Fruits

指 标	Item	2011	2012	2012年比2011年增长（%）Increase Rate in 2012 over 2011(%)
产 量(吨)	**Output(ton)**			
茶 叶	Tea	35039	38662	10.3
#红茶	Black Tea	4450	5123	15.1
绿茶	Green Tea	26912	29317	8.9
水 果	Fruits	3876539	3702788	-4.5
柑桔类	Citrus	3567102	3364641	-5.7
#柑	Hesperidium	329319	339114	3.0
桔	Orange	1824968	1673959	-8.3
橙	Orange	1363858	1290484	-5.4
柚	Grapefruit	48957	61084	24.8
梨	Pear	134816	140594	4.3
桃	Peach	49944	52674	5.5
其他水果	Other Fruits	124677	144879	16.2
面 积(公顷)	**Area(hectare)**			
年末茶园面积	Area of Tea Plantations at the End of Year	60360	65492	8.5
#当年采摘	Picked in Current Year	45304	49927	10.2
当年新增	Newly Added in Current Year	3915	5810	48.4
年末果园面积	Area of Orchard at the End of Year	381600	392835	2.9
柑桔园	Orange Plantation	307965	317251	3.0
梨园	Pear Plantation	26446	27140	2.6
桃园	Peach Plantation	10064	9684	-3.8
其他果园	Other Plantation	37125	38760	4.4
当年新增	Newly Added in Current Year	12382	14893	20.3

12-22 各地区茶叶、水果产量（2012年）

Output of Tea,Fruits by Region (2012)

单位：吨 (ton)

地 区	Region	茶 叶 Tea	#红 茶 Black Tea	#绿 茶 Green Tea	水 果 Fruits	#柑 桔 Orange	#梨 Pear
全 省	**Provincial Total**	**38662**	**5123**	**29317**	**3702788**	**3364641**	**140594**
南 昌 市	Nanchang	1410	15	1386	30706	22672	2444
景德镇市	Jingdezhen	5719	2701	2098	12722	3114	2598
萍 乡 市	Pingxiang	301		275	12762	9337	863
九 江 市	Jiujiang	5675	1082	3323	128184	70643	27230
新 余 市	Xinyu	258		28	68014	51816	3560
鹰 潭 市	Yingtan	97	1	32	42026	25761	10463
赣 州 市	Ganzhou	3600	155	3280	1690161	1605617	16724
吉 安 市	Ji'an	2419	458	1826	340955	310946	9629
宜 春 市	Yichun	4757	312	3964	108351	82705	7549
抚 州 市	Fuzhou	2511	60	1769	1214037	1154208	43113
上 饶 市	Shangrao	11915	339	11336	54870	27822	16421

12-23 各地区茶园、果园面积（2012年）
Area of Tea Plantations,Orchard by Region (2012)

单位：公顷 (hectare)

地区	Region	年末茶园面积 Area of Tea Plantations at the End of Year	年末果园面积 Area of Orchard at the End of Year	#柑桔 Orange	#当年新增面积 Areas Newly Added in Current Year
全省	**Provincial Total**	**65492**	**392835**	**317251**	**14893**
南昌市	Nanchang	1548	6025	3903	161
景德镇市	Jingdezhen	7455	4597	1253	65
萍乡市	Pingxiang	434	3556	2767	4
九江市	Jiujiang	8142	19869	8174	674
新余市	Xinyu	474	5072	3781	363
鹰潭市	Yingtan	343	5900	2883	17
赣州市	Ganzhou	10164	187837	163301	6725
吉安市	Ji'an	8684	39574	32637	3254
宜春市	Yichun	7346	13565	8130	863
抚州市	Fuzhou	4215	91267	83497	2325
上饶市	Shangrao	16687	15573	6925	442

12-24 各地区主要林产品产量(2012年)
Output of Major Forest Products by Region(2012)

地区	Region	木材（万立方米） Output of Timber (10000 cu.m)	原木 Logs	竹材产品（万根） Output of Bamboo (10000 units)	毛竹 Mao Bamboo	竹笋干（吨） Dried Bamboo Shoots(ton)	油茶籽（吨） Tea-oil Seeds (ton)	油桐籽（吨） Tung-oil Seeds (ton)	松脂（吨） Rosin (ton)
全省	**Provincial Total**	**286.63**	**269.50**	**7813.43**	**7285.92**	**12196**	**448189**	**8189**	**90607**
南昌市	Nanchang	1.82	1.82	230.04	229.64	1	36159	1	10
景德镇市	Jingdezhen	11.94	11.92	250.01	246.32	908	542		3616
萍乡市	Pingxiang	0.36	0.36	223.97	223.97	116	21542	400	670
九江市	Jiujiang	17.56	17.56	447.09	432.99	468	5754	186	3100
新余市	Xinyu	7.21	7.14	150.99	149.13	605	14079	1412	431
鹰潭市	Yingtan	3.73	3.73	275.73	272.73	1004	1121	41	178
赣州市	Ganzhou	52.51	51.38	792.97	728.95	2767	79325	3477	15553
吉安市	Ji'an	106.84	95.87	1347.74	1264.49	590	97201	698	51405
宜春市	Yichun	44.91	42.76	2507.97	2244.02	2475	64259	1635	9247
抚州市	Fuzhou	19.09	19.07	772.53	699.48	2716	17746	75	5520
上饶市	Shangrao	20.65	17.89	798.63	763.91	546	36392	264	877

注：全省数据含省直单位数据。
a)The data of provincial total include the provincial unit's data.

12-25 主要林产品产量

Output of Major Forest Products

年 份 Year	木 材 (万立方米) Output of Timber (10000 cu.m)	原 木 Logs	竹材产品 (万根) Output of Bamboo (10000 units)	毛 竹 Mao Bamboo	竹笋干 (吨) Dried Bamboo Shoots (ton)	油茶籽 (吨) Tea-oil Seeds (ton)	油桐籽 (吨) Tung-oil Seeds (ton)	松 脂 (吨) Rosin (ton)
1978	192.21		1532.76		440	122398	4940	38600
1979	243.88		1482.43		1035	191660	5620	46900
1980	280.29		1826.30		725	125205	3800	37850
1981	257.12		1739.24		1305	206955	6100	45700
1982	262.95		1821.23		1544	105021	6500	44450
1983	256.43		1822.21		10770	102272	7400	53450
1984	312.74		1728.02		2000	135115	8800	50650
1985	276.34		1583.38		3290	163441	7682	30257
1986	285.05		2051.70		3458	100958	7600	36671
1987	245.41		2147.10		6173	139804	5507	41357
1988	236.82		2519.37		3917	124063	6562	37208
1989	253.22		2622.09		5077	172038	5916	38821
1990	296.91		2014.50		5451	136402	6295	43370
1991	247.34	243.50	2911.20	2686.11	7474	167556	7151	39347
1992	278.33	275.88	3582.41	3180.79	4585	148410	9210	28771
1993	263.42	253.67	2179.05	1982.94	6190	119108	9206	37788
1994	268.73	254.70	3199.84	2856.53	7025	152144	10328	28461
1995	269.11	265.14	2706.20	961.65	6834	149655	13048	31819
1996	276.48	265.78	3613.84	3469.55	8355	162715	11339	29945
1997	268.65	263.27	4103.37	3817.88	13256	221622	13046	40475
1998	249.68	236.60	3062.41	2849.34	13842	156819	13829	35254
1999	254.99	250.66	3302.52	3008.67	19317	187094	15344	40718
2000	237.93	232.42	3698.72	3096.87	11041	194763	13973	41638
2001	319.76	309.46	4024.18	3722.37	10492	171726	15448	46387
2002	279.87	263.72	4086.50	3287.80	10019	189586	14252	48801
2003	354.24	301.51	4472.37	3646.23	8600	163191	12681	54758
2004	459.07	363.60	4953.37	4379.40	6815	193170	10252	75892
2005	503.17	396.48	6043.19	5299.23	6921	189020	16160	93164
2006	483.03	424.51	6750.90	6021.59	7624	230365	12526	97098
2007	491.56	434.22	11406.81	10771.52	18013	208332	18778	80722
2008	610.23	578.02	10755.45	9835.83	7536	191377	7848	48214
2009	339.79	314.81	7423.01	6732.78	9979	268966	12433	57306
2010	340.74	321.95	6198.69	5691.07	8659	179697	12663	71982
2011	290.28	270.60	7077.40	6121.49	10909	427212	12562	79864
2012	286.63	269.50	7813.43	7285.92	12196	448189	8189	90607

12-26 牧业生产情况
Production Condition of Animal Husbandry

指　　标	Item	2011	2012	2012年比2011年增长（%）Increase Rate in 2012 over 2011(%)
当年出栏肉猪头数(头)	Number of Slaughtered Fattened Hogs in Current Year(head)	29615422	31306426	5.7
当年出售和自宰肉用牛(头)	Cattles for Sale and Butchering in Current Year(head)	1392449	1438420	3.3
当年出售和自宰肉用羊(只)	Sheep for Sale and Butchering in Current Year(head)	877507	887215	1.1
当年出售和自宰肉用兔(只)	Rabbits for Sale and Butchering in Current Year(head)	3281519	3451451	5.2
当年出售和自宰肉用禽(万羽)	Poultry for Sale and Butchering in Current Year(10000 heads)	41395.4	43277.48	4.5
肉类总产量(吨)	Total Output of Meat(ton)	3167526	3339124	5.4
#猪　肉	Pock	2402044	2543506	5.9
牛　肉	Beef	159788	165457	3.5
羊　肉	Mutton	14019	14159	1.0
兔　肉	Rabbit Meat	5459	5749	5.3
禽　肉	Meat of Poultry	575693	598960	4.0
牛奶产量(吨)	Output of Milk(ton)	126708	127610	0.7
家禽产蛋量(吨)	Output of Eggs(ton)	534432	564337	5.6
蜂蜜产量(吨)	Output of Honey(ton)	11786	12899	9.4
牛年末存栏头数(头)	Number of Cattle at the End of Year(head)	3181177	3236636	1.7
#奶牛	Number of Cow	35965	35692	-0.8
#能繁殖母牛	Number of Cow with Fertility	1633319	1683802	3.1
生猪年末存栏头数(头)	Number of Hogs at the End of Year(head)	18275128	19116208	4.6
#能繁殖母猪	Number of Female Hogs with Fertility	1906969	1991882	4.5
羊年末存栏只数(只)	Number of Sheep and goats at the End of Year(head)	619348	624295	0.8
兔年末存栏只数(只)	Number of Rabbits at the End of Year(head)	1569810	1658148	5.6
家禽年末只数(万羽)	Number of Poultry at the End of Year(10000 heads)	19453.9	20002.49	2.8
养蜂年末箱数(箱)	Number of Boxes for Beekeeping at the End of Year(box)	386720	416646	7.7
年末桑园面积(公顷)	Area of Mulberry Plantation at the End of Year(hectare)	11811	12166	3.0
蚕　茧(吨)	Pods(ton)	7230	7484	3.5

12-27 各地区牧业生产情况（2012年）

指标	Item	全省 Provincial Total	南昌市 Nanchang	景德镇市 Jingdezheng
当年出栏肉猪头数(头)	Number of Slaughtered Fattened Hogs in Current Year(head)	31306426	3427621	558051
当年出售和自宰肉用牛(头)	Cattles for Sale and Butchering in Current Year(head)	1438420	59968	21270
当年出售和自宰肉用羊(只)	Sheep for Sale and Butchering in Current Year(head)	887215	21576	11394
当年出售和自宰肉用兔(只)	Rabbits for Sale and Butchering in Current Year(head)	3451451	16575	117642
当年出售和自宰肉用禽(万羽)	Poultry for Sale and Butchering in Current Year(10000 heads)	43277.48	4802.84	538.26
肉类总产量(吨)	Total Output of Meat(ton)	3339124	360277	58666
#猪　肉	Pock	2543506	283002	45631
牛　肉	Beef	165457	7053	2404
羊　肉	Mutton	14159	362	210
兔　肉	Rabbit Meat	5749	32	231
禽　肉	Meat of Poultry	598960	67028	9698
牛奶产量(吨)	Output of Milk(ton)	127610	57763	105
家禽产蛋量(吨)	Output of Eggs(ton)	564337	166522	9470
蜂蜜产量(吨)	Output of Honey(ton)	12899	212	314
牛年末头数(头)	Number of Cattle at the End of Year(head)	3236636	228947	49444
#能繁殖母牛	Number of Cow with Fertility	1683802	113624	22806
生猪年末头数(头)	Number of Hogs at the End of Year(head)	19116208	2130446	382478
#能繁殖母猪	Number of Female Hogs with Fertility	1991882	227679	32298
羊年末只数(只)	Number of Sheep and goats at the End of Year(head)	624295	20369	12284
兔年末只数(只)	Number of Rabbits at the End of Year(head)	1658148	8991	18089
家禽年末只数(万羽)	Number of Poultry at the End of Year(10000 heads)	20002.49	3361.88	383.06
养蜂年末箱数(箱)	Number of Boxes for Beekeeping at the End of Year(box)	416646	2987	18957
年末桑园面积(公顷)	Area of Mulberry Plantation at the End of Year(hectare)	12166	5	4
蚕　茧(吨)	Pods(ton)	7484	15	2

Production Condition of Animal Husbandry by Region (2012)

萍乡市 Pingxiang	九江市 Jiujiang	新余市 Xinyu	鹰潭市 Yingtan	赣州市 Ganzhou	吉安市 Ji'an	宜春市 Yichun	抚州市 Fuzhou	上饶市 Shangrao
1465843	2116805	858335	1286354	5881727	3850233	6269032	2762218	2830207
15037	25876	55155	33471	309307	487869	270058	49584	110825
217915	164366	11093	17223	77128	36430	202334	13895	113861
16017	98084	5753	190354	1587757	77368	1284461	10883	46557
993.12	1779.24	432.71	1010.04	10253.83	7788.73	4100	8141.6	3437.11
142935	206289	84113	123647	650792	482476	611893	319397	298639
121240	173434	70594	102935	474355	310200	512556	218710	230849
1752	3066	6216	3734	33552	56442	32099	6009	13130
3478	2460	207	296	1220	624	3259	249	1794
50	180	13	390	2334	162	2231	21	105
16022	26775	6952	15236	138995	112866	58940	94092	52356
7208	449	100	293	40038	2909	1450	17063	232
8741	64939	10688	20768	60552	48461	74718	40576	58902
192	730	190	972	1857	1652	3025	988	2767
93196	95268	82526	72599	645421	809919	613476	263930	281910
33960	38722	51801	40897	371249	501103	297228	85401	127011
756355	1287068	454634	678628	3493032	2391604	3672970	1763376	2105617
72708	111275	65913	76180	348198	242315	479321	165022	170973
162692	144508	9365	8716	61103	33471	100657	14013	57117
20779	85689	4120	117062	497544	74185	744127	6190	81372
568	1091.69	285.67	509.85	4190.44	2803.41	2301.99	2457.68	2048.82
10055	26265	8146	16266	83962	47460	93455	24293	84800
	6291			1971	1391	155	1978	371
	4440			590	1106	67	1111	153

12-28 渔业生产情况
Production Condition of Fishery

指　　标	Item	2011	2012	2012年比2011年增长（%）Increase Rate in 2012 over 2011(%)
渔业乡(个)	Number of Fishery Townships(unit)	27	28	3.7
渔业村(个)	Number of Fishery Villages(unit)	366	365	-0.3
渔业户(户)	Number of Fishery Households(household)	337841	338198	0.1
渔业人口(万人)	Population of Fishery(10000 persons)	154.38	155.07	0.4
渔业劳动力(万人)	Laborers of Fishery(10000 persons)	96.34	96.07	-0.3
专业劳动力	Speciality Laborers	43.06	43.56	1.2
捕捞专业劳动力	Laborers of Catch	6.07	6.07	
养殖专业劳动力	Laborers of Culture	31.46	31.79	1.0
其他专业劳动力	Laborers of logistics	5.53	5.7	3.1
兼业劳动力	Laborers of Concurrent Post	42.63	42.04	-1.4
已养殖面积(千公顷)	Cultured Area(1000 hectares)	428.2	432.10	0.9
#池　塘	Pond	150.21	153.95	2.5
水　库	Reservoir	155.54	156.36	0.5
湖　泊	Lake	103.5	103.69	0.2
养殖亩产(千克/公顷)	Per Unit Area Yield of Culture(kg/hectare)	4633	4872	5.2
#池　塘	Pond	7068	7298	3.2
水　库	Reservoir	3141	3383	7.7
湖　泊	Lake	2767	2893	4.6
水产品总产量(吨)	Total Output of Aquatic Products(ton)	2228093	2370007	6.4
#养殖产量	Cultured Output	1983795	2105141	6.1
#池　塘	Pond	1061733	1123501	5.8
水　库	Reseroir	488533	529037	8.3
湖　泊	Lake	286397	300004	4.8
水产品总产量中：鱼　类	Fish	1970021	2087708	6.0
甲壳类	Carapace	140740	153418	9.0
贝　类	Shell-fish	70078	72818	3.9
珍珠产量(千克)	Output of Pearls(kg)	959000	997000	4.0
鱼苗产量(亿尾)	Output of Frys(100 millon fries)	279.77	310.61	11.0
鱼种产量(吨)	Output of Advanced Frys(ton)	227785	266188	16.9

12-29 各地区渔业生产情况（2012年）

Production Condition of Fishery by Region (2012)

地区	Region	渔业劳动力（人）Laborers of Fishery (person)	专业劳动力 Speciality Laborers	捕捞劳动力 Laborers of Catch	养殖劳动力 Laborers of Culture	其他劳动力 Laborers of Logistics	兼业劳动力 Laborers of Concurrent Post	养殖面积（公顷）Cultured Area (hectare)	养殖单产（千克/公顷）Per Unit Area Yield of Culture (kg/hectare)
全省	**Provincial Total**	**960680**	**435608**	**60870**	**317765**	**56973**	**420364**	**432098**	**4872**
南昌市	Nanchang	82916	47705	7603	35324	4778	23726	56860	5452
景德镇市	Jingdezhen	3518	2474	409	1613	452	931	6946	3801
萍乡市	Pingxiang	22817	8949	500	7657	792	13668	5727	6057
九江市	Jiujiang	74781	44081	14919	24232	4930	25061	80204	4198
新余市	Xinyu	15869	6774	1165	4467	1142	7719	12131	3652
鹰潭市	Yingtan	11047	4647	1658	1651	1338	996	8278	5279
赣州市	Ganzhou	283745	121769	5389	102665	13715	151674	46070	5645
吉安市	Ji'an	97798	30846	2355	24603	3888	56389	45110	4246
宜春市	Yichun	121047	48300	5849	37615	4836	40181	48255	5972
抚州市	Fuzhou	59580	18990	1432	14398	3160	37034	39073	3944
上饶市	Shangrao	187562	101073	19591	63540	17942	62985	83442	4978

12-29 续表 continued

地区	Region	水产品总产量(吨) Total Output of Aquatic Products (ton)	#养殖产量 Cultured Output	水产品产量中 Among Output of Aquatic Procducts: 鱼类 Fish	甲壳类 Carapace	贝类 Shell-fish	珍珠产量（千克）Output of Pearl (kg)	鱼苗产量（亿尾）Output of Fry (One hundred million)	鱼种产量（吨）Output of Advanced Fry (ton)
全省	**Provincial Total**	**2370007**	**2105141**	**2087708**	**153418**	**72818**	**997000**	**310.61**	**266188**
南昌市	Nanchang	369017	310005	310245	29511	23758	80000	26.68	32829
景德镇市	Jingdezhen	30602	26400	26566	2941	775	13000	15.42	758
萍乡市	Pingxiang	36687	34687	34441	884	770		9.00	4639
九江市	Jiujiang	397176	336731	332551	53603	8268	605000	44.49	18937
新余市	Xinyu	48100	44300	44303	1208	1697	15000	2.90	3629
鹰潭市	Yingtan	47942	43697	43282	2399	1586	9000	17.90	5719
赣州市	Ganzhou	275000	260071	254449	5059	5998		61.50	30999
吉安市	Ji'an	199785	191545	188567	3120	2787	48000	28.34	17076
宜春市	Yichun	328900	288200	289093	17412	10876	39000	38.95	67345
抚州市	Fuzhou	164800	154108	147127	2654	4037	76000	26.95	29698
上饶市	Shangrao	471998	415397	417084	34627	12266	112000	38.48	54559

12-30 各地区农村经济效益（2012年）

指 标	Item	全 省 Provincial Total	南昌市 Nanchang
每一农业劳动力创造农林牧渔业总产值(元)	Gross Output of Farming,Forestry,Animal Husbandry and Fishery Created by Per Rural Laborer(yuan)	28851	37587
每一农业劳动力创造农林牧渔业增加值(元)	Value-added of Farming,Forestry,Animal Husbandry and Fishery Created by Per Rural Laborer(yuan)	18281	22187
每一农业劳动力创造农林牧渔业商品产值(元)	Commodity Output of Farming,Forestry,Animal Husbandry and Fishery Created by Per Rural Laborer(yuan)	21033	29286
每一农业劳动力生产的主要农产品(千克)	Major Farm Products Producted by Per Rural Laborer(kg)		
粮 食	Grain	2423.06	3535.32
棉 花	Cotton	18.30	7.65
油 料	Oil-bearing	140.79	189.55
糖 料	Sugar	74.05	64.56
肉类总产量	Total Output of Meat	401.54	543.08
水产品产量	Output of Aquatic Products	285.00	556.26
农林牧渔业中间消耗占农林牧渔业总产值(%)	Percentage of Intermediate Consumption of Farming,Forestry,Animal Husbandry and Fishery in Gross Output of Farming,Forestry,Animal Husbandry and Fishery(%)	36.63	40.97
农林牧渔业商品率(%)	Commdity Rate of Farming, Forestry, Animal Husbandry and Fishery(%)	72.9	77.9

12-31 各地区按人口平均的主要农产品产量（2012年）

指 标	Item	全 省 Provincial Total	南昌市 Nanchang	景德镇市 Jingdezheng	萍乡市 Pingxiang
粮 食(千克/人)	Grain(kg/person)	458.69	465.52	366.52	300.59
棉 花(千克/人)	Cotton(kg/person)	3.38	0.99	1.10	0.01
花 生(千克/人)	Peanut(kg/person)	9.95	11.13	5.49	1.61
油菜籽(千克/人)	Rape Seeds(kg/person)	15.27	12.27	13.49	16.88
芝 麻(千克/人)	Sesame(kg/person)	0.77	1.10	1.82	0.01
生猪出栏(头/人)	Slaughtered Fattened Hogs(kg/person)	0.70	0.67	0.35	0.78
生猪存栏(头/人)	Hogs on Hand(kg/person)	0.42	0.42	0.24	0.40
肉类总产量(千克/人)	Total Output of Meat(kg/person)	74.14	70.21	36.44	76.27
水产品产量(千克/人)	Output of Aquatic Products(kg/person)	52.62	71.91	19.01	19.58
水果产量(千克/人)	Output of Fruits(kg/person)	82.21	5.98	7.90	6.81
#柑 桔	Oranges	74.70	4.42	1.93	4.98

Rural Economic Efficiency by Region (2012)

景德镇市 Jingdezheng	萍乡市 Pingxiang	九江市 Jiujiang	新余市 Xinyu	鹰潭市 Yingtan	赣州市 Ganzhou	吉安市 Ji'an	宜春市 Yichun	抚州市 Fuzhou	上饶市 Shangrao
39654	34396	22348	39894	33183	21895	31833	35469	32356	24755
26625	22198	13217	23994	21065	13633	18613	20027	17482	15615
29578	22536	15047	27600	24622	15228	24112	25254	25287	17570
3183.34	2149.81	1686.46	2917.26	3047.84	1481.73	3950.29	3946.89	2963.46	2577.24
9.62	0.07	120.24	41.97		0.01	0.33	17.65	4.14	6.08
182.11	144.81	233.67	91.11	110.72	56.34	177.21	200.35	70.06	152.23
261.16	2.02	20.79	4.37	109.66	7.05	52.19	112.31	218.97	93.66
318.94	597.25	230.49	418.59	628.25	351.51	498.09	604.66	367.32	241.83
166.37	153.29	443.78	239.37	243.59	148.54	206.25	325.01	189.53	382.21
32.86	35.46	40.86	39.85	36.52	37.73	41.53	43.54	45.97	36.92
74.6	65.5	67.3	69.2	74.2	69.6	75.7	71.2	78.2	71.0

Output of Major Rural Products per Person by Region (2012)

九江市 Jiujiang	新余市 Xinyu	鹰潭市 Yingtan	赣州市 Ganzhou	吉安市 Ji'an	宜春市 Yichun	抚州市 Fuzhou	上饶市 Shangrao
326.63	528.87	577.37	330.50	796.12	721.81	681.83	487.27
22.55	7.33			0.07	3.27	0.91	1.13
3.65	8.60	12.46	10.32	11.56	19.74	9.10	7.61
39.20	6.08	6.15	1.99	23.41	15.89	6.06	19.41
0.97	0.76	0.53	0.03	0.40	1.47	0.27	1.28
0.44	0.75	1.13	0.70	0.79	1.15	0.70	0.43
0.27	0.39	0.60	0.41	0.49	0.67	0.45	0.32
43.22	73.08	108.66	77.00	99.41	111.97	80.88	44.96
83.21	41.79	42.13	32.54	41.16	60.19	41.73	71.05
26.86	59.09	36.93	199.97	70.25	19.83	307.44	8.26
14.80	45.02	22.64	189.97	64.07	15.13	292.29	4.19

12-32 生猪调出奖励大县农村经济情况（2012年）

Conditions of Rural Economy of County Which are Rewarded for Lare Hog-contributed (2012)

地 区	Region	农作物总播种面积（公顷） Total Sown Areas of Farm Crops (hectare)	#粮 食 Grain	粮食总产量（吨） Total Output of Grain (ton)	棉花总产量（吨） Total Output of Cotton (ton)	油料总产量（吨） Total Output of Oil-bearing (ton)
12个生猪大县（市、区）	**Large Hog-raising County (County-level City、District)**	**1583469**	**1075313**	**6878652**	**14692**	**349826**
南昌县	Nanchang	180611	129378	905425		15156
新建县	Xinjiang	126926	94794	625395	282	28912
进贤县	Jinxian	138987	86169	527497	246	48096
余江县	Yujiang	59952	44270	277318		13699
信丰县	Xinfeng	73501	48515	266338		12601
定南县	Dingnan	17375	11941	59843		207
南康市	Nankang	66974	40834	236374		17212
新干县	Xingan	85754	56697	344505	220	21008
袁州区	Yuanzhou	102574	72769	449879	116	13533
上高县	Shanggao	74818	47035	320232	783	14986
丰城市	Fengcheng	227110	164333	1049102	258	40864
樟树市	Zhangshu	134290	83835	573344	270	51610
高安市	Gao'an	177218	107421	721768	12056	57261
东乡县	Dongxiang	64702	46847	282282	1	6775
万年县	Wannian	52677	40475	239350	460	7906

12-32 续表 continued

地 区	Region	肉类总产量（吨） Total Output of Meat (ton)	农业机械总动力(万千瓦) Total Power of Agricultural Machinery (10000 kw)	有效灌溉面积（公顷） Irrigated Area (hectare)	化肥施用量(折纯量,吨) Consumption of Chemical Firtilizer (net,ton)	农村用电量(万千瓦小时) Electricity Consumed in Rural Area (10000 kwh)	农林牧渔总产值(当年价格)(万元) Gross Output Value of Farming, Forestry, Animal Husbandry and Fishery(at current prices)(10000 yuan)
12个生猪大县（市、区）	**Large Hog-raising County (County-level City、District)**	**1369625**	**1250**	**447671**	**391201**	**229384**	**6719791**
南昌县	Nanchang	134748	170	72890	58686	51783	737890
新建县	Xinjiang	76307	124	44920	32824	15665	674554
进贤县	Jinxian	94374	120	45320	29722	25052	711913
余江县	Yujiang	98858	31	21446	11291	23441	350810
信丰县	Xinfeng	64475	65	22600	18074	7194	357658
定南县	Dingnan	65076	24	5150	4799	1131	138124
南康市	Nankang	71179	64	21280	18357	10952	321763
新干县	Xingan	75100	62	26250	18230	4624	246178
袁州区	Yuanzhou	95352	89	30620	16325	13942	424755
上高县	Shanggao	94287	48	21440	22756	12689	396499
丰城市	Fengcheng	95818	123		52583	27754	765018
樟树市	Zhangshu	91346	108	38720	34327	11843	455960
高安市	Gao'an	155887	133	53930	41632	14937	572058
东乡县	Dongxiang	92166	72	24000	24994	4980	314576
万年县	Wannian	64652	17	19105	6601	3397	252035

12-33 乡镇企业主要经济指标（2012年）

Main Economic Indicators of Township Enterprises (2012)

指标	Item	企业个数（个）Number of Enterprises (unit)	从业人员（人）Number of Employed Persons (person)	总产值（万元）Gross Output Value (10000-yuan)	营业收入（万元）Business Income (10000-yuan)	利润总额（万元）Total Profits (10000-yuan)	上交税金（万元）Taxes Payable (10000-yuan)
总　计	**Total**	**183268**	**3476866**	**95327114**	**90565917**	**6322904**	**4154438**
按登记注册类型分组	**Grouped by Status of Registration**						
内资企业小计	Domestic-funded Enterprises	182409	3324985	90541598	87285988	6053140	3974584
#集体企业	Collective-owned Enterprises	1993	59597	924845	718095	69250	43690
股份合作企业	Share-Holding Cooperative Enterprises	9744	102019	3185779	2930640	276620	115116
联营企业	Joint-operation Enterprises	4979	63181	2173447	1924571	102534	80647
有限责任公司	Limited Liability Corporations	16889	583720	22026873	21901436	1334934	859128
股份有限公司	Share-holding Corporation Ltd.	8650	148502	5245870	5003655	352402	235313
私营企业	Private Enterprises	140154	2367966	56984784	54807591	3917400	2640690
港、澳、台商投资企业	Enterprises with Investment from Hong Kong,Macao and Taiwan	577	110427	3409056	2686774	170845	142636
外商投资企业	Enterprises with Foreign Investment	282	41454	1376460	593155	98919	37218
按国民经济行业分组	**Grouped by Sector**						
农林牧渔业	Farming,Forestry,Animal Husbandry and Fishery	11827	139324	2119102	1826471	159079	79445
工业	Industry	72310	1973877	75243163	73004490	5037063	3043866
#采矿业	Mining	11176	205991	6546960	6366635	476785	341311
制造业	Manufacture	57822	1727221	67485770	65579206	4490994	2646636
建筑业	Construction	10841	249300	5045616	4592151	321658	212512
交通运输仓储业	Transport and Storage	13247	182428	2879685	2568273	175445	143740
批发零售业	Wholesale and Retail Trades	30093	398938	4418074	4027406	254648	318265
住宿及餐饮业	Hotels and Catering Services	18208	252930	2419707	2061369	152893	163940
#餐饮业	Catering Services	13228	119554	996140	786572	79823	90558
社会服务业	Social Services	16108	140416	1206920	1117652	106407	102941
其　他	Others	10634	139653	1994847	1368105	115711	89729

注：本表不含个体工商户数据。

a) The data in this table do not include the industrial and commercial unit.

12-34 农村扶贫对象分布情况
Distribution of Aid-the-poor Object

单位：人 (person)

县(市、区)	County(County level City,District)	2011	2012	县(市、区)	County (County level City,District)	2011	2012
全　省	**Provincial Total**	**4380000**	**3850000**	兴国县	Xingguo	181078	159167
南昌市	**Nanchang City**	**105684**	**92896**	会昌县	Huichang	127154	111768
湾里区	Wanli	3154	2772	寻乌县	Xunwu	81855	71950
青山湖区	Qingshanhu	1037	911	石城县	Shicheng	81117	72901
青云谱区	Qingyunpu	361	317	瑞金市	Ruijin	153587	136603
南昌县	Nanchang	27562	24227	南康市	Nankang	198745	174696
新建县	Xinjian	29189	25657	赣州开发区	Development Zone	983	864
安义县	Anyi	13370	11753	**吉安市**	**Ji'an City**	**597889**	**528542**
进贤县	Jinxian	29606	26025	吉州区	Jizhou	6097	5359
南昌开发区	Development zone	1405	1234	青原区	Qingyuan	13526	11889
景德镇市	**Jingdezhen City**	**51554**	**44016**	吉安县	Ji'an	78844	66304
昌江区	Changjiang	7796	6852	吉水县	Jishui	26968	22705
浮梁县	Fuliang	21951	17995	峡江县	Xiajiang	12552	12033
乐平市	Leping	21807	19169	新干县	Xingan	19870	18466
萍乡市	**Pingxiang City**	**90823**	**74833**	永丰县	Yongfeng	40575	35665
湘东区	Xiangdong	5988	5263	泰和县	Taihe	28973	26467
莲花县	Lianhua	62684	50099	遂川县	Suichuan	124014	109008
上栗县	Shangli	13368	11752	万安县	Wan'an	72641	63851
芦溪县	Luxi	6381	5608	安福县	Anfu	39234	34487
安源区	Anyauan	2189	1924	永新县	Yongxin	103450	93932
萍乡市开发区	Development Zone	213	187	井冈山市	Jinggangshan	31145	28376
九江市	**Jiujiang City**	**453422**	**398556**	**宜春市**	**Yichun City**	**213361**	**188843**
庐山区	Lushan	4977	4374	袁州区	Yuanzhou	41390	36382
共青区	Gongqing	3296	2897	奉新县	Fengxin	12706	11169
浔阳区	Xunyang	629	552	万载县	Wanzai	51554	45316
九江县	Jiujiang	11422	10039	上高县	Shanggao	11293	10926
武宁县	Wuning	35553	31252	宜丰县	Yifeng	9702	8328
修水县	Xiushui	177781	156269	靖安县	Jing'an	11592	10189
永修县	Yongxiu	11429	8847	铜鼓县	Tonggu	15785	14374
德安县	De'an	17909	15742	丰城市	Fengcheng	23681	20815
星子县	Xingzi	26048	22896	樟树市	Zhangshu	17730	15585
都昌县	Duchang	115616	103826	高安市	Gaoan	17928	15759
湖口县	Hukou	11751	10329	**抚州市**	**Fuzhou City**	**316415**	**278127**
彭泽县	Pengze	22012	19349	临川区	Linchuan	22134	19455
瑞昌市	Ruichang	14439	11692	南城县	Nancheng	9066	7969
九江开发区	Development Zone	560	492	黎川县	Lichuan	21148	18589
新余市	**Xinyu City**	**28175**	**24766**	南丰县	Nanfeng	15086	13261
渝水区	Yushui	13652	12001	崇仁县	Chongren	14636	12865
分宜县	Fenyi	9655	8487	乐安县	Le'an	95250	81724
新余开发区	Development Zone	4868	4278	宜黄县	Yihuang	22515	19790
鹰潭市	**Yingtan City**	**43278**	**38041**	金溪县	Jinxi	26486	24281
月湖区	Yuehu	1903	2172	资溪县	Zixi	9578	9419
余江县	Yujiang	15500	12625	东乡县	Dongxiang	16181	14224
贵溪市	Guixi	24553	22082	广昌县	Guangchang	63732	56020
鹰潭开发区	Development Zone	1322	1162	抚州开发区	Development Zone	603	530
赣州市	**Ganzhou City**	**1791811**	**1568994**	**上饶市**	**Shangrao City**	**687588**	**612386**
章贡区	Zhanggong	5761	5064	信州区	Xinzhou	11140	10292
赣　县	Gan	148664	130675	上饶县	Shangrao	148875	129060
信丰县	Xinfeng	59784	52550	广丰县	Guangfeng	20759	18747
大余县	Dayu	33461	29412	玉山县	Yushan	13892	13011
上犹县	Shangyou	79669	70027	铅山县	Qianshan	17539	16217
崇义县	Chongyi	25467	22385	横峰县	Hengfeng	42007	31424
安远县	Anyuan	91402	75543	弋阳县	Yiyang	33736	28354
龙南县	Long'nan	33880	29781	余干县	Yugan	158028	139406
定南县	Ding'nan	22319	19618	鄱阳县	Poyang	188100	179839
全南县	Quannan	19229	18502	万年县	Wannian	27937	22556
宁都县	Ningdu	209087	183787	婺源县	Wuyuan	11720	10802
于都县	Yudu	238569	203701	德兴市	Dexing	12949	11882
				上饶开发区	Development Zone	906	796

12-35 农村重点村扶贫资金使用效益情况

Efficiency of Aid-the-poor Funds Utilization for the Key Poverty-stricken Village

指标	Item	2011	2012	2012年比2011年增长(%) Increase Rate in 2012 over 2011(%)
重点村基础设施改善	**Infrastructure improvement of key villages**			
新修乡村道路(公里)	New repair of rural roads (km)	4955	4151	-16.2
新修梯田(万亩)	Terracing (10000 mu)	0.09	0.17	88.9
发展集雨节灌(万亩)	Rainfall Harvesting (10000 mu)	0.21	1.95	828.6
新增水地(万亩)	Add water (10000 mu)	1.43	1.26	-12.0
解决饮水困难(万人)	To solve drinking water problems (10000)	5.23	5.05	-3.4
解决大牲畜引水困难(万头)	To solve difficult large livestock, diversion (10000 head)	10.26	9.15	-10.8
其它项目(万元)	Other projects (million yuan)	5961	2723	-54.3
重点村生产增收建设	**Production income construction of key villages**			
种植业	Farming			
马铃薯(万亩)	Potato (10000 mu)	0.08	0.06	-25.0
药材(万亩)	Herbs (10000 mu)	8.16	6.19	-24.1
干果类(万亩)	Dried Fruits (10000 mu)	4.63	3.03	-34.6
瓜菜类(万亩)	Vegetables class (10000 mu)	11.66	9.15	-21.5
果梨类(万亩)	Pear class (10000 mu)	18.15	14.32	-21.1
其它种植业(万亩)	Other crop farming (10000 mu)	7.30	1.98	-72.9
养殖业	Aquaculture			
牛(万头)	Cow(10,000 head)	0.95	0.90	-5.3
羊(万只)	Sheep (10 000)	0.77	0.68	-11.7
猪(万头)	Pigs (10 000)	14.48	12.00	-17.1
鸡(万只)	Chicken (10 000)	540.31	450.00	-16.7
公益项目	**Public projects**			
修建文化活动室(平方米)	The construction of cultural activities room (square meters)	38805	32759	-15.6
修建村卫生室(平方米)	Construction of village clinics (square meters)	25061	23000	-8.2
培训农牧民(万人)	Training of farmers and herdsmen (10000)	5.80	4.60	-20.7
维修村小学(平方米)	Maintenance of Village Primary School (square meters)	34198	31365	-8.3
危房改造(间)	Renovation of dilapidated buildings (Room)	1081	986	-8.8

注：重点村指2010年全省确定的“十二五”期间3400个扶贫开发工作重点村。

a) The key poverty-stricken villages are those which confirmed as one of the 3400 key anti-poverty and development strategy villages during the twelfth five-year plan period (2001-2005) in 2010.

主要统计指标解释

农林牧渔总产值 以货币表现的农林牧渔业的全部产品总量和对农林牧渔业生产活动进行的各种支持性服务活动的价值。它反映一定时期内农林牧渔业生产总规模和总成果，是观察农林牧渔业生产水平和发展速度的重要指标，同时也是计算农林牧渔业劳动生产率和农林牧渔业增加值的基础资料。

农林牧渔业总产值的计算，一般采用“产品法”，即凡有产品产量的，都按产品价格乘产量的办法求得每种产品产量的产值，然后相加求得各业的产值，最后各业相加求出农林牧渔业总产值。

农林牧渔业增加值 指农、林、牧、渔及农林牧渔服务业在一定时期内生产货物或提供服务活动而增加的价值。它反映了农业生产经营活动的最终成果和对社会的贡献。

农业增加值的计算方法有两种：(1) 生产法，是从生产角度进行计算的一种方法。即用农业总产出减去农业中间消耗求得。(2) 分配法，是从分配角度进行计算的一种方法。即通过农业生产单位在生产经营和劳务活动过程中形成的不含中间消耗的各种收入来计算。具体包括农业劳动者收入、福利基金、利税、固定资产折旧及大修理和其他。一般采用生产法计算。

农作物播种面积 指实际播种或移植有农作物的面积。凡是实际种植有农作物的面积，不论种植在耕地上还是种植在非耕地上，均包括在农作物播种面积中，在播种季节基本结束后，因遭灾而重新改种和补种的农作物面积，也包括在内。播种面积的大小，反映农作物的生产规模和耕地的利用程度。

农作物总产量 指在一定时期内（通常是一年）生产的各种农作物产品总产量。无论是种植在耕地上或非耕地上的农作物产量，都包括在内。有的农作物收割期较长，虽在当年冬季就开始收割，但需跨年延到来年春季才能收完的，仍计算为本年农作物总产量。它是衡量农业生产成果，统筹安排城乡人民生活，研究生产、积累和消费比例关系及编制国民经济计划的基本数据。

粮食产量 指全社会的产量。包括国有经济经营的、集体统一经营的和农民家庭经营的粮食产量，还包括工矿企业办的农场和其他生产单位的产量。粮食除包括稻谷、小麦、玉米、高粱、谷子及其他杂粮外，还包括薯类和豆类。

猪、牛、羊肉产量 指当年出栏并已屠宰、除去头蹄下水后带骨肉（即胴体重）的重量。

期初（末）畜禽存栏头（只）数 指报告期初（末）农村各种合作经济组织和国营农场、农民个人、机关、团体、学校、工矿企业、部队等单位以及城镇居民饲养的大牲畜、猪、羊、家禽等畜禽的存栏数。

农用化肥施用量 指本年内实际用于农业生产的化肥数量，包括氮肥、磷肥、钾肥和复合肥。化肥施用量要求按折纯量计算数量。折纯量是指指把氮肥、磷肥、钾肥分别按含氮、含五氧化二磷、含氧化钾的百分之一百成份进行折算后的数量。复合肥按其所含主要成分折算。

有效灌溉面积 指具有一定的水源，地块比较平整，灌溉工程或设备已经配套，在一般年景下当年能够进行正常灌溉的耕地面积。

农业机械总动力 指主要用于农、林、牧、渔业的各种动力机械的动力总和。包括耕作机械、排灌机械。收获机械、农用运输机械、植物保护机械、牧业机械、林业机械、渔业机械和其他农业机械〔内燃机按引擎马力折成瓦（特）计算、电动机按功率折成瓦（特）计算〕。不包括专门用于乡、镇、村、组办工业、基本建设、非农业运输、科学试验和教学等非农业生产方面用的动力机械与作业机械。

Explanatory Notes on Main Statistical Indicators

Gross Out Value of Agriculture refer to the total volume of products of farming, forestry, animal husbandry and fishery and the value of various services supporting the production of farming, forestry, animal husbandry and fishery in monetary terms, which reflects the total scale and total results of farming, forestry, animal husbandry and fishery production during a given period of time. It is an important indicator to observe the production level and development speed of farming, forestry, animal husbandry and fishery. It is also the foundation for calculating the labor productivity and value-added of farming, forestry, animal husbandry and fishery.

Generally, the gross output value of farming, forestry, animal husbandry, and fishery is calculated with the production approach. Where applicable, the gross output value of each single product is obtained by multiplying the output of each product by its price. These values are then summed up to obtain the output value of each sector. The sum of output values of all sectors is the gross output value of farming, forestry, animal husbandry, and fishery.

Value-added of Farming, Forestry, Animal Husbandry and Fishery refers to the value-added of goods produced or services provided by farming, forestry, animal husbandry and fishery in a given period of time. It shows the final results of the activities of production and management of agriculture and its contributions to the society.

The value-added of agriculture is calculated with two approaches:

(1) Production of approach is a method from the production angle, i.e. total output of agriculture minus intermediate consumption of agriculture. The value-added of agriculture is usually calculated with the production approach as no complete accounting records of the rural households are available;

(2) Distribution approach is a method from the distribution angle, i.e. various incomes from the activities of production and management of the productive units of agriculture without intermediate consumption, including incomes of the rural laborers, welfare funds, profit and tax, depreciation of fixed assets and major overhaul and others.

Sown Area of Crops refers to area of land sown or transplanted with crops regardless of being in cultivated area or non cultivated area. Area of land re-sown due to natural disasters is also included. It refers the scale of crops and the use of cultivated area.

Total Output of Crops refers to the total output of farm crops of various kinds during a given period of time (usually a year). It covers the output of crops in both cultivated and uncultivated area. Crops with an extensive reaping period beginning in the winter of the current year are included in the total output of crops of the current year, even if harvest is extended until the spring of the following year. It is the basic figure to examine the production results of agriculture, make overall arrangements in the life of urban and rural households, study the proportionate relationships between production, accumulation and consumption and work out a plan of national economy.

Grain Yield refers to the yield in the whole country including grains produced by state farm, collective units, industrial enterprises and mines. Grain includes rice, wheat, corn, sorghum, millet and other miscellaneous grains as well as tubers and beans.

Output of Pork, Beef, and Mutton refers to the meat of slaughtered hogs, cattle, sheep and goats with head, feet, and offal taken away.

Number of Livestock or Poultry in Stock at Beginning (or End) refers to the total number of large animals, pigs, sheep, fowls, etc. raised by rural cooperative organizations, state farms, rural individuals, government agencies, schools, Industrial and mining enterprises, army, and urban residents at the beginning (or end) of the reference period.

Consumption of Chemical Fertilizers in Agriculture refers to the quantity of chemical fertilizers applied in agriculture in the year, including nitrogenous fertilizer, phosphate fertilizer, potash fertilizer, and compound fertilizer. The consumption of chemical fertilizers is required in calculation to convert the gross weight into weight containing 100% effective component (e.g.100% nitrogen content in nitrogenous fertilizer,100% phosphorous pentoxide contents in phosphate fertilizer,100% potassium oxide contents in potash fertilizer). Compound fertilizer is converted with its major component.

Irrigated Area refers to areas that are effectively irrigated, i.e. level land which has water source and complete sets of irrigation facilities to lift and move adequate water for irrigation purpose under normal conditions.

Total Power of Farm Machinery refers to total mechanical power of machinery used in farming, forestry, animal husbandry, and fishery, including ploughing, irrigation and drainage, harvesting, transport, plant protection, stock breeding, forestry and fishery. The power of internal combustion engines is required to convert horsepower into watts and the power of electric motors is required to be converted into watts. Machinery employed for non agricultural purposes, such as the machines used in township run and village-run Industry, construction, non agricultural transport, scientific experiments and teaching, is exclude.

13

工 业

INDUSTRY

◆287/342

资料整理及英文翻译：刘 娥、顾惟雨

Ⅰ 简要说明

一、本篇资料的主要内容

本篇资料反映全省规模以上工业经济方面的基本情况，包括11个设区市的主要工业经济统计数据：

1.规模以上工业企业单位数和总产值，以及按企业登记注册类型、轻重工业、企业规模、工业行业大类和按地区分组的主要经济指标和经济效益指标；

2.规模以上国有及国有控股、外商投资、港澳台商投资和私营工业企业主要经济指标和经济效益指标；

3.规模以上主要工业产品产量。

二、本篇资料的统计范围

工业统计调查范围为全省境内的全部工业企业。1997年以前，工业的统计范围按隶属关系划分，分为乡及乡以上独立核算工业企业和非独立核算生产单位、村办工业、城镇合作工业、农村合作工业、城镇个体工业、农村个体工业六大部分。(1984年以前村办工业不在工业统计范围内）。

1998年及以后年份，工业统计调查范围由按隶属关系划分，改变为按企业规模划分，分为全部国有及年主营业务收入在500万元以上非国有工业企业和年主营业务收入在500万元以下非国有工业企业两部分。2011年，规模以上工业划分标准提高到年主营业务收入2000万元及以上。本篇资料中的统计范围为年主营业务收入在2000万元以上工业企业。

本篇资料中工业行业分类按2011年《国民经济行业分类标准》划分；企业大中小微型划分按2011年《统计上大中小型企业划分办法（暂行）》标准执行。

三、本篇的资料来源和统计调查方法

本篇工业企业统计数据主要是根据工业统计月度报表中有关资料整理汇总的。

Ⅰ Brief Introduction

I. Main Contents

Data in this chapter reflect the basic conditions of the industrial sector, presenting main industrial economic indicators of 11 municipalities city.

(1) The number and the gross industrial output value of all State-owned industrial enterprises and the non-State-owned enterprises that are above designated size; as well as their main economic indicators and efficiency indicators classified by type of registration, by light and heavy industries, by size of the enterprises, by branch of industry and by region.

(2) Main economic indicators and efficiency indicators of State-owned industrial enterprises and enterprises where the State holds the majority of shares; foreign-funded industrial enterprises and enterprises funded by entrepreneurs from Hong Kong, Macao and Taiwan; and private enterprises, classified by branch of industry.

(3) Output of Industrial products.

II. Scopes of Statistics

Industrial statistics cover all industrial enterprises within the province. Before 1997, industrial statistics were based on type of ownership, consisting of following six parts: corporate industrial enterprises above county level with independent accounting system and production units with dependent accounting system, village industrial enterprises; urban joint industrial enterprises, rural joint industrial enterprises, urban individual industrial enterprises, and rural industrial enterprises (village industrial enterprises were not included in the scope of industrial statistics before 1984).

Since 1998, scope of industrial statistics changed from the basis of type of ownership to the size of enterprises, they are: all State-owned industrial enterprises and those non-State industrial enterprises with revenue from principal business over 5 million yuan, and non-state industrial enterprises with revenue from principle business below 5 million yuan. Since 2011,the standard of industrial enterprises above designated size are raised,which the revenue from principle business were 20 million yuan and above.

Data by industries in this chapter are based on the 2011 National Industrial Classification of all Economic Activities, and data by size of enterprises are based on the Preliminary Standards of Enterprises by Size in 2011.

III. Sources of Data and Methods of Survey

The data on enterprises statistics in this Chapter are collated mainly based on the relevant data in the monthly industrial statistics reporting forms.

13-1 规模以上工业企业单位数及工业总产值（2012年）

Number and Gross Industrial Output Value of Industrial Enterprises above Designated Size (2012)

类别	Type	企业单位数（个）Number of Enterprises (unit)	#亏损企业 Loss Enterprises	工业总产值（万元）Gross Industrial Output Value (10000yuan)
总计	**Total**	**6773**	**403**	**208094698**
按登记注册类型及隶属关系分	**By Registration Status and Jurisdiction of Management**			
国有企业	State-owned Enterprises	209	36	19406902
中央企业	Central enterprises	21	4	2757874
地方企业	Local enterprises	188	32	16649029
集体企业	Collective-owned Enterprises	79	3	957690
股份合作企业	Cooperative Enterprises	109	5	1920297
联营企业	Joint Ownership Enterprises	10	1	207942
有限责任公司	Limited Liability Corporations	1866	128	58723081
股份有限公司	Share-holding Corporations Limited	220	18	14250345
私营企业	Private Enterprises	3480	139	80060651
港、澳、台商投资企业	Enterprises with Funds from Hong Kong,Macao and Taiwan	496	31	16996143
外商投资企业	Foreign Funded Enterprises	301	42	15361514
其他经济类型	Other Economic Types	3		210134
#国有控股企业	State-owned Holding Enterprises	448	77	42315683
按轻、重工业分	**Grouped by Light & Heavy Industries**			
轻工业	Light Industry	2797	132	63574925
重工业	Heavy Industry	3976	271	144519773
按企业规模分	**Grouped by Size of Enterprises**			
大型企业	Large Enterprises	139	14	52116576
中型企业	Medium-sized Enterprises	1250	93	51383970
小型企业	Small Enterprises	5337	292	104129368
微型企业	Miniature Enterprises	47	4	464785
按工业行业分	**Grouped by Sector**			
#煤炭开采和洗选业	Mining and Washing of Coal	164	8	2064888
黑色金属矿采选业	Mining and Processing of Ferrous Metal Ores	96	4	1968805
有色金属矿采选业	Mining and Processing of Non-Ferrous Metal Ores	145	15	3920506

13-1　续表1　continued

类　　别	Type	企业单位数（个）Number of Enterprises (unit)	#亏损企业 Loss Enterprises	工业总产值（万元）Gross Industrial Output Value (10000yuan)
非金属矿采选业	Mining and Processing of Nonmetal Ores	92	6	1437657
农副食品加工业	Processing of Food from Agricultural Products	310	13	11322351
食品制造业	Manufacture of Foods	141	11	3591704
酒、饮料和精制茶制造业	Manufacture of Wine, Beverages & refined tea	98	6	2092436
烟草制品业	Manufacture of Tobacco	3		1366941
纺织业	Manufacture of Textile	289	19	6185249
纺织服装、服饰业	Manufacture of Textile Wearing Apparel,Clothing	470	14	7256900
皮革、毛皮、羽毛及其制品和制鞋业	Manufacture of Leather, Fur, Feather and Related Products, Footware	139	6	3112020
木材加工和木、竹、藤、棕、草制品业	Processing of Timber, Manufacture of Wood, Bamboo, Rattan, Palm and Straw Products	200	10	3004683
家具制造业	Manufacture of Furniture	79	3	1242895
造纸和纸制品业	Manufacture of Paper and Paper Products	143	6	2635871
印刷和记录媒介复制业	Printing, Reproduction of Recording Media	75	4	1345501
文教、工美、体育和娱乐用品制造业	Manufacture of Articles For Culture, Education Art , Sport & Entertainment Activities	128	5	2617522
石油加工、炼焦和核燃料加工业	Processing of Petroleum,Coking,Processing of Nuclear Fuel	18	3	4658414
化学原料和化学制品制造业	Manufacture of Raw Chemical Materials and Chemical Products	674	31	17068939
医药制造业	Manufacture of Medicines	257	14	7158664
化学纤维制造业	Manufacture of Chemical Fibers	10	2	675929
橡胶和塑料制品业	Manufacture of Rubber & Plastics	226	8	3834189
非金属矿物制品业	Manufacture of Non-metallic Mineral Products	785	44	16653837
黑色金属冶炼和压延加工业	Smelting and Pressing of Ferrous Metals	108	19	11634402

13-1 续表2 continued

类 别	Type	企业单位数（个） Number of Enterprises (unit)	亏损企业 Loss Enterprises	工业总产值（万元） Gross Industrial Output Value (10000yuan)
有色金属冶炼和压延加工业	Smelting and Pressing of Non-ferrous Metals	488	40	38226256
金属制品业	Manufacture of Metal Products	196	13	4257317
通用设备制造业	Manufacture of General Purpose Machinery	194	16	4445764
专用设备制造业	Manufacture of Special Purpose Machinery	141	1	3050315
汽车制造业	Manufacture of Automotive	155	7	6684089
铁路、船舶、航空航天和其他运输设备制造业	Manufacture of Railway,Shipping, Aerospace & Other Transort Equipment	46	5	2461237
电气机械和器材制造业	Manufacture of Electrical Machinery and Equipment	366	16	12948857
计算机、通信和其他电子设备制造业	Manufacture of Communication Equipment, Computers and Other Electronic Equipment	216	18	7507636
仪器仪表制造业	Manufacture of Measuring Instruments Apparatus	52	2	956028
其他制造业	Other Manufacturing	35	3	326198
废弃资源综合利用业	Recycling and Disposal of Waste	29	2	529782
金属制品、机械和设备修理业	Repairment of Metal Products, Machinery & Equipment	2		78405
电力、热力生产和供应业	Production and Supply of Electric Power and Heat Power	146	16	8985311
燃气生产和供应业	Production and Supply of Gas	24	4	447281
水的生产和供应业	Production and Supply of Water	33	9	310992
按地区分	**By Region**			
南昌市	Nanchang	1016	82	38276095
景德镇市	Jingdezhen	292	15	9684649
萍乡市	Pingxiang	597	12	13312689
九江市	Jiujiang	846	48	27788563
新余市	Xinyu	283	20	13791393
鹰潭市	Yingtan	184	11	16666347
赣州市	Ganzhou	890	95	21506618
吉安市	Ji'an	668	12	18234553
宜春市	Yichun	770	31	20229666
抚州市	Fuzhou	669	34	10312105
上饶市	Shangrao	558	43	18292019

13-2 规模以上工业企业增加值

Value-added of Industrial Enterprises above Designated Size

单位：万元 (10000 yuan)

类 别	Type	2012	2012年比2011年增长（%）Growth Rate of 2012 to 2011 (%)
总 计	**Total**	**48852077**	**14.70**
按登记注册类型及隶属关系分	**By Registration Status and Jurisdiction of Management**		
国有企业	State-owned Enterprises	4986099	7.66
中央企业	Central Enterprises	1232260	11.40
地方企业	Local Enterprises	3753839	7.90
集体企业	Collective-owned Enterprises	285995	16.31
股份合作企业	Cooperative Enterprises	504022	13.09
联营企业	Joint Ownership Enterprises	653818	37.67
有限责任公司	Limited Liability Corporations	13411979	16.15
股份有限公司	Share-holding Corporations Limited	3014645	8.96
私营企业	Private Enterprises	18660571	20.06
港、澳、台商投资企业	Enterprises with Funds from Hong Kong, Macao and Taiwan	4263174	12.71
外商投资企业	Foreign Funded Enterprises	3627300	9.03
其他经济类型	Other Economic Types	98292	32.31
#国有控股企业	State-owned Holding Enterprises	10239771	7.00
按轻、重工业分	**Grouped by Light & Heavy Industries**		
轻工业	Light Industry	16402353	18.38
重工业	Heavy Industry	32449724	13.09
按企业规模分	**Grouped by Size of Enterprises**		
大型企业	Large Enterprises	12593546	7.80
中型企业	Medium-sized Enterprises	12103238	17.00
小型企业	Small Enterprises	23998978	21.20
微型企业	Miniature Enterprises	156315	6.97
按工业行业分	**Grouped by Sector**		
煤炭开采和洗选业	Mining and Washing of Coal	975453	4.67
黑色金属矿采选业	Mining and Processing of Non-Ferrous Metal Ores	573327	11.03
有色金属矿采选业	Mining and Processing of Nonmetal Ores	1733104	13.86
非金属矿采选业	Mining and Processing of Nonmetal Ores	412283	12.94
农副食品加工业	Processing of Food from Agricultural Products	2165214	20.75
食品制造业	Manufacture of Foods	908525	18.91
酒、饮料和精制茶制造业	Manufacture of Wine, Beverages & refined tea	681368	26.80
烟草制品业	Manufacture of Tobacco	1033322	17.84
纺织业	Manufacture of Textile	1443488	23.89
纺织服装、服饰业	Manufacture of Textile Wearing Apparel,Clothing	1859349	13.86
皮革、毛皮、羽毛及其制品和制鞋业	Manufacture of Leather, Fur, Feather and Related Products, Footware	1030428	14.09

13-2 续表 continued

单位：万元 (10000 yuan)

类　　别	Type	2012	2012年比2011年增长（%）Growth Rate of 2012 to 2011 (%)
木材加工和木、竹、藤、棕、草制品业	Processing of Timber, Manufacture of Wood, Bamboo, Rattan, Palm and Straw Products	712199	13.78
家具制造业	Manufacture of Furniture	257220	26.18
造纸和纸制品业	Manufacture of Paper and Paper Products	648036	14.62
印刷和记录媒介复制业	Printing, Reproduction of Recording Media	454354	20.75
文教、工美、体育和娱乐用品制造业	Manufacture of Articles For Culture, Education Art , Sport & Entertainment Activities	726228	13.17
石油加工、炼焦和核燃料加工业	Processing of Petroleum,Coking,Processing of Nuclear Fuel	678278	8.88
化学原料和化学制品制造业	Manufacture of Raw Chemical Materials and Chemical Products	4179961	11.41
医药制造业	Manufacture of Medicines	1876673	15.85
化学纤维制造业	Manufacture of Chemical Fibers	139128	8.42
橡胶和塑料制品业	Manufacture of Rubber & Plastics	882729	14.78
非金属矿物制品业	Manufacture of Non-metallic Mineral Products	4461202	16.46
黑色金属冶炼和压延加工业	Smelting and Pressing of Ferrous Metals	1781242	2.60
有色金属冶炼和压延加工业	Smelting and Pressing of Non-ferrous Metals	6685494	17.38
金属制品业	Manufacture of Metal Products	928555	19.83
通用设备制造业	Manufacture of General Purpose Machinery	983632	11.56
专用设备制造业	Manufacture of Special Purpose Machinery	758895	18.68
汽车制造业	Manufacture of Automotive	1695816	12.02
铁路、船舶、航空航天和其他运输设备制造业	Manufacture of Railway,Shipping, Aerospace & other Transort Equipment	617499	10.18
电气机械和器材制造业	Manufacture of Electrical Machinery and Equipment	2769807	19.22
计算机、通信和其他电子设备制造业	Manufacture of Communication Equipment, Computers and other Electronic Equipment	1779615	20.29
仪器仪表制造业	Manufacture of Measuring Instruments Apparatus	263000	31.85
其他制造业	Other Manufacturing	89607	22.28
废弃资源综合利用业	Recycling and Disposal of Waste	110571	12.02
电力、热力生产和供应业	Production and Supply of Electric Power and Heat Power	2243650	4.06
燃气生产和供应业	Production and Supply of Gas	135213	13.40
水的生产和供应业	Production and Supply of Water	165593	4.13
按地区分	**By Region**		
南昌市	Nanchang	9672608	14.80
景德镇市	Jingdezhen	2208283	14.80
萍乡市	Pingxiang	3386895	14.60
九江市	Jiujiang	6212874	14.60
新余市	Xinyu	2913748	10.30
鹰潭市	Yingtan	2824558	15.50
赣州市	Ganzhou	5669709	14.80
吉安市	Ji'an	4188872	15.60
宜春市	Yichun	5085502	15.80
抚州市	Fuzhou	2333083	16.00
上饶市	Shangrao	3897544	14.30

13-3 各地区规模以上工业企业单位数（2012年）

单位：个

分类	Item	全省 Total	南昌市 Nanchang	景德镇市 Jingdezhen
总计	**Total**	**6773**	**1016**	**292**
按登记注册类型及隶属关系分	**By Registration Status and Jurisdiction of Management**			
国有企业	State-owned Enterprises	209	39	14
中央企业	Central Enterprises	21	4	1
地方企业	Local Enterprises	188	35	13
集体企业	Collective-owned Enterprises	79	8	8
股份合作企业	Cooperative Enterprises	109	23	2
联营企业	Joint Ownership Enterprises	10		1
有限责任公司	Limited Liability Corporations	1866	390	119
股份有限公司	Share-holding Corporations Limited	220	43	6
私营企业	Private Enterprises	3480	366	117
港、澳、台商投资企业	Enterprises with Funds from Hong Kong,Macao and Taiwan	496	61	10
外商投资企业	Foreign Funded Enterprises	301	86	14
其他经济类型	Other Economic Types	3		1
#国有控股企业	State-owned Holding Enterprises	448	89	30
按轻、重工业分	**Grouped by Light & Heavy Industries**			
轻工业	Light Industry	2797	558	91
重工业	Heavy Industry	3976	458	201
按企业规模分	**Grouped by Size of Enterprises**			
大型企业	Large Enterprises	139	34	8
中型企业	Medium-sized Enterprises	1250	157	47
小型企业	Small Enterprises	5337	814	237
微型企业	Miniature Enterprises	47	11	

13-4 各地区规模以上工业企业总产值（2012年）

单位：万元

分类	Item	全省 Total	南昌市 Nanchang	景德镇市 Jingdezhen
总计	**Total**	**208094698**	**34603209**	**9684649**
按登记注册类型及隶属关系分	**By Registration Status and Jurisdiction of Management**			
国有企业	State-owned Enterprises	19406902	5508486	1165890
中央企业	Central enterprises	2757874	1667335	3278
地方企业	Local enterprises	16649029	3841151	1162612
集体企业	Collective-owned Enterprises	957690	44621	152693
股份合作企业	Cooperative Enterprises	1920297	599004	7988
联营企业	Joint Ownership Enterprises	207942		6063
有限责任公司	Limited Liability Corporations	58723081	8919761	4993200
股份有限公司	Share-holding Corporations Limited	14250345	3860339	571147
私营企业	Private Enterprises	80060651	7993462	2332795
港、澳、台商投资企业	Enterprises with Funds from Hong Kong, Macao and Taiwan	16996143	2272926	244465
外商投资企业	Foreign Funded Enterprises	15361514	5404609	210408
其他经济类型	Other Economic Types	210134		
#国有控股企业	State-owned Holding Enterprises	42315683	8819819	3805909
按轻、重工业分	**Grouped by Light & Heavy Industries**			
轻工业	Light Industry	63574925	16860635	2025510
重工业	Heavy Industry	144519773	17742574	7659140
按企业规模分	**Grouped by Size of Enterprises**			
大型企业	Large Enterprises	52116576	12032651	3308297
中型企业	Medium-sized Enterprises	51383970	8228852	2240278
小型企业	Small Enterprises	104129368	14311942	4136074
微型企业	Miniature Enterprises	464785	29763	

Number of Industrial Enterprises above Designated Size by Region (2012)

(unit)

萍乡市 Pingxiang	九江市 Jiujiang	新余市 Xinyu	鹰潭市 Yingtan	赣州市 Ganzhou	吉安市 Ji'an	宜春市 Yichun	抚州市 Fuzhou	上饶市 Shangrao
597	**846**	**283**	**184**	**890**	**668**	**770**	**669**	**558**
7	34	4	9	22	22	19	16	23
	8		3	1	1	2		1
7	26	4	6	21	21	17	16	22
14	10	9	1	7	5	11	3	3
40	13			3		8	8	12
1	4		1			1	1	1
93	183	83	83	175	113	235	263	129
35	26		7	15	12	30	15	31
395	476	167	71	436	430	406	301	315
8	67	7	6	169	59	32	48	29
4	33	13	5	63	27	27	14	15
			1			1		
14	61	22	15	75	40	34	25	43
128	415	47	47	342	286	345	334	204
469	431	236	137	548	382	425	335	354
4	18	9	7	13	18	19	1	8
43	237	43	22	167	164	178	81	111
549	583	228	151	695	484	572	586	438
1	8	3	4	15	2	1	1	1

Gross Output Value of Industrial Enterprises above Designated Size by Region (2012)

(10000 yuan)

萍乡市 Pingxiang	九江市 Jiujiang	新余市 Xinyu	鹰潭市 Yingtan	赣州市 Ganzhou	吉安市 Ji'an	宜春市 Yichun	抚州市 Fuzhou	上饶市 Shangrao
13312689	**27788563**	**13791393**	**16666347**	**21491222**	**18234553**	**20229666**	**10283391**	**18292019**
302516	1105174	67259	7549405	1311907	379127	1037667	175779	803691
	335893			131189	39541	257244		241494
302516	769281	67259	7467506	1180718	339586	780422	175779	562197
177431	106680	155060	2382	67617	47359	81311	11994	110542
753414	232858			15887		61842	45951	203355
12334	71027		10123			20596	18368	69431
2283846	4628435	6907517	5333456	4375050	3238829	6386458	4475098	3464433
882100	5567694		338250	912002	325442	768367	277480	747524
8543695	11731544	3538097	3116212	9138669	10663190	9347709	4411512	9243765
181640	2834696	781956	78395	3317900	1765750	1424637	660341	3433438
175714	1510454	2341504	76967	2352190	1814857	1052102	206869	215839
			1611562					
643007	5064113	3894759	8158412	3378312	1065896	1601586	393525	1773349
2687079	10335129	1785893	15786219	6088635	6097209	8962195	4327288	3525226
10625610	17453435	12005500	880128	15402588	12137345	11267471	5956103	14766793
402159	7614364	6851551	8012090	1973255	2167200	2808721	112852	3164748
1414970	7818909	2357924	1684918	5394856	6718280	7625467	2154750	5696455
11490193	12258433	4556585	6947116	13924921	9341855	9792140	8015789	9354319
5367	96857	25333	22222	198190	7218	3337		76497

13-5 工业产品产量（2012年）
Output of Industrial Products (2012)

品名	Item	2012	2012年比2011年增长（%） Increase Rate in 2012 over 2011(%)
原煤（万吨）	Coal (10000 tons)	2511.79	1.90
洗精煤（万吨）	Coal Washing (10000 tons)	396.03	19.30
硫铁矿生产量(折含硫 35%)(万吨)	Pyrite Ore (converted into 35% sulphur) (10000 tons)	212.26	7.70
钨精矿折含量（万吨）	Scheelite Presentation of Content (10000 tons)	4.65	5.40
原盐（万吨）	Salt (10000 tons)	204.67	21.20
配混合饲料（万吨）	Mixed Feed (10000 tons)	1243.75	20.40
乳制品（万吨）	Milk Products (10000 tons)	28.51	-1.40
罐头（万吨）	Canned Food (10000 tons)	12.73	23.40
软饮料（万吨）	Soft Drinks (10000 tons)	236.65	10.90
白酒（万千升）	White Spirit (10000 kiloliter)	15.71	8.40
啤酒（万千升）	Beer (10000 kiloliter)	114.94	4.10
精制茶（吨）	Refined Tea (ton)	55178.00	16.90
卷烟（亿支）	Cigarettes (100 million pieces)	599	2.60
纱（万吨）	Yarn (10000 tons)	137.29	35.50
布（万米）	Cloth (10000 m)	92649.70	13.50
纯棉布	Cotton Cloth	43302.40	-18.50
棉混纺交织布	Cotton Blended Cloth	36764.70	47.10
纯化纤布	Chemical Fiber Cloth	12582.70	259.30
印染布（万米）	Printed Fabric (10000 m)	7899.90	-15.90
服装（万件）	Garments (10000 pieces)	11.93	1.80
皮鞋（万双）	Shoes (10000 pairs)	1.63	28.00
人造板（万立方米）	Manmade Plates (10000 cu.m)	881.05	13.60
机制纸及纸板（万吨）	Machine-made Paper and Paperboards (10000 tons)	161.39	-31.50
家具（万件）	Furniture (10000 pieces)	1369.97	47.10
原油加工量（万吨）	Processed Crude Oil (10000 tons)	507.64	17.60
焦炭（万吨）	Coke (10000 tons)	809.57	-6.80
硫酸（万吨）	Sulfuric Acid (10000 tons)	289.81	20.80
烧碱（万吨）	Caustic Soda (10000 tons)	44.70	10.90
电石（折300升/千克)(万吨)	Calcium Carbide (convert to 300 L/kg) (10000 tons)	5.48	-27.20
合成氨（万吨）	Synthetic Ammonia (10000 tons)	20.65	17.20
化学肥料（折有效成份100%)(万吨)	Chemical Fertilizer (10000 tons)	93.71	4.80
氮肥	Nitrogen Fertilizer	65.11	-0.80
磷肥	Phosphate Fertilizer	28.61	20.30
化学农药（吨）	Chemical Pesticide (ton)	38866.20	-1.50
纯苯（吨）	Benzene (ton)	39372	30.40
涂料（吨）	Paint (ton)	42710.00	12.10
合成洗涤剂（吨）	Synthetic Detergents (ton)	5726.00	-22.30
化学药品原药（吨）	Chemical Medicines (ton)	41592.50	26.50
中成药（吨）	Traditional Chemical Medicine (ton)	105700.10	21.70
化学纤维（万吨）	Chemical Fiber (10000 tons)	37.89	32.20
粘胶纤维	Viscose Fiber	30.45	30.10
合成纤维	Synthetic Fiber	7.44	41.60
轮胎外胎（万条）	Tires (10000 tires)	385.46	-12.00
塑料制品（吨）	Plastic Articles (ton)	1224194	62.3
水泥（万吨）	Cement (10000 tons)	7420.94	7.00
平板玻璃（万重量箱）	Plate Glass (10000 weight boxes)	655.09	10.50
日用玻璃制品（万吨）	Glass Products for Daily Use (10000 tons)	0.68	7.80
玻璃保温容品（万个）	Glass Proof Container (10000 units)	0.27	7.70

13-5 续表 continued

品名	Item	2012	2012年比2011年增长（%）Increase Rate in 2012 over 2011(%)
耐火材料制品（万吨）	Fire-resistant Products (10000 tons)	17.35	-38.90
生铁（万吨）	Pig Iron (10000 tons)	2027.05	5.10
粗钢（万吨）	Crude Steel (10000 tons)	2140.85	2.70
钢材（万吨）	Rolled Steel (10000 tons)	2368.89	2.20
#中小型型材	Rolled Steel,Medium and Small	0.11	-53.50
棒材	Steel Bar	96.13	-5.00
钢筋	Corrugated Steel Bar	726.46	13.60
线材	Wire Rod	601.28	-0.20
厚钢板	Thick Steel Plate	134.88	-20.30
中板	Medium Steel Plate	179.54	-2.30
热轧窄钢带	Hot Roll Narrow Steel Belt	9.34	-34.40
冷轧窄钢带	Non Hot Roll Narrow Steel Belt	28.84	-5.50
电工钢板	Electrical Steel	47.80	68.70
无缝钢管	Seamless Steel Pipe	28.15	-28.30
焊接钢管	Welded Steel Pipe	5.89	-38.20
十种有色金属（万吨）	Ten Kinds of Non-ferrous Metals (10000 tons)	145.32	17.10
#精炼铜	Refined Copper	116.37	13.70
铁合金（万吨）	Ferroalloy (10000 tons)	1.31	-5.00
工业锅炉（蒸发量吨）	Industrial Boilers (evaporation ton)	1418.00	-7.00
金属切削机床（台）	Metal Cutting Machine Tools (unit)	4812.00	25.70
#数控机床	CNC Machine Tools (unit)	1270.00	4.60
泵（万台）	Pumps (10000 units)	10.75	7.70
风机（万台）	Fans (10000 units)	9.62	72.60
气体压缩机（台）	Gas Compressor (unit)	33214007	11.40
轴承（万套）	Rolling Bearings (10000 units)	7130.00	49.30
矿山设备（吨）	Mining Equipment (ton)	138311.30	35.10
印刷机（吨）	Printing Presses (ton)	1073.30	-58.30
小型拖拉机（万台）	Small Tractors (10000 units)	1.48	-13.00
汽车（万辆）	Motor Vehicles (10000 units)	34.36	-1.00
#载货汽车	Trucks	14.96	1.60
民用钢质船舶（万总吨）	Civil Steel Vessels (10000 tons)	27.01	7.30
发电设备（万千瓦）	Power Generating Equipment (10000 kw)	34.51	22.40
交流电动机（万千瓦）	AC Motors (10000 kw)	377.40	-17.50
变压器（万千伏安）	Transformers (10000 KVA pm)	2660.49	-14.50
通信及电子网络用电缆（对千米）	Cable for Communications and Electronic Network (couples·km)	963502.80	15.20
冷柜（台）	Freezers (unit)	437114	71.70
家用电冰箱（万台）	Household Refrigerators (10000 units)	107.05	-8.10
房间空气调节调器（万台）	Air Conditioners (10000 units)	307.49	73.90
电风扇（万台）	Fans (10000 units)	95.57	33.60
灯泡（万只）	Light Bulbs (10000 units)	0.12	18.40
电话单机（万部）	Telephone Sets (10000 units)	71.10	11.50
彩色电视机（万台）	Color Television Sets (10000 units)	132.87	29.60
照相机（万台）	Cameras (10000 units)	1505.22	78.30
发电量总计（亿千瓦小时）	Electricity (100 million kwh)	664.71	-2.10
火力发电	Thermal Power	609.27	-4.20
水力发电	Hydro Power	48.24	28.60

13-6 主要工业产品产量

年份 地区 Year Region	化学纤维 (万吨) Chemical Fiber (10000 tons)	纱 (吨) Yarn (ton)	布 (万米) Cloth (10000 m)	机制纸及纸板 (万吨) Machine-made Paper and Paperboards (10000 tons)	日用瓷 (万件) Ceramics for Daily Use (10000 units)	火柴 (万件) Match (10000 units)
1978	0.42	42373	20173	9.26	32095	54.37
1980	1.33	61791	30011	12.69	33087	64.85
1985	1.30	72161	26009	22.17	35041	132.85
1990	2.00	80749	30566	25.59	44969	176.65
1991	2.37	86729	27897	26.36	53083	192.41
1992	2.54	96433	29194	31.03	55837	203.02
1993	4.13	90595	29670	36.54	53063	188.28
1994	5.33	101349	34041	36.29	54702	150.62
1995	5.11	109652	35784	41.07	48652	122.49
1996	4.80	105556	33256	38.24	60053	126.27
1997	6.33	110362	36086	35.49	57016	76.18
1998	6.42	107994	25088	23.39	38213	53.71
1999	7.65	109102	26315	27.96	52391	25.82
2000	7.08	99512	21710	24.02	57470	15.76
2001	7.74	79652	17948	26.04	55737	5.49
2002	8.59	112105	20491	28.18	56791	8.81
2003	10.02	148731	22095	24.66	44588	15.11
2004	14.59	186303	32187	35.51	58966	24.41
2005	18.07	204424	28057	67.00	61893	6.15
2006	20.76	255128	34137	91.35	54902	3.78
2007	27.63	390421	46424	106.21	116774	1.33
2008	16.87	445644	47026	113.73	160380	1.84
2009	13.50	620191	67651	139.64	259118	2.58
2010	17.92	746779	80517	186.59	406806	5.19
2011	31.47	968465	80754	219.39	296558	
2012	37.89	1372942	92650	161.39		
南昌市 Nanchang		34323	7061	34.42		
景德镇市 Jingdezhen		758		9.91		
萍乡市 Pingxiang				16.58		
九江市 Jiujiang	30.45	703447	27638	15.85		
新余市 Xinyu		77865	8146	1.85		
鹰潭市 Yingtan						
赣州市 Ganzhou		9561	1030	23.87		
吉安市 Ji'an		30194	712	28.96		
宜春市 Yichun	3.35	430536	27179	2.89		
抚州市 Fuzhou		72837	20884	16.38		
上饶市 Shangrao	4.09	13421		10.68		

Output of Major Industrial Products

合成洗涤剂 (吨) Synthetic Detergents (ton)	卷烟 (万箱) Cigarettes (10000 boxes)	粗钢 (万吨) Crude Stell (10000 tons)	生铁 (万吨) Pig Iron (10000 tons)	钢材 (万吨) Rolled Steel (10000 tons)	发电量 (亿千瓦小时) Electricity (100 million kwh)
5098	19.14	25.64	35.84	24.50	45.31
6298	22.32	38.76	31.45	46.65	57.21
12778	32.11	77.42	57.43	60.98	83.75
17083	47.02	112.09	89.03	92.32	121.41
21700	49.58	109.68	84.05	95.27	129.96
25100	49.49	133.06	97.83	109.76	143.63
29984	50.09	148.68	120.72	119.61	153.13
34600	46.42	150.94	150.16	129.84	170.57
45194	43.76	149.73	136.63	126.36	176.34
42063	38.63	173.02	133.86	139.87	183.29
38626	35.54	173.80	149.48	154.79	179.82
38267	38.31	222.94	192.43	179.23	181.06
24696	41.20	267.03	248.24	228.60	187.80
34257	50.99	319.86	304.69	282.90	201.06
24400	54.57	399.83	338.26	375.63	216.16
14563	55.95	548.21	453.04	531.64	247.99
17141	60.44	599.53	496.40	655.37	320.94
6377	64.46	748.00	638.16	774.90	327.77
11210	81.81	963.20	819.84	1017.82	349.27
20453	89.80	1162.97	949.60	1235.77	403.53
18385	95.80	1306.15	1045.30	1349.50	464.98
20130	100.80	1240.94	1036.30	1277.21	466.87
24123	105.80	1620.88	1446.96	1647.40	496.42
24449	111.80	1834.03	1673.94	1951.55	617.03
7372	116.80	2067.41	1917.07	2247.36	688.25
5726	119.80	2140.85	2027.05	2368.89	664.71
	119.80	328.31	295.44	363.93	76.87
					64.25
		487.23	459.68	507.76	8.30
		437.69	401.21	392.53	55.44
		883.63	870.72	899.85	51.31
		4.00		115.87	43.04
				64.36	111.03
5726					122.80
					0.37
				23.46	63.58

13-6 续表

年 份 地 区 Year Region	原 煤(万吨) Coal (10000 tons)	焦 炭(万吨) Coke (10000 tons)	原油加工量(万吨) Processed Crude Oil (10000 tons)	硫 酸(万吨) Sulfuric (10000 tons)	烧 碱(万吨) Caustic (10000 tons)	化学肥料(万吨) Chemical Fertilizer (10000 tons)	化学农药(吨) Chemical Pesticide (ton)
1978	1435.50	88.75		2.68	2.32	15.97	13539
1980	1490.31	79.39	10.31	4.00	3.07	25.73	17405
1985	1938.15	83.40	83.37	3.81	3.74	19.41	2753
1990	2027.11	119.96	155.10	43.59	5.88	31.07	5146
1991	2122.98	145.31	180.98	46.93	6.12	32.49	5819
1992	2087.81	146.26	208.82	47.49	6.59	33.04	5151
1993	2104.22	160.60	230.52	49.40	7.24	29.44	4100
1994	2267.18	177.60	202.32	52.00	8.53	31.78	4589
1995	2877.90	166.53	230.56	57.10	9.97	38.44	5997
1996	2437.72	167.02	234.37	54.27	9.74	37.86	5793
1997	2064.42	170.58	246.51	59.72	9.57	44.73	6257
1998	2107.46	177.87	248.80	61.43	10.51	52.22	7495
1999	1730.73	182.11	280.70	62.77	12.76	54.55	12810
2000	1813.76	184.48	327.62	79.92	16.24	43.43	13796
2001	1634.05	187.91	296.99	87.75	18.65	46.88	14428
2002	1375.04	223.63	296.87	78.95	18.87	55.96	12710
2003	951.66	236.35	311.90	103.29	19.91	47.90	9657
2004	1232.64	323.73	361.10	110.13	25.60	50.67	15177
2005	1620.80	397.50	364.88	113.19	24.62	47.61	14425
2006	2121.70	492.61	415.49	134.53	30.03	55.80	17173
2007	2379.80	557.11	394.26	139.97	33.36	53.80	16126
2008	2592.36	524.19	409.16	185.15	34.03	54.20	21212
2009	2982.47	626.06	450.07	213.56	24.49	48.71	21612
2010	2830.21	798.85	468.43	227.00	27.28	113.42	21213
2011	2443.00	875.85	431.84	239.97	27.80	29.46	34210
2012	2511.79	809.57	507.64	289.81	44.70	93.71	
南 昌 市 Nanchang		81.63				7.38	
景德镇市 Jingdezhen	265.99	300.43			17.85	52.86	
萍 乡 市 Pingxiang	856.05	144.72					
九 江 市 Jiujiang	84.23		507.64	34.21	1.48		
新 余 市 Xinyu	165.07	270.00		35.91		6.59	
鹰 潭 市 Yingtan							
赣 州 市 Ganzhou	37.28			12.65	3.27		
吉 安 市 Ji'an	176.70						
宜 春 市 Yichun	863.49	12.79			20.64		
抚 州 市 Fuzhou						3.42	
上 饶 市 Shangrao	63.0			10.40			

continued

化学原料药 (吨) Chemical Medicines (ton)	交流电动机 (万千瓦) AC Motors (10000 kw)	金属切削机床 (台) Metal-cutting Machine Tools (unit)	汽车 (辆) Motor Vehicles (unit)	电视机 (万台) Television Sets (10000 units)	照相机 (万台) Cameras (10000 units)	水泥 (万吨) Cement (10000 tons)
847	52.74	2619	991	0.25	1.00	155.56
860	36.02	4012	1463	2.51	1.40	201.00
8472	81.20	5	7060	31.40	10.55	354.19
10140	88.45	4727	9711	43.88	9.00	469.13
12750	97.48	4686	14443	48.90	16.17	566.91
15442	118.09	6055	25301	61.90	14.20	689.25
13910	136.07	7043	38678	59.16	13.15	811.63
14799	127.51	4905	45321	63.64	17.97	905.80
24318	106.33	5646	52479	52.56	21.75	1005.59
7697	78.79	4014	63166	32.16	21.78	1062.16
5487	64.31	3073	90943	17.31	17.32	1105.39
4389	46.35	2163	121987	6.50	29.34	1133.38
1631	48.51	2693	119915	31.27	18.87	1315.02
1842	61.73	3559	133562	19.80	17.84	1382.00
1182	70.52	3047	159407	30.16	28.81	1574.00
2327	93.06	3281	207453	44.86	34.87	1966.00
2457	119.82	4023	185199	64.10	41.47	2172.00
1832	160.72	5087	183962	72.62	15.49	2976.00
5801	157.81	4272	207112	89.11	6.73	3477.01
8009	205.84	5020	233893	64.22	4.38	4206.31
13133	274.75	3774	221832	39.06	1.99	4956.97
16108	301.81	1548	211942	44.62	1.93	5271.59
28306	343.99	959	284659	90.97	2.69	6153.20
42822	447.50	3103	372776	67.66	0.58	6220.54
31238	457.30	3829	343457	102.56	1.02	6782.24
4		4812	343615	132.87	1505.22	7420.94
		1304	217715	15.27	1504.56	405.00
			125900			552.17
		670				673.00
		1724				1169.42
						229.79
				117.59		1229.58
0.37		184				699.49
0.54						851.19
1.04		930				245.31
0.98					0.65	1282.67

13-7 规模以上工业企业经济指标

指　　标	Item	2000	2001	2002
企业单位数(个)	Number of Enterprises (unit)	3548	3283	3076
#亏损企业	Loss Enterprises	1250	1135	945
资产总计(万元)	Total Assets (10000 yuan)	18358562	19327549	20186707
流动资产合计(万元)	Total Working Capitals (10000 yuan)	7302030	7482694	8083948
负债总计(万元)	Total Liabilities (10000 yuan)	12538729	12827411	13168071
所有者权益(万元)	Owners' Equity (10000 yuan)	5749725	6419158	6825559
主营业务收入(万元)	Revenue from Principal Business (10000 yuan)	8970030	9736008	11432603
#主营业务税金及附加	Taxes and Other Charges on Principal Business	223525	254856	296939
营业费用(销售)	Operating Expenses	348333	414143	456096
利润总额(万元)	Total Profits (10000 yuan)	125262	134872	231011
利润和税金总额(万元)	Total Profits and Taxes (10000 yuan)	805410	901489	1094632
全部从业人员年平均人数(人)	Annual Average Empolyed Persons (person)	1088214	1006489	957232
工业总产值(万元)	Gross Industrial Output Value (10000 yuan)	9323234	10160151	11887991
工业增加值(万元)	Value Added of Industry (10000 yuan)	2698133	3082230	3626837
总资产贡献率(%)	Ratio of Total Assets to Output Value (%)	6.19	6.24	7
资本保值增值率(%)	Changing Rate of Net Assets (%)	108.93	111.64	106.33
资产负债率(%)	Assets-Liability Ratio (%)	68.30	66.37	65.23
流动资产周转率(次)	Ratio of Turnover Working Capitals (time)	1.27	1.31	1.45
成本费用利润率(%)	Ratio of Profits to Cost (%)	1.44	1.42	2.09
全员劳动生产率(元／人)	Overall Labor Productivity (yuan/person)	24794	30624	37889
产品销售率(%)	Proportion of Products Sold (%)	97.27	97.60	97.95
工业经济效益综合指数(%)	Aggregate Index of Industrial Economic Efficiency (%)	81.77	86.70	96.11

Economic Indicators of Industrial Enterprises above Designated Size

2003	2004	2005	2006	2007	2008	2009	2010	2011	2012
3051	4019	4403	5333	6028	6226	7329	7976	6251	6773
766	1056	859	888	748	667	522	378	294	403
22687483	26341487	30583375	36714081	46887884	52936108	67355232	84248635	99640588	114741203
9424790	10560275	12656554	16213919	20587012	23706799	27942172	35674934	46148463	54079089
15025558	17155063	19322205	22388278	27793878	30671736	38348158	47004353	55512183	64032206
7425979	9168985	10961595	14036300	19092849	22264371	29007074	37244282	44128405	50708997
14942837	21865899	29091272	41737387	62411363	82819433	98141565	141966804	184668214	222676403
340780	391459	495427	606686	802634	995491	1385549	1672718	1933173	2286178
548482	638788	860647	1091098	1296073	1520240	1887424	2511101	2738042	3436269
514116	718782	1124119	1941917	3077476	3155831	4967457	8568128	11138553	12851090
1561040	2068626	2796022	4237080	6079370	6818608	9426976	14459522	18146936	21297573
961219	1017715	1121126	1257972	1407253	1481676	1698449	1971755	1922534	2090307
14723335	22119791	29788802	42454878	61941823	82087339	97004723	138356056	179058700	208094698
4467808	6270619	8823017	12880910	18222355	23235213	26107510	31018933	39108763	48852077
8.31	9.07	10.43	12.81	14.18	15.72	16.97	20.36	21.54	21.42
108.80	123.47	119.55	128.05	136.02	121.44	123.86	125.74	123.17	113.25
66.23	65.13	63.18	60.98	59.28	57.94	56.93	55.79	55.71	55.81
1.68	2.16	2.36	2.79	3.36	3.71	3.78	4.51	4.53	4.45
3.65	3.45	4.14	5.04	5.40	4.12	5.59	6.69	6.65	6.33
46481	61615	78698	102394	129489	162992	168029	206437	231445	247387
98.01	98.14	98.48	98.46	98.58	98.55	98.82	98.98	98.94	99.25
111.96	128.84	146.43	174.67	202.00	221.86	233.83	275.13	292.21	298.28

13-8 规模以上工业企业主要经济指标（2012年）

单位：万元

项目	Item	主营业务收入 Revenue from Principal Business	主营业务税金及附加 Taxes and Other Charges on Principal Business
总计	**Total**	**222676403**	**2286178**
按登记注册类型及隶属关系分	**By Registration Status and Jurisdiction of Management**		
国有企业	State-owned Enterprises	29627320	765020
中央企业	Central Enterprises	2766374	609809
地方企业	Local Enterprises	26860946	155212
集体企业	Collective-owned Enterprises	945409	9432
股份合作企业	Cooperative Enterprises	1908138	13599
联营企业	Joint Ownership Enterprises	210333	698
有限责任公司	Limited Liability Corporations	59912024	351985
股份有限公司	Share-holding Corporations Limited	14644215	521671
私营企业	Private Enterprises	82106399	496362
港、澳、台商投资企业	Enterprises with Funds from Hong Kong,Macao and Taiwan	17495858	59123
外商投资企业	Foreign Funded Enterprises	15614575	67543
其他经济类型	Other Economic Types	212134	747
#国有控股企业	State-owned Holding Enterprises	53286792	1319693
按轻、重工业分	**Grouped by Light & Heavy Industries**		
轻工业	Light Industry	65085462	1025168
重工业	Heavy Industry	157590941	1261010
按企业规模分	**Grouped by Size of Enterprises**		
大型企业	Large Enterprises	64052271	1401753
中型企业	Medium-sized Enterprises	52426504	322048
小型企业	Small Enterprises	105733080	560455
微型企业	Miniature Enterprises	464549	747
按工业行业分	**Grouped by Sector**		
#煤炭开采和洗选业	Mining and Washing of Coal	2023043	29771
黑色金属矿采选业	Mining and Processing of Ferrous Metal Ores	1918309	36094
有色金属矿采选业	Mining and Processing of Non-Ferrous Metal Ores	3580416	26785
非金属矿采选业	Mining and Processing of Nonmetal Ores	1139580	22208
农副食品加工业	Processing of Food from Agricultural Products	11486303	31957
食品制造业	Manufacture of Foods	3530318	19161
饮料制造业	Manufacture of Wine, Beverages & refined tea	2181635	82357
烟草制品业	Manufacture of Tobacco	1365240	602786
纺织业	Manufacture of Textile	6295262	23840
纺织服装、鞋、帽制造业	Manufacture of Textile Wearing Apparel,Clothing	7484113	26824
皮革、毛皮、羽毛(绒)及其制品业	Manufacture of Leather, Fur, Feather and Related Products, Footware	3342006	14176
木材加工及木、竹、藤、棕、草制品业	Processing of Timber, Manufacture of Wood, Bamboo, Rattan, Palm and Straw Products	3216886	16532
家具制造业	Manufacture of Furniture	1156977	5455

Main Economic Indicators of Industrial Enterprises above Designated Size(2012)

(10000 yuan)

主营业务成本 Cost of Principal Business	营业费用 Operating Expenses	资产合计 Total Assets	流动资产 Total Working Capitals	#产成品 Finished Products	负债合计 Total Liabilities	所有者权益合计 Total Owners' Equities	利润总额 Total Profits
193202358	**3436269**	**114741203**	**54079089**	**5207668**	**64032206**	**50708997**	**12851090**
26266134	412904	22663740	12618461	604057	13225366	9438374	1442888
1726978	33315	3275763	1250339	39405	2004461	1271302	233630
24539155	379589	19387977	11368123	564652	11220905	8167072	1209258
747494	16649	334277	137980	9856	158033	176244	76139
1526283	22748	695701	270425	30956	201194	494507	206911
167094	1004	186428	36087	5457	64793	121635	28040
52488898	890283	34863549	15859472	1558169	21700542	13163007	3036845
12618001	248954	9753406	4836420	614617	5706217	4047189	437305
70421606	1317580	26436696	11699456	1682134	12128371	14308325	5718569
15271577	280475	8099615	3366926	330032	3779807	4319808	1062480
13492262	243835	11683929	5239812	372189	7059659	4624270	837069
203011	1837	23862	14050	203	8225	15637	4846
47580169	740713	46411368	22800469	1431681	30047050	16364318	1731126
54073640	1840777	26810438	12128820	1478420	12323954	14486484	4596701
139128718	1595492	87930765	41950269	3729248	51708252	36222513	8254390
56120455	1224020	48882250	25863619	1690261	30072208	18810042	2412793
44982311	932737	28346263	11577079	1397645	15350172	12996091	3447555
91677420	1276805	37288459	16508115	2092714	18455997	18832462	6970764
422173	2707	224231	130276	27048	153830	70401	19979
1578923	28538	1683425	466302	20622	1123920	559505	206896
1547976	25894	727678	267125	20788	380910	346768	178222
3038869	22498	2119205	960444	296631	1133930	985275	354956
949215	30541	562320	245065	27871	216051	346269	77116
10167220	184951	3769048	1986207	182331	1914839	1854209	576917
2914297	114014	1431982	562654	71184	639738	792244	262951
1614768	156947	1851314	795233	142970	1132631	718683	211791
432499	24331	1010312	741994	23572	221749	788563	218579
5414840	66603	2242698	955594	184331	1135377	1107321	449653
6426592	156628	1900053	925220	217221	662384	1237669	487444
2866311	43545	1004644	347602	30696	320621	684023	287624
2702151	54301	1155891	473032	83344	455088	700803	221327
1004849	16996	314065	179542	18691	153604	160461	61835

13-8 续表1

单位：万元

项目	Item	主营业务收入 Revenue from Principal Business	主营业务税金及附加 Taxes and Other Charges on Principal Business
造纸和纸制品业	Manufacture of Paper and Paper Products	2597168	12033
印刷和记录媒介复制业	Printing, Reproduction of Recording Media	1264682	7059
文教、工美、体育和娱乐用品制造业	Manufacture of Articles For Culture, Education Art , Sport & Entertainment Activities	2825609	19857
石油加工、炼焦和核燃料加工业	Processing of Petroleum,Coking,Processing of Nuclear Fuel	5137350	466252
化学原料和化学制品制造业	Manufacture of Raw Chemical Materials and Chemical Products	18807390	139322
医药制造业	Manufacture of Medicines	7584614	49683
化学纤维制造业	Manufacture of Chemical Fibers	660787	856
橡胶和塑料制品业	Manufacture of Rubber & Plastics	4046269	17977
非金属矿物制品业	Manufacture of Non-metallic Mineral Products	16963030	100204
黑色金属冶炼和压延加工业	Smelting and Pressing of Ferrous Metals	12500289	32056
有色金属冶炼和压延加工业	Smelting and Pressing of Non-ferrous Metals	47271617	200632
金属制品业	Manufacture of Metal Products	4122745	29299
通用设备制造业	Manufacture of General Purpose Machinery	4230457	20077
专用设备制造业	Manufacture of Special Purpose Machinery	2998003	16296
汽车制造业	Manufacture of Automotive	7076271	94828
铁路、船舶、航空航天和其他运输设备制造业	Manufacture of Railway,Shipping, Aerospace & Other transort Equipment	2568765	5348
电气机械和器材制造业	Manufacture of Electrical Machinery and Equipment	14347251	49424
计算机、通信和其他电子设备制造业	Manufacture of Communication Equipment, Computers and other Electronic Equipment	7328984	35755
仪器仪表制造业	Manufacture of Measuring Instruments Apparatus	808231	4427
其他制造业	Other Manufacturing	371533	1110
废弃资源综合利用业	Recycling and Disposal of Waste	542819	2984
金属制品、机械和设备修理业	Repairment of Metal Products, Machinery & Equipment	17181	81
电力、热力生产和供应业	Production and Supply of Electric Power and Heat Power	9140214	35128
燃气生产和供应业	Production and Supply of Gas	426485	5181
水的生产和供应业	Production and Supply of Water	318573	2366
按地区分	**By Region**		
南昌市	Nanchang	38550315	828721
景德镇市	Jingdezhen	9462306	65978
萍乡市	Pingxiang	13406290	144153
九江市	Jiujiang	30069005	524474
新余市	Xinyu	14336348	65988
鹰潭市	Yingtan	24084214	73199
赣州市	Ganzhou	20925839	153287
吉安市	Ji'an	20016040	130605
宜春市	Yichun	21364937	165435
抚州市	Fuzhou	10151818	35961
上饶市	Shangrao	20079292	98377

continued

(10000 yuan)

主营业务成本 Cost of Principal Business	营业费用 Operating Expenses	资产合计 Total Assets	流动资产 Total Working Capitals	#产成品 Finished Products	负债合计 Total Liabilities	所有者权益合计 Total Owners' Equities	利润总额 Total Profits
2224754	30223	1270333	446462	50549	655144	615189	180992
1001487	21253	789473	273803	20598	207755	581718	123844
2376121	53413	941652	365799	55376	362904	578748	220540
4465435	72996	2601290	1259678	151404	1867599	733691	-61625
16271557	241146	11064332	5207290	380842	6287853	4776479	1264431
5814352	729722	3595132	1875815	188404	1613693	1981439	561036
623151	8693	784819	362297	8490	653524	131295	-5619
3512290	51475	1219701	524171	92694	439758	779943	297369
13659693	279521	9136929	3443524	362555	4324081	4812848	1694191
11920857	83508	7566733	2990653	274504	5083681	2483052	-24705
43771674	165123	19889275	12839047	1068259	10705721	9183554	2004032
3550332	61133	1340111	666035	84747	574272	765839	253135
3546167	83482	2154628	1200509	189963	1171622	983006	302557
2541397	43224	1286287	575155	75055	578673	707614	238755
5791189	257906	5205688	2993365	233284	2939373	2266315	526048
2174082	11832	3686775	2609697	21539	2697247	989528	94601
12468519	184581	6780056	3101369	402687	3514430	3265626	848185
6361006	69377	2951493	1487380	189018	1362628	1588865	391797
684463	19298	510709	268598	22282	227813	282896	68267
329445	5176	105374	52508	8731	39162	66212	23653
476436	7916	270426	100429	5300	129540	140886	27632
14310	7	3535	788		2443	1092	2619
8416642	1692	10248329	2149196	124	8276948	1971381	127024
319535	15919	412082	96419	919	219762	192320	50680
228956	11867	1153411	283090	95	605743	547668	46342
32556281	931864	26376436	12169565	945782	14644616	11731820	2049055
7995538	173137	7280654	4076325	319543	5139931	2140723	364219
10568378	187601	5002439	1349111	171680	1902666	3099773	1547497
25172882	365013	12291333	4597462	769630	6890267	5401066	1543763
13098248	195154	11900083	5343313	331776	7873680	4026403	359127
24968257	119592	13871750	8578146	288460	7317456	6554294	978990
18835511	272789	10741397	6280743	1020907	6353596	4387801	990555
16527249	263121	5902344	1808036	181069	2285973	3616371	1506774
17366789	568099	9972373	4300775	536653	5529838	4442535	1917048
9098437	171613	3420643	1799617	270754	1877138	1543505	402078
17014788	188286	7981751	3775996	371414	4217045	3764706	1091985

13-8 续表2

项　　　　目	Item	#盈利企业的利润额 Profits of Profit-making Enterprises	#亏损企业的亏损额 Losses of Loss Enterprises
总　　　　计	**Total**	**13606548**	**755458**
按登记注册类型及隶属关系分	**By Registration Status and Jurisdiction of Management**		
国有企业	State-owned Enterprises	1494067	51179
中央企业	Central Enterprises	247873	14243
地方企业	Local Enterprises	1246193	36935
集体企业	Collective-owned Enterprises	77000	861
股份合作企业	Cooperative Enterprises	207251	340
联营企业	Joint Ownership Enterprises	29429	1389
有限责任公司	Limited Liability Corporations	3359779	322934
股份有限公司	Share-holding Corporations Limited	676847	239542
私营企业	Private Enterprises	5779466	60897
港、澳、台商投资企业	Enterprises with Funds from Hong Kong,Macao and Taiwan	1077916	15436
外商投资企业	Foreign Funded Enterprises	899950	62881
其他经济类型	Other Economic Types	4846	
#国有控股企业	State-owned Holding Enterprises	2188668	457542
按轻、重工业分	**Grouped by Light & Heavy Industries**		
轻工业	Light Industry	4680342	83641
重工业	Heavy Industry	8926207	671817
按企业规模分	**Grouped by Size of Enterprises**		
大型企业	Large Enterprises	2841140	428347
中型企业	Medium-sized Enterprises	3626410	178855
小型企业	Small Enterprises	7115182	144418
微型企业	Miniature Enterprises	23817	3838
按工业行业分	**Grouped by Sector**		
煤炭开采和洗选业	Mining and Washing of Coal	227305	20409
黑色金属矿采选业	Mining and Processing of Ferrous Metal Ores	182042	3820
有色金属矿采选业	Mining and Processing of Non-Ferrous Metal Ores	361391	6435
非金属矿采选业	Mining and Processing of Nonmetal Ores	79448	2332
农副食品加工业	Processing of Food from Agricultural Products	580672	3755
食品制造业	Manufacture of Foods	266992	4041
酒、饮料和精制茶制造业	Manufacture of Wine, Beverages & refined tea	222058	10267
烟草制品业	Manufacture of Tobacco	218579	
纺织业	Manufacture of Textile	462016	12363
纺织服装、服饰业	Manufacture of Textile Wearing Apparel,Clothing	489580	2136
皮革、毛皮、羽毛及其制品和制鞋业	Manufacture of Leather, Fur, Feather and Related Products, Footware	288399	775
木材加工和木、竹、藤、棕、草制品业	Processing of Timber, Manufacture of Wood, Bamboo, Rattan, Palm and Straw Products	228535	7208
家具制造业	Manufacture of Furniture	61906	71

continued

利润税金总额（万元）Total Profits and Taxes (10000 yuan)	企业亏损面（%）Ratio to Loss Enterprises (%)	经济效益综合指数（%）Aggregate Index of Economic Efficiency (%)	总资产贡献率（%）Ratio of Total Assets to Output Value (%)	资本保值增值率（%）Changing Rate of Net Assets (%)	资产负债率（%）Assets-Liability Ratio (%)	流动资产周转率（次）Ratio of Turnover Working Capitals (time)
21297573	**5.95**	**298.28**	**21.42**	**113.25**	**55.81**	**4.45**
2906647	17.22	256.45	14.57	110.98	58.35	2.43
1047606	19.05	435.87	34.32	130.29	61.19	2.09
1859041	17.02	237.77	10.96	108.47	57.88	2.47
129152	3.80	325.48	41.60	104.76	47.28	7.29
291140	4.59	391.09	45.36	102.61	28.92	7.67
35422	10.00	313.64	20.16	103.43	34.75	6.74
5193464	6.86	305.80	17.93	117.33	62.24	4.18
1273647	8.18	313.19	14.22	125.61	58.50	3.07
8665784	3.99	382.43	39.54	117.63	45.88	8.16
1585552	6.25	246.62	21.52	102.74	46.67	5.40
1207515	13.95	249.52	12.07	98.77	60.42	3.10
9252		628.43	57.65	133.13		23.18
4418226	17.19	264.58	11.42	106.93	64.74	2.43
7537119	4.72	301.27	32.64	117.65	45.97	6.07
13760454	6.82	314.45	18.15	111.58	58.81	4.00
5365520	10.07	246.16	12.61	109.51	61.52	2.58
5390002	7.44	272.83	21.85	107.38	54.15	4.84
10509346	5.47	384.68	33.83	122.23	49.50	7.38
32706	8.51	361.81	18.91	78.33		4.26
383900	4.88	204.91	24.95	78.49	66.76	4.34
279778	4.17	438.15	45.15	93.63	52.35	7.64
544286	10.34	311.37	28.22	94.74	53.51	3.93
143784	6.52	319.74	29.41	112.91	38.42	5.26
747349	4.19	426.97	24.68	127.01	50.80	6.91
390231	7.80	324.17	30.99	114.28	44.68	6.93
379468	6.12	272.40	25.65	117.57	61.18	3.12
977988		740.53	102.38	131.19	21.95	1.90
646580	6.57	318.84	34.80	113.98	50.63	7.79
721625	2.98	329.87	44.69	128.46	34.86	9.54
404415	4.32	305.93	44.85	111.33	31.91	10.60
330276	5.00	311.94	32.09	122.85	39.37	7.58
99627	3.80	312.91	38.51	128.61	48.91	7.81

13-8 续表3

单位：万元

项目	Item	#盈利企业的利润额 Profits of Profit-making Enterprises	#亏损企业的亏损额 Losses of Loss Enterprises
造纸和纸制品业	Manufacture of Paper and Paper Products	182510	1518
印刷和记录媒介复制业	Printing, Reproduction of Recording Media	123938	94
文教、工美、体育和娱乐用品制造业	Manufacture of Articles For Culture, Education Art , Sport & Entertainment Activities	221232	692
石油加工、炼焦和核燃料加工业	Processing of Petroleum,Coking,Processing of Nuclear Fuel	46728	108353
化学原料和化学制品制造业	Manufacture of Raw Chemical Materials and Chemical Products	1290477	26046
医药制造业	Manufacture of Medicines	563730	2694
化学纤维制造业	Manufacture of Chemical Fibers	18319	23938
橡胶和塑料制品业	Manufacture of Rubber & Plastics	298388	1019
非金属矿物制品业	Manufacture of Non-metallic Mineral Products	1713888	19697
黑色金属冶炼和压延加工业	Smelting and Pressing of Ferrous Metals	258740	283445
有色金属冶炼和压延加工业	Smelting and Pressing of Non-ferrous Metals	2077131	73099
金属制品业	Manufacture of Metal Products	258349	5214
通用设备制造业	Manufacture of General Purpose Machinery	308000	5443
专用设备制造业	Manufacture of Special Purpose Machinery	238845	90
汽车制造业	Manufacture of Automotive	537302	11254
铁路、船舶、航空航天和其他运输设备制造业	Manufacture of Railway,Shipping, Aerospace & Other transort Equipment	98027	3426
电气机械和器材制造业	Manufacture of Electrical Machinery and Equipment	866360	18175
计算机、通信和其他电子设备制造业	Manufacture of Communication Equipment, Computers and other Electronic Equipment	397301	5504
仪器仪表制造业	Manufacture of Measuring Instruments Apparatus	68561	294
其他制造业	Other Manufacturing	23744	91
废弃资源综合利用业	Recycling and Disposal of Waste	29747	2115
金属制品、机械和设备修理业	Repairment of Metal Products, Machinery & Equipment	2619	
电力、热力生产和供应业	Production and Supply of Electric Power and Heat Power	209084	82060
燃气生产和供应业	Production and Supply of Gas	54649	3969
水的生产和供应业	Production and Supply of Water	49960	3618
按地区分	**By Region**		
南昌市	Nanchang	2147198	98143
景德镇市	Jingdezhen	383080	18861
萍乡市	Pingxiang	1588671	41174
九江市	Jiujiang	1824364	280601
新余市	Xinyu	558956	199829
鹰潭市	Yingtan	1000590	21600
赣州市	Ganzhou	1025699	35144
吉安市	Ji'an	1509882	3108
宜春市	Yichun	1938682	21634
抚州市	Fuzhou	415660	13583
上饶市	Shangrao	1113767	21783

continued

(10000 yuan)

利润税金总额(万元) Total Profits and Taxes (10000 yuan)	企业亏损面(%) Ratio to Loss Enterprises (%)	经济效益综合指数(%) Aggregate Index of Economic Efficiency (%)	总资产贡献率(%) Ratio of Total Assets to Output Value (%)	资本保值增值率(%) Changing Rate of Net Assets (%)	资产负债率(%) Assets-Liability Ratio (%)	流动资产周转率(次) Ratio of Turnover Working Capitals (time)
263787	4.20	305.73	24.22	97.60	51.57	6.25
163559	5.33	308.41	23.83	134.97	26.32	5.16
325080	3.91	307.53	39.51	116.95	38.54	8.79
493545	16.67	503.77	23.29	228.56	71.80	4.38
1910339	4.60	327.72	19.38	102.40	56.83	3.94
942582	5.45	305.78	29.33	112.31	44.89	4.36
4426	20.00	226.96	1.95	72.40	83.27	1.86
424166	3.54	360.17	39.75	107.90	36.05	8.73
2409067	5.61	316.83	29.55	112.03	47.33	5.29
235017	17.59	332.21	5.74	121.72	67.18	4.39
3364225	8.20	567.86	19.77	117.32	53.83	4.00
379786	6.63	364.75	33.76	107.33	42.85	7.00
425854	8.25	275.92	22.09	107.80	54.38	3.68
344786	0.71	302.20	30.72	110.69	44.99	5.78
840697	4.52	280.34	17.70	113.80	56.46	2.44
116621	10.87	188.11	3.81	82.47	73.16	1.03
1194187	4.37	302.97	19.98	123.64	51.83	4.75
581368	8.33	248.89	23.63	127.59	46.17	5.95
97267	3.85	242.06	20.87	105.34	44.61	3.15
34877	8.57	285.71	37.56	114.44	37.16	7.64
49452	6.90	394.60	21.61	111.52	47.90	5.72
3499		623.04	99.35	45.22	69.11	21.81
513782	10.96	312.31	8.25	102.87	80.76	4.24
72746	16.67	329.07	19.23	117.03	53.33	4.85
57552	27.27	176.42	6.97	113.39	52.52	1.21
3911432	8.07	292.49	17.42	117.26	55.52	3.42
654754	5.14	260.42	10.52	107.67	70.60	2.45
2220959	2.01	414.04	50.96	127.25	38.03	11.15
2702426	5.67	335.15	25.70	142.16	56.06	6.71
702716	7.07	307.51	7.99	92.36	66.16	2.82
1408109	5.98	445.44	11.86	125.12	52.75	3.29
1817260	10.67	257.91	19.78	107.87	59.15	3.57
2340609	1.80	404.20	43.32	102.64	38.73	12.22
2878926	4.03	302.39	33.89	100.24	55.45	5.59
692899	5.08	299.66	24.06	106.80	54.88	6.38
1867483	7.71	341.10	27.48	108.14	52.83	0.94

13-8 续表4

项目	Item	成本费用利润率(%) Ratio of Profits to Cost (%)	全员劳动生产率(元/人) Overall Labor Productivity (yuan/person)
总计	**Total**	**6.33**	**247387**
按登记注册类型及隶属关系分	**By Registration Status and Jurisdiction of Management**		
国有企业	State-owned Enterprises	5.21	239734
中央企业	Central Enterprises	11.89	434993
地方企业	Local Enterprises	4.70	223142
集体企业	Collective-owned Enterprises	9.60	165348
股份合作企业	Cooperative Enterprises	13.02	234782
联营企业	Joint Ownership Enterprises	15.61	183761
有限责任公司	Limited Liability Corporations	5.51	280321
股份有限公司	Share-holding Corporations Limited	3.26	333303
私营企业	Private Enterprises	7.77	259931
港、澳、台商投资企业	Enterprises with Funds from Hong Kong,Macao and Taiwan	6.64	146771
外商投资企业	Foreign Funded Enterprises	5.84	224140
其他经济类型	Other Economic Types	2.36	395293
#国有控股企业	State-owned Holding Enterprises	3.44	277280
按轻、重工业分	**Grouped by Light & Heavy Industries**		
轻工业	Light Industry	7.94	180407
重工业	Heavy Industry	5.69	295679
按企业规模分	**Grouped by Size of Enterprises**		
大型企业	Large Enterprises	4.05	234590
中型企业	Medium-sized Enterprises	7.25	193336
小型企业	Small Enterprises	7.31	295797
微型企业	Miniature Enterprises	4.60	386026
按工业行业分	**Grouped by Sector**		
#煤炭开采和洗选业	Mining and Washing of Coal	11.95	60202
黑色金属矿采选业	Mining and Processing of Ferrous Metal Ores	10.98	328240
有色金属矿采选业	Mining and Processing of Non-Ferrous Metal Ores	11.12	230837
非金属矿采选业	Mining and Processing of Nonmetal Ores	7.60	236866
农副食品加工业	Processing of Food from Agricultural Products	5.43	412131
食品制造业	Manufacture of Foods	8.34	207375
饮料制造业	Manufacture of Wine, Beverages & refined tea	11.35	181951
烟草制品业	Manufacture of Tobacco	40.30	553323
纺织业	Manufacture of Textile	7.99	175126
纺织服装、鞋、帽制造业	Manufacture of Textile Wearing Apparel,Clothing	7.16	136419
皮革、毛皮、羽毛(绒)及其制品业	Manufacture of Leather, Fur, Feather and Related Products, Footware	9.62	67447
木材加工及木、竹、藤、棕、草制品业	Processing of Timber, Manufacture of Wood, Bamboo, Rattan, Palm and Straw Products	7.77	174879
家具制造业	Manufacture of Furniture	5.89	163356

continued

产品销售率 (%) Proportion of Products Sold (%)	全部从业人员年平均人数 (人) Annual Average Empolyed Persons (person)	产值利税率 (%) Ratio of Profits and Taxes to Output Value (%)	销售利税率 (%) Ratio of Profits and Taxes to Sales (%)	人均实现利税 (元) Profits and Taxes Per Capita (yuan)	人均实现利润 (元) Profits Per Capita (yuan)	人均实现工业增加值 (元) Added Value of Industry Per Capita (yuan)
99.25	**2090307**	**10.23**	**9.56**	**101887**	**61479**	**233708**
99.74	201165	14.98	9.81	144491	71727	247861
100.49	15755	37.99	37.87	664936	148289	7821393
99.61	185410	11.17	6.92	100266	65221	2024615
98.93	14393	13.49	13.66	89733	52900	1987040
99.43	20325	15.16	15.26	143242	101801	2479814
98.95	2812	17.03	16.84	125967	99716	2325100
99.30	520571	8.84	8.67	99765	58337	2576398
97.58	106246	8.94	8.70	119877	41160	2837420
99.36	765399	10.82	10.55	113219	74714	2438019
99.18	287765	9.33	9.06	55099	36922	1481478
99.50	170310	7.86	7.73	70901	49150	2129822
101.56	1321	4.40	4.36	70038		744071
99.18	379236	10.44	8.29	116503	45648	2700105
98.99	875708	11.98	11.58	86069	52491	187304
99.37	1214599	9.58	8.73	113292	67960	267164
99.88	552068	1.03	8.38	97189	43705	228116
98.70	660453	1.05	10.28	81611	52200	183257
99.22	874794	1.01	9.94	120135	79685	274339
98.00	2992	7.04	7.04	109311		522444
98.99	86399	18.59	18.98	44433	23947	1129010
99.82	14227	14.21	14.58	196653	125270	4029849
98.54	37797	13.88	15.20	144002	93911	4585296
100.30	11744	10.00	12.62	122432	65664	3510584
99.23	68287	6.60	6.51	109442	84484	3170756
99.19	40995	10.86	11.05	95190	64142	2216184
97.56	29854	18.14	17.39	127108	70942	2282332
100.00	6139	71.55	71.63	1593074	356050	16832085
99.25	84113	10.45	10.27	76870	53458	1716129
98.60	134415	9.94	9.64	53686	36264	1383289
99.85	117802	13.00	12.10	34330	24416	874712
99.07	44011	10.99	10.27	75044	50289	1618229
99.26	17081	8.02	8.61	58326	36201	1505881

13-8 续表5

项　　目	Item	成本费用利润率(%) Ratio of Profits to Cost (%)	全员劳动生产率(元/人) Overall Labor Productivity (yuan/person)
造纸和纸制品业	Manufacture of Paper and Paper Products	7.79	216084
印刷和记录媒介复制业	Printing, Reproduction of Recording Media	11.4	208762
文教、工美、体育和娱乐用品制造业	Manufacture of Articles For Culture, Education Art , Sport &s Entertainment Activitie	8.79	119955
石油加工、炼焦和核燃料加工业	Processing of Petroleum,Coking,Processing of Nuclear Fuel	-1.31	609794
化学原料和化学制品制造业	Manufacture of Raw Chemical Materials and Chemical Products	7.42	306225
医药制造业	Manufacture of Medicines	8.18	225766
化学纤维制造业	Manufacture of Chemical Fibers	-0.84	297512
橡胶和塑料制品业	Manufacture of Rubber & Plastics	8.16	212956
非金属矿物制品业	Manufacture of Non-metallic Mineral Products	11.77	205486
黑色金属冶炼和压延加工业	Smelting and Pressing of Ferrous Metals	-0.2	394888
有色金属冶炼和压延加工业	Smelting and Pressing of Non-ferrous Metals	4.49	715189
金属制品业	Manufacture of Metal Products	6.79	276013
通用设备制造业	Manufacture of General Purpose Machinery	7.94	212023
专用设备制造业	Manufacture of Special Purpose Machinery	8.98	187456
汽车制造业	Manufacture of Automotive	8.16	250059
铁路、船舶、航空航天和其他运输设备制造业	Manufacture of Railway,Shipping, Aerospace & Other transort Equipment	4.09	203130
电气机械和器材制造业	Manufacture of Electrical Machinery and Equipment	6.51	251050
计算机、通信和其他电子设备制造业	Manufacture of Communication Equipment, Computers and Other Electronic Equipment	5.9	133742
仪器仪表制造业	Manufacture of Measuring Instruments Apparatus	9.29	160230
其他制造业	Other Manufacturing	6.89	121250
废弃资源综合利用业	Recycling and Disposal of Waste	5.55	390189
金属制品、机械和设备修理业	Repairment of Metal Products, Machinery & Equipment	18.25	205264
电力、热力生产和供应业	Production and Supply of Electric Power and Heat Power	1.45	357280
燃气生产和供应业	Production and Supply of Gas	14.31	248356
水的生产和供应业	Production and Supply of Water	15.97	83860
按地区分	**By region**		
南 昌 市	Nanchang	5.84	269222
景德镇市	Jingdezhen	4.27	270500
萍 乡 市	Pingxiang	13.95	187545
九 江 市	Jiujiang	6.25	252061
新 余 市	Xinyu	2.59	361408
鹰 潭 市	Yingtan	3.85	551197
赣 州 市	Ganzhou	5.03	209794
吉 安 市	Ji'an	8.72	215610
宜 春 市	Yichun	10.37	174586
抚 州 市	Fuzhou	4.23	224693
上 饶 市	Shangrao	6.18	282649

continued

产品销售率 (%) Proportion of Products Sold (%)	全部从业人员年平均人数 (人) Annual Average Empolyed Persons (person)	产值利税率 (%) Ratio of Profits and Taxes to Output Value (%)	销售利税率 (%) Ratio of Profits and Taxes to Sales (%)	人均实现利税 (元) Profits and Taxes Per Capita (yuan)	人均实现利润 (元) Profits Per Capita (yuan)	人均实现工业增加值 (元) Added Value of Industry Per Capita (yuan)
98.96	29253	10.01	10.16	90174	61871	2215282
98.97	14832	12.16	12.93	110274	83498	3063334
99.44	56189	12.42	11.50	57855	39250	1292473
99.50	20840	10.59	9.61	236826	-29571	3254693
99.11	149715	11.19	10.16	127598	84456	2791946
97.89	81131	13.17	12.43	116180	69152	2313139
97.52	5303	0.65	0.67	8346	-10596	2623579
99.43	45876	11.06	10.48	92459	64820	1924163
99.62	200106	14.47	14.20	120390	84665	2229419
99.91	72880	2.02	1.88	32247	-3390	2444075
98.57	129956	8.80	7.12	258874	154209	5144429
98.90	36872	8.92	9.21	103001	68652	2518321
99.24	49100	9.58	10.07	86732	61621	2003324
99.10	39934	11.30	11.50	86339	59787	1900374
100.84	66057	12.58	11.88	127268	79635	2567201
98.10	32032	4.74	4.54	36408	29533	1927755
99.66	138891	9.22	8.32	85980	61068	1994231
101.26	129153	7.74	7.93	45014	30336	1377913
101.59	12408	10.17	12.03	78391	55019	2119603
98.99	7618	10.69	9.39	45782	31049	1176248
99.52	3499	9.33	9.11	141332	78971	3160074
100.00	208	4.46	20.37	168221	125913	5778846
99.95	62136	5.72	5.62	82687	20443	3610870
97.38	4007	16.26	17.06	181547	126479	3374417
97.81	9447	18.51	18.07	60921	49055	1752864
98.67	353300	10.22	10.15	110711	57998	273779
98.41	88970	6.76	6.92	73593	40937	248205
99.69	176395	16.68	16.57	125908	87729	192006
100.25	273960	10.08	9.66	102293	60000	226780
99.60	94828	5.10	4.90	74104	37871	307267
99.92	75138	8.45	5.34	187403	130292	375916
97.50	254745	8.45	8.68	71336	38884	222564
99.16	210161	12.84	11.69	111372	71696	199317
100.15	287943	14.23	13.48	99982	66577	176615
99.00	114047	6.72	6.83	60756	35255	204572
99.54	160820	10.21	9.79	116123	67901	242354

13-9 规模以上国有控股工业企业经济指标

指　　标	Item	2000	2001	2002
企业单位数(个)	Number of Enterprises (unit)	2506	1981	1519
#亏损企业	Loss Enterprises	1053	826	639
资产总计(万元)	Total Assets (10000 yuan)	16329797	16880605	17046385
流动资产合计(万元)	Total Working Capitals (10000 yuan)	6429562	6386346	6711016
负债总计(万元)	Total Liabilities (10000 yuan)	11278672	11320340	11421660
所有者权益(万元)	Owners' Equity (10000 yuan)	4981017	5479285	5431649
主营业务收入(万元)	Revenue from Principal Business (10000 yuan)	7221113	7463900	8484138
#主营业务税金及附加	Taxes and Other Charges on Principal Business	200331	225670	262013
营业费用	Operating Expenses	221515	243865	282917
利润总额(万元)	Total Profits (10000 yuan)	84322	78683	133192
利润和税金总额(万元)	Total Profits and Taxes (10000 yuan)	672393	726457	854150
全部从业人员年平均人数(人)	Annual Average Empolyed Persons (person)	889644	759204	661102
工业总产值(万元)	Gross Industrial Output Value (10000 yuan)	7373147	7685343	8678614
工业增加值(万元)	Value Added of Industry (10000 yuan)	2148119	2377795	2703277
总资产贡献率(%)	Ratio of Total Assets to Output value (%)	5.94	5.87	6.63
资本保值增值率(%)	Changing Rate of Net Assets (%)	106.21	110.00	99.13
资产负债率(%)	Assets-Liability Ratio (%)	69.07	67.06	67.00
流动资产周转率(次)	Ratio of Turnover Working Capitals (time)	1.15	1.17	1.30
成本费用利润率(%)	Ratio of Profits to Cost (%)	1.20	1.08	1.62
全员劳动生产率(元／人)	Overall Labor Productivity (yuan/person)	24146	31320	40890
产品销售率(%)	Proportion of Products Sold (%)	97.67	98.27	98.34
工业经济效益综合指数(%)	Aggregate Index of Industrial Economic Efficiency (%)	78.28	83.43	92.55

Enterprises above Designated Size

2003	2004	2005	2006	2007	2008	2009	2010	2011	2012
1071	1228	804	706	563	558	543	533	416	448
407	487	275	211	132	167	113	90	74	77
17829549	18535069	19449500	22034893	25536051	27779963	30315254	35482546	42925158	46411368
7383855	7049250	7746481	9484535	10740181	11648204	11717577	16005336	21066012	22800469
12371281	12892114	13494055	14642855	16628458	17686025	18992890	22320360	27614627	30047050
5222322	5625517	5655984	7106514	8907593	10093937	11322364	13162186	15310531	16364318
9980005	12766815	15262090	19498190	24560686	27229935	26985648	37613661	47141803	53286792
288983	321418	359035	417856	494431	546687	903562	1019678	1123696	1319693
297947	306376	340005	395913	456021	481064	551091	651394	690800	740713
262938	373966	571611	1066988	1267392	376295	829164	1456208	1898016	1731126
1072265	1313172	1622508	2421762	2712624	1919325	2737783	3613390	4356644	4418226
565081	498973	470614	461026	423776	407662	397412	404799	388639	379236
9466047	12788918	15315489	19697841	23304461	25881696	25068428	34063560	41832435	42315683
2835212	3438354	4167351	5326312	6233268	6803306	6295047	8675555	10191877	10239771
7.53	8.33	9.74	12.39	12.00	9.07	10.91	12.16	12.39	11.42
96.15	107.72	100.54	97.20	125.34	114.57	113.81	114.85	108.81	106.93
69.39	69.56	69.38	66.45	65.12	63.66	62.65	62.91	64.33	64.74
1.44	1.83	2.01	2.24	2.51	2.32	2.24	2.56	2.48	2.43
2.76	3.10	4.00	5.98	5.60	1.43	3.29	4.14	4.29	3.44
50174	68909	88551	115532	147089	186782	185579	247567	267481	277280
98.79	98.82	99.49	99.10	98.69	99.24	98.73	99.05	98.61	99.18
104.49	123.96	142.87	174.30	198.01	198.06	207.17	253.53	264.48	264.58

13-10 国有控股工业企业主要经济指标（2012年）

单位：万元

项 目	Item	企业单位数（个）Number of Enterprises (unit)	#亏损企业 Loss Enterprises	工业总产值 Gross Industrial Output Value
总 计	**Total**	**448**	**77**	**42315683**
按登记注册类型及隶属关系分	**By Registration Status and Jurisdiction of Management**			
国有企业	State-owned Enterprises	209	36	19406902
中央企业	Central Enterprises	21	4	2758874
地方企业	Local Enterprises	188	32	16649029
集体企业	Collective-owned Enterprises			
股份合作企业	Cooperative Enterprises	5		206283
联营企业	Joint Ownership Enterprises	4	1	114464
有限责任公司	Limited Liability Corporations	186	33	15033685
股份有限公司	Share-holding Corporations Limited	25	4	6141981
私营企业	Private Enterprises	1		2827
港、澳、台商投资企业	Enterprises with Funds from Hong Kong, Macao and Taiwan	7	1	337753
外商投资企业	Foreign Funded Enterprises	11	2	1071789
按轻、重工业分	**Grouped by Light & Heavy Industries**			
轻工业	Light Industry	91	13	4022601
重工业	Heavy Industry	357	64	38293083
按企业规模分	**Grouped by Size of Enterprises**			
大型企业	Large Enterprises	39	10	28545706
中型企业	Medium-sized Enterprises	193	27	7882960
小型企业	Small Enterprises	213	40	5865637
微型企业	Miniature Enterprises	3		21380
按工业行业分	**Grouped by Sector**			
煤炭开采和洗选业	Mining and Washing of Coal	15	6	634917
黑色金属矿采选业	Mining and Processing of Ferrous Metal Ores	2		22914
有色金属矿采选业	Mining and Processing of Non-Ferrous Metal Ores	25	1	925362
非金属矿采选业	Mining and Processing of Nonmetal Ores	8	3	157928
农副食品加工业	Processing of Food from Agricultural Products	9		232675
食品制造业	Manufacture of Foods	8	1	133535
酒、饮料和精制茶制造业	Manufacture of Wine, Beverages & refined tea	5		108408
烟草制品业	Manufacture of Tobacco	2		1278033
纺织业	Manufacture of Textile	3	1	35432
纺织服装、服饰业	Manufacture of Textile Wearing Apparel,Clothing	9	1	436100
木材加工和木、竹、藤、棕、草制品业	Processing of Timber, Manufacture of Wood, Bamboo, Rattan, Palm and Straw Products	2	1	28031

Main Indicators of State-holding Industrial Enterprises (2012)

(10000 yuan)

工业增加值 Value Added of Industry	主营业务收入 Revenue from Principal Business	主营业务税金及附加 Taxes and Other Charges on Principal Business	主营业务成本 Cost of Principal Business	营业费用 Operating Expenses	资产合计 Total Assets	流动资产 Total Working Capitals	#产成品 Finished Products
10239771	**53286792**	**1319693**	**47580169**	**740713**	**46411368**	**22800469**	**1431681**
4986099	29627320	765020	26266134	412904	22663740	12618461	604057
1232260	2766374	609809	1726978	33315	3275763	1250339	39405
3753839	26860946	155212	24539155	379589	19387977	11368123	564652
63154	203939	1561	164941	4666	298717	138033	5280
35813	115886	360	89119	287	160904	22611	3718
3592897	15668019	74778	14360332	168669	17436200	7353832	435776
1272526	6300379	474300	5474202	127183	4264168	2134424	327986
778	2827		2584	30	367	332	20
63998	317629	861	274956	15786	402385	177066	20643
224507	1050793	2814	947901	11188	1184887	355710	34202
1744253	4118676	625598	2670426	217502	4180905	2010270	180221
8495518	49168115	694095	44909743	523211	42230463	20790200	1251461
6892826	39650806	1242398	35570580	547691	32577155	18054435	941789
2040593	7798169	48220	6821594	123755	8696054	2957705	282311
1300107	5815405	29006	5169872	68996	5124640	1786208	207548
6244	22412	70	18123	271	13519	2121	33
299935	597288	8124	485382	8643	1110515	300201	5811
6673	20826	351	14260	717	22494	14982	625
435813	955590	13940	726921	6027	1162498	446887	204059
52374	89736	3682	74342	1772	57638	29097	626
38721	230123	755	206372	2738	90897	27908	5493
33395	170313	2631	129437	12681	194713	55812	6737
40654	106035	11119	74954	9666	151103	69401	2261
965422	1276618	601441	418845	23862	926567	666791	22782
8219	54411	244	51136	916	44980	26686	10839
106845	426114	918	372339	20231	174875	140903	65522
6130	29381	23	27620	557	24954	9838	2938

13-10 续表1

单位：万元

项目	Item	企业单位数（个）Number of Enterprises (unit)	#亏损企业 Loss Enterprises	工业总产值 Gross Industrial Output Value
造纸和纸制品业	Manufacture of Paper and Paper Products	3		368269
印刷和记录媒介复制业	Printing, Reproduction of Recording Media	10		260499
文教、工美、体育和娱乐用品制造业	Manufacture of Articles For Culture, Education Art , Sport & Entertainment Activities	1		98988
石油加工、炼焦和核燃料加工业	Processing of Petroleum,Coking,Processing of Nuclear Fuel	3	2	3831008
化学原料和化学制品制造业	Manufacture of Raw Chemical Materials and Chemical Products	25	5	1484380
医药制造业	Manufacture of Medicines	11	2	637344
橡胶和塑料制品业	Manufacture of Rubber & Plastics	5	1	64357
非金属矿物制品业	Manufacture of Non-metallic Mineral Products	47	6	1725329
黑色金属冶炼和压延加工业	Smelting and Pressing of Ferrous Metals	7	3	3271910
有色金属冶炼和压延加工业	Smelting and Pressing of Non-ferrous Metals	32	10	10257672
金属制品业	Manufacture of Metal Products	4		219912
通用设备制造业	Manufacture of General Purpose Machinery	11	4	1083807
专用设备制造业	Manufacture of Special Purpose Machinery	11		400937
汽车制造业	Manufacture of Automotive	8	1	3497807
铁路、船舶、航空航天和其他运输设备制造业	Manufacture of Railway,Shipping, Aerospace & Other transort Equipment	10	1	1382022
电气机械和器材制造业	Manufacture of Electrical Machinery and Equipment	10	1	527390
计算机、通信和其他电子设备制造业	Manufacture of Communication Equipment, Computers and Other Electronic Equipment	7	3	108225
仪器仪表制造业	Manufacture of Measuring Instruments Apparatus	4		62812
废弃资源综合利用业	Recycling and Disposal of Waste	3		6458
电力、热力生产和供应业	Production and Supply of Electric Power and Heat Power	119	16	8713287
燃气生产和供应业	Production and Supply of Gas	7	2	111501
水的生产和供应业	Production and Supply of Water	22	6	192334
按地区分	**By Region**			
南昌市	Nanchang	89	15	12492705
景德镇市	Jingdezhen	30	6	3805909
萍乡市	Pingxiang	14	3	643007
九江市	Jiujiang	61	9	5064113
新余市	Xinyu	22	7	3894759
鹰潭市	Yingtan	15	3	8158412
赣州市	Ganzhou	75	14	3393708
吉安市	Ji'an	40	3	1065896
宜春市	Yichun	34	5	1601586
抚州市	Fuzhou	25	5	422239
上饶市	Shangrao	43	7	1773349

continued

(10000 yuan)

工业增加值 Value Added of Industry	主营业务收入 Revenue from Principal Business	主营业务税金及附加 Taxes and Other Charges on Principal Business	主营业务成本 Cost of Principal Business	营业费用 Operating Expenses	资产合计 Total Assets	流动资产 Total Working Capitals	#产成品 Finished Products
93238	375237	999	320839	8482	367289	121541	14298
88517	266787	1082	183156	3211	403898	150061	6798
25004	98347	75	90604	3045	18026	8511	641
561353	4346137	459859	3827791	62009	2209621	1019324	122586
323103	984207	5344	867900	17900	584009	339394	46109
185205	828858	4334	613616	121348	840324	472733	38103
14925	30230	162	24922	674	23921	14539	870
534445	1872933	10591	1550864	52100	2033511	885872	57506
482068	4097122	6891	4057431	39091	3775960	1741101	138490
1936504	19825566	62669	18801295	63216	11852709	7850629	291391
43225	78199	542	67381	1476	57423	39312	9837
208203	998580	4050	865025	22987	966247	611331	114816
93209	189558	1251	152478	6191	172167	97684	7298
853492	4063316	77560	3296098	206947	3909013	2414032	161033
302612	1387119	1199	1262087	5325	3132135	2334019	10898
131154	518543	3495	452696	18929	689627	390521	48777
20144	99117	179	68572	2408	203547	129662	32459
18619	51233	263	39016	2961	69217	33312	1942
1295	13616	67	10375	91	61217	13442	43
2189485	8889212	33404	8209603	865	10018549	2109760	
33707	116137	1063	94742	6487	203548	43398	
105125	200303	1387	142069	7162	858178	191789	95
3916432	13035926	702310	10459222	357715	14196705	6529950	382276
742543	3732582	20322	3338823	110567	5084444	3319969	231210
206135	600307	6275	508094	16168	855744	240976	20775
1023990	5187319	461372	4527154	40847	2682922	965438	151201
641586	4528305	9850	4447488	48024	4329168	1871639	130517
1538004	17735705	54732	16877829	56922	11035527	7051825	142505
904783	3288034	34687	2943534	25860	2528347	1214109	292041
257646	1084032	7456	927648	16043	1369638	285409	11856
441151	1610159	11005	1352184	22195	1876289	491653	18663
129833	427062	2110	373007	15607	425426	126325	9960
437668	2057361	9574	1825185	30765	2027159	703178	40678

13-10 续表2

项目	Item	负债合计 (万元) Total Liabilities (10000 yuan)	所有者权益合计 (万元) Total Owners' Equities (10000 yuan)	利润总额 (万元) Total Profits (10000 yuan)
总计	**Total**	**30047050**	**16364318**	**1731126**
按登记注册类型及隶属关系分	**By Registration Status and Jurisdiction of Management**			
国有企业	State-owned Enterprises	13225366	9438374	1442888
中央企业	Central enterprises	2004461	1271302	233630
地方企业	Local enterprises	11220905	8167072	1209258
集体企业	Collective-owned Enterprises			
股份合作企业	Cooperative Enterprises	87023	211694	20815
联营企业	Joint Ownership Enterprises	56169	104735	16089
有限责任公司	Limited Liability Corporations	13101146	4335054	192380
股份有限公司	Share-holding Corporations Limited	2703981	1560187	16373
私营企业	Private Enterprises	161	206	166
港、澳、台商投资企业	Enterprises with Funds from Hong Kong,Macao and Taiwan	178485	223900	9893
外商投资企业	Foreign Funded Enterprises	694718	490169	32522
按轻、重工业分	**Grouped by Light & Heavy Industries**			
轻工业	Light Industry	1902343	2278562	352095
重工业	Heavy Industry	28144707	14085756	1379031
按企业规模分	**Grouped by Size of Enterprises**			
大型企业	Large Enterprises	20715382	11861773	1073476
中型企业	Medium-sized Enterprises	5880517	2815537	428004
小型企业	Small Enterprises	3440662	1683978	226438
微型企业	Miniature Enterprises	10489	3030	3208
按工业行业分	**Grouped by Sector**			
煤炭开采和洗选业	Mining and Washing of Coal	922686	187829	14457
黑色金属矿采选业	Mining and Processing of Ferrous Metal Ores	9025	13469	2435
有色金属矿采选业	Mining and Processing of Non-Ferrous Metal Ores	643280	519218	161637
非金属矿采选业	Mining and Processing of Nonmetal Ores	35751	21887	4345
农副食品加工业	Processing of Food from Agricultural Products	33685	57212	14937
食品制造业	Manufacture of Foods	121155	73558	13115
酒、饮料和精制茶制造业	Manufacture of Wine, Beverages & refined tea	92210	58893	9076
烟草制品业	Manufacture of Tobacco	213206	713361	150206
纺织业	Manufacture of Textile	97214	-52234	-1209
纺织服装、服饰业	Manufacture of Textile Wearing Apparel,Clothing	116006	58869	21223
木材加工和木、竹、藤、棕、草制品业	Processing of Timber, Manufacture of Wood, Bamboo, Rattan, Palm and Straw Products	19593	5361	-168

continued

		利润税金总额（万元）Total Profits and Taxes (10000 yuan)	企业亏损面 (%) Ratio to Loss Enterprises (%)	经济效益综合指数 (%) Aggregate Index of Economic Efficiency (%)	总资产贡献率 (%) Ratio of Total Assets to Output Value (%)	资本保值增值率 (%) Changing Rate of Net Assets (%)	资产负债率 (%) Assets-Liability Ratio (%)
#盈利企业的利润额 Profits of Profit-making Enterprises	#亏损企业的亏损额 Losses of Loss Enterprises						
2188668	**457542**	**4418226**	**17.19**	**264.58**	**11.42**	**106.93**	**64.74**
1494067	51179	2906647	17.22	256.45	14.57	110.98	58.35
247873	14243	1047606	19.05	435.87	34.32	130.29	61.19
1246193	36935	1859041	17.02	237.77	10.96	108.47	57.88
				12.00			
20815		35337		255.80	12.76	107.81	29.13
17478	1389	18273	25.00	283.84	12.27	102.37	34.91
459383	267003	758411	17.74	244.31	6.66	102.29	75.14
141499	125126	618611	16.00	372.41	15.40	114.40	63.41
166		239		555.01	130.25	528.21	43.87
15687	5794	17171	14.29	238.08	5.32	102.27	44.36
38316	5794	63537	18.18	511.54	7.61	72.11	58.63
361595	9500	1210562	14.29	287.59	30.93	112.95	45.50
1827073	448042	3207664	17.93	264.62	9.48	106.01	66.65
1376123	302647	3249740	25.64	281.26	11.58	107.45	63.59
517799	89795	737058	13.99	215.84	10.60	96.13	67.62
291538	65100	427707	18.78	314.98	11.77	126.28	67.14
3208		3721		372.12	29.68	117.03	77.59
33653	19196	78043	40.00	86.55	8.16	51.48	83.09
2435		4227		219.17	19.86	83.17	40.12
161851	214	239398	4.00	255.35	22.08	83.19	55.34
5419	1074	9855	37.50	249.51	18.78	87.96	62.03
14937		18245		373.15	22.68	117.19	37.06
14944	1829	20846	12.50	203.09	12.79	95.36	62.22
10905	1829	25847		203.82	19.55	110.76	61.02
150206		897062		668.23	98.23	118.67	23.01
2164	3373	1196	33.33	48.20	3.05	106.66	216.13
21243	20	32438	11.11	272.48	20.68	212.35	66.34
89	257	60	50.00	147.73	2.05	83.13	78.52

13-10 续表3

项目	Item	负债合计（万元）Total Liabilities (10000 yuan)	所有者权益合计（万元）Total Owners' Equities (10000 yuan)	利润总额（万元）Total Profits (10000 yuan)
造纸和纸制品业	Manufacture of Paper and Paper Products	214204	153085	25707
印刷和记录媒介复制业	Printing, Reproduction of Recording Media	88028	315870	49615
文教、工美、体育和娱乐用品制造业	Manufacture of Articles For Culture, Education Art , Sport & Entertainment Activities	9015	9011	1933
石油加工、炼焦和核燃料加工业	Processing of Petroleum,Coking,Processing of Nuclear Fuel	1643745	565876	-101595
化学原料和化学制品制造业	Manufacture of Raw Chemical Materials and Chemical Products	329144	254865	43074
医药制造业	Manufacture of Medicines	383238	457086	39563
橡胶和塑料制品业	Manufacture of Rubber & Plastics	12669	11252	935
非金属矿物制品业	Manufacture of Non-metallic Mineral Products	1108784	924727	178295
黑色金属冶炼和压延加工业	Smelting and Pressing of Ferrous Metals	2735600	1040360	-151253
有色金属冶炼和压延加工业	Smelting and Pressing of Non-ferrous Metals	6253056	5599653	697547
金属制品业	Manufacture of Metal Products	28043	29380	1794
通用设备制造业	Manufacture of General Purpose Machinery	694220	272027	46489
专用设备制造业	Manufacture of Special Purpose Machinery	86548	85619	17503
汽车制造业	Manufacture of Automotive	2387929	1521084	293015
铁路、船舶、航空航天和其他运输设备制造业	Manufacture of Railway,Shipping, Aerospace & Other transort Equipment	2450889	681246	30639
电气机械和器材制造业	Manufacture of Electrical Machinery and Equipment	436915	252712	10451
计算机、通信和其他电子设备制造业	Manufacture of Communication Equipment, Computers and Other Electronic Equipment	99982	103565	8141
仪器仪表制造业	Manufacture of Measuring Instruments Apparatus	25603	43614	3873
废弃资源综合利用业	Recycling and Disposal of Waste	35110	26107	2440
电力、热力生产和供应业	Production and Supply of Electric Power and Heat Power	8149258	1869291	103071
燃气生产和供应业	Production and Supply of Gas	134372	69176	13866
水的生产和供应业	Production and Supply of Water	436891	421287	25973
按地区分	**By Region**			
南昌市	Nanchang	8621810	5574895	653269
景德镇市	Jingdezhen	4255156	829288	52195
萍乡市	Pingxiang	548183	307561	14698
九江市	Jiujiang	1856911	826011	23565
新余市	Xinyu	3220609	1108559	-147007
鹰潭市	Yingtan	6036805	4998722	625278
赣州市	Ganzhou	1774483	753864	207527
吉安市	Ji'an	754080	615558	81861
宜春市	Yichun	1551770	324519	101240
抚州市	Fuzhou	297403	128023	17329
上饶市	Shangrao	1129840	897319	101172

continued

#盈利企业的利润额 Profits of Profit-making Enterprises	#亏损企业的亏损额 Losses of Loss Enterprises	利润税金总额（万元） Total Profits and Taxes (10000 yuan)	企业亏损面(%) Ratio to Loss Enterprises (%)	经济效益综合指数(%) Aggregate Index of Economic Efficiency (%)	总资产贡献率(%) Ratio of Total Assets to Output Value (%)	资本保值增值率(%) Changing Rate of Net Assets (%)	资产负债率(%) Assets-Liability Ratio (%)
25707		34318		556.59	10.75	74.60	58.32
49615		59135		275.41	15.70	130.12	21.79
1933		2612	66.67	471.12	16.91	48.92	50.01
6269	107864	428297	20.00	523.32	23.84	327.78	74.39
44901	1827	67290	18.18	267.10	8.80	104.91	56.36
40737	1174	79837	20.00	196.32	11.03	112.60	45.61
935		2715	12.77	177.17	11.13	258.61	52.96
183051	4756	265103	42.86	230.35	14.50	95.55	54.53
3451	154704	-64234	31.25	227.64	1.14	94.26	72.45
756290	58743	1010652		511.84	9.87	113.98	52.76
1794		6779	36.36	170.01	12.88	113.55	48.84
48298	1809	61071		216.68	7.14	105.13	71.85
17503		26256	12.50	207.56	16.86	117.36	50.27
302754	9739	501321	10.00	268.61	13.96	113.02	61.09
33690	3051	36802	10.00	167.10	1.58	76.93	78.25
10527	76	21149	42.86	215.99	5.01	115.87	63.36
9188	1047	9919		135.52	5.77	101.99	49.12
3873		5986		154.17	9.60	93.41	36.99
2440		2528	13.45	229.57	4.58	107.56	57.35
185131	82060	481149	28.57	314.08	8.04	102.66	81.34
15500	1634	18657	27.27	232.80	10.66	124.87	66.01
29069	3096	33668		153.99	6.04	111.97	50.91
691600	38331	1899457	16.85	294.92	15.51	113.97	60.73
69092	16897	110622	20.00	197.85	3.57	87.08	83.69
31871	17173	52372	21.43	130.20	8.79	113.66	64.06
158103	134538	602729	14.75	418.25	22.76	244.08	69.21
41819	188826	-41113	31.82	215.30	2.00	91.03	74.39
644444	19166	858029	20.00	459.62	8.95	112.64	54.70
220749	13222	378287	18.67	308.09	17.08	87.89	70.18
83944	2083	146166	7.50	236.55	12.59	81.27	55.06
113557	12317	197348	14.71	173.75	13.16	54.51	82.70
19282	1953	35137	20.00	177.72	9.60	118.50	69.91
114207	13036	179192	16.28	190.63	10.97	102.27	55.74

13-10 续表4

项 目	Item	流动资产周转率(次) Ratio of Turnover Working Capitals (time)	成本费用利润率(%) Ratio of Profits to Cost (%)	全员劳动生产率(元/人) Overall Labor Productivity (yuan/person)
总 计	**Total**	**2.43**	**3.44**	**277280**
按登记注册类型及隶属关系分	**By Registration Status and Jurisdiction of Management**			
国有企业	State-owned Enterprises	2.43	5.21	239734
中央企业	Central enterprises	2.09	11.89	434993
地方企业	Local enterprises	2.47	4.70	223142
集体企业	Collective-owned Enterprises			
股份合作企业	Cooperative Enterprises	1.51	11.45	221050
联营企业	Joint Ownership Enterprises	6.05	16.13	167319
有限责任公司	Limited Liability Corporations	2.30	1.26	280368
股份有限公司	Share-holding Corporations Limited	2.84	0.28	453859
私营企业	Private Enterprises	17.04	6.30	39028
港、澳、台商投资企业	Enterprises with Funds from Hong Kong,Macao and Taiwan	1.79	3.18	264518
外商投资企业	Foreign Funded Enterprises	2.80	3.21	697041
按轻、重工业分	**Grouped by Light & Heavy Industries**			
轻工业	Light Industry	2.09	11.16	208919
重工业	Heavy Industry	2.46	2.92	287150
按企业规模分	**Grouped by Size of Enterprises**			
大型企业	Large Enterprises	2.28	2.87	309496
中型企业	Medium-sized Enterprises	2.69	5.80	184341
小型企业	Small Enterprises	3.48	4.11	335137
微型企业	Miniature Enterprises	10.34	16.68	191112
按工业行业分	**Grouped by Sector**			
煤炭开采和洗选业	Mining and Washing of Coal	1.89	2.51	29811
黑色金属矿采选业	Mining and Processing of Ferrous Metal Ores	1.50	13.19	132799
有色金属矿采选业	Mining and Processing of Non-Ferrous Metal Ores	2.22	19.99	132851
非金属矿采选业	Mining and Processing of Nonmetal Ores	3.16	5.52	207537
农副食品加工业	Processing of Food from Agricultural Products	9.05	7.01	286915
食品制造业	Manufacture of Foods	2.69	8.45	137541
酒、饮料和精制茶制造业	Manufacture of Wine, Beverages & refined tea	1.73	9.60	123789
烟草制品业	Manufacture of Tobacco	1.87	28.69	522268
纺织业	Manufacture of Textile	2.09	-2.16	60290
纺织服装、服饰业	Manufacture of Textile Wearing Apparel,Clothing	3.09	5.27	217177
木材加工和木、竹、藤、棕、草制品业	Processing of Timber, Manufacture of Wood, Bamboo, Rattan, Palm and Straw Products	3.09	-0.53	139314

continued

产品销售率 (%) Proportion of Products Sold (%)	全部从业人员年平均人数 (人) Annual Average Empolyed Persons (person)	产值利税率 (%) Ratio of Profits and Taxes to Output Value (%)	销售利税率 (%) Ratio of Profits and Taxes to Sales (%)	人均实现利税 (元) Profits and Taxes Per Capita (yuan)	人均实现利润 (元) Profits Per Capita (yuan)	人均实现工业增加值 (元) Added Value of Industry Per Capita (yuan)
99.18	**379236**	**10.44**	**8.29**	**116503**	**45648**	**270011**
99.74	201165	14.98	9.81	144491	71727	247861
100.49	15755		37.87	664936	148289	782139
99.61	185410	11.17	6.92	100266	65221	202462
99.86	2319	17.13	17.33	152380	89759	272333
98.35	1700	15.96	15.77	107488	94641	210665
99.19	133249	5.04	4.84	56917	14438	269638
97.62	33629	10.07	9.82	183952	4869	378401
100.00	180	8.45	8.45	13278	9222	43222
92.71	3173	5.08	5.41	54116	31179	201696
99.93	3821	5.93	6.05	166284	85114	587561
98.97	47847	3.01	29.39	253007	73588	364548
99.20	331389	0.84	6.52	96795	41614	256361
99.46	229199	1.14	8.20	141787	46836	300735
98.66	106266	0.94	9.45	69360	40277	192027
98.51	43493	0.73	7.35	98339	52063	298923
99.43	278	1.74	16.60	133849	115396	224593
97.24	55278	2.60	13.07	14118	2615	542593
102.64	384	6.33	20.30	110078	63411	1737656
97.06	17415	5.49	25.05	137467	92815	2502513
99.58	1087	1.88	10.98	90662	39972	4818234
99.35	1877	4.71	7.93	97203	79579	2062936
98.36	3123	6.24	12.24	66750	41995	1069337
92.03	2307	6.36	24.38	112037	39341	1762198
100.03	6081	9.29	70.27	1475188	247009	15876040
104.01	2294	1.46	2.20	5214	-5270	358261
98.95	4952	3.04	7.61	65505	42857	2157615
98.93	500	0.02	0.20	1200	-3360	1226060

13-10 续表5

项目	Item	流动资产周转率(次) Ratio of Turnover Working Capitals(time)	成本费用利润率(%) Ratio of Profits to Cost (%)
造纸和纸制品业	Manufacture of Paper and Paper Products	3.12	7.50
印刷和记录媒介复制业	Printing, Reproduction of Recording Media	1.92	22.96
文教、工美、体育和娱乐用品制造业	Manufacture of Articles For Culture, Education Art , Sport & Entertainment Activities	11.85	2.01
石油加工、炼焦和核燃料加工业	Processing of Petroleum,Coking,Processing of Nuclear Fuel	4.58	-2.53
化学原料和化学制品制造业	Manufacture of Raw Chemical Materials and Chemical Products	2.62	4.67
医药制造业	Manufacture of Medicines	1.82	5.00
橡胶和塑料制品业	Manufacture of Rubber & Plastics	1.86	3.34
非金属矿物制品业	Manufacture of Non-metallic Mineral Products	2.11	10.51
黑色金属冶炼和压延加工业	Smelting and Pressing of Ferrous Metals	2.56	-3.55
有色金属冶炼和压延加工业	Smelting and Pressing of Non-ferrous Metals	2.67	3.64
金属制品业	Manufacture of Metal Products	2.12	2.38
通用设备制造业	Manufacture of General Purpose Machinery	1.67	4.90
专用设备制造业	Manufacture of Special Purpose Machinery	2.13	10.38
汽车制造业	Manufacture of Automotive	1.71	7.74
铁路、船舶、航空航天和其他运输设备制造业	Manufacture of Railway,Shipping, Aerospace & Other transort Equipment	0.62	2.24
电气机械和器材制造业	Manufacture of Electrical Machinery and Equipment	1.35	2.07
计算机、通信和其他电子设备制造业	Manufacture of Communication Equipment, Computers and Other Electronic Equipment	0.87	8.88
仪器仪表制造业	Manufacture of Measuring Instruments Apparatus	1.70	8.22
废弃资源综合利用业	Recycling and Disposal of Waste	1.12	21.38
电力、热力生产和供应业	Production and Supply of Electric Power and Heat Power	4.20	1.20
燃气生产和供应业	Production and Supply of Gas	3.07	12.62
水的生产和供应业	Production and Supply of Water	1.10	13.77
按地区分	**By Region**		
南昌市	Nanchang	2.06	5.66
景德镇市	Jingdezhen	1.17	1.41
萍乡市	Pingxiang	2.95	2.51
九江市	Jiujiang	5.22	0.50
新余市	Xinyu	2.61	-3.13
鹰潭市	Yingtan	2.66	3.64
赣州市	Ganzhou	2.67	6.70
吉安市	Ji'an	3.65	8.18
宜春市	Yichun	3.22	6.80
抚州市	Fuzhou	3.48	4.20
上饶市	Shangrao	0.53	5.16

continued

全员劳动生产率（元/人） Overall Labor Productivity (yuan/person)	产品销售率（%） Proportion of Products Sold (%)	全部从业人员年平均人数（人） Annual Average Empolyed Persons (person)	产值利税率（%） Ratio of Profits and Taxes to Output Value (%)	销售利税率（%） Ratio of Profits and Taxes to Sales (%)	人均实现利税（元） Profits and Taxes Per Capita (yuan)	人均实现利润（元） Profits Per Capita (yuan)	人均实现工业增加值（元） Added Value of Industry Per Capita (yuan)
729200	99.90	1283	0.93	9.15	267482	200366	7267202
160920	100.65	3970	2.27	22.17	148955	124975	2229657
466765	100.00	527	0.26	2.66	49564	36679	4744649
624112	99.77	17082	1.12	9.85	250730	-59475	3286228
277560	95.91	8938	0.45	6.84	75285	48192	3614937
162958	96.68	11147	1.25	9.63	71622	35492	1661481
108384	97.60	713	0.42	8.98	38079	13114	2093268
172431	100.16	23093	1.54	14.15	114798	77207	2314316
295768	100.25	29108	-0.20	-1.57	-22067	-51963	1656135
680948	98.60	37706	0.99	5.10	268035	184996	5135799
123021	105.82	1537	0.31	8.67	44105	11672	2812316
218407	100.05	11599	0.56	6.12	52652	40080	1795006
123656	98.09	3830	0.65	13.85	68554	45700	2433663
257179	101.74	35086	1.43	12.34	142883	83513	2432572
198300	93.03	18910	0.27	2.65	19462	16203	1600274
241009	95.97	5734	0.40	4.08	36884	18226	2287311
72183	98.00	3517	0.92	10.01	28203	23148	572750
83483	99.07	1425	0.95	11.68	42007	27179	1306568
147859	98.68	256	3.91	18.57	98750	95313	506016
363370	99.97	59421	0.55	5.41	80973	17346	3684699
157432	93.58	1455	1.67	16.06	128227	95299	2316619
65468	97.74	7601	1.75	16.81	44294	34171	1383039
303340	98.75	102342	15.20	14.57	185599	63832	382681
237959	100.09	39745	2.91	2.96	27833	13132	186827
59660	96.53	26783	8.14	8.72	19554	5488	76965
440581	99.88	28563	11.90	11.62	211017	8250	358502
270893	100.25	35728	-1.06	-0.91	-11507	-41146	179575
598078	99.25	33898	10.52	4.84	253121	184459	453715
314596	97.21	26807	11.15	11.50	141115	77415	337518
181210	99.20	14617	13.71	13.48	99997	56004	176265
108463	99.62	36694	12.32	12.26	53782	27590	120224
117604	99.96	8922	8.32	8.23	39382	19423	145520
175310	99.72	25137	10.10	8.71	71286	40248	174113

13-11 规模以上集体企业经济指标
Economic Indicators of Collective-owned Industrial Enterprises above Designated Size

指标	Item	2000	2005	2010	2011	2012
企业单位数(个)	Number of Enterprises (unit)	476	130	117	74	79
#亏损企业	Loss Enterprises	80	25	5	2	3
资产总计(万元)	Total Assets (10000 yuan)	788828	229162	348716	304085	334277
流动资产合计(万元)	Total Working Capitals (10000 yuan)	339498	111332	144706	121075	137980
负债总计(万元)	Total Liabilities (10000 yuan)	524042	161107	188307	137731	158033
所有者权益(万元)	Owners' Equity (10000 yuan)	264786	68054	160408	166354	176244
主营业务收入(万元)	Revenue from Principal Business (10000 yuan)	639739	361711	987192	911397	945409
#主营业务税金及附加	Taxes and Other Charges on Principal Business	9083	3078	9000	22238	9432
营业费用	Operating Expenses	28613	7522	13666	13923	16649
利润总额(万元)	Total Profits (10000 yuan)	16296	10666	70683	75752	76139
利润和税金总额(万元)	Total Profits and Taxes (10000 yuan)	45840	27309	113758	131362	129152
全部从业人员年平均人数(人)	Annual Average Empolyed Persons (person)	89896	22005	20572	14272	14393
工业总产值(万元)	Gross Industrial Output Value (10000 yuan)	721640	380504	1020817	920157	957690
工业增加值(万元)	Value Added of Industry (10000 yuan)	202119	135072	246888	243040	285995
总资产贡献率(%)	Ratio of Total Assets to Output Value (%)	7.45	12.60	35.01	47.89	41.60
资本保值增值率(%)	Changing Rate of Net Assets (%)	105.66	111.03	118.10	126.51	104.76
资产负债率(%)	Assets-Liability Ratio (%)	66.43	70.30	54.00	45.29	47.28
流动资产周转率(次)	Ratio of Turnover Working Capitals (time)	2.04	3.40	7.55	8.01	7.29
成本费用利润率(%)	Ratio of Profits to Cost (%)	2.65	3.08	8.30	10.13	9.60
全员劳动生产率(元/人)	Overall Labor Productivity (yuan/person)	22484	61383	145987	160215	165348
产品销售率(%)	Proportion of Products Sold (%)	96.13	97.92	97.80	99.04	98.93
工业经济效益综合指数(%)	Aggregate Index of Industrial Economic Efficiency (%)	94.86	142.90	300.73	346.18	325.48

13-12 规模以上外商及港、澳、台投资工业企业经济指标

Economic Indicators of Industrial Enterprises with Funds From Foreign, Hong Kong,Macao and Taiwan above Designated Size

指 标	Item	2000	2005	2010	2011	2012
企业单位数(个)	Number of Enterprises (unit)	161	497	865	781	797
#亏损企业	Loss Enterprises	48	105	76	60	73
资产总计(万元)	Total Assets (10000 yuan)	1535865	4342147	18824976	21466663	19783544
流动资产合计(万元)	Total Working Capitals (10000 yuan)	699168	1909426	8015663	10000916	8606737
负债总计(万元)	Total Liabilities (10000 yuan)	964810	2256224	10166105	11345304	10839465
所有者权益(万元)	Owners' Equity (10000 yuan)	564655	1828112	8658871	10121359	8944079
主营业务收入(万元)	Revenue from Principal Business (10000 yuan)	902503	4347580	23685256	31833422	33110433
#主营业务税金及附加	Taxes and Other Charges on Principal Business	10834	34229	110693	178176	126666
营业费用	Operating Expenses	48151	187397	491534	565210	524310
利润总额(万元)	Total Profits (10000 yuan)	35482	222587	1729082	2058537	1899548
利润和税金总额(万元)	Total Profits and Taxes (10000 yuan)	81449	393455	2426230	2946274	2793066
全部从业人员年平均人数(人)	Annual Average Empolyed Persons (person)	58244	175763	443757	467522	458075
工业总产值(万元)	Gross Industrial Output Value (10000 yuan)	970094	4474476	23507450	31449846	32357657
工业增加值(万元)	Value Added of Industry (10000 yuan)	228297	1292092	5528139	7413982	7890474
总资产贡献率(%)	Ratio of Total Assets to Output Value (%)	7.29	9.90	15.46	15.65	15.92
资本保值增值率(%)	Changing Rate of Net Assets (%)	128.36	102.77	137.21	118.34	100.65
资产负债率(%)	Assets-Liability Ratio (%)	62.82	51.96	54.00	52.85	54.79
流动资产周转率(次)	Ratio of Turnover Working Capitals (time)	1.37	2.41	3.38	3.54	4.00
成本费用利润率(%)	Ratio of Profits to Cost (%)	4.11	5.48	8.09	7.07	6.26
全员劳动生产率(元/人)	Overall Labor Productivity (yuan/person)	39197	73513	155849	167164	175536
产品销售率(%)	Proportion of Products Sold (%)	96.60	97.16	98.34	99.17	99.33
工业经济效益综合指数(%)	Aggregate Index of Industrial Economic Efficiency (%)	107.76	146.38	230.85	233.41	238.11

13-13 规模以上股份制工业企业经济指标

Economic Indicators of Share-holding Industrial Enterprises above Designated Size

指　　标	Item	2000	2005	2010	2011	2012
企业单位数(个)	Number of Enterprises (unit)	199	972	2178	1836	2086
#亏损企业	Loss Enterprises	46	199	133	104	146
资产总计(万元)	Total Assets (10000 yuan)	4344536	13787559	30827281	37748696	44616955
流动资产合计(万元)	Total Working Capitals (10000 yuan)	1711422	5440497	12239744	16094753	20695892
负债总计(万元)	Total Liabilities (10000 yuan)	2869565	9321612	19761575	24167746	27406759
所有者权益(万元)	Owners' Equity (10000 yuan)	1416631	4424947	11065706	13580950	17210196
主营业务收入(万元)	Revenue from Principal Business (10000 yuan)	2058324	11225035	46255501	60867177	74556239
#主营业务税金及附加	Taxes and Other Charges on Principal Business	16177	124353	664802	734261	873655
营业费用	Operating Expenses	94606	293763	757286	897167	1139237
利润总额(万元)	Total Profits (10000 yuan)	70249	281401	2024469	2817907	3474150
利润和税金总额(万元)	Total Profits and Taxes (10000 yuan)	216345	850327	4043659	5161959	6467111
全部从业人员年平均人数(人)	Annual Average Empolyed Persons (person)	215719	346472	532875	545569	626817
工业总产值(万元)	Gross Industrial Output Value (10000 yuan)	2126128	11348631	45522156	60042814	72973425
工业增加值(万元)	Value Added of Industry (10000 yuan)	648393	3056479	10086142	12775613	16426624
总资产贡献率(%)	Ratio of Total Assets to Output Value (%)	7.13	7.62	15.48	16.74	17.05
资本保值增值率(%)	Changing Rate of Net Assets (%)	141.23	100.48	114.65	118.25	119.17
资产负债率(%)	Assets-Liability Ratio (%)	66.05	67.61	64.10	64.02	61.43
流动资产周转率(次)	Ratio of Turnover Working Capitals (time)	1.25	2.12	4.13	4.23	3.90
成本费用利润率(%)	Ratio of Profits to Cost (%)	3.52	2.62	4.75	5.01	5.07
全员劳动生产率(元／人)	Overall Labor Productivity (yuan/person)	30057	88217	251328	273488	289301
产品销售率(%)	Proportion of Products Sold (%)	97.75	98.90	99.20	98.93	98.97
工业经济效益综合指数(%)	Aggregate Index of Industrial Economic Efficiency (%)	99.44	135.03	279.43	297.64	305.69

13-14 规模以上私营工业企业经济指标

Economic Indicators of Private Industrial Enterprises above Designated Size

指　　标	Item	2000	2005	2010	2011	2012
企业单位数(个)	Number of Enterprises (unit)	252	2079	4349	3237	3480
#亏损企业	Loss Enterprises	38	291	109	91	139
资产总计(万元)	Total Assets (10000 yuan)	280103	4618283	19097127	21918375	26436696
流动资产合计(万元)	Total Working Capitals (10000 yuan)	135471	2136102	7601357	9703539	11699456
负债总计(万元)	Total Liabilities (10000 yuan)	176173	2378298	8834351	9738708	12128371
所有者权益(万元)	Owners' Equity (10000 yuan)	103930	2239923	10262776	12179667	14308325
主营业务收入(万元)	Revenue from Principal Business (10000 yuan)	333975	7176739	53384652	68228889	82106399
#主营业务税金及附加	Taxes and Other Charges on Principal Business	4011	82945	377494	416468	496362
营业费用	Operating Expenses	19971	250797	1030121	1014175	1317580
利润总额(万元)	Total Profits (10000 yuan)	5450	289789	3624354	4758145	5718569
利润和税金总额(万元)	Total Profits and Taxes (10000 yuan)	21757	647106	5721671	7212937	8665784
全部从业人员年平均人数(人)	Annual Average Empolyed Persons (person)	33823	315183	757930	700347	765399
工业总产值(万元)	Gross Industrial Output Value (10000 yuan)	355569	7500600	53492060	68204692	80060651
工业增加值(万元)	Value Added of Industry (10000 yuan)	101405	2368465	11579822	14399029	18660571
总资产贡献率(%)	Ratio of Total Assets to Output Value (%)	9.90	15.21	36.38	39.79	39.54
资本保值增值率(%)	Changing Rate of Net Assets (%)	197.87	175.04	126.25	140.53	117.63
资产负债率(%)	Assets-Liability Ratio (%)	62.90	51.50	46.26	44.43	45.88
流动资产周转率(次)	Ratio of Turnover Working Capitals (time)	2.47	3.56	8.34	8.33	8.16
成本费用利润率(%)	Ratio of Profits to Cost (%)	1.70	4.37	7.67	7.86	7.77
全员劳动生产率(元/人)	Overall Labor Productivity (yuan/person)	29981	75146	207636	242007	259931
产品销售率(%)	Proportion of Products Sold (%)	96.70	97.73	99.12	99.02	99.36
工业经济效益综合指数(%)	Aggregate Index of Industrial Economic Efficiency (%)	118.07	174.17	347.34	377.08	382.43

13-15 工业园区主要经济指标(2012年)

项　　目	Item	本年实际累计开发面积(平方公里) Actually Total Area Developed This Year (sq.km)	投产工业企业数(个) Number of Industrial Enterprises Completed and Put into Use (unit)	招商实际到位资金(万元) Actually Introduced Funds (10000 yuan)	
				绝对数 Value	比上年增长(%) Rate of Increase over Preceding Year
全省总计	**Provincial Total**	**564.94**	**8229**	**28519741**	**22.82**
全省重点园区合计	**Main Park Total**	**287.04**	**4771**	**17999318**	**16.54**
南昌昌东工业园区	Nanchang Changdong Industrial Park	9.58	283	381026	7.92
南昌小蓝经济技术开发区	Nanchang Xiaolan Economic-Technological Development Zone	6.60	264	566039	1.83
江西新建长堎工业园区	Jiangxi Xinjian Changleng Industrial Park	3.50	122	217202	166.61
南昌经济技术开发区	Nanchang Economic-Technological Devolopment Zone	16.00	300	1201672	17.54
南昌高新技术产业开发区	Nanchang High-tech Industry Development Zone	11.70	345	947088	37.98
景德镇高新技术产业开发区	Jingdezhen High-tech Industry Development Zone	11.34	103	535487	-17.04
萍乡经济技术开发区	Pingxiang Economic-Technological Devolopment Zone	5.60	152	693370	14.52
江西武宁工业园区	Jiangxi Wuning Industrial Park	9.30	109	280788	10.01
江西永修县云山经济开发区	Jiangxi Yongxiu Yunshan Economic Development Zone	9.70	87	516783	26.96
江西湖口金砂湾工业园区	Jiangxi Hukou Jinshawan Industrial Park	6.10	55	742458	-19.80
江西共青城经济开发区	Jiangxi Gongqingcheng Industrial Park	7.00	97	542748	29.16
九江经济技术开发区	Jiujiang Economic-Technological Devolopment Zone	14.50	186	920686	26.85
新余高新技术产业开发区	Xinyu High-tech Industry Development Zone	4.90	142	1020509	-2.43
江西分宜工业园区	Jiangxi Fenyi Industrial Park	3.50	34	344270	71.48
江西鹰潭高新技术产业园区	Jiangxi Yingtan High-tech Industry Park	6.40	89	468839	2.74
江西贵溪工业园区	Jiangxi Guixi Industrial Park	5.40	81	323702	3.10
江西赣州沙河工业园区	Jiangxi Ganzhou Shahe Industrial Park	5.40	95	44107	-46.58
江西赣州高新技术产业园区	Jiangxi Ganxian High-tech Industry Park	7.60	96	301300	12.11
龙南经济技术开发区	Longnan Economic-Technological Devolopment Zone	9.31	124	268988	5.06
江西南康工业园区	Jiangxi Nankang Industrial Park	4.20	104	167215	49.99
赣州经济技术开发区	Ganzhou Economic-Technological Devolopment Zone	10.10	207	826515	13.26
井冈山经济技术开发区	Jinggangshan Economic-Technological Devolopment Zone	5.10	76	564700	7.65
江西吉安工业园区	Jiangxi Ji'an Industrial Park	6.00	89	503195	52.40
江西泰和工业园区	Jiangxi Taihe Industrial Park	6.00	110	433510	55.83
江西宜春经济开发区	Jiangxi Yichun Economic Development Zone	14.84	179	560880	3.42
江西奉新工业园区	Jiangxi Fengxin Industrial Park	3.96	90	476764	23.76
江西上高工业园区	Jiangxi Shanggao Industrial Park	7.24	147	569189	30.48
江西丰城工业园区	Jiangxi Fengcheng Industrial Park	8.80	95	640271	34.35
江西樟树工业园区	Jiangxi Zhangshu Industrial Park	9.27	90	361519	27.78
江西高安工业园区	Jiangxi Gao'an Industrial Park	9.00	131	279326	-20.44
江西抚州高新技术产业园区	Jiangxi Fuzhou High-tech Industry Park	10.50	150	449507	27.96
江西东乡经济开发区	Jiangxi Fengcheng Economic Development Zone	6.50	91	526273	170.74
上饶经济技术开发区	Shangrao Economic-Technological Devolopment Zone	13.80	167	686425	32.61
江西广丰工业园区	Jiangxi Guangfeng Industrial Park	8.50	142	356337	6.19
江西玉山工业园区	Jiangxi Yushan Industrial Park	5.30	88	162450	38.66
江西横峰工业园区	Jiangxi Hengfeng Industrial Park	4.50	51	118180	-31.36

Main Economic Indicators of Industrial Park (2012)

工业增加值 (万元) Value-added of Industry (10000 yuan)		出口交货值 (万元) Delivery Value of Industry Export (10000 yuan)		主营业务收入 (万元) Revenue from Principal Business (10000 yuan)		利税总额 (万元) Total Profits and Taxes (10000 yuan)		从业人员 (人) Number of Employed Persons (person)	
绝对数 Value	比上年增长(%) Rate of Increase over Preceding Year	绝对数 Value	比上年增长(%) Rate of Increase over Preceding Year	绝对数 Value	比上年增长(%) Rate of Increase over Preceding Year	绝对数 Value	比上年增长(%) Rate of Increase over Preceding Year	绝对数 Value	比上年增长(%) Rate of Increase over Preceding Year
34655795	**15.90**	**14498490**	**15.91**	**161903531**	**16.51**	**16327653**	**22.28**	**1888845**	**8.69**
23759056	**14.32**	**9676504**	**13.42**	**110443893**	**13.41**	**10892494**	**17.65**	**1176423**	**9.07**
752662	25.15	294875	10.24	2954314	29.67	300158	39.50	34698	11.87
1136955	22.62	455101	26.43	4685739	16.78	419399	22.86	61051	5.21
774090	19.09	128956	30.63	3223940	25.46	275017	22.33	27904	11.26
1429252	20.20	758608	0.65	6029743	9.47	557604	37.29	66403	27.66
2438816	11.14	847018	-12.13	9021151	6.48	1277230	14.56	89517	4.28
603153	22.46	209969	22.90	2779219	14.81	178754	26.17	26020	0.50
908981	11.73	389119	51.77	5088551	0.61	570245	19.82	65351	14.07
322844	13.58	132698	25.28	1356939	14.37	224950	39.45	26826	20.14
424502	16.60	86657	96.29	1840270	15.86	246210	12.33	19257	9.94
371305	-2.43	81773	-2.77	2224900	-15.89	-139611	-236.00	16933	-6.06
367344	14.17	344647	226.84	1834674	30.00	197513	74.03	24641	26.07
1035149	15.91	502247	35.69	4810745	17.95	411519	45.38	55631	7.78
1139657	-12.32	523722	-29.63	5107515	-18.79	284740	-37.84	33725	-23.78
392867	28.53	38639	-2.37	1891614	15.35	162182	10.16	7996	31.99
472165	13.93	53670	-5.22	3583330	16.67	195745	59.73	21923	7.63
472162	20.00	63611	50.65	3533972	13.74	160207	386.12	11864	22.01
485984	15.05	186026	-48.04	1744716	1.46	177038	-43.32	21702	6.35
463133	14.45	387505	63.97	2155296	15.04	144094	26.34	24100	17.14
404068	14.01	372082	19.88	1644590	6.25	106538	-18.77	31256	0.61
417730	15.30	121353	38.45	1624809	19.85	118212	6.46	21476	19.63
1019204	21.37	770506	36.73	4437700	29.58	435117	19.81	54843	11.15
583748	14.15	256529	11.20	3015078	21.39	312490	40.74	26289	4.86
418303	18.29	291186	16.59	1908399	30.00	229759	21.76	28534	12.39
345127	5.33	302145	15.27	1849597	26.76	205634	38.61	25339	12.39
395153	13.41	28844	-5.03	1843877	20.83	248959	39.80	35591	16.62
529508	12.93	134761	30.88	2634388	30.00	332461	46.97	26880	13.00
620438	16.64	494781	63.03	2695147	30.00	566712	55.58	44438	7.46
817205	22.55	81697	7.68	3861659	24.55	451389	40.37	29586	3.92
652600	18.95	5155	2.81	2574225	24.08	397355	13.17	28827	12.99
652947	7.95	56654	12.31	2659287	8.58	284920	-5.74	40329	21.47
510930	20.02	121090	49.81	2235942	21.95	176558	24.01	26802	21.42
292639	15.28	3566	18.40	1697572	16.76	130929	-8.49	13585	5.05
955227	13.54	641658	-16.87	5054702	14.01	462270	0.43	49164	4.28
507536	16.62	358533	40.35	3582925	20.67	398350	21.36	31418	-4.22
352426	8.55	131226	80.97	1759954	4.83	158131	2.15	15331	-1.45
295244	9.57	19901	10.75	1497415	1.59	233723	70.10	11193	34.35

主要统计指标解释

工业 指从事自然资源的开采，对采掘品和农产品进行加工和再加工的物质生产部门。具体包括：(1)对自然资源的开采，如采矿、晒盐等(但不包括禽兽捕猎和水产捕捞)；(2)对农副产品的加工、再加工，如粮油加工、食品加工、缫丝、纺织、制革等；(3)对采掘品的加工、再加工，如炼铁、炼钢、化工生产、石油加工、机器制造、木材加工等，以及电力、自来水、煤气的生产和供应等；(4)对工业品的修理、翻新，如机器设备的修理、交通运输工具(如汽车)的修理等。

工业统计调查单位为独立核算法人工业企业。

独立核算法人工业企业指从事工业生产经营活动的单位。独立核算法人工业企业应同时具备以下条件：①依法成立，有自己的名称、组织机构和场所，能够承担民事责任；②独立拥有和使用资产，承担负债，有权与其他单位签订合同；③独立核算盈亏，并能够编制资产负债表。

本年鉴中涉及的企业登记注册类型：

国有及国有控股企业 指国有企业加上国有控股企业。国有企业(即原全民所有制工业或国营工业)指企业全部资产归国家所有，并按《中华人民共和国企业法人登记管理条例》规定登记注册的非公司制的经济组织。包括国有企业、国有独资公司和国有联营企业。1957 年以前的公私合营和私营工业，后均改造为国营工业，1992 年改为国有工业，这部分工业的资料不单独分列时，均包括在国有企业内。国有控股企业是对混合所有制经济的企业进行的“国有控股”分类。它是指这些企业的全部资产中国有资产(股份)相对其他所有者中的任何一个所有者占资(股)最多的企业。该分组反映了国有经济控股情况。

集体企业 指企业资产归集体所有，并按《中华人民共和国企业法人登记管理条例》规定登记注册的经济组织。是社会主义公有制经济的组成部分。包括城乡所有使用集体投资举办的企业，以及部分个人通过集资自愿放弃所有权并依法经工商行政管理机关认定为集体所有制的企业。

股份合作企业 指以合作制为基础，由企业职工共同出资入股，吸收一定比例的社会资产投资组建，实行自主经营，自负盈亏，共同劳动，民主管理，按劳分配与按股分红相结合的一种集体经济组织。

联营企业 指两个及两个以上相同或不同所有制性质的企业法人或事业单位法人，按自愿、平等、互利的原则，共同投资组成的经济组织。联营企业包括：

国有联营企业指国有企业与国有企业间的联营；

集体联营企业指集体企业与集体企业间的联营；

国有与集体联营企业指国有企业与集体企业间的联营。

有限责任公司 指根据《中华人民共和国公司登记管理条例》规定登记注册，由两个以上，五十个以下的股东共同出资，每个股东以其所认缴的出资额对公司承担有限责任，公司以其全部资产对其债务承担责任的经济组织。

有限责任公司包括国有独资公司以及其他有限责任公司。

股份有限公司 指根据《中华人民共和国企业法人登记管理条例》规定登记注册，其全部注册资本由等额股份构成并通过发行股票筹集资本，股东以其认购的股份对公司承担有限责任，公司以其全部资产对其债务承担责任的经济组织。

私营企业 指由自然人投资设立或由自然人控股，以雇佣劳动为基础的营利性经济组织。包括按照《公司法》、《合伙企业法》、《私营企业暂行条例》规定登记注册的私营有限责任公司、私营股份有限公司、私营合伙企业和私营独资企业。

港、澳、台商投资企业 指企业注册登记类型中的港、澳、台资合资、合作、独资经营企业和股份有限公司之和。

外商投资企业 指企业注册登记类型中的中外合资、合作经营企业、外资企业和外商投资股份有限公司之和。

“三资”企业系指港、澳、台商投资企业和外资企业的简称。

轻工业 指主要提供生活消费品和制作手工工具的工业。按其所使用的原料不同，可分为两大类：(1)以农产品为原料的轻工业，是指直接或间接以农产品为基本原料的轻工业。主要包括食品制造、饮料制造、烟草加工、纺织、缝纫、皮革和毛皮制作、造纸以及印刷等工业；(2)以非农产品为原料的轻工业，是指以工业品为原料的轻工业。主要包括文教体育用品、化学药品制造、合成纤维制造、日用化学制品、日用玻璃制品、日用金属制品、手工工具制造、医疗器械制造、文化和办公用机械制造等工业。

重工业 指为国民经济各部门提供物质技术基础的主要生产资料的工业。按其生产性质和产品用途，可以分为下列三类：(1)采掘(伐)工业，是指对自然资源的开采，包括石油开采、煤炭开采、金属矿开采、非金属矿开采等工业；(2)原材料工业，指向国民经济各部门提供基本材料、动力和燃料的工业。包括金属冶炼及加工、炼焦及焦炭、化学、化工原料、水泥、人造板以及电力、石油和煤炭加工等工业；(3)加工工业，是指对工业原材料进行再加工制造的工业。包括装备国民经济各部门的机械设备制造工业、金属结构、水泥制品等工业，以及为农业提供的生产资料如化肥、农药等工业。

根据上述划分原则，修理业中以重工业产品为修理作业对象的划为重工业，反之划为轻工业。

工业总产值

(1)定义：

工业总产值是以货币形式表现的，工业企业在一定时期内生产的工业最终产品或提供工业性劳务活动的总价值量。它反映一定时间内工业生产的总规模和总水平。

(2)计算原则：

工业生产的原则，即凡是企业在报告期生产的经检验合格的产品，不管是否在报告期销售，均包括在内。

最终产品的原则，即凡是计入工业总产值的产品，必须是本企业生产的经检验合格的，不需要再进行任何加工的最终产品。如果企业有中间产品(半成品)对外销售，则对外销售的中间产品应视为企业的最终产品。

工厂法原则，即工业总产值是以工业企业作为基本计算(核算)单位，即按企业的最终产品计算工业总产值。按这种方法计算的工业总产值，不允许同一产品价值在企业内部重复计算，不能把企业内部各个车间(分厂)生产的成果相加，但允许企业间的重复计算。

(3)内容及计算方法：

1995 年全国工业普查对工业总产值(原规定)的内容及计算原则和方法做了某些修订，修订后的工业总产值(新规定)包括三项内容：即本期生产成品价值、对外加工费收入、在制品半成品期末期初差额价值三部分。

本期生产成品价值：指企业本期生产，并在报告期内不再进行加工，经检验、包装入库的全部工业成品(半成品)价值合计，包括企业生产的自制设备及提供给本企业在建工程、其他非工业部门和福利部门等单位使用的成品价值。本期生产成品价值为按自备原材料生产的产品的数量乘以本期不含增值税(销项税额)的产品实际销售平均单价计算；会计核算中按成本价格转帐的自制设备和自产自用的成品，按成本价格计算生产成品价值。生产成品价值中不包括用定货者来料加工的成品(半成品)价值。

对外加工费收入：指企业在报告期内完成的对外承接的工业品加工(包括用定货者来料加工产品)的加工费收入和对外工业修理作业所取得的加工费收入。对外加工费收入按不含增值税(销项税额)的价格计算，可根据会计“产品销售收入”科目的有关资料取得。

对于本企业对内非工业部门提供的加工修理、设备安装的劳务收入，如果企业会计核算基础较好，能取得这部分资料，而且这部分价值所占比重较大，应包括在对外加工费收入中。

自制半成品在制品期末期初差额价值：指企业报告期在制品期末减期初的差额价值，本指标一般可以从会计核算资料中取得。如果会计产品成本核算中不计算半成品、在制品的成本，则总产值中也不包括这部分价值，反之则包括。

(4)工业总产值统计范围变化和计算方法修订情况：

1984 年以前工业总产值不包括村办工业，村办工业总产值划归农业。1984 年以后工业总产值包括村办工业。

1995 年工业普查对工业总产值计算方法做了修订，即从 1995 年始按新修订(新规定)方法计算工业总产值。新规定与原规定的区别如下：

全价与加工费的计算原则不同：新规定为凡自备原材料，不论其生产繁简程度如何，一律按全价计算工业总产值；凡来料加工，允许按加工费计算工业总产值。原规定则视生产加工的繁简程度不同，规定哪些行业按全价，哪些行业按加工费计算工业总产值。

自制半成品、在产品期末期初差额价值的计算原则不同：新规定要求，凡会计产品成本核算时计算了成本的差额价值，总产值中就应包括，否则可不包括；原规定则按生产周期六个月的界限区分，凡生产周期六个月以上的企业，总产值计算中应包括这部分差额价值，否则可不包括。

计算价格不同：新规定按不含增值税(销项税额)的价格计算；原规定则按含增值税(销项税额)的价格计算。

工业增加值 指工业企业在报告期内以货币表现的工业生产活动的最终成果。

工业增加值有两种计算方法：一是生产法，即工业总产出减去工业中间投入加上应交增值税；二是收入法，即从收入的角度出发，根据生产要素在生产过程中应得到的收入份额计算，具体构成项目有固定资产折旧、劳动者报酬、生产税净额、营业盈余，这种方法也称要素分配法。本年鉴中的工业增加值是以生产法计算的。

生产法工业增加值的计算方法为：

工业增加值=工业总产出-工业中间投入+应交增值税

(1)工业总产出：指工业企业在一定时期内工业生产活动的总成果。工业总产出包括：成品生产价值，对外加工费收入，自制半成品、在产品期末期初差额价值。1995 年后用新规定计算的工业总产值代替。

(2)工业中间投入：指工业企业在工业生产活动中消耗的外购物质产品和对外支付的服务费用。服务费用包括支付给物质生产部门(工业、农业、批发零售贸易业、建筑业、运输邮电业)的服务费用和支付给非物质生产部门(如保险、金融、文化教育、科学研究、医疗卫生、行政管理等)的服务费用。工业中间投入的确定须遵循以下原则：必须从外部购入的，并已计入工业总产出的产品和服务价值；必须是本期投入生产，并一次性消耗掉(包括本期摊销的低值易耗品等)的产品和服务价值。

工业中间投入包括直接材料费用、制造费用中的工业中间投入、管理费用中的工业中间投入、销售费用中的工业中间投入和利息支出五部分。

资产总计 指企业拥有或控制的能以货币计量的经济资源，包括各种财产、债权和其他权利。资产按流动性分为流动资产、长期投资、固定资产、无形资产、递延资产和其他资产。该指标根据企业会计“资产负债表”中“资产总计”项目的期末数增列。

流动资产 指企业可以在一年内或者超过一年的一个生产周期内变现或者耗用的资产，包括现金及各种存款、短期投资，应收及预付款项、存货等。

流动资产平均余额 指企业在报告期内全部流动资产的平均余额。

固定资产原价 指企业在建造、购置、安装、改建、扩建、技术改造某项固定资产时所支出的全部货币总额。它一般包括买价、包装费、运杂费和安装费等。

固定资产净值年平均余额 指固定资产净值在报告期内余额的平均数。计算公式为：

$$\text{固定资产净值年平均余额}=\frac{\text{1至12月各月月初、月末固定资产净值之和}}{24}$$

该指标根据“资产负债表”中“固定资产原价”、“累计折旧”指标的期初、期末数计算填列。

固定资产净值指固定资产原价减去历年已提折旧额后的净额。计算公式为：

固定资产净值=固定资产原价-累计折旧

负债合计 指企业所承担的能以货币计量，将以资产或劳务偿付的债务，偿还形式包括货币、资产或提供劳务。负债一般按偿还期长短分为流动负债和长期负债。根据会计“资产负债表”中“负债合计”的年末数填列。

所有者权益 指企业投资人对企业净资产的所有权。企业净资产等于企业全部资产减去全部负债后的余额，包括企业投资人对企业的最初投入的实际到位的资产及资本公积金、盈余公积金和未分配利润。所有者权益合计数小于零，表示企业资不抵债。

主营业务收入 指企业销售产品和提供劳务等主要经营业务取得的收入。

主营业务成本 指企业销售产品和提供劳务等主要经营业务过程中的实际成本。

主营业务税金及附加 指企业销售产品和提供劳务等主要经营业务应负担的城市维护建设税、消费税、资源税和教育费附加。

利润总额 指企业生产经营活动的最终成果，是企业在一定时期内实现的盈亏相抵后的利润总额(亏损以“-”号表示)，它等于营业利润加上补贴收入加上投资收益加上营业外净收入再加上以前年度损益调整。

本年应交增值税 指企业在报告期内应交纳的增值税额。它等于本年销项税额加上出口退税加上进项税额转出数减去本年进项税额。小规模纳税企业直接按全年计税销售额乘以征收率计算取得。

从业人员平均人数 是指报告期内每天拥有的从业人员人数。其计算公式为：

$$\text{季平均人数}=\frac{\text{季内各月平均人数之和}}{3}$$

$$\text{月平均人数}=\frac{\text{报告月内每天实有人数之和}}{\text{报告月日历日数}}$$

$$\text{年平均人数}=\frac{\text{年内各月平均人数之和}}{12}$$

工业增加值率 指在一定时期内工业增加值占同期工业总产值的比重，反映降低中间消耗的经济效益。计算公式为：

工业增加值率（%）＝工业增加值（现价）／工业总产值（现价）×100%

总资产贡献率 反映企业全部资产的获利能力，是企业经营业绩和管理水平的集中体现，是评价和考核企业盈利能力的核心指标。计算公式为：

$$\text{总资产贡献率(\%)}=\frac{\text{利润总额}+\text{税金总额}+\text{利息支出}}{\text{平均资金总额}}\times100\%$$

公式中：税金总额为产品销售税金及附加与应交增值税之和；平均资产总额为期初期末资产之和的算术平均值。

资产负债率 该指标既反映企业经营风险的大小，也反映企业利用债权人提供的资金从事经营活动的能力。计算公式为：

$$\text{资产负债率(\%)}=\frac{\text{负债总额}}{\text{资产总额}}\times100\%$$

资产与负债均为报告期期末数。

流动资产周转次数 指一定时期内流动资产完成的周转次数，反映投入工业企业流动资金的周转速度。计算公式为：

$$\text{流动资产周转次数}=\frac{\text{产品销售收入}}{\text{全部流动资产平均余额}}$$

公式中：全部流动资产平均余额为期初和期末的流动资产之和的算术平均值。

成本费用利润率 反映企业投入的生产成本及费用的经济效益，同时也反映企业降低成本所取得的经济效益。计算公式为：

$$\text{成本费用利润率(\%)}=\frac{\text{利润总额}}{\text{成本费用总额}}\times100\%$$

公式中：成本费用总额为产品销售成本、销售费用、管理费用、财务费用之和。

产品销售率 该指标反映工业产品已实现销售的程度，是分析工业产销衔接情况，研究工业产品满足社会需求的指标。计算公式为：

$$\text{产品销售率(\%)}=\frac{\text{工业销售产值}}{\text{工业总产值(现价)}}\times100\%$$

全员劳动生产率 指根据产品的价值量指标计算的平均每一就业人员在单位时间内的产品生产量。是考核企业经济活动的重要指标，是企业生产技术水平、经营管理水平、职工技术熟练程度和劳动积极性的综合表现。目前，我国的全员劳动生产率是将工业企业的增加值除以同一时期全部就业人员的平均人数来计算的。计算公式为：

$$\text{全员员劳动生产率} = \frac{\text{工业增加值}}{\text{全部从业人员平均人数}}$$

资本保值增值率 该指标反映企业净资产的变动状况，是企业发展能力的集中体现。计算公式为：

$$\text{资本保值增值率（\%）} = \frac{\text{报告期期末所有者权益}}{\text{上年同期期末所有者权益}} \times 100\%$$

工业经济效益综合指数 是综合衡量地区工业经济效益总体水平的一种特殊相对数，是反映一定时期工业经济运行质量的主要指标。工业经济效益综合指数由总资产贡献率、资本保值增值率、资产负债率、流动资产周转率、成本费用利润率、全员劳动生产率和产品销售率的实际数值分别除以该项指标的全国标准值，并乘以各自的权数，加总后除以总权数求得。该指标可从静态水平和动态趋势上较为全面地反映各地区工业经济效益的变化情况，并可在一定程度上消除地区对比的不可比因素。

Explanatory Notes on Main Statistical Indicators

Industry refers to the material production sector which is engaged in the extraction of natural resources and processing and reprocessing of minerals and agricultural products, including (1) extraction of natural resources, such as mining, salt production (but not including hunting and fishing); (2) processing and reprocessing of farm and sideline produces, such as rice husking, flour milling, wine making, oil pressing, silk reeling, spinning and weaving, and leather making; (3) manufacture of industrial products, such as steel making, iron smelting, chemicals manufacturing, petroleum processing, machine building, timber processing; water and gas production and electricity generation and supply; (4)repairing of industrial products such as the repairing of machinery and means of transport (including cars).

In industrial statistics surveys, the units of enquiry are corporate industrial enterprises with independent accounting systems.

Corporate industrial enterprises with independent accounting systems refer to enterprises engaging in industrial production activities, which meet the following requirements: (1) They are established legally, having their own names, organizations, location and able to take civil liability; (2) They possess and use their assets independently, assume liabilities and are entitled to sign contracts with other units; (3) They are financially independent and compile their own balance sheets.

Enterprises covered in the industrial statistics in the Yearbook include the following categories by their registration:

State-owned and State-holding Enterprises refer to state-owned enterprises plus State-holding enterprises. State-owned enterprises (originally known as State-run enterprises with ownership by the whole society) are non-corporate economic entities registered in accordance with the Regulation of the People's Republic of China on the Management of Registration of Legal Enterprises, where all assets are owned by the State. Included in this category are State-owned enterprises, State-funded corporations and State-owned joint-operation enterprises. Joint State-private industries and private industries, which existed before 1957, were transformed into state-run industries since 1957, and into State-owned industries after 1992. Statistics on those enterprises are included in the State-owned industries instead of being grouped them separately. State-holding enterprises are a sub-classification of enterprises with mixed ownership, referring to enterprises where the percentage of State assets (or shares by the State) is larger than any other single share holder of the same enterprise. This sub-classification illustrates the control of the State over a particular industry.

Collective-owned Enterprises refer to economic entities registered in accordance with the Regulation of the People's Republic of China on the Management of Registration of Legal Enterprises, where assets are owned collectively. Collective enterprises constitute an integral part of the socialist economy with public ownership. They include urban and rural enterprises invested collectively, and some enterprises registered in industrial and commercial administration agency as collective units where funds are pooled together by individuals who voluntarily give up their right of ownership.

Share-holding Cooperative Enterprises refer to economic units set up on a cooperative basis, with funding partly from employees of the enterprise and partly from outside investment, where the operation and management is decided by all the members who also participate in the production, and the distribution of income is based both on work (labour input) and on shares (capital input).

Joint-operation Enterprises refer to economic units that are established by joint investment by two or more corporate enterprises or institutions of the same or different types of ownership on voluntary, equal and mutual-beneficial basis. They include:

a) State-owned joint-operation enterprises (joint operation between State-owned enterprises);

b) Collective joint-operation enterprises (joint operation between collective enterprises; and

c) State-collective joint-operation enterprises (joint operation between state and collective enterprises).

Limited Liability Corporations refer to economic units registered in accordance with the Regulation of the People's Republic of China on the Management of Registration of Corporations, with capital from 2 to 49 investors, each investor bears limited liability to the corporation depending on his/her holding of shares, and the corporation bears liability to its debt to the maximum of its total assets.

Share-holding Corporations Ltd. refer to economic units registered in accordance with the Regulation of the People's Republic of China on the Management of Registration of Corporate Enterprises, with total registered capital divided into equal shares and raised through issuing stocks. Each investor bears limited liability to the corporation depending on the holding of shares, and the corporation bears liability to its debt to the maximum of its total assets.

Private Enterprises refer to economic units invested or controlled (by holding the majority of the shares) by natural persons who hire labours for profit-making activities. Included in this category are private limited liability corporations, private share-holding corporations Ltd., private partnership enterprises and private sole investment enterprises registered in accordance with the Corporation Law, Partnership Enterprise Law and Tentative Regulation on Private Enterprises.

Enterprises with Funds from Hong Kong, Macao and Taiwan refers to all industrial enterprises registered as the joint-venture, cooperative, sole (exclusive) investment industrial enterprises and limited liability corporations with funds from Hong Kong, Macao and Taiwan.

Foreign Funded Enterprises refer to all industrial enterprises registered as the joint-venture, cooperative, sole (exclusive) investment industrial enterprises and limited liability corporations with foreign funds.

Enterprises with Hong Kong, Macao, Taiwan and Foreign Fund refer to all the enterprises with funds from Hong Kong, Macao, Taiwan and foreign funded enterprises.

Light Industry refers to the industry that produces consumer goods and hand tools. It consists of two categories, depending on the materials used:

(1) Industries using farm products as raw materials. These are the branches of light industry which directly or indirectly use farm products as basic raw materials, including the manufacture of food and beverages, tobacco processing, textile, clothing, fur and leather manufacturing, paper making, printing, etc.

(2) Industries using non-farm products as raw materials. These are the branches of light industry which use manufactured goods as raw materials, including the manufacture of cultural, educational articles and sports goods, chemicals, synthetic fibre, chemical products for daily use, glass products for daily use, metal products for daily use, hand tools, medical apparatus and instruments, and the manufacture of cultural and office machinery.

Heavy Industry refers to the industry which produces capital goods, and provides various sectors of the national economy with necessary material and technical basis for production. It consists of the following three branches according to the purpose of production or the use of products:

(1) Mining, quarrying and logging industry, which refers to the industry that extracts natural resources, including extraction of petroleum, coal, metal and non-metal ores.

(2) Raw materials industry refers to the industry that provides various sectors of the national economy with raw materials, fuels and power. It includes smelting and processing of metals, coking and coke chemistry, chemical materials and building materials such as cement, plywood, and power, petroleum refining and coal dressing.

(3) Manufacturing industry which refers to the industry that processes raw materials. It includes machine-building industries which equip sectors of the national economy; industries producing metal structure and cement products; and industries producing means of agricultural production, such as chemical fertilizers and pesticides.

In accordance with the above principles of classification, the repairing trades, which are engaged primarily in repairing products of heavy industry, are classified as heavy industry while those which are engaged in repairing products of light industry are classified as light industry.

Gross Industrial Output Value

(1) Definition: Gross industrial output value is the total volume of final industrial products produced and industrial services provided during a given period. It reflects the total achievements and overall scale of industrial production during a given period.

(2) Principles for calculation:

Statistics on industrial production follow the principle that all products produced by the enterprises and accepted through quality check during the reference period are to be included no matter whether they are sold or not during the reference period.

Determination of final products follows the principle that all products that are included in the calculation of gross industrial output value are the final products of the enterprise which have been accepted through quality check and require no further processing. If an enterprise has intermediate (semi-finished) products to sell, these intermediate products are considered as the final products of the enterprise.

Gross industrial output value is calculated following the principle of factory approach, i.e. industrial enterprise is used as the basic accounting unit in calculating the gross industrial output value. By this approach, value of the same product is not to be double-counted, and the output value of different workshops (branch factories) within the enterprise should not be added. However, this approach allows the possibility of double counting between enterprises.

(3) Content and method of calculation: The old definition of gross industrial output value was modified during the 1995 National Industrial Census. The revised (new) definition of gross industrial output value consists of 3 components: value of the finished products during the reference period, income from processing for external parties, and value of change in semi-finished products between the end and the beginning of the reference period.

Value of finished products during the reference period: refers to the value of all finished (semi-finished) industrial products that are produced during the reference period without the need for further processing, checked for acceptance, packed and put into the warehouse of the enterprise, including the value of own-produced equipment and the value of products provided to the projects under construction of the enterprise, and to other non-industrial or welfare units. Value of finished products during the reference period is calculated by the quantity of products produced using own materials multiplied by the average unit prices at which products are sold (excluding value-added tax). Own-produced equipment and products produced for own use are valued at cost prices as in the case of enterprise accounting. Value of finished products does not include the value of finished products (semi-finished products) that are produced using the materials from the clients who place the orders.

Income from external processing: refers to income from contracted external processing of industrial products (including processing of industrial products using materials from the clients), and the income from industrial repairing work provided to other parties. Income from external processing is calculated using information from the item "products sales income" in the enterprise accounting at the prices with value-added tax excluded.

For income from services such as processing, repairing and installation of equipment provided to non-industrial units within the enterprise, if the accounting work of the enterprise is good enough to separate it from other records, and the share of such services is significant, it should also be included in the income from external processing.

Value of change in semi-finished products between the end and the beginning of the reference period: refers to the value of change in semi-finished products between the end and the beginning of the reference period, which generally can be obtained from accounting records of enterprises. If the enterprise accounting excludes the cost of semi-finished products, then it should not be included in the gross industrial output value, and the reverse if otherwise.

(4) Changes in the scope and method of calculation of the gross industrial output value

Prior to 1984, the value of rural industry run by villages was classified into agriculture instead of industry. Since 1984, it has been included in the gross industrial output value. Method of calculation for the gross industrial output value was modified in the industrial census in 1995. The difference in the new method as compared with the old one is outlined below:

Principle in using full value vs. processing fee: The new

method stipulates that all products produced using own materials are to be calculated with full value in reporting the gross industrial output value irrespective of the complexity of production, and for external processing, it allows calculation using processing fee. In the old method, however, the use of full value or processing fee was determined by the degree of complexity of production in different branches of industries.

Principle in determining the value of change in semi-finished products: The new method requires that value of change in semi-finished products should be included in the gross industrial output value if it is included in the accounting record of the enterprise, otherwise it should not be included. In the old method, it is determined by the type of enterprises in terms of production cycle. If the production cycle is over 6 months, the value of change in semi-finished products is included in the gross industrial output value, otherwise it is not.

Difference in prices: The new method uses prices excluding value-added tax in the calculation of gross industrial output value, while the old method used prices including value-added tax.

Value-added of Industry refers to the final results of industrial production of industrial enterprises in money terms during the reference period.

Industrial value-added can be calculated by two approaches: the production approach, i.e. gross industrial output value minus intermediate input plus value-added tax, and the income approach, i.e. income for various factors used in the course of production, including depreciation of fixed assets, remuneration of labourers, net of production tax, and operating surplus. Value-added of industry in the Yearbook is calculated by the production approach as follows:

Value-added of industry = gross industrial output - industrial intermediate input + value-added tax

(1) Gross industrial output: refers to the total achievements of industrial production activities during a given period. Gross industrial output includes value of finished products, income from external processing, and value of change in semi-finished products between the end and the beginning of the reference period. Since 1995, the gross industrial output value obtained by the new method is used in the calculation.

(2) Industrial intermediate input: refers to purchased goods and paid services consumed during the industrial production of enterprises. Fees paid for services include fees paid for the services provided by material production sectors (industry, agriculture, wholesale and retail trade, construction, transport, post and telecommunications) and by non-material production sectors (insurance, banking, culture, education, scientific research, health and medical care, public administration, etc.). The determination of industrial intermediate input follows the principle that the goods and services must be purchased from outside and included in the gross industrial output, and that the goods and services are inputted into production and consumed (include low-value consumables) during the reference period.

Industrial intermediate input includes 5 components, namely direct consumption of materials, industrial intermediate input in manufacturing cost, industrial intermediate input in management cost, industrial intermediate input in marketing cost and expenditure on interest.

Total Assets refer to all economic resources, in monetary term, these are owned or controlled by enterprises, including properties, creditor's equity and other economic rights of all forms. Classified by the degree of liquidity, total assets include working capitals, long-term investment, fixed assets, intangible assets, deferred assets and other assets. Data on this indicator can be obtained by the year-end figures of total assets in the Assets and Liability Table of accounting records of enterprises.

Working Capital refers to capital that an enterprise can cash or use during one year or one production cycle that may exceed one year, including cash and savings deposits of various forms, short-term investment, money receivable and prepaid money, inventories, etc.

Annual Average Value of Working Capital refers to the average value of all working capital of the enterprise during the reference period.

Original Value of Fixed Assets refers to the total value, in monetary terms, that an enterprise spent on fixed assets, through construction, purchase, installation, transformation, expansion or technical upgrading. Generally, it covers cost of purchase, packing, transportation and installation, etc.

Annual Average of Net Value of Fixed Assets refers to the average of the net value of fixed assets during the reference period, calculated with the following formula:

$$\text{Annual Average of Net Value of Fixed Assets} = \frac{\text{sum of net value of fixed assets at the beginning and at the end of each month from January to December}}{24}$$

Information on this indicator can be obtained from the beginning and ending figures of the original value of fixed assets and cumulative depreciation from the Assets and Liability Table of enterprises.

Net value of fixed assets refers to the original value of fixed assets minus depreciation over the years, i.e.:

Net value of fixed assets = original value of fixed assets - cumulative depreciation

Total Liabilities refer to payable liabilities of enterprises that have to be repaid in terms of money, assets or labour services. In terms of payment, it can be divided into liquid liabilities and long-term liabilities. Data on this item is obtained from the ending figures on total liabilities from the Assets and Liability Table from the enterprises.

Owner's Equity refers to the ownership of net assets of enterprise by its investors. Net assets equal total assets minus total liabilities of the enterprise, including the actual assets invested into the enterprise by investors, accumulation of capital and operating surplus and non-distributed profits. The enterprise's assets are less than its liabilities if the sum of owner's equity is smaller than zero.

Revenue from Principal Business is obtained by deducting depreciation over years from the original value of fixed assets.

Cost of Principal Business refers to the revenue from the sales of products by industrial enterprises and the revenue from services provided and etc.

Tax and Extra Charges from Principal Business refers to the actual cost of products of industrial enterprises and industrial services provided, etc.

Total Profits refer to the final achievement of production and operation activities of the enterprises, represented by total profits after deducting losses (loss is expressed by the negative figure). It is the sum of profits from operation, income from subsidies, investment earnings, net income from activities other than operation, and adjustment of profits and losses of previous years.

Value-added Tax Payable in the Current Year refers to the amount of the value-added tax which should be paid by the enterprises during the reference period. It is the sum of tax on sales, export rebate, and transferred tax on purchases of the current year, minus the tax on purchases of the current year. Value-added tax payable of small-size enterprises is determined by the taxable sales of the year multiplied by the tax rate.

Average Annual Number of Employed Persons Employed persons refer to all those who are employed in enterprises and receive remunerations there from, including currently working employees, retirees who are re-employed, teachers of local-run schools, as well as foreigners, staff from Hong Kong, Macao and Taiwan, part-time employees and persons with second job who are employed by the enterprise, and employees of other units temporarily working in the enterprises, but excluding former employees who left the enterprise with their employment records still being kept by the enterprises.

Average number of employed persons refers to the number of employee everyday during the reference period, calculated with the following formula:

$$\text{Monthly average number} = \frac{\text{sum of actual employees everyday in reference month}}{\text{number of calendar dates in reference month}}$$

$$\text{Quarterly average number} = \frac{\text{sum of monthly average number in reference quarter}}{3}$$

$$\text{Annual average number} = \frac{\text{sum of monthly average number in reference year}}{12}$$

Ratio of Value-added to Gross Industrial Output Value refers to the ratio of value added of industry in a given period to the gross output value in the same period, which reflects the economic efficiency of cutting down the intermediate input. It is calculated as follows:

Ratio of Value-added to Gross Industrial Output Value (%) =Value Added of Industry (at Current Prices)/Gross Output Value (at Current Prices) ×100%

Ratio of Profits, Taxes and Interests to Average Assets reflects the profit-making capability of all assets of the enterprise and is a key indicator manifesting the performance and management and evaluating the profit-making potential of the enterprise. It is calculated as follows:

$$\text{Ratio of Profits, Taxes and Interests to Average Assets (\%)} = \frac{\text{total profits + total taxes + interest payment}}{\text{average assets}} \times 100\%$$

In the above formula, total taxes is the sum of tax and extra charges on the sales of products and value-added tax payable; and average assets is the arithmetic mean of the sum of beginning assets and ending assets.

Ratio of Debts to Assets reflects both the operation risk and the capability of the enterprise in making use of the capital from the creditors. It is calculated as follows:

$$\text{Ratio of Debts to Assets (\%)} = \frac{\text{total debts}}{\text{total assets}} \times 100\%$$

Both assets and debts are figures at the end of the reference period.

Turnover of Working Capital refers to the number of times of turnover of working capital in a given period of time, which reflects the speed of the turnover of working capital of industrial enterprises, and is calculated as follows:

$$\text{Turnover of Working Capital} = \frac{\text{sales revenue of products}}{\text{average balance of total working capital}}$$

In the above formula, average balance of total working capital refers to the arithmetic mean of the sum of working capital at the beginning and at the end of the reference period.

Ratio of Profits to Total Industrial Costs refers to the ratio of profits realized in a given period to the total costs in the same period, which reflects the economic efficiency of input cost and is calculated as follows:

$$\text{Ratio of Profits to Total Industrial Cost (\%)} = \frac{\text{total profits}}{\text{total costs}} \times 100\%$$

Total costs in the above formula are the sum of cost of products sold, marketing cost, management cost and financial cost.

Sales Ratio of Products is an indicator reflecting the actual sale of industrial products, analyzing the production-selling and supply-demand relations. It is calculated as:

$$\text{Sales Ratio of Products (\%)} = \frac{\text{value of industrial sales}}{\text{gross industrial output value (current prices)}} \times 100\%$$

Overall Labor Productivity refers to the average output per employed person in industrial enterprises in value terms. At present, the value added and the average number of staff and workers of an industrial enterprises in a given period are used to calculate the overall labor productivity. It is calculated as:

$$\text{Overall Labor Productivity} = \frac{\text{Value Added of Industry}}{\text{Average Number of Staff and Workers}}$$

Changing Rate of Net Assets refers to the changes of an enterprise's net assets. It epitomizes the growth capability of an enterprise .Its calculating formula is:

$$\text{Changing Rate of Net Assets} = \frac{\text{Ownership equity at the end of the reporting period}}{\text{Ownership equity at same period of the previous year}} \times 100\%$$

Aggregate Index of Industrial Economic Efficiency is a special kind of relative figure to comprehensively measure overall economic efficiency of regional industry, showing the quality of industrial economic efficiency of the reference period. Industrial comprehensive index of economic efficiency is calculated with 7 items of ratio of total assets to industrial output value, ratio of creditors' equity of current year to that of previous year, ratio of liabilities to assets, turnover ratio of output value, circulating funds, ratio of profits to cost, overall labor productivity, ratio of sales to products. The actual figure of every indicator above is divided by responding national standard numerical value, and the results multiply correlative weight coefficients, then the total number is divided by general weight coefficient. The index comprehensively reflects the changes of regional industrial economic efficiency in static and dynamic status, eliminating the incomparable factors at a certain extent.

14

建筑业

CONSTRUCTION

◆343/362

资料整理及英文翻译: 洪英灏

I 简要说明

一、本篇资料的主要内容

本篇资料反映全省建筑业概况和发展情况。包括建筑业企业基本情况和生产经营情况。主要指标有企业个数、从业人员数、建筑业总产值、房屋建筑面积、自有机械设备、资产负债、损益及分配、劳动生产率等。

二、本篇的统计范围

具有建筑业资质的独立核算建筑业企业。

三、本篇的资料来源

本篇建筑业企业统计数据是根据国家统计局制定的《建筑业统计报表制度》搜集资料，整理汇总的。

四、本篇的统计调查方法

由各级统计部门采取全面调查的方法布置、收集。

I Brief Introduction

I. Main Contents

Data in this chapter show the general situation and the development of the construction industry for the whole province. They cover the situation of production and management of the construction enterprises, including the number of enterprises; number of employed persons; gross output value and value added of the construction industry; floor space of buildings under construction; profits and taxes ; and labour productivity etc. They also cover main indicators on the situation of prospecting and designing institutions and personnel.

II. Scope of Statistics

The previous criteria that required construction enterprises of various types of ownership to have qualification certificates at or above Class 4 with independent accounting systems.

III. Sources of Data

The data in this chapter cover the construction enterprises with qualification and independent accounting system.

IV. Methods of Survey

The annual reporting forms on construction statistics are designed in accordance with local situations for comprehensive collection by statistical bureaus of each municipality and conveyance level by level upwards.

14-1 建筑业主要经济指标
Main Economic Indicators on Construction

指　　标	Item	2011	2012
企业个数(个)	**Number of Enterprises(unit)**	**1428**	**1632**
建筑业合同情况(万元)	**Construction Contract(10000 yuan)**		
签订的合同额	Contract Value Signed	34449578	47411301
上年结转合同额	Contract Value on Hand last Year	12512699	16692284
本年新签合同额	Contract Value Newly Signed this Year	21936879	30719017
承包工程完成情况(万元)	**Conditions Finished of Contracted Projects(10000 yuan)**		
直接从建设单位承揽工程完成的产值	Completed Output Value of Projects Constracted Directly from Investors	20711750	27591459
自行完成施工产值	Own-completed output Value	20497706	27288877
分包出去工程的产值	Output Value of out-sourced Projects	214044	302582
从建设单位以外承揽工程完成的产值	Completed Output Value of Projects Constracted from Non-investors	469458	648353
建筑业总产值(万元)	**Gross Output Value(10000 yuan)**	**20967164**	**27937230**
#装饰装修产值	Building Decoration	971852	1492750
在外省完成的产值	Output in Other Provinces	5794648	8691646
建筑工程产值	Construction	18546514	24313740
安装工程产值	Installation	1383015	2132969
其他产值	Others	1037635	1490521
竣工产值(万元)	**Buildings Completed Output Value of Construction(10000yuan)**	**11809686**	**16517116**
房屋建筑施工及竣工面积(万平方米)	**Floor Space of Buildings Under Construction and Completed(10000 sq.m)**		
房屋建筑施工面积	Floor Space of Buildings Under Construction	15514.26	18889.37
#本年新开工面积	Floor Space Started this Year	9064.83	10857.14
实行投标承包面积	Floor Space Constructed through Bidding	11496.74	13828.16
#本年新开工	Started this Year	7556.60	8468.99
房屋建筑竣工面积	Floor Space of Buildings Completed	7813.18	10148.83
住宅房屋	Residential Buildings	4914.99	6157.98

注：建筑业统计范围为具有建筑业资质等级的独立核算建筑业企业。

a) Statistics of Construction refers to enterprises with qualification and with independent accounting.

14-1 续表1 continued

指 标	Item	2011	2012
竣工房屋价值(万元)	**Value of Floor Space (10000 yuan)**	**6898773**	**10343751**
住宅房屋	Residential Buildings	4299695	6130384
年末自有机械设备	**Year-end Self-own Machinery and Equipment**		
净 值(万元)	Net Value of Machinery and Equipment Owned(10000 yuan)	668953	765984
总台数(台)	Number of Machinery and Equipment Owned(set)	161961	161853
总功率(万千瓦)	Total Power of Machinery and Equipment Owned (10000 kw)	305.84	398.10
劳动人员情况(万人)	**Labourers(10000 persons)**		
计算劳动生产率的平均人数	Staff and Workers Annual Average	83.10	99.44
期末从业人数	Number of Persons Engaged	85.02	107.53
#工程技术人员	Technologist in Employed Persons at the Year-end	14.13	16.33
年末资产负债(万元)	**Year-end Assets and Liabilities(10000 yuan)**		
流动资产合计	Total Circulating Funds	8652785	11702909
#存 货	Stock	1684747	2445654
固定资产合计	Total Fixed Assets	1877310	2397129
固定资产原值	Original Value of Fixed Assets	2169680	2716740
累计折旧	Total Depreciation	662095	844955
#本年折旧	Depreciation This Year	110834	168627
在建工程	Under Construction Project	233440	313383
资产合计	Total Assets	11262444	15479329
流动负债合计	Liquid Liabilities	6496621	7628955
#应付账款	Payable Accounts	1562781	1857656
非流动负债合计	Non-current Liabilities	285066	304012
负债合计	Total Liabilities	7013979	8777857
所有者权益合计	Total Creditors Equity	4242577	6696335
#实收资本	Capitals Hold	3031304	5081788
国家资本	State-owned	630343	815196
集体资本	Collective-owned	351411	435210
法人资本	Institutional Units	927361	1707628
个人资本	Individuals	1110347	2104088
港澳台资本	Funds from Hong Kong,Macao and Taiwan	8706	8791
外商资本	Foreign Funds	289	10875
损益及分配(万元)	**Loss-profit and Allocation(10000 yuan)**		
营业收入	Operational Revenue	17425195	25513658
工程结算收入	Revenue of Project Settlement Accounts	17288819	25370389

14-1 续表2 continued

指　　标	Item	2011	2012
营业成本	Operational Cost	15515921	22707479
工程结算成本	Costs of Project Settlement Accounts	15348880	22354608
营业税金及附加	Operational Tax and Additional Expense	656147	955800
工程结算税金及附加	Taxes and Extra Charges on Project Settle Accounts	629681	901879
其他业务利润	Other Profit from Business	33977	23603
销售费用	Selling Expenses	96463	119520
管理费用	Management Fee	485957	709198
#税金	Taxes	31693	38320
差旅费	Travel Expense	27437	58656
工会经费	Trade Union Outlays	7150	13319
财务费用	Financial Expenses	75054	103907
#利息收入	Interest of Revenue	8719	12554
#利息支出	Expenses of Interest	36057	69154
营业利润	Profits of Business	604715	943299
营业外收入	Nonoperating Income	18430	17395
#补贴收入	Profits of Business	1384	1766
营业外支出	Nonoperating Expense	20568	19645
利润总额	Total Profits	624672	949871
#应交所得税	Income Tax Payable	129178	218433
工资、福利费(万元)	**Wages,Welfare (10000 yuan)**		
应付职工薪酬	Payable Total Wages	2071473	2976605
其他	**Others**		
劳动生产率(按总产值计算)(元/人)	Overall Labor Productivity (In Terms of Gross Output Value)(yuan/person)	252312	280934
利税总额(万元)	Total Pre-Tax Profits(10000 yuan)	1286046	1890070
产值利润率(%)	Ratio of Profit to Gross Output Vaiue(%)	3.0	3.4
产值利税率(%)	Ratio of Pre-tax Profit to Gross Output Value(%)	6.1	6.8
资产负债率(%)	Assets-Liability Ratio(%)	62.3	56.7
技术装备率(元/人)	Value of Machinery per Laborer(yuan/person)	7868	7132
动力装备率(千瓦/人)	Power of Machinery per Laborer(kw/person)	3.6	3.7
房屋建筑面积竣工率(%)	Rate of Floor Space of Buildings Completed(%)	50.4	53.7

14-2 按登记注册类型分的建筑业企业主要经济指标（2012年）

指　　标	Item	合　计 Total	内资企业 Domestic Funded
企业个数(个)	**Number of Enterprises(unit)**	**1632**	**1623**
建筑业合同情况(万元)	**Construction Contract(10000 yuan)**		
签订的合同额	Contract Value Signed	47411301	46256071
上年结转合同额	Contract Value on Hand last Year	16692284	16161788
本年新签合同额	Contract Value Newly Signed this Year	30719017	30094283
承包工程完成情况(万元)	**Conditions Finished of Contracted Projects(10000 yuan)**		
直接从建设单位承揽工程完成的产值	Contracted Directly from Fabricative Units Output Value Finished of Projects	27591459	27184451
自行完成施工产值	Output Value Self-Finished of Buildings Under Construction	27288877	26881869
分包出去工程的产值	Output Value of Projects Subcontracted	302582	302582
从建设单位以外承揽工程完成的产值	Contracted Directly Exceptant Fabricative Units Output Value Finished of Projects	648353	648057
建筑业总产值(万元)	**Gross Output Value (10000 yuan)**	**27937230**	**27529926**
#装饰装修产值	Building Decoration	1492750	1486410
在外省完成的产值	Output in Other Provinces	8691646	8532378
建筑工程产值	Construction	24313740	23912482
安装工程产值	Installation	2132969	2126923
其他产值	Others	1490521	1490521
竣工产值(万元)	**Buildings Completed Output Value of Construction(10000 yuan)**	**16517116**	**16326274**
房屋建筑施工及竣工面积(万平方米)	**Floor Space of Buildings Under Construction and Completed(10000 sq.m)**		
房屋建筑施工面积	Floor Space of Buildings Under Construction	18889.37	18313.00
#本年新开工面积	Floor Space Started this Year	10857.14	10581.45
实行投标承包面积	Floor Space of Enter a bid Contract	13828.16	13251.79
#本年新开工	Started this Year	8468.99	8193.30
房屋建筑竣工面积	Floor Space of Buildings Completed	10148.83	10062.23
住宅房屋	Residential Buildings	6157.98	6111.57
商业及服务用房屋	Buildings for Business and Service	727.52	724.62
商厦房屋(批发和零售用房)	Building for Wholesale and Retail	328.11	325.91
宾馆用房屋(住宿用房)	Accommodation Buildings	77.72	77.01
餐饮用房屋(餐饮用房)	Dinning Buildings	27.82	27.82
商务会展用房屋	Business Exhibition Building	16.34	16.34
其他商业及服务用房屋(居民服务业用房)	Other Buildings for Business and Service	277.53	277.53
办公用房屋	Office Buildings	781.79	768.27
科研、教育、医疗用房屋	Buildings for Scientific Research,Education and Medical Sevice	549.57	539.85
科学研究用房屋	Buildings for Scientific Research	58.18	58.18
教育用房屋	Education Building	377.28	374.34
医疗用房屋(卫生医疗用房)	Medical Buildings	114.11	107.33
文化、体育、娱乐用房屋	Buildings for Culture,Sports and Entertainment	170.26	169.04
厂房及建筑物	Factory Buildings	1292.58	1283.88
厂房	Factories	746.13	746.13
仓库	Warehouses	107.48	103.35
其他未列明的房屋建筑物	Other Buildings	361.65	361.65

Main Economic Indicators on Construction Enterprises by Registrtion Status (2012)

国有企业 State-owned	集体企业 Collective-owned	股份合作企业 Cooperative	联营企业 Joint Ownership Units	有限责任公司 Limited liability Enterprises	股份有限公司 Share-holding Corporations Ltd	私营企业 Private Enterprise	其他企业 Others	港澳台商投资企业 Funded from Hong Kong, Macao and Taiwan	外商投资企业 Foreign Funded
152	**196**	**24**	**7**	**533**	**107**	**578**	**26**	**8**	**1**
12344839	3637032	432811	33449	15726370	4203296	9768224	110048	1154650	580
6139925	1141879	84334	7632	5044227	1561374	2160656	21760	530196	300
6204914	2495153	348477	25817	10682143	2641922	7607568	88288	624454	280
5809277	2379795	288195	39486	8852996	2489655	7245944	79103	406546	462
5674704	2346345	279685	38053	8800183	2483093	7183607	76198	406546	462
134573	33450	8510	1433	52813	6562	62337	2905		
94607	63103	8518	782	176279	8561	288273	7935	297	
5769311	**2409448**	**288203**	**38835**	**8976462**	**2491654**	**7471880**	**84133**	**406843**	**462**
119708	109305	4102	155	449821	68467	718900	15952	6340	
2756195	215731	16170	8390	2608060	978733	1939742	9359	159267	
5151142	2222874	252708	24882	7763554	1963465	6462382	71475	401259	
472998	122519	27577	7954	521738	498200	469436	6501	5584	462
145171	64055	7918	5999	691170	29989	540062	6157		
2436613	**1756933**	**196054**	**21595**	**5332691**	**1208145**	**5272716**	**101527**	**190520**	**322**
2738.79	2495.18	233.08	27.81	6437.10	1367.79	4977.58	35.68	576.37	
1383.66	1551.46	148.39	16.81	3520.11	674.12	3264.69	22.21	275.69	
2172.90	1862.66	162.94	21.81	4890.99	921.10	3211.20	8.18	576.37	
1245.66	1227.20	133.23	12.76	2669.50	514.89	2386.53	3.52	275.69	
1063.67	1422.97	100.43	15.65	3320.68	730.66	3382.16	26.02	86.60	
659.01	1003.24	56.68	13.05	1842.55	506.18	2019.46	11.40	46.40	
149.96	127.34	2.24	2.11	179.08	27.08	235.95	0.87	2.90	
119.60	42.94	0.69		98.33	12.18	52.16		2.20	
13.85	12.75	1.36		18.21	0.83	29.14	0.87	0.71	
1.26	1.98	0.07		7.87	1.32	15.33			
3.29	3.02	0.06		2.74	0.04	7.20			
11.95	66.66	0.06	2.11	51.94	12.70	132.11			
29.24	54.40	7.84	0.13	335.87	46.63	293.97	0.21	13.52	
62.37	61.93	2.46		244.98	10.14	157.17	0.79	9.72	
28.15	7.79	0.03		7.94	0.04	14.23			
24.36	42.06	2.16		168.52	7.57	128.88	0.79	2.94	
9.86	12.09	0.28		68.52	2.53	14.05		6.77	
25.09	3.81	0.45	0.09	74.20	4.29	61.11		1.22	
83.59	147.13	30.06		463.06	122.21	426.87	10.96	8.70	
58.56	79.19	13.19		322.13	72.07	199.42	1.58		
14.75	2.71	0.10	0.03	40.32	2.01	41.92	1.51	4.13	
39.67	22.41	0.60	0.24	140.62	12.13	145.72	0.27		

14-2 续表1

指标	Item	合计 Total	内资企业 Domestic Funded
竣工房屋价值(万元)	**Value of Floor Space (10000 yuan)**	**10343751**	**10221501**
住宅房屋	Residential Buildings	6130384	6083256
商业及服务用房屋	Buildings for Business and Service	755989	753987
商厦房屋(批发和零售用房)	Building for Wholesale and Retail	315655	314587
宾馆用房屋(住宿用房)	Accommodation Buildings	107938	107005
餐饮用房屋(餐饮用房)	Dinning Buildings	37081	37081
商务会展用房屋	Business Exhibition Building	24210	24210
其他商业及服务用房屋(居民服务业用房)	Other Buildings for Business and Service	271105	271105
办公用房屋	Office Buildings	835181	816436
科研、教育、医疗用房屋	Buildings for Scientific Research,Education and Medical Sevice	634177	615487
科学研究用房屋	Buildings for Scientific Research	75677	75677
教育用房屋	Education Building	399837	392750
医疗用房屋(卫生医疗用房)	Medical Buildings	158663	147059
文化、体育、娱乐用房屋	Buildings for Culture,Sports and Entertainment	158480	155480
厂房及建筑物	Factory Buildings	1314504	1287095
厂房	Factories	713422	713422
仓库	Warehouses	94090	88813
其他未列明的房屋建筑物	Other Buildings	420946	420946
年末自有机械设备	**Year-end Self-own Machinery and Equipment**		
净值(万元)	Net Value of Machinery and Equipment Owned (10000yuan)	765984	765521
总台数(台)	Number of Machinery and Equipment Owned (set)	161853	161473
总功率(万千瓦)	Total Power of Machinery and Equipment Owned (10000kw)	398.10	398.01
劳动人员情况(万人)	**Labourers(10000 persons)**		
计算劳动生产率的平均人数	Staff and Workers Annual Average	99.44	97.46
期末从业人数	Number of Persons Engaged at the Year-end	107.53	105.32
#工程技术人员	Technologist in Employed Persons at the Year-end	16.33	16.22
年末资产负债(万元)	**Year-end Assets and Liabilities(10000 yuan)**		
流动资产合计	Total Circulating Funds	11702909	11357420
#存货	Stock	2445654	2418590
固定资产合计	Total Fixed Assets	2397129	2385950
固定资产原值	Original Value of Fixed Assets	2716740	2705196
累计折旧	Total Depreciation	844955	843126
#本年折旧	Depreciation this Year	168627	168225
在建工程	Under Construction Project	313383	311919
资产合计	Total Assets	15479329	15032962
流动负债合计	Liquid Liabilities	7628955	7269103
#应付账款	Payable Accounts	1857656	1724497
非流动负债合计	Non-current Liabilities	304012	303251
负债合计	Total Liabilities	8777857	8415893

continued

国有企业 State-owned	集体企业 Collective-owned	股份合作企业 Cooperative	联营企业 Joint Ownership Units	有限责任公司 Limited liability Enterprises	股份有限公司 Share-holding Corporations Ltd	私营企业 Private Enterprise	其他企业 Others	港澳台商投资企业 Funded from Hong Kong, Macao and Taiwan	外商投资企业 Foreign Funded
1139993	**1410297**	**105114**	**9660**	**3303072**	**774356**	**3456626**	**22382**	**122251**	
722019	1031682	61692	8054	1749696	499166	1999892	11056	47128	
132074	118119	3431	1337	205678	25812	267275	261	2002	
80615	38656	590		112373	11698	70654		1068	
34195	14495	2604		22361	940	32149	261	934	
1191	1905	82		12326	1149	20430			
3673	5881	78		2411	35	12131			
12399	57182	78	1337	56207	11990	131911			
41204	56673	9962	46	344694	53937	309736	184	18745	
78302	60972	2454		274774	8051	190336	598	18690	
45689	11350	40		7198	33	11367			
22466	39331	2208		162789	5960	159399	598	7086	
10147	10291	206		104787	2059	19570		11604	
12254	3618	765	28	61589	5144	72082		3000	
105216	119839	25955		438758	161726	426818	8784	27409	
50114	61551	14780		269595	104389	212528	465		
10605	2260	130	9	25760	3668	45157	1225	5277	
38320	17134	727	187	202124	16853	145329	273		
136291	53352	8482	596	279839	64837	213122	9003	463	
24532	22030	2448	114	49760	18751	42829	1009	380	
77.69	26.59	3.75	0.31	131.38	64.71	91.11	2.47	0.09	
16.65	10.20	1.46	0.16	33.84	7.04	27.60	0.52	1.99	
17.87	10.84	1.54	0.17	37.42	7.10	29.75	0.62	2.21	
2.16	1.71	0.23	0.04	5.51	1.26	5.16	0.14	0.11	
2690098	722038	126372	18800	4294148	949028	2442915	114022	344619	870
549864	161107	52433	3519	757463	312712	529723	51769	27029	35
408573	249298	25907	7046	888771	152514	626611	27229	11097	82
611512	211378	27621	7868	947946	208655	661550	28666	11396	148
261321	52440	8420	3077	260170	73843	176710	7145	1764	66
51212	10167	1113	1930	47482	14805	39995	1524	394	9
28997	66177	3463	610	127588	4301	75682	5103	1464	
3301147	1087158	174471	28441	5667590	1222331	3394654	157171	445415	953
2042929	552373	111416	11251	2585495	694027	1186136	85477	359404	448
583502	86081	13704	2502	508049	227118	252040	51502	133152	7
121524	17103	107		76438	22483	61578	4019	761	
2475442	610164	112284	11268	2949799	731818	1435609	89508	361517	448

14-2 续表2

指标	Item	合计 Total	内资企业 Domestic Funded
所有者权益合计	Total Creditors Equity	6696335	6611932
#实收资本	Capitals Hold	5081788	5013047
国家资本	State-owned	815196	783183
集体资本	Collective-owned	435210	424775
法人资本	Institutional Units	1707628	1699623
个人资本	Individuals	2104088	2104088
港澳台资本	Funds from Hong Kong,Macao and Taiwan	8791	843
外商资本	Foreign Funds	10875	535
损益及分配(万元)	**Loss-profit and Allocation(10000 yuan)**		
营业收入	Operational Revenue	25513658	25135310
工程结算收入	Revenue of Project Settlement Accounts	25370389	24993669
营业成本	Operational Cost	22707479	22359536
工程结算成本	Costs of Project Settlement Accounts	22354608	22007440
营业税金及附加	Operational Tax and Additional Expense	955800	943375
工程结算税金及附加	Taxes and Extra Charges on Project Settle Accounts	901879	889496
其他业务利润	Other Profit from Business	23603	22370
销售费用	Selling Expenses	119520	119498
管理费用	Management Fee	709198	702695
#税金	Taxes	38320	36615
差旅费	Travel Expense	58656	58035
工会经费	Trade Union Outlays	13319	13298
财务费用	Financial Expenses	103907	100769
#利息收入	Interest of Revenue	12554	12042
#利息支出	Expenses of Interest	69154	66465
营业利润	Profits of Business	943299	922021
营业外收入	Nonoperating Income	17395	17395
#补贴收入	Revenue of Subsidies	1766	1766
营业外支出	Nonoperating Expense	19645	19634
利润总额	Total Profits	949871	928603
#应交所得税	Income Tax Payable	218433	216498
工资、福利费(万元)	**Wages,Welfare (10000 yuan)**		
应付职工薪酬	Payable Total Wages	2976605	2888645
其他	**Others**		
劳动生产率(按总产值计算)(元/人)	Overall Labor Productivity (In Terms of Gross Output Value)(yuan/person)	280946	282484
利税总额(万元)	Total Pre-Tax Profits(10000 yuan)	1890070	1854714
产值利润率(%)	Ratio of Profit to Gross Output Value(%)	3.4	3.4
产值利税率(%)	Ratio of Pre-tax Profit to Gross Output Value(%)	6.8	6.7
资产负债率(%)	Assets-Liability Ratio(%)	56.7	56.0
技术装备率(元/人)	Value of Machinery Per Laborer(yuan/person)	7132	7277
动力装备率(千瓦/人)	Power of Machinery Per Laborer(kw/person)	3.7	3.8
房屋建筑面积竣工率(%)	Rate of Floor Space of Buildings Completed(%)	53.7	54.9

continued

国有企业 State-owned	集体企业 Collective-owned	股份合作企业 Cooperative	联营企业 Joint Ownership Units	有限责任公司 Limited liability Enterprises	股份有限公司 Share-holding Corporations Ltd	私营企业 Private Enterprise	其他企业 Others	港澳台商投资企业 Funded from Hong Kong, Macao and Taiwan	外商投资企业 Foreign Funded
825526	476979	62181	17173	2714643	490513	1957254	67663	83898	505
538035	337250	45175	11914	2575206	318153	1135608	51705	68236	505
433189	18254		1500	268171	56744	5325		32013	
10371	264598	19598		93078	9821	27310		10435	
83098	41583	3345	2247	1101000	89347	369347	9656	7500	505
11377	12815	22232	8168	1112174	161752	733521	42049		
				523	300	20		7949	
				260	190	85		10340	
5113863	2034983	210504	27311	8736447	2516186	6424554	71462	377886	462
5094275	2022825	207378	26324	8675076	2512692	6384279	70820	376258	462
4694428	1797913	176486	20378	7785316	2290601	5538206	56208	347562	381
4654193	1756616	172424	20236	7605949	2288885	5453421	55717	347168	
161692	92060	8112	1155	317824	90806	268324	3402	12386	40
160712	87125	7838	1052	286730	90735	252519	2786	12384	
3127	2494	367		11489	396	4413	84	1233	
4920	8931	2731	402	46640	11429	43775	671	22	
148282	56798	12941	1327	254014	51819	171402	6112	6465	38
4003	4069	333	91	12062	2438	12768	850	1704	1
6917	3352	568	259	21904	3159	21315	563	619	2
2947	1974	101	2	4199	417	3617	40	21	
24424	5960	664	78	40478	2859	25585	722	3138	
6257	413	198		2673	1588	870	43	512	
17382	2913	475	10	26370	2410	16331	574	2689	
92433	74515	9396	3131	298787	67698	371758	4304	21275	3
3692	1323	158		8943	91	3145	42		
780	177			534		275			
6359	1875	166		4836	245	5606	547	7	4
90901	75416	9392	3358	305474	68834	371203	4026	21269	-1
17209	20290	1415	545	72813	14505	89116	605	1936	
527411	258469	27034	5897	1005106	213787	838618	12323	87915	45
346563	236186	198077	245013	265290	354094	270737	160897	204855	
255617	166609	17562	4502	604266	162007	636490	7662	35356	
1.6	3.1	3.3	8.6	3.4	2.8	5.0	4.8	5.2	
4.4	6.9	6.1	11.6	6.7	6.5	8.5	9.1	8.7	
75.0	56.1	64.4	39.6	52.0	59.9	42.3	56.9	81.2	47.0
7627	4918	5510	3552	7516	9104	7154	14424	209	
4.3	2.5	2.4	1.9	3.5	9.1	3.1	4.0	0.0	
38.8	57.0	43.1	56.3	51.6	53.4	67.9	72.9	15.0	

14-3 各地区建筑业企业主要经济指标（2012年）

指标	Item	全省 Total	南昌市 Nanchang
企业个数(个)	**Number of Enterprises(unit)**	**1632**	**481**
建筑业合同情况(万元)	**Construction Contract(10000 yuan)**		
签订的合同额	Contract Value Signed	47411301	24619120
上年结转合同额	Contract Value on Hand last Year	16692284	9050165
本年新签合同额	Contract Value Newly Signed this Year	30719017	15568955
承包工程完成情况(万元)	**Conditions Finished of Contracted Projects(10000 yuan)**		
直接从建设单位承揽工程完成的产值	Contracted Directly from Fabricative Units Output Value Finished of Projects	27591459	13280183
自行完成施工产值	Output Value Self-Finished of Buildings Under Construction	27288877	13115226
分包出去工程的产值	Output Value of Projects Subcontracted	302582	164957
从建设单位以外承揽工程完成的产值	Contracted Directly Exceptant Fabricative Units Output Value Finished of Projects	648353	224993
建筑业总产值(万元)	**Gross Output Value (10000 yuan)**	**27937230**	**13340219**
#装饰装修产值	Building Decoration	1492750	854744
在外省完成的产值	Output in Other Provinces	8691646	4639153
建筑工程产值	Construction	24313740	11694041
安装工程产值	Installation	2132969	773142
其他产值	Others	1490521	873036
竣工产值(万元)	**Buildings Completed Output Value of Construction(10000 yuan)**	**16517116**	**6536929**
房屋建筑施工及竣工面积(万平方米)	**Floor Space of Buildings Under Construction and Completed(10000 sq.m)**		
房屋建筑施工面积	Floor Space of Buildings Under Construction	18889.37	8274.88
#本年新开工面积	Floor Space Started this Year	10857.14	3994.28
实行投标承包面积	Floor Space of Enter a bid Contract	13828.16	6293.77
#本年新开工	Started This Year	8468.99	3204.72
房屋建筑竣工面积	Floor Space of Buildings Completed	10148.83	3284.54
住宅房屋	Residential Buildings	6157.98	1932.67
商业及服务用房屋	Buildings for Business and Service	727.52	256.65
商厦房屋(批发和零售用房)	Building for Wholesale and Retail	328.11	140.03
宾馆用房屋(住宿用房)	Accommodation Buildings	77.72	29.57
餐饮用房屋(餐饮用房)	Dinning Buildings	27.82	4.99
商务会展用房屋	Business Exhibition Building	16.34	11.04
其他商业及服务用房屋(居民服务业用房)	Other Buildings for Business and Service	277.53	71.02
办公用房屋	Office Buildings	781.79	276.97
科研、教育、医疗用房屋	Buildings for Scientific Research,Education and Medical Sevice	549.57	200.26
科学研究用房屋	Buildings for Scientific Research	58.18	26.37
教育用房屋	Education Building	377.28	115.20
医疗用房屋(卫生医疗用房)	Medical Buildings	114.11	58.69
文化、体育、娱乐用房屋	Buildings for Culture,Sports and Entertainment	170.26	74.10
厂房及建筑物	Factory Buildings	1292.58	373.03
厂房	Factories	746.13	160.96
仓库	Warehouses	107.48	29.59
其他未列明的房屋建筑物	Other Buildings	361.65	141.28

Main Economic Indicators on Construction by Region (2012)

景德镇市 Jingdezhen	萍乡市 Pingxiang	九江市 Jiujiang	新余市 Xinyu	鹰潭市 Yingtan	赣州市 Ganzhou	吉安市 Ji'an	宜春市 Yichun	抚州市 Fuzhou	上饶市 Shangrao
42	**78**	**164**	**69**	**42**	**203**	**131**	**180**	**84**	**158**
640568	845533	4078011	1874122	4176283	2055706	1794822	1746941	1924735	3655460
361390	118669	1989659	811264	2236101	488505	310255	266543	383352	676382
279178	726864	2088352	1062858	1940182	1567201	1484567	1480398	1541383	2979078
317342	703799	2667437	1021209	1403489	1514864	1289615	1347395	1404626	2641501
315960	703300	2644608	1019600	1403489	1512630	1263000	1344200	1404624	2562240
1382	499	22829	1609		2234	26615	31945	2	79261
12221	5660	24133	12574	18	65131	54252	8304	2104	238964
328181	**708960**	**2668741**	**1032174**	**1403507**	**1577761**	**1317252**	**1352504**	**1406728**	**2801204**
2116	27582	73174	46986	32624	147625	73878	50479	54416	129128
149941	12182	724490	236980	1031802	90261	250982	206286	406041	943528
304334	653266	2111908	897819	1212264	1387436	1188671	1228006	1303383	2332612
18936	52088	497303	56778	177279	149242	114160	63168	58342	172531
4911	3605	59530	77577	13964	41083	14421	61330	45003	296061
325706	**401044**	**1427745**	**728256**	**548349**	**916262**	**1063720**	**1005404**	**1219394**	**2344309**
555.08	335.70	1615.75	624.91	752.46	960.89	1255.59	1379.33	1269.10	1865.69
209.91	248.76	1095.16	388.37	326.72	602.09	874.26	971.65	940.99	1204.95
497.25	248.66	1298.38	518.29	726.82	418.72	848.83	986.40	983.39	1007.65
166.65	203.43	998.18	378.26	319.34	285.80	603.76	786.09	770.54	752.22
136.55	202.52	1013.34	330.32	304.25	615.99	821.66	998.01	813.08	1628.56
87.78	102.01	728.79	240.67	141.30	409.64	465.14	731.37	548.85	769.76
23.97	2.15	49.34	48.51	78.66	29.81	43.45	22.59	69.12	103.28
7.09		16.51	11.19	71.21	11.22	15.79	6.72	24.36	23.98
2.83	0.26	3.48	1.34	4.08	3.64	2.44	7.33	7.43	15.32
0.90		1.55	1.05	1.11	0.13	4.44	0.80	2.59	10.26
0.32		0.78			3.08	0.27		0.27	0.58
12.83	1.89	27.02	34.93	2.26	11.74	20.50	7.74	34.47	53.14
7.19	15.20	44.27	18.40	14.98	43.09	53.26	48.38	37.10	222.95
3.50	1.39	48.36	4.45	21.29	48.72	61.61	9.21	32.68	118.12
		9.84		5.34	4.29	3.32		0.62	8.41
3.46	1.30	29.05	2.22	14.15	32.53	46.85	6.15	24.20	102.17
0.04	0.09	9.47	2.23	1.80	11.90	11.44	3.06	7.85	7.54
0.05		10.48	2.03		7.43	4.29	30.02	1.41	40.45
11.87	81.76	79.20	15.68	35.77	68.53	159.95	126.71	62.78	277.30
10.19	54.01	51.37	4.79	30.86	36.42	130.09	55.86	50.96	160.62
		10.14		10.60	1.08	8.95	11.86	3.26	32.00
2.19		42.78	0.58	1.66	7.69	25.01	17.88	57.88	64.70

14-3 续表1

指　　标	Item	全　省 Total	南昌市 Nanchang
竣工房屋价值(万元)	**Value of Hoor Space (10000 yuan)**	**10343751**	**4003435**
住宅房屋	Residential Buildings	6130384	2167897
商业及服务用房屋	Buildings for Business and Service	755989	346013
商厦房屋(批发和零售用房)	Building for Wholesale and Retail	315655	167935
宾馆用房屋(住宿用房)	Accommodation Buildings	107938	52439
餐饮用房屋(餐饮用房)	Dinning Buildings	37081	11317
商务会展用房屋	Business Exhibition Building	24210	18137
其他商业及服务用房屋(居民服务业用房)	Other Buildings for Business and Service	271105	96185
办公用房屋	Office Buildings	835181	393987
科研、教育、医疗用房屋	Buildings for Scientific Research,Education and Medical Sevice	634177	296572
科学研究用房屋	Buildings for Scientific Research	75677	45672
教育用房屋	Education Building	399837	150632
医疗用房屋(卫生医疗用房)	Medical Buildings	158663	100268
文化、体育、娱乐用房屋	Buildings for Culture,Sports and Entertainment	158480	82478
厂房及建筑物	Factory Buildings	1314504	484014
厂房	Factories	713422	219982
仓库	Warehouses	94090	20005
其他未列明的房屋建筑物	Other Buildings	420946	212469
年末自有机械设备	**Year-end Self-own Machinery and Equipment**		
净　值(万元)	Net Value of Machinery and Equipment Owned(10000 yuan)	765984	269016
总台数(台)	Number of Machinery and Equipment Owned(set)	161853	48451
总功率(万千瓦)	Total Power of Machinery and Equipment Owned (10000 kw)	398.10	157.56
劳动人员情况(万人)	**Labourers(10000 persons)**		
计算劳动生产率的平均人数	Staff and Workers Annual Average	99.44	37.87
期末从业人数	Number of Persons Engaged at the Year-end	107.53	42.20
#工程技术人员	Technologist in Employed Persons at the Year-end	16.33	5.25
年末资产负债(万元)	**Year-end Assets and Liabilities(10000 yuan)**		
流动资产合计	Total Circulating Funds	11702909	6252338
#存　货	Stock	2445654	1146409
固定资产合计	Total Fixed Assets	2397129	868425
固定资产原值	Original Value of Fixed Assets	2716740	1031605
累计折旧	Total Depreciation	844955	369252
#本年折旧	Depreciation this Year	168627	74398
在建工程	Under Construction Project	313383	125949
资产合计	Total Assets	15479329	7817538
流动负债合计	Liquid Liabilities	7628955	4184562
#应付账款	Payable Accounts	1857656	942071
非流动负债合计	Non-current Liabilities	304012	160910
负债合计	Total Liabilities	8777857	4931965

continued

景德镇市 Jingdezhen	萍乡市 Pingxiang	九江市 Jiujiang	新余市 Xinyu	鹰潭市 Yingtan	赣州市 Ganzhou	吉安市 Ji'an	宜春市 Yichun	抚州市 Fuzhou	上饶市 Shangrao
145753	**230465**	**932499**	**318928**	**268622**	**616846**	**738670**	**801981**	**857353**	**1429198**
88733	126768	691882	221483	140911	397652	390429	608159	588468	708001
23436	692	42779	52276	35551	33098	38470	20019	64133	99523
6248		14257	14091	27150	14251	10657	4846	27461	28760
3000	314	3292	1000	5424	3990	2110	8996	10223	17150
675		1550	1489	911	133	7702	510	2899	9894
380		937			3250	471		438	597
13133	378	22743	35696	2066	11473	17530	5667	23113	43122
7239	16117	40973	20329	12262	48339	45941	37815	38806	173374
3271	1174	40158	4420	21025	54848	73400	5923	37621	95767
		10152		6255	5277	6054		819	1448
3226	1110	20368	2888	12736	35962	53900	4012	28229	86775
45	64	9638	1532	2035	13609	13446	1911	8573	7544
48		9251	1697		8062	3359	18554	1025	34006
13801	85713	70580	18110	47461	65174	156064	92470	53195	227921
11584	61067	41086	5027	15698	36100	132799	34405	46846	108830
		11076		9331	1301	5581	7007	2946	36844
9226		25801	613	2082	8373	25426	12035	71160	53762
14946	22375	90368	38663	35932	39922	38987	65455	59990	90330
2296	7160	24642	9781	3067	11934	13227	14546	15592	11157
4.67	14.43	44.08	20.48	13.53	27.29	24.91	28.86	31.29	31.01
1.97	3.60	8.15	2.82	4.38	6.17	6.12	6.29	9.09	12.98
2.19	3.62	9.77	2.97	4.85	5.93	6.14	6.87	9.19	13.78
0.36	0.50	1.64	0.80	0.54	1.51	1.09	1.41	1.20	2.05
163889	157178	1530853	633864	220239	595892	348557	635258	351204	813637
34899	59410	368552	131654	61837	115213	65745	178637	94901	188398
57192	67590	283720	71042	59319	145716	148363	237509	137082	321171
55528	95493	329322	86338	79493	179904	132353	238865	147484	340355
15262	35227	105966	27414	27312	59563	39588	45419	26745	93209
1200	7172	21003	2357	6333	10516	7245	8268	6515	23622
1788	3047	48141	958	4023	15935	30351	27110	11013	45069
236121	273344	1958943	727777	301652	868487	577281	921968	532291	1263930
125581	120347	1212871	318176	145139	354418	141744	397997	227260	400862
7296	46367	428019	68692	32509	67366	25230	59051	43711	137345
3458	11497	25824	4375	1538	15791	34651	7351	6371	32245
131928	137470	1294821	368473	149128	401223	234837	418915	239667	469429

14-3 续表2

指　　标	Item	全　省 Total	南昌市 Nanchang
所有者权益合计	Total Creditors Equity	6696335	2882427
#实收资本	Capitals Hold	5081788	2702730
国家资本	State-owned	815196	490692
集体资本	Collective-owned	435210	233575
法人资本	Institutional Units	1707628	1091243
个人资本	Individuals	2104088	868435
港澳台资本	Funds from Hong Kong,Macao and Taiwan	8791	8245
外商资本	Foreign Funds	10875	10540
损益及分配(万元)	**Loss-profit and Allocation(10000 yuan)**		
营业收入	Operational Revenue	25513658	12303868
工程结算收入	Revenue of Project Settlement Accounts	25370389	12235288
营业成本	Operational Cost	22707479	11084644
工程结算成本	Costs of Project Settlement Accounts	22354608	10921493
营业税金及附加	Operational Tax and Additional Expense	955800	416043
工程结算税金及附加	Taxes and Extra Charges on Project Settle Accounts	901879	380004
其他业务利润	Other Profit from Business	23603	13862
销售费用	Selling Expenses	119520	24648
管理费用	Management Fee	709198	325628
#税金	Taxes	38320	15645
差旅费	Travel Expense	58656	25733
工会经费	Trade Union Outlays	13319	4534
财务费用	Financial Expenses	103907	56553
#利息收入	Interest of Revenue	12554	8608
#利息支出	Expenses of Interest	69154	41010
营业利润	Profits of Business	943299	406450
营业外收入	Nonoperating Income	17395	7739
#补贴收入	Profits of Business	1766	1053
营业外支出	Nonoperating Expense	19645	8324
利润总额	Total Profits	949871	408574
#应交所得税	Income Tax Payable	218433	97900
工资、福利费(万元)	**Wages,Welfare (10000 yuan)**		
应付职工薪酬	Payable Total Wages	2976605	1461028
其他	**Others**		
劳动生产率(按总产值计算)(元/人)	Overall Labor Productivity (In Terms of Gross Output Value)	280934	352222
利税总额(万元)	Total Pre-Tax Profits(10000 yuan)	1890070	804223
产值利润率(%)	Ratio of Profit to Gross Output Value(%)	3.4	3.1
产值利税率(%)	Ratio of Pre-tax Profit to Gross Output Value(%)	6.8	6.0
资产负债率(%)	Assets-Liability Ratio(%)	56.7	63.1
技术装备率(元/人)	Value of Machinery per Laborer(yuan/person)	7132	6376
动力装备率(千瓦/人)	Power of Machinery per Laborer(kw/person)	3.7	3.7
房屋建筑面积竣工率(%)	Rate of Floor Space of Buildings Completed(%)	53.7	39.7

continued

景德镇市 Jingdezhen	萍乡市 Pingxiang	九江市 Jiujiang	新余市 Xinyu	鹰潭市 Yingtan	赣州市 Ganzhou	吉安市 Ji'an	宜春市 Yichun	抚州市 Fuzhou	上饶市 Shangrao
104192	135874	663930	359304	152523	466834	342438	502957	291355	794500
79193	100801	366346	188643	87124	313268	231688	382003	230108	399886
25372	847	127903	39396	7922	23654	18674	18215	40360	22158
15962	19753	41735	12966	4249	18594	34782	10738	21899	20958
26829	35445	71765	46963	30273	122702	65059	94739	22247	100363
11029	44579	124943	89068	44680	148095	113077	258184	145601	256396
	177		50		223	20	76		
			200			75	50		10
311845	653452	2399176	930189	1366279	1089162	1198875	1330423	1238621	2691768
311115	642950	2382587	928973	1364963	1085415	1196446	1325782	1219556	2677316
263375	507325	2145209	814680	1295993	948746	1033331	1156379	1125603	2332194
260894	498812	2067119	799452	1290770	946012	1009866	1152367	1104555	2303268
12710	24876	93642	36984	48066	52917	55703	61316	49101	104443
12709	24533	86749	36965	48028	49889	53493	59014	48296	102201
729	648	2817	205	202	615	297	2182	93	1954
8041	6535	6812	9925	1305	8131	14698	13965	1301	24161
16598	20055	74177	18958	15608	41975	34383	38625	36739	86454
441	815	4097	1572	646	5003	1459	2510	1278	4855
593	2094	7751	1163	837	3071	3801	2603	1745	9266
136	158	1235	955	547	589	1642	752	1597	1173
537	4191	7740	2362	996	5544	2759	6744	3689	12793
18	27	2692	89	147	250	177	149	96	302
383	1945	4411	1843	784	5070	1233	4840	2248	5386
8097	89472	72217	55912	8459	35437	57996	54321	23145	131795
152	2	1321	443	1406	1324	239	3045	32	1691
79		106	3	47	2	1	254		221
568	401	768	27	1278	1828	419	1720	537	3774
8706	89073	72698	56858	8640	34952	57803	56170	22967	133429
1246	19515	12065	11852	2214	12763	15697	14399	4914	25868
71648	95501	258504	75219	149221	113967	106444	163333	193291	288451
166226	196786	327513	366578	320406	255661	215209	215110	154723	215867
21857	114420	163544	95395	57314	89844	112755	117694	72541	240484
2.7	12.6	2.7	5.5	0.6	2.2	4.4	4.2	1.6	4.8
6.7	16.1	6.1	9.2	4.1	5.7	8.6	8.7	5.2	8.6
55.9	50.3	66.1	50.6	49.4	46.2	40.7	45.4	45.0	37.1
6810	6166	9248	12997	7404	6666	6617	9442	6525	6555
2.1	4.0	4.5	6.9	2.8	4.6	4.2	4.2	3.4	2.3
24.6	60.3	62.7	52.9	40.4	64.1	65.4	72.4	64.1	87.3

14-4 劳务分包建筑业企业主要指标

Main Indicators of Labour Subcontractors in Construction Industry

指　　标	Item	2011	2012
企业个数(个)	Number of Construction Enterprises (unit)	36	40
建筑业总产值(万元)	Gross Output Value of Construction (10000 yuan)	12471	41522
#装饰装修产值	Output Value of Fitment	1330	965
计算劳动生产率的平均人数(人)	Staff and Workers Annual Average (person)	1506	1953
年末从业人员(人)	Number of Employed Persons at the Year-end (person)	1501	2548
工程技术人员	Technologist in Employed Persons at the Year-end	215	266
现场施工工人(人)	Builder in Employed Persons at the Year-end (person)	998	1814
固定资产原值(万元)	Original Value of Fixed Assets (10000 yuan)	3656	3928
#本年折旧	Draw Depreciation this Year	163	380
资产总计(万元)	Total Assets (10000 yuan)	10039	10475
负债合计(万元)	Total Liabilities (10000 yuan)	4151	4912
实收资本(万元)	Capitals Hold (10000 yuan)	2848	2226
营业收入(万元)	Total Revenue (10000 yuan)	11582	15892
#工程结算收入	Revenue of Project Settlement Accounts	11458	15199
营业成本(万元)	Operating Costs (10000 yuan)	9167	12050
#工程结算成本	Costs of Project Settlement Accounts	9167	11379
营业税金及附加(万元)	Business Tax and Extra (10000 yuan)	536	682
#工程结算税金及附加	Taxes and Extra Charges on Project Settle Accounts	507	657
费用合计(万元)	Total Charges (10000 yuan)	1173	1942
营业利润(万元)	Profits of Business (10000 yuan)	908	1381
利润总额(万元)	Total Profits (10000 yuan)	951	1952
从业人员劳动报酬(万元)	Labour Reward of Employed Persons(10000 yuan)	2964	7481

主要统计指标解释

建筑业统计单位　指从事房屋、构筑物建造和设备安装活动的法人企业。建筑业法人企业应同时具备的条件是：① 依法成立，有自己的名称、组织机构和场所，能够承担民事责任；②独立拥有和使用资产，承担负债，有权与其他单位 签订合同；③独立核算盈亏，能够编制资产负债表。

建筑业总产值　是以货币形式表现的建筑业企业在一定时期内生产的建筑业产品和提供的服务的总和。建筑业总产值包括：

⑴建筑工程产值：指列入建筑工程预算内的各种工程价值。

⑵安装工程产值：指设备安装工程价值，不包括被安装设备本身的价值。

⑶其他产值：建筑业总产值中除建筑工程、安装工程以外的产值。包括房屋构筑物修理产值、非标准设备制造产值、总包企业向分包企业收取的管理费以及不能明确划分的施工活动所完成的产值。

a.房屋构筑物修理产值：指房屋和构筑物修理所完成的产值，但不包括被修理房屋、构筑物本身价值和生产设备的修理产值。

b.非标准设备制造产值：指加工制造没有定型的非标准生产设备的加工费和原材料价值(如化工厂、炼油厂用的各种罐、槽，矿井生产统一使用的各种漏斗、三角槽、阀门等)以及附属加工厂为本企业承建工程制作的非标准设备的价值。

建筑业增加值　指建筑业企业在报告期内以货币形式表现的建筑业生产经营活动的最终成果。

从 2004 年第一次全国经济普查开始，建筑业现价增加值按生产法和分配法(收入法)两种方法计算，以收入法的计算结果为准，即从收入的角度出发，根据生产要素在生产过程中应得的收入份额计算。具体计算方法：经济普查年度建筑业增加值按照《经济普查年度 GDP 核算方案》计算，非经济普查年度建筑业增加值按照《非经济普查年度 GDP 核算方案》计算。

房屋建筑施工面积　指在报告期内施工的全部房屋建筑面积，包括本期新开工的房屋面积、上期施工跨入本期继续施工的房屋面积、上期停缓建在本期恢复施工的房屋面积、本期竣工的房屋面积及本期施工后又停缓建的房屋面积。

房屋建筑竣工面积　指在报告期内房屋建筑按照设计要求全部完工，达到了住人和使用条件，经验收鉴定合格，正式移交使用单位的房屋建筑面积。

自有机械设备年末总台数　指归本企业所有，属于本企业固定资产的生产性机械设备年末总台数。包括施工机械、生产设备、运输设备以及其他设备。

自有机械设备年末总功率　指本企业自有施工机械、生产设备、运输设备以及其他设备等列为在册固定资产的生产性机械设备年末总功率，按设定能力或查定能力计算。包括机械本身的动力和为该机械服务的单独动力设备，如电动机等。计算单位用千瓦，动力换算可按 1 马力＝0.735 千瓦折合成千瓦数。电焊机、变压器、锅炉不计算动力。

工程结算收入　指企业承包工程实现的工程价款结算收入，以及向发包单位收取的除工程价款以外的按规定列作营业收入的各种款项，如临时设施费、劳动保险费、施工机械调迁费等以及向发包单位收取的各种索赔款。

工程结算利润　指已结算工程实现的利润，如亏损以“－”号表示。计算公式为：

工程结算利润＝工程结算收入－工程结算成本－工程结算税金及附加

Explanatory Notes on Main Statistical Indicators

Statistical Unit in Construction　refers to corporate enterprise engaged in the construction of buildings and structures and in the installation of equipment. A corporate construction enterprise should meet the following 3 requirements:①being set up in line with relevant legal basis, having its full name, organization and location, and capable of taking civil liabilities;②independently possessing and using its assets and assuming its liabilities, and entitled to sign contracts with other institutions; and ③ making independent accounts of its profits and losses, and capable of compiling its own balance sheet

Gross Output Value of Construction refers to total of construction products and services, expressed in money terms, produced or rendered by construction and installation enterprises during a given period of time. It includes:

(1) Output value of construction projects: the value of projects covered by the project budgets;

(2) Output value of installation projects: the value of the installation of equipment, (excluding the value of the equipment to be installed);

(3) Other output values: the output value of construction industry apart from that of construction projects and installation projects. It includes: output value of repair of buildings and structures; output value of non-standard equipment manufacturing; overhead expenses received by contracted enterprises from the sub-contracted enterprises and the completed output value of construction activities for which there is no clear definition.

a. Output value of repair of buildings and structures: the value created through the repairs of buildings or structures. It does not include the value of buildings or structures being repaired and the value of the repair of production equipment;

b. Output value of manufactured non-standard equipment: the value of non-standard production equipment, including raw materials and manufacturing cost, made for the construction project (i.e., chemical plant; kettles or tanks used by refineries; various fillers, triangle tanks, valves used by mines). It also includes the output value of equipment manufactured by subsidiary workshops.

Value-added of Construction refers to the final result of the activities of production and operation of enterprises of the construction industry in monetary terms during the reference period.

Starting from the 2004 economic census, value-added of construction is calculated by both production approach and income approach, with the figures from the income approach as the final figures., Under the income approach,, calculation starts from the perspective of income and is based on the share of income derived from the production process by the relevant factors of production.. Specifically, value-added of construction for the Census years is calculated in accordance with the *Programme of Compi*lation of GDP and National Accounts for the Year of Economic Census, and value-added of construction for other years is calculated in accordance with the Programme of Compilation of GDP and National Accounts for the Non Economic Census Years.

Floor Space of Buildings Under Construction refers to floor space of buildings under construction during the reference period, including newly started buildings, buildings started earlier and continued during the reference period, and buildings suspended earlier but restarted during the reference period, buildings completed during the reference period, and buildings under construction and then suspended during the reference period.

Floor Space of Buildings Completed refers to the floor space of buildings that are completed in the reference period in accordance with the requirements of the design, up to the standard for putting them into use, and have been checked and accepted by concerned departments as qualified ones.

Total Number of Machinery and Equipment Owned by the End of Year refers to the number of machines and equipment owned by the enterprises, and listed as the fixed assets of the enterprises by the end of the year, including machinery and equipment for construction, production and transportation.

Total Power of Machinery and Equipment Owned by the End of Year refers to the total power of machinery and equipment owned by the enterprises, and listed as the fixed assets of the enterprises by the end of the year, including machinery and equipment for construction, production and transportation. The power of the machinery is calculated on basis of the designed or verified capacity, covering the power of the machinery/equipment and the separate power equipment serving the machinery/equipment (such as electric motors), but excluding welders, transformers and boilers. The unit used for the calculation of power is kilowatt, with horsepower converted to kilowatt by 1 horsepower=0.735 kilowatt.

Income from Settlement of Projects refers to the income received by the construction enterprise from the contracted project through settlement procedures, and other charges to the contractee as operational costs in addition to the value of the project, such as temporary facility fee, labour insurance premium, moving cost of construction equipment, as well as various types of claims to the contractee.

Profit from Settlement of Projects refers to profit realized through settled projects. It is calculated with the following formula:

Profit from Settlement of Projects=Income from Settlement of Projects−Settled Cost−Settled Taxes and Other Cost.

15

交通运输、邮电通讯业

TRANSPORTATION,POSTAL AND TELECOMMUNICATIONS

资料整理及英文翻译：胡雨涵

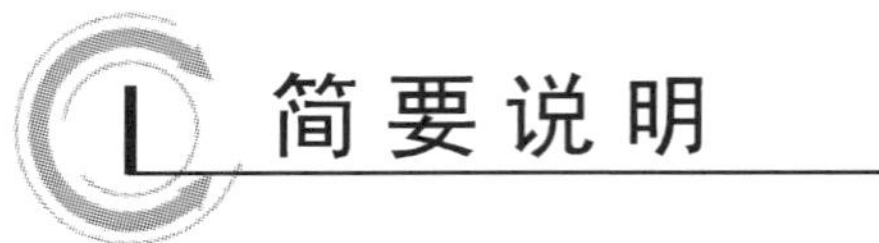

简要说明

一、本篇资料的主要内容

本篇资料反映了全省交通运输业和邮电通讯业发展的基本状况，主要包括各种运输方式的线路里程、各种运输方式完成的货物运输量和旅客运输量及周转量、邮政和电信基本情况、民用汽车拥有量等方面的内容。

二、本篇资料的来源

本篇资料中，交通运输资料分别来源于南昌铁路局、省交通厅、东方航空公司江西分公司、省公安厅交警总队，邮电通信业资料来源于省通信管理局和省邮政管理局。

Brief Introduction

Ⅰ.Main Contents

Data in this chapter present the development of transportation, post and telecommunication in Jiangxi province. They cover mainly the length of the routes of various means of transportation, freight traffic and passenger traffic accomplished by various means of transportation and turnover, basic conditions of post and telecommunications, and the possession of civil motor vehicles etc.

Ⅱ.Sources of Data

Data on transportation in this chapter are from Nanchang Railway Bureau, Jiangxi Provincial Communications Department, China Eastern Airlines Jiangxi Branch, and Jiangxi Provincial Department of Public Security Traffic Administrative Bureau. Data on post and telecommunication services come from Jiangxi Communication Administration, and Provincial Postal Administration.

15-1 运输线路长度

Length of Transportation Routes

单位：公里 (km)

指标	Item	1978	1980	1990	2000	2010	2011	2012
铁路营业里程	Length of Railways in Operation	1184	1335	1581	2197	2734	2734	2734
公路通车里程	Length of Highways	30245	29651	33203	60292	140597	146631	150595
等级公路	Expressway and Class I to IV Highways		12096	18561	34999	101455	114462	120332
#高速公路	Expressway				421	3088	3603	4229
一级公路	First Class Highways			15	314	1386	1428	1543
二级公路	Second Class Highways		169	1105	6471	9340	9464	9540
三级公路	Third Class Highways		521	2156	5581	6670	6867	9497
等外公路	Highways Below Class IV		17559	14642	25293	39142	32169	30263
内河通航里程	Length of Navigable Inland Waterways	6630	4937	4937	5537	5716	5716	5716
等级航道	Standard Waterways				2343	2427	2427	2427
等外航道	Substandard Waterways				3194	3289	3289	3289

注：1.2000年的公路通车里程根据公路普查作了调整。
2.公路通车里程从2006年开始包括村道。

a) The total Length of highways is adjusted according to the Highways Census in 2000.
b) The total length of highways have included the village road since 2006.

15-2 交通运输工具年末实有数

Actual Number of Transportation Facilities at Year-end

指标	Item	1990	2000	2010	2011	2012
民用汽车合计(辆)	Total Civil Motor Vehicles (unit)	110432	247000	1476011	1814205	2116862
载货汽车	Trucks	74424	131147	401679	467559	470113
载客汽车	Passenger Vehicles	29473	100794	956480	1229294	1527264
其他汽车	Other Vehicles	6535	15059	117852	117352	119485
摩托车(辆)	Motorcycles(unit)	51630	891179	4172862	4452317	4670209
汽车挂车(辆)	Trailers (unit)	5209	1190	39684	47898	51609
运输船舶(艘)	Transport Vessels (unit)	8687	4856	4221	4165	4190
机动船(艘)	Motor Vessels (unit)	8051	4511	4184	4127	4156
(净载重量吨)	(Dead Weight Cargo Tonnage)	333989	356441	1962783	2083040	2251232
(客位)	(Number of Seats)	13362	16172	11811	11614	10967
驳　船(艘)	Barges (unit)	636	345	37	38	34
(净载重量吨)	(Dead Weight Cargo Tonnage)	76267	74504	17560	16840	15240
补充资料:	Supplementary Information:					
汽车驾驶员(人)	Drivers (person)	168842	791545	3911886	4531784	8752277

注：其他汽车从2006年起，将农业运输车放入民用汽车中其他汽车。

a) Since 2006,Other vehicles inclued farm vehicles.

15-3 公路里程年底到达数（2012年）

Length of Highways at Year-end (2012)

单位：公里 (km)

地区	Region	合计 Total	等级公路 Expressway and Class I to IV Highway	高速公路 Expressway	一级 First Class
全省	**Provincial Total**	**150595**	**120332**	**4229**	**1543**
南昌市	Nanchang	10853	9103	342	107
景德镇市	Jingdezhen	4595	3950	199	43
萍乡市	Pingxiang	6817	5354	61	52
九江市	Jiujiang	18970	13724	480	184
新余市	Xinyu	4317	3370	128	43
鹰潭市	Yingtan	4015	3095	89	40
赣州市	Ganzhou	28160	22426	947	261
吉安市	Ji'an	21717	19756	528	177
宜春市	Yichun	17761	13510	354	243
抚州市	Fuzhou	13949	11538	483	172
上饶市	Shangrao	19441	14506	618	221

15-3 续表 continued

单位：公里 (km)

地区	Region	二级 Second Class	三级 Third Class	四级 Fourth Class	等外公路 Highway Below Class IV
全省	**Provincial Total**	**9540**	**9497**	**95523**	**30263**
南昌市	Nanchang	623	452	7579	1750
景德镇市	Jingdezhen	342	378	2988	645
萍乡市	Pingxiang	371	273	4597	1463
九江市	Jiujiang	879	1213	10968	5246
新余市	Xinyu	319	333	2547	947
鹰潭市	Yingtan	130	465	2371	920
赣州市	Ganzhou	1813	1239	18166	5734
吉安市	Ji'an	1613	1267	16171	1961
宜春市	Yichun	1463	1221	10229	4251
抚州市	Fuzhou	568	1126	9189	2411
上饶市	Shangrao	1419	1530	10718	4935

15-4 全社会运输量

Total Freight Traffic and Passenger Traffic

单位：万吨、万人　　(10000 tons, 10000 persons)

指　　标	Item	2008	2009	2010	2011	2012
货物运输量	**Freight Traffic**	**80332**	**85718**	**100339**	**111576**	**127020**
民　航	Civil Aviation	2	2	2	1.4	1.5
铁　路	Railways	5389	5229	5379	5769.1	5384.4
公　路	Highways	70270	75200	88445	98358	113703
水　运	Waterways	4671	5287	6513	7447	7931
内　河	Inland Waterways	4281	4895	6081	6947	7426
沿　海	Coastal	357	359	412	481	490
远　洋	Ocean	33	33	20.0	19.0	15
旅客运输量	**Passenger Traffic**	**66261**	**70674**	**76633**	**79138**	**[illegible]59**
民　航	Civil Aviation	169	178	186	208	219
铁　路	Railways	5214	5470	5588	6152	6335
公　路	Highways	60573	64770	70628	72527	77650
水　运	Waterways	305	256	231	251	255
内　河	Inland Waterways	305	256	231	251	255

15-5 全社会运输周转量

Total Freight Ton-kilometers and Passenger-kilometers

单位：万吨公里、万人公里　　(10000 ton-km, 10000 passenger-km)

指　　标	Item	2008	2009	2010	2011	2012
货物周转量	**Freight Ton-kilometers**	**22898520**	**23509074**	**27386993**	**30040231**	**34489670**
民　航	Civil Aviation	2089	1903	1923	1550	1743
铁　路	Railways	6839417	6756730	7059000	7337700	6817500
公　路	Highways	14941575	15364575	18501965	20668297	25597786
水　运	Waterways	1115439	1385866	1824105	2032684	2072641
内　河	Inland Waterways	551403	829092	1147431	1267603	1329992
沿　海	Coastal	450524	478549	602711	694858	686569
远　洋	Ocean	113512	78225	73963	70223	56080
旅客周转量	**Passenger-kilometers**	**8070117**	**8072337**	**9127645**	**9625564**	**9798488**
民　航	Civil Aviation	159193	170974	171654	211766	235824
铁　路	Railways	5299101	5105255	5648000	6001800	5840600
公　路	Highways	2606642	2792169	3304835	3409013	3718895
水　运	Waterways	5181	3939	3156	2985	3169
内　河	Inland Waterways	5181	3939	3156	2985	3169

15-6 铁路、港口主要指标

Main Indicators of Railways and Ports

指　　标	Item	2000	2005	2010	2011	2012
铁　　路	**Railway Transport**					
货车周转时间(天)	Turning Around Time of Freight Cars Locomotives(day)	1.85	2.60	2.61	2.62	2.6
平均每日装车数(辆)	Average Daily Loading Coaches (coach)	1456	2155	4111.7	4274	4067
货车平均静载重(吨)	Average Static Load of Freight Cars Locomotives (ton)	58.9		61.8	62.2	62.6
货物列车旅行速度(公里/小时)	Running Speed of Freight Trains (km/hour)	38.9	28.0	30.7	31.8	33.8
货运机车平均日产量(万吨公里)	Average Daily Ton-kilometers of Freight Locomotives (10000 ton-km)	107.0	106.0	109.7	112.5	112.4
内燃机车每万吨公里耗油(公斤)	Oil Consumption of Diesel Locomotives per 10000 ton-km(kg)	22.8	22.9	30	31.4	33
南 昌 站	**Nanchang Station**					
货物发送量(万吨)	Volume of Freight Dispatched (10000 tons)	1.30	0.40	12.4	40.0	21.6
旅客发送量(万人)	Number of Passenger Dispatched(10000 persons)	867.7	1217.7	1860.7	2105.7	2074.1
平均每日装车数(车)	Daily Loading Coach (coach)	0.7	0.4	5.2	16.7	8.9
平均每日卸车数(车)	Daily Unloading Coach (coach)	8.5	8.9	34.8	51.2	38.8
向 塘 站	**Xiangtang Station**					
货物发送量(万吨)	Volume of Freight Dispatched (10000 tons)	7.45	19.90	21.2	19.1	28.2
旅客发送量(万人)	Number of Passenger Dispatched(10000 persons)	82.41	82.40	63.4	61.9	56.6
平均每日装车数(车)	Daily Loading Coach (coach)	3.6	9.3	10.9	9.0	13.5
平均每日卸车数(车)	Daily Unloading Coach (coach)	18.0	19.7	21.9	16.9	23.1
平均每日办理车数(车)	Daily Transaction Coach (coach)	11769	14644	12495	13366	13952
鹰 潭 站	**Yingtan Station**					
货物发送量(万吨)	Volume of Freight Dispatched (10000 tons)	222.45	300.40	397.5	398.4	380.3
旅客发送量(万人)	Number of Passenger Dispatched(10000 persons)	363.97	376.60	459.9	487.8	499.2
平均每日装车数(车)	Daily Loading Coach (coach)	109.6	140.0	188.9	186.7	179.3
平均每日卸车数(车)	Daily Unloading Coach (coach)	174.0	283.3	240.4	279.5	299.8
平均每日办理车数(车)	Daily Transaction Coach (coach)	10473	10527	8773	8882	9197
长航九江港务局	**Jiujiang Port Authority**					
旅客吞吐量(万人)	Volume of Passenger Traffic(10000 persons)	92.00	2.18	88.42	93.60	61.99
货物吞吐量(万吨)	Volume of Freight Handled(10000 tons)	623	928		3907	4827

15-7 邮政电信业务主要指标

Principal Indicators of Postal and Telecommunications Services

指标	Item	1995	2000	2005	2010	2011	2012
邮政业务总量(亿元)	Business Volume of Postal Services(100million yuan)		5.45	17.64	36.85	28.16	31.64
电信业务总量(亿元)	Business Volume of Telecommunications(100million yuan)		75.9	241.8	661.2	251.2	278.1
邮路总长度(公里)	Length of Postal Routes(km)	46182	119905	75355	98020	93086	137340
#航空邮路	Aviation Routes	3788	73487	23431	28150	25952	
铁路邮路	Railway Routes	5262	6507	7078	7113	7119	5694
农村投递路线总长度(公里)	Length of Rural Delivery Routes(km)	120365	118555	114673	97950	96330	100828
自备火车车厢(辆)	Owned Postal Railway Carriage(unit)	18	19	18	20	18	18
邮政汽车(辆)	Postal Cars(unit)	498	1098	1149	2060	2495	2247
函　件(万件)	Number of Letters(10000 pcs)	23254	14010	8983	17971	13168	10247
包　裹(万件)	Package(10000 pcs)		247	182	121	125	119
报刊期发数(万份)	Issue of Newspapers and Magazines(10000 copies)	516	375	333	361	395	346
报刊累计数(万份)	Total Number of Newspapers and Magazines Subscribed(10000 copies)	56016	48881	46048	54433	56172	56170
特快专递(万件)	Pieces of Express Mail Services(10000 pcs)	157	283	517	2351	3716	5473
集　邮(万枚)	Stamps for Collection(10000 stamps)	9278	11127	3328	2540	4413	4413
固定电话用户(万户)	Fixed Telephone Subscribers(10000 Subscribers)	74.1	354.1	829.0	709.6	673.9	644.2
#城市电话用户	Urban Fixed Telephone Subscribers	63.1	234.3	478.6	439.7	421.9	405.4
#住宅电话	Household Fixed Telephone Subscribers	45.7	191.4	345.4	235.6	230.9	217.6
农村电话用户	Rural Fixed Telephone Subscribers	11.0	119.8	350.6	269.8	252.0	238.8
#住宅电话	Household Fixed Telephone Subscribers		108.9	315.7	233.9	214.5	201.3
公用电话	Public Telephone	1.9	4.3	60.3	64.1	59.6	55.1
移动电话用户(万户)	Number of Mobile Telephone Subscribers (10000 Subscribers)		140	798	1811	2322.1	2638.8
互连网宽带用户数(万户)	Number of DSL Services Subscribers (10000 Subscribers)		27.0	315.6	253.4	313.0	372.0
长途光缆线路长度(公里)	Length of Long-distance Optical Cable Lines(km)			16252	21201	21336	21492
本地中继线光缆线路长度(公里)	Length of Local Optical Cable Lines(km)			110587	247494	280665	312824
长途电话交换机容量(路端)	Capacity of Long Distance Telephone Exchanges (circuit)	118311	190330	400094	554829	438459	554829
局用交换机容量(万门)	Capacity of Office Telephone Exchanges(10000 line)	174	439	1096	567	296	289
移动电话交换机容量(万门)	Capacity of Mobile Telephone Exchanges (10000 line)			951	3333	3811	3923

注：1.2003年以后“固定电话用户”包括小灵通用户。

2.局用交换机容量包括接入网数据。

3.2011年以后电信业务量以2010年不变价计算。

a) The fixed telephone subscribers includes PHS subscribers since 2003.

b) The capacity of office telephone exchanges includes the access network.

c) Since 2011,calulation of business volume of telecommunications is based on the constant price of 2010.

主要统计指标解释

铁路营业里程 指办理客货运输业务的铁路正线总长度。凡是全线或部分建成双线及以上的线路，以第一线的实际长度计算；复线、站线、段管线、岔线和特别用途线以及不计算运费的联络线都不计算营业里程。铁路营业里程是反映铁路运输业基础设施发展水平的重要指标，也是计算客货周转量、运输密度和机车车辆运用效率指标的基础资料。

公路里程 也称“公路通车里程”，是指实际达到《公路工程[WTB2]技术标准 JTJ01-88》规定的等级公路，并经主管部门的正式验收支付使用的公路里程数。它包括大中城市的郊区公路以及通过小城镇街道的公路里程，也包括桥梁、渡口的长度，但不包括城市的街道以及厂矿、林区和农业生产用道的里程。两条或多条公路共同经由同一路段，只计算一次，不重复计算里程长度。公路里程是反映公路建设发展规模的重要指标，也是计算运输网密度等指标的基础资料。

内河航道里程 也称“内河通航里程”，是指在枯水季节水深在0.3米及以上，能通航运输船舶及排筏的天然河流、湖泊水库、运河及通航渠道的长度。包括全年季节性通航累计三个月以上的航道，但不包括仅供零散流放竹木排的河道。内河航道里程是反映内河水运网规模、水平和发展情况的主要指标。

货（客）运量 指运输业实际运送的货物（旅客）数量。货运按吨计算，客运按人计算。货物不论运输距离长短，货物类别，均按实际重量统计；旅客不论行程远近或票价多少，均按一人一次作为客运量统计。半票价、小孩票，也按一人统计。货（客）运量是反映运输业为国民经济和人民生活服务的数量指标，也是制定和检查运输生产计划、研究运输展规模和速度的重要指标。

货物（旅客）周转量 指运输业运送的货物（旅客）数量与其相应运输距离的乘积之总和，通常以吨公里和人公里为计算单位。计算货物周转量通常按发出站与到达站之间的最短距离，也就是计费距离计算。它是反映运输业生产总成果的重要指标，也是编制和检查运输生产计划、计算运输效率、劳动生产率以及核算运输单位成本的主要基础资料。

铁路货运机车平均日产量 指平均每台货运机车在一昼夜内所完成的总重吨公里数。它既包括载运货物的重量，也包括车辆本身的自重，它是从时间和牵引能力两方面反映了机车运用效率的综合性指标。计算公式为：

$$\text{货运机车平均日产量} = \frac{\text{货运总重吨公里数}}{\text{货运机车台日数}}$$

邮电业务总量 指以货币表现的邮电部门为用户传递信息和提供其他邮电服务的总量。它用各种邮电分类业务量，如函件件数、电报份数、长话张数、市内电话和农村电话的年均户数、订销报刊累计份数等，分别乘以相应的不变单价加总后再加上出租电路和设备的收入、代用户维护电话交换机和线路等设备的收入、其他业务收入求得。邮电业务总量综合反映了一定时期邮电工作的总成果，是研究邮电业务量构成和发展趋势的重要指标。

Explanatory Notes on Main Statistical Indicators

Length of Railways in Operation refers to the total length of the trunk line for passenger and freight transportation (including both full operation and temporary operation). The calculation is based on the actual length of the first line if this line has a full or partial double (or more). Not included are double tracks, station sidings, tracks under the charge of stations, branch lines, special-purpose lines and non-payable connecting lines. The length of railways in operation is an important indicator to show the development of the infrastructure of railway transport. It is also essential data to calculate volume of passenger freight transport, traffic density and utilization efficiency of locomotives and carriages.

Length of Highways refers to the length of highways which are built in conformity with the grades specified by the highway engineering standard [Highways WTBZ-Technical Standard JTJ01-88]formulated by the Ministry of Communications, and have been formally checked and accepted by the departments of highways and put into use. The length of highways includes that of the suburb highways at large and medium-sized cities, highways passing through streets at small cities and towns, and also the length of bridges and ferry piers. It does not include the length of streets in big and medium-sized cities and highways built for the production purpose at factories, mines, forest areas and agricultural areas. If two or more highways go the same section of the way, the length of the section is only calculated for once and no duplication is allowed. The length of highways is an indicator to show the development of the scale of highway construction and to provide essential information to calculate the transport network density.

Length of Navigable Inland Waterways is an indicator reflecting the size and development of inland water network. It refers to the length of the natural rivers, lakes, reservoirs, canals, and ditches open to navigation during a given period, which enables transportation by ships and rafts. It includes the channels open to navigation for over an accumulated period of 3 months in a year, yet this does not include the river courses which are only used to float odd logs and bamboo rafts. This indicator can reflect the scale, level and development situation of the inland waterway network.

Freight (Passenger) Traffic refers to the volume of freight (passenger) transported with various means within a specific period of time. This indicator reflects the service of the transport industry towards the national economy and people's living conditions, as well as an important indicator used in formulating and monitoring transport production plans and research into the scale and pace of transport development. Freight transport is calculated in tons and passenger traffic is calculated in terms of number of persons. Freight transport is calculated in terms of the actual weight of the goods and takes no account of the type of freight and distance of travel. Passenger traffic is calculated by the principle that one person can be counted only once in one trip and takes no account of the travelling distance and ticket price. The passengers who travel with a half price ticket or a child's ticket is also calculated as one person.

Freight Ton-kilometres (Passenger-kilometres) refers to the sum of the product of the volume of transported cargo (passengers) multiplied by the transport distance. It is an important indicator to reflect the achievement of the transportation industry. This is an important indicator to show the total results of the transport industry; to prepare and examine the transport plan; and to serve as the main basic data for calculating the efficiency, labour productivity and unit cost of transport. Normally, the shortest distance between the departure station and the destination station (i.e., the payable distance) is the basis in calculating the freight ton-kilometres.

Average Daily Haul of Freight Locomotives refers to the average total ton-kilometres accomplished by each freight transport locomotive over one day and night during a given period of time. It includes both the weight of the goods carried and the dead weight of the train itself. It is a comprehensive indicator reflecting the locomotive efficiency in terms of both time and the pulling force.

$$\begin{array}{c}\text{Average daily haul of}\\ \text{freight transport locomotive}\\ \text{(ton - kilometre)}\end{array} = \frac{\begin{array}{c}\text{Total ton - kilometres}\\ \text{of freight}\end{array}}{\begin{array}{c}\text{Daily number of freight}\\ \text{transport locomotive}\end{array}}$$

Business Volume of Post and Telecommunications refers to the total amount of postal and telecommunication services, expressed in value terms, provided by the post and telecommunications departments for society. Postal and telecommunication services can be classified as letters, parcels, remittance, issue of newspapers and magazines, fast mail service, express mail service, savings deposits, stamps for collection, facsimiles, long-distance telephone service, leasing of telephone lines, mobile telephone service, data transmission, income from leasing, maintenance, etc. The accounting approach is to multiply the service products of all types with their average unit price (constant price) to get the total business value, and to add to it income from other services such as leasing of telephone lines and equipment and maintenance of telephone switchboards and lines on behalf of customers. This indicator reflects the overall results of postal and telecommunication services during a given period, and is important for studying the composition of business service and the trend of development of postal and telecommunication services.

16

国内贸易和旅游

DOMESTIC TRADE AND TOURISM

资料整理及英文翻译：王杨帆、王惠婷
邹纪新、林　红

简要说明

一、本篇资料的主要内容

本篇资料主要反映全省国内贸易基本情况、零售市场的发展和批发和零售业商品流转情况、住宿和餐饮业经营情况以及主要财务状况；旅游的历年概况等。主要内容包括：社会消费品零售总额及其分组指标；城乡个体私营批发零售贸易、住宿餐饮业基本情况；限额以上批发和零售业、住宿和餐饮业基本情况、商品流转和经营情况、财务状况；亿元商品交易市场成交情况；旅游统计资料等。

二、本篇资料的统计范围

从事批发和零售业、住宿和餐饮业的法人企业、产业活动单位和个体户，以及年成交额在亿元以上的商品交易市场。

根据国家统计局对社会消费品零售总额指标调整的要求，我们对社会消费品零售总额进行了调整，即：1993年以后社会消费品零售总额指标不包括农业生产资料；1997年以后社会消费品零售总额指标不包括居民购买住房；2003年以后社会消费品零售总额指标不包括有各种经济类型的制造业法人企业、产业活动单位和个体工业，直接售给城乡居民（包括本企业职工）和社会集团的商品以及农民在田间地头出售的农产品。

限额以上批发和零售业、住宿和餐饮业统计限额标准：批发业，年主营业务收入2000万元及以上；零售业，年主营业务收入500万元及以上；住宿业、餐饮业，年主营业务收入200万元及以上。

国际旅游和国内旅游资料。

三、本篇的资料来源

本篇资料国内贸易部分是江西省统计局贸易外经处根据国家统计局制定的《批发和零售业、住宿和餐饮业统计报表制度》进行搜集和加工整理而得；城乡个体私营批发零售贸易、住宿餐饮业基本情况资料由省工商局提供；旅游资料来自省旅游局。

四、本篇的统计调查方法

本篇资料中限额以上批发和零售业、住宿和餐饮业法人企业资料和限额以下批发和零售业、住宿和餐饮企业及个体户的资料采用全面调查和抽样调查的方法取得；国际、国内旅游收入和旅游人数等指标采取抽样调查方法取得。

Brief Introduction

I. Main Contents

Data in this chapter reflect the development for the whole province of domestic market, development of retail trade, and circulation of commodities through wholesale and retail trades, and the operation, management and financial situation of hotels catering services and annual tourism. Main contents include total retail sales of consumer goods and its indicators by group; the basic conditions of private enterprises in wholesale and retail trades and catering services in urban and rural areas; the basic statistics of the wholesale and retail trades, hotels and catering services above designated size; circulation of commodities (in operation and financial terms); turnover of large commodity transaction markets with transaction over 100 million yuan;. statistical information of tourism.

II. Scope of Statistics

Included in this chapter are corporation enterprises, economic active establishments and self-employed individuals of wholesale and retail trades; hotels and catering services and large commodity markets with transaction value over 100 million yuan.

Based on requests from national bureau of statistics, adjustments have been made for total retail sales of consumer goods. Starting from 1993, this indicator does not include means of agricultural production; starting from 1997, this indicator does not include purchase of houses by residents. Since 2003, this indicator does not include commodities sold to urban and rural households (including

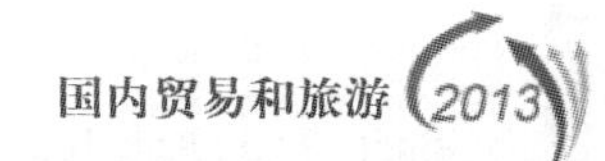

their own employees) and institutions directly by manufacturing corporations, establishments and individual manufacturers, nor farm products sold by farmers in the fields.

Criteria for wholesale and retail sale trades, hotels and catering services above designated size are as follows: wholesale trade, wholesale trade with annual principal business sales over 20 million yuan; retail trade, with annual principal business sales over 5 million yuan. The statistical unit of enterprises of hotel and catering services above the designated size is the annual income of main business at and over 2 million yuan.

Statistical information of home and aboard tourism.

III. Sources of Data

Data on domestic trade in this chapter are collected and processed in accordance with The Statistical Reporting Form System on Wholesale and Retail Trades, Hotels and Catering Services of the National Bureau of Statistics by the Department of Trade and External Economic Relations of Jiangxi Provincial Bureau of Statistics. Data on private enterprises in wholesale and retail trades and catering services in urban and rural areas are provided by Industry and Commerce Bureau of Jiangxi Province. Data on tourism are provided by Tourism Bureau of Jiangxi Province.

IV. Methods of Survey

Data on basic conditions for all corporate enterprises of wholesale and retail trades, hotels and catering services above designated size and enterprises and individual enterprises below the designated size are collected through comprehensive reporting form system and sample surveys. Data are reported to their next higher level. Data on private enterprises in wholesale and retail trades and catering services in urban and rural areas are offered by Jiangxi Administration for Industry and Commerce. Data on revenue and population of home and aboard tourism are collected from sample surveys.

16-1 社会消费品零售总额
Total Retail Sales of Consumer Goods

单位：万元 (10000 yuan)

年份 Year	社会消费品零售总额 Total Retail Sales of Consumer Goods	按行业分 Gruped by Sector				按所在地分 Grouped by Location		
		批发零售贸易业 Wholesale and Retail Trades	住宿餐饮业 Hotels and Catering Services	制造业 Manufacturing Industry	其他行业 Others	市 City	县 County	县以下 Below County Level
1980	454837	394464	14716	11925	33732	136117	124878	193842
1985	857101	624672	29833	67896	134700	284121	241686	331294
1990	1519351	992798	67288	123838	335427	565455	416650	537246
1991	1691914	1104809	76691	124733	385681	652942	452991	585981
1992	1976150	1252247	95006	140292	488605	773815	552926	649409
1993	2436197	1558161	133924	182450	561662	993276	647603	795318
1994	3309488	2170230	190318	225022	723918	1417590	842239	1049659
1995	4108625	2621800	240923	339499	906403	1754824	1032896	1320905
1996	4904426	3097082	324083	415364	1067896	2136075	1160310	1608041
1997	5585484	3393320	434171	422694	1335299	2509674	1328683	1747127
1998	6050877	3663941	487089	455056	1444791	2783772	1416479	1850626
1999	6504678	3976504	529461	472388	1526325	3024481	1504438	1975759
2000	7048677	4332119	601080	482100	1633378	3336519	1597858	2114300
2001	7633414	4719534	668622	505988	1739270	3689149	1712064	2232201
2002	8327099	5208415	750374	533849	1834461	4062171	1867732	2397196
2003	9232088	8120182	852549		259357	4553077	2066072	2612939
2004	10744928	9516427	1064138		164363	5545548	2358081	2841299
2005	12448931	11020953	1270375		157603	6449814	2737685	3261432
2006	14481923	12805426	1512142		164355	7594410	3170514	3716999
2007	17189295	15175878	1834720		178697	9097512	3736589	4355194
2008	21417862	18879278	2335508		203076	11464236	4583190	5370436
2009	24844266	21855608	2785850		202808	13305829	5317196	6221240

16-1 续表 continued

单位：万元 (10000 yuan)

年份 Year	社会消费品零售总额 Total Retail Sales of Consumer Goods	按行业分 Gruped by Sector				按所在地分 Grouped by Location		
		批发业 Wholesale Trades	零售业 Retail Trades	住宿业 Hotels Services	餐饮业 Catering Services	城镇 City and Town	城区 County Proper	乡村 Below County Level
2010	29562073	4740892	21340866	358522	3121793	24659839	14614792	4902234
2011	34850588	6752635	23783941	473411	3840601	28868099	17644019	5982489
2012	40272499	7763189	27231773	576698	4700839	33522324	20787583	6750175
南昌市 Nanchang	11223964	1684218	8071676	153939	1314131	10548607	8366297	675357
景德镇市 Jingdezhen	1888148	864436	780812	14800	228100	1656596	1618137	231552
萍乡市 Pingxiang	2108203	258832	1573848	22067	253456	1807382	976556	300820
九江市 Jiujiang	3846634	515394	2846915	59864	424462	2197879	1807143	1648755
新余市 Xinyu	1547869	298251	1056480	21146	171992	1286136	788790	261733
鹰潭市 Yingtan	1186641	290951	721187	13760	160742	1083396	927448	103245
赣州市 Ganzhou	4950017	1535266	2979328	48629	386794	4092083	1993074	857934
吉安市 Ji'an	2644564	508651	1806425	36130	293358	1925870	639738	718694
宜春市 Yichun	3562146	686607	2431995	48561	394984	3104408	1819331	457738
抚州市 Fuzhou	3022508	582710	2061584	41472	336742	2504280	1040697	518228
上饶市 Shangrao	4291805	537873	2901522	116331	736079	3315686	810373	976119

注：2010年国家统计制度作了修订，社会消费品零售总额统计分组发生变化。

a)Data classify of Total Retail Sales of Consumer Goods have changed due to national statistical system in 2010 revised.

16-2 消费品市场情况
Consumable Markets in Urban and Rural Areas

年 份 Year	消费品市场数（个） Number of Consumable Markets (unit)		
	总 计 Total	城市市场 Urban Areas	农村市场 Rural Areas
1978	1192		
1979	1346	96	1250
1980	1401	104	1297
1981	1425	125	1300
1982	1475	125	1350
1983	1598	124	1454
1984	1858	201	1624
1985	2094	209	1775
1986	2234	256	1978
1987	2350	290	2060
1988	2440	321	2119
1989	2419	288	2131
1990	2406	299	2107
1991	2508	350	2158
1992	2567	367	2200
1993	2686	412	2274
1994	2720	426	2294
1995	2777	488	2289
1996	2852	559	2293
1997	2898	525	2373
1998	2936	568	2368
1999	2885	586	2299
2000	2374	440	1934
2001	2623	588	2035
2002	2522	515	2007
2003	2508	521	1987
2004	2009	589	1420
2005	2161	703	1458
2006	1602	553	1049
2007	1677	522	1155
2008	1396	468	928
2009	1668	588	1080
2010	1931	765	1166
2011	1642	661	981
2012	1382	631	751

16-3 限额以上批发零售贸易法人企业商品购进、销售、库存总额(2012年)

单位：万元

指标	Item	购进总额 Total Purchases	#进口 Imports
总 计	**Total**	**24396571**	**182683**
批发业	**wholesale Trade**	**14871196**	**72004**
按登记注册类型分	**By Types of Registration**		
内资企业	Domestic Funded Enterprises	14557984	72004
国有企业	State-owned Enterprises	6736868	56896
集体企业	Collective-owned Enterprises	34704	
股份合作企业	Cooperative Enterprises	22500	
有限责任公司	Limited Liability Corporations	5622129	12731
国有独资公司	State Sole Funded Corporations	27043	
其他有限责任公司	Other Limited Liability Corporations	5595086	12731
股份有限公司	Share-holding Corporations Ltd.	218086	
私营企业	Private Enterprises	1461568	2377
#私营有限责任公司	Private Limited Liability Corporations	1140205	1156
私营股份有限公司	Private Share-holding Corporations Ltd.	89595	1221
其他企业	Other Enterprises	451758	
港澳台商投资企业	Enterprises with Funds from Hong Kong, Macao and Taiwan	91568	
与港澳台商合资经营企业	Joint-venture Enterprises	68790	
港澳台商独资企业	Enterprises with Sole Funds	20307	
港澳台商投资股份有限公司	Share-holding Corporations Ltd. with Funds	2471	
外商投资企业	Foreign Funded Enterprises	221644	
#中外合资经营企业	Joint-venture Enterprises	221644	
外资企业	Enterprises with Sole Foreign Funds		
按国民经济行业分	**By Sector**		
农、林、牧产品批发业	Wholesale of Farm Produce and Livestock Products	268023	
食品、饮料及烟草制品批发业	Wholesale of Food, Beverages and Tobaccos	3088876	
#米、面制品及食用油批发业	Wholesale of Rice, Flour and Edible Oil	248310	
烟草制品批发业	Whole of Tobaccos	2337204	
纺织、服装及家庭用品批发业	Wholesale of Textiles, Garments and Daily Consumer Articles	840963	3226
#服装批发业	Wholesale of Garments	132025	13
家用电器批发业	Wholesale of Household Electrical Appliances	553983	
文化、体育用品及器材批发业	Wholesale of Culture, Sports Appliances and Equipments	271622	
医药及医疗器材批发业	Wholesale of Medicines and Medical Appliances	1761354	1362
矿产品、建材及化工产品批发业	Wholesale of Mineral Products, Building Materials and Chemical Products	7470493	60209
#煤炭及制品批发业	Wholesale of Coal and Related Products	2032834	
石油及制品批发业	Wholesale of Petrolem and Related Products	1928685	
金属及金属矿批发业	Wholesale of Metal Materials	2524251	57760
建材批发业	Wholesale of Building Materials	170946	
化肥批发业	Wholesale of Chemical Fertilizer	49095	
机械设备、五金交电及电子产品批发业	Wholesale of Machinery, Hardware and Electronic Equipment	791456	4597
#汽车、摩托车及零配件批发业	Wholesale of Motor Vehicles, Motorcycles and Parts	493342	
计算机、软件及辅助设备批发业	Wholesale of Computer, Software and Assistant Appliances	59971	
贸易经纪与代理	Trade Broker and Agency	4431	
其他批发业	Other Wholesale not Classified Elsewhere	373977	2610

Total Purchases,Sales and Inventory of Enterprise above Designated Size in Wholesale and Retail Sale Trades(2012)

(10000 yuan)

销售总额 Total Sales	批发 wholesale Trade		零售 Retail Trade	年末库存总额 Inventory (year-end)
		#出口 Exports		
29390413	**16400713**	**791937**	**12989700**	**2178714**
19386379	**15138178**	**791817**	**4248202**	**1171968**
19032721	14788433	569857	4244288	1167062
8119240	6849878	37163	1269362	524326
37294	35164		2130	7103
23410	23410			1524
5890245	5541403	412634	348842	333935
29750	29750			4603
5860495	5511653	412634	348842	329332
3050444	605950	109	2444494	60250
1512265	1352801	115964	159464	149263
1176796	1028041	111010	148755	55609
92817	85521	4955	7296	81747
390641	370685	3987	19956	86811
124109	120195	4727	3914	4526
101682	98019	4726	3664	3317
20005	19754	1	250	1160
2422	2422			49
229550	229550	217233		380
229550	229550	217233		380
231356	220541	1	10815	137715
4182017	4089411	22855	92606	409188
248077	202698		45380	78369
3317339	3307701		9639	176189
906127	885082	236156	21045	23439
138684	137909	109945	775	7403
608990	590210		18780	12768
277013	198642	41600	78371	8664
1820834	1664592	33122	156242	107214
10754590	7002064	124356	3752526	330291
2066189	2050794		15394	17936
5120909	1419074		3701835	160696
2558548	2538461	105844	20087	112617
173968	161621	2840	12348	9582
50377	50037		341	11036
812271	735072	230032	77199	139961
491633	443234	217233	48399	35217
59692	44793		14899	1453
4631	4631			54
397540	338142	103695	59398	15441

16-3 续表

单位：万元

指标	Item	购进总额 Total Purchases	#进口 Imports
零售业	**Retail Trade**	**9525376**	**110680**
按登记注册类型分	**By Types of Registration**		
内资企业	Domestic Funded Enterprises	8969540	110680
国有企业	State-owned Enterprises	433971	
股份合作企业	Cooperative Enterprises	54874	
有限责任公司	Limited Liability Corporations	4195714	104618
国有独资公司	State Sole Funded Corporations	30810	
其他有限责任公司	Other Limited Liability Corporations	4164904	104618
股份有限公司	Share-holding Corporations Ltd.	1376990	255
私营企业	Private Enterprises	2655812	5806
私营独资企业	Private-funded Enterprises	172751	
私营合伙企业	Private Share-holding Corporations Ltd.	91543	
私营有限责任公司	Private Limited Liability Corporations	2274228	5806
私营股份有限公司	Private Share-holding Corporations Ltd.	117290	
其他企业	Other Enterprises	187006	
港澳台商投资企业	Enterprises with Funds from Hong Kong, Macao and Taiwan	305170	
#与港澳台商合资经营企业	Joint-venture Enterprises	9991	
港澳台商独资企业	Enterprises with Sole Funds	281167	
外商投资企业	Foreign Funded Enterprises	250666	
中外合资经营企业	Joint-venture Enterprises	93019	
中外合作经营企业	Cooperation Enterprises		
外资企业	Enterprises with Sole Foreign Funds	156072	
外商投资股份有限公司	Share-holding Corporations Ltd. with Foreign Funds		
按国民经济行业分	**By Sector**		
综合零售业	Integrated Retail	1887539	80
#百货零售业	Retail of General Merchandise	1031833	80
超级市场零售业	Retail of Supermarkets	830559	
食品、饮料及烟草制品专门零售业	Retail of Food, Beverages and Tobaccos	217858	
纺织、服装及日用品专门零售业	Special Retail of Textiles, Garments and Daily Consumer Articles	277512	655
#服装零售业	Retail of Garments	193338	
文化、体育用品及器材专门零售业	Retail of Culture, Sports Appliances and Equipments	514988	
#图书、报刊零售业	Wholesale of Coal and Related Products	420181	
医药及医疗器材专门零售业	Retail of Medicines and Medical Appliances	749791	400
#药品零售业	Retail of Medicines	731891	
汽车、摩托车、燃料及零配件专门零售业	Retail of Motor Vehicles, Motorcycles, Fuel and Parts	4416246	108379
#汽车零售业	Retail of Motor Vehicles	3417044	108379
机动车燃料零售业	Retail of Fuel of Motor Vehicles	976439	
家用电器及电子产品专门零售业	Special Retail of Household Electric Appliances and Electronic Products	973032	1165
#家用电器零售业	Retail of Household Electric Appliances	709965	1165
计算机、软件及辅助设备零售业	Retail of Computer, Software and Assistant Appliances	216673	
通讯设备零售业	Retail of Communication Equipments	35606	
五金、家具及室内装修材料专门零售业	Special Retail of Hardware, Furniture and Decoration Materials	367696	
货摊、无店铺及其他零售业	Non-shop and Other Retails	120714	

continued

(10000 yuan)

销售总额 Total Sales	批发 wholesale Trade	#出口 Exports	零售 Retail Trade	年末库存总额 Inventory (year-end)
10004034	**1262535**	**120**	**8741498**	**1006746**
9398505	1230821	120	8167684	959862
424512	147390		277122	17776
58899	587		58312	6258
4379848	427624		3952224	530398
31522			31522	1994
4348326	427624		3920702	528404
1556110	251578	120	1304532	90431
2729267	397466		2331802	292283
171874	2423		169452	20803
91366	1067		90299	5521
2345104	387628		1957476	255726
120924	6349		114575	10233
183770	3874		179896	20502
296553	23430		273124	16029
8648			8648	1708
273611	23367		250244	13074
308975	8285		300690	30856
110336	4882		105454	18013
196636	3403		193233	12722
2188205	96447		2091757	201776
1337518	83460		1254058	76829
825643	10960		814683	122655
267410	117416		149994	19220
198977	13300		185677	125962
127742	12093		115649	108519
531004	169847		361156	39341
422772	164192		258580	23944
811002	226750		584252	67087
791399	215073		576325	65708
4561208	395387	120	4165821	360384
3566375	171707	120	3394668	342505
971825	223493		748333	14167
1008336	208681		799655	116933
749460	128394		621066	92356
210428	68995		141433	19824
36484	11292		25192	3712
313242	20227		293015	66603
124651	14481		110170	9441

16-4 限额以上批发零售贸易法人企业主要财务指标（2012年）

单位：万元

类　　别	Type	资产合计 Total Assets
总　　计	**Total**	**11100621**
批发业	**Wholesale Trade**	**6555631**
按登记注册类型分	**By Types of Registration**	
内资企业	Domestic Funded Enterprises	6415949
国有企业	State-owned Enterprises	2615688
集体企业	Collective-owned Enterprises	15420
股份合作企业	Cooperative Enterprises	10801
有限责任公司	Limited Liability Corporations	2350595
国有独资公司	State Sole Funded Corporations	15307
其他有限责任公司	Other Limited Liability Corporations	2335288
股份有限公司	Share-holding Corporations Ltd.	558205
私营企业	Private Enterprises	814603
#私营独资企业	Private-funded Enterprises	123736
私营有限责任公司	Private Limited Liability Corporations	642303
港澳台商投资企业	Enterprises with Funds from Hong Kong, Macao and Taiwan	43178
#港澳台商独资企业	Enterprises with Sole Funds	11791
外商投资企业	Foreign Funded Enterprises	96504
#中外合资经营企业	Joint-venture Enterprises	96504
外资企业	Enterprises with Sole Foreign Funds	
按国民经济行业分	**By Sector**	
农、林、牧产品批发业	Wholesale of Farm Produce and Livestock Products	365123
食品、饮料及烟草制品批发业	Wholesale of Food, Beverages and Tobaccos	1694710
#米、面制品及食用油批发业	Wholesale of Rice, Flour and Edible Oil	138285
烟草制品批发业	Wholesale of Tobaccos	1220349
纺织、服装及家庭用品批发业	Wholesale of Textiles, Garments and Daily Consumer Articles	366482
#服装批发业	Wholesale of Garments	59392
家用电器批发业	Wholesale of Household Electrical Appliances	251631
文化、体育用品及器材批发业	Wholesale of Culture, Sports Appliances and Equipments	92356
医药及医疗器材批发业	Wholesale of Medicines and Medical Appliances	800884
矿产品、建材及化工产品批发业	Wholesale of Mineral Products, Building Materials and Chemical Products	2705141
#煤炭及制品批发业	Wholesale of Coal and Related Products	648313
石油及制品批发业	Wholesale of Petrolem and Related Products	1151387
金属及金属矿批发业	Wholesale of Metal Materials	459327
建材批发业	Wholesale of Building Materials	90372
化肥批发业	Wholesale of Chemical Fertilizer	40846
机械设备、五金交电及电子产品批发业	Wholesale of Machinery, Hardware and Electronic Equipment	467440
#汽车、摩托车及零配件批发业	Wholesale of Motor Vehicles, Motorcycles and Parts	228832
计算机、软件及辅助设备批发业	Wholesale of Computer, Software and Assistant Appliances	13963
贸易经纪与代理	Trade Broker and Agency	753
其他批发业	Other Wholesale not Classified Elsewhere	62743

Size in Wholesale and Retail Trade (2012)

(10000 yuan)

流动资产合计 Working Capitals	固定资产原价 Original Value of Fixed Assets	负债合计 Total Liabilities	所有者权益合计 Total Owners' Equities	主营业务收入 Revenue from Principal Business	主营业务成本 Cost of Principal Business
8129946	**1999068**	**7024584**	**4076038**	**26498001**	**23696141**
5044525	**1083984**	**4019913**	**2535718**	**17474559**	**15627167**
4927378	1069831	3939981	2475968	17140229	15341417
1938990	528147	1182589	1433099	7242513	6262863
11441	3783	10796	4625	36907	32678
6422	289	8754	2047	22778	19675
2061167	190750	1849473	501122	5369664	4884798
12934	3456	11902	3405	25980	21515
2048233	187294	1837571	497717	5343685	4863283
193591	236421	238316	319889	2651193	2489385
680196	101207	625585	189018	1456424	1317783
82154	23896	74106	49630	161591	154048
559021	72843	526572	115731	1145218	1039625
33162	7763	-1138	44316	112286	81836
6073	1684	10440	1352	19458	19143
83986	6390	81071	15434	222044	203915
83986	6390	81071	15434	222044	203915
278527	85808	329885	35238	223877	212156
1269316	371223	451166	1243543	3778559	2809436
104966	35325	118049	20236	251339	237176
946660	276706	176813	1043537	2936983	2181989
343411	12904	283127	83355	823635	763587
54247	2576	51521	7871	135147	130841
239873	7530	190947	60684	531675	481352
47823	52853	45734	46622	271537	248850
705592	57219	643515	157369	1693969	1532390
1926242	466100	1843697	861444	9488698	8973678
586721	52643	552743	95570	1905382	1816572
531358	355374	567182	584205	4454460	4121165
403198	26816	351144	108183	2233293	2194101
57144	23342	53139	37232	167036	156718
37288	3044	36361	4484	50378	29881
420307	26981	389672	77768	826272	736638
198875	15493	181904	46929	472158	408589
12492	1114	9195	4768	51637	51302
714	52	368	385	4631	4208
52593	10845	32749	29994	363382	346223

16-4 续表1

单位：万元

类　　别	Type	资产合计 Total Assets
零售业	**Retail Trade**	**4544991**
按登记注册类型分	**By Types of Registration**	
内资企业	Domestic Funded Enterprises	4306723
国有企业	State-owned Enterprises	114789
股份合作企业	Cooperative Enterprises	29495
有限责任公司	Limited Liability Corporations	1828584
国有独资公司	State Sole Funded Corporations	6819
其他有限责任公司	Other Limited Liability Corporations	1821765
股份有限公司	Share-holding Corporations Ltd.	976280
私营企业	Private Enterprises	1266327
私营独资企业	Private-funded Enterprises	75100
私营合伙企业	Private Partnership Enterprises	18893
私营有限责任公司	Private Limited Liability Corporations	1128445
私营股份有限公司	Private Share-holding Corporations Ltd.	43891
其他企业	Other Enterprises	73048
港澳台商投资企业	Enterprises with Funds from Hong Kong, Macao and Taiwan	136542
#与港澳台商合资经营企业	Joint-venture Enterprises	4742
港澳台商独资企业	Enterprises with Sole Funds	124743
外商投资企业	Foreign Funded Enterprises	101725
中外合资经营企业	Joint-venture Enterprises	26862
外资企业	Enterprises with Sole Foreign Funds	68289
外商投资股份有限公司	Share-holding Corporations Ltd. with Foreign Funds	
按国民经济行业分	**By Sector**	
综合零售业	Integrated Retail	1237431
#百货零售业	Retail of General Merchandise	827036
超级市场零售业	Retail of Supermarkets	406254
食品、饮料及烟草制品专门零售业	Retail of Food, Beverages and Tobaccos	205918
纺织、服装及日用品专门零售业	Special Retail of Textiles, Garments and Daily Consumer Articles	101793
#服装零售业	Retail of Garments	67180
文化、体育用品及器材专门零售业	Retail of Culture, Sports Appliances and Equipments	477717
#图书、报刊零售业	Wholesale of Coal and Related Products	396605
医药及医疗器材专门零售业	Retail of Medicines and Medical Appliances	454178
药品零售业	Retail of Medicines	445719
汽车、摩托车、燃料及零配件专门零售业	Retail of Motor Vehicles, Motorcycles, Fuel and Parts	1499796
#汽车零售业	Retail of Motor Vehicles	1297829
机动车燃料零售业	Retail of Fuel of Motor Vehicles	192952
家用电器及电子产品专门零售业	Special Retail of Household Electric Appliances and Electronic Products	430113
#家用电器零售业	Retail of Household Electric Appliances	318739
计算机、软件及辅助设备零售业	Retail of Computer, Software and Assistant Appliances	91115
通讯设备零售业	Retail of Communication Equipments	16028
五金、家具及室内装修材料专门零售业	Special Retail of Hardware, Furniture and Decoration Materials	63974
货摊、无店铺及其他零售业	Non-shop and Other Retails	74072

continued

(10000 yuan)

流动资产合计 Circulating Funds	固定资产原价 Original Value of Fixed Assets	负债合计 Total Liabilities	所有者权益合计 Total Creditors' Equity	主营业务收入 Revenue from Principal Business	主营业务成本 Cost of Principal Business
3085421	**915084**	**3004671**	**1540320**	**9023442**	**8068974**
2943181	857205	2794209	1512515	8508088	7628201
40043	40202	68063	46726	407868	387277
22003	6832	15467	14028	55372	48886
1313175	287607	1187553	641031	3906612	3483755
6622	166	1799	5019	31270	30069
1306553	287441	1185754	636011	3875343	3453686
557991	312916	554905	421374	1396009	1230675
954241	184014	912701	353627	2507559	2275184
53741	18988	45809	29290	162313	132048
12835	6178	6881	12012	90136	75652
860626	145499	837647	290798	2153644	1969534
27039	13350	22364	21527	101466	97950
44849	18894	46205	26843	175859	148122
68532	31134	131405	5138	258039	219370
4347	339	1226	3516	7449	5131
61418	25662	124552	192	238407	204092
73708	26745	79058	22667	257314	221403
17775	10710	17315	9547	91251	82544
55445	15776	55368	12920	164332	137710
742865	397236	899527	337904	1949861	1676060
487316	260568	600460	226576	1176720	1032654
252037	135804	297373	108882	748907	622526
155929	30901	39974	165944	243621	186582
86874	7222	75316	26477	182132	148086
56489	4012	55531	11650	116269	93394
280097	87479	144927	332789	498247	385539
222435	59980	117724	278880	404055	307068
331596	49654	373541	80637	710634	639887
323309	49326	366778	78940	691361	622600
1036550	258202	1080426	419370	4139912	3867423
1005024	172819	959651	338178	3231406	3000727
25300	82607	114944	78008	885620	845881
347798	59818	293844	136269	919115	824997
262510	45507	237799	80941	687042	620903
68725	12804	45860	45255	190054	165068
12830	1067	9278	6751	31540	29323
41246	15276	40967	23007	268801	246174
62467	9294	56150	17922	111119	94226

16-4 续表2

单位：万元

类 别	Type	主营业务税金及附加 Taxes and Other Charges on Principal Business
总 计	**Total**	**256065**
批发业	**Wholesale Trade**	**209710**
按登记注册类型分	**By Types of Registration**	
内资企业	Domestic Funded Enterprises	208525
国有企业	State-owned Enterprises	172776
集体企业	Collective-owned Enterprises	626
股份合作企业	Cooperative Enterprises	107
有限责任公司	Limited Liability Corporations	18578
国有独资公司	State Sole Funded Corporations	112
其他有限责任公司	Other Limited Liability Corporations	18466
股份有限公司	Share-holding Corporations Ltd.	3055
私营企业	Private Enterprises	9326
#私营独资企业	Private-funded Enterprises	762
私营有限责任公司	Private Limited Liability Corporations	8060
港澳台商投资企业	Enterprises with Funds from Hong Kong, Macao and Taiwan	1052
#港澳台商独资企业	Enterprises with Sole Funds	16
外商投资企业	Foreign Funded Enterprises	133
#中外合资经营企业	Joint-venture Enterprises	133
外资企业	Enterprises with Sole Foreign Funds	
按国民经济行业分	**By Sector**	
农、林、牧产品批发业	Wholesale of Farm Produce and Livestock Products	50
食品、饮料及烟草制品批发业	Wholesale of Food, Beverages and Tobaccos	175796
#米、面制品及食用油批发业	Wholesale of Rice, Flour and Edible Oil	1188
烟草制品批发业	Wholesale of Tobaccos	170060
纺织、服装及家庭用品批发业	Wholesale of Textiles, Garments and Daily Consumer Articles	1277
#服装批发业	Wholesale of Garments	77
家用电器批发业	Wholesale of Household Electrical Appliances	1120
文化、体育用品及器材批发业	Wholesale of Culture, Sports Appliances and Equipments	2704
医药及医疗器材批发业	Wholesale of Medicines and Medical Appliances	6432
矿产品、建材及化工产品批发业	Wholesale of Mineral Products, Building Materials and Chemical Products	17646
#煤炭及制品批发业	Wholesale of Coal and Related Products	3225
石油及制品批发业	Wholesale of Coal and Related Products	4259
金属及金属矿批发业	Wholesale of Metal Materials	7870
建材批发业	Wholesale of Building Materials	1883
化肥批发业	Wholesale of Chemical Fertilizer	…
机械设备、五金交电及电子产品批发业	Wholesale of Machinery, Hardware and Electronic Equipment	3721
#汽车、摩托车及零配件批发业	Wholesale of Motor Vehicles, Motorcycles and Parts	3160
计算机、软件及辅助设备批发业	Wholesale of Computer, Software and Assistant Appliances	87
贸易经纪与代理	Trade Broker and Agency	147
其他批发业	Other Wholesale not Classified Elsewhere	1937

continued

(10000 yuan)

其他业务利润 Other Business Profits	营业利润 Profits	利润总额 Total Profits	本年应交增值税 Valued Added Payable	利税总额 Total Pre-Tax Profits
88750	**851444**	**902244**	**538422**	**1696731**
16182	**673046**	**729961**	**378543**	**1318214**
15839	646681	702928	373472	1284925
5338	418057	477398	141259	791432
141	1405	1227	388	2240
	-101	-101	132	139
9107	127021	128935	74313	221826
144	2599	3003	926	4041
8962	124422	125932	73387	217784
182	65252	64607	142248	209910
1072	21453	19077	12206	40608
350	1027	1614	2029	4404
720	20569	17112	9453	34625
168	23134	24054	5017	30124
58	-338	-341	72	-253
176	3231	2978	54	3165
176	3231	2978	54	3165
3036	-8765	1197	61	1307
3607	465599	514426	147158	837380
626	-2101	907	547	2641
665	369678	418180	120929	709169
1076	33454	36577	7573	45427
372	-728	867	311	1255
243	32907	33608	7038	41765
	9200	9242	5524	17470
2892	13886	13061	24202	43695
3297	134812	129344	184785	331775
959	11138	10770	11453	25448
313	104619	104974	152681	261914
1548	6990	3557	15998	27424
83	1568	304	1180	3366
57	337	377	5	382
2126	17997	17293	4333	25346
395	15493	15687	1325	20172
111	1582	1631	181	1898
	45	12	26	184
148	6818	8809	4882	15628

16-4 续表3

单位：万元

类　　别	Type	主营业务税金及附加 Taxes and Other Charges on Principal Business
零售业	**Retail Trade**	**46355**
按登记注册类型分	**By Types of Registration**	
内资企业	Domestic Funded Enterprises	43255
国有企业	State-owned Enterprises	499
股份合作企业	Cooperative Enterprises	862
有限责任公司	Limited Liability Corporations	17756
国有独资公司	State Sole Funded Corporations	27
其他有限责任公司	Other Limited Liability Corporations	17729
股份有限公司	Share-holding Corporations Ltd.	8949
私营企业	Private Enterprises	13159
私营独资企业	Private-funded Enterprises	917
私营合伙企业	Private Partnership Enterprises	2302
私营有限责任公司	Private Limited Liability Corporations	7890
私营股份有限公司	Private Share-holding Corporations Ltd.	2050
其他企业	Other Enterprises	1709
港澳台商投资企业	Enterprises with Funds from Hong Kong, Macao and Taiwan	2203
#与港澳台商合资经营企业	Joint-venture Enterprises	41
港澳台商独资企业	Enterprises with Sole Funds	2043
外商投资企业	Foreign Funded Enterprises	898
中外合资经营企业	Joint-venture Enterprises	218
外资企业	Enterprises with Sole Foreign Funds	667
外商投资股份有限公司	Share-holding Corporations Ltd. with Foreign Funds	
按国民经济行业分	**By Sector**	
综合零售业	Integrated Retail	16652
#百货零售业	Retail of General Merchandise	8986
超级市场零售业	Retail of Supermarkets	7359
食品、饮料及烟草制品专门零售业	Retail of Food, Beverages and Tobaccos	3302
纺织、服装及日用品专门零售业	Special Retail of Textiles, Garments and Daily Consumer Articles	2821
#服装零售业	Retail of Garments	961
文化、体育用品及器材专门零售业	Retail of Culture, Sports Appliances and Equipments	3058
#图书、报刊零售业	Wholesale of Coal and Related Products	1537
医药及医疗器材专门零售业	Retail of Medicines and Medical Appliances	1316
#药品零售业	Retail of Medicines	1253
汽车、摩托车、燃料及零配件专门零售业	Retail of Motor Vehicles, Motorcycles, Fuel and Parts	11517
#汽车零售业	Retail of Motor Vehicles	10025
机动车燃料零售业	Retail of Fuel of Motor Vehicles	997
家用电器及电子产品专门零售业	Special Retail of Household Electric Appliances and Electronic Products	3751
#家用电器零售业	Retail of Household Electric Appliances	2623
计算机、软件及辅助设备零售业	Retail of Computer, Software and Assistant Appliances	1046
通讯设备零售业	Retail of Communication Equipments	60
五金、家具及室内装修材料专门零售业	Special Retail of Hardware, Furniture and Decoration Materials	3509
货摊、无店铺及其他零售业	Non-shop and Other Retails	431

continued

(10000 yuan)

其他业务利润 Other Business Profits	营业利润 Profits	利润总额 Total Profits	本年应交增值税 Valued Added Payable	利税总额 Total Pre-Tax Profits
72567	**178399**	**172284**	**159879**	**378517**
66361	166917	159574	155093	357921
123	40	-1022	3655	3132
393	1808	1334	895	3091
23177	79351	75158	90742	183655
	619	619	16352	16998
23177	78732	74539	74389	166657
17083	40304	47634	18775	75358
24414	38926	32486	36773	82417
1419	3598	2270	900	4087
167	6071	1171	570	4043
22589	27654	28243	33429	69562
239	1603	802	1874	4726
1091	4544	3366	4002	9077
3175	4565	4361	2052	8615
34	910	887	87	1015
1830	3710	3747	1756	7546
3032	6916	8350	2734	11981
1277	2055	2812	194	3223
1755	5070	5741	2429	8837
43137	48765	57075	33755	107482
19862	35447	39998	20621	69604
23275	12735	16529	13054	36941
2112	22313	18746	6753	28801
841	2826	2639	7237	12696
724	-393	-214	3518	4265
8146	47310	48999	4845	56902
5805	38850	40740	3877	46155
2170	10006	6232	11144	18692
2170	9912	6149	9306	16707
11709	29156	23365	64510	99391
11956	26182	20940	60454	91419
-248	2770	2119	3577	6693
2234	12670	10062	13562	27375
1922	5122	1437	10531	14591
208	7608	8701	2526	12273
97	145	185	396	641
2064	2152	2254	15664	21427
156	3200	2912	2409	5752

16-5 限额以上餐饮法人企业主要财务指标（2012年）

单位：万元

类　　别	Type	资产合计 Total Assets	流动资产合计 Working Capitals	固定资产原价 Original Value of Fixed Assets
总　　计	**Total**	**469797**	**182195**	**222654**
按登记注册类型分组	**By Types of Registration**			
内资企业	Domestic Funded Enterprises	407035	151750	195868
国有企业	State-owned Enterprises	42275	6307	36050
集体企业	Collective-owned Enterprises	3266	672	2683
股份合作企业	Cooperative Enterprises	24610	10148	4540
有限责任公司	Limited Liability Corporations	77263	37010	31951
其他有限责任公司	Other Limited Liability Corporations	73475	35191	31933
股份有限公司	Share-holding Corporations Ltd.	4677	2302	2164
私营企业	Private Enterprises	225079	88710	96628
私营独资企业	Private Limited Liability Corporations	58966	30600	27407
私营合伙企业	Private Partnership Enterprises	5030	1245	3216
私营有限责任公司	Private Limited Liability Corporations	151619	54394	60335
私营股份有限公司	Private Share-holding Corporations Ltd.	9464	2471	5669
其他企业	Other Enterprises	27758	6259	20500
港澳台商投资企业	Enterprises with Funds from Hong Kong, Macao and T	42652	24568	16975
#与港澳台商合资经营企业	Joint-venture Enterprises	19312	17827	2279
港澳台商独资企业	Enterprises with Sole Funds	22405	6256	14049
外商投资企业	Foreign Funded Enterprises	20111	5877	9811
中外合资经营企业	Joint-venture Enterprises	284	109	188
外资企业	Enterprises with Sole Foreign Funds	16366	3425	9068
外商投资股份有限公司	Share-holding Corporations Ltd. with Foreign Funds	3461	2343	555
按国民经济行业分组	**By Sector**			
正餐服务业	Dinner	450197	176125	213092
快餐服务业	Snack	19600	6071	9563

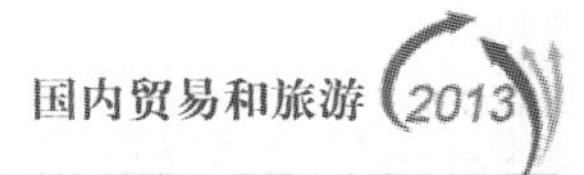

Main Financial Indicators of Enterprises above Designated Size in Catering Services (2012)

(10000 yuan)

负债合计 Total Liabilities	所有者权益合计 Total Owners Equity	主营业务收入 Revenue from Principal Business	主营业务成本 Cost of Principal Business	主营业务税金及附加 Taxes and Other Charges on Principal Business	其他业务利润 Profits From Other Business	营业利润 Profits	利润总额 Total Profits	利税总额 Total Pre-Tax Profits
249968	**219829**	**352396**	**186235**	**17080**	**4357**	**22385**	**21752**	**38832**
209268	197767	268824	141721	12434	4329	15756	15932	28366
8264	34011	11586	5916	425	852	-771	-934	-510
997	2270	3226	1488	180		181	195	375
15810	8800	14644	8149	760	646	869	764	1524
43427	33837	51530	25581	2630	331	2298	2666	5296
41420	32055	51530	25581	2630	331	1980	2349	4979
2416	2261	8107	3861	353	0	166	144	497
126801	98278	159669	87435	7233	2461	10231	11241	18474
25157	33809	64133	34251	2530	297	7930	8294	10824
1070	3960	5791	3377	350	15	585	184	534
95405	56214	86000	47634	4159	2088	1358	2494	6654
5169	4295	3745	2174	194	62	358	269	463
10770	16989	18967	8610	785	38	2577	1651	2437
30622	12030	17722	10949	1091		499	-284	808
16977	2335	12800	8524	710		-144	-144	566
13289	9117	3057	1223	277		631	-152	125
10079	10032	65851	33565	3555	28	6130	6104	9658
4	280	593	401	34		…		
8335	8031	60141	29533	3342		6232	6279	9621
1741	1721	5117	3631	180	28	-102	-175	4
240623	209574	287631	155020	13498	4357	15498	14844	28342
9345	10255	64766	31215	3583		6887	6907	10490

16-6 限额以上住宿法人企业主要财务指标（2012年）

单位：万元

类别	Type	资产合计 Total Assets	流动资产合计 Working Capitals	固定资产原价 Original Value of Fixed Assets
总计	**Total**	**1571717**	**529779**	**925950**
按登记注册类型分组	**By Types of Registration**			
内资企业	Domestic Funded Enterprises	1467590	503911	845524
国有企业	State-owned Enterprises	391913	91496	269522
集体企业	Collective-owned Enterprises	2862	1081	3038
股份合作企业	Cooperative Enterprises	70665	10442	66841
联营企业	Joint Ownership Enterprises			
国有联营企业	State Joint Ownership Enterprises			
有限责任公司	Limited Liability Corporations	386488	168229	183577
其他有限责任公司	Other Limited Liability Corporations	383832	166075	182813
股份有限公司	Share-holding Corporations Ltd.	76371	15854	66844
私营企业	Private Enterprises	434039	177100	202962
私营独资企业	Private - Funded Enterprises	48188	17773	24451
私营合伙企业	Private Partnership Enterprises	15545	5675	10770
私营有限责任公司	Private Limited Liability Corporations	311127	134152	134978
私营股份有限公司	Private Share-holding Corporations Ltd.	59178	19500	32763
其他企业	Other Enterprises	105253	39709	52741
港澳台商投资企业	Enterprises with Funds from Hong Kong, Macao and Taiwan	58475	13031	27880
与港澳台商合资经营企业	Joint-venture Enterprises	23371	9602	9746
与港澳台商合作经营企业	Cooperation Enterprises	16447	1327	10668
港澳台商独资企业	Enterprises with Sole Funds	18656	2102	7466
港澳台商独资股份有限公司	Share-holding Corporations Ltd. with Funds			
外商投资企业	Foreign Funded Enterprises	45652	12837	52546
中外合资经营企业	Joint-venture Enterprises	17620	5316	12596
中外合作经营企业	Cooperation Enterprises			
外资企业	Enterprises with Sole Foreign Funds	18929	3391	30832
外商投资股份有限公司	Share-holding Corporations Ltd. with Foreign Funds	9103	4130	9119
按国民经济行业分组	**By Sector**			
旅游饭店	Tourism Hotel	1341782	438275	817887
一般旅馆	General Hotel	206003	78002	100534
其他住宿服务	Other Residential Services	23932	13502	7529

Main Financial Indicators of Star-ranking Hotels (2012)

(10000 yuan)

负债合计 Total Liabilities	所有者权益合计 Total Owners Equity	主营业务收入 Revenue from Principal Business	主营业务成本 Cost of Principal Business	主营业务税金及附加 Taxes and Other Charges on Principal Business	其他业务利润 Profits From Other Business	营业利润 Profits	利润总额 Total Profits	利税总额 Total Pre-Tax Profits
955037	**616680**	**531976**	**200084**	**25926**	**3484**	**-9291**	**-6490**	**19437**
889006	578584	505597	192906	23833	2511	-7387	-4153	19679
192687	199226	111032	41545	5833	1093	-5758	-5621	212
1374	1488	4174	1990	291		133	177	467
16517	54148	27221	10740	1112	49	1235	442	1553
282070	104418	149169	43596	7262	618	-5080	1264	8526
281401	102432	147604	43319	7193	618	-5225	1120	8313
48639	27731	30453	13731	1525	50	-543	-748	777
282346	151693	156548	71171	6620	532	3758	2211	8831
27736	20452	35166	21098	944	52	3785	504	1448
7314	8231	8293	3442	517	22	973	612	1129
201529	109598	99243	37134	4671	422	-60	136	4806
45766	13412	13847	9497	487	36	-939	961	1448
65374	39879	27001	10132	1191	170	-1131	-1879	-688
31849	26626	12758	4220	1290	938	-235	-527	763
18802	4570	5476	1150	837	53	-223	-507	330
3095	13352	1514	282	127	634	-28	-28	100
9952	8704	5768	2788	327	251	16	7	334
34182	11470	13621	2958	804	35	-1670	-1809	-1005
15117	2503	5377	1398	316	35	-303	-322	-6
12161	6768	7084	1354	398		-1229	-1335	-937
6904	2200	1161	206	90		-138	-152	-62
810977	530806	437607	159737	20672	2996	-8369	-6708	13964
132119	73884	88402	38581	4946	480	-793	341	5287
11941	11991	5967	1767	309	8	-129	-122	187

16-7 限额以上住宿业经营情况（2012年）
Business of Star-ranking Hotels (2012)

单位：万元 (10000 yuan)

类别	Type	法人企业（个）Number of Corporation (unit)	从业人数（人）Persons Employed (person)	营业额 Business Revenue	#客房收入 Revenue from Hotel Rooms	#餐费收入 Revenue from Meals	#商品销售收入 Revenue from Commodities
总计	**Total**	**373**	**43499**	**537625**	**264648**	**221122**	**22203**
按登记注册类型分	**By Types of Registration**						
内资企业	Domestic Funded Enterprises	356	41393	510389	249195	212090	21536
国有企业	State-owned Enterprises	80	9497	113036	57025	47142	4135
集体企业	Collective-owned Enterprises	4	247	4230	1701	2452	57
股份合作企业	Cooperative Enterprises	15	1415	27280	11756	13775	1377
联营企业	Joint Ownership Enterprises						
国有联营	State Joint Ownership Enterprises						
有限责任公司	Limited Liability Corporations	81	13298	150149	76184	60682	5430
其他有限责任公司	Other Limited Liability Corporations	79	13216	148584	75025	60319	5430
股份有限公司	Share-holding Corporations Ltd.	25	2210	30824	14615	14453	1242
私营企业	Private Enterprises	130	12205	158685	76167	61444	8339
私营独资企业	Private - Funded Enterprises	22	1945	35853	15267	14458	3715
私营合伙企业	Private Partnership Enterprises	14	834	8364	4298	3487	488
私营有限责任公司	Private Limited Liability Corporations	81	8352	100181	50254	36517	3686
私营股份有限公司	Private Share-holding Corporations Ltd.	13	1074	14287	6349	6982	450
其他企业	Other Enterprises	21	2521	26185	11748	12143	955
港澳台商投资企业	Enterprises with Funds from Hong Kong, Macao and Taiwan	9	1025	13600	7558	5140	180
与港澳台商合资经营企业	Joint-venture Enterprises	5	505	5471	3171	1987	142
与港澳台商合作经营	Cooperation Enterprises	1	162	2148	1282	465	32
港澳台商独资企业	Enterprises with Sole Funds	3	358	5981	3105	2688	6
港澳台商投资股份有限公司	Share-holding Corporations Ltd. with Funds						
外商投资企业	Foreign Funded Enterprises	8	1081	13636	7896	3892	487
中外合资经营企业	Joint-venture Enterprises	4	501	5392	2913	1733	472
中外合作经营企业	Cooperation Enterprises						
外资企业	Enterprises with Sole Foreign Funds	3	445	7084	4079	1908	9
外商投资股份有限公司	Share-holding Corporations Ltd. with Foreign Funds	1	135	1161	904	251	6
按国民经济行业分	**By Sector**						
旅游饭店	Tourism Hotel	282	35172	442036	212450	184460	17377
一般旅馆	General Hotel	85	7935	89620	49129	34424	4250
其他住宿服务	Other Residential Hotel	6	392	5969	3070	2238	576

16-8 限额以上餐饮法人企业经营情况（2012年）

Business of Catering Services above Designated Size (2012)

单位：万元 (10000 yuan)

类别	Type	法人企业（个）Number of Corporation (unit)	从业人数（人）Persons Employed (person)	营业额 Business Revenue	#客房收入 Revenue from Hotel Rooms	#餐费收入 Revenue from Meals	#商品销售收入 Revenue from Commodities
总计	**Total**	**242**	**27699**	**357367**	**35062**	**290420**	**28510**
按登记注册类型分	**By Types of Registration**						
内资企业	Domestic Funded Enterprises	232	20803	275633	34186	213374	24698
国有企业	State-owned Enterprises	12	1108	11734	3422	7930	338
集体企业	Collective-owned Enterprises	2	117	3226	1365	1790	71
股份合作企业	Cooperative Enterprises	11	893	14666	1513	10533	1799
有限责任公司	Limited Liability Corporations	54	3976	53986	5892	41990	5804
其他有限责任公司	Other Limited Liability Corporations	53	3901	53077	5436	41538	5804
股份有限公司	Share-holding Corporations Ltd.	7	829	8328	693	6319	1317
私营企业	Private Enterprises	125	12400	163231	16506	130071	14761
私营独资企业	Private - Funded Enterprises	32	4156	66549	5084	54240	6415
私营合伙企业	Private Partnership Enterprises	10	639	6175	900	4933	339
私营有限责任公司	Private Limited Liability Corporations	78	7328	86667	10049	67818	7721
私营股份有限公司	Private Share-holding Corporations Ltd.	5	277	3840	474	3081	285
其他企业	Other Enterprises	20	1425	19367	4553	13970	609
港澳台商投资企业	Enterprises with Funds from Hong Kong, Macao and Taiwan	6	1305	17722	875	14687	2159
与港澳台商合资经营企业	Joint-venture Enterprises	3	818	12800		11014	1786
港澳台商独资企业	Enterprises with Sole Funds	2	401	3057	875	2181	
外商投资企业	Foreign Funded Enterprises	4	5591	64013		62359	1654
中外合资经营企业	Joint-venture Enterprises	1	30	593		356	238
中外合作经营企业	Cooperation Enterprises						
外资企业	Enterprises with Sole Foreign Funds	1	5368	58302		58302	
外商投资股份有限公司	Share-holding Corporations Ltd. with Foreign Funds	2	193	5117		3701	1416
按国民经济行业分组	**By Sector**						
正餐服务业	Dinner	237	22067	294313	35062	227592	28387
快餐服务业	Snack	5	5632	63054		62828	123

16-9 各地区限额以上批发零售贸易法人企业主要指标（2012年）

Main Indicators of Domestic Trade by Region (2012)

地区	Region	法人企业(个) Number of Corporation Unit	批发企业 Wholesale Trade	零售企业 Retail Trade	产业活动单位(个) Number of Economic Active Units (unit)	年末从业人数(人) Persons Employed (person)	销售合计(万元) Total Purchase Value (10000 yuan)
全省	**Provincial Total**	**1498**	**474**	**1024**	**3896**	**146316**	**29390413**
南昌市	Nanchang	473	203	270	1287	53214	15493057
景德镇市	Jingdezhen	65	16	49	177	4576	693279
萍乡市	Pingxiang	61	23	38	167	4791	700522
九江市	Jiujiang	112	14	98	274	12750	1906704
新余市	Xinyu	47	14	33	103	3583	782687
鹰潭市	Yingtan	35	12	23	102	2113	561939
赣州市	Ganzhou	153	39	114	434	13041	2250683
吉安市	Ji'an	124	22	102	384	11770	1317499
宜春市	Yichun	135	53	82	375	18103	2729551
抚州市	Fuzhou	111	45	66	280	9379	1122716
上饶市	Shangrao	182	33	149	313	12996	1831776

16-9 续表 continued

单位：万元 (10000 yuan)

地区	Region	批发额 Wholesale Value	#出口 Exports	零售额 Retail Value	主营业务收入 Revenue from Principal Business	主营业务成本 Cost of Principal Business	主营业务税金及附加 Taxes and Other Charges on Principal Business	营业利润 Profits
全省	**Provincial Total**	**16400713**	**791937**	**12989700**	**26498001**	**23696141**	**256065**	**851444**
南昌市	Nanchang	9365272	745434	6127786	13626921	12612068	68781	250019
景德镇市	Jingdezhen	312166	14627	381113	691677	601249	12272	28205
萍乡市	Pingxiang	301856		398665	608472	519743	14503	35402
九江市	Jiujiang	863699		1043005	1766059	1548319	22290	24408
新余市	Xinyu	326967		455720	710362	634437	8307	30507
鹰潭市	Yingtan	292711		269228	504493	457237	6034	14818
赣州市	Ganzhou	801430	1	1449253	2130423	1870899	29640	108187
吉安市	Ji'an	811867	684	505632	1257482	1096736	19038	55254
宜春市	Yichun	1786134	8355	943417	2542572	2103896	26370	161370
抚州市	Fuzhou	586571	22837	536145	1010934	827260	17006	52245
上饶市	Shangrao	952039		879737	1648607	1424299	31826	91031

16-10 各地区限额以上住宿餐饮法人企业主要指标（2012年）
Main Indicators of Hotels and Catering Sevices (2012)

地　区	Region	法人企业（个）Number of Corporation Units (unit)	住宿企业 Hotels	餐饮企业 Catering Sevices	产业活动单位(个) Number of Economic Active Units (unit)	年末从业人数(人) Persons Employed (person)	营业额（万元）Business Revenue (10000 yuan)	#客房收入 Revenue from Hotel Rooms
全　省	**Provincial Total**	**615**	**373**	**242**	**708**	**71198**	**894992**	**299710**
南昌市	Nanchang	165	86	79	247	23911	340022	96740
景德镇市	Jingdezhen	34	23	11	34	3025	35135	14870
萍乡市	Pingxiang	21	6	15	21	1826	24635	6300
九江市	Jiujiang	58	35	23	65	7394	83156	29338
新余市	Xinyu	28	11	17	28	4276	71023	8993
鹰潭市	Yingtan	19	13	6	20	2363	21176	8056
赣州市	Ganzhou	69	42	27	69	7106	77756	28658
吉安市	Ji'an	59	48	11	59	4035	39856	21260
宜春市	Yichun	41	28	13	44	5502	49888	21918
抚州市	Fuzhou	29	20	9	29	3132	26913	11607
上饶市	Shangrao	92	61	31	92	8628	125432	51970

16-10 续表 continued

单位：万元 (10000 yuan)

地　区	Region	餐费收入 Revenue from Meals	商品销售收入 Revenue from Commodities	主营业务收入 Revenue from Principal Business	主营业务成本 Cost of Principal Business	主营业务税金及附加 Taxes and Other Charges on Principal Business	营业利润 Profits
全　省	**Provincial Total**	**511541**	**50713**	**884372**	**386319**	**43006**	**13093**
南昌市	Nanchang	201836	32201	340530	155080	17076	1703
景德镇市	Jingdezhen	18823	231	33768	12952	2029	-1587
萍乡市	Pingxiang	15235	2531	24635	13235	999	944
九江市	Jiujiang	45881	2611	81406	31638	4009	1504
新余市	Xinyu	61563	118	69669	36343	2375	6809
鹰潭市	Yingtan	9307	3041	20986	8727	1068	-776
赣州市	Ganzhou	46896	527	78164	30629	4004	2495
吉安市	Ji'an	16821	194	37693	14050	2006	-2873
宜春市	Yichun	19703	884	49019	16720	2592	5813
抚州市	Fuzhou	13532	347	25615	10437	1338	-45
上饶市	Shangrao	61944	8028	122888	56508	5510	-895

16-11 城乡个体批发和零售贸易、住宿餐饮业基本情况

Basic Conditions of Individual Wholesale and Retail Trades,Hotel and Catering Services in Both Urban and Rural Areas

指　　标	Item	2000	2010	2011	2012
户数合计(户)	**Units(unit)**	**340190**	**742972**	**805882**	**899824**
城　镇	Urban Areas	171011	472175	528169	605820
农　村	Rural Areas	169179	270797	277713	294004
人数合计(人)	**Persons(person)**	**797020**	**1726322**	**2015857**	**2078638**
城　镇	Urban Areas	397949	1056969	1299167	1342016
农　村	Rural Areas	399071	669353	716690	736622
销售额(营业收入)(万元)	**Revenue of Business (10000 yuan)**	**2282493**	**14583507**	**15688820**	**14458020**
城　镇	Urban Areas	1253638	9941210	12486154	11287410
农　村	Rural Areas	1028855	4642297	3202666	3170610

16-12 私营批发和零售贸易、住宿餐饮企业基本情况（2012年）

Basic Conditions of Private Enterprises in Wholesale and Retail Trade,Hotel and Catering Services in both Urban and Rural Areas (2012)

类　　别	Type	户数(户) Number of Households (household)	投资者(人) Employers (person)	雇工人数(人) Persons Employed (person)	注册资本金(万元) Registration Funds (10000 yuan)
合　计	**Total**	**80024**	**160609**	**730564**	**15226144**
按经营地区分	**By Region**				
城　镇	Urban Areas	50928	114727	438043	4918600
农　村	Rural Areas	29096	45882	292521	10307544
按行业分	**By Sector**				
批发和零售业	Wholesale and Retail Trade	76515	153270	680748	14434975
城　镇	Urban Areas	48577	109925	415322	4563196
农　村	Rural Areas	27938	43345	265426	9871779
住宿和餐饮业	Hotel and Catering Services	3509	7339	49816	791169
城　镇	Urban Areas	2351	4802	22721	355404
农　村	Rural Areas	1158	2537	27095	435765

16-13 亿元以上商品交易市场摊位成交额情况（2012年）
Classification of Commodity Exchange Markets of Transaction Value over 100 Million Yuan (2012)

类　　别	Classification	摊位数（个）Number of Booths (unit)	成交额（万元）Turnover (10000yuan)
全　省	**Total**	**67904**	**14402052**
食品、饮料、烟酒类	Food,Beverages,Tobacco and Liquor	21773	6462481
#食品类	Food	19300	5892764
#粮油类	Grain and Oil	1879	709781
肉禽蛋类	Meat,Poultry and Eggs	4270	997179
水产品类	Aquatic Products	1565	434780
蔬菜类	Vegetables	7341	1571234
干鲜果品类	Dried and Fresh Melons and Fruits	4092	1706287
饮料类	Beverages	1157	204862
烟酒类	Tobacco and Liquor	1316	364855
服装、鞋帽、针纺织品类	Clothing,shoes,Hats and Textiles	15476	2376227
#服装类	Clothing	9300	1350465
鞋帽类	Footwear and Hats	2981	446323
针纺织品类	Knitwear and Textiles	3195	579439
化妆品类	Cosmetics	813	94051
金银珠宝类	Gold silver and Jeweller	56	7437
日用品类	Articles for Daily Use	2957	430437
#洗涤用品类	Washing Articles	1140	178492
儿童玩具类	Children Toys	619	119590
五金、电料类	Hardware & Electrical Materials	1526	406437
体育、娱乐用品类	Sports & Recreational Articles	103	5777
书报杂志类	Newspapers and Magazines	117	7862
电子出版物及音像制品类	E-journal and Video Products	242	22153
家用电器和音像器材类	Household Appliances and Video Equipments	1668	297639
中西药品类	Traditional Chinese and Western Medicine	478	186407
#西药类	Western Medicine	21	4389
中草药及中成药类	Traditional Chinese	380	167390
文化办公用品类	Cultural and official Goods	1181	277864
家俱类	Furniture	2623	262742
通讯器材类	Communication Appliances	120	37006
木材及制品类	Wood and Wooden Products	275	24962
化工材料及制品类	Raw Chemical Materials and Related Products	324	38099
#化肥类	Fertilizer	32	1678
金属材料类	Metal Materials	1208	679949
建筑及装潢材料类	Building and Decoration Materials	9167	1421697
机电产品及设备类	Mechanical & Electrical Products	1467	517933
#农机类	Agricultural Machinery	685	284908
汽车类	Automobile	2011	673033
种子饲料类	Seed and Feedstuff	143	20500
棉麻类	Cotton and Hemp	82	2901
其他类	Others	4094	148458

16-14 各地区亿元以上商品交易市场基本情况（2012年）

Basic Statistics on Commodity Exchange Markets of Transaction Value over 100 Million Yuan by Region (2012)

地　区	Region	市场数量（个）Number of Markets (unit)	摊位数（个）Number of Booths (unit)	营业面积（平方米）Operating Area (sq.m)	成交额（万元）Turnover (10000yuan)
全　省	**Provincial Total**	**95**	**67904**	**3640174**	**14402052**
南昌市	Nanchang	33	27028	1417986	7817282
景德镇市	Jingdezhen	4	2887	284638	408670
萍乡市	Pingxiang	3	1819	36900	220304
九江市	Jiujiang	8	4604	467744	1128876
鹰潭市	Yingtan	3	1900	34399	314742
赣州市	Ganzhou	15	7741	659938	1930177
吉安市	Ji'an	4	6063	249588	657308
宜春市	Yichun	7	4310	191626	738122
抚州市	Fuzhou	4	2586	60402	128682
上饶市	Shangrao	14	8966	236953	1057889

16-15 旅游业发展情况

Development of Tourism

年份 Year	旅游总收入（亿元）Total Tourism Earnings (100 million yuan)	占全国旅游总收入比重(%) As Percentage of Total National Tourism Earnings(%)	为全省地区生产总值（%）As Percentage of the Province's GDP (%)	为全省地区生产总值中第三产业（%）As Percentage of Tertiary Industry in the Province's GDP(%)
1991	4.30	1.23	0.90	3.04
1992	4.81	1.03	0.84	2.79
1993	5.31	0.47	0.73	2.47
1994	6.33	0.38	0.67	2.14
1995	8.39	0.40	0.67	2.14
1996	50.15	2.02	3.31	10.27
1997	79.35	2.55	4.63	13.64
1998	81.64	2.37	4.41	12.35
1999	111.29	2.78	5.67	15.03
2000	134.6	2.98	6.72	16.47
2001	161.4	3.23	7.42	18.31
2002	191.1	3.43	7.80	19.85
2003	197.47	4.04	6.98	18.93
2004	240.81	3.52	6.97	19.65
2005	320.02	4.16	7.89	22.67
2006	390.89	4.37	8.37	25.00
2007	463.67	4.23	8.43	26.44
2008	559.38	4.83	8.63	27.90
2009	675.61	5.20	8.83	25.62
2010	818.32	5.21	8.66	26.22
2011	1105.93	4.92	9.45	28.20
2012	1402.59	5.42	10.83	31.27

16-16 国际旅游收入情况
Income from International Turism

单位：万美元 (USD 10000)

指　　标	Item	2010	2011	2012
合　　计	**Total**	**34630**	**41500**	**48473**
长途交通	Long Distance Transportation	11324	14899	15463
民　　航	Civil Aviation	7792	9296	7659
铁　　路	Railway	1420	2241	4266
汽　　车	Highway	1281	2490	2472
轮　　船	Waterway	831	872	1066
游　　览	Sightseeing	1281	1992	3296
住　　宿	Accommodation	3498	3984	4460
餐　　饮	Food and Beverage	3047	2532	2908
娱　　乐	Entertainment	2009	1411	2521
购　　物	Shopping	9281	12409	13427
邮电通讯	Post and Communication Services	623	871	969
市内交通	Local Transportation	693	705	921
其　　他	Others	2874	2697	4508

16-17 入境旅游情况
Condition of Oversea Visitor Arrivals

指　　标	Item	2000	2005	2010	2011	2012
旅游人数(人次)	**Number of Oversea Visitor Arrivals (person-time)**	**163057**	**372513**	**1140792**	**1358265**	**1561793**
外 国 人	Foreigners	55411	136270	399449	439844	503860
#印度尼西亚	Indonesia	239	1982	12251	13224	14631
日　　本	Japan	12282	23945	34956	32347	28646
马来西亚	Malaysia	1256	3639	12113	14503	16094
菲 律 宾	Philippines	270	1794	8320	10442	11614
新 加 坡	Singapore	2018	8271	20249	21432	24448
韩　　国	Korea Rep.	1183	10809	36240	38936	46105
泰　　国	Thailand	2559	1716	4271	5781	6621
英　　国	United Kingdom	2966	11543	21613	24094	28207
德　　国	Germany	3080	5943	21689	23879	26939
法　　国	France	1212	6488	15299	18769	21711
意 大 利	Italy	464	3320	9132	10256	12422
西 班 牙	Spain	195	3757	5551	6309	7288
瑞　　典	Sweden	195	1131	6705	7428	8818
瑞　　士	Switzerland	236	364	6748	8479	9968
俄 罗 斯	Russia	419	2329	16502	16860	20321
加 拿 大	Canada	1069	4380	10886	12234	13958
美　　国	United States	11997	27235	52339	55799	64417
澳大利亚	Australia	640	4622	11888	13330	15279
新 西 兰	New Zealand	164	1486	2911	3465	4198
港澳同胞	Chinese Compatriots from Hong Kong and Macao	69375	154885	534537	675287	775351
台湾同胞	Chinese Compatriots fromTaiwan Province	38271	81358	206806	243134	282582
旅游外汇收入(万美元)	**Foreign Exchange Earnings from International Tourism (USD 10000)**	**6234**	**10395**	**34630**	**41500**	**48473**

注：外国人包括了华侨人数。
a) Overseas Chinese are included in foreigners.

16-18 各地区旅游情况（2012年）
Condition of Oversea Visitor Arrivals by Region (2012)

地　区	Region	入境游客（万人次）Number of Oversea Visitor Arrivals (10000 Person-times)	国际旅游外汇收入（万美元）Foreign Exchange Earnings from International Tourism (USD 10000)	国内游客（万人次）Number of Domestic Visitors (10000 Person-times)	国内旅游收入（亿元）Earnings from Domestic Tourism (100 million yuan)	星级饭店数（个）Number of Star-rated Hotel (unit)
全　省	**Provincial Total**	**156.18**	**48473**	**20347**	**1372**	**427**
南昌市	Nanchang	18.45	5432	2609	197	56
景德镇市	Jingdezhen	25.48	7820	1982	124	28
萍乡市	Pingxiang	7.48	2356	1401	80	11
九江市	Jiujiang	29.91	9988	3018	213	80
新余市	Xinyu	1.99	540	679	47	9
鹰潭市	Yingtan	6.85	1552	1101	75	16
赣州市	Ganzhou	15.22	4675	2182	162	56
吉安市	Ji'an	19.01	5719	2496	165	55
宜春市	Yichun	7.15	2310	1377	77	40
抚州市	Fuzhou	6.81	2309	1016	68	25
上饶市	Shangrao	17.83	5763	2486	164	51

16-19 各地区“春节、五一、十一”旅游情况（2012年）
Condition of Tourism by Region in Spring Festival, May Day or National Day Holidays (2012)

地　区	Region	旅游人数（万人次）Number of Visitors (10000 person-times)			旅游收入（万元）Tourism Earnings (10000 yuan)		
		春节 Spring Festival	五一 Labor Day	十一 National Day	春节 Spring Festival	五一 Labor Day	十一 National Day
全　省	**Provincial Total**	**550.9**	**912.3**	**2405.7**	**196974**	**429481**	**1018597**
南昌市	Nanchang	97.8	120.8	447.6	47800	49865	130813
景德镇市	Jingdezhen	33.4	105.9	206.4	4957	64100	109500
萍乡市	Pingxiang	14.4	69.5	169.3	6244	19654	59598
九江市	Jiujiang	51.4	112.4	288.5	14300	67200	160500
新余市	Xinyu	26.4	46.9	90.5	6147	12067	27154
鹰潭市	Yingtan	31.4	38.7	180.6	20093	11348	3598
赣州市	Ganzhou	123.6	95.2	204.9	45732	40247	88921
吉安市	Ji'an	30.0	85.8	232.9	11800	68200	113000
宜春市	Yichun	58.3	57.9	222.8	11446	16300	87831
抚州市	Fuzhou	29.0	33.0	100.0	8190	8499	40682
上饶市	Shangrao	55.2	146.2	262.2	20265	72000	197000

主要统计指标解释

批发业 指批发商向批发、零售单位及其他企事业、机关单位批量销售生活用品和生产资料的活动，以及从事进出口贸易和贸易经纪与代理的活动。批发商可以对所批发的货物拥有所有权，并以本单位、公司的名义进行交易活动；也可以不拥有货物的所有权，而以中介身份做代理销售商。还包括各类商品批发市场中固定摊位的批发活动。

零售业 指百货商店、超级市场、专门零售商店、品牌专卖店、售货摊等主要面向最终消费者（如居民等）的销售活动。包括以互联网、邮政、电话、售货机等方式的销售活动，还包括在同一地点，后面加工生产，前面销售的店铺（如前店后厂的面包房）。不包括：谷物、种子、饲料、牲畜、矿产品、生产用原料、化工原料、农用化工产品、机械设备（乘用车、计算机及通信设备等除外）等生产资料的销售（列入批发业）；非零售单位附带的零售活动，如汽车修理单位销售汽车零件（列入单位主业所对应的行业类别中）；商业零售单位所在商厦的物业管理（列入物业管理）；商业零售单位所在的商品市场、商业大厦的市场管理活动（列入市场管理）。

批发和零售业商品购进、销售、库存额 指各种登记注册类型的批发和零售业企业(单位)以本企业(单位)为总体的，从国内、国外市场购进的商品总量，销售和出口的商品总量，库存的商品总量等情况。该指标可以反映商品流转过程中商品的购进、销售、库存之间的比例关系和存在的问题。

商品购进额 指从本企业以外的单位和个人购进（包括从国外直接进口）作为转卖或加工后转卖的商品金额（含增值税）。商品购进包括：（1）从工农业生产者、批发和零售业企业、住宿和餐饮业企业、出版社或报社的出版发行部门和其他服务业企业购进的商品；（2）从机关团体、事业单位购进的商品；（3）从海关、市场管理部门购进的缉私和没收的商品；（4）从居民收购的废旧商品等。不包括：（1）企业为本单位自身经营用，不是作为转卖而购进的商品，如材料物资、包装物、低值易耗品、办公用品等；（2）未通过买卖行为而收入的商品，如接受其他部门移交的商品、借入的商品、收入代其他单位保管的商品、其他单位赠送的样品、加工回收的成品等；（3）经本单位介绍，由买卖双方直接结算，本单位只收取手续费的业务；（4）销售退回和买方拒付货款的商品；（5）商品溢余。

商品销售额 指对本单位以外的单位和个人出售的商品金额（包括售给本单位消费用的商品，含增值税）。商品销售包括（1）售给城乡居民和社会集团消费用的商品；（2）售给农业、工业、建筑业、运输邮电业、服务业、公用事业等国民经济各行业用于生产、经营用的商品，包括售予批发和零售业作为转卖或加工后转卖的商品；（3）对国（境）外直接出口的商品。不包括：（1）未通过买卖行为付出的商品，如随机构变动移交给其他企业单位的商品、借出的商品、归还受其他单位委托代保管的商品、付出的加工原料和赠送给其他单位的样品等；（2）经本单位介绍，由买卖双方直接结算，本单位只收取手续费的业务；（3）购货退回的商品；（4）商品损耗和损失；（5）出售本单位自用的废旧物资。

商品库存额 指报告期末各种登记注册类型的批发和零售业企业(单位)已取得所有权的商品。它反映批发和零售业企业(单位)的商品库存情况和对市场商品供应的保证程度。商品库存包括：(1)存放在批发和零售业经营单位(如门市部、批发站、采购站、经营处)的仓库、货场、货柜和货架中的商品；(2)挑选、整理、包装中的商品；(3)已记入购进而尚未运到本单位的商品，即发货单或银行承兑凭证已到而货未到的商品；(4)寄放他处的商品，如因购货方拒绝付款而暂时存在购货方的商品；(5)委托其他单位代销(未作销售或调出)尚未售出的商品；(6)代其他单位购进尚未交付的商品。不包括：所有权不属于本单位的商品；委托外单位加工的商品；外贸企业代理其他单位从国外进口尚未付给订货单位的商品；代国家物资储备部门保管的商品等。

连锁总店（总部） 指负责连锁企业资源（商号、商誉、经营模式、服务标准、管理模式等等）的开发、配置、控制或使用等功能的企业核心管理机构。连锁经营是指经营同类商品或服务，使用统一商号的若干店铺，在同一总店（总部）的管理下，采取统一采购或特许经营等方式，实现规模效益的组织形式，包括直营连锁、特许连锁和自愿连锁三种形式。其中，直营连锁是指连锁店铺由连锁公司全资或控股开设，在总部的直接控制下，开展统一经营的连锁经营形式；特许连锁是指拥有注册商标、企业标志、专利、专有技术等经营资源的企业（特许人），以合同形式将其拥有的经营资源许可其他经营者（被特许人）使用，被特许人按合同约定在统一的经营模式下开展经营，并向特许人支付特许经营费用的连锁经营形式；自愿连锁是指若干个店铺或企业自愿组合起来，在不改变各自资产所有权关系的情况下，以同一个品牌形象面对消费者，以共同进货为纽带开展的连锁经营形式。

亿元以上商品交易市场 指年成交额在亿元及以上的商品交易市场。商品交易市场是指经有关部门和组织批准设立，有固定场所、设施，有经营管理部门和监管人员，若干市场经营者入内，常年或实际开业三个月以上，集中、公开、独立地进行生活消费品、生产资料等现货商品交易以及提供相关服务的交易场所，包括各类消费品市场、生产资料市场等。

住宿业 指有偿为顾客提供临时住宿的服务活动。不包括提供长期住宿场所的活动，如出租房屋、公寓等（列入房地产开发经营）。

餐饮业 指在一定场所，对食物进行现场烹饪、调制，并出售给顾客主要供现场消费的服务活动。

营业额 指住宿和餐饮业单位在经营活动中因提供服务或销售商品等取得的收入。包括：客房收入、餐费收入、商品销售额和其他收入。其中，客房收入指住宿和餐饮业单位在经营活动中因提供住宿服务取得的收入。餐费收入指住宿和餐饮业单位因为顾客提供就餐服务取得的收入，包括经烹饪、调制加工后出售的各种食品，如主食、炒菜、凉拌菜等的收入。

社会消费品零售总额 指企业（单位、个体户）通过交易直接售给个人、社会集团非生产、非经营用的实物商品金额，以及提供餐饮服务所取得的收入金额。个人包括城乡居民和入境人员，社会集团包括机关、社会团体、部队、学校、企事业单位、居委会或村委会等。

旅游人数

(1)入境游客 指报告期内来中国（大陆）观光、度假、探亲访友、就医疗养、购物、参加会议或从事经济、文化、体育、宗教活动的外国人、港澳台同胞等游客人数。统计时，外国人、港澳台同胞每入境一次统计 1 人次。

(2)国内游客 指在报告期内在中国（大陆）观光游览、度假、探亲访友、就医疗养、购物、参加会议或从事经济、文化、体育、宗教活动的中国（大陆）居民人数，其出游的目的不是通过所从事的活动谋取报酬。统计时，国内游客按每出游一次统计 1 人次。

国际旅游(外汇)收入 指入境游客在中国（大陆）境内旅行、游览过程中用于交通、参观游览、住宿、餐饮、购物、娱乐等全部花费。

国内旅游收入 指国内游客在国内旅行、游览过程中用于交通、参观游览、住宿、餐饮、购物、娱乐等全部花费。

星级饭店 指设备、设施、服务符合《旅游饭店星级的划分与评定》(GB/T14308-2003)，通过相关旅游管理部门评定，并取得星级饭店称号的饭店（含预备星级饭店）。

Explanatory Notes on Main Statistical Indicators

Wholesale Trade refers to the activities of wholesaler selling at wholesale commodities for daily use and capital goods to enterprises of wholesale and retail trades and other enterprises, institutions and government offices, including the activities of wholesaler engaged in import and export and acting as a trade agent. The wholesaler may have the right of ownership over the commodities of wholesale and trade in the name of its own's or a company, the wholesaler may not have the right of ownership, only acts an agent. The wholesale trade also include the activities of wholesaler at the fixed stalls of the wholesale market of different commodities.

Retail Trade refers to the activities of department store, supermarket, franchised store, brand store, retail stall and on-the-spot-making-selling store selling commodities to the final consumers (citizens) by any means including internet, post, telephone, sales machine. Retail trade excludes the activities of sales of capital goods such a grain, seed, feed, livestock, mineral products, raw material for production, industrial chemicals, chemical products for farm, machine and equipment (vehicle, computer and communication equipment), and the activities of supplementary sales of non-retailer such as the sales of spare parts of car repair business (listed as branch in correspondence with principle business), property management of buildings of retail units (listed as property management);

market management of commercial markets and buildings of retail units (listed as market management) .

Purchase, Sales and Stock of Commodities by Wholesale and Retail Trades refer to the total volume of commodities purchased, total volume of sales and exports, and the stock of commodities by wholesale and retail enterprises (establishments) of different status of registration from domestic and overseas markets. This indicator reflects the relationship among purchase, sales and stock of commodities in the circulation of goods and reveals the existing problems.

Total Purchases of Commodities refer to the total value of purchases of commodities by enterprises (establishments) from other establishments or individuals (including direct import from abroad) for the purpose of re-selling, either with or without further processing of the commodities purchased. The commodities include: (1) commodities purchased from agricultural and industrial producer, wholesaler, retailer, publishing house and other service business; (2) commodities purchased from institutions and government departments; (3) confiscated goods purchased from the customs authorities or market management agencies; (4) second-hand goods and wastes purchased from residents; The commodities exclude 1. commodities purchased by enterprises (establishments) for use in their own business operation, commodities obtained without buying or selling procedures such as materials, consumable goods of low value, office appliance, etc. 2. received goods without trading, such as goods handed over from others, borrowed goods, preserved goods for others, donated goods from others, processed and retrieved goods, etc. 3. goods of direct settlement between buyer and seller with handling fees introduced by others, 4. goods returned or refused to pay by the buyer, 5. excessive goods.

Total Sales of Commodities refer to value of commodities sold by the establishments to other establishments and individuals (including goods sold for self consumption, including the value-added tax). The commodities include: (1) commodities sold to urban and rural residents and social groups for their consumption; (2) commodities sold to establishments in all industries for their production and operation, including agriculture, industry, construction, transportation, post and telecommunications, catering services, and public utility including commodities sold to wholesale and retail establishments for re-selling, with or without further processing; and (3) commodities for direct export to abroad. Excluded are (1) extended commodities without trading, such as goods handed over to other enterprises and institutions because of the change of organizations, lent goods, returned goods preserved for others, extended processing materials and samples donated to others, (2) goods of direct settlement between buyer and seller with handling fees introduced by others, 3. goods returned after purchase, (4) damaged and spoiled goods, (5) waste and used goods of self use,

Total Stock of Commodities refers to total commodities possessed by wholesaler and retailer of various types of registration status at the end of the reference period, reflecting the commodity stock level of various wholesaler and retailer and the potential for market supply. It includes: (1) commodities located in storage, garages, counters, and shelves of operating places of wholesale and retail trades (such as sale stores, wholesale centres, procurement stations and operating offices); (2) commodities in the process of being selected, sorted, and packed; (3) commodities not arrived but recorded as purchase in the account, i.e. commodities not arrived but payment receipts for the commodities from the sellers or the banks arrived; (4) commodities deposited in other places rather than places mentioned above, for instance: commodities in the hold of purchasers temporarily due to the refusal of payment; (5) commodities entrusted to other units to sell but not sold yet; (6) commodities purchased for other units but not delivered yet. Commodities not included as stock are those not owned by the enterprises (units), commodities on commission for processing, imported commodities of agency of foreign trade enterprise but not yet delivered to ordering units and finally those put in stock on behalf of the state material reserves units.

Chain Head Stores (headquarter) refer to the core leading stores responsible for development, allocation, administration and utilization of resources (name of stores, brand of stores, operation model, service standard, management way, etc.) of chain stores. Chain stores refers to the stores engaged in providing homogeneous commodities or services, with the central leadership of head store (headquarters) and guided by common policies, conduct centralized purchase and distributed selling of commodities, in order to gain better efficiency through standardized operation. The chain stores include regular chain stores, franchise chain stores and voluntary chain stores.

Regular Chain store refers to chain stores that are invested or controlled by the headquarters. They operate under direct and unified management from the headquarters.

Franchise chain store refers to the chain stores (franchisees) which are franchised with operation resources such as trade marks, names, patent and operation know-how by the franchisors in form of contract and pay the operation fees to the franchisors.

Voluntary chain store refers to the stores operate jointly on the voluntary bases while maintaining their status of independent legal entities with full ownership of their assets. They sell goods of same brand from same channel of resource to the consumers.

Large Commodity Markets with Transaction Value over 100 Million Yuan refers to the commodity markets with an annual transaction at and above 100 million. The commodity market refers to the markets approved and managed by related departments, where there are fixed sites, facilities, managers and administration offices, where there are a certain number of traders to operate for three month and above or all the year, where the commodities including the articles for daily consumption and capital goods and services are traded in a centralized, independent and open way. Such market includes markets of daily goods and market of capital goods, etc.

Hotel Services refer to the charged accommodation services provided to customers, excluding the long term accommodation service activities such as rental housing and apartments(it is under real estate development and management).

Catering Services refer to the activities of enterprises providing on-the-spot services of selling food cooked and prepared to the customer in certain sites

Business Revenue refers to revenue of hotels and catering services received from providing services or selling commodities through business activities, including income from hotels, from catering services, from selling of commodities and from other services. Income from hotels refers to income of hotels and catering services by providing lodging services through business activities. Income from catering services refers to income of hotels and catering services by providing catering services, including selling of cooked or prepared foods, such as staple food, cooked dishes, or cold dishes.

Total Retail Sales of Consumer Goods refer to the amount obtained by enterprises (units, self-employed individuals) through direct sales of non-production and non-business physical commodity to individuals, social institutions, and revenue from providing catering services. Individuals include rural and urban households, population from abroad, social institutions include government agencies, social organizations, military units, schools, institutions, neighbourhood (village) committees.

Number of Tourists

(1) Visitor arrivals refer to the number of tourists of foreigners, Chinese compatriots from Hong Kong, Macao and Taiwan who come to China (mainland) within the reference period for sight-seeing, vacation, visiting relatives, medical treatment, shopping, attending conference, or to engage in economic, cultural, sports and religious activities.

(2) Number of domestic tourists refers to the number of Chinese (mainland) residents who travel within China (mainland) for sight-seeing, vacation, visiting relatives, medical treatment, shopping, attending conference, or to engage in economic, cultural, sports and religious activities. In compiling statistics, each time of travelling is counted as one person-time.

Foreign Exchange Earnings from International Tourism refer to the total expenditure of foreigners, overseas Chinese, Chinese compatriots from Hong Kong, Macao and Taiwan during their stay in the mainland of China on transportation, sighting, accommodation, food, shopping and entertainment.

Income from Domestic Tourism refer to expenditure of domestic tourists on transportation, sighting, accommodation, food, shopping and entertainment while they travel.

Star-rated Hotels refer to hotels rated with stars as assessed by the relevant tourism authorities according to GB/T14308-2003 standard with reference to their infrastructure, facilities and service levels

17

金融业

FINANCIAL INDUSTRY

◆407/415

资料整理及英文翻译：吴 洁、黄小平

简要说明

本篇资料主要反映全省金融、保险、证券等方面的基本情况。

金融资料由中国人民银行南昌中心支行提供。

保险业务资料由江西省保险学会提供。

证券资料由江西省证监局提供。

Brief Introduction

The data in this chapter show the basic conditions of local government banking，insurance and stocks of the whole province.

The data on banking are provided by Nanchang Branch of the People's Bank of China.

The data on insurance are provided by Insurance Institute of Jiangxi Province.

The data on stocks are provided by Securities Regulatory Bureau of Jiangxi Province.

17-1 金融机构本外币信贷资金平衡表年末余额(2012年)
Balance Sheet of Credit Funds of RMB and Foreign Currency of Financial Institutions at Year-end (2012)

单位：万元 (10000 yuan)

指　标	Item	年末余额 Balance	比年初增减 Over Beginning of Year	比年初增长(%) Growth Rate (%)
各项存款	**Total Deposits**	**168390216**	**25173551**	**17.6**
单位存款	Corporate Deposits	74645490	9957245	15.4
#活期存款	Demand Deposits	39523880	3679308	10.3
定期存款	Time Deposits	18781890	5820242	44.9
个人存款	Personal Deposits	85707434	13931667	19.4
#储蓄存款	Savings Deposits	85029350	13496506	18.9
财政性存款	Fiscal Deposits	5794022	793977	15.9
临时性存款	Temporary Deposits	268412	-11363	-4.1
委托存款	Designated Deposit	108884	-33998	-23.8
其他存款	Other Deposits	1865974	536022	40.3
各项贷款	**Total Loans**	**110801481**	**17787001**	**19.1**
境内贷款	Demestic Loans	110738751	17809725	19.2
#短期贷款	Short-term Loans	46462669	9842595	26.9
中长期贷款	Medium& Long-term Loans	61784044	7006576	12.8
票据融资	Bill Financing	2423508	908959	60.0
各项垫款	Miscellaneous Advances	68531	51595	304.6
境外贷款	Overseas Loans	62730	-22724	-26.6

注：本表统计口径包括中国人民银行、政策性银行、国有独资商业银行、邮政信汇局、其他商业银行、农村合作银行、城市信用社、农村信用社、信托投资公司、财务公司等金融机构。后同。

a) The statistical scope in the table include the People's Bank of China,policy banks,State-owned commercial banks,postal savings bureau,other commercial banks,rural cooperative banks,urban credit cooperatives,rural credit cooperatives,financial trust and investment companies,finance companies. The same applies to the following tables.

17-2 金融机构人民币信贷资金平衡表年末余额(2012年)
Balance Sheet of Credit Funds of Financial Institutions at Year-end(2012)

单位：万元 (10000 yuan)

指　标	Item	年末余额 Balance	比年初增减 Over Beginning of Year	比年初增长(%) Growth Rate (%)
各项存款	**Total Deposits**	**167159066**	**24759981**	**17.4**
单位存款	Corporate Deposits	73736999	9556685	**14.9**
#活期存款	Demand Deposits	39171162	3697394	**10.4**
定期存款	Time Deposits	18310984	5435609	**42.2**
个人存款	Personal Deposits	85393539	13916796	**19.5**
#储蓄存款	Savings Deposits	84718608	13481862	**18.9**
财政性存款	Fiscal Deposits	5794022	793977	**15.9**
临时性存款	Temporary Deposits	260214	-10401	**-3.8**
委托存款	Designated Deposit	108884	-33998	**-23.8**
其他存款	Other Deposits	1865407	536922	**40.4**
各项贷款	**Total Loans**	**109245471**	**17498884**	**19.1**
境内贷款	Demestic Loans	109218682	17489492	**19.1**
#短期贷款	Short-term Loans	45393927	9566403	**26.7**
中长期贷款	Medium& Long-term Loans	61352896	6982710	**12.8**
票据融资	Bill Financing	2423508	908964	**60.0**
各项垫款	Miscellaneous Advances	48351	31415	**185.5**
境外贷款	Overseas Loans	26789	9391	**54.0**

17-3 四家大型银行人民币信贷收支表(2012年)

Renminbi Balance of Credit on State-owned Commercial Banks (2012)

单位：万元 (10000 yuan)

指 标	Item	年末余额 Balance	比年初增减 Over Beginning of Year	比年初增长(%) Growth Rate (%)
各项存款	Total Deposits	73637005	7774642	11.8
单位存款	Corporate Deposits	33700642	3055033	10.0
#活期存款	Demand Deposits	19226726	1178235	6.5
定期存款	Time Deposits	8507499	1871641	28.2
个人存款	Personal Deposits	38944795	4790722	14.0
#储蓄存款	Savings Deposits	38654092	4571464	13.4
临时性存款	Temporary Deposits	135260	-14956	-10.0
其他存款	Others Deposits	856308	-56156	-6.2
各项贷款	Total Loans	46416561	5870611	14.5
境内贷款	Demestic Loans	46413571	5872019	14.5
短期贷款	Short-term Loans	14345016	2192440	18.0
中长期贷款	Medium& Long-term Loans	31051915	3415804	12.4
票据融资	Bill Financing	1006645	254522	33.8
各项垫款	Miscellaneous Advances	9996	9254	1247.2
境外贷款	Overseas Loans	2990	-1409	-32.0

17-4 各地区金融机构(含外资)本外币信贷主要指标 (2012年)

Main Indicators on RMB and Foreign Currency Trust of Financial Institutions (Foreign Capital Included) by Region(2012)

单位：亿元 (100 million yuan)

地 区	Region	各项存款 Savings Deposits in Various Forms			各项贷款 Loans in Various Forms		
		年末余额 Balance	比年初增减 Over Beginning of Year	增长(%) Growth Rate (%)	年末余额 Balance	比年初增减 Over Beginning of Year	增长(%) Growth Rate (%)
全 省	**Provincial Total**	**16839.02**	**2517.36**	**17.6**	**11080.15**	**1778.70**	**19.1**
南昌市	Nanchang	5768.99	649.24	12.7	4800.67	674.71	16.4
景德镇市	Jingdezhen	583.90	85.89	17.3	308.12	37.67	13.9
萍乡市	Pingxiang	542.91	73.52	15.7	318.67	59.34	22.9
九江市	Jiujiang	1502.47	247.34	19.7	941.88	137.56	17.1
新余市	Xinyu	603.54	75.82	14.4	493.75	67.72	15.9
鹰潭市	Yingtan	458.52	89.75	24.3	297.71	59.63	25.1
赣州市	Ganzhou	2277.56	422.06	22.8	1297.15	254.26	24.4
吉安市	Ji'an	1289.19	237.47	22.6	570.35	120.61	26.8
宜春市	Yichun	1453.99	242.98	20.1	734.26	137.48	23.0
抚州市	Fuzhou	939.59	150.68	19.1	475.30	94.46	24.8
上饶市	Shangrao	1408.66	239.97	20.5	828.80	132.73	19.1

17-5 财产保险公司主要指标

Main Indicators of Property Insurance Companies

单位：万元 (10000 yuan)

指 标	Item	保费收入 Premium Income		赔款支出 Indemnity Expenditure	
		2011	2012	2011	2012
合 计	**Total**	**884663**	**1015698**	**425865**	**582524**
企业财产保险	Enterprise Property Insurance	39703	38874	14176	15429
机动车辆保险	Motor Vehicle Insurance	683282	801997	349931	476792
货物运输保险	Freight Transport Insurance	7846	6578	4129	2676
责任保险	Liability Insurance	30922	35174	12411	16482
信用保证保险	ExportCredit Insurance	16469	20446	1738	12054
农业保险	Agriculture Insurance	49092	62278	22503	32623
其它财产保险	Other Insurance	57348	50352	20977	26467

17-6 人寿保险公司主要指标

Main Indicators of Life Insurance Companies

单位：万元 (10000 yuan)

指 标	Item	2008	2009	2010	2011	2012
保费收入合计	**Total Premium Income**	**1361624**	**1410623**	**1814804**	**1637678**	**1701491**
团体业务	Group Business	58428	67509	61673	35386	45930
人寿保险	Life Insurance	20342	21540	23175	4831	5008
意外伤害保险	Accident Injury Insurance	8508	9515	13249	16224	18589
健康保险	Health Insurance	29578	36454	25249	14331	22333
个人业务	Personal Business	1303093	1343247	1753131	1602292	1655561
人寿保险	Life Insurance	1253220	1281201	1668886	1515036	1547888
意外伤害保险	Accident Injury Insurance	18842	22519	18644	22367	24999
健康保险	Health Insurance	31031	39527	65601	64888	82674
赔款支出合计	**Total Indemnity Expenditure**	**307563**	**321740**	**297479**	**317214**	**349065**
团体业务	Group Business	30727	39037	40806	27627	30204
年金给付	Annuity Payment	3841	9408	5046	6202	9016
满期给付	Mature Payment	1717	1740	5037	5782	6519
死伤医疗给付	Payment for Death ,Injury and Medical Treatment	7039	8122	12928	1340	1491
赔 款	Payment	18130	19767	17795	14304	13178
个人业务	Personal Business	276836	282703	256673	289586	318861
年金给付	Annuity Payment	10639	21460	29061	29770	50497
满期给付	Mature Payment	239745	231314	191523	215792	217532
死伤医疗给付	Payment for Death ,Injury and Medical Treatment	14772	17605	22380	26107	31669
赔 款	Payment	11680	12323	13709	17916	19163

17-7 各地区保险业务情况（2012年）

Insurance Business Conditions by Region (2012)

单位：万元 (10000 yuan)

地区	Region	全部业务 Insurance Total Business		财产保险业务 Property Insurance Business		人身保险业务 Life Insurance Business	
		保费收入 Premium Income	比上年增长(%) Growth Rate over Preceding year (%)	保费收入 Premium Income	比上年增长(%) Growth Rate over Preceding year (%)	保费收入 Premium Income	比上年增长(%) Growth Rate over Preceding year (%)
全　省	**Provincial Total**	**2717189**	**7.72**	**974947**	**14.53**	**1742242**	**4.26**
南昌市	Nanchang	648967	4.33	215995	5.17	432972	3.92
景德镇市	Jingdezhen	91910	3.48	35051	21.16	56858	-5.06
萍乡市	Pingxiang	105985	11.21	39091	13.92	66894	9.68
九江市	Jiujiang	254324	11.78	91308	20.26	163016	7.53
新余市	Xinyu	102461	4.74	40635	10.90	61826	1.05
鹰潭市	Yingtan	81394	6.02	33626	22.74	47768	-3.26
赣州市	Ganzhou	418586	11.41	146661	23.34	271925	5.88
吉安市	Ji'an	276530	5.51	80304	15.21	196226	2.00
宜春市	Yichun	303349	6.87	126929	13.87	176419	2.34
抚州市	Fuzhou	174945	9.38	57356	20.68	117590	4.60
上饶市	Shangrao	258738	11.30	107991	13.54	150748	9.75

17-7 续表 continued

地区	Region	保险密度（元） Density of Insurance (yuan)			保险深度（%） Deep of Insurance (%)		
		全部业务 Total Insurance Business	财产险 Property Insurance	人身险 Life Insurance	全部业务 Total Insurance Business	财产险 Property Insurance	人身险 Life Insurance
全　省	**Provincial Total**	**603.29**	**216.47**	**386.83**	**2.10**	**0.75**	**1.35**
南昌市	Nanchang	1264.66	420.91	843.74	2.16	0.72	1.44
景德镇市	Jingdezhen	570.88	217.71	353.17	1.46	0.56	0.91
萍乡市	Pingxiang	565.57	208.60	356.97	1.45	0.53	0.91
九江市	Jiujiang	532.82	191.30	341.53	1.79	0.64	1.15
新余市	Xinyu	890.22	353.05	537.17	1.23	0.49	0.74
鹰潭市	Yingtan	715.31	295.51	419.80	1.69	0.70	0.99
赣州市	Ganzhou	495.26	173.53	321.73	2.77	0.97	1.80
吉安市	Ji'an	569.74	165.45	404.29	2.75	0.80	1.95
宜春市	Yichun	555.11	232.27	322.84	2.43	1.02	1.41
抚州市	Fuzhou	443.03	145.25	297.78	2.12	0.70	1.43
上饶市	Shangrao	389.50	162.57	226.93	2.04	0.85	1.19

注：保险密度=年保费收入/国民年平均人口；保险深度=年保费收入/年国内生产总值。

a) Density of insurance=The annualy premium income/The National annual owerage population.
Deep of insurance=The annualy premium income/The annual Gross Domestic Product.

17-8 江西省上市公司数量

Jangxi Summary for Number of Listed Companies

单位：个 (unit)

地　区	Region	2005	2010	2011	2012
全　省	**Total**	**24**	**30**	**31**	**33**
南昌市	Nanchang	14	16	17	17
景德镇市	Jingdezhen	2	3	3	3
萍乡市	Pingxiang	1	1	1	1
九江市	Jiujiang	1			
新余市	Xinyu	1	2	2	2
鹰潭市	Yingtan	1	2	2	2
赣州市	Ganzhou	1	2	2	2
吉安市	Ji'an				
宜春市	Yichun	1	3	3	2
抚州市	Fuzhou				1
上饶市	Shangrao	2	1	1	3

17-9 股票发行量和筹资额

Issued Share and Raised Capital

年份 Year	股票发行量 (亿股) Issued Share (100million shares)	A股 A Shares	H股 H Shares	B股 B shares	股票筹资额 (亿元) Raised Capital (100milln shares)	A股 A Shares	配股 Rights Issued	B股 B Shares
2006	4.4	4.4			14.49	14.49		
2007	14.43				141.61	141.61		
2008	0.28				3.1	3.1		
2009	2.5				20.86	20.86		
2010	10.74	10.74			153	153		
2011	5.04	5.04			49.50	49.50		
2012	7.98	4.90	3.08		65.35	60.48		4.87

17-10 江西省证券市场基本情况
Jiangxi General Statistics on Securities Markets

指　标	Item	2005	2010	2011	2012
证券法人公司(个)	Securities Company corporation(unit)	2	2	2	2
证券营业部(个)	Security Exchange(unit)	60	122	126	126
证券投资者开户数(万户)	Security Accounts Established (10000 units)	95.77	205.01	223.75	231.31
A股成交金额(亿元)	Stock A turnover value(100 million yuan)	883.38	16932.95	13330.25	11076.06
B股成交金额(亿元)	Stock B turnover value(100 million yuan)	2.26	19.25	12.88	33.24
上市公司总股本(亿股)	Total Share Capital of Listed Company(100 million shares)	96.1	183.13	194.99	212.35
A股	Stock A	78.89	162.81	177.68	195.03
B股	Stock B	3.44	3.44	3.44	3.44
流通股本(亿股)	Share Capital in Circulation(100 million shares)	43.15	141.31	156.97	166.15
股票市价总值(亿元)	Total Market Capitalization(100 million yuan)	447.19	3316.25	2189.29	2287.44
A股	Stock A	356.1	2948.79	1959.27	2008.87
B股	Stock B	11.42	65.8	41.27	49.06
股票流通市值(亿元)	Negotiable Market Capitalization(100 million yuan)	206.36	2857.14	1831.08	1877.95
A股	Stock A	115.27	2489.68	1601.06	1599.38
B股	Stock B	11.42	65.8	41.27	49.06
期货投资者开户数(万户)	Future Accounts Established (10000 units)	446.54	1.69	2.17	2.62
期货总成交量(万手)	Trading Volume of Future(10000 transactions)	80.56	1994.93	1578.24	2267.51
期货总成交额(亿元)	Trading Turnover of Future(100 million yuan)	303.3	18384.63	20432.12	24234.81

主要统计指标解释

信贷资金 国家银行用于发放贷款的资金叫信贷资金。中国人民银行信贷资金的来源有各项存款、对国际金融机构负债、流通中货币、银行自有资金及当年结益等。信贷资金的运用有各项贷款、黄金占款、外汇占款、财政借款及在国际金融机构中的资产等。

存款 企业、机关、团体或居民根据可以收回的原则，把货币资金存入银行或其他信用机构保管并取得一定利息的一种信用活动形式。根据存款对象的不同可划分：企业存款、财政存款、机关团体存款、对外贸易存款、城乡居民储蓄存款和农村存款等科目，它是银行信贷资金的主要来源。

贷款 银行或其他信用机构根据必须归还的原则，按一定利率，为企业、个人等提供资金的一种信用活动形式。我国银行贷款，分流动资金贷款、固定资产贷款、城乡个体工商户贷款以及农业贷款等科目。

保险金额 指保险人承担赔偿或者给付保险金责任的最高限额。

保费 指投保人为取得保险人在约定范围内所承担赔偿责任而支付给保险人的费用。

赔偿 指保险人根据保险合同的规定，向被保险人支付的赔偿保险责任损失的金额。

Explanatory Notes on Main Statistical Indicators

Credit Funds refer to the monetary funds accumulated and distributed in the means of credit by the financial institutions. The sources of credit funds include various deposits, financial bonds, liabilities to international financial institutions, currency in circulation, other items. The uses of credit funds include loans, securities and investment, position for bullion and silver purchase, position for foreign exchange purchase, advances to treasury, and assets with international financial institutions.

Deposit is a form of credit by which enterprises, institutions, organizations or households can put money into banks and other credit institutions for safekeeping and interest earning under the principle of free withdrawal. According to different depositors, deposits are divided into enterprise deposits, fiscal deposits, deposits of government agencies and organizations, savings deposits of rural and urban households, agricultural savings deposits, entrusted deposits and other deposits. Deposits are major sources of the credit funds of banks.

Loan is a form of credit by which banks and other credit institutions provide funds at certain interest rate to enterprises and individuals in the light of the principle of unconditional repayment. Loans from Chinese banks include short-term loan, medium- term and long-term loans, entrusted loans, and other loans.

Amount Insured refers to the maximum that the insurant will get for the claim of the case insured.

Premium is the fee paid by the insurant to the insurer to obtain the obligation of compensation from the insurance within the agreed terms.

Settled Claim is the compensation paid by the insurer to the insurant in accordance with the insurance contract.

18

房地产开发

REAL ESTATE DEVELOPMENT

◆417/432

资料整理及英文翻译：涂姗华、焦 毅

Ⅰ 简要说明

房地产开发统计资料的主要内容包括：全省房地产开发建设方面的基本情况，包括11个设区市的主要房地产统计数据。如：房地产开发投资额、房屋施工面积、房屋竣工面积、商品房销售面积、商品房销售额、房地产开发投资资金来源等。

统计范围：房地产开发投资统计的统计范围为各种登记注册类型的房地产开发公司、商品房建设公司及其他房地产开发单位统一开发的包括统代建、拆迁还建的住宅、厂房、仓库、饭店、宾馆、度假村、写字楼、办公楼等房屋建筑物和配套的服务设施、土地开发工程，如道路、给水、排水、供电、供热、通讯、平整场地等基础设施工程。包括实际从事房地产开发或经营活动的附营房地产开发单位。

资料来源：根据国家统计局制定的《房地产开发投资统计报表制度》搜集资料，由省统计局固定资产投资处整理汇总。

统计调查方法：由各级统计部门采取全面调查方法，执行企业一套表，由企业网上直报。

Ⅰ Brief Introduction

Main Contents of Real Estate Statistic: Datas in this chapter show the general situation and the development of real estate, They cover the situation of real estate of the 11 cities in the whole Jiangxi Province. For instance,the value of real estate development, floor space under construction, floor space completed, floor space sold, value of house sold,the sourse of funds for the development of construction.

Scope of Statistics: The scope of the development of real estate statistics covers the investment by the real estate development companies, commercial buildings construction companies and other real estate development units of various types of ownership in the construction of house buildings, such as residential buildings, factory buildings, warehouses, hotels, guesthouses, holiday villages, office buildings, and the complementary service facilities and land development projects, such as roads, water supply, water drainage, power supply, heating, telecommunications, land leveling and other projects of infrastructure. It includes practical in the real estate development or business activities of the business of real estate development unit.

Sources of Data: Datas on Real Estate Statistic are collected in accordance with the Reporting Form System of the Development of Real Estate Statistics stipulated by the National Bureau of Statistics and provided by Fixed Assets Investment Division of Jiangxi Provincial Bureau of statistics.

Methods of Survey The Data are from comprehensive collection and report by local level statistical bureans.

18-1 房地产开发与经营主要指标
Main Indicators of Enterprises for Real Estate Development

指　标	Item	2000	2005	2010	2011	2012
企业个数(个)	**Number of Enterprises**	**539**	**1824**	**2141**	**2099**	**2005**
房地产开发投资(万元)	**Total Investment in Real Estate Development(10000 yuan)**	**423705**	**3010982**	**7068222**	**8670285**	**9696176**
按隶属关系分	Grouped by Administrative Relationship					
中　央	Central Investment	8476	63165	132468	113341	128411
地　方	Local Investment	415229	2947817	6935754	8556944	9567765
按登记注册类型分	Grouped by Registration Status					
内　资	Domestic Funds	319440	2596827	6355494	7980127	9035649
#国　有	State-Owned Units	143139	201199	378676	310199	563560
集　体	Collective-Owned Units	39137	33198	20283	12376	17539
股份合作	Cooperative Units	16395	49932	31746	29596	79145
联　营	Joint Ownership Units	627	4280	10683	44599	13965
有限责任公司	Limited liability Corporations	29918	1053487	3037481	3819245	4225194
股份有限公司	Share-holding Corporations Ltd.	16114	333554	779993	673015	575880
私　营	Private Enterprises	73810	854028	2033226	3007975	3434724
其　他	Others	300	67149	63406	83122	125642
港澳台商投资	Funds from Hong Kong,Macao and Taiwan	63317	243112	552561	454623	476952
外商投资	Foreign Funds	40948	171043	160167	235535	183575
按构成分	Grouped by Use of Funds					
建筑工程	Construction	294410	2089989	4920441	5896033	6910787
安装工程	Installation	10658	97839	422486	553823	862555
设备工器具购置	Purchase of Equipment and Instruments	2704	23842	135226	85147	119087
其他费用	Others	115933	799312	1590069	2135282	1803747
#土地购置费	Land Purchase	66281	593283	1098952	1609430	1075870
按工程用途分	Grouped by Use of Projects					
住　宅	Residential Buildings	264555	2081628	5447742	6611398	6842114
#别墅、高档公寓	Villas、High-grade Apartments	14316	55694	181581	323442	296939

18-1 续表 continued

指　　标	Item	2000	2005	2010	2011	2012
办公楼	Office Buildings	14324	44861	110064	203243	621001
商业营业用房	Houses for Bussiness Use	67984	456512	781411	955386	1176446
其　他	Others	76842	427981	729005	900258	1056615
本年新增固定资产	**Newly Increased Fixed Assets this Year**	**294124**	**1486566**	**3898732**	**4254697**	**5832322**
土地开发(万平方米)	**Land Space Developed (10000 sq.m)**					
本年购置土地面积	Land Space Purchased this Year	287.81	1517.92	777.15	1067.80	733.17
资金来源(万元)	**Sources of Funds(10000 yuan)**					
本年资金来源小计	Sources of Funds this Year	444086	3295995	10081606	12163508	14772167
国内贷款	Domestic Loans	71414	460301	1464036	1486163	1648995
#银行贷款	Bank Loans		449328	1412902	1410879	1545709
非银行金融机构贷款	Non-banking Financial Institutions Loans		10973	51134	75284	103286
利用外资	Foreign Investment	33925	38527	28979	64601	7893
#外商直接投资	Foreign Direct Investment	32997	25605	28979	64601	6493
自筹资金	Self-raising Funds	134697	1448201	3912925	4820400	5047928
#企事业单位自有资金	Enterprises and Institutions Self-own Fund	68906	969826	1688924	1850987	2223031
其他资金来源	Others	202730	1348966	4675666	5792344	8067351
#定金及预付款	Deposit and Advance Payment	164019	1091048	2542706	3075424	4382059
个人按揭贷款	Individual Credit		43322	1460827	1642244	2425428
房屋施工、竣工和销售、出租情况(万平方米)	**Floor Space of Buildings Under Construction and Completed、 On Sale and for Rent(10000 sq.m)**					
房屋施工面积	Floor Space under Construction	896.62	4508.16	7229.94	8461.38	9465.63
#新开工面积	Started this Year	490.92	2490.82	2344.98	3486.67	3261.03
房屋竣工面积	Floor Space Completed	402.80	1561.54	1817.74	1906.06	1747.48
商品房销售面积	Floor Space of Commercialized Buildings Sold	286.69	1650.12	2469.73	2416.85	2397.10
商品房销售额(万元)	Total Sales of Commercialized Buildings(10000 yuan)	272008	2522496	7764058	10024387	11373453
商品房出租面积	Floor Space of Commercialized Buildings for Rent	4.67	168.94	23.66	20.58	28.89
商品房待售面积	Eloor Space of Commercialized Bulidings Lying Idle	102.90	228.89	357.99	472.80	640.57

18-2 房地产开发房屋施工、竣工、销售与出租情况（2012年）

Residential Buildings under Construction, Completed, Sale and for Rent of Real Estate Development (2012)

指 标	Item	合 计 Total	住 宅 Residential Budildings	#90平方米及以下住房 Housing of 90 Squre Metres and Below
房屋施工面积(平方米)	Floor Space under Construction(sq.m)	94656342	73198469	13718132
#新开工面积	Started this Year	32610254	24000924	3955396
房屋竣工面积(平方米)	Floor Space Completed(sq.m)	17474817	14404841	2702304
房屋竣工价值(万元)	Value of Buildings Completed(10000 yuan)	3697797	2939680	542031
商品房销售面积(平方米)	Floor Space of Commercialized Buildings Sold (sq.m)	23971035	21258981	3896511
#现房销售面积	Floor Space of Marketable Housing Sold	5371688	4454081	835859
期房销售面积	Floor Space of Future Marketable Housing Sold	18599347	16804900	3060652
出租房屋面积(平方米)	Floor Space for Rent (sq.m)	288912	85839	84498
不可销售面积(平方米)	Floor Space Unsalable (sq.m)	631948	296964	234746
待售面积(平方米)	Floor Space Lying Idle (sq.m)	6405677	4825354	440418
商品房销售额(万元)	Total Sales of Commarcialized Buildings (10000 yuan)	11373453	9313940	1874760
#现房销售额	Sale of Marketable Housing	2078763	1602795	315190
期房销售额	Sale of Futures Marketable Housing	9294690	7711145	1559570

18-2 续表 continued

指 标	Item	#别墅、高档公寓 Villas, High-grade Apartments	#办公楼 Office Buildings	#商业营业用房 Houses for Bussiness Use	其 他 Other
房屋施工面积(平方米)	Floor Space under Construction(sq.m)	2674736	2801901	11889365	6766607
#新开工面积	Started this Year	762646	1370194	4804201	2434935
房屋竣工面积(平方米)	Floor Space Completed(sq.m)	448420	318908	2055924	695144
房屋竣工价值(万元)	Value of Buildings Completed(10000 yuan)	107984	88801	521588	147728
商品房销售面积(平方米)	Floor Space of Commercialized Buildings Sold (sq.m)	320620	475595	1894565	341894
#现房销售面积	Floor Space of Marketable Housing Sold	141527	104789	697815	115003
期房销售面积	Floor Space of Future Marketable Housing Sold	179093	370806	1196750	226891
出租房屋面积(平方米)	Floor Space for Rent (sq.m)	1209	8604	194469	
不可销售面积(平方米)	Floor Space Unsalable (sq.m)		9191	185428	140365
待售面积(平方米)	Floor Space Lying Idle (sq.m)	320718	77759	1161936	340628
商品房销售额(万元)	Total Sales of Commarcialized Buildings (10000 yuan)	247271	506207	1402281	151025
#现房销售额	Sale of Marketable Housing	95158	95120	347255	33593
期房销售额	Sale of Futures Marketable Housing	152113	411087	1055026	117432

18-3 按登记注册类型分的房地产开发投资（2012年）

单位:万元

指标	Item	合计 Total	内资 Domestic Funds	国有 State-Owned Units
投资总额	**Total Investment**	**9696176**	**9035649**	**563560**
按构成分	Grouped by Use of Funds			
建筑工程	Construction	6910787	6448664	393228
安装工程	Installation	862555	786874	39110
设备工器具购置	Purchase of Equipment and Instruments	119087	103342	11143
其他费用	Others	1803747	1696769	120079
按工程用途分	Grouped by Use of Projects			
住宅	Residential Buildings	6842114	6439153	442048
#90平方米及以下住房	Housing of 90 Square Metres and below	1581554	1417726	155597
别墅、高档公寓	Villas、High-grade Apartments	296939	258384	32235
办公楼	Office Buildings	621001	576283	20859
商业营业用房	Houses for Bussiness Use	1176446	1017234	37663
其他	Others	1056615	1002979	62990
本年资金来源合计	**Total Sources of Funds**	**18535042**	**16714350**	**931176**
上年末结余资金	Surplus Funds last Year	3762875	3279904	110834
本年资金来源小计	Sources of Funds this Year	14772167	13434446	820342
国内贷款	Domestic Loans	1648995	1463454	29900
#银行贷款	Bank Loans	1545709	1365168	29900
非银行金融机构贷款	Non-banking Financial Institutions Loans	103286	98286	
利用外资	Foreign Investment	7893		
#外商直接投资	Foreign Direct Investment	6493		
自筹资金	Self-raising Funds	5047928	4712827	555297
#企事业单位自有资金	Enterprises and Institutions Self-own Fund	2223031	2099789	353943
其他资金来源	Others	8067351	7258165	235145
#定金及预付款	Deposit and Advance Payment	4382059	3851215	132477
个人按揭贷款	Individual Credit	2425428	2248333	29299

Investment in Real Estate Development by Registration Status (2012)

(10000 yuan)

集　体 Collective-Owned Units	私营及个体投资 Private & Self-employed	联　营 Joint Ownership Units	股份有限公司 Share-holding Corporations Ltd.	其他内资 Others	港澳台商投资 Funds from Hong Kong, Macao and Taiwan	外商投资 Foreign Funds
17539	**3434724**	**13965**	**575880**	**125642**	**476952**	**183575**
4530	2289918	12235	389274	101334	333707	128416
340	332130	1630	61302	6271	53226	22455
2354	23903		11364	1 648	9995	5750
10315	788773	100	113940	16389	80024	26954
4544	2453108	13056	383093	95155	285832	117129
680	470983	5374	104254	8237	119660	44168
	71120		25240	10333	24830	13725
	107096		10949	3626	28689	16029
670	432229	809	91279	17270	121619	37593
12325	442291	100	90559	9591	40812	12824
21644	**6111144**	**56680**	**1128801**	**222375**	**1258306**	**562386**
160	1098525	26425	238677	33417	347642	135329
21484	5012619	30255	890124	188958	910664	427057
50	537419		150364	8750	94141	91400
50	507770		142828	7750	89141	91400
	29649		7536	1 000	5000	
					7893	
					6493	
20954	1719328	327	288526	94647	240954	94147
14912	740740	200	147208	29238	54803	68439
480	2755872	29928	451234	85561	567676	241510
270	1505082	17113	289797	50035	394644	136200
210	925406	12444	127720	32446	85978	91117

18-4 各地区房地产开发和经营指标（2012年）

指标	Item	全省 Total	南昌市 Nanchang	景德镇市 Jingdezhen
企业个数（个）	**Number of Enterprises (unit)**	**2005**	**487**	**88**
投资额和新增固定资产（万元）	**Investment And Newly Increased Fixed Assets(10000 yuan)**			
投资额	**Investment**	**9696176**	**3443607**	**520370**
按登记注册类型分	Grouped by Registration Status			
内资	Domestic Funds	9035649	3005586	463374
#国有	State-Owned Units	563560	207407	4111
集体	Collective-Owned Units	17539		
私营及个体	Individuals	3434724	665531	190246
联营	Joint Ownership Units	13965		
股份有限公司	Share-holding Corporations Ltd.	575880	205383	29348
其他内资	Others	125642	3133	
港澳台商投资	Funded by Entrepreneurs from Hong Kong, Macao and Taiwa	476952	312079	40172
外商投资	Enterprises with Foreign Investment	183575	125942	16824
按构成分	Grouped by Use of Funds			
建筑工程	Construction	6910787	2500675	408606
安装工程	Installation	862555	336778	45124
设备工器具购置	Purchase of Equipment and Instruments	119087	51509	3467
其他费用	Others	1803747	554645	63173
#土地购置费	Land Purchase	1075870	339182	48692
按工程用途分	Grouped by Use of Projects			
住宅	Residential Buildings	6842114	2213319	393207
#90平方米及以下住房	Housing of 90 Square Metres and below	1581554	737205	96251
别墅、高档公寓	Villas, High-grade Apartments	296939	178058	6945
办公楼	Office Buildings	621001	519682	5372
商业营业用房	Houses for Bussiness Use	1176446	392607	77096
其他	Others	1056615	317999	44695
本年新增固定资产（万元）	**Newly Increased Fixed Assets this Year (10000 yuan)**	**5832322**	**1312203**	**726850**
土地开发情况（平方米）	**Land Space Developed(Hectare)**			
本年购置土地面积	Land Space Purchased this Year	7331710	1294483	488281
资金来源（万元）	**Source of Funds(10000 yuan)**			
本年资金来源小计（万元）	**Source of Funds this Year (10000 yuan)**	**14772167**	**6274740**	**583541**
国内贷款	Domestic Loans	1648995	1012803	56600
#银行贷款	Bank Loans	1545709	958962	56600
非银行金融机构贷款	Non-banking Financial Institutions Loans	103286	53841	
利用外资	Foreign Investment	7893	7893	
#外商直接投资	Foreign Direct Investment	6493	6493	
自筹资金	Self-raising Funds	5047928	1435881	305636
#企事业单位自有资金	Enterprises and Institutions Self-own Fund	2223031	743891	118343
其他资金来源	Others	8067351	3818163	221305
#定金及预付款	Deposit and Advance Payment	4382059	2134436	96699
个人按揭贷款	Individual Credit	2425428	997496	58915
房屋施工、竣工和销售、出租情况	**Floor Space of Buildings Under Construction and Completed, on Sale and for Rent**			
房屋施工面积（平方米）	**Floor Space of Buildings under Construction(sq.m)**	**94656342**	**31232866**	**3651026**
住宅	Residential Buildings	73198469	22316232	2848904
#90平方米及以下住房	Housing of 90 square metres and below	13718132	6740555	565137
别墅、高档公寓	Villas, High-grade Apartments	2674736	1226463	53805
办公楼	Office Buildings	2801901	2224337	11428
商业营业用房	Houses for Bussiness Use	11889365	3726919	668303
其他	Others	6766607	2965378	122391

Development and Operating Indicators for Real Estate by Region (2012)

萍乡市 Pingxiang	九江市 Jiujiang	新余市 Xinyu	鹰潭市 Yingtan	赣州市 Ganzhou	吉安市 Ji'an	宜春市 Yichun	抚州市 Fuzhou	上饶市 Shangrao
116	**154**	**94**	**80**	**280**	**132**	**187**	**173**	**214**
171599	**581186**	**247287**	**251456**	**1632707**	**439020**	**809656**	**660855**	**938433**
171599	578486	237076	250276	1591560	424613	739873	638736	934470
	26002	5252	160	137867	70455	50632	8233	53441
		8082		1157				8300
94670	216146	104558	114077	820936	187274	328392	177991	534903
						1950	108	11907
800	11634	4400	3927	63640	28788	9910	172835	45215
	23738		18 654	22274	3097	4 774	9895	40077
	2700	4702		36398	14407	47612	14919	3963
		5509	1 180	4749		22171	7200	
116043	407958	177337	185166	1068499	325042	567666	518312	635483
19921	40905	40685	21884	100726	37177	89065	66735	63555
775	6508	8564	3617	5591	5275	8323	9042	16416
34860	125815	20701	40789	457891	71526	144602	66766	222979
20276	94900	11568	21276	210527	42247	100111	41997	145094
128220	481862	175472	171359	1117151	290593	652149	538939	679843
3897	112867	30189	46619	112748	73394	142647	118612	107125
7	5878	11551	8193	26290	5723	23173	3453	27668
10585	8035	590	12033	16710	18834	5931	6402	16827
19305	48189	47479	32676	178444	82029	106889	81409	110323
13489	43100	23746	35388	320402	47564	44687	34105	131440
102795	**781051**	**143917**	**173533**	**612918**	**262774**	**659934**	**542391**	**513956**
224973	607021	136892	476031	2005851	295973	844748	346477	610980
257972	**846953**	**399741**	**314025**	**2222814**	**622398**	**1081494**	**896612**	**1271877**
25380	50570	54035	31110	102574	93115	93565	39699	89544
24720	39740	45385	27510	97074	92345	89965	31960	81448
660	10830	8650	3600	5500	770	3600	7739	8096
119978	414058	94429	123853	1028545	157827	404378	403764	559579
85403	172456	30769	46783	428673	79895	117313	179210	220295
112614	382325	251277	159062	1091695	371456	583551	453149	622754
70662	253912	123512	98568	556385	151235	333088	236690	326872
25538	115601	114641	39601	332898	125125	229069	175233	211311
1735877	**6226820**	**3941589**	**2880830**	**14399444**	**6575619**	**8788789**	**7929463**	**7294019**
1488497	5169337	3268261	2338387	10320765	5104204	7142931	6957381	6243570
50704	961311	286107	444485	869782	1035857	1004994	1243743	515457
700	45072	203706	121985	242397	59920	242618	68549	409521
16159	72842	38529	78153	139277	111063	37543	43794	28776
141068	703891	367747	277651	2160427	978276	1332092	728866	804125
90153	280750	267052	186639	1778975	382076	276223	199422	217548

18-4 续表

指　　标	Item	全　省 Total	南昌市 Nanchang	景德镇市 Jingdezhen
房屋新开工面积(平方米)	**Floor Space Started this Year(sq.m)**	**32610254**	**10155011**	**1500523**
住　宅	Residential Buildings	24000924	6643109	1095364
#90平方米及以下住房	Housing of 90 Square Metres and Below	3955396	1589180	161614
别墅、高档公寓	Villas、High-grade Apartments	762646	335828	11700
办公楼	Office Buildings	1370194	1041338	2228
商业营业用房	Houses for Bussiness Use	4804201	1473620	332897
其　他	Others	2434935	996944	70034
房屋竣工面积(平方米)	**Floor Space Completed(sq.m)**	**17474817**	**4179192**	**1143868**
住　宅	Residential Buildings	14404841	3254150	1029184
#90平方米及以下住房	Housing of 90 Square Metres and Below	2702304	1192320	173450
别墅、高档公寓	Villas、High-grade Apartments	448420	239659	23406
办公楼	Office Buildings	318908	284205	7086
商业营业用房	Houses for Bussiness Use	2055924	502582	99662
其　他	Others	695144	138255	7936
竣工房屋价值(万元)	**Value of Buildings Completed(10000 yuan)**	**3697797**	**953181**	**251250**
住　宅	Residential Buildings	2939680	667380	211567
#90平方米及以下住房	Housing of 90 Square Metres and Below	542031	258545	41775
别墅、高档公寓	Villas、High-grade Apartments	107984	52715	4410
办公楼	Office Buildings	88801	78244	1723
商业营业用房	Houses for Bussiness Use	521588	168254	36945
其　他	Others	147728	39303	1015
商品房销售面积(平方米)	**Floor Space Sold of Commercialized Buildings(sq.m)**	**23971035**	**6898563**	**1219747**
住　宅	Residential Buildings	21258981	5953330	1127131
#90平方米及以下住房	Housing of 90 Squre Metres and Below	3896511	1932685	244014
别墅、高档公寓	Villas、High-grade Apartments	320620	143741	23056
办公楼	Office Buildings	475595	424224	6225
商业营业用房	Houses for Bussiness Use	1894565	463770	85137
其　他	Others	341894	57239	1254
商品房出租面积(平方米)	**Floor Space for rent(sq.m)**	**288912**	**77759**	
住　宅	Residential Buildings	85839		
#90平方米及以下住房	Housing of 90 Squre Metres and Below	84498		
别墅、高档公寓	Villas、High-grade Apartments	1 209		
办公楼	Office Buildings	8604	8604	
商业营业用房	Houses for Bussiness Use	194469	69155	
其　他	Others			
商品房待售面积(平方米)	**Floor Space Lying Idle (sq.m)**	**6405677**	**763108**	**292125**
住　宅	Residential Buildings	4825354	511491	236368
#90平方米及以下住房	Housing of 90 Square Metres and Below	440418	122395	36843
别墅、高档公寓	Villas、High-grade Apartments	320718	100324	3 350
办公楼	Office Buildings	77759	35599	1025
商业营业用房	Houses for Bussiness Use	1161936	166134	48486
其　他	Others	340628	49884	6246
商品房销售额(万元)	**Floor Space Sales(10000 yuan)**	**11373453**	**4428172**	**460304**
住　宅	Residential Buildings	9313940	3500552	405033
#90平方米及以下住房	Housing of 90 Square Metres and Below	1874760	1045554	93970
别墅、高档公寓	Villas、High-grade Apartments	247271	152420	9497
办公楼	Office Buildings	506207	474009	1978
商业营业用房	Houses for Bussiness Use	1402281	419020	52010
其　他	Others	151025	34591	1283

continued

萍乡市 Pingxiang	九江市 Jiujiang	新余市 Xinyu	鹰潭市 Yingtan	赣州市 Ganzhou	吉安市 Ji'an	宜春市 Yichun	抚州市 Fuzhou	上饶市 Shangrao
944851	**2479680**	**906191**	**922660**	**5831382**	**2176957**	**2870581**	**2133679**	**2688739**
788502	2142560	688555	623664	4018407	1680578	2222462	1825464	2272259
6045	335215	88354	83601	415314	545215	242489	216466	271903
700		19749	25872	76595	19999	127635	37 896	106672
16159	50399	263	63731	75971	68834	19948	10812	20511
78604	189423	178152	131529	981273	317682	570204	226287	324530
61586	97298	39221	103736	755731	109863	57967	71116	71439
339248	**1446386**	**671450**	**830413**	**2075119**	**1184801**	**2113871**	**1591035**	**1899434**
302393	1220855	482355	750488	1712450	1020803	1628954	1399724	1603485
31049	182622	17756	187759	112453	197855	233346	215065	158629
			78 108	7262		48480	17 503	34002
7199	3131	175	1 026	6996		3374	3093	2623
26901	205020	138325	37689	155962	97374	399431	142100	250878
2755	17380	50595	41210	199711	66624	82112	46118	42448
90575	**299640**	**116207**	**162896**	**447182**	**202537**	**393835**	**349612**	**430882**
80059	245485	90621	146868	366843	172516	305633	297773	354935
6029	40769	3459	29857	23477	23740	30394	52331	31655
			22 102	1086		17791	2 192	7688
3968	438	48	278	1338		1415	681	668
5735	48673	19932	7916	33466	18268	73393	41231	67775
813	5044	5606	7834	45535	11753	13394	9927	7504
385075	**1964526**	**781490**	**545203**	**3923815**	**1218255**	**2408772**	**2644893**	**1980696**
355615	1897965	724333	518828	3345545	1041262	2010447	2502109	1782416
31342	320695	44886	37986	367179	175843	322821	271352	147708
4585	372	30867	26389	31655	10797	13440	5 992	29726
1 100	588	5200	4282	21008	6108	1243	2218	3399
25406	61741	37033	9672	410149	141560	358936	124704	176457
2954	4232	14924	12421	147113	29325	38146	15862	18424
6835		**93452**		**8738**	**101988**			**140**
1 209				8738	75892			
				8 606	75892			
1 209								
5626		93452			26096			140
246587	**553172**	**284542**	**259214**	**918795**	**688761**	**877397**	**201022**	**1320954**
180528	510015	201139	215390	634579	418613	710564	125032	1081635
14413	43441	3608	7788	45719	23708	27002	6264	109237
342		38642	7701	46245	17012	14830	1755	90517
2429		10384	9 156	4062		3000	1 357	10747
55518	36649	62178	18490	172107	235713	117506	67644	181511
8112	6508	10841	16 178	108047	34435	46327	6989	47061
146739	**734249**	**268652**	**211898**	**2045764**	**466860**	**883676**	**962365**	**764774**
127496	693164	238136	196639	1558960	358820	722775	874510	637855
9956	154098	17661	16977	191804	41793	127684	117377	57886
4038	131	10984	15096	22807	3260	7951	1 514	19573
548	952	863	1620	18503	4491	799	542	1902
17714	37210	23471	9649	402657	91849	149123	82460	117118
981	2923	6182	3990	65644	11700	10979	4853	7899

18-5 赣房景气指数

Housing Prosperous Index in Jiangxi

指　　数	Index	2000	2005	2010	2011	2012
赣房景气指数	**Housing Prosperous Index**	**99.07**	**97.78**	**98.82**	**99.49**	**96.25**
开发投资指数	Development and Investment	102.69	103.02	98.31	105.29	96.29
资金来源指数	Source of Funds	99.92	100.66	96.62	97.89	100.00
土地购置面积指数	Land Space Purchased	98.40	95.58	101.29	97.82	90.81
施工面积指数	Floor Space Under Construction	94.28	100.68	94.19	101.45	92.90
待售面积指数	Floor Space for Sale	100.71	95.97	100.35	96.73	98.17
销售价格指数	Selling Price	97.98	93.96	100.32	99.04	98.03

18-6 分季度赣房景气指数

Housing Prosperous Index by Quart in Jiangxi

指　　数	Index	2000	2005	2010	2011	2012
一 季 度	The First Quarter	99.07	95.96	99.08	100.19	98.02
二 季 度	The Second Quarter	101.22	95.12	99.03	101.22	96.31
三 季 度	The Third Quarter	100.81	95.71	98.32	101.13	95.88
四 季 度	The Fourth Quarter	99.07	97.78	98.82	99.49	96.25

18-7 赣房景气指数状况（2012年）

Condition of Housing Prosperous Index in Jiangxi(2012)

指数	Index	一季度 The First Quarter			二季度 The Second Quarter		
		指数值 Index Value	比上年同期增减 Fluctuation over the same period of Preceding Year	景气状况 Prosperity Condition	指数值 Index Value	比上年同期增减 Fluctuation over the same period of Preceding Year	景气状况 Prosperity Condition
赣房景气指数	**Housing Prosperous Index**	**98.02**	**-2.17**	**不景气Depression**	**96.31**	**-4.91**	**不景气Depression**
开发投资指数	Development and Investment	105.24	3.36	景气 Prosperity	98.69	-6.77	不景气Depression
资金来源指数	Source of Funds	98.46	2.39	不景气Depression	97.17	-1.34	不景气Depression
土地购置面积指数	Area of Land Purchased	92.47	-11.17	不景气Depression	88.55	-14.41	不景气Depression
施工面积指数	Floor Space Under Construction	102.99	9.50	景气 Prosperity	100.58	4.43	景气 Prosperity
待售面积指数		94.36	-8.12	景气 Prosperity	95.26	-5.63	景气 Prosperity
销售价格指数	Selling Price	97.21	-4.17	不景气Depression	98.00	-4.27	不景气Depression

18-7 续表 continued

指数	Index	三季度 The Third Quarter			四季度 The Fourth Quarter		
		指数值 Index Value	比上年同期增减 Fluctuation over the same period of Preceding Year	景气状况 Prosperity Condition	指数值 Index Value	比上年同期增减 Fluctuation over the same period of Preceding Year	景气状况 Prosperity Condition
赣房景气指数	**Housing Prosperous Index**	**95.89**	**-5.24**	**不景气Depression**	**96.25**	**-3.24**	**不景气Depression**
开发投资指数	Development and Investment	97.06	-8.25	不景气Depression	96.29	-9.00	不景气Depression
资金来源指数	Source of Funds	98.72	0.73	不景气Depression	100.00	2.11	景气 Prosperity
土地购置面积指数	Area of Land Purchased	88.91	-12.76	不景气Depression	90.81	-7.01	不景气Depression
施工面积指数	Floor Space Under Construction	97.82	-0.41	不景气Depression	92.91	-8.54	不景气Depression
待售面积指数	Area of Land for Sale	95.46	-4.49	景气 Prosperity	98.17	1.44	景气 Prosperity
销售价格指数	Selling Price	97.42	-5.29	不景气Depression	98.03	-1.01	不景气Depression

主要统计指标解释

房地产业 是指从事房地产开发、建设、经营、租赁及维修等活动的经济部门。按照国民经济行业划分的规定，房地产业包括房地产开发与经营、房地产管理和房地产经纪与代理业三部分内容。

房地产开发业 是房地产业的一个重要组成部分，是指进行商品房屋建设和土地开发及经营活动的企业和单位。

房地产开发投资额 是以货币形式表现的房地产开发企业（单位）在一定时期内进行房屋建设及土地开发所完成的工作量及有关费用的总称。

建筑工程 指各种房屋、建筑物的建造工程，又称建筑工作量。这部分投资额必须兴工动料，通过施工活动才能实现。

安装工程 指各种设备、装置的安装工程，又称安装工作量。

设备、工器具购置 指工业企业生产的产品转化为固定资产的购置活动，包括建设单位或企、事业单位购置或自制的，达到固定资产标准的设备、工具、器具的价值。

商品住宅 指房地产开发企业(单位)建设并出售、出租给使用者，仅供居住用的房屋。

别墅、高档公寓 指建筑造价和销售价格明显高于一般商品住宅的商品住宅。别墅一般指地处郊区，独立成栋的商品住宅；高档公寓一般指地处市内高尚社区，高层或多层的商品住宅。别墅、高档公寓的确定标准：一是经有房地产投资计划审批权的主管部门审批建设的别墅、高档公寓开发项目；二是销售价格高于当地同等地段商品住宅平均销售价格一倍以上的别墅、公寓开发项目。该指标可以分析房地产投资结构，反映高收入家庭商品住宅的供求平衡情况。

办公楼 指企业、事业、机关、团体、学校、医院等单位使用的各类办公用房(又称写字楼)。

本年新增固定资产 指在报告期已经完成建造和开发过程并交付使用的房屋和土地开发面积的价值。指房地产开发公司进行开发经营活动的最终成果，即为社会提供的固定资产，而且是在报告期内新增加的。不是反映房地产开发企业本身固定资产的增加。

本年资金来源合计 指房地产开发企业(单位)在本年内收到的可用于房地产开发和经营的各种资金来源数之和，包括上年末结余资金、本年度内拨入、借入或以各种方式筹集的资金。

上年末结余资金 指上年资金来源中没有形成投资额而结余的资金。包括尚未用到工程上去的材料价值、未开始安装的需要安装设备价值及结存的现金和银行存款等。可根据有关财务数字填报。上年末结余资金不能出现负数，即不能把上年应付工程、材料款作为上年末结余资金的负数来处理。

本年资金来源小计 指房地产开发企业(单位)实际拨入的，用于房地产开发的各种货币资金。包括国内贷款、利用外资、自筹资金和其他资金。

国内贷款 指报告期房地产开发企业(单位)向银行及非银行金融机构借入的用于房地产开发与经营的各种国内借款，包括银行利用自有资金及吸收的存款发放的贷款、上级主管部门拨入的国内贷款、国家专项贷款(包括煤代油贷款、劳改煤矿专项贷款等)，地方财政专项资金安排的贷款、国内储备贷款、周转贷款等。

银行贷款 指向各商业银行、政策性银行借入的用于房地产开发与经营的各项贷款。

利用外资 指报告期收到的用于房地产开发与经营的境外资金(包括外国及港澳台地区)，包括外商直接投资、对外借款(外国政府贷款、国际金融组织贷款、出口信贷、外国银行商业贷款、对外发行债券和股票)及外商其他投资(包括补偿贸易和加工装配由外商提供的设备价款、国际租赁)。不包括我国自有外汇资金(包括国家外汇、地方外汇、留成外汇、调剂外汇和中国银行自有资金发行的外汇贷款等)。各类外资按报告期的外汇牌价(中间价)折成人民币“万元”计算。

自筹资金 指各地区、各部门及企事业单位筹集用于房地产开发与经营的预算外资金。

其他资金来源 指在报告期收到的除以上各种资金之外其他用于房地产开发与经营的资金。包括国家预算内资金、债券、社会集资、个人资金、无偿捐赠的资金及用征地迁移补偿费、移民费等进行房地产开发的资金。

房屋施工面积 指报告期内施工的全部房屋建筑面积。包括本期新开工的面积和上年开工跨入本期继续施工的房屋面积，以及上期已停建在本期恢复施工的房屋面积。本期竣工和本期施工后又停建缓建的房屋面积仍包括在施工面积中，多层建筑应填各层建筑面积之和。

房屋竣工面积 指报告期内房屋建筑按照设计要求已全部完工，达到住人和使用条件，经验收鉴定合格或达到竣工验收标准，可正式移交使用的各栋房屋建筑面积的总和。

竣工房屋价值 指在报告期内竣工房屋本身的建造价值。竣工房屋的价值一般按房屋设计和预算规定的内容计算。包括竣工房屋本身的基础、结构、屋面、装修以及水、电、卫等附属工程的建筑价值，也包括作为房屋建筑组成部分而列入房屋建筑工程预算内的设备(如电梯、通风设备等)的购置和安装费用；不包括厂房内的工艺设备、工艺管线的购置和安装，工艺设备基础的建造；办公和生活用家具的购置等费用；购置土地的费用；迁移补偿费和场地平整的费用及城市建设配套投资。竣工房屋价值一般按结算价格计算。

出租房屋面积 指在报告期期末房屋开发单位出租的商品房屋的全部面积。

商品房销售面积 指报告期内出售商品房屋的合同总面积(即双方签署的正式买卖合同中所确定的建筑面积)。由现房销售建筑面积和期房销售建筑面积两部分组成。

商品房销售额 指报告期内出售商品房屋的合同总价款(即双方签署的正式买卖合同中所确定的合同总价)。该指标与商品房销售面积同口径，由现房销售额和期房销售额两部分组成。

待售面积 指报告期末已竣工的可供销售或出租的商品房屋建筑面积中，尚未销售或出租的商品房屋建筑面积，包括以前年度竣工和本期竣工的房屋面积，但不包括报告期已竣工的拆迁还建、统建代建、公共配套建筑、房地产公司自用及周转房等不可销售或出租的房屋面积。

本年购置土地面积 指在本年内通过各种方式获得土地使用权的土地面积。

Explanatory Notes on Main Statistical Indicators

Real Estate Industry refers to those engaged in real estate development,construction,management,leasing and maintenance activities in the sectors of the economy. In accordance with the provisions of the national economy sectors, the real estate industry including real estate development and management, property management and real estate brokers and agents part of the contents of the three.

Real Estate Development Industry is an important component of real estate industry ,refers to enterprises and units engaged in housing construction and land development and management.

Value of Real Estate Development Investment is in the form of money in real estate development enterprises (units) in a certain period for housing construction and land development by the workload and related costs.

Construction refers to the construction of houses and buildings,also called work volume of construction.This part of investment can only be realized under construction.

Installation refers to the installation of various kinds of equipment and instruments,also called work volume of installation.

Purchase of Equipment and Instruments Purchase of equipment and instruments refers to the total value of equipment, tools, and instruments purchased or self-produced which come up to the cut-off point for fixed assets by the construction units or investing enterprises or institutions.

Residential Buildings refers to buildings built and sod, least to users, only used for living .

Villas、High-grade Apartments refers to commercial houses whose construction costs and marketing prices are significantly higher than ordinary housing.Villas are independent structures generally located in the suburbs;high-grade apartments are multi-story buildings located in elegant urban neighborhoods.Criteria for villas and high-grade apartments include:1）projects for the construction of villas or high-grade apartments have to be approved by comprtent departments in charge of real estate development and investment plans,and 2)prices for projects on villas or high-grade apartments are higher by over 100% compared with the average prices of ordinary commercial housing projects in similar location.This indicator helps to analyze the investment structure of the real estate industry and the demand and supply of housing for high-income households.

Office Buildings refers to office space for enterprise, business, institutions, organizations, schools, hospitals and other units .

Newly Increased Fixed Assets This year refer to the newly increased value of fixed assets,constructed or purchased,that have been transferred to the investors.This is an indicator that demonstrates the results of investment in fixed assets in monetary terms,and an important indicator to reflect the speed of construction and to calculate the efficiency of investement.

Total source of funds refers to the various funds received by real estate enterprises in this year for the purpose of construction and purchase of investment in real estate. It includes balance of funds brought forward from the previous year, funds appropriated and brought in this year, and funds collected by various ways.

Surplus Funds Last Year refers to the surplus funds which didn't form the investment in fixed assets in the sources of funds in previous year. It includes material values that will be used in the projects, facilities values that must be and will be installed, and surplus cashes and deposits in bank.

Sources of Funds This Year refers to the monetary funds received by investing enterprises during the reference period for the purpose of investment in fixed assets. It includes funds from domestic loans, foreign investment, self-raised funds, and others.

Domestic Loans refer to loans of various forms borrowed by investing units from banks and non-bank financial institutions during the reference period, including loans issued by banks from their self-owned funds and deposit, loans appropriated by higher responsible authorities, special loans by government (including loan for substituting petroleum with coal, special loan for reform-through-labour coal mines), loans arranged by local government from special funds, domestic reserve loan, and working loan, etc.

Bank Loans refers to loans for real estate development and management brought from commercial banks and policy banks.

Foreign Investment refers to foreign funds received during the reference period for investment in fixed assets (covering equipment, materials and technology), including foreign direct investment, foreign borrowings (loans from foreign governments and international financial institutions, export credit, commercial loans from foreign banks, issuance of bonds and stocks overseas), and other foreign investment (covering facilities' funds provided by foreign investment by compensation trade and processing & assembly, as well as international lease).

Self-raising Funds refer to extra-budgetary funds for investment in fixed assets received by investing units from central government ministries, local governments, enterprises and institutions during the reference period.

Others Sources of Funds refer to funds for investment in fixed assets received from the sources other than those listed above, including funds raised from social and individuals, through donations, and funds transferred from other units.

Floor Space under Construction refers to total floor space of all buildings under construction during the reference period, including floor space of newly started buildings during the reference period, floor space of construction extended from the previous period to the current period, and floor space of construction suspended during the previous period and resumed in the current period. Floor space of construction completed in the current period, and floor space of construction started and then suspended in the current period are also included in the floor space under construction of the current year.

Floor Space Completed refers to the floor space of all buildings completed in the reference period, which have been appraised and accepted (or come up to the designed standards) and have been transferred to owner units.

Value of Buildings Completed refers to the intrinsic construction value of buildings completed in the reference period. It is figured by the rules of buildings design and budget, which not only includes the construction value of foundations, structure, furnishings, subsidiary projects such as water, electricity, toilet, etc. but also includes purchase and installation expenditures of facilities (such as lift, ventilation, etc.) listed into buildings budget as component of building construction. It excludes the purchase and installation of technical facilities, leads and lines in factories, construction of technical facilities' basis, expenditures of environment projects such as water, eructate, electricity, toilet, road projects, wall fended to earth outside, purchase of furniture in office or house, purchase of lands, as well as expenditures of move compensation and land leveling etc.

Floor Space of Buildings for rent refers to the total area for rent in the end of the reference period.

Floor Space of Commercialized Buildings Sold refers to total contracted area of commercialized housing (i.e. area of floor space as designated in the formal contracts signed by both sides) during the reference time. It constitutes floor space of completed housing and floor space of future housing.

Total Sales of Commercialized Buildings Sold refers to the total contracted value (i.e. value of sales/purchase for selling/purchase of commercialized housing as designated in the contract signed by both sides) during the reference time. This indicator has the same coverage as the area of commercialized housing sold, which constitutes floor space of completed housing and floor space of housing yet to be completed.

Floor Space Lying Idle refers he area has not yet sold or rent, including the housing area completed in the current period the previous year, but does not include demolition re-construction,united construction and the building of agents, public supporting the construction, real estate companies, such as swing space for personal use and not for sale or rental of housing area. has been completed in the reporting period.

Land Space Purchased This Year refers to the land area accessible by various means in current year.

19

科技、教育、文化

SCI-TECH,EDUCATION AND CULTURE

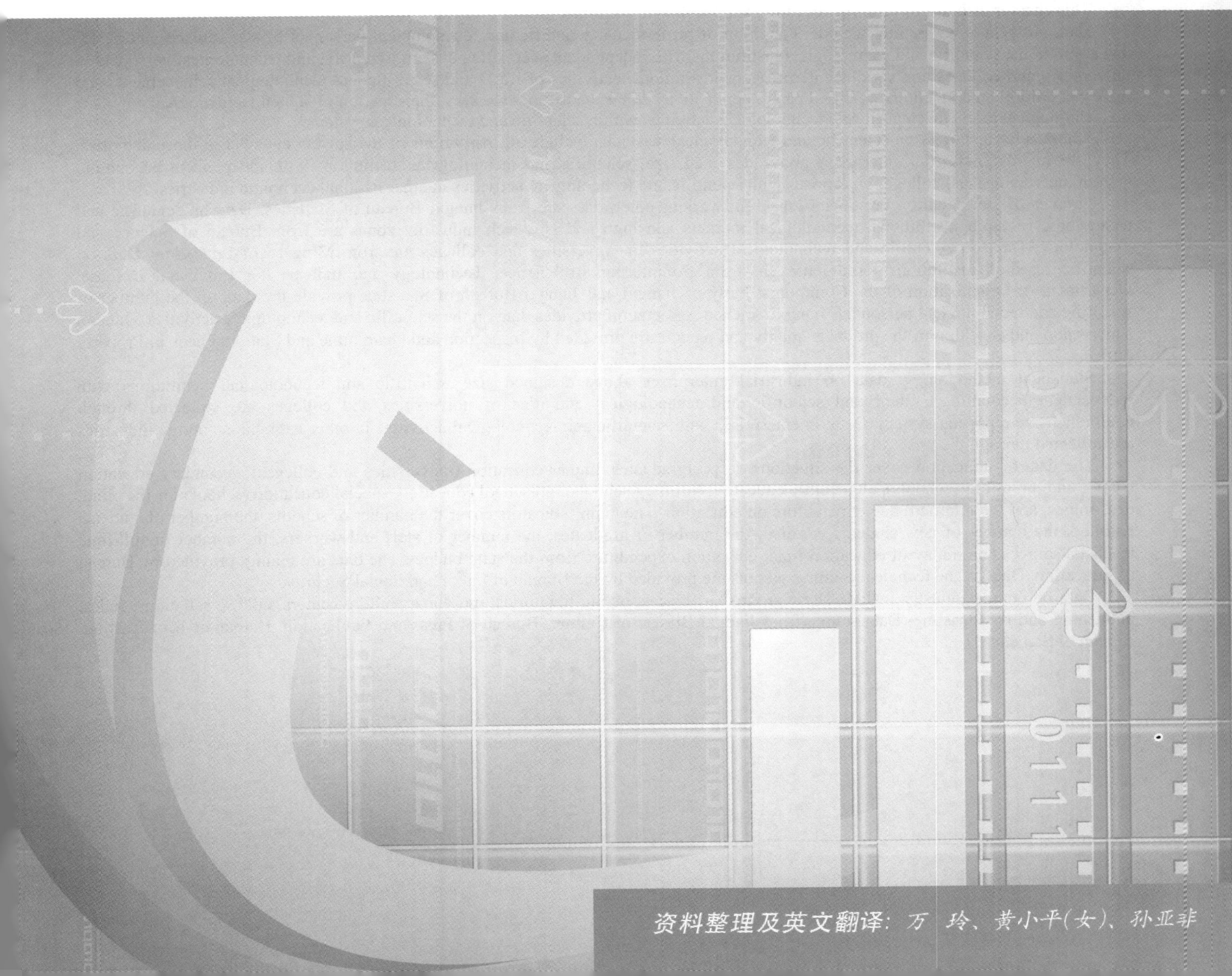

资料整理及英文翻译：万 玲、黄小平(女)、孙亚菲

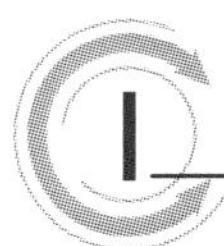

简要说明

本篇资料主要分为科技、教育、文化三部分。

科技统计资料主要内容包括：国有企事业单位专业技术人员情况；独立核算的科研机构、高校及各类企事业单位的科技活动人员、研究与试验发展（R&D）活动、科技成果及奖励等情况；专利申请和授权情况；技术市场技术合同成交情况；科协系统科技活动情况等。

统计范围：科技活动统计资料基本包括了全社会有科技活动的企事业单位，具体包括规模以上工业企业、独立核算的科研机构、普通高等学校以及国民经济其他行业中有研发活动的企业（单位）等。

资料来源：全省综合资料、各类企业资料由省统计局调查提供；独立核算的科研机构资料、技术市场资料由省科技厅调查提供；高校科技活动资料由省教育厅调查提供；国防科研机构资料由省国防科工委调查提供；专业技术人员资料由省人事厅调查提供；科协系统科技活动资料由省科协调查提供；专利由省知识产权局调查提供。

统计调查方法：规模以上工业企业、独立核算的科研机构、高校的科技活动资料采用全数调查取得，国民经济其他行业中有研发活动的企业（单位）数据为第二次R&D资源清查资料。

教育统计资料包括研究生教育、高等教育(普通教育本专科、成人教育本专科)、中等教育(高中阶段教育和初中阶段教育)、初等教育(小学)、学前教育、特殊教育(盲聋哑和弱智儿童学校等)以及教育经费等资料。主要指标包括学校数、在校学生数、招生数、毕业生数、教职工数和专任教师数等。资料来源于省教育厅，技工学校资料来源于省劳动和社会保障厅。

文化统计资料主要包括艺术表演团体、艺术表演场所、公共图书馆、博物馆、文化馆、文化站、文物、文化产业、新闻出版、广播电视等资料，资料来源于省文化厅、省新闻出版局、省广播电视厅、省统计局。

Brief Introduction

This chapter includes three parts: technology, education and culture.

Data on technology mainly include: condition of professional scientific and technological personnel of state-owned enterprises and institutions; scientific and technological institutions with independent accounting system, scientific and technological personnel in universities and colleges and various enterprises or institutions, activities of R&D and scientific and technological achievements and prizes; condition on applied and certified patent applications domestically and overseas; the situation of signed technological contracts on technological market; scientific and technological activities within scientific and technological system.

Statistical scope: data on scientific and technological activities include all institutions of the society engaged in those activities. They are mainly: industrial enterprises above designed size, scientific and technological institutions with independent accounting system, universities and colleges enterprises with scientific and technological activities in other national economic industries.

Sources of data: data on provincial level, and various enterprises are from Jiangxi Bureau of Statistics. Data on scientific and technologic research institutions, technological markets and high and new-tech industrial zones are from Bureau of Science and Technology; Data on scientific and technological activities in universities and colleges are from Ministry of Education; Data on scientific research institutions for defense are from Commission of Science, Technology and Industry for Provincial Defense. Department of Organization of the Communist Party of Jiangxi and Jiangxi Bureau of Statistics provide the data on the number of scientific and technological personnel. Jiangxi Science Association provides data on the scientific and technological activities. Data on supervision and checking of the products quality and patents are provided by Inspection and Quarantine and State Intellectual Property Office.

Statistical methodology: data on industrial enterprises above designed size, scientific and technological institutions with independent accounting system and scientific and technological activities of universities and colleges are collected through comprehensive reporting system. Data on enterprises with scientific and technological activities in other national economic industries are collected through the 2rd R&D survey.

The data on education cover the situations on postgraduates, higher education (universities and colleges), secondary education (senior and junior high schools), elementary education (primary schools), preschool education, special education (schools for the blind, deaf-mutes, and the retarded) and expenditure on education. The main indicators cover the number of schools, the number of students enrolled, the number of new students enrolled, the number of graduates, the number of staff and workers, the number of full-time teachers, sources and outlay of education fund, education expenditure from the state budget. The data are mainly provided by Bureau of Education. Data on the technical training schools are provided by the Bureau of Labor and Social Security.

Data on culture industry include show groups, art places, public libratories, museums, culture centers, culture satiations, relics, publishing and broadcasting. Data source from Jiangxi Bureau of Culture, Bureau of Press and Publication, Bureau of Broadcasting, Bureau of Statistics.

19-1 科技活动人员情况（2012年）

Scientific Research Personnel (2012)

项目	Item	总计 Total	企业 Enterprises	#规模以上工业企业 Enterprises above Designated Size	科研机构 Science Institutions	高等院校 High Educations	其他 Others
科技活动人员(人)	Scientific Research Personnel(person)	112168	61640	57933	8769	31598	10161
#大学本科及以上学历	University Graduate and Above	55353	19457	18252	5688	27985	2223

19-2 研究与试验发展(R&D)情况（2012年）

Basic Statistics on Research and Experimental Development (2012)

项目	Item	总计 Total	企业 Enterprises	#规模以上工业企业 Enterprises above Designated Size	科研机构 Science Institutions	高等院校 High Educations	其他 Others
研究与试验发展(R&D)机构和人员	**Institutions and Personnel on R&D**						
单位数(个)	Number of Institutions (unit)	7922	7506	7217	117	117	249
#有R&D活动单位	R&D Institutions	684	478	433	71	50	86
R&D人员(人)	R&D Personnel (person)	58245	35132	33966	5661	10779	6673
#研究人员	Research Personnel (person)	29485	14027	13418	3832	8423	3203
全时人员	Full-time	35587	22483	21759	4839	4621	3644
非全时人员	Non Full-time	22658	12649	12207	822	6158	3029
R&D人员折合全时当量(人年)	Full-time Equivalent of R&D Personnels (person-year)	38152.0	24656	23877	5190	4978	3328
研究与试验发展(R&D)经费支出(万元)	**Expenditure on R&D(10000 yuan)**						
R&D经费内部支出	R&D Interal Expenditure	1136552	939633	925985	90599	85676	20644
日常性支出	Routine	955967	821603	809544	70272	50539	13553
#人员劳务费	Labour	238035	185458	182186	28258	12998	11321
资产性支出	Asset	180585	118029	116440	20327	35137	7092
#仪器和设备	Instruments and Facilities	155890	114008	113212	7416	27641	6825
政府资金	Government Funded	195564	48358	47399	80382	49551	17272
企业资金	Enterprises Funded	903407	872907	860382	166	28087	2246
境外资金	Overseas Fund	2933	2553	2553	32	305	44
其他资金	Other funds	34648	15814	15651	10019	7733	1082
R&D经费外部支出	R&D External Expenditure	116957	88827	88621	22018	6061	51
研究与试验发展(R&D)产出	**Output on R&D**						
专利申请数(件)	Numbers of Patent Applications (unit)	5239	3062	3015	146	2013	18
#发明专利	Inventions	2118	1154	1135	91	860	13
专利授权数(件)	Numbers of Patent Applications Granted(unit)	1072			86	984	2
#发明专利	Inventions	311			38	273	
有效发明专利数(件)	Number of Valid Patent Applications (unit)	2292	1417	1398	187	684	4
发表科技论文(篇)	Number of S&T Paper Published (piece)	30509	1795	1537	1618	23714	3382
出版科技著作(种)	Number of S&T Works published (copy)	649	1		48	549	51

19-3 研究与试验发展(R&D)项目(课题)情况(2012年)
R&D Projects (2012)

指　标	Item	项目(课题)数（项）Number of Projects (item)	项目(课题)参加人员折合全时当量(人年) Full-time Equivalent of Project Personnel (person-year)	项目(课题)经费内部支出(万元) Expenditure (10000 yuan)
总　计	**Total**	**19157**	**33251.4**	**964727.5**
按执行部门分	**Grouped by Operating Department**			
企　业	Enterprise	3133	21683.2	816485.2
#规模以上工业企业	Enterprises above Designated Size	2930	21115	805227.4
科研机构	Science Institution	699	4683.5	62463.3
高等院校	High Education	14690	4927.3	74393.5
其　他	Others	635	1957	11385.5

19-4 研究机构情况(2012年)
Scientific Research Institutions (2012)

指　标	Item	机构数(个) Number of Institutions (unit)	R&D人员(人) R&D Personnel (person)	#博士毕业 Doctors Graduates	硕士毕业 Master Graduates	R&D经费支出(万元) Expenditure on R&D Graduates (10000 yuan)	科研用仪器设备原价(万元) Prime Cost of Research Instruments (10000 yuan)
总　计	**Total**	**783**	**22287**	**904**	**2782**	**420098.8**	**428530**
按执行部门分	**Grouped by Operating Department**						
企　业	Enterprise	449	14494	197	1271	308936.5	247401.5
#规模以上工业企业	Enterprises above Designated Size	372	13952	189	1239	306063.4	244003.5
科研机构	Science Institution	117	5661	159	988	90598.9	91863.8
高等院校	High Education	173	1391	531	409	17470.8	78839.8
其　他	Others	44	741	17	114	3092.6	10424.9

19-5 规模以上工业企业科技活动情况
S&T Activities of industrial Enterprises above Designated Size

指　　标	Item	2011年	2012年
科技活动人员情况(人)	**Personnel in S&T Activities(person)**		
科技活动人员合计	Number of S&T Personnel	58979	57933
参加科技项目人员	Project	41548	45166
科技管理和服务人员	Management and Services	17431	12767
#女性	Female	11727	11283
#高中级技术职称人员	Senior and Medium	16734	18056
#全时人员	Full-time	36501	36198
科技活动费用情况(万元)	**S&T Expenditure(10000 yuan)**		
企业内部用于科技活动的经费支出	Internal Expenditure on S&T Activities	982669	1126887
人员人工费	On Labour	218419	251448
原材料费	On Raw Material Cost	426289	550976
折旧费用与长期费用摊销	On Depreciation and Long-term Deferred Expenses	78262	65067
无形资产摊销	On Amortization of Intangible Assets	42748	25326
其他费用	On Others	216952	234069
委托外单位开展科技活动的经费支出	Expenditure on Entrust S&T Activities	105911	104112
#对境内研究机构支出	On Domestic Research Institution	46615	53481
对境内高等学校支出	On Domestic Institution of Higher Learning	16043	27412
对境外支出	On Overseas	36467	7389
当年形成的用于科技活动的固定资产	Present Year Fixed Assets on S&T Activites	210138	192875
#仪器和设备	Instruments and Facilities	138097	150752
使用来自政府部门的研究开发资金	R&D Fund from Government Departments	58668	56333
科技项目情况	**S&T Projects**		
全部科技项目数(项)	Number of S&T Projects(unit)	4002	4753
全部科技项目经费内部支出(万元)	Internal Expenditure on S&T Projects(10000 yuan)	888110	1083819
企业办科技机构情况	**S&T institutions by Enterprises**		
机构数(个)	Number of Institutions(unit)	447	510
机构人员合计(人)	Number of Personnel(person)	21698	25572
#博士毕业	Doctor Graduates	386	436
硕士毕业	Master Graduates	1968	2248
本科毕业	Under-graduates	13842	15568
机构经费支出(万元)	Institutional Expenditure(10000 yuan)	413710	512429
仪器和设备原价(万元)	Prime Cost of Instruments and Facilities(10000 yuan)	241966	244006
#进口	Exports	312301	29654
科技活动产出及相关情况	**Output of S&T Activities**		
自主知识产权情况	Intellectual Property Rights		
专利申请数(件)	Number of Patent Applications Examined(unit)	2363	3015
#发明专利	Inventions	874	1135
有效发明专利数(件)	Numbers of Patent Applications Granted (unit)	975	1398
#境外授权	Overseas	32	49
专利所有权转让及许可数(件)	Number of Patent Ownership Transfer and Application Grant (unit)	81	97
专利所有权转让与许可收入(万元)	Input on Patent Ownership Transfer and Application Grant (10000 yuan)	60	223
新产品生产及销售情况	Production and Marketing of New Product		
新产品产值(万元)	Output of New Product(10000 yuan)	9526524	13206309
新产品销售收入(万元)	Sales Revenue of New Product(10000 yuan)	9418710	12871344
#出口	Exports	1301037	1748554
其他情况	Others		
发表科技论文(篇)	S&T Paper Published(unit)	1816	1537
拥有注册商标(件)	Registered Trademark (unit)	3437	3927
#境外注册	Overseas Registered	512	541
形成国家或行业标准(项)	Industrial or National Standard(unit)	210	196
其他相关情况(万元)	**Other relvances(10000 yuan)**		
政府相关政策落实情况	Government Policy Implement		
研究开发费用加计扣除减免税	Total R&D Expenditure minus Tariff Reductions	21117	53080
高新技术企业减免税	Tariff Reductions on High-tech Enterprises	45759	105000
技术获取和技术改造情况	Technica Acquisition and Renovation		
引进国外技术经费支出	Expenditure on Acquisition of Foreign Technology	25418	22132
引进技术的消化吸收经费支出	Expenditure on Assimilation of Technology	6127	49108
购买国内技术经费支出	Expenditure on Purchase of Domestic Technology	31990	16691
技术改造经费支出	Expenditure on Technical Renovation	657884	537753

19-6　地方企事业单位专业技术人员(一)

Professional Technical Personnel in Local Institutions and Enterprises (I)

单位：人　　(person)

类　别	Type	2000	2005	2010	2011	2012
总　计	**Total**	**693530**	**693932**	**695946**	**708018**	**709274**
工程技术人员	Engineering	91360	74607	67728	67570	73130
农业技术人员	Agriculture	19470	19733	20391	20068	20010
卫生技术人员	Health Care	99631	110834	119861	127586	126083
科学研究人员	Scientific Research	2333	3840	2840	3235	3783
教学人员	Teaching	360818	399404	414664	422996	421237
其他人员	Others	119918	85514	70462	66563	65031

19-7　地方企事业单位专业技术人员(二)

Professional Technical Personnel in Local Institutions and Enterprises (II)

类　别	Type	人　数 (人) Personnel (person)		比　重 (%) Percentage (%)		平均每万人口专业技术人员（人） Professional Technical Staff per 10000 Population (person)		平均每万在岗职工专业技术人员(人) Professional Technical Staff per 10000 Staff and Workers (person)	
		2011	2012	2011	2012	2011	2012	2011	2012
总　计	**Total**	**708018**	**709274**	**100.0**	**100.0**	**158**	**157**	**2236**	**1965**
工程技术人员	Engineering	67570	73130	9.5	10.3	15	16	218	204
农业技术人员	Agriculture	20068	20010	2.8	2.8	5	4	66	55
卫生技术人员	Health Care	127586	126083	18.0	17.8	27	28	385	349
科学研究人员	Scientific Research	3235	3783	0.5	0.5	1	1	9	10
教学人员	Teaching	422996	421237	59.7	59.4	92	94	1332	1167
其他人员	Others	66563	65031	9.5	9.2	18	14	226	180

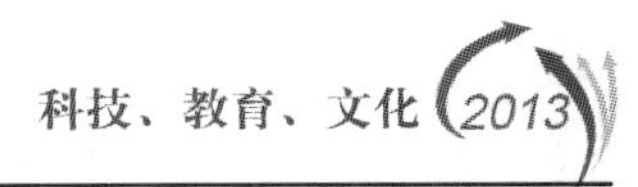

19-8 地方企事业单位分行业专业技术人员（2012年）

Professional Technical Personnel in Local Institutions and Enterprises by Sector (2012)

单位：人 (person)

行业	Sector	合计 Total	事业单位 Institutions	企业单位 Enterprises
总计	**Total**	**714453**	**642733**	**71720**
农、林、牧、渔业	Agriculture,Forestry,Animal Husbandry and Fishery	29835	23678	6157
采掘业	Mining	17958		17958
制造业	Manufacturing	16607		16607
电力、燃气及水的生产和供应业	Production and Supply of Electric Power,Gas and Water	2470	75	2395
建筑业	Construction	6401		6401
交通运输、仓储和邮政业	Transport,Storage and Post	12125	7039	5086
信息传输、计算机服务和软件业	Information Transmission,Computer Services and Software	637	637	
批发和零售业	Wholesale and Retail Trade	2401	370	2031
住宿餐饮业	Hotel and Catering	335	163	172
金融业	Financial Intermediation	8078		8078
房地产业	Real Estate	2462	2001	461
租赁和商务服务业	Leasing and Business Services	1377	133	1244
科学研究、技术服务和地质勘查业	Scientific Research,Technical Service and Geologic Prospecting	21299	20236	1063
水利、环境和公共设施管理业	Management of Water Conservancy,Environment and Public Facilities	8846	8404	442
居民服务和其他服务业	Services to Households and Other Services	2377	899	1478
教育	Education	425468	425468	
卫生、社会保障和社会福利业	Health, Social Security and Social Welfare	122717	122544	173
文化、体育和娱乐业	Culture, Sports and Entertainment	13635	11661	1974
公共管理和社会组织	Public Management and Social Organization	19425	19425	

注：本表中事业单位专业技术人员包含聘用人员。
a)Personnel contract are included in institution personnel in this table.

19-9 地方企业单位按专业技术职务分专业技术人员（2012年）

Technical Personnel in Local Stated-owned Enterprises by Rank (2012)

单位：人 (person)

类别	Type	合计 Total	工程技术人员 Engineering	农业技术人员 Agriculture	科学研究人员 Scientific Research	卫生技术人员 Health Care	教学人员 Teaching	其他人员 Others
总计	**Total**	**71720**	**32154**	**2585**	**267**	**4221**	**759**	**31734**
高级职务	Senior	5404	3214	42	121	385	152	1490
#正高级	High Senior	306		7	116	56	80	47
中级职务	Middle	20068	8212	728	16	1743	253	9116
初级职务	Junior	37323	15564	1395	60	1893	323	18088
未聘任专业技术职务	Un-titled	8925	5164	420	70	200	31	3040

19-10 地方事业单位按学历分专业技术人员（2012年）
Technical Personnel in Local Institutions by Schooling and Profession (2012)

单位：人 (person)

类别	Type	合计 Total	工程技术人员 Engineering	农业技术人员 Agriculture	科学研究人员 Scientific Research	卫生技术人员 Health Care	教学人员 Teaching	其他人员 Others
总计	**Total**	**637554**	**40876**	**17425**	**3616**	**121862**	**420478**	**33297**
研究生	Postgraduate	20330	1472	204	933	3521	13763	437
大学本科	Undergraduate	246812	17577	3757	1640	37765	174536	11537
大学专科	Junior College	236363	14362	6816	749	41936	158796	13704
中专	Junior Secondary School	115282	5839	4989	168	33471	66149	4666
高中及以下	Senior Secondary School and below	18767	1626	1659	126	5169	7234	2953

19-11 地方事业单位按年龄分专业技术人员（2012年）
Technical Personnel in Local Institutions by Age and Profession (2012)

单位：人 (person)

年龄（岁）	Age (year old)	合计 Total	工程技术人员 Engineering	农业技术人员 Agriculture	科学研究人员 Scientific Research	卫生技术人员 Health Care	教学人员 Teaching	其他人员 Others
总计	**Total**	**637554**	**40876**	**17425**	**3616**	**121862**	**420478**	**33297**
35岁及以下	35 and below	249126	17280	5076	1517	48157	165855	11241
36-40	36-40	113019	8254	3664	597	23470	70372	6662
41-45	41-45	102501	6338	3994	524	20061	65539	6045
46-50	46-50	86522	5579	2542	573	17634	55089	5105
51-54	51-54	48977	1947	1279	184	7501	35486	2580
55岁及以上	55 and over	37409	1478	870	221	5039	28137	1664

19-12 地方企业单位按学历分专业技术人员（2012年）
Technical Personnel in Local Enterprises by Schooling and Profession (2012)

单位：人 (person)

类别	Type	合计 Total	工程技术人员 Engineering	农业技术人员 Agriculture	科学研究人员 Scientific Research	卫生技术人员 Health Care	教学人员 Teaching	其他人员 Others
总计	**Total**	**71720**	**32254**	**2585**	**167**	**4221**	**759**	**31734**
研究生	Postgraduate	1709	1015	2	26	33	13	620
大学本科	Undergraduate	24379	12476	333	111	1203	302	9954
大学专科	Junior College	27360	12415	952	12	1431	281	12269
中专	Junior Secondary School	11013	4343	968	17	1382	130	4173
高中及以下	Senior Secondary School and below	7259	2005	330	1	172	33	4718

19-13 地方企业单位按年龄分专业技术人员（2012年）
Technical Personnel in Local Enterprises by Age and Profession (2012)

单位：人 (person)

年龄（岁）	Age (year old)	合计 Total	工程技术人员 Engineering	农业技术人员 Agriculture	科学研究人员 Scientific Research	卫生技术人员 Health Care	教学人员 Teaching	其他人员 Others
总计	**Total**	**71720**	**32254**	**2585**	**167**	**4221**	**759**	**31734**
35岁及以下	35 and below	21957	12751	352	29	1982	141	6702
36-40	36-40	14039	6067	433	7	567	113	6852
41-45	41-45	13594	5487	648	21	615	150	6673
46-50	46-50	12936	4799	592	57	736	216	6536
51-54	51-54	5669	1905	438	34	178	86	3028
55岁及以上	55 and over	3525	1245	122	19	143	53	1943

19-14 政府部门属科技机构情况（2012年）

Government Administratied Science Institutions (2012)

类别	Type	机构数（个）Number of Institutions (unit)	从业人员总数（人）Total Number of Employees (person)	#单位在职科技活动人员 Personnel Engaged in S&T Activities	经费收入总额（千元）Total Income (1000yuan)	经费支出总额（千元）Total Expenditures (1000yuan)	#科技经费支出 On Science and Technology
总计	**Total**	**114**	**9260**	**5792**	**1336882**	**1200417**	**811163**
按隶属关系分	**Grouped by Jurisdiction of Management**						
中央部门属	Central Department Administratied	1	316	104	63954	66740	21275
省级部门属	Provincial Department Administratied	57	6059	4078	1030203	891913	627950
地市级部门属	Municipal Departments Administratied	56	2885	1610	242725	241764	161938
按国民经济行业分	**Group by Sector**						
农、林、牧、渔业	Agriculture,Forestry,Animal Husbandry and Fishery	45	4727	2287	504474	452473	313666
采矿业	Mining	1	50	39	5508	4471	2814
制造业	Manufacturing	18	881	676	110980	110146	60370
建筑业	Construction	2	128	87	37087	36849	5816
交通运输、仓储和邮政业	Transport,Storage and Post	1	216	135	85062	62341	9771
信息传输、计算机服务和软件业	Information Transmission, Computer Services and Software	1	85	74	12978	9398	7117
科学研究、技术服务和地质勘查业	Scientific Research,Technical Service and Geologic Prospecting	37	2477	1961	407321	377536	294860
水利、环境和公共设施管理业	Management of Water Conservancy, Environment and Public Facilities	5	392	277	117120	97820	84645
卫生、社会保障和社会福利业	Health, Social Security and Social Welfare	4	304	256	56352	49383	32104
按学科领域分	**Grouped by Field of Study**						
自然科学领域	Natural Science	5	280	244	52011	45517	33611
农业科学领域	Agriculture Science	46	4965	2363	565393	506298	367904
医学科学领域	Medical Science	8	552	475	80805	72678	48747
工程科学与技术领域	Engineering Science and Technology	40	2955	2253	570035	499581	294807
社会、人文科学领域	Social and Human Science	15	508	457	68638	76343	66094
按地区分	**Grouped by Region**						
南昌市	Nanchang	57	5672	4008	1014116	875311	617265
景德镇市	Jingdezhen	6	293	216	20760	27401	19269
萍乡市	Pingxiang	7	191	157	20142	18292	14657
九江市	Jiujiang	10	1093	349	65613	60188	38076
新余市	Xinyu	3	361	133	82101	84887	36587
鹰潭市	Yingtan	2	25	19	3044	2950	2499
赣州市	Ganzhou	10	743	361	61091	63309	34588
吉安市	Ji'an	5	291	185	16117	14113	12713
宜春市	Yichun	4	178	131	23009	23126	16392
抚州市	Fuzhou	6	180	106	13905	13563	10189
上饶市	Shangrao	4	233	127	16984	17277	8928

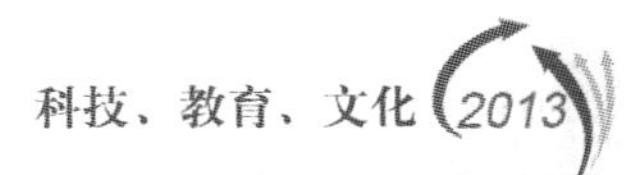

19-15 县以上政府部门属自然科学研究与开发机构情况（2012年）
County and above Departments Administratied Natural Science Research and Development Institutions (2012)

类别	Type	机构数（个）Number of Institutions (unit)	从业人员 总数（人）Total Number of Employees (person)	#单位在职科技活动人员 Personnel Engaged in S&T Activities	经费收入 总额（千元）Total Income (1000yuan)	经费支出 总额（千元）Total Expenditures (1000yuan)	#科技经费支出 On Science and Technology
总计	**Total**	**100**	**8746**	**5326**	**1265880**	**1122628**	**743568**
按隶属关系分	**Grouped by Jurisdiction of Management**						
中央部门属	Central Department Administratied	1	316	104	63954	66740	21275
省级部门属	Provincial Department Administratied	54	5761	3800	983013	836906	579188
地市级部门属	Municipal Departments Administratied	45	2669	1422	218913	218982	143105
按国民经济行业分	**Group by Sector**						
农、林、牧、渔业	Agriculture,Forestry,Animal Husbandry and Fishery	45	4727	2287	504474	452473	313666
采矿业	Mining	1	50	39	5508	4471	2814
制造业	Manufacturing	18	881	676	110980	110146	60370
建筑业	Construction	2	128	87	37087	36849	5816
交通运输、仓储和邮政业	Transport,Storage and Post	1	216	135	85062	62341	9771
信息传输、计算机服务和软件业	Information Transmission, Computer Services and Software	1	85	74	12978	9398	7117
科学研究、技术服务和地质勘查业	Scientific Research,Technical Service and Geologic Prospecting	23	1963	1495	336319	299747	227265
水利、环境和公共设施管理业	Management of Water Conservancy, Environment and Public Facilities	5	392	277	117120	97820	84645
卫生、社会保障和社会福利业	Health, Social Security and Social Welfare	4	304	256	56352	49383	32104
按学科领域分	**Grouped by Field of Study**						
自然科学领域	Natural Science	4	243	207	45532	40702	28796
农业科学领域	Agriculture Science	46	4965	2363	565393	506298	367904
医学科学领域	Medical Science	8	552	475	80805	72678	48747
工程科学与技术领域	Engineering Science and Technology	40	2955	2253	570035	499581	294807
社会、人文科学领域	Social and Human Science	2	31	28	4115	3369	3314
按地区分	**Grouped by Region**						
南昌市	Nanchang	53	5337	3693	960447	815489	563688
景德镇市	Jingdezhen	5	268	194	19501	26142	18010
萍乡市	Pingxiang	6	176	142	19058	17162	13527
九江市	Jiujiang	9	1070	332	63713	58388	36776
新余市	Xinyu	2	342	119	80505	83291	35522
鹰潭市	Yingtan	1	13	10	1694	895	754
赣州市	Ganzhou	9	719	337	58826	61044	32323
吉安市	Ji'an	4	280	175	15172	12771	11688
宜春市	Yichun	3	155	114	19066	19331	13944
抚州市	Fuzhou	5	167	97	12122	12248	9220
上饶市	Shangrao	3	219	113	15776	15867	8116

19-16　高等学校科技人力资源情况（2012年）

Basic Statistics on Higher Education for Human Resource (2012)

单位：人　　(person)

类　别	Type	合计 Total	自然科学 Natural Science	工程与技术 Engineering and Technology	医药科学 Medical Science	农业科学 Agricultural Science	其他 Others
合　计	**Total**	**19485**	**3334**	**6514**	**7850**	**451**	**1336**
教　师	**Teacher**	**13170**	**2917**	**5296**	**3969**	**372**	**616**
教　授	Professor	1901	447	725	605	71	53
副教授	Associate Professor	3431	835	1419	887	130	160
讲　师	Lecturer	5132	1216	2268	1260	134	254
助　教	Assistant	2634	397	847	1206	37	147
其　他	Others	72	22	37	11		2
其他技术职务系列人员	**Others Technical Position Personnel**	**6315**	**417**	**1218**	**3881**	**79**	**720**
高　级	Senior	1059	116	263	540	45	95
中　级	Medium	2292	188	535	1293	24	252
初　级	Junior	2432	86	311	1828	8	199
其　他	Others	172	5	45	77	1	44
辅助人员	Assistant	360	22	64	143	1	130

注：本表数据为高校理工院校。
a) The data refers to polytechnic colleges.

19-17　高等学校科技项目情况（2012年）

Statistics on Scientific Projects in Schools of Higher Education (2012)

类　别	Type	课题数(项) Number of Project (item)	当年投入(万元) Input this Year (10000 yuan)	当年支出经费(万元) Expenditures this Year (10000 yuan)	当年投入人员(人年) Staff Input this Year (person-year)	高级职务 Senior Title	中级职务 Middle Title	初级职务 Junior Title	其他 Others
总　计	**Total**	**8235**	**121278**	**90026**	**4415**	**1528**	**1783**	**1074**	**30**
基础研究	Basic Research	2313	33455	21103	1268	477	480	301	10
应用研究	Applied Research	3286	45854	32942	2143	666	834	631	12
试验发展	Experimental Development	1063	16760	14123	397	153	162	77	5
R&D成果应用	R&D Production Application	296	4482	3688	124	61	48	13	2
其他科技服务	Other Scientific Services	1277	20727	18170	483	171	259	52	1

注：本表数据为高校理工院校。
a) The data refers to polytechnic colleges.

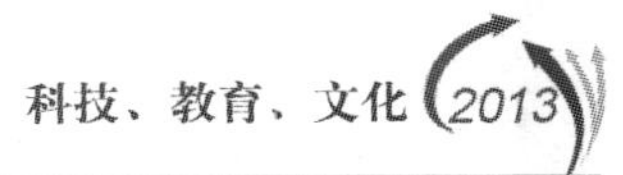

19-18 科协系统科技活动情况（2012年）

Basic Statistics on S&T Activities of S&T Associations (2012)

指 标	Item	科 协 合 计 Total Number of Associations	省科协 Provincial Associations	市科协 Prefectural Associations	县科协 County Associations	省学会合计 Total Number of Learned Societies
机构与人员	**Number of Associations or Academic Societies and Personnel**					
机构数(个)	Number of Associations (unit)	111	1	11	99	114
人员数(人)	Number of Personnel (person)	680	35	138	507	492
举办学术交流活动	**Academic Exchange**					
次 数(次)	Number of Academic Meetings (time)	112	61	37	14	402
参加人数(人次)	Number of Participants (person-time)	13915	7600	4580	1735	44517
科普活动	**S&T Popularization Activities**					
科普宣讲活动(次)	Number of S&T Popularization Lectures (time)	2429	61	528	1840	1880
受众人次(万人次)	Number of Participants (10000 person-time)	112.3	11.7	38.2	622.4	50.6
出 版	**S&T Media**					
科技期刊种数(种)	Number of S&T Journals (kind)	10	2	2	6	38
科技期刊年发行总数(万册)	Printed Copies (10000 copies)	7.6	3.0	2.0	2.6	73.6
科技报纸种数(种)	Number of S&T Newspapers (kind)	1			1	2
科技报纸年发行总数(万份)	Printed Copies (10000 copies)	0.2			0.2	0.1
科技图书种数(种)	Number of S&T Books (kind)	14		6	8	23
科技图书年发行总数(万册)	Printed Copies (10000 copies)	3.6		2.7	0.9	5.8
科技光盘种数(种)	Number of S&T CDs (kind)	8	2		6	313
科技光盘张数(万张)	Copies (10000 copies)	0.2	0.1		0.1	1.2
科技挂图种数(种)	Number of S&T Hanging Charts (kind)	70	12	7	51	197
科技挂图总印数(万张)	Printed Copies (10000 copies)	4.3	1.5	0.3	2.5	9.1

19-19 技术市场基本情况（2012年）

Basic Statistics on Technology Market (2012)

类 别	Type	项 数（项） Item (item)	成 交 额（万元） Total Turnover (10000 yuan)
总 计	**Total**	**2184**	**397796.15**
按签订的技术合同类别分	**Grouped by Signed Technological Contracts**		
技术开发合同	Technological Development Contract	1122	302484.76
技术转让合同	Technological Transfer Contract	204	55860.50
技术咨询合同	Technological Consultation Contract	371	11182.46
技术服务合同	Technological Service Contract	487	28268.43

19-20 专利申请受理量和授权量

Patents Application Accepted and Granted

单位：项 (unit)

类别	Type	受理量 Number of Patent Applications Examined					授权量 Number of Patent Applications Granted				
		2000	2005	2010	2011	2012	2000	2005	2010	2011	2012
总计	**Total**	**1557**	**2815**	**6307**	**9674**	**12458**	**1072**	**1361**	**4351**	**5550**	**7985**
按总类分	**Grouped by Types**										
发明	Inventions	267	713	1968	2796	3023	67	142	411	679	892
实用新型	Utility Models	806	1280	2947	4699	6132	690	717	2588	3088	4734
外观设计	Designs	484	822	1392	2179	3303	315	502	1352	1783	2359
按申请者分	**Grouped by Applicants**										
个人	Individuals	1303	2180	2960	4108	5392	854	1089	2313	2559	3677
大专院校	Universities and Colleges	6	62	855	1271	1484	6	12	428	607	908
科研单位	Research Institutions	18	19	90	184	242	11	11	58	106	129
工矿企业	Industrial and Mining Enterprises	222	546	2375	4066	5317	193	247	1539	2264	3242
机关团体	Government Agencies and Organizations	8	8	27	45	23	8	2	13	14	29

19-21 获国家级、省级科技奖项数

National-level and Provincial-level S&T Awards

单位：项 (item)

类别	Type	2005	2010	2011	2012
国家级科学技术奖	National-level S&T Advancement Award	4	8	6	4
省级奖项合计	Total Provincial-level Awards	79	102	104	101
特别贡献奖	Special Contribution Award			1	
国际合作奖	Znternational Cooperation Award			1	
自然科学奖	Natural Science Award	8	11	17	13
一等奖	First Prize	1	2	2	1
二等奖	Second Prize	3	3	4	6
三等奖	Third Prize	4	6	11	6
技术发明奖	Technology Invention Award	2	5	7	8
一等奖	First Prize	1	1	1	
二等奖	Second Prize		1	2	2
三等奖	Third Prize	1	3	4	6
科技进步奖	S&T Advancement Award	69	86	78	80
一等奖	First Prize	4	5	4	3
二等奖	Second Prize	17	19	21	17
三等奖	Third Prize	48	62	53	60

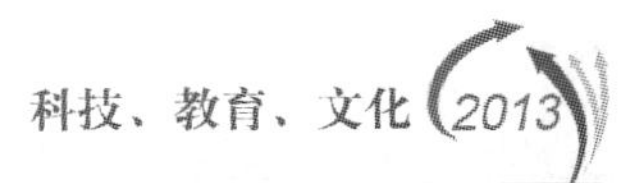

19-22 各类全日制学校基本情况（2012年）

Total Enrollment of Full-time Schools by Type of School (2012)

单位：人 (person)

类别	Type	学校数（所）Number of Schools (unit)	在校学生数 Total Enrollment	招生数 New Enrollment	毕业生数 Graduates	教职工数 Teachers and Staff	#专任教师 Full-time Teachers
研究生	Post-graduates		25209	8950	7086		5788
普通高等学校	Regular Institutions of Higher Education	88	851119	250392	232048	71620	50205
普通中专学校	Regular Specialized Secondary School	68	249127	94571	74921	8032	5491
中等技术学校	Technical Schools	63	230380	87804	69981	7193	4821
中等师范学校	Teacher Training Schools	5	18747	6767	4940	839	670
普通中学	Regular Secondary Schools	2541	2781791	964125	884761	203003	170957
高(完)中	Senior Secondary Schools	435	836602	308315	233135	80178	48232
初中	Junior Secondary Schools	1567	1945189	655810	651626	122825	122725
职业中学	Secondary Vocational Schools	287	283168	103365	109438	13886	10342
高(完)中	Senior Secondary Vocational Schools	286	282871	103250	109300	13840	10296
初中	Junior Secondary Vocational Schools	1	297	115	138	46	46
技工学校	Technical Schools	105	150271	56419	48893	11987	11467
小学	Primary Schools	11173	4341438	800412	670134	195472	205470
特殊教育学校	Special Education Schools	80	21510	4094	1751	1074	961
幼儿园	Kindergartens	10560	1521149	902810	631009	94067	57338
工读学校	Schools for Juvenile Delinquents	1				4	

注：1.普通中学学校数中含九年一贯制学校539所。
2.普通高等学校专任教师数中含研究生专任教师数5788人。
3.普通高等学校学生数中含在成人高校接受普通高等教育的学生数。后同。
4.普通中等专业学校在校学生数含在普通高校接受普通中专教育的学生数。后同。

a) 539 nine-year consistent system schools are included in regular secondary schools.
b) 5788 post-graduate full-time teachers are included in full-time teachers of regular institutions of higher education.
c) Students getting regular higher education in adult higher educaton are included in students of regular institutions of higher education.The same applies to the table following.
d) Students getting regular specialized secondary education in regular institutions of higher education are included in students of regular specialized secondary schools.

19-23 各类全日制学校在校学生数

Total Enrollment of Full-time Schools by Type of School

类别	Type	1980	1990	2000	2010	2011	2012
研究生(人)	Post-graduates (person)	58	479	2118	21313	23824	25209
普通高等学校(人)	Regular Institutions of Higher Education (person)	35623	56608	144293	816484	819356	851119
普通中专学校(人)	Regular Specialized Secondary School (person)	40800	61675	160022	238744	240788	249127
中等技术学校	Technical Schools	25163	34921	128726	224231	223685	230380
中等师范学校	Teacher Training Schools	15637	26754	31296	14513	17103	18747
普通中学(万人)	Regular Secondary Schools (10000 persons)	154.86	181.06	259.22	273.96	279.26	278.18
高(完)中	Senior Secondary Schools	28.01	26.23	38.53	73.96	78.35	83.66
初中	Junior Secondary Schools	126.85	154.83	220.69	199.99	200.91	194.52
职业中学(万人)	Secondary Vocational Schools (10000 persons)	0.51	11.69	12.71	36.69	32.88	28.32
高(完)中	Senior Secondary Vocational Schools	0.15	9.17	10.72	36.64	32.83	28.29
初中	Junior Secondary Vocational Schools	0.36	2.52	1.99	0.05	0.05	0.03
技工学校(人)	Technical Schools (person)	13370	34237	34617	169564	142489	150271
小学(万人)	Primary Schools (10000 persons)	529.3	450.44	422.68	426.02	434.05	434.14
特殊教育学校(人)	Special Education Schools (person)	485	1195	13142	23741	22577	21510
幼儿园(万人)	Kindergartens (10000 persons)	30.61	36.26	62.06	123.51	145.50	152.11

19-24 各类全日制学校毕业生数

Graduates in Full-time Schools by Type of School

类　别	Type	1980	1990	2000	2010	2011	2012
研究生(人)	Post-graduates (person)		215	409	4568	5791	7086
普通高等学校(人)	Regular Institutions of Higher Education (person)	3363	13616	24449	225943	222416	232048
普通中专学校(人)	Regular Specialized Secondary School (person)	11296	21040	45776	70542	75625	74921
中等技术学校	Technical Schools	2898	11717	33151	66148	71480	69981
中等师范学校	Teacher Training Schools	8398	9323	12625	4394	4145	4940
普通中学(万人)	Regular Secondary Schools (10000 persons)	34.82	49.02	73.79	79.92	88.23	88.48
高(完)中	Senior Secondary Schools	15.83	8.39	9.19	26.25	25.11	23.31
初　中	Junior Secondary Schools	18.99	40.63	64.60	53.68	63.12	65.16
职业中学(万人)	Secondary Vocational Schools (10000 persons)	0.12	3.03	4.62	11.30	11.21	10.94
高(完)中	Senior Secondary Vocational Schools	0.08	2.39	3.88	11.27	11.20	10.93
初　中	Junior Secondary Vocational Schools	0.04	0.64	0.74	0.03	0.01	0.01
技工学校(人)	Technical Schools(person)	297	9457	14740	51359	42206	48893
小　学(万人)	Primary Schools (10000 persons)	60.89	86.02	85.61	67.85	66.79	67.01
特殊教育(人)	Special Education Schools (person)	65	98	1073	2476	1917	1751

19-25 各地区普通高等学校基本情况（2012年）

Basic Statistics on Colleges and University by Region (2012)

单位：人　　(person)

地　区	Region	学校数(所) Number of Schools(unit)	在校学生数 Total Enrollment	招生数 New Enrollment	毕业生数 Graduates	教职工数 Teachers and Staff	#专任教师 Full-time Teachers
全　省	**Provincial Total**	**88**	**851119**	**250392**	**232048**	**71620**	**50205**
南昌市	Nanchang	50	509239	150371	136668	42693	28894
景德镇市	Jingdezhen	5	29349	8111	8601	3084	2042
萍乡市	Pingxiang	3	11254	2906	5415	1450	1093
九江市	Jiujiang	7	78437	23930	22672	6343	5037
新余市	Xinyu	5	29853	10075	8042	2699	1955
鹰潭市	Yingtan	1	5148	1408	1145	330	287
赣州市	Ganzhou	7	82213	23197	20599	6523	4800
吉安市	Ji'an	1	18256	4698	4691	1544	979
宜春市	Yichun	3	28784	8744	8227	2450	1866
抚州市	Fuzhou	4	36925	10166	10277	3339	2360
上饶市	Shangrao	2	21661	6786	5711	1165	892

19-26 普通高等学校分学科学生情况（2012年）

Basic Statistics on Students in Regular Institutions of Higher Education by Field of Study (2012)

单位：人 (person)

类别	Type	在校学生数 Total Enrollment	招生数 New Enrollment	毕业生数 Graduates (person)
总计	**Total**	**840895**	**246278**	**228966**
#女	Female	380837	113170	104285
本科	Undergraduate course	458454	125265	93985
#女	Female	209641	58395	41155
哲学	Philosophy	312	73	63
经济学	Economics	26075	6834	6348
法学	Law	13494	3588	2637
教育学	Education	16297	4612	3647
文学	Literature	91839	25018	19527
#外语	Foreign Language	31315	7632	7164
艺术	Art	42446	12958	7847
历史学	History	1964	572	387
理学	Science	33805	8172	7745
工学	Engineering	144943	40185	28898
农学	Agriculture	5288	1352	1326
医学	Medicine	37229	9267	6326
管理学	Management	87208	25592	17081
专科	Specialized Undergraduate Courses	382441	121013	134981
#女	Female	171196	54775	63130
农林牧渔大类	Farming,Forestry,Husbandry and Fishing	4198	1284	1268
交通运输大类	Communication and Transportation	13866	4615	4370
生化与药品大类	Biochemistry and Medicine	2960	840	1316
资源开发与测绘大类	Resources Exploitation,Surveying & Mapping	4149	1622	1385
材料与能源大类	Material and Energy	11121	2863	4113
土建大类	Civil Engineering	49165	16663	11888
水利大类	Water Conservancy	604	193	201
制造大类	Manufactures	49409	13893	20514
电子信息大类	Electronic Information	30965	9412	13011
环保、气象与安全大类	Environmental Protection,Meteorology & Safety	1879	528	646
轻纺食品大类	Industrial Textiles and Food	8912	2452	2961
财经大类	Financial Economics	85595	27291	28498
医药卫生大类	Medicine and Health	33508	11875	11336
旅游大类	Tourism	8974	2893	3159
公共事业大类	Public Affairs	3116	967	865
文化教育大类	Cultural Education	49223	15828	20284
艺术设计传媒大类	Art Design and Media	16612	4918	6047
公安大类	Public Security	2622	988	939
法律大类	Law	5563	1888	2180

注：本表中学生数不含在成人高校接受普通高等教育的学生数。

a) Students getting regular higher education in adult higher educaton are included in students of regular institutions of higher education.

19−27 普通中专学校分科学生数（2012年）
Number of Students in Regular Specialized Secondary School by Field of Study (2012)

单位：人 (person)

类别	Type	在校学生数 Total Enrollment	招生数 New Enrollment	#招收应届毕业生数 This Year's Graduates	#招收初中毕业生数 Junior Middle School Graduates	毕业生数 Graduates	专任教师 Full-time Teachers
总计	**Total**	**249127**	**94571**	**87702**	**80015**	**74921**	**5491**
#女	Female	152626	58066	52840	47012	45148	2508
农林牧渔类	Farming,Forestry,Husbandry and Fishing	8980	2278	2203	2098	6198	91
资源与环境类	Resources and Environment	2155	1267	1232	623	351	21
能源与新能源类	Energy and New Energy	1320	445	445	421	257	142
土木水利类	Civil and Hydraulic Engineering	11851	5384	4817	4389	3006	71
加工制造类	Manufacturing	32739	10587	9840	9377	10533	575
石油化工类	Petrochemical Processing	1782	692	689	689	497	11
轻纺食品类	Light Spinning and Food	828	272	232	232	418	20
交通运输类	Communication & Transportation	7354	3300	3243	2995	1370	26
信息技术类	Information Technologies	31783	11612	11164	10480	10169	636
医药卫生类	Medicine and Health	67509	25894	22867	20366	21008	470
休闲保健类	Health and Leisure	725	282	281	281	207	12
财经商贸类	Finance Economics and Trade	19457	7536	7108	6486	4921	240
旅游服务类	Tourism and Service	3409	1315	1198	1045	845	66
文化艺术类	Culture and Arts	6318	2446	2129	1896	2155	234
体育与健身	Sports and Fitness	1005	428	417	417	298	119
教育类	Education	47066	19532	18598	17065	9645	358
司法服务类	Judicial Service	1219	396	355	355	647	12
公共管理与服务类	Public Affairs and Services	2226	564	556	472	1202	47
其他	Others	1401	341	328	328	1194	54

注：专任教师总计数中含文化基础课教师2065人,实习指导老师221人.
a) 2065 teachers on basic courses and 221 intern teachers are included in full time teachers.

19−28 各地区普通中专教育基本情况（2012年）
Basic Statistics on Regular Specialized Secondary School by Region (2012)

单位：人 (person)

地区	Region	学校数(所) Number of Schools(unit)	在校学生数 Total Enrollment	招生数 New Enrollment	毕业生数 Graduates	教职工数 Teachers and Staff	#专任教师 Full-time Teachers
全省	**Provincial Total**	**68**	**249127**	**94571**	**74921**	**8032**	**5491**
南昌市	Nanchang	27	97143	37618	28988	3655	2275
景德镇市	Jingdezhen	4	5206	2116	1227	542	356
萍乡市	Pingxiang	2	15607	5884	3501	588	475
九江市	Jiujiang	6	17217	6423	5200	384	271
新余市	Xinyu	5	7647	2226	2146	458	287
鹰潭市	Yingtan	1	5646	1958	1926	127	80
赣州市	Ganzhou	4	27572	11474	7633	538	400
吉安市	Ji'an	9	22783	7915	6030	769	643
宜春市	Yichun	2	15000	5679	8484	64	26
抚州市	Fuzhou	1	11919	4782	2704	135	105
上饶市	Shangrao	7	23387	8496	7082	772	573

19-29 各地区普通中学基本情况（2012年）

Basic Statistics on Regular Secondary Schools (2012)

单位：人 (person)

类别	Type	学校数(所) Number of Schools (unit)	在校学生数 Total Enrollment	初中 Junior Secondary Schools	高中 Senior Secondary School	招生数 New Enrollment	初中 Junior Secondary Schools
全省	**Provincial Total**	**2542**	**2782088**	**1945486**	**836602**	**964240**	**655925**
#女	Female		1237158	886457	350701	428620	299173
南昌市	Nanchang	265	308253	211262	96991	105361	70514
景德镇市	Jingdezhen	98	96638	66578	30060	32718	21642
萍乡市	Pingxiang	110	105774	70395	35379	35057	23246
九江市	Jiujiang	298	290357	191229	99128	98036	62724
新余市	Xinyu	36	63557	41717	21840	22642	14045
鹰潭市	Yingtan	74	68218	51092	17126	25200	17950
赣州市	Ganzhou	449	563507	412501	151006	204634	145391
吉安市	Ji'an	305	262903	170634	92269	89584	56677
宜春市	Yichun	239	310198	219300	90898	108733	75455
抚州市	Fuzhou	209	265112	191364	73748	91273	63855
上饶市	Shangrao	459	447571	319414	128157	151002	104426

注：初中各项指标中均含职业初中数据。

a) Data on junior secondary vocational schools are included in junior secondary vocational schools.

19-29 续表 continued

单位：人 (person)

类别	Type	高中 Senior Secondary Schools	毕业学生数 Graduates	初中 Junior Secondary Schools	高中 Senior Secondary Schools	教职工数 Teachers and Staff	#专任教师 Full-time Teachers
全省	**Provincial Total**	**308315**	**884899**	**651764**	**233135**	**203049**	**171003**
#女	Female	129447	395615	298912	96703	79279	63421
南昌市	Nanchang	34847	99046	69904	29142	24084	18327
景德镇市	Jingdezhen	11076	28841	21517	7324	7952	6948
萍乡市	Pingxiang	11811	34225	25366	8859	9155	7693
九江市	Jiujiang	35312	95929	66648	29281	20880	17770
新余市	Xinyu	8597	19099	13426	5673	5118	4417
鹰潭市	Yingtan	7250	23506	17813	5693	5871	4624
赣州市	Ganzhou	59243	168693	128215	40478	36881	32148
吉安市	Ji'an	32907	87749	60791	26958	21248	18530
宜春市	Yichun	33278	101330	75019	26311	21181	19051
抚州市	Fuzhou	27418	85281	64258	21023	16633	14799
上饶市	Shangrao	46576	141200	108807	32393	34046	26696

19–30 中等职业学校基本情况（2012年）

Basic Statistics on Schools, Students and Full-time Teacher in Vocational Secondary Education by Type of School(2012)

单位：人 (person)

类别	Type	学校数(所) Number of Schools (unit)	在校学生数 Total Enrollment	招生数 New Enrollment	毕业生数 Graduates	教职工数 Teachers and Staff	#专任教师 Full-time Teachers
总计	**Total**		**549 084**	**202862**	**190365**	**24431**	**17467**
#女	Female		292553	107461	98208	9573	7081
全日制	Full-time		540134	106507	97139		
非全日制	Part-time		8950	954	1069		
按办学类型分:	Grouped by School Types						
普通中等专业学校	Regular Specialized Secondary School	68	249127	94571	74921	8032	5491
中等技术学校	Technical Schools	63	230380	87804	69981	7193	4821
中等师范学校	Teacher Training Schools	5	18747	6767	4940	839	670
成人中等专业学校	Adult Specialized Secondary School	92	7297	3363	4239	2391	1543
职业高中学校	Vocational Junior Secondary School	286	282871	103250	109300	13840	10296
按举办部门分:	Grouped by Administrative Department						
中央部门	Central Department		391	115	110	40	19
地方部门	Regional Department		429837	161212	139957	17913	13332
教育部门	Educational Department		315125	120606	105861	12748	10057
非教育部门	Non-educational Department		114712	40606	34096	5165	3275
民办	Privately-run		118856	41535	50568	6478	4116

注:教职工、专任教师中不包括教学点，各项相加不等于总数。

a)The data Teachers and Staff and Full-time teachers do not include those from teaching stations,and the subentry figures do not add up to the total.

19–31 职业高中基本情况（2012年）

Basic Statistics on Vocational Secondary Schools (2012)

单位：人 (person)

地区	Region	学校数(所) Number of Schools (unit)	在校学生数 Total Enrollment	招生数 New Enrollment	毕业生数 Graduates	教职工数 Teachers and Staff	#专任教师 Full-time Teachers
全省	**Provincial Total**	**286**	**282871**	**103250**	**109300**	**13840**	**10296**
#女	Female		128651	46328	49816	5025	4968
南昌市	Nanchang	12	7071	2263	2485	441	370
景德镇市	Jingdezhen	20	8617	3147	1339	518	243
萍乡市	Pingxiang	20	14568	5305	8067	855	742
九江市	Jiujiang	31	23367	8033	13409	1467	1175
新余市	Xinyu	16	29910	8433	15262	2113	1252
鹰潭市	Yingtan	10	11995	2951	6408	767	485
赣州市	Ganzhou	52	79742	34859	23161	3273	2403
吉安市	Ji'an	37	24444	10030	8425	764	631
宜春市	Yichun	28	28584	8903	15110	1473	1237
抚州市	Fuzhou	24	26701	10868	8733	1065	906
上饶市	Shangrao	36	27872	8458	6901	1104	852

19–32 职业高中分科学生情况（2012年）

Students of Senior Secondary Vocational School by Field of Study (2012)

单位：人 (person)

类别	Type	在校学生数 Total Enrollment	招生数 New Enrollment	毕业生数 Graduates
总计	**Total**	**282871**	**103250**	**109300**
#女	Female	128651	46328	49816
农林牧渔类	Farming,Forestry,Husbandry and Fishing	18400	5740	8063
土木水利工程类	Civil and Hydraulic Engineering	3008	954	1151
加工制造类	Manufacturing	60205	22746	22253
交通运输类	Communication & Transportation	10520	4512	3881
信息技术类	Information Technologies	83497	30314	35052
医药卫生类	Medicine and Health	6405	2327	2006
财经商贸类	Finance Economics and Trade	14192	4694	5900
旅游服务类	Tourism and Service	11435	4229	5288
文化艺术与体育类	Culture, Arts and Physical Education	13982	5056	4908
公共管理与服务类	Public Affairs and Services	7213	2214	3345
教育类	Education	24666	10164	8033
其他	Others	4587	1683	1637

19–33 小学 、特殊教育（2012年）

Basic Statistics on Primary Schools, Special Education and Schools for Juvenile Delinquents (2012)

单位：人 (person)

类别	Type	学校数(所) Number of Schools (unit)	在校学生数 Total Enrollment	招生数 New Enrollment	毕业生数 Graduates	教职工数 Teachers and Staff	#专任教师 Full-time Teachers
小学	**Primary Schools**	**11173**	**4341438**	**800412**	**670134**	**195472**	**205470**
#女	Female		1958491	368029	302301	99215	107097
民办	Non-public	43	114024	16078	23296		
按城乡分	Grouped by Residence						
城市	Cities	687	709878	129616	114954	28521	31507
县镇	Counties and Towns	2404	1769490	304913	305695	74917	78689
农村	Rural Areas	8082	1862070	365883	249485	92034	95274
按地区分	Grouped by Region						
南昌市	Nanchang	981	416305	76988	72629	18551	21177
景德镇市	Jingdezhen	478	147044	26772	23290	6619	6847
萍乡市	Pingxiang	399	152598	27518	22831	7046	7625
九江市	Jiujiang	1188	444845	84996	65087	20033	21114
新余市	Xinyu	200	99093	18416	14357	4849	5210
鹰潭市	Yingtan	344	115392	21104	17950	4889	5382
赣州市	Ganzhou	2294	928255	166854	145507	40717	41115
吉安市	Ji'an	1021	403469	82351	56309	17940	19042
宜春市	Yichun	1153	491227	92335	76207	23624	24187
抚州市	Fuzhou	1157	413754	72382	62659	19091	19721
上饶市	Shangrao	1958	729456	130696	113308	32113	34050
特殊教育	**Special Education**	**80**	**21510**	**4094**	**1751**	**1074**	**961**
#女	Female		6491	1321	495	755	702

注：专任教师数中含普通小学专任教师以及九年一贯制、十二年一贯制学校小学教师数。

Teachers in regular primary schools and primary teachers in nine-year system, twelve-year sytem are included in full-time teachers.

19-34 平均每万人口在校学生数

Number of Students Per 10000 Population by Level

指　　标	Item	1980	1990	2000	2010	2011	2012
各类学校在校学生占全省人口比重(%)	Schools of All Types of Students in the Proportion of the Population of the Province (%)	21.21	17.28	17.57	22.34	23.14	23.13
平均每万人口在校学生数	Number of Students Per 10000 population by Level						
普通高等学校(人)	Regular Institutions of Higher Education (person)	10.91	14.98	35.29	187.98	189.93	194.57
中等学校(人)	Secondary Education (person)	491.67	530.97	702.41	788.66	780.91	769.18
中等专业学校	Specialized Secondary Schools	12.48	16.18	38.57	53.57	53.65	55.31
普通中学	Regular Secondary Schools	473.55	475.13	624.84	614.71	622.24	617.64
职业中学	Vocational Secondary Schools	1.55	30.68	30.65	82.33	73.27	62.87
技工学校	Technical Schools	4.09	8.98	8.35	38.05	31.75	33.36
小　学(人)	Primary Schools (person)	1618.56	1182.05	1018.85	955.90	967.13	963.92

注：普通高等学校包括研究生。后同。
a) Number of regular institutions of higher education include the number of post-graduates. The same applies to the tables following.

19-35 各类学校学生构成情况

Composition of Students by Type of School

单位：% (%)

类　　别	Type	1980	1990	2000	2010	2011	2012
各类学校学生占学生总数比重	**Schools of All Types of Students in Poportion of Students**						
普通高等学校	Regular Institutions of Higher Education	0.5	0.9	2.0	9.7	9.8	10.1
中 等 学 校	Sceondary Education	23.2	30.7	40.0	40.9	40.3	39.9
中 专 学 校	Specialized Secondary Schools	0.6	0.9	2.2	2.8	2.8	2.9
普 通 中 学	Regular Secondary Schools	22.3	27.5	35.5	31.8	32.1	32.0
职 业 中 学	Vocational Secondary Schools	0.1	1.8	1.8	4.3	3.8	3.3
技 工 学 校	Technical Schools	0.2	0.5	0.5	2.0	1.6	1.7
小　　学	Primary Schools	76.3	68.4	58.0	49.5	49.9	50.0

19-36 初中毕业生、小学毕业生升学率

Proportion of Students Entering into Junior and Senior Secondary Schools

年份 Year	初中 Junior Secondary School			小学 Primary School		
	毕业生数(万人) Graduates (10000 persons)	高级中等学校招生人数(万人) New Enrollment of Senior Secondary Schools (10000 persons)	升学率(%) Rate of Entering the Higher School (%)	毕业生数(万人) Graduates (10000 persons)	初级中等学校招生数(万人) New Enrollment of Junior Secondary Schools (10000 persons)	升学率(%) Rate of Entering the Higher School (%)
1978	41.77	20.69	49.53	72.03	56.36	78.25
1979	39.55	21.36	54.01	61.41	45.49	74.08
1980	19.03	10.78	56.65	60.89	41.23	67.71
1981	33.88	15.22	44.92	64.86	41.13	63.41
1982	31.71	12.40	39.10	67.30	39.89	59.27
1983	29.99	12.64	42.15	69.90	41.20	58.94
1984	28.75	14.26	49.60	67.85	42.58	62.76
1985	30.04	13.42	44.67	71.75	45.50	63.41
1986	34.07	14.68	43.09	76.41	50.10	65.57
1987	37.32	15.14	40.57	83.68	52.55	62.80
1988	40.35	15.46	38.31	88.94	54.07	60.79
1989	41.18	14.88	36.13	86.96	53.83	61.90
1990	41.27	15.88	38.48	86.02	56.65	65.86
1991	43.41	16.38	37.73	85.44	57.66	67.49
1992	45.83	17.10	37.31	79.45	57.18	71.97
1993	47.51	18.36	38.64	71.50	57.87	80.94
1994	48.44	19.26	39.76	67.99	58.23	85.64
1995	46.99	20.57	43.78	70.05	63.08	90.04
1996	51.27	20.96	40.88	73.70	68.44	92.86
1997	55.51	21.38	38.52	77.20	72.88	94.39
1998	59.55	21.99	36.92	80.35	75.70	94.21
1999	62.28	25.53	40.99	83.90	78.57	93.65
2000	65.34	26.57	40.67	85.61	81.23	94.89
2001	65.49	30.53	46.62	85.47	81.00	94.77
2002	67.15	38.81	57.80	82.15	81.25	98.91
2003	68.66	43.30	63.06	75.74	75.96	100.29
2004	72.42	48.69	67.23	67.68	67.72	100.06
2005	74.32	57.88	77.88	64.88	64.53	99.46
2006	69.48	57.63	82.94	53.84	53.54	99.44
2007	62.06	54.81	88.32	54.28	54.73	100.82
2008	60.09	55.90	93.03	65.48	66.83	102.06
2009	51.90	51.67	99.56	69.48	69.69	100.30
2010	53.68	49.05	91.37	67.85	68.39	100.80
2011	63.12	57.52	91.13	66.79	67.56	101.15
2012	65.18	56.26	87.08	67.01	65.59	97.88

注：高级中等学校招生人数包括中等职业教育学校和高(完)中招生数。

a) Number of new Enroument of Senior Secondary Schools in 2009 include the number of Secondary Vocational Educations and Senior Secondary Schools.

19-37 小学学龄儿童数和入学率

Number of School-age Children and Rate of Entering the Primary Schools

单位：万人 (10000 persons)

年 份 Year	学龄儿童数 School-age Children	#农 村 Rural	已入学学龄儿童数 School-age Children Enrollment	#农 村 Rural	入学率（%） Rate of Entering Primary Schools(%)	#农 村 Rural
1978	436.66	391.79	411.10	366.48	94.15	93.54
1979	441.58	398.05	410.82	367.76	93.03	92.39
1980	443.15	397.47	415.07	369.60	93.66	92.99
1981	445.81	398.40	416.46	368.27	93.42	92.44
1982	456.45	406.80	426.33	376.98	93.40	92.67
1983	462.17	413.08	437.56	388.56	94.67	94.06
1984	458.27	409.40	440.82	392.12	96.19	95.78
1985	464.66	412.84	450.19	398.32	96.89	96.48
1986	459.05	409.02	445.54	395.65	97.06	96.73
1987	435.42	385.39	423.66	373.92	97.30	97.02
1988	403.31	355.63	392.06	344.68	97.21	96.92
1989	378.45	328.56	370.01	320.33	97.77	97.50
1990	358.31	318.24	351.99	312.00	98.24	98.04
1991	349.80	264.94	343.78	260.00	98.28	98.14
1992	351.62	261.22	347.18	257.64	98.74	98.63
1993	363.71	258.84	359.45	255.31	98.83	98.64
1994	370.48	255.01	367.15	252.49	99.10	99.01
1995	389.04	257.54	386.78	255.89	99.42	99.36
1996	404.23	252.15	402.80	251.07	99.65	99.57
1997	413.80	244.25	411.99	243.08	99.56	99.52
1998	416.12	238.82	414.31	237.74	99.57	99.55
1999	405.52	223.09	403.96	222.11	99.61	99.56
2000	390.24	206.64	388.58	205.57	99.58	99.49
2001	370.61	208.59	359.15	204.23	96.91	96.41
2002	355.09	186.25	349.84	183.33	98.53	98.44
2003	350.83	205.58	347.34	203.57	99.01	99.00
2004	349.19	202.63	345.84	200.59	99.04	98.99
2005	348.46	233.24	345.02	230.92	99.01	99.00
2006	364.24	256.56	362.93	255.61	99.64	99.63
2007	378.85	246.15	378.22	245.69	99.83	99.81
2008	390.71	248.94	390.42	248.74	99.93	99.92
2009	396.68	267.64	396.26	267.35	99.89	99.89
2010	403.69	273.26	403.40	273.08	99.93	99.93
2011	416.09	195.83	415.11	191.17	99.76	97.62
2012	417.58	179.22	417.58	179.22	99.85	99.85

注：入学率为教育部门推算数据。

a) Rate of entering primary schools are estimated by Provincial Department of Education.

19-38 幼儿园基本情况

Basic Statstics on Kindergartens

单位：人 (person)

年份 Year	幼儿园数（所） Number of Kindergartens(unit)	入园幼儿数 New Enrollment	在园幼儿数 Total Enrollment	教职工数 Teachers and Staff	#教师 Teachers
1978	2104		105914	6278	4159
1979	3854		172476	8304	6509
1980	7204		306055	13565	11184
1981	6364		300231	14366	11853
1982	5488		300630	15638	12693
1983	1857		296400	16000	12923
1984	4987		310300	15257	13454
1985	5208		323021	14778	12998
1986	5866	190318	318347	17744	14147
1987	5406	194370	329718	18229	14259
1988	4547	182034	327540	18471	14579
1989	4520	187932	330680	18953	14574
1990	4827	208294	362621	19798	15492
1991	4141	283249	394487	20013	15780
1992	4490	294967	450005	21050	16983
1993	3856	337689	491055	21365	17271
1994	4123		505530	21058	17755
1995	4600	419190	525330	22284	18976
1996	5084	462715	584601	23757	19822
1997	5986	496134	609026	26124	21764
1998	6626	518683	619048	26879	22321
1999	7602	514200	626009	29179	24124
2000	6573	500453	620624	26472	21154
2001	2894	428073	488380	18519	12335
2002	3469	475561	574756	21526	14275
2003	4478	504672	633073	26515	17612
2004	4370	507222	658093	28406	18228
2005	4870	526960	716760	32367	20742
2006	5848	594627	806287	37453	24235
2007	6245	648555	881690	41853	27093
2008	6620	649104	924488	47920	30447
2009	8326	728337	1123138	60102	39541
2010	8518	812046	1235056	69186	43349
2011	9431	894446	1455048	86222	52895
2012	10560	902810	1521149	94067	57338

19-39 幼儿园基本情况（2012年）

Basic Statstics on Kindergartens (2012)

单位：人 (person)

类别	Type	园数(所) Number of Kindergarten	入园幼儿数 New Enrollment	在园幼儿数 Total Enrollment	离园幼儿数 Dropout	教职工数 Teachers and Staff	#教师 Teachers
全　省	**Provincial Total**	**10560**	**902810**	**1521149**	**631009**	**94067**	**57338**
#女	Female		399120	688219	299158	86778	56297
民　办	Non-public	9765	632188	1134378	410082	80727	48318
按城乡分	**Grouped by Residence**						
城　市	Cities	1767	140753	301019	101035	28451	16466
县　镇	Counties and Towns	4173	435876	738429	301873	44915	28518
农　村	Rural Areas	4620	326181	481701	228101	20701	12354
按地区分	**Grouped by Region**						
南昌市	Nanchang	752	56916	125275	47988	12020	6463
景德镇市	Jingdezhen	551	38118	48782	19351	3504	2188
萍乡市	Pingxiang	502	50981	75045	31695	4519	2752
九江市	Jiujiang	855	75180	133683	43525	9734	5575
新余市	Xinyu	255	16994	44923	14923	4200	2285
鹰潭市	Yingtan	111	17678	29536	14394	2091	1182
赣州市	Ganzhou	2853	211131	341432	139913	18617	11953
吉安市	Ji'an	1502	116326	175332	82462	9656	5840
宜春市	Yichun	1204	136751	209543	96629	11498	7219
抚州市	Fuzhou	389	49064	100274	42041	5571	3799
上饶市	Shangrao	1586	133671	237324	98088	12657	8082

19-40 成人教育基本情况（2012年）

Basic Statistics on Adult Educations (2012)

单位：人 (person)

类别	Type	学校数(所) Number of Schools(unit)	在校学生数 Total Enrollment	招生数 New Enrollment	毕业生数 Graduates	教职工数 Teachers and Staff	#专任教师 Full-time Teachers
成人高等学校	Institutions of Higher Education for Adults	**10**	**19036**	**10464**	**5768**	**2458**	**1533**
广播电视大学	Radio and Televison College	1	779	479	592	299	210
职工高等学校	Institutions of Higher Education for Workers	4	2066	751	504	329	206
管理干部学院	School of Management Cadres off-job Courses	2	2868	1456	929	893	427
教育学院	Educational School	3	13323	7778	3743	937	690
普通高等学校办成人教育	Adult Education Run by Regular Institutions of Higher Education		62317	21715	13920		
函授部	Department of Correspondence Education		39631	13998	8931		
业余大学	After-hours Higher Education		22668	7717	4661		
脱产班	Day-release Course		18		328		
成人中等专业学校	Adult Specialized Secondary School	92	17086	5041	6414	2391	1543
成人中学	Secondary School for Adult	50	3269		3044	96	80
成人小学	Primary School for Adult	421	14396		12443	632	541
成人技术培训学校	Technical Training Schools for Adult	1103	155825		150033	2937	1854

19-41 成人教育基本情况

Basic Statistics on Adult Educations

单位：人 (person)

类 别	Type	1990	2000	2010	2011	2012
成人高等教育	**Adult Institutions of Higher Education**					
在校学生数	Total Enrollment	37525	85953	120348	134489	153947
招生数	New Enrollment	14191	39761	47336	49779	58624
毕业生数	Graduates	11156	20461	37056	31245	34816
成人中等专业学校	**Adult Specialized Secondary School**					
在校学生数	Total Enrollment	28215	27552	12907	18219	17086
招生数	New Enrollment	11318	7839	5422	10405	5041
毕业生数	Graduates	6822	12946	5214	5782	6414
成人中学	**Adult Institutions of Secondary Education**					
在校学生数	Total Enrollment	33492	4563	8500	2073	3269
招生数	New Enrollment	25627	3891			
毕业生数	Graduates	16125	4713	1700	1718	3044
成人初等学校	**Adult Institutions of Primary Education**					
在校学生数	Total Enrollment	277810	176278	11458	14850	14396
招生数	New Enrollment	205164	135331			
毕业生数	Graduates	122310	230159	12521	12623	12443
成人技术培训学校	**Adult Technical Training Schools**					
在校学生数	Total Enrollment	107932	1563308	100491	181268	155825
招生数	New Enrollment	89438	1495816			
毕业生数	Graduates	96023	1512540	103756	157707	150033

19-42 文化事业机构与人员数

Number of Institutions and Staff Personnel for Cultural Undertakings

指标	Item	1980	1990	2000	2010	2011	2012
机构数(个)	**Number of Institutions (unit)**						
艺术表演团体	Art Performance Troupes	118	86	79	103	97	63
艺术表演场所	Art Performance Places	59	77	62	55	53	37
文化馆(站)	Cultural Centers (Station)	739	2084	1988	1822	1934	1937
文化馆	Cultural Centers	102	101	101	103	103	102
文化站	Cultural Stations	637	1983	1887	1719	1831	1835
群众艺术馆	Mass Art Centers	11	12	12	12	13	13
图书馆	Libraries	49	104	104	108	114	114
博物馆	Museums	52	82	81	102	108	109
文物保护管理所	Agencies of Historical Relics Preservation	10	33	44	65	69	70
文物科研机构	Scientific and Research Historical Relics Agencies				2	2	2
文物商店	Cultural Relic Shops	3	4	4	4	4	4
其他文物机构	Other Historical Relics Agencies		1	2	2	2	2
人员数(人)	**Number of Staff (person)**						
艺术表演团体	Art Performance Troupes	7747	4384	3949	4082	3790	2798
艺术表演场所	Art Performance Places	107	874	919	604	618	441
文化馆(站)	Cultural Centers (Station)	2296	5119	4080	3960	3893	4424
文化馆	Cultural Centers	1434	1484	1486	1664	1275	1319
文化站	Cultural Stations	862	3635	2594	2296	2618	3105
群众艺术馆	Mass Art Centers	244	369	340	337	390	391
图书馆	Libraries	475	1277	1462	1426	1469	1454
博物馆	Museums	764	1134	1324	1917	2520	2475
文物保护管理所	Agencies of Historical Relics Preservation	292	510	242	217	336	457
文物科研机构	Scientific and Research Historical Relics Agencies				44	53	55
文物商店	Cultural Relic Shops	47	136	126	69	63	78
其他文物机构	Other Historical Relics Agencies		280	292	316	461	443

注：2012年，我省深化文化体制改革，一批艺术表演团体、表演场所由事业单位改制为企业，同时加强了基层公共文化服务设施建设，故文化部门事业单位机构、人员变动较大。

a)Due to the cultural restructuring in 2012, numbers of art performance troupes and places were turned from institutions to enterprises. Meanwhile, grassroots public cultural service facilities grows. Number of institutions and staff personnel for cultural undertakings fluctuated largely.

19-43 各地区文化事业单位数（2012年）

Number of Institutions for Cultural undertakings by Region (2012)

单位：个 (unit)

地区	Region	艺术表演团体 Art Performance Troupes	艺术表演场所 Art Performance Places	群众艺术馆文化馆 Cultural Centers and Mass Art Centers	公共图书馆 Public Libraries		博物馆 Museums	文物保护管理所 Agencies of Historical Relics Preservation
						#总藏量（万册） Total Collections (10000 copies)		
全　省	**Provincial Total**	**63**	**37**	**115**	**114**	**1822.37**	**109**	**70**
南昌市	Nanchang	6	3	10	10	159.41	8	4
景德镇市	Jingdezhen	2	2	6	5	70.38	6	3
萍乡市	Pingxiang	5	4	5	6	82.95	3	4
九江市	Jiujiang	3	5	15	15	252.85	17	11
新余市	Xinyu	1		3	3	62.00	2	1
鹰潭市	Yingtan	2	1	4	4	37.71	4	5
赣州市	Ganzhou	13	7	20	19	239.17	16	11
吉安市	Ji'an	9	4	14	15	239.13	14	8
宜春市	Yichun	4	1	11	11	121.67	12	9
抚州市	Fuzhou	3	3	13	12	135.47	9	7
上饶市	Shangrao	9	4	13	13	115.35	13	7
省　级	Provincial	6	3	1	1	306.28	5	

注：文物保护管理所包括其它文物机构。

a) Data on agency of historical relics preservations include data on other historical relics institutions.

19-44 文化产业机构基本情况（2012年）

Basic Statistics on Cultural Industry Institutions (2012)

单位：个 (unit)

指标	Item	合计 Total	文化部门 Culture Department				其他部门 Other Departments
				国有经济 State-owned Units	集体经济 Collective-owned Units	其他经济 Other Ownerships	
总　计	**Total**	**10367**	**2695**	**2672**	**3**	**20**	**7672**
文化产业	Cultural Industry	10362	2690	2667	3	20	7672
艺术业	Art Industry	261	130	118	1	11	131
图书馆业	Museum Industry	114	114	114			
群众文化业	Mass Art Industry	1950	1950	1950			
艺术教育业	Art Education Industry	4	4	4			
文化市场经营业	The Cultural Market Management Industry	7550	12	12			7538
文艺科研	Art Research	13	13	13			
文物业	Cultural Relic Industry	187	187	185		2	
其他文化产业	Other Cultural Industries	283	280	271	2	7	3
非文化产业	Non-cultural Industries	5	5	5			

注：有关文化产业的指标仅含文化厅本系统的数据。后同。

a) Data on indicators of cultural industry include only data from culture system.The same applies to the tables following.

19-45 文化产业从业人员基本情况（2012年）

Basic Statistics on Employed Persons of Cultural Industry (2012)

单位:人 (person)

指标	Item	合计 Total	文化产业 Cultural Industry	艺术业 Art Industry	图书馆业 Library	群众文化业 Mass Culture	艺术教育业 Art Education
总计	**Total**	**62129**	**62105**	**6951**	**1454**	**4815**	**233**
#高级职称	Senior Title	1014	1013	493	88	128	54
中级职称	Middle Title	2839	2832	1339	312	545	61
文化部门	**Cultural Department**	**19602**	**19578**	**3991**	**1454**	**4815**	**233**
#高级职称	Senior Title	801	800	280	88	128	54
中级职称	Middle Title	2423	2416	923	312	545	61
国有经济	State-owned Units	18126	18102	3645	1454	4815	233
#高级职称	Senior Title	795	794	275	88	128	54
中级职称	Middle Title	2394	2387	896	312	545	61
集体经济	Collective owned Units	113	113	98			
#高级职称	Senior Title						
中级职称	Middle Title						
其他经济	Other Ownerships	1363	1363	248			
#高级职称	Senior Title	6	6	5			
中级职称	Middle Title	29	29	27			
其他部门	**Other Departments**	**42527**	**42527**	**2960**			
#高级职称	Senior Title	213	213	213			
中级职称	Middle Title	416	416	416			

19-45 续表 continued

单位：人 (person)

指标	Item	文化市场经营业 Cultural Market Management	文艺科研 Art research	文物业 Cultural Relic	其他文化产业 Other Cultural Industries	非文化产业 Non-cultural Industry
总计	**Total**	**39995**	**159**	**3508**	**4990**	**24**
#高级职称	Senior Title		27	159	64	1
中级职称	Middle Title		38	428	109	7
文化部门	**Cultural Department**	**489**	**159**	**3508**	**4929**	**24**
#高级职称	Senior Title		27	159	64	1
中级职称	Middle Title		38	428	109	7
国有经济	State-owned Units	489	159	3481	3826	24
#高级职称	Senior Title		27	64	64	1
中级职称	Middle Title		38	426	109	7
集体经济	Collective owned Units				15	
#高级职称	Senior Title					
中级职称	Middle Title					
其他经济	Other Ownerships			27	1088	
#高级职称	Senior Title			1		
中级职称	Middle Title			2		
其他部门	**Other Departments**	**39506**			**61**	
#高级职称	Senior Title					
中级职称	Middle Title					

19-46 文化产业机构人员情况（2012年）

Basic Statistics on Personnel of Cultural Industry Institutions (2012)

单位：人 (person)

指标	Item	合计 Total	文化部门 Culture Department	国有经济 State-owned Units	集体经济 Collective-owned Units	其他经济 Other Ownerships	其他部门 Other Departments
总计	**Total**	**62129**	**19602**	**18126**	**113**	**1363**	**42527**
文化产业	Cultural Industry	62105	19578	18102	113	1363	42527
艺术业	Art Industry	6951	3991	3645	98	248	2960
图书馆业	Museum Industry	1454	1454	1454			
群众文化业	Mass Art Industry	4815	4815	4815			
艺术教育业	Art Education Industry	233	233	233			
文化市场经营业	The Cultural Market Management Industry	39995	489	489			39506
文艺科研	Art Research	159	159	159			
文物业	Cultural Relic Industry	3508	3508	3481		27	
其他文化产业	Other Cultural Industries	4990	4929	3826	15	1088	61
非文化产业	Non-cultural Industries	24	24	24			

19-47 各地区文化产业法人单位主营业务收入、增加值(2012年)

Legual Unit of Culture Industry Revenue from Principal Business and Value-added by Region (2012)

单位：万元 (10000 yuan)

地区	Region	主营业务收入 Revenue from Principal Business	增加值 Value-added by Region	增加值占地区生产总值比重（%） Value-added as Percentage of GDP (%)
全省	**Total**	**14602452**	**4073000**	**3.15**
南昌市	Nanchang	3628859	956022	3.19
景德镇市	Jingdezhen	887659	257106	4.09
萍乡市	Pingxiang	1566151	530668	7.24
九江市	Jiujiang	1277059	356123	2.51
新余市	Xinyu	694237	186017	2.24
鹰潭市	Yingtan	557229	150265	3.12
赣州市	Ganzhou	1189108	289086	1.92
吉安市	Ji'an	1433900	400380	3.98
宜春市	Yichun	1634782	460458	3.69
抚州市	Fuzhou	710169	220645	2.67
上饶市	Shangrao	1023300	264142	2.09

19-48　文化产业法人单位主营业务收入、增加值（2012年）
Legual Unit of Culture Industry Revenue from Principal Business and Value-added by Region (2012)

分　　类	Sector	主营业务收入 Revenue from Principal Business	增加值 Value-added by Region
总计（万元）	**Total (10000 yuan)**	**14602452**	**4073000**
文化产品的生产	Manufacture of Cultural Products	5927389	1967535
新闻出版发行服务	Press and Publishing Service	754650	167144
广播电视电影服务	Broadcast, Films and Television Service	246050	135471
文化艺术服务	Cultural Art Service	181903	134351
文化信息传播服务	Service of Cultural Information Dissemination	242514	117523
文化创意和设计服务	Service of Cultural Creations and Designs	660238	254896
文化休闲娱乐服务	Cultural Entertainment Service	939030	458716
工艺美术品的生产	Manufactureof Arts and Crafts	2903004	699435
文化相关产品的生产	Manufacture of Culture-related Products	8675063	2103378
文化产品生产的辅助生产	Assitant Manufacture of Cultural Products	2565548	675083
文化用品的生产	Manufacture of Cultural Appliances	5264289	1313926
文化专用设备的生产	Manufacture of Culure-specific Equipment	845226	114368
构成（%）	**Composition (%)**	**100.00**	**100.00**
文化产品的生产	Manufacture of Cultural Products	40.59	48.32
新闻出版发行服务	Press and Publishing Service	5.17	4.10
广播电视电影服务	Broadcast, Films and Television Service	1.68	3.33
文化艺术服务	Cultural Art Service	1.25	3.30
文化信息传播服务	Service of Cultural Information Dissemination	1.66	2.89
文化创意和设计服务	Service of Cultural Creations and Designs	4.52	6.26
文化休闲娱乐服务	Cultural Entertainment Service	6.43	11.26
工艺美术品的生产	Manufactureof Arts and Crafts	19.88	17.18
文化相关产品的生产	Manufacture of Culture-related Products	59.41	51.65
文化产品生产的辅助生产	Assitant Manufacture of Cultural Products	17.57	16.58
文化用品的生产	Manufacture of Cultural Appliances	36.05	32.27
文化专用设备的生产	Manufacture of Culure-specific Equipment	5.79	2.81

19-49 报纸、杂志、图书出版种数

Publication of Newspapers, Magazines and Books

单位: 种 (item)

指标	Item	1980	1990	2000	2010	2011	2012
报纸	Newspapers Published	6	28	65	63	74	74
综合报	General Newspapers	2	18	28	29	28	30
专业报	Special Newspapers	4	10	37	34	46	44
期刊	Magazines Published	84	141	167	163	164	164
综合	General Magazines	6	1	1	5	5	5
哲学、社会科学	Philosophy and General Social Sciences	10	33	52	39	40	39
自然科学、技术	Natural Sciences and Technology	47	63	78	71	71	71
文化、教育	Culture and Education	9	27	21	29	29	30
少年儿童读物	Children's Books	2	3	7	7	7	7
文学、艺术	Literature and Art	10	13	8	10	10	9
画刊	Picture Books		1		2	2	3
图书	Books	362	1264	2158	3869	4263	5436
#课本	Textbooks	134	329	583	689	695	533

注：2011年全省报纸出版种类数中增加了各设区市广播电视报。
Radio& Television News of municipalities are included in publication of newspapers.

19-50 报纸、杂志、图书出版数量

Pieces of Newspapers, Magazines and Books Published

单位: 万份 (10000 copies)

指标	Item	1980	1990	2000	2010	2011	2012
报纸	Newspapers Published	17048	58930	39929	70449	74425	76158
综合报	General Newspapers	16506	38936	33273	60771	60538	64664
专业报	Special Newspapers	542	19994	6657	9678	13887	11494
期刊	Magazines Published	584	2714	9060	7060	7325	7217
综合	General Magazines	23	54	2	46	74	74
哲学社会科学	Philosophy and General Social Sciences	18	933	3239	577	618	673
自然科学技术	Natural Sciences and Technology	119	241	830	576	574	700
文化、教育	Culture and Education	210	679	2401	1696	1364	1304
少年儿童读物	Children's Books	30	417	1850	3715	4213	4216
文学艺术	Literature and Art	184	384	738	420	434	226
画刊	Picture Books		6		30	48	24
图书	Books	8474	19216	20300	16039	17201	18196
#课本	Textbooks	4861	10935	10490	6945	7194	7301

19-51 广播、电视事业

Basic Statistics on Radio and Television Stations

指　　标	Item	1980	2000	2010	2011	2012
广播台(站)	All Number of Broadcasting Stations (station)					
广播电台(座)	Number of Stations (set)	3	10	12	12	11
节目套数(套)	Number of Programs (set)	3	72	103	104	105
全年广播剧播出部数(部)	Pieces of Radio Seplay Programs (piece)			2359		
全年广播剧播出集数(集)	Episodes of Radio Seplay Programs (episode)			30027		
中短波转播发射台(座)	FM&AM Radio Broadcasting Stations (set)	17	15	16	16	17
广播人口覆盖率(%)	Radio Coverage of Population (%)	38.5	89.49	96.78	97.06	97.23
#农村广播人口覆盖率(%)	Radio Coverage of Rural Population (%)			96.23	96.50	96.75
电视台(座)	Television Stations (set)	1	12	12	12	11
节目套数(套)	Number of Programs (set)		42	113	113	113
全年电视剧播出部数(部)	Pieces of TV Series Broadcast (piece)			9318	9428	10071
全年电视剧播出集数(集)	Episodes of TV Series Broadcast (episode)			247239	269711	270747
全年动画电视播出部数(部)	Pieces of Cartoons Broadcast (piece)			782		
全年动画电视播出集数(集)	Episodes of Cartoons Broadcast (episode)			28192		
电视转播发射机台数(座)	TV Transmission Facilities (set)	58	493	301	297	292
电视人口覆盖率(%)	TV Coverage of Household (%)	50.5	92.67	97.96	98.18	98.40
#农村电视人口覆盖率	TV Coverage of Rural Household			97.55	97.81	98.01
广播电视卫星收转站(座)	TV Transmission Stations and Relaying Stations (set)		8315	329759		
有线电视入户率(%)	CATV Coverage of Household (%)			34.00	41.19	44.62
#农村	Rural			21.56		

注：1.1995年以前中短波广播发射台数是指广播发射台及转播台数。
　　2.2000年以前电视台是指无线电视台，2001年无线电视台与有线电视台合并。

a) Before 1995,number of FM&AM Radio Broadcasting Stations refer to the number of both radio broadcasting stations and transmission stations.

b) Before 2000,number of TV Stations refer to number of Wireless TV. Wirless TV and CATV Merged in 2001.

19-52 测绘生产完成情况

Statistics on Projects Completed by Surveying and Mapping Departments

年份 Year	大地测量 Geodesy		测图合计	地图数字化	地图编制 Cartography		
	GPS测量 (点) Global Positioning System Survey (point)	水准测量 (公里) Leveling (kilometer)	(幅) Mapping (unit)	(幅) Digital Map (unit)	地形图 (幅) Topographic Map (unit)	专题地图 (幅/册) Special Map (unit/Volume)	地图集 (册) Atlas (Volume)
2001	528	336	1941	1416	440	61	2
2002	500	481	2219	1091		372	
2003	189	100	2068	1887		23	1
2004	796	5031	3051	2754		44	
2005	576	800	2509			36	
2006	1840	200	6418	999		35	
2007	1940	286	6127	288	10	30	1
2008	2150	400	13360	286	41	33	1
2009	632	1978	5114		25	607	2
2010	1009	2022	6971	4579	58	66	1
2011	62	943	3104	2078	194		
2012	462	1281	19767		16	210	1

19-53 测绘资料提供情况
Statistics on Output of Surveying and Mapping Materials

年 份 Year	地形图合计 (张) Topographic Map (unit)	1:10000 (scale)	1:50000 (scale)	大地成果(点) Geodetic Results (point)	航摄成果(片) Aerial Photograph (piece)	挂 图(张) Wall Map (unit)	地 图 集 (册) Atlas (volume)
2000	8904	7266	1638	377	281		
2001	10704	8785	1919	1611		66	217
2002	8294	7287	1007	173	120	40	48
2003	10048	8656	1392	47372	8411		
2004	5868	3959	1909	563	29000		
2005	5815	4231	1584	1327	48126	5	
2006	7926	5058	2868	17010	15865	112	20
2007	15035	12754	2281	24221	22631		
2008	17352	15336	2016	7929	12355		
2009	5523	4909	614	5554	22803		
2010	5469	4441	1028	31121	5329	628	731
2011	8153	7498	655	3687	7994	12	15
2012	10444	9162	1282	8992	52354	1035	79

19-54 各地区产品质量监督抽查情况（2012年）
Results of Supervision and Sampling Check on the Quality of Products by Region (2012)

地 区	Region	抽查产品 (种) Production Supervised (kinds)	抽查企业 (家) Number of Enterprises Supervised (units)	抽查产品 (批) Production Supervised(times)	不合格产品 (批) Production Unqualified (times)
全 省	**Provincial Total**	**326**	**6916**	**7719**	**1398**
省本级	Provincial class	72	2588	2964	255
南昌市	Nanchang	8	112	112	2
景德镇市	Jingdezhen	25	204	280	10
萍乡市	Pingxiang	21	268	307	7
九江市	Jiujiang	38	474	544	238
新余市	Xinyu	12	223	252	10
鹰潭市	Yingtan	20	75	76	9
赣州市	Ganzhou	39	1024	1063	116
吉安市	Ji'an	39	1229	1291	631
宜春市	Yichun	10	258	282	86
抚州市	Fuzhou	17	303	285	30
上饶市	Shangrao	25	158	263	4

主要统计指标解释

科技活动 指在自然科学、农业科学、医药科学、工程与技术科学、人文与社会科学领域(简称科学技术领域)中，与科技知识的产生、发展、传播和应用密切相关的有组织的活动。可分为研究与试验发展(R&D)、研究与试验发展成果应用及相关的科技服务三类活动。该定义是联合国教科文组织考虑成员国特别是发展中国家开展科技统计工作的需要，而对科技活动所作的统计界定。

科技活动人员 指直接从事科技活动、以及专门从事科技活动管理和为科技活动提供直接服务，累计的实际工作时间占全年制度工作时间10%及以上的人员。(1)直接从事科技活动的人员包括：在独立核算的科学研究与技术开发机构、高等学校、各类企业及其他事业单位内设的研究室、实验室、技术开发中心及中试车间(基地)等机构中从事科技活动的研究人员、工程技术人员、技术工人及其它人员；虽不在上述机构工作，但编入科技活动项目(课题)组的人员；科技信息与文献机构中的专业技术人员；从事论文设计的研究生等。(2)专门从事科技活动管理和为科技活动提供直接服务的人员，包括：独立核算的科学研究与技术开发机构、科技信息与文献机构、高等学校、各类企业及其他事业单位主管科技工作的负责人，专门从事科技活动的计划、行政、人事、财务、物资供应、设备维护、图书资料管理等工作的各类人员，但不包括保卫、医疗保健人员、司机、食堂人员、茶炉工、水暖工、清洁工等为科技活动提供间接服务的人员。该指标用来反映投入科技活动人力的规模。

研究与试验发展(R&D) 指在科学技术领域，为增加知识总量，以及运用这些知识去创造新的应用进行的系统的创造性的活动，包括基础研究、应用研究、试验发展三类活动。国际上通常采用R&D活动的规模和强度指标反映一国的科技实力和核心竞争力。

基础研究 指为了获得关于现象和可观察事实的基本原理的新知识(揭示客观事物的本质、运动规律，获得新发现、新学说)而进行的实验性或理论性研究，它不以任何专门或特定的应用或使用为目的。其成果以科学论文和科学著作为主要形式。用来反映知识的原始创新能力。

应用研究 指为获得新知识而进行的创造性研究，主要针对某一特定的目的或目标。应用研究是为了确定基础研究成果可能的用途，或是为达到预定的目标探索应采取的新方法(原理性)或新途径。其成果形式以科学论文、专著、原理性模型或发明专利为主。用来反映对基础研究成果应用途径的探索。

试验发展 指利用从基础研究、应用研究和实际经验所获得的现有知识，为产生新的产品、材料和装置，建立新的工艺、系统和服务，以及对已产生和建立的上述各项作实质性的改进而进行的系统性工作。其成果形式主要是专利、专有技术、具有新产品基本特征的产品原型或具有新装置基本特征的原始样机等。在社会科学领域，试验发展是指把通过基础研究、应用研究获得的知识转变成可以实施的计划(包括为进行检验和评估实施示范项目)的过程。人文科学领域没有对应的试验发展活动。主要反映将科研成果转化为技术和产品的能力，是科技推动经济社会发展的物化成果。

专业技术人员 指从事专业技术工作和专业技术管理工作的人员，即企事业单位中已经聘任专业技术职务从事专业技术工作和专业技术管理工作的人员，以及未聘任专业技术职务，现在专业技术岗位上工作的人员。包括工程技术人员，农业技术人员，科学研究人员，卫生技术人员，教学人员，经济人员，会计人员，统计人员，翻译人员，图书资料、档案、文博人员，新闻出版人员，律师、公证人员，广播电视播音人员，工艺美术人员，体育人员，艺术人员及企业政治思想工作人员，共十七个专业技术职务类别。用来反映科技人力资源情况。

专利 是专利权的简称，是对发明人的发明创造经审查合格后，由专利局依据专利法授予发明人和设计人对该项发明创造享有的专有权。包括发明、实用新型和外观设计。反映拥有自主知识产权的科技和设计成果情况。

普通高等学校 指按照国家规定的设置标准和审批程序批准举办的，通过全国普通高等学校统一招生考试，招收高中毕业生为主要培养对象，实施高等教育的全日制大学、独立设置的学院和高等专科学校、高等职业学校和其他机构。

成人高等学校 指按照国家规定的设置标准和审批程序批准举办的，通过全国成人高等学校统一招生考试，招收具有高中毕业或同等学历的在职从业人员为主要培养对象，利用函授、业余、脱产等多种形式对其实施高等学历教育的学校。包括职工高等学校、农民高等学校、管理干部学院、教育学院、独立函授学院、广播电视大学、其他机构等。其他机构是承担国家成人招生计划任务不计校数的机构。

小学学龄儿童净入学率 指调查范围内已入小学学习的学龄儿童占校内外学龄儿童总数(包括弱智儿童，不包括盲聋哑儿童)的比重。计算公式为：

$$\text{小学学龄儿童净入学率}=\frac{\text{已入学的小学学龄儿童数}}{\text{校内外小学学龄儿童总数}}\times 100\%$$

文化事业机构 指从事专业文化工作和为专业文化工作服务的独立建制的单位。不包括这些单位另外举办独立核算的其他机构和各部门的业余文化组织。该指标主要反映文化事业机构发展规模水平。

艺术表演团体 指从事戏曲、音乐、舞蹈、杂技等专业艺术表演，有独立帐户的单位，不包括半工半艺、半农半艺和民间职业剧团。该指标主要反映全国专业艺术表演团体发展规模水平。

艺术表演观众人数(人次) 指售票、包场演出或民族地区免费演出的艺术表演观众人次数，不包括彩排审查和内部观摩演出的观看人次数。该指标主要反映全国观看专业艺术表演团体演出的效益规模。

Explanatory Notes on Main Statistical Indicators

Scientific and Technological Activities (S&T Activities) refer to organized activities which are closely related with the creation, development, dissemination and application of the scientific and technical knowledge in the fields of natural sciences, agricultural science, medical science, engineering and technological science, humanities and social sciences (referred to as scientific and technological fields). S&T activities can be classified into 3 categories: research and development (R&D) activities, application of R&D results, and related S&T services. This statistical definition is made by UNICHIEF for scientific and technological activities to meet the need of carrying out statistical work in this field for its member countries particularly the developing countries.

Personnel Engaged in S&T Activities refer to personnel directly engaged in S&T activities, in the management of S&T activities, and in providing direct service to S&T activities, with over 10% of the total working hours in a year spent on S&T activities. (1) Personnel directly engaged in S&T activities include researchers, engineers, technicians and other related personnel engaged in S&T activities in independent-accounting R&D institutions, institutions of higher learning, and in research institutes, laboratories, technology development centres and central experiment workshops under enterprises and institutions. Also included are people working in S&T research project teams, professional and technical personnel working in S&T information archiving institutes, and graduate students working on the design of their thesis. (2) Personnel engaged in the management of S&T activities and in providing direct service to S&T activities include senior management people responsible for S&T activities in independent-accounting R&D institutions, S&T information archiving institutes, institutions of higher learning and in enterprises and institutions where S&T activities are undertaken. Also included are people responsible for the planning, administration, personnel management, financial management, logistics supply, equipment maintenance, information and library management that are related with S&T activities. People providing indirect services are excluded, such as security, medical service, drivers, plumbers, cleaners and those providing catering and related service. This indicator reflects the size of personnel engaged in S&T activities.

Research and Development (R&D) refers to systematic and creative activities in the field of science and technology aiming at increasing the knowledge and using the knowledge for new application. R&D includes 3 categories of activities: basic research, applied research and experimentation for development. The scale and intensity of R&D are widely used internationally to reflect the strength of S&T and the core competitiveness of a country in the world.

Basic Research refers to empirical or theoretical research aiming at obtaining new knowledge on the fundamental principles regarding phenomena or observable facts to reveal the intrinsic nature and underlying laws and to acquire new discoveries or new theories. Basic research takes no specific or designated application as the aim of the research. Results of basic research are mainly released or disseminated in the form of scientific papers or monographs. This indicator reflects the innovation capacity for original knowledge.

Applied Research refers to creative research aiming at obtaining new knowledge on a specific objective or target. Purpose of the applied research is to identify the possible uses of results from basic research, or to explore new (fundamental) methods or new approaches. Results of applied research are expressed in the form of scientific papers, monographs, fundamental models or invention patents. This indicator reflects the exploration of ways to apply the results of basic research.

Experiments and Development refer to systematic activities aiming at using the knowledge from basic and applied researches or from practical experience to develop new products, materials and equipment, to establish new production process, systems and services, or to make substantial improvement on the existing products, process or services. Results of experiment and development activities are embodied in patents, exclusive technology, and monotype of new products or equipment. In social sciences, experiment and development activities refer to the process of converting the knowledge from basic or applied researches into feasible programmes (including conduct of demonstration projects for assessment and evaluation). There are no experiment and development activities in the science of humanities. This indicator reflects the capability of transferring the results of S&T into technique and products, and measures the realization of S&T in spearheading the economic and social development.

Professional and Technical Personnel refer to persons engaged in professional and technical work or in the management of professional and technical activities, i.e., people with professional or technical positions who are engaged in professional and technical work or in the management of professional and technical activities, and people without professional or technical positions but are working on professional or technical posts. They include professionals and technicians working in 17 categories of technical occupations including engineering, agriculture, scientific researches, medical service, teaching, economic research and application, accounting, statistics, translation, libraries, archives, cultural and museum service, journalism and publication, lawyers, notarization service, radio and television broadcasting, handicraft and fine arts, sports, performing art, and political workers in enterprises. This indicator reflects the condition of human resources in S&T.

Patent is an abbreviation for the patent right and refers to the exclusive right of ownership by the inventors or designers for the creation or inventions, given from the patent offices after due process of assessment and approval in accordance with the Patent Law. Patents are granted for inventions, utility models and designs. This indicator reflects the achievements of S&T and design with independent intellectual property.

Regular Institutions of Higher Learning refer to educational establishments set up according to the government evaluation and approval procedures, enrolling graduates from senior secondary schools and providing higher education courses and training for senior professionals. They include full-time universities, colleges, institutions of higher professional education, institutions of higher vocational education and others.

Institutions of Higher Learning for Adults refer to educational establishments, set up in line with relevant rules approved by the government, enrolling staff and workers with senior secondary school or equivalent education, and providing higher education courses in many forms of correspondence, spare time, or full time for adults. Professionals thus trained receive a qualification equivalent to graduates studying regular courses at regular universities, colleges and professional colleges. Institutions of higher learning for adults include schools of higher education for staff and workers, schools of higher education for peasants, colleges for management cadres, pedagogical colleges, independent correspondence colleges, Radio and TV universities and other educational establishments. Other educational establishments have undertakings to enrol adult students but not enumerated in the schools under the State Plan.

Enrolment Rate of Primary School Age Children refers to the proportion of school age children enrolled at schools to the total number of school age children both in and outside schools (including retarded children, but excluding blind, deaf and mute children). The formula is:

$$\begin{array}{c}\text{Enrolment Rate}\\ \text{of Primary}\\ \text{School - age Children}\end{array} = \frac{\begin{array}{c}\text{Total Primary School - age}\\ \text{Children at Schools}\end{array}}{\begin{array}{c}\text{Total Primary School - age}\\ \text{Children Whether or}\\ \text{Not Attending School}\end{array}} \times 100\%$$

Cultural Institutions refer to units which have their own organizational system and independent accounting system and specialize in cultural work or service cultural work. They do not include other establishments run by these units with separate accounting system and amateur cultural groups established by various departments. The statistics reflect the scale and level of development of institutions engaged in cultural undertakings.

Art Troupes refer to the troupes which are engaged in drama, opera, music, dance, acrobatics or other art performance, have independent accounts with banks and have self-supporting accounting system. Troupes which are engaged partly in industrial or agricultural activities, partly in art performance and the professional troupes organized by the mass are not included. The statistics reflect the scale and level of development of professional art troupes nationally.

Number of Audience at Art Performance refers to the number of spectators at commercial shows, privately organized shows or free shows given in ethnic minority areas, and does not include the number of spectators at rehearsals and internal viewings. This indicator mainly reflects the scale and effects of viewing of performances given by professional art troupes across the country.

20

卫生、体育、社会福利和其他

PUBLIC HEALTH, SPORTS, SOCIAL WELFARE AND OTHERS

◆471/497

资料整理及英文翻译：万　玲、张家琦　孙亚菲、曹淳隽、龚　丹

简要说明

本篇资料主要分为卫生、体育、社会福利及其他三部分。

卫生统计资料包括卫生机构、人员、床位数；医院门诊诊疗人次及入院人数；医院住院治疗情况；医院病床使用情况等，资料来源于省卫生厅。

体育统计资料包括举办运动会次数；全民健身活动人数；健身设施和俱乐部；国际国内比赛中获奖情况；少年儿童业余体校情况等，资料来源于省体育局。

社会福利及其他统计资料主要包括社会福利企事业机构、人员情况、优抚、福利类收养情况；社会救济情况；城镇社区服务情况；社会捐赠情况；福利彩票发行情况；婚姻登记情况等，资料来源于省民政厅。计划生育及育龄妇女节育、晚婚情况，资料来源于省人口和计划生育委员会。社会活动参与（包括全省人大代表和政协委员情况，工会组织情况，共青团组织情况，妇联系统组织情况），资料来源分别为省人大、省政协、省总工会、团省委、省妇联。

公检法司（包括律师、公证、调解工作情况，各类事故伤亡情况），资料来源分别为省司法厅、省安全生产监督管理局。

以上资料均由省统计局科技环保处整理提供。

Brief Introduction

Data in this chapter show statistics on public health, sports, social welfare and other statistic data.

Data on public health include mainly the number of institutions, personnel, hospital beds, number of patients treated and in-patients, hospital inpatient treatment; use of hospital beds, etc. Data source from Jiangxi Public Heath Department.

Data on sports cover the number of games held, mass sports, the number of fitness facilities and clubs; domestic and international competition prizes; amateur sports schools, etc. Data source from Jiangxi Sport Bureau.

Data on social welfare and other statistic data include: condition of institutions and personnel, budget, social welfare relief, urban welfare facilities, social donations, lottery, marriage registration, etc. Data source from Civil Administration Office in Jiangxi Province. Data on family planning and reproductive, later marriage, are from National Population and Family Planning Commission of Jiangxi. Data on participation (cover mainly information on representatives to Provincial People's Congress, CPPCC Provincial Committee, and Trade Unions Communist Youth League, Women's Federations) are separately from Provincial People's Congress, CPPCC Provincial Committee, the Provincial Federation of Trade Unions, Provincial Party Committee and Provincial Women's Federation.

Data on public security (mainly cover statistics on lawyers, notarization and mediation, various accidents casualties) are separately from Department of Justice of Jiangxi Province, Administration of Work Safety of Jiangxi Province.

Data above are provided by Division of Science,Technology and Environment ,Jiangxi Bureau of Statistics.

20-1 卫生机构、床位及人员数
Number of Health Institutions, Beds and Personnels

年份 Year	机构数（个）Number of Institutions (unit)	#医院卫生院 Hospitals and Health Centers	床位数（张）Number of Beds (unit)	#医院卫生院 Hospitals and Health Centers	人员数（人）Number of Personnels (person)	#卫生技术人员 Medical Technical Personnel	#医生 Doctor
1978	5178	2107	72289	65237	87018	70247	30430
1979	5268	2157	74314	67398	92090	73868	31054
1980	5373	2189	76924	69716	97831	79014	32675
1981	5474	2195	78630	70876	111364	90812	37021
1982	5615	2199	81011	72471	115000	93392	38578
1983	5624	2205	82098	72963	119748	97661	40628
1984	5587	2217	82623	73510	126059	100673	40865
1985	5538	2206	84134	75203	127679	102209	43322
1986	5597	2221	86431	76779	131342	105401	45012
1987	5614	2234	89227	79304	134846	108065	46109
1988	5583	2253	90151	80342	138238	111765	48801
1989	5613	2283	92194	82059	141587	114402	50525
1990	5632	2305	92274	82601	144583	116786	51994
1991	5632	2308	92745	83190	146418	117903	51893
1992	5620	2321	93291	83619	147375	118708	52304
1993	5389	2276	93315	82625	147217	118318	52619
1994	5432	2304	94372	83911	149247	120503	54212
1995	5423	2313	93669	83625	151246	122649	55095
1996	7966	2302	88509	81323	147057	118700	50876
1997	8056	2310	90251	82489	148605	120072	51864
1998	7972	2305	91641	83349	149356	121119	52498
1999	7953	2298	91230	82326	152264	122321	53147
2000	8048	2282	90930	83300	151985	123192	54437
2001	7594	2266	91091	83484	151518	122858	53717
2002	11286	2146	90019	83817	139076	114513	46756
2003	11401	2083	85537	79790	141287	117755	49289
2004	12080	2047	84036	78211	141244	118196	46468
2005	10664	2007	85086	79292	138697	115986	46093
2006	10210	2032	88260	81585	142682	119761	51436
2007	9456	2028	94862	85502	153238	126598	51828
2008	8229	2036	105156	93890	168472	139764	55187
2009	7102	2077	123086	104700	176720	146990	56325
2010	7172	2092	127915	103075	184139	154733	59264
2011	7121	2131	136512	132319	196317	166069	62888
2012	7137	2134	157660	142436	210887	179797	67168

注：1.从1996年起卫生年报统计口径变动，机构数中包括个体机构。
2.2002年卫生年报统计口径调整，数据变化较大。后同。
3.2007年卫生年报统计口径变动。后同。
4.本表人员数合计中不包括乡村医生和卫生员。

a) Statistical standards in health report have changed since 1996, individual institutions are included in total number of institutions.

b) Statistical standards in health report have changed since 2002, there have been great amount of changes in data. The same applies to the following tables.

c) Statistical standards in health report have changed since 2007. The same applies to the following tables.

d)Country doctors and health workers are not included in Technical Personnel in Health Institutions.

20-2 卫生机构、床位、人员数（2012年）

Number of Health Institutiors, Beds and Personnels by Type (2012)

类别	Type	机构数 (个) Total (unit)	#国有 State-owned	床位数 (张) Beds (unit)	#国有 State-owned	人员数 (人) Personnel (person)	#卫生技术人员 Medical Technical Personnel
全省	**Provincial Total**	**7137**	**2918**	**157660**	**140279**	**210887**	**179797**
医院	Hospital	548	354	103069	90764	121665	102953
#综合医院	General Hospital	360	236	73517	65119	87801	74741
中医医院	Hospital Specialized in Traditional	98	88	18082	17394	20913	18164
中西医结合医院	Combined Chinese and Western Medicine Hospital	7	5	902	820	1341	1148
专科医院	Specialized Hospital	83	25	10568	7431	11610	8900
疗养院	Sanatoriums	3	3	1784	1784	513	277
社区卫生服务中心(站)	Health Service Center for Community	611	279	3891	2831	8861	7672
卫生院	Township Hospital	1586	1437	39367	35581	44461	38305
门诊部	Outpatient Department	87	27	168	31	819	693
诊所、卫生所、医务室、护理站	Clinic, Medical Center, Nursing Station	3715	241			6540	6250
急救中心(站)	Emergency Center	8	8			286	182
采供血机构	Institution for Blood Collection and Supplyment	13	12			711	535
妇幼保健院(所、站)	MCH Center	113	112	7200	7107	11127	9461
专科疾病防治院(所、站)	Specialized Disease Prevention &Treatment Institute	112	110	2181	2181	2682	2117
疾病预防控制中心(防疫站)	Disease Prevention & Control Center	147	146			5206	3827
卫生监督所	Health Supervision Institution	110	109			2156	2053
医学科学研究机构	Research Institution of Medical Science	5	5			418	266
医学在职培训机构	Medical-service Training Institution	3	3			19	5
健康教育所(站、中心)	Health Education Center	7	7			73	36
其他卫生机构	Other Health Institutions	69	65			540	374

20-3 卫生机构人员数

Number of Employed Persons in Health Institutions

单位：人 (person)

类别	Type	1990	1995	2000	2005	2010	2011	2012
全省	**Provincial Total**	**144583**	**151246**	**151985**	**138697**	**184139**	**196317**	**210887**
卫生技术人员	Medical Technical Personnel	116786	122649	123192	115986	154733	166069	179797
执业医师	Certified Doctors	51994	55095	54437	39522	50737	53073	56525
执业助理医师	Certified Assistant Doctors				10179	8527	9815	10643
注册护士	Registerd Nurses	1774	1227	1764	35679	57703	64492	72062
药剂师(士)	Pharmacists	1237	1057	611	11379	12223	12422	13015
技师(士)	Technical Personnel					10584	10910	11654
#检验师	Chemist	891	677	444	6254	7229	7659	8150
其他	Others	5921	5914	4351	12973	14959	15357	15898
其他技术人员	Other Technical Personnel	1229	2329	4340	5787	6523	6734	7127
管理人员	Managerial Personnel		4464	5004	6233	7644	7460	7678
工勤技能人员	Ground Skilled Staff	10498	10812	12903	10691	15239	16054	16285
平均每千人中有卫生技术人员	Number of Medical Technical Personnel Per 1000 Population	3.06	3.02	2.97	2.69	3.47	3.70	3.99
#医生	Doctors	1.36	1.36	1.31	1.15	1.33	1.40	1.49

注：2007年卫生统计口径改变,故指标有所变化。
a) New statisic standard in health care varies in 2007, thus the indicators vary accordingly.

20-4 各地区卫生事业基本情况（2012年）
Basic Statistics on Health Institutions by Region (2012)

地 区	Region	机构数（个）Total (unit)	#医院、卫生院 Hospitals and Health Centers	床位数（张）Number of Beds (unit)	#医院、卫生院 Hospitals and Health Centers	人员数（人）Number of Personnel (person)
全 省	**Provincial Total**	**7137**	**2134**	**157660**	**142436**	**259860**
南昌市	Nanchang	695	179	23403	21514	40600
景德镇市	Jingdezhen	341	70	6231	5638	9815
萍乡市	Pingxiang	358	81	8798	7962	14762
九江市	Jiujiang	773	261	18966	15424	29664
新余市	Xinyu	235	48	4953	4380	7717
鹰潭市	Yingtan	372	60	3832	3629	6214
赣州市	Ganzhou	1420	378	27532	25100	39595
吉安市	Ji'an	639	277	15376	14265	23644
宜春市	Yichun	817	218	18962	16669	31213
抚州市	Fuzhou	440	210	8604	8257	18594
上饶市	Shangrao	1047	352	21003	19517	38042

注：人员数包括乡村医生和卫生员。
a) Country doctors and health workers are included.

20-5 各地区卫生技术人员数（2012年）
Technical Personnel in Health Institutions by Region (2012)

单位：人 (person)

地 区	Region	合计 Total	医生 Doctors	执业医师 Certified Doctors	执业助理医师 Certified Assistant Doctors	注册护士 Registerd Nurses	其他 Others
全 省	**Provincial Total**	**179797**	**67168**	**56525**	**10643**	**72062**	**40567**
南昌市	Nanchang	30198	11084	10033	1051	13123	5991
景德镇市	Jingdezhen	7096	2583	2239	344	2977	1536
萍乡市	Pingxiang	10659	3837	3207	630	4464	2358
九江市	Jiujiang	20633	7972	6690	1282	8239	4422
新余市	Xinyu	5916	2260	1951	309	2565	1091
鹰潭市	Yingtan	4806	2265	1986	279	1579	962
赣州市	Ganzhou	27707	9414	7448	1966	10753	7540
吉安市	Ji'an	16321	6336	5200	1136	6102	3883
宜春市	Yichun	20197	7326	6270	1056	8065	4806
抚州市	Fuzhou	11827	4582	3839	743	4597	2648
上饶市	Shangrao	24437	9509	7662	1847	9598	5330

注：1.其他卫生技术人员中包括药师(士)、技师(士)和见习医师等。
a)Pharmacists, technical personnel and interns included.
2.本表卫生技术人员合计中不包括乡村医生和卫生员。
b)Country doctors and health workers are not included in Technical Personnel in Health Institutions.

20-6 各类医院机构、床位及人员数（2012年）
Beds and Personnel in Health Institutions by Specializtions (2012)

类别	Type	机构数（个）Number of Institutions (unit)	床位数（张）Number of Beds (unit)	人员数（人）Number of Personnel (person)	#卫生技术人员 Medical Technical Personnel	执业医师 Certified Doctors	执业助理医师 Certified Assistant Doctors
全省	**Provincial Total**	**548**	**103069**	**121665**	**102953**	**31988**	**2100**
综合医院	General Hospital	360	73517	87801	74741	23089	1407
中医医院	Hospital Specialized in Traditional Chinese Medicine	98	18082	20913	18164	6079	482
中西医结合医院	Combined Chinese and Western Medicine Hospital	7	902	1341	1148	382	25
专科医院	Specialized Hospital	83	10568	11610	8900	2438	186
口腔医院	Stomatological Hospital	4	28	281	217	122	4
眼科医院	Ophtalmology Hospital	5	245	358	224	59	11
耳鼻喉科医院	Otolaryngology Hospital	1	78	78	132	13	2
肿瘤医院	Tumor Hospital	3	2328	2572	1993	562	2
妇产(科)医院	Obstetrics and Gynecology Hospital	6	170	284	196	44	8
儿童医院	Children's Hospital	1	1083	1550	1260	366	2
精神病医院	Psychiatry Hospital	17	3989	2530	1921	426	89
传染病医院	Hospital for Infectious Diseases	3	344	268	225	65	
皮肤病院	Dermatology Hospital	4	137	558	424	132	3
结核病医院	Tuberculosis Hospital	2	663	796	638	168	1
骨科医院	Orthopedics Hospital	7	413	472	387	125	26
康复医院	Rehabilitation Hospital	2	110	42	31	17	3
美容医院	Plastic Surgery Hospital	2	38	136	88	22	3
其他专科医院	Other Specialized Hospitals	26	942	1631		317	32

20-7 各类医疗机构病床使用情况（2012年）
Bed Utilization of Medical Institutions (2012)

类别	Type	实际开放总床日数(日) Actual Number of Bed-opening Days (day)	病床周转次数(次) Hospital Bed Turnover (time)	病床工作日(日) Hospital Bed Using Days (day)	病床使用率(%) Utilization Rate (%)	出院者平均住院日(日) Average Staying Days in Hospital (day)	出院者占用总床日数(日) Total Number of Bed-occupying Days (day)
全省	**Provincial Total**	**54797403**	**44.20**	**319.8**	**87.38**	**7.0**	**46478675**
医院	Hospital	36024943	37.28	346.5	94.67	9.1	33374956
综合医院	General Hospital	25880272	39.11	346.4	94.63	8.7	23943662
中医医院	Hospital Specialized in Traditional Chinese Medicine	6176769	37.04	344.0	94.00	9.1	5679918
中西医结合医院	Combined Chinese and Western Medicine Hospital	275305	30.26	331.9	90.68	10.8	245032
专科医院	Specialized Hospital	3692597	25.36	352.5	96.32	13.7	3506344
口腔医院	Stomatological Hospital	10238	24.24	223.0	60.93	8.9	6001
眼科医院	Ophtalmology Hospital	89215	38.67	150.3	41.07	3.8	36001
耳鼻喉科医院	Otolaryngology Hospital	28548	43.27	271.0	74.04	6.4	21597
肿瘤医院	Tumor Hospital	798750	31.75	375.2	102.50	11.7	809709
妇产(科)医院	Obstetrics and Gynecology Hospital	61750	28.27	183.5	50.13	5.4	25645
儿童医院	Children's Hospital	384300	64.12	478.4	130.72	7.4	498008
精神病医院	Psychiatry Hospital	1390825	6.64	375.9	102.70	57.1	1439030
传染病医院	Hospital for Infectious Diseases	125560	12.90	146.9	40.14	10.4	45913
皮肤病医院	Dermatology Hospital	50065	38.39	314.9	86.03	8.3	43621
结核病医院	Tuberculosis Hospital	231236	30.38	394.5	107.79	12.7	242959
骨科医院	Orthopedics Hospital	148505	28.67	245.2	67.00	8.0	93100
康复医院	Rehabilitation Hospital	40150	39.97	356.0	97.26	7.1	31325
美容医院	Plastic Surgery Hospital	10220	4.05	19.2	5.24	4.7	536
其他专科医院	Other Specialized Hospitals	323235	34.84	261.1	71.35	6.9	212899
疗养院	Sanitarium	578160	29.95	133.8	36.55	2.7	126852
社区卫生服务中心(站)	Health Service Center for Community	1213676	26.86	195.3	53.37	5.2	464031
卫生院	Township Hospital	13699985	63.07	279.2	76.28	4.3	10129113
#中心卫生院	Center Township Hospital	6233131	63.94	287.0	78.41	4.3	4681510
乡卫生院	Rural Township Hospital	7455864	62.38	272.6	74.48	4.3	5441366
妇幼保健院(所、站)	Maternity and Child Care Center (Station)	2572841	56.43	303.1	82.81	5.2	2056919
#妇幼保健院	Maternity and Child Care Center	2239409	57.65	315.6	86.22	5.3	1874119
专科疾病防治院(所、站)	Specialized Disease Prevention & Treatment Institute	707798	26.16	173.9	47.50	6.5	326804

20−8 各类医疗机构门诊诊疗情况（2012年）

Out-patient Clinics in Hospitals in Medical Institutions(2012)

类别	Type	诊疗人次 (人次) Visits (person-time)	#门、急诊 Clinics	门急诊人次占总人次 (%) Percentage of Out-patients in Total Number (%)	观察室留观病人 (人) Patients in Observation Room (person)	健康检查 (人) Health Examine (person)
全　　省	**Provincial Total**	**100961662**	**96459310**	**96**	**2350725**	**11817075**
医　　院	Hospital	50822530	49083072	97	1462492	3030556
综合医院	General Hospital	36346864	34921776	96	1082652	2164706
中医医院	Hospital Specialized in Traditional Chinese Medicine	10789541	10560272	98	245931	646908
中西医结合医院	Combined Chinese and Western Medicine Hospital	657724	630109	96	36298	53190
专科医院	Specialized Hospital	3028401	2970915	98	97611	165752
口腔医院	Stomatological Hospital	197590	197590	100		353
眼科医院	Ophtalmology Hospital	104033	100070	96	509	1000
耳鼻喉科医院	Ophtalmology Hospital	19081	15691	82		
肿瘤医院	Tumor Hospital	311759	296943	95	102	53332
妇产(科)医院	Obstetrics and Gynecology Hospital	44301	41158	93	4100	2000
儿童医院	Children's Hospital	976109	976109	100	58869	46976
精神病医院	Psychiatry Hospital	344882	341895	99	59	547
传染病医院	Hospital for Infectious Diseases	93373	93373	100	16425	15428
皮肤病医院	Dermatology Hospital	354409	354409	100	16618	1256
结核病医院	Tuberculosis Hospital	169439	158578	94	200	20000
骨科医院	Orthopedics Hospital	96580	90546	94	250	10820
康复医院	Rehabilitation Hospital	10280	10186	99		750
美容医院	Plastic Sergury Hospittal	7222	7222	100		
其他专科医院	Other Specialized Hospitals	299343	287145	96	479	13290
疗养院	Sanitarium	55365	55365	100	132	105
社区卫生服务中心(站)	Health Service Center for Community	6126089	5749567	94	308383	1258736
卫生院	Township Hospital	26250823	24625475	94	372690	6558040
#中心卫生院	Center Township Hospital	11650677	11074297	95	149378	2491242
乡卫生院	Rural Township Hospital	14581070	13532350	93	223134	4046223
门诊部	Clinic	456432	435762	95		
诊所、卫生所、医务室	Clinic, Medical Center, Nursing Station	9622154	9339984	97		
妇幼保健院(所、站)	Maternity and Child Care Center (Station)	6765172	6330091	94	203901	911657
#妇幼保健院	Maternity and Child Care Center	5913972	5497638	93	201355	726454
专科疾病防治院(所、站)	Specialized Disease Prevention & Treatment Institute	863097	839994	97	3127	57981

20-9 各类医疗机构住院治疗情况（2012年）

Basic Statistics on Inpatients Treatments in inedical Institutions(2012)

类 别	Type	入院人数（人） Inpatients (person)	出院人数（人） Out-patients (person)	住院病人手术人次（人次） Inpatients Operation (person-time)	每百门急诊的入院人数（人） Number of Admissions per 100 Outpatient Emergency Treatment (person)
全 省	**Provincial Total**	**6818714**	**6917892**	**1053490**	**8**
医 院	Hospital	3622895	3669027	845095	7
综合医院	General Hospital	2716550	2765293	635578	8
中医医院	Hospital Specialized in Traditional Chinese Medicine	627028	625118	136553	6
中西医结合医院	Combined Chinese and Western Medicine Hospital	22986	22760	6259	4
专科医院	Specialized Hospital	256331	255856	66705	9
口腔医院	Stomatological Hospital	706	678	588	0
眼科医院	Ophtalmology Hospital	9452	9425	4264	9
耳鼻喉医院	Ophtalmology Hospital	3390	3375	2547	22
肿瘤医院	Tumor Hospital	69153	69293	17021	23
妇产(科)医院	Obstetrics and Gynecology Hospital	4772	4770	1063	12
儿童医院	Children's Hospital	67206	67322	16217	7
精神病医院	Psychiatry Hospital	25747	25218	1167	8
传染病医院	Hospital for Infectious Diseases	4419	4425	148	5
皮肤病医院	Dermatology Hospital	5166	5252	370	1
结核病医院	Tuberculosis Hospital	19312	19196		12
骨科医院	Orthopedics Hospital	11802	11631	6135	13
康复医院	Rehabilitation Hospital	4400	4385	1264	43
其他专科医院	Other Specialized Hospitals	30693	30773	15921	11
疗养院	Sanitarium	47573	47310	221	86
社区卫生服务中心	Health Service Center for Community	94404	89083		2
卫生院	Township Hospital	2300935	2360663		9
#中心卫生院	Center Township Hospital	1056799	1088849		10
乡卫生院	Rural Township Hospital	1242981	1270659		9
门诊部	Clinic	2404	2404		
妇幼保健院(所、站)	Maternity and Child Care Center (Station)	353269	352757	99624	6
#妇幼保健院	Maternity and Child Care Center	50420	50591	2262	6
专科疾病防治院(所、站)	Specialized Disease Prevention & Treatment Institute	397234	396648	108550	6

20-10 各地区医院门诊诊疗情况（2012年）

Out-patient Clinics in Hospitals by Region (2012)

地区	Region	诊疗人次（人次）Visits (person-time)	#门、急诊 Clinics	门急诊人次占总人次(%) Percentages of Out-patients in Total Number (%)	观察室留观病人(人) Patients in Observation Room (person)	观察室病死率(%) Observation Room Mortality (%)	健康检查(人) Health Examine (person)
全省	**Provincial Total**	**50822530**	**49083072**	**96.58**	**1462492**	**0.01**	**3030556**
南昌市	Nanchang	11037758	10835423	98.17	220006	0.03	623666
景德镇市	Jingdezhen	1845176	1830147	99.19	152927	0.00	128179
萍乡市	Pingxiang	2879669	2407924	83.62	54790	0.00	196745
九江市	Jiujiang	5450048	5171973	94.90	97630	0.01	373963
新余市	Xinyu	1829560	1744166	95.33	61641	0.00	238624
鹰潭市	Yingtan	1043845	1026133	98.30	44066		123726
赣州市	Ganzhou	8227111	8119343	98.69	288594	0.04	295605
吉安市	Ji'an	4722854	4579993	96.98	48330	0.03	330375
宜春市	Yichun	4379054	4296837	98.12	412319	0.00	225833
抚州市	Fuzhou	3813922	3647250	95.63	37467	0.02	228151
上饶市	Shangrao	5593533	5423883	96.97	44722	0.02	265689

注：本表数据包含村级卫生医疗情况。

a) Data on village health service are included.

20-11 各地区医院病床使用情况（2012年）

Utilization of Hospital Beds by Region (2012)

地区	Region	医院 Total			#政府办医院 Government-conducted Hospital		
		病床周转次数(次) Hospital Bed Turnover (time)	病床使用率(%) Utilization Rate (%)	出院者平均住院日(日) Average Staying Days in Hospital (day)	病床工作日(日) Hospital Bed Utilization (day)	病床使用率(%) Utilization Rate (%)	出院者平均住院日(日) Average Staying Days in Hospital (day)
全省	**Provincial Total**	**37.28**	**94.67**	**9.10**	**357**	**97.40**	**9.50**
南昌市	Nanchang	33.62	101.66	10.87	380	103.79	11.05
景德镇市	Jingdezhen	33.53	83.60	8.86	317	86.60	9.10
萍乡市	Pingxiang	34.66	95.30	9.87	363	99.23	9.79
九江市	Jiujiang	35.59	95.86	9.72	358	97.93	9.98
新余市	Xinyu	27.64	87.67	11.39	332	90.76	11.53
鹰潭市	Yingtan	25.71	86.04	10.99	321	87.63	11.14
赣州市	Ganzhou	34.35	88.17	9.22	329	89.80	9.34
吉安市	Ji'an	40.64	95.61	8.38	358	97.75	8.74
宜春市	Yichun	39.25	108.80	10.12	402	109.84	10.35
抚州市	Fuzhou	46.84	88.68	6.99	328	89.64	7.03
上饶市	Shangrao	47.25	90.28	6.67	357	97.43	7.49

20-12 各地区育龄妇女节育、晚婚情况（2012年）

Birth-Control and Later-Marriage of Childbearing-age Women by Region (2012)

地区	Region	已婚育龄妇女人数（人）Married Childbearing-age Women (person)	采取各种节育措施人数（人）Number of Women Taking Birth-Control (person)	节育率（%）Birth-Control Rate (%)	晚婚人数（人）Number of Later-Marriage (person)	晚婚率（%）Later-Marriage Rate (%)
全省	**Provincial Total**	**10751651**	**10151728**	**94.42**	**176737**	**47.66**
南昌市	Nanchang	1170458	1103553	94.28	18519	51.08
景德镇市	Jingdezhen	1154346	1070839	92.77	24026	53.09
萍乡市	Pingxiang	388076	366407	94.42	4789	40.95
九江市	Jiujiang	424522	405390	95.49	7250	54.16
新余市	Xinyu	278465	257549	92.49	3732	50.34
鹰潭市	Yingtan	280175	263415	94.02	4558	45.21
赣州市	Ganzhou	2027280	1944271	95.91	33238	46.36
吉安市	Ji'an	1273005	1185696	93.14	19899	45.10
宜春市	Yichun	1685394	1596909	94.75	27477	45.06
抚州市	Fuzhou	1105211	1044155	94.48	20452	52.54
上饶市	Shangrao	964719	913544	94.70	12797	41.25

20-13 各地区计划生育情况（2012年）

Basic Statistics on Family Planning by Region (2012)

地区	Region	现有一孩育龄妇女人数（人）Married Childbearing-age Women with One Child (person)	现有一孩育龄妇女占已婚育龄妇女比重(%) Percentage of Married Childbearing-age Women with One Child in Total Married Women (%)	累计领取独生子女证人数（人）Number of Women Receiving Single-Child Permit (person)	领取独生子女证人数占一孩育龄妇女比重(%) Percentage of Women Receiving Single-Child Permit in Married Childbearing-age Women with One Child (%)	出生政策符合率(%) Birth-Control Rate (%)
全省	**Provincial Total**	**4012279**	**37.32**	**1869779**	**46.60**	**80.80**
南昌市	Nanchang	543307	46.42	278860	51.33	81.29
景德镇市	Jingdezhen	455471	39.46	199146	43.72	81.14
萍乡市	Pingxiang	174796	45.04	104664	59.88	80.70
九江市	Jiujiang	188614	44.43	88336	46.83	76.83
新余市	Xinyu	146972	52.78	88018	59.89	86.86
鹰潭市	Yingtan	108136	38.6	51172	47.32	82.91
赣州市	Ganzhou	640223	31.58	330363	51.60	82.54
吉安市	Ji'an	431353	33.88	187808	43.54	85.00
宜春市	Yichun	551377	32.72	155409	28.19	80.46
抚州市	Fuzhou	423404	38.31	224544	53.03	80.85
上饶市	Shangrao	348626	36.14	161459	46.31	81.97

注：国家人口计生委在2008年将“计划生育率”指标改为“出生政策符合率”。
a)"Birth-Control Rate" instead of " Plan-Birth" after 2008.

20-14 体育事业基本情况
Basic Statistics on Sports

指　　标	Item	1990	1995	2000	2005	2010	2011	2012
群众体育活动次数(次)	Mass Sport Event (time)				1920	13105	4697	6318
群众体育活动人数(万人)	Population Paticpated in Mass Sport Event (10000 persons)				288	522	336	475
青少年俱乐部(个)	Youth Club (unit)				64	108	128	253
等级裁判员发展人数(人)	Ranked Referees Developed (person)	2008	1523	2223	1465	567	643	2108
等级运动员发展人数(人)	Ranked Athletes Developed (person)	1517	1222	1624	785	195	692	1011
在国际国内比赛中获奖牌数(枚)	Medals Won in National and International Competitions (piece)	90	88	71	80	95	168	102
金　　牌	Gold	28	24	25	44	36	61	33
银　　牌	Silver	33	40	27	21	26	45	32
铜　　牌	Bronze	29	24	19	15	33	62	37

注:"群众体育活动"2007年以前为"举办全民健身活动"。
a)Before 2007, mass sport event refered to national fit-keeping event.

20-15 少年儿童业余体育学校基本情况
Basic Statistics on Amateur Sports School for Children and Adolescents

指　　标	Item	1990	1995	2000	2005	2010	2011	2012
学　校　数(所)	Number of Schools (unit)	133	99	105	92	89	89	89
在校学生数(人)	Total School Enrollments (person)	7122	5174	7417	8955	10113	9517	8380
专职教练员人数(人)	Full-time Coaches (person)	400	398	439	436	462	482	557
#专科以上	Above Specialized Courses			238	330	410	398	234

20-16 历届全省人民代表大会的代表人数

Number of Deputies to All the Previous Provincial People's Congresses

届别	Congress	年份 Year	代表总数 (人) Total Number of Deputies (person)	#女代表 Female Deputies	占代表总数(%) As Percentage to Total Deputies (%)	#少数民族代表 Ethnic Minority Deputies	占代表总数(%) As Percentage to Total Deputies (%)
一届	First Congress	1954	404				
二届	Second Congress	1958	500	76	15.2		
三届	Third Congress	1963	613	129	21.0	7	1.1
五届	Fifth Congress	1978	1200	261	21.8	9	0.8
六届	Sixth Congress	1983	958	184	19.2	17	1.8
七届	Seventh Congress	1988	583	99	17.0	15	2.6
八届	Eighth Congress	1993	615	108	17.6	12	2.0
九届	Ninth Congress	1998	603	136	22.6	11	1.8
十届	Tenth Congress	2003	604	146	24.2	14	2.3
十一届	Eleventh Congress	2008	608	148	24.3	16	2.6

注：1968年1月成立的江西省革命委员会作为江西省第四届人民代表大会的届次计算。
a) Revolutionary Committee of Jiangxi Province which was founded in Jun.1968 is complied as 4th Provincial People's Congresses.

20-17 历届全省政治协商会议的委员人数

Number of Deputies to All the Previous Provincical People's Political Consultative Conferences

届别	Congress	年份 Year	委员总数 (人) Total Number of Deputies (person)	#中国共产党委员 Deputies from the Communist Party of China	占委员总数(%) As Percentage to Total Deputies (%)	#少数民族委员 Ethnic Minority Deputies	占委员总数(%) As Percentage to Total Deputies (%)
一届	First Congress	1955	159	50	31.5	6	3.8
二届	Second Congress	1959	571	227	39.8	11	1.9
三届	Third Congress	1964	601	266	44.3	10	1.7
四届	Fourth Congress	1978	752	340	45.3	12	1.6
五届	Fifth Congress	1983	760	259	34.1	17	2.2
六届	Sixth Congress	1988	755	258	36.0	22	2.9
七届	Seventh Congress	1993	704	281	39.9	17	2.4
八届	Eighth Congress	1998	649	274	42.2	19	2.9
九届	Ninth Congress	2003	683	273	40.0	16	2.4
十届	Tenth Congress	2008	690	276	40.0	13	1.9

20-18 工会组织情况

Basic Statistics on Trade Unions

年份 Year	工会基层组织数（万个）Number of Grassroots Trade Unions (10000 units)	全省已建工会组织的基层单位的职工和会员人数（万人）Membership and Staff and Workers in Grassroot Trade Unions (10000 persons)				工会专职工作人员人数（万人）Full-time Staff (10000 persons)
		职工人数 Staff and Workers	#女职工 Female	会员人数 Membership	#女会员 Female	
1980	1.28	193.33	57.67	162.17		0.70
1985	1.78	260.16	90.84	229.87	77.46	1.55
1986	1.87	265.37	90.04	234.39	79.74	1.28
1987	1.95	274.43	96.85	243.38	84.88	1.29
1988	2.01	283.54	101.39	250.24	89.69	1.29
1989	2.10	293.33	102.66	260.64	93.71	1.45
1990	2.14	299.93	107.36	271.76	97.41	1.56
1991	2.16	305.12	111.02	278.47	100.88	1.60
1992	2.19	311.86	115.47	282.70	102.99	1.66
1993	2.14	300.12	111.29	272.28	99.72	1.58
1994	2.14	312.54	116.58	289.86	102.84	1.61
1995	2.01	306.17	112.10	281.77	100.15	0.91
1996	2.14	318.51	120.94	286.57	107.94	1.37
1997	1.76	243.00	91.08	222.57	81.72	1.40
1998	1.70	251.32	94.22	232.77	86.34	1.18
1999	1.56	242.01	88.92	230.59	80.78	1.16
2000	1.82	267.12	82.61	237.31	74.71	1.79
2001	3.84	288.89		273.76		1.79
2002	2.21	513.82	152.96	363.01	116.65	1.44
2003	2.24	288.55	100.68	260.36	92.68	1.04
2004	3.08	373.30	116.26	347.41	109.06	0.97
2005	3.77	391.00	139.14	375.89	131.48	1.11
2006	4.11	459.93	157.68	438.81	149.97	1.32
2007	4.60	517.76	158.07	495.92	151.9	1.55
2008	5.17	572.04	203.97	551.60	199.17	1.80
2009	5.54	600.01	218.20	581.00	212.82	2.60
2010	5.92	647.36	242.81	611.04	231.69	3.80
2011	6.48	673.36	250.61	646.86	240.67	5.42
2012	7.37	736.82	274.40	714.60	266.37	5.93

注：2001年为工会四季度报表数据,空白指标数据未作统计。

a) In 2001,the data is fourth quarter of Trade Union.Blanks have no Statistic.

20-19 共青团组织情况

Basic Statistics on the Communist Youth League

年　份 Year	基层团支部 (万个) Grassroot CYL Branch (10000 units)	共青团员 (万人) CYL Members (10000 persons)	#女团员 Female	专职团干部 (人) Full-time Cadres (person)
1978	11.10	133.22	49.87	4342
1979	11.51	125.81		
1980	10.56	124.04	41.80	4732
1981	8.75	123.62	46.22	5323
1982	6.47	124.05	45.27	5713
1983	6.26	126.96	46.66	5839
1984	6.12	131.67	46.23	5903
1985	6.48	152.69	53.00	6473
1986	6.64	169.37	56.83	6729
1987	6.75	183.48	60.62	6542
1988	6.78	181.34	58.23	6337
1989	6.88	161.66	50.39	6074
1990	6.75	162.03	53.60	6725
1991	6.77	160.19	55.06	7156
1992	6.39	157.53	52.54	6821
1993	6.55	156.32	53.66	6801
1994	10.31	238.38	83.32	10339
1995	10.40	248.42	85.93	8752
1996	12.00	219.78	81.46	7855
1997	11.13	222.37	78.98	9759
1998	8.52	212.80	72.73	7909
1999	6.98	187.68	68.39	7362
2000	6.80	187.98	68.53	7015
2001	6.83	182.30	68.27	6627
2002	7.49	191.29	79.50	7444
2003	3.83	194.10	42.81	7444
2004	6.15	213.63	68.73	15680
2005	6.41	246.62	71.42	10370
2006	6.42	248.61	72.41	10370
2007	6.42	248.71	72.41	10370
2008	6.42	248.79	72.42	10470
2009	6.53	250.75	83.57	11812
2010	6.51	240.12	81.76	11756
2011	5.81	440.17	181.54	12888
2012	9.38	247.90	82.10	10146

注：2011年共青团员数含驻赣部队团员及省外流动团员。
a) Members of the CYL included those of PLA Garrison Force and migrations due to change in coverage.

20-20 妇联系统组织情况
Basic Statistics of Women's Federations

单位：个 (unit)

年份 Year	基层妇代会 Grassroot Women's Conference	城市 Urban	农村 Rural	机关、事业单位妇委会 Women's Federations of Institutions and Agencies
1987	23635	1938	21697	718
1988	21214	2274	18940	980
1989	23870	2146	21724	1714
1990	22941	1843	21098	1555
1991	22849	2132	20717	1733
1992	22931	2086	20845	2366
1993	22477	1656	20821	1766
1994	22898	2159	20739	2481
1995	22871	2054	20817	2408
1996	22643	2237	20406	2494
1997	22815	2226	20589	2610
1998	22802	2211	20591	2982
1999	22297	2081	20216	2836
2000	22727	2445	20282	3484
2001	21519	1747	19772	
2002	19691	1695	17996	3069
2003	19189	2181	17008	2252
2004	18591	2761	15830	2539
2005	17474	2010	15464	4333
2006	18753	1830	16923	3737
2007	18695	2250	16445	3714
2008	18805	2627	16178	3911
2009	19878	2397	17481	4523
2010	19881	2399	17483	4521
2011	18222	2410	15812	4682
2012	20107	2538	17569	4864

20-21 各地区城镇社区服务情况（2012年）
Basic Conditions of Urban Community Service by Region (2012)

单位：个 (unit)

地区	Region	城镇社区服务设施 Urban Community Service Facilities	城镇便民利民服务网点 Convenience Stores in Urban Areas	社区服务志愿者组织数 Voluntary Organizations for Community Services
全省	**Provincial Total**	**3206**	**3660**	**1412**
南昌市	Nanchang	348	876	81
景德镇市	Jingdezhen	90	380	
萍乡市	Pingxiang	54	54	297
九江市	Jiujiang	365	4	4
新余市	Xinyu	51	12	6
鹰潭市	Yingtan	450	256	129
赣州市	Ganzhou	354	824	376
吉安市	Ji'an	302	214	59
宜春市	Yichun	646	59	6
抚州市	Fuzhou	436	910	51
上饶市	Shangrao	110	71	403

20-22 社会福利事业基本情况
Basic Statistics on Social Welfare

指标	Item	2000	2005	2010	2011	2012
优抚类收养性机构(个)	Residential Institutions for Serviceman (unit)	271	273	226	227	227
#光荣院	Homes for Disabled Veterans	268	270	223	223	221
年末在院人数(人)	Number of Persons Adopted or Housed at Year-end (person)	9105	12060	10970	11278	11196
#光荣院	Residential Institutions for Serviceman	8570	11562	10225	10475	10334
福利类收养性机构(个)	Residental Institutions of Social Welfare (unit)	2318	1793	1693	1691	1697
#社会福利院	Social Welfare Homes	91	99	102	103	103
养老服务机构	Residental Institutions for Aging Population	1953	1689	1585	1582	1588
#农村	Rural	1219	1337	1359	1358	1360
年末在院人数(人)	Number of Persons Adopted or Housed at Year-end (person)	6316	81011	143402	133745	134757
#社会福利院	Social Welfare Homes	4717	9530	11279	11111	12209
养老服务机构	Residental Institutions for Aging Population	41929	70918	120612	121782	121550
#农村	Rural	26317	56036	114335	115547	114857
收养类社会服务机构床位数(张)	Number of Beds in Residental Institutions (unit)	65787	108390	148910	150687	154558
社会福利企业(个)	Social Welfare Enterprises (unit)	731	391	334	332	348
年末职工人数(人)	Number of Staff & Workers at Year-end (person)	16513	14493	24048	26950	30651
#残疾职工人数	Number of Disabled Staff & Workers at Year-end	6426	7349	12689	12761	12845
社会救济总人数(人)	Total Number of Social Salvation (person)					
城镇居民最低生活保障人数(人)	Number of Persons Receiving Minimum Living Allowance in Urban Areas (person)	98099	1000819	981136	981270	979546
城市医疗救助(人次)	Number of Persons Receiving Medical Salvation (person-time)		102191	207136	365362	285866
城市资助参加医疗保险人数(人)	Number of Persons Receiving Medical Salvation in Urban (person-time)			1053390	983701	556260
城市临时救济(人次)	Number of Persons Receiving Temporary Relief in Urban Areas (person-time)	41620	28422	6035	11680	20748
农村居民最低生活保障人数(人)	Number of Persons Receiving Minimum Living Allowance in Rural Areas (person)	89295	1245909	1497473	1501378	1502693
农村医疗救助(人次)	Number of Persons Receiving Medical Salvation (person-time)		234569	416141	632236	517422
农村资助参加合作医疗人数(人)	Number of Persons Receiving Cooperative Medical Services in Rural (person)			1652254	1664037	1215272
农村五保户集中、分散供养人数(人)	Number of Persons Receiving Livelihood Guaranteed in Five Aspects in Rural Areas (person)		214495	228607	228608	228728
农村临时救济(人次)	Number of Poor Persons Receiving Temporary Relief in Rural Areas (person-time)	275933	216227	29111	30155	19315

注：1.从1995年按2006年新口径调整福利企业数据。
2.2005年前农村居民最低生活保障为农村定期救济人数。
3.2005年农村定期救济人数中包括农村五保户供养人数。

a) Data of welfare enterprises are adjusted according to 2006's new statistic standard since 1995.
b) Persons receiving minimum living allowance in urban areas refered to regular receivers before 2005.
c) Poor persons receiving regular relief in rural areas included those receiving livelihood guaranteed in five aspects in rural areas before 2005.

20–23 各地区社会捐赠情况（2012年）

Basic Statistics on Social Donations by Region (2012)

地区	Region	直接接收捐赠 Directly accepting donations			间接接收捐赠 Indirectly accepting donations			受益人次数（人次） Beneficiaries (person-time)	社会捐赠接收工作站、点(个) Social Donations Receiving Centers(stations) (unit)	
		捐赠款（万元） Donations (10000 yuan)	捐赠衣被（万件） Donated Clothing (10000 pieces)	#棉衣被 Cotton Clothing	捐赠款（万元） Donations (10000 yuan)	捐赠衣被（万件） Donated Clothing (10000 pieces)	#棉衣被 Cotton Clothing			#社会捐赠接收工作站 Social Donations Receiving Stations
全　省	**Provincial Total**	**17868.6**	**149.8**	**1.0**	**619.7**	**0.6**		**756688**	**565**	**237**
省本级	Provincial	2397.8							1	
南昌市	Nanchang	2767.4	147.6		20.0			30810	247	26
景德镇市	Jingdezhen	90.0						1200	8	1
萍乡市	Pingxiang	206.2						26330	20	13
九江市	Jiujiang	10037.0	0.1	0.1	519.0			61366	68	54
新余市	Xinyu	351.3						2718		
鹰潭市	Yingtan	123.0						2050	41	41
赣州市	Ganzhou	419.3	0.6	0.6	40.2	0.4		7611	35	21
吉安市	Ji'an	561.6	0.5			0.2		8453	57	47
宜春市	Yichun	270.0						900	69	18
抚州市	Fuzhou	567.9	1.0	0.3				615250	16	13
上饶市	Shangrao	77.1			40.5				3	3

20–24 各地区福利彩票发行情况（2012年）

Statistics on Welfare Lottery by Region (2012)

地区	Reigon	机构数（个） Number of Institutions (unit)	年末职工人数(人) Number of Staff and Workers at Year-end (person)	增加值（万元） Value Added (10000 yuan)	收入（万元） Revenues (10000 yuan)	支出（万元） Expenditures (10000 yuan)
全　省	**Provincial Total**	**52**	**193**	**1926**	**38066**	**35798**
省本级	Provincial	1	13	1159	36365	34152
南昌市	Nanchang	1	5	87	124	127
景德镇市	Jingdezhen	4	9	10	101	101
萍乡市	Pingxiang	2	12	3	77	77
九江市	Jiujiang	6	18	86	305	309
新余市	Xinyu	2	6	18	42	39
鹰潭市	Yingtan	4	9	33	47	47
赣州市	Ganzhou	13	58	253	654	595
吉安市	Ji'an	3	5	4	13	13
宜春市	Yichun	5	25	265	260	260
抚州市	Fuzhou	3	11	5	72	72
上饶市	Shangrao	8	22	2	6	6

20-25 社会保障情况

Situations of Social Security

单位：万人 (10000 persons)

年份 Year	养老保险 Pension Insurance		失业保险 Unemployment Insurance		医疗保险参保人数 Number of Joining Medical Care Insurance
	职工人数 Number of Staff and Workers	离退休、退职人数 Number of Retired Persons	参加失业保险人数 Number of Joining Unemployment Insurance	领取失业保险金人数 Number of Beneficiaries of Unemployment Insurance	
1990	144.65	29.21	153.96		
1991	146.59	30.05	158.29	0.01	
1992	204.22	42.40	167.15	0.08	
1993	205.92	45.20	166.60	0.16	
1994	199.96	45.21	170.92	0.43	
1995	193.32	45.09	183.44	0.14	
1996	203.25	47.45	183.03	0.56	
1997	196.14	48.50	152.24	0.39	
1998	235.67	64.06	182.76	0.80	
1999	246.53	66.72	209.60	0.96	
2000	254.85	72.58	231.59	0.81	61.44
2001	250.60	78.16	234.53	2.52	71.62
2002	257.13	82.65	226.67	5.16	106.60
2003	262.51	88.44	215.54	5.91	188.21
2004	271.83	99.92	226.56	10.18	250.42
2005	281.96	105.48	230.74	10.61	276.74
2006	303.34	111.63	241.05	9.98	313.34
2007	356.53	118.50	251.46	8.73	403.42
2008	421.87	128.46	266.29	6.79	503.16
2009	446.02	135.91	275.47	6.41	515.12
2010	462.08	145.52	265.33	10.69	532.13
2011	484.31	168.72	263.48	8.83	535.85
2012	518.26	189.12	267.44	7.86	546.76
南昌市 Nanchang	97.51	34.73	58.03	2.81	84.80
景德镇市 Jingdezhen	27.97	10.38	13.30	0.19	29.78
萍乡市 Pingxiang	26.35	8.28	14.50	1.76	45.67
九江市 Jiujiang	56.90	18.84	33.50	0.17	59.72
新余市 Xinyu	20.17	7.79	10.62	0.26	27.06
鹰潭市 Yingtan	13.47	4.75	7.43	0.10	13.74
赣州市 Ganzhou	53.60	18.28	34.52	0.83	62.37
吉安市 Ji'an	46.71	12.72	21.72	0.60	51.23
宜春市 Yichun	47.68	17.29	25.40	0.26	66.33
抚州市 Fuzhou	37.63	12.63	19.73	0.36	36.89
上饶市 Shangrao	50.60	22.86	28.70	0.53	59.74

20-26 各地区行政事业单位离退休费和企业单位养老金平均水平(2012年)
Average Expenditure for Retired Persons in Administrative Department and Average Pension in Enterprise by Region(2012)

单位：元/人月　(yuan/person·month)

地区	Region	行政事业单位离退休费和企业单位养老金平均水平 Average Expenditure for Retired Persons in Administrative Department and Average Pension of Enterprise	企业单位养老金平均水平 Average Pension of Enterprise
全省	**Provincial Total**	**1870**	**1336**
南昌市	Nanchang	2189	1472
景德镇市	Jingdezhen	1769	1330
萍乡市	Pingxiang	1708	1258
九江市	Jiujiang	1804	1312
新余市	Xinyu	1921	1230
鹰潭市	Yingtan	1750	1089
赣州市	Ganzhou	1787	1316
吉安市	Ji'an	1744	1260
宜春市	Yichun	1792	1179
抚州市	Fuzhou	1632	1173
上饶市	Shangrao	1626	1041

20-27 劳动争议处理基本情况(2012年)
Basic Situations of Disposal of Labor Disputes(2012)

指标	Item	合计 Total	国有企业 State-owned Enterprises	集体企业 Collective-owned Enterprises	港澳台及外资企业 Enterprises with Funds from Hong Kong, Macao&Taiwan and Foreign Funded Enterprises	私营企业 Private Enterprises	其他 Others
案件受理情况	**Situations of Cases Accepted**						
案件数(件)	Number of Cases (case)	6589	469	102	333	5134	292
#劳动者申诉案件数	Number of Casess Appealed by Laborer	6512	468	102	330	5089	267
劳动者当事人人数(人)	Number of Laborers Involved(Person)	8684	789	247	419	6574	357
#集体争议数	Number of Collective Disputes						
争议原因(件)	**Reasons of Disputes(case)**						
#劳动报酬	Earning	1777	152	57	113	1368	48
保险	Insurance	2494	177	37	98	1995	86
解除劳动合同	Relief from the Labor Contract	1211	65	1	67	1009	43
案件处理情况(件)	**Disposal of Cases(case)**						
结案案件数	Number of Cases Settled	6563	504	113	317	5069	294
用人单位胜诉	Recovered by Units	150	26	6	13	68	17
劳动者胜诉	Recovered by Laborers	3387	246	62	127	2751	124
双方部分胜诉	Recovered Partly by Both Parties	2709	220	45	170	2009	120
本期未结案数	Number of Cases Unsettled this Period	214	2	1	23	174	12

20-28 律师、公证及调解工作基本情况

Basic Statistics on Lawyers, Notarization and Mediation

指　标	Item	1990	2000	2005	2010	2011	2012
律师工作	**Lawyers**						
律师事务所(个)	Number of Law Offices (unit)	118	272	282	332	345	352
律　师(人)	Number of Lawyers (person)	1820	2830	1963	3247	3267	3391
#专职律师	Full-time Lawyers	792	1618	1869	2800	2791	2900
担任法律顾问(家)	Legal Advisors (unit)	4124	8218	6184	7536	8318	8019
民事案件诉讼代理(件)	Agent of Civil Cases (case)	11688	11197	17857	26618	33560	30726
行政案件诉讼代理(件)	Agent of Adminmstrative Action (case)		513	970	1574	1385	945
刑事诉讼辩护及代理(件)	Defender and Agent of Criminal Cases (case)	7952	8202	8434	14125	28003	11692
非诉讼法律事务(件)	Agent of Non-Litigious Legal Affairs (case)	32652	28850	14844	14108	8119	11404
解答法律咨询(万人次)	Legal Advisory Services (10000 person-cases)	9.20	6.10	12.10	8.91	9.13	11.9
代写法律事务文书(万件)	Agent of Legal Doucuments Written on Behalf of Chients (10000 cases)	2.00	2.10	3.46	1.49	1.88	2
公证工作	**Notarization**						
公证处(个)	Number of Notary Offices (unit)	104	111	111	111	111	111
#涉外公证处	Number of Foreign-related Notary Offices	12	27	45	55	56	56
公证人员(人)	Notarial Personnel (person)	537	603	557	559	606	611
#公证员	Nortaries	331	382	351	319	323	330
公证员助理(人)	Assistant Nortaries (person)	74	43	52	87	107	135
办理公证文书(件)	Number of Notarized Documents (case)	221620	222407	257375	164764	162066	216019
国内公证文书	Number of Domestic Notarization	218416	193717	216375	123881	122332	174275
涉外公证文书	Number of Foreign-related Notarization	3204	25053	36572	35091	34603	36671
港台澳公证文书	Number of Hong Kong,Macao, Taiwan Notarization		3637	4428	5792	5131	5073
基层工作	**People's Mediation**						
法律服务所(个)	Agent of Legal Affairs (unit)		1178	686	666	602	608
法律工作者(人)	Personnel of Legal Affairs (person)		3126	2153	1789	2002	1944
法律服务所调解民间纠纷(件)	Number of Civil Disputes Mediated (case)		38004	28263	23995	30570	31576
司法所(个)	Number of Judicial Offices (unit)		1188	1629	1630	1647	1707
司法人员(人)	Judicial Personnel (person)		3113	3888	3139	3538	3755
#专职司法助理员	Number of Full-time Judicial Assistants	1461	1604	1831	2042	2866	3016
协助基层政府处理民间纠纷(件)	Help Grass-roots Government's Handling of Civil Disputes (case)		28256	17319	24124	23581	25481
#处理成功率(%)	Success Rate (%)			94.6	96.7	96.5	96.8
人民调解委员会(万个)	Number of People's Mediation Committees (10000 units)	2.70	2.70	2.27	2.3	2.4	2.5
调解人员(万人)	Number of Mediators (10000 persons)	20.90	24.50	11.86	14.35	12.34	12.52
司法所调解民间纠纷(万件)	Number of Civil Disputes Mediated (10000 case)		13.17	11.44	13.83	22.60	18.68
#调解成功率(%)	Success Rate (%)	96.50	93.00	97.69	97.71	96.21	96.78

20-29 婚姻登记情况

Numbers of Marrages and Divorces

年 份 Year	准予登记结婚 (对) Total Number of Registered Marriage (couple)	初 婚 (人) First Marriage (person)	再 婚 (人) Re-marriage (person)	离 婚 (对) Divorces (couple)
1978	159661	150186		7387
1979	127242	239747	14737	6844
1980	148365	284253	12477	10200
1981	210132	402171	18093	5717
1982	213296			6487
1983	174610			4791
1984	223765			5666
1985	232469	453632	11306	11113
1986	231917	453021	10813	11241
1987	258275	504338	12212	12473
1988	250353	488228	12478	14063
1989	283406	551914	13075	16391
1990	334773	652052	17494	17637
1991	261054	508724	13384	17376
1992	255777	496201	15353	17682
1993	236384	458275	14493	19291
1994	249091	483833	14349	18979
1995	260573	502791	18355	19751
1996	271049	526016	16082	20037
1997	272364	525087	19641	21087
1998	278088	539122	17054	21502
1999	289370	558788	17454	26935
2000	295766	570202	18296	24229
2001	293852	548757	35569	26090
2002	283391	540779	21617	31762
2003	269708	507607	27805	29700
2004	296058	560260	28418	39897
2005	295282	553628	36936	39441
2006	315513	594219	36807	45291
2007	356154	665248	47060	51240
2008	391221	719684	62758	56030
2009	408061	738330	77792	45495
2010	361099	695884	26134	48891
2011	373001	703739	42263	54360
2012	421144	781537	60751	60006

注：1.1978、1979年和1981年至1984年离婚对数中未包括法院离婚数。
2.1999年以后华侨、港澳台居民登记结婚中未分初婚、再婚人数。后同。

a) Number of divorced Couples in 1978,1979,1981 and 1984 didn't include number of court divorces.

b) Since 1999,Number of registered marriage of overseas Chinese, Hong Kong, Macao residents do not distinct first-marriage and re-marriage.The same applies to the tables following.

20-30 各地区婚姻登记情况（2012年）

Number of Marriages and Divorces by Region (2012)

地区	Region	准予登记结婚（对）Total Number of Registered Marriage (couple)	#内地居民 Registered Marriages of Mainland	准予登记结婚（人）Total Number of Registered Marriage (person)	初婚 First Marriage	再婚 Re-marriage	#恢复结婚（对）Resumption of Marriage(couple)	离婚（对）Divorces (couple)
全省	**Provincial Total**	**421144**	**419594**	**842288**	**781537**	**60751**	**5163**	**60006**
南昌市	Nanchang	48603	48603	97206	87590	9616	1450	9695
景德镇市	Jingdezhen	10527	10527	21054	20454	600	84	2646
萍乡市	Pingxiang	18396	18396	36792	35038	1754	23	2610
九江市	Jiujiang	45820	45820	91640	82520	9120	866	7533
新余市	Xinyu	9302	9302	18604	17313	1291	115	1648
鹰潭市	Yingtan	11285	11285	22570	19240	3330	138	1927
赣州市	Ganzhou	88082	88082	176164	166244	9920	590	10578
吉安市	Ji'an	44645	44645	89290	82596	6694	485	5368
宜春市	Yichun	37766	37766	75532	69325	6207	538	5028
抚州市	Fuzhou	42755	42755	85510	81944	3566	221	4703
上饶市	Shangrao	62413	62413	124826	116915	7911	639	8170

注：各设区市离婚人数未包括法院调解、判决离婚人数，故小于总计。
a) Divorce number by region does not include divorce number of court order,thus less than provincial total number.

20-31 各类事故伤亡情况

Basic Statistics on Accidents

指标	Item	1990	2000	2005	2010	2011	2012
事故死亡总人数(人)	**Total (person)**		**4543**	**3321**	**1924**	**1797**	**1691**
#工矿商贸企业事故死亡人数	Mortality of Industry, Mining, Commerce and Trade Enterprises	396	531	365	233	200	216
铁路交通事故死亡人数	Mortality of Railway Traffic Accident		695	438	58	44	49
水上交通事故死亡人数	Mortality of Water Traffic Accident		20	17	9	8	9
道路交通事故情况	**Traffic Accidents**						
起数(起)	Traffic Accidents (case)	5326	17591	8585	4126	3354	3102
死亡人数(人)	Mortalities (person)	1387	3222	2428	1603	1507	1399
受伤人数(人)	Injures (person)	3343	13988	8370	4938	3910	3394
经济损失(万元)	Losses Converted into Cash (10000 yuan)	573	7225	7698	4184	4857	4542
火灾情况	**Fire Accidents**						
起数(起)	Fire Accidents (case)	896	5354	6105	4721	4563	3791
死亡人数(人)	Mortalities (person)	63	93	42	21	38	18
受伤人数(人)	Injures (person)	87	137	51	11	14	17
经济损失(万元)	Losses Converted into Cash (10000 yuan)	1139	4039	3355	8074	8395	7247

20-32 各地区工矿商贸企业、火灾、道路交通事故情况（2012年）

Industry, Mining, Commerce and Trade Enterprises Accidents, Fire Accidents and Traffic Accidents by Region (2012)

地区	Region	工矿商贸企业事故死亡人数（人） Mortality of Industry, Mining,Commerce (person per 100 million) Accidents (person)	火灾 Fire Accidents				道路交通事故 Traffic Accidents			
			起数（起） Fire Accidents (case)	死亡人数（人） Mortality (person)	受伤人数（人） Injures (person)	经济损失（万元） Losses Converted into Cash (10000 yuan)	起数（起） Fire Accidents (case)	死亡人数（人） Mortality (person)	受伤人数（人） Injures (person)	经济损失（万元） Losses Converted into Cash (10000 yuan)
全省	**Provincial Total**	**216**	**3791**	**18**	**17**	**7247**	**3102**	**1399**	**3394**	**4542**
南昌市	Nanchang	20	892	1	4	770	313	225	252	88
景德镇市	Jingdezhen	7	80	4	3	195	79	40	67	5
萍乡市	Pingxiang	7	194	2		246	99	35	94	47
九江市	Jiujiang	22	264			328	283	104	298	71
新余市	Xinyu	6	192		2	354	59	25	41	31
鹰潭市	Yingtan	9	202		6	181	75	32	80	20
赣州市	Ganzhou	48	179			533	672	255	729	69
吉安市	Ji'an	24	390			1409	280	102	386	374
宜春市	Yichun	28	850	2	2	673	204	104	187	117
抚州市	Fuzhou	12	227	3		262	152	85	140	56
上饶市	Shangrao	14	321	6		2296	338	102	356	108
高速公路	Expressway						548	290	764	3556

注：各设区市工矿商贸企业事故死亡人数不包括省煤炭集团，故小于总计。

a) Number of mortality of mining and trading enterprise by region does not include the number of mortality of Provincical Coal Cooperation.

20-33 各地区安全生产四项相对控制指标情况（2012年）

Four Safe Production Relatively Control Targets by Region (2012)

地区	Region	亿元GDP生产安全事故死亡率（人/亿元） Billion GDP Production Safety Accidents Mortality Rate (person per 100 million)	工矿商贸企业从业人员10万人生产安全事故死亡率（人/10万） Production Safety Accidents Mortality Rate in per Hundred Thousand Industry, Mining, Commerce and Trade Enterprises Employees (person per 100 thousand)	道路交通万车死亡率（人/万车） Traffic Accident Mortality Rate Per 10 Thousand Vehicles (person per 10 thousand units)	煤矿百万吨死亡率（人/百万吨） Coal Mining Mortality Rate Per Million Tons (person per million tons)
全省	**Provincial Total**	**0.131**	**1.26**	**2.05**	**1.23**
南昌市	Nanchang	0.082	0.81	3.95	
景德镇市	Jingdezhen	0.075	0.96	2.58	12.5
萍乡市	Pingxiang	0.057	0.81	0.9	
九江市	Jiujiang	0.089	1.04	1.61	
新余市	Xinyu	0.037	1.49	0.89	
鹰潭市	Yingtan	0.085	1.91	2.08	
赣州市	Ganzhou	0.201	1.49	1.49	5
吉安市	Ji'an	0.125	1.67	1.51	
宜春市	Yichun	0.106	1.43	1.02	0.22
抚州市	Fuzhou	0.118	0.96	1.45	
上饶市	Shangrao	0.092	0.49	1.62	0.22
省煤炭集团	Provincical Coal Cooperation				2.18

20-34 妇女儿童基本状况
Basic Statistics on Women and Children

指 标	Item	2011	2012
卫生保健	**Health Care**		
出生人口性别比(以女孩为100)	Sex Ratio of Born Population (female=100)	119.25	116.73
婴儿死亡率(‰)	Infant Mortality Rate (‰)	10.07	10.09
城 市	Urban	5.03	5.93
农 村	Rural	10.94	10.82
5岁以下儿童死亡率(‰)	Mortality Rate Under 5 (‰)	16.85	15.65
城 市	Urban	7.11	6.95
农 村	Rural	18.55	17.20
孕产妇死亡率(1/10万)	Maternal Mortality Rate (per 100000 persons)	13.93	12.53
城 市	Urban	12.52	18.22
农 村	Rural	14.30	11.35
卡介苗接种率(%)	BCG (%)	99.83	99.82
脊髓灰质炎疫苗接种率(%)	OPV3 (%)	99.83	99.83
百白破三联制剂接种率(%)	DPT3 (%)	99.82	99.83
麻疹疫苗接种率(%)	Measles (%)	98.55	99.87
乙肝疫苗接种率(%)	Hepatitis (%)	99.86	99.88
甲肝疫苗接种率(%)	Hepatitis A (%)	99.73	99.78
乙脑疫苗接种率(%)	Epidemic Encephalitis B (%)	99.78	99.81
流脑疫苗接种率(%)	Epidemic Cerebrospinal Meningitis (%)	99.81	99.78
5岁以下儿童中、重度营养不良患病率(%)	Malnutrition, Moderate and Severe under 5 (%)	2.27	2.30
7岁以下儿童保健管理率(%)	Health Care Coverage for Children Aged under 7 (%)	84.15	85.14
住院分娩率(%)	Hospital Delivery Rate (%)	99.52	99.68
农村孕产妇住院分娩率(%)	Hospital Delivery Rate for Rural Pregnant Women (%)	99.49	99.65
农村高危孕产妇住院分娩率(%)	Hospital Delivery Rate for Rural High-risk Pregnant Women (%)	99.97	99.98
非住院分娩中新法接生率(%)	New Method Delivery for Births Not Delivered at Hospitals (%)	99.21	97.91
孕妇产前医学检查率(%)	Ante-natal Medical Examination Rate (%)	94.55	94.79
孕产妇系统管理率(%)	Pregnant Women System Care Rate (%)	82.81	83.96
城 市	Urban	87.92	87.44
农 村	Rural	80.53	82.36
婚前医学检查率(%)	Pre-marital Examination (%)	37.03	40.89
城 市	Urban	48.31	52.21
农 村	Rural	31.55	35.68
当年报告艾滋病病毒感染例数(例)	HIV Infections Reported at Current Year (case)	518	769
#女 性	Female	138	176
已婚育龄妇女综合避孕率(%)	General Contraceptive Rate of Married Women (%)	94.28	94.42
教 育	**Education**		
在园幼儿数(万人)	Kindergarten Enrollment (10000 persons)	145.5	152.1
#女 童	Female	65.1	68.8
学前教育毛入园率(%)	Pre-primary Enrollment of 3 years in Pre-primary (%)	60.37	56.50
小学学龄儿童净入学率(%)	Primary Net Enrollment (%)	99.76	99.85
男 生	Male	99.73	99.84
女 生	Female	99.80	99.85
小学五年巩固率(%)	Consistant Rate of 5 Years in Primary School (%)	87.63	83.34
男 生	Male	87.15	82.91
女 生	Female	88.23	83.88
初中阶段毛入学率(%)	Secondary Gross Enrollment (%)	113.49	112.81
男 生	Male	114.08	113.48
女 生	Female	112.80	112.03
初中三年巩固率(%)	Consistant Rate of 3 Years in Junior Secondary School (%)	93.28	92.01
男 生	Male	92.96	91.95
女 生	Female	93.67	92.09
九年义务教育巩固率(%)	Consistant Rate of 9 Years in Compulsory Education (%)	88.83	92.70
男 生	Male	93.36	92.88
女 生	Female	83.53	92.50
特殊教育在校学生数(人)	Special Education School Enrollment (person)	23741	21510
#女 生	Female	7179	6491
高中阶段毛入学率(%)	High School Gross Enrollment (%)	77.50	79.50
男 生	Male	80.03	81.62
女 生	Female	73.29	75.69

20-34 续表 continued

指　　标	Item	2011	2012
就业与社会保障	**Employment and Social Security**		
就业人员(万人)	Employed Persons (10000 persons)	2532.6	2556.0
#女　性	Female	1158.7	1185.2
城镇单位就业人员(万人)	Urban Employed Persons (10000 persons)	344.4	385.8
#女　性	Female	157.4	178.9
城镇登记失业人员(万人)	Urban Registration Unemployment (10000 persons)	24.6	25.7
#女　性	Female	9.1	7.9
城镇职工基本养老保险参保人数(万人)	Basic Pension Insurance Contributors of Urban Employees (10000 persons)	653.0	707.4
#女　性	Female	287.8	313.0
城镇居民基本养老保险参保人数(万人)	Basic Pension Insurance Contributors of Urban Residents (10000 persons)	74.1	67.6
城镇职工基本医疗保险参保人数(万人)	Basic Medical Care Insurance Contributors of Urban Employees (10000 persons)	535.9	546.8
#女　性	Female	251.3	264.4
城镇居民基本医疗保险参保人数(万人)	Basic Medical Care Insurance Contributors of Urban Residents (10000 persons)	793.9	891.8
#女　性	Female	336.9	462.0
失业保险参保人数(万人)	Unemployment Insurance Contributors (10000 persons)	262.7	267.4
#女　性	Female	86.1	81.6
工伤保险参保人数(万人)	Work Injury Insurance Contributors (10000 persons)	387.9	410.9
#女　性	Female	107.1	121.6
生育保险参保人数(万人)	Maternity Insurance Contributors (10000 persons)	200.3	204.2
#女　性	Female	85.0	89.3
新型农村社会养老保险参保人数(万人)	Rural New-type Basic Pension Insurance Contributors (10000 persons)	1298.7	1669.9
城镇居民最低生活保障人数(万人)	Persons Receiving Lowest Cost-of-living in Urban Area (10000 persons)	98.1	97.9
#女　性	Female	43.4	42.8
农村居民最低生活保障人数(万人)	Persons Receiving Lowest Cost-of-living in Rural Area (10000 persons)	150.1	151.9
#女　性	Female	67.0	68.7
妇女参政议政	**Women Empowerment**		
省(区、市)人大代表数(人)	Provincial(Regional and Municipal)NPC Deputies(person)	603	609
#女　性	Female	145	148
省(区、市)政协委员数(人)	Provincial(Regional and Municipal)CPPCC Deputies (person)	682	691
#女　性	Female	133	129
省级党委领导班子中女干部配备数(人)	Number of women cadres in Provincial Party Organs (person)	1	1
省级政府领导班子中女干部配备数(人)	Number of women cadres in Provincial Government Organs (person)	1	1
地级党委领导班子中女干部配备率(%)	Rats of women cadres in Prefecture Party Organs (%)	100	100
地级政府领导班子中女干部配备率(%)	Rats of women cadres in Prefecture Government Organs (%)	90.91	90.91
县级党委领导班子中女干部配备率(%)	Rats of women cadres in County Party Organs (%)	96.97	91.00
县级政府领导班子中女干部配备率(%)	Rats of women cadres in County Government Organs (%)	96.97	93.00
村民委员会成员中女性比重(%)	Percentage of Females in Villater's Committees (%)	26.27	26.27
其中：村委会主任中女性比重(%)	Percentage of Females in Directors of Villater's Committees (%)	2.99	3.01
居民委员会成员中女性比重(%)	Percentage of Females in Neighborhood Committees (%)	70.31	70.30
保护妇女儿童的人身权利	**Human Rights Protection of Women and Children**		
破获强奸案件数(起)	Rape Cases Solved (case)	616	557
破获拐卖妇女案件数(起)	Abducting Women Cases Solved (case)	142	32
破获拐卖儿童案件数(起)	Abducting Children Cases Solved (case)	57	35
破获组织、强迫、引诱、容留妇女卖淫案件数(起)	Prostitution-involved Cases Solved (case)	343	339
受暴妇女儿童救助(庇护)机构数(个)	Number of Shelters for Domestic Violence Victims (unit)	152	125
受救助(庇护)的妇女儿童人次数(人次)	Number of Domestic Violence Victims Succoured (person-time)	2325	1891
生存环境和社会福利	**Living Environment and Social Welfare**		
农村集中供水受益人口比重(%)	Rate of Population Benefited from Centralized Water Supply,Rural (%)		44.35
农村自来水普及率(%)	Rate of Population With Access to Tap Water, Rural (%)	62.89	66.45
农村卫生厕所普及率(%)	Rate of Population With Access to Sanitary Latrines, Rural (%)	81.23	84.38
城市建成区绿化覆盖率(%)	Rate of Afforestation Covered Area to Developed Area，Urban (%)	46.81	45.95
城市污水处理率(%)	Treatment Rate of Waste Water, Urban (%)	83.69	83.15
城市生活垃圾无害化处理率(%)	Treatment Rate of Consumption Wastes,Urban (%)	88.37	89.05
城镇社区服务设施数(个)	Service Facilities, Urban (unit)	3205	5905
城镇便民、利民网点数(个)	Service Centers, Urban (unit)	3594	3231

主要统计指标解释

卫生机构 包括医疗机构、疾病预防控制中心(防疫站)、采供血机构、卫生监督及监测(检验)机构、医学科研和在职培训机构、健康教育所等。

医疗机构 包括医院、社区卫生服务中心(站)、疗养院、卫生院、门诊部、诊所(卫生所、医务室)、妇幼保健院(所、站)、专科疾病防治院(所、站)、急救中心(站)和临床检验中心。医疗机构分为非赢利性医疗机构和赢利性医疗机构。

医院 包括综合医院、中医医院、中西医结合医院、民族医院、各类专科医院和护理院。

卫生技术人员 指卫生机构中医生、护理人员 、药剂人员、检验人员等卫生技术人员。

医生 指在医疗、预防保健机构工作且取得《执业医师证书》的执业医师和执业助理医师。

社会福利事业单位 指集中收养社会孤老、残、幼的机构，包括由民政部门管理的社会福利院、儿童福利院、精神病人福利院和城镇集体举办的福利院及农村集体举办的敬老院以及优抚医院和具有收养能力的社区服务中心等。该指标主要反映我国社会福利性单位的投入水平。

社会福利事业单位收养人数 包括民政部门管理和城镇、农村集体举办的社会福利事业单位中收养的老人、少年儿童、缺乏生活自理能力的残疾人员和精神病人。该指标主要反映收养性社会福利单位的收养能力。

社会福利企业单位 指以安置城镇有一定劳动能力的盲、聋、哑和肢体残疾人员就业为目的，享受国家减免税待遇的国有或集体企业。包括福利工厂、福利商业和服务业、假肢厂和安置农场等单位。该指标主要反映我国对残疾人照顾的特殊政策。

行政事业单位离退休费和企业单位养老金平均水平 行政、事业和企业单位离休、退休、退职人员在一定时期内平均每人所得离休金、退休金、退职生活费用和养老金。

$$\text{行政事业单位离退休费和企业单位养老金平均水平}=\frac{\text{报告期行政、事业和企业单位实际支付的离休金、退休金、退职生活费用和养老金总额}}{\text{报告期行政、事业和企业单位离退休人员平均人数}}$$

律师 指依法取得律师执业证书，担任法律顾问，民事(刑事、行政)案件代理人、刑事案件辩护人、办理非诉讼业务，解答法律询问，代写法律事务文书等，为社会提供法律服务的人员。

公证人员 指在公证处工作的人员总称，包括公证处主任、副主任、公证员、公证员助理(助理公证员)和其他从事辅助性工作的人员。

公证文书 指公证处根据当事人申请，依照事实和法律，按照法定程序制作的，具有法律效力的司法证明文书。根据公证书用途和使用地，公证书分为国内公证书、国内经济公证书、涉外民事公证书、涉外经济公证书四类。

调解员 指在人民调解委员会担负调解民间纠纷工作的人员，包括调解委员会的委员和调解小组的调解员。该指标主要反映从事人民调解工作的人员数量。

调解民间纠纷 指调解委员会按照法律规定，根据自愿原则，用说服教育的方法调解民间发生的有关民事权利和义务争执的件数，包括调解成功数和调解未成功数。该指标主要反映人民调解委员会的工作量。

Explanatory Notes on Main Statistical Indicators

Health Care Institutions include: medical institutions, disease prevention and control centres (epidemic prevention stations), blood gathering and supplying institutions, health supervision and inspection (check up) institutions, medicinal scientific research and on-job training institutions, health education centres and so on.

Medical Organizations include: hospitals, health service centres (stations) in communities, sanatoria, health centres, out-patient clinics, clinics (health stations and infirmaries), maternity and child care agencies (centres and stations), special disease prevention and curing agencies (centres and stations), first aid centres (stations) and clinical inspection centres. Medical organizations are grouped by two types: profit-making and non-profit-making medical organizations.

Hospitals include: polyclinics, traditional Chinese medical hospitals, hospitals integrating traditional Chinese therapeutics and western therapeutics, ethnic hospitals, various specialist hospitals and nursing homes.

Medical Technical Personnel refers to doctors, nurses, pharmacists and laboratory technicians working in medical institutions.

Doctors refer to certified physicians and certified assistant physicians with certifications working in medical and health care and prevention agencies.

Social Welfare Institutions refer to institutions taking care of old people without children, handicapped people and orphans. They include social welfare institutions run by civil affairs departments, children welfare institutions, social welfare institutions for mental patients, collective-owned old people's homes in rural areas, convalescent homes and community service centers with the capacity of receiving those people. This indicator reflects the input in social welfare institutions.

Number of People Accommodated by Social Welfare Institutions refers to the number of old people, children, totally dependent handicapped people and mental patients Accommodated by social welfare institutions run by civil affairs departments and those run by collective units in urban and rural areas. This indicator reflects the capacity of social welfare institutions.

Social Welfare Enterprises are collective-owned enterprises which employ the blind, deaf-mute, and physically disabled people who are able to work in cities and towns and enjoy exemption from State taxes. They include welfare plants, welfare commercial services, artificial limb plants and farms, etc. This indicator reflects the preferential policies toward disabled persons.

Average Expenditure for Retired Persons in Administrative Department and Average Pension of Enterprise refers to average level of retirement pension, expenditures for living consumption after retirement and pension in money terms per person in the administrative department, institution and enterprise during a certain time of period.

$$\text{Average Expenditure for Retired Persons in Administrative Department and Average Pension of Enterprise} = \frac{\text{Total Expenditure for Retired Persons and Pension in Administrative Department Institution and Enterprise at Reference Period}}{\text{Average Number of Retirees in Administrative Department, Institution and Enterprise at Reference Period}}$$

Lawyers are certified legal workers according to law, and who are employed by legal counselling firms to act as legal advisers; agents in criminal or civil lawsuits; and defenders in criminal lawsuits; or to handle non-litigious legal affairs, to advise on matters of law or to write legal papers for others and provide service to the public.

Notary Personnel refers to people working for notary offices including: directors, deputy directors, notaries, assistant notaries and other people providing assistance.

Notary Documents refer to the judicial notary documents drawn up at the request of the interested party and are in accordance with facts and the law and following certain legal proceedings. According to usage and locality, notary documents are divided into the following 4 types: domestic notary documents, domestic economic notary documents, foreign-related civil notary documents and foreign-related economic notary documents.

Mediators refer to workers on people's mediation committees responsible for mediating in civil disputes and cases of slight infraction of the law. They include members of the mediation committees and mediators of mediation groups. This indicator reflects the number of people engaged in mediation.

Mediation of Civil Disputes refers to number of cases made by mediation committees in mediating in civil disputes concerning civil rights and duties through persuasion and education in accordance with the provisions of law on a voluntary basis, so as to solve disputes by helping the parties involved come to an agreement and understanding, including those unsuccessful ones. This indicator reflects the workload of the mediation committees.

21

各省、市、自治区主要经济指标

MAIN ECONOMIC INDICATORS OF PROVICES, AUTONOMOUS REGIONS AND MUNICIPALITIES DIRECTLY UNDER THE CENTRAL GOVERNMENT

◆499/513

资料整理及英文翻译：洪安、林红

21-1 各省(市、区)年末总人口

Total Population at Year-end of Provinces, Autonomous Regions and Municipalities

单位：万人 (10000 persons)

地区	Region	2006	2007	2008	2009	2010	2011	2012
全国	**National Total**	**131448**	**132129**	**132802**	**133450**	**134091**	**134735**	**135404**
北京	Beijing	1601	1676	1771	1860	1962	2019	2069
天津	Tianjin	1075	1115	1176	1228	1299	1355	1413
河北	Hebei	6898	6943	6989	7034	7194	7241	7288
山西	Shanxi	3375	3393	3411	3427	3574	3593	3611
内蒙古	Inner Mongolia	2415	2429	2444	2458	2472	2482	2490
辽宁	Liaoning	4271	4298	4315	4341	4375	4383	4389
吉林	Jilin	2723	2730	2734	2740	2747	2749	2750
黑龙江	Heilongjiang	3823	3824	3825	3826	3833	3834	3834
上海	Shanghai	1964	2064	2141	2210	2303	2347	2380
江苏	Jiangsu	7656	7723	7762	7810	7869	7899	7920
浙江	Zhejiang	5072	5155	5212	5276	5447	5463	5477
安徽	Anhui	6110	6118	6135	6131	5957	5968	5988
福建	Fujian	3585	3612	3639	3666	3693	3720	3748
江西	**Jiangxi**	**4339**	**4368**	**4400**	**4432**	**4462**	**4488**	**4504**
山东	Shandong	9309	9367	9417	9470	9588	9637	9685
河南	Henan	9392	9360	9429	9487	9405	9388	9406
湖北	Hubei	5693	5699	5711	5720	5728	5758	5779
湖南	Hunan	6342	6355	6380	6406	6570	6596	6639
广东	Guangdong	9442	9660	9893	10130	10441	10505	10594
广西	Guangxi	4719	4768	4816	4856	4610	4645	4682
海南	Hainan	836	845	854	864	869	877	887
重庆	Chongqing	2808	2816	2839	2859	2885	2919	2945
四川	Sichuan	8169	8127	8138	8185	8045	8050	8076
贵州	Guizhou	3690	3632	3596	3537	3479	3469	3484
云南	Yunnan	4483	4514	4543	4571	4602	4631	4659
西藏	Tibet	285	289	292	296	300	303	308
陕西	Shanxi	3699	3708	3718	3727	3735	3743	3753
甘肃	Gansu	2547	2548	2551	2555	2560	2564	2578
青海	Qinghai	548	552	554	557	563	568	573
宁夏	Ningxia	604	610	618	625	633	639	647
新疆	Xinjiang	2050	2095	2131	2159	2185	2209	2233

注：1.全国数据包括中国人民解放军现役军人数，但不包括香港、澳门特别行政区和台湾省数据；分省数据中未包括中国人民解放军现役军人数。

2.2010年数据为当年人口普查数据推算数；其余年份数据在年度人口抽样调查基础上，根据人口普查数据有所修订。

a) The military personnel were included in the national total population,but excluded in the regional total population.The national total population excluded the population of HongKong SAR, Macao SAR and Taiwan Province.

b)Data in 2010 were estimated on The Sixth National Population Census. Data in other years were estimated on Annual Sample Survey on Population Changes, adjusting by data on Population Census.

21-2 各省(市、区)生产总值

GDP of Provinces,Autonomous Regions and Municipalities

单位：亿元 (100 million yuan)

地区	Region	2006	2007	2008	2009	2010	2011	2012
全国	**National Total**	**216314.4**	**265810.3**	**314045.4**	**340902.8**	**401512.8**	**473104.0**	**519322.1**
北京	Beijing	8117.8	9846.8	11115.0	12153.0	14113.6	16251.9	17801.0
天津	Tianjin	4462.7	5252.8	6719.0	7521.9	9224.5	11307.3	12885.2
河北	Hebei	11467.6	13607.3	16012.0	17235.5	20394.3	24515.8	26575.0
山西	Shanxi	4878.6	6024.5	7315.4	7358.3	9200.9	11237.6	12112.8
内蒙古	Inner Mongolia	4944.2	6423.2	8496.2	9740.3	11672.0	14359.9	15988.3
辽宁	Liaoning	9304.5	11164.3	13668.6	15212.5	18457.3	22226.7	24801.3
吉林	Jilin	4275.1	5284.7	6426.1	7278.8	8667.6	10568.8	11937.8
黑龙江	Heilongjiang	6211.8	7104.0	8314.4	8587.0	10368.6	12582.0	13691.6
上海	Shanghai	10572.2	12494.0	14069.9	15046.5	17166.0	19195.7	20101.3
江苏	Jiangsu	21742.1	26018.5	30982.0	34457.3	41425.5	49110.3	54058.2
浙江	Zhejiang	15718.5	18753.7	21462.7	22990.4	27722.3	32318.9	34606.3
安徽	Anhui	6112.5	7360.9	8851.7	10062.8	12359.3	15300.7	17212.1
福建	Fujian	7583.9	9248.5	10823.0	12236.5	14737.1	17560.2	19701.8
江西	**Jiangxi**	**4820.5**	**5800.3**	**6971.1**	**7655.2**	**9451.3**	**11702.8**	**12948.9**
山东	Shandong	21900.2	25776.9	30933.3	33896.7	39169.9	45361.9	50013.2
河南	Henan	12362.8	15012.5	18018.5	19480.5	23092.4	26931.0	29810.1
湖北	Hubei	7617.5	9333.4	11328.9	12961.1	15967.6	19632.3	22250.2
湖南	Hunan	7688.7	9439.6	11555.0	13059.7	16038.0	19669.6	22154.2
广东	Guangdong	26587.8	31777.0	36796.7	39482.6	46013.1	53210.3	57067.9
广西	Guangxi	4746.2	5823.4	7021.0	7759.2	9569.9	11720.9	13031.0
海南	Hainan	1044.9	1254.2	1503.1	1654.2	2064.5	2522.7	2855.3
重庆	Chongqing	3907.2	4676.1	5793.7	6530.0	7925.6	10011.4	11459.0
四川	Sichuan	8690.2	10562.4	12601.2	14151.3	17185.5	21026.7	23849.8
贵州	Guizhou	2339.0	2884.1	3561.6	3912.7	4602.2	5701.8	6802.2
云南	Yunnan	3988.1	4772.5	5692.1	6169.8	7224.2	8893.1	10309.8
西藏	Tibet	290.8	341.4	394.9	441.4	507.5	605.8	695.6
陕西	Shanxi	4743.6	5757.3	7314.6	8169.8	10123.5	12512.3	14451.2
甘肃	Gansu	2277.4	2704.0	3166.8	3387.6	4120.8	5020.4	5650.2
青海	Qinghai	648.5	797.4	1018.6	1081.3	1350.4	1670.4	1884.5
宁夏	Ningxia	725.9	919.1	1203.9	1353.3	1689.7	2102.2	2326.6
新疆	Xinjiang	3045.3	3523.2	4183.2	4277.1	5437.5	6610.1	7466.3

注：本表按当年价格计算。
a) Data in this table are calculated at current prices.

21-3 各省(市、区)生产总值指数

GDP Index of Provinces, Autonomous Regions and Municipalities

(上年=100) (preceding year=100)

地区	Region	2006	2007	2008	2009	2010	2011	2012
全国	**National Total**	**112.7**	**114.2**	**109.6**	**109.2**	**110.4**	**109.3**	**107.8**
北京	Beijing	113.0	114.5	109.1	110.2	110.3	108.1	107.7
天津	Tianjin	114.7	115.5	116.5	116.5	117.4	116.4	113.8
河北	Hebei	113.4	112.8	110.1	110.0	112.2	111.3	109.6
山西	Shanxi	112.8	115.9	108.5	105.4	113.9	113.0	110.1
内蒙古	Inner Mongolia	119.1	119.2	117.8	116.9	115.0	114.3	111.7
辽宁	Liaoning	114.2	115.0	113.4	113.1	114.2	112.2	109.5
吉林	Jilin	115.0	116.1	116.0	113.6	113.8	113.8	112.0
黑龙江	Heilongjiang	112.1	112.0	111.8	111.4	112.7	112.3	110.0
上海	Shanghai	112.7	115.2	109.7	108.2	110.3	108.2	107.5
江苏	Jiangsu	114.9	114.9	112.7	112.4	112.7	111.0	110.1
浙江	Zhejiang	113.9	114.7	110.1	108.9	111.9	109.0	108.0
安徽	Anhui	112.5	114.2	112.7	112.9	114.6	113.5	112.1
福建	Fujian	114.8	115.2	113.0	112.3	113.9	112.3	111.4
江西	**Jiangxi**	**112.3**	**113.2**	**113.2**	**113.1**	**114.0**	**112.5**	**111.0**
山东	Shandong	114.7	114.2	112.0	112.2	112.3	110.9	109.8
河南	Henan	114.4	114.6	112.1	110.9	112.5	111.9	110.1
湖北	Hubei	113.2	114.6	113.4	113.5	114.8	113.8	111.3
湖南	Hunan	112.8	115.0	113.9	113.7	114.6	112.8	111.3
广东	Guangdong	114.8	114.9	110.4	109.7	112.4	110.0	108.2
广西	Guangxi	113.6	115.1	112.8	113.9	114.2	112.3	111.3
海南	Hainan	113.2	115.8	110.3	111.7	116.0	112.0	109.1
重庆	Chongqing	112.4	115.9	114.5	114.9	117.1	116.4	113.6
四川	Sichuan	113.5	114.5	111.0	114.5	115.1	115.0	112.6
贵州	Guizhou	112.8	114.8	111.3	111.4	112.8	115.0	113.6
云南	Yunnan	111.6	112.2	110.6	112.1	112.3	113.7	113.0
西藏	Tibet	113.3	114.0	110.1	112.4	112.3	112.7	111.8
陕西	Shanxi	113.9	115.8	116.4	113.6	114.6	113.9	112.9
甘肃	Gansu	111.5	112.3	110.1	110.3	111.8	112.5	112.6
青海	Qinghai	113.3	113.5	113.5	110.1	115.3	113.5	112.3
宁夏	Ningxia	112.7	112.7	112.6	111.9	113.5	112.1	111.5
新疆	Xinjiang	111.0	112.2	111.0	108.1	110.6	112.0	112.0

注：本表按不变格计算。

a) Data in this table are calculated at constant prices.

21-4 各省(市、区)人均生产总值

Per-capita GDP of Provinces, Autonomous Regions and Municipalities

单位：元 (yuan)

地　区	Region	2006	2007	2008	2009	2010	2011	2012
全　国	**National Total**	**16500**	**20169**	**23708**	**25608**	**30015**	**35083**	**38449**
北　京	Beijing	51722	60096	64491	66940	73856	81658	87091
天　津	Tianjin	42141	47970	58656	62574	72994	85213	93110
河　北	Hebei	16682	19662	22986	24581	28668	33969	36584
山　西	Shanxi	14497	17805	21506	21522	26283	31357	33628
内蒙古	Inner Mongolia	20523	26521	34869	39735	47347	57974	64319
辽　宁	Liaoning	21914	26057	31739	35149	42355	50760	56547
吉　林	Jilin	15720	19383	23521	26595	31599	38460	43412
黑龙江	Heilongjiang	16255	18580	21740	22447	27076	32819	35711
上　海	Shanghai	54858	62041	66932	69164	76074	82560	85033
江　苏	Jiangsu	28526	33837	40014	44253	52840	62290	68347
浙　江	Zhejiang	31241	36676	41405	43842	51711	59249	63266
安　徽	Anhui	9996	12039	14448	16408	20888	25659	28792
福　建	Fujian	21105	25582	29755	33437	40025	47377	52763
江　西	**Jiangxi**	**11145**	**13322**	**15900**	**17335**	**21253**	**26150**	**28800**
山　东	Shandong	23603	27604	32936	35894	41106	47335	51768
河　南	Henan	13172	16012	19181	20597	24446	28661	31723
湖　北	Hubei	13360	16386	19858	22677	27906	34197	38572
湖　南	Hunan	12139	14869	18147	20428	24719	29880	33480
广　东	Guangdong	28534	33272	37638	39436	44736	50807	54095
广　西	Guangxi	10121	12277	14652	16045	20219	25326	27943
海　南	Hainan	12810	14923	17691	19254	23831	28898	32374
重　庆	Chongqing	13939	16629	20490	22920	27596	34500	39083
四　川	Sichuan	10613	12963	15495	17339	21182	26133	29579
贵　州	Guizhou	6305	7878	9855	10971	13119	16413	19566
云　南	Yunnan	8929	10609	12570	13539	15752	19265	22195
西　藏	Tibet	10422	12083	13824	15295	17319	20077	22757
陕　西	Shanxi	12840	15546	19700	21947	27133	33464	38557
甘　肃	Gansu	8945	10614	12421	13269	16113	19595	21978
青　海	Qinghai	11889	14507	18421	19454	24115	29522	33023
宁　夏	Ningxia	12099	15142	19609	21777	26860	33043	36166
新　疆	Xinjiang	15000	16999	19797	19942	25034	30087	33621

注：本表按当年价格计算。
a) Data in this table are calculated at current prices.

21-5 各省(市、区)人均生产总值指数

Per-capita GDP Index of Provinces, Autonomous Regions and Municipalities

(上年=100) (preceding year=100)

地区	Region	2006	2007	2008	2009	2010	2011	2012
全国	**National Total**	**112.0**	**113.6**	**109.1**	**108.7**	**109.9**	**108.7**	**107.3**
北京	Beijing	109.1	109.7	103.7	104.6	104.8	103.8	104.8
天津	Tianjin	112.0	111.7	111.4	111.1	111.7	110.9	109.1
河北	Hebei	112.6	112.0	109.3	109.3	110.6	109.7	108.8
山西	Shanxi	112.1	115.3	107.9	104.9	111.2	110.4	109.6
内蒙古	Inner Mongolia	118.5	118.6	117.1	116.2	114.4	113.8	111.3
辽宁	Liaoning	113.5	114.0	112.8	112.5	113.4	111.6	109.3
吉林	Jilin	114.7	115.8	115.7	113.4	113.6	113.5	111.9
黑龙江	Heilongjiang	112.1	111.9	111.7	111.4	112.6	112.2	109.9
上海	Shanghai	109.0	110.3	105.1	104.6	106.4	105.0	105.7
江苏	Jiangsu	113.9	113.9	111.9	111.8	112.0	110.3	109.7
浙江	Zhejiang	112.2	112.8	108.6	107.7	109.5	107.2	107.7
安徽	Anhui	114.1	114.2	112.4	112.8	118.8	112.6	111.8
福建	Fujian	114.1	114.5	112.3	111.6	113.2	111.6	110.5
江西	**Jiangxi**	**111.6**	**112.5**	**112.4**	**112.3**	**113.2**	**111.8**	**110.4**
山东	Shandong	113.9	113.5	111.4	111.6	111.3	109.9	109.2
河南	Henan	113.7	114.7	111.9	110.2	112.6	112.5	110.1
湖北	Hubei	113.2	114.7	113.2	113.3	114.7	113.5	110.7
湖南	Hunan	111.2	114.7	113.6	113.2	112.9	111.2	110.7
广东	Guangdong	112.8	112.1	107.9	107.1	109.5	108.0	107.4
广西	Guangxi	112.3	113.8	111.7	112.9	113.9	112.0	110.4
海南	Hainan	112.0	114.7	109.2	110.4	115.0	111.1	107.9
重庆	Chongqing	112.2	115.5	113.9	114.1	116.2	115.1	112.4
四川	Sichuan	113.0	115.1	111.2	114.0	115.7	115.9	112.3
贵州	Guizhou	113.1	116.4	112.8	112.9	114.7	116.1	113.5
云南	Yunnan	110.7	111.4	109.8	111.4	111.6	112.9	112.3
西藏	Tibet	111.8	112.5	109.0	111.2	111.2	111.3	110.4
陕西	Shanxi	113.7	115.6	116.1	113.3	114.4	113.7	112.6
甘肃	Gansu	111.4	112.3	110.1	110.2	111.6	112.3	112.2
青海	Qinghai	112.3	112.6	112.9	109.6	114.5	112.3	111.3
宁夏	Ningxia	111.2	111.4	111.3	110.6	112.2	110.8	110.3
新疆	Xinjiang	108.7	109.9	108.9	106.5	109.3	110.7	110.8

注：本表按不变格计算。
a) Data in this table are calculated at constant prices.

21-6 各省(市、区)公共财政预算收入

Public Financial Revenue of the Local Government of Provinces, Autonomous Regions and Municipalities

单位：亿元 (100 million yuan)

地区	Region	2006	2007	2008	2009	2010	2011	2012
全国	**National Total**	**18303.6**	**23572.6**	**28649.8**	**32602.6**	**40613.0**	**52547.1**	**61077.3**
北京	Beijing	1117.2	1492.6	1837.3	2026.8	2353.9	3006.3	3314.9
天津	Tianjin	417.0	540.4	675.5	821.4	1068.8	1454.9	1760.0
河北	Hebei	620.5	789.1	944.6	1066.2	1330.8	1737.4	2084.3
山西	Shanxi	583.4	597.9	747.9	805.8	969.7	1213.2	1516.4
内蒙古	Inner Mongolia	343.4	492.4	649.6	850.8	1070.0	1358.9	1552.8
辽宁	Liaoning	817.7	1082.7	1356.1	1591.0	2004.8	2640.5	3103.7
吉林	Jilin	245.2	320.7	422.8	487.1	602.4	850.1	1041.3
黑龙江	Heilongjiang	386.8	440.5	578.4	641.6	755.6	997.4	1163.2
上海	Shanghai	1576.1	2074.5	2358.7	2540.3	2873.6	3429.8	3743.7
江苏	Jiangsu	1656.7	2237.7	2731.1	3228.6	4079.9	5147.9	5860.7
浙江	Zhejiang	1298.2	1649.5	1933.1	2142.4	2608.5	3150.8	3441.2
安徽	Anhui	428.0	543.7	724.6	863.9	1149.4	1463.4	1792.7
福建	Fujian	541.2	699.5	833.3	932.3	1151.5	1501.2	1776.2
江西	**Jiangxi**	**305.5**	**389.9**	**488.6**	**581.3**	**778.1**	**1053.4**	**1371.9**
山东	Shandong	1356.3	1675.4	1956.9	2198.5	2749.3	3455.7	4059.4
河南	Henan	679.2	862.1	1009.1	1126.1	1381.0	1721.6	2040.6
湖北	Hubei	476.1	590.4	710.2	800.4	1011.3	1470.5	1822.6
湖南	Hunan	477.9	606.6	722.7	845.0	1081.7	1456.1	1782.2
广东	Guangdong	2179.5	2785.8	3310.0	3649.2	4515.7	5513.7	6228.2
广西	Guangxi	342.6	418.8	518.7	620.8	772.3	947.6	1166.0
海南	Hainan	81.8	108.3	145.0	178.2	271.1	340.1	409.4
重庆	Chongqing	317.7	442.7	577.2	655.6	1018.3	1488.3	1705.1
四川	Sichuan	607.6	850.9	1041.7	1174.2	1561.0	2044.4	2421.3
贵州	Guizhou	226.8	285.1	349.5	416.5	533.9	773.2	1014.1
云南	Yunnan	380.0	486.7	613.6	698.2	871.2	1110.8	1338.0
西藏	Tibet	14.6	20.1	24.9	30.1	36.7	54.7	86.6
陕西	Shanxi	362.5	475.2	591.3	733.9	957.9	1499.1	1600.7
甘肃	Gansu	141.2	190.9	264.9	286.7	353.6	450.4	520.9
青海	Qinghai	42.2	56.7	71.6	87.7	110.2	151.8	186.4
宁夏	Ningxia	61.4	80.0	95.0	111.5	153.6	220.0	264.0
新疆	Xinjiang	219.5	285.9	361.1	388.8	500.6	720.9	909.1

21-7 各省(市、区)全社会固定资产投资

Investment in Fixed Assets of Provinces, Autonomous Regions and Municipalities

单位：亿元 (100 million yuan)

地区	Region	2006	2007	2008	2009	2010	2011	2012
全国	**National Total**	**109998.2**	**137323.9**	**172828.4**	**224598.8**	**278121.9**	**311485.1**	**374675.7**
北京	Beijing	3296.4	3907.2	3814.7	4616.9	5403.0	5578.9	6111.7
天津	Tianjin	1820.5	2353.1	3389.8	4738.2	6278.1	7067.7	7934.8
河北	Hebei	5470.2	6884.7	8866.6	12269.8	15083.4	16389.3	19661.3
山西	Shanxi	2255.7	2861.5	3531.2	4943.2	6063.2	7073.1	8863.3
内蒙古	Inner Mongolia	3363.2	4372.9	5475.4	7336.8	8926.5	10365.2	11858.2
辽宁	Liaoning	5689.6	7435.2	10019.1	12292.5	16043.0	17726.3	21836.3
吉林	Jilin	2594.3	3651.4	5038.9	6411.6	7870.4	7441.7	9711.4
黑龙江	Heilongjiang	2236.0	2833.5	3656.0	5028.8	6812.6	7475.4	9695.4
上海	Shanghai	3900.0	4420.4	4823.1	5043.8	5108.9	4962.1	5117.6
江苏	Jiangsu	10069.2	12268.1	15300.6	18949.9	23184.3	26692.6	30807.7
浙江	Zhejiang	7590.2	8420.4	9323.0	10742.3	12376.0	14185.3	17554.4
安徽	Anhui	3533.6	5087.5	6747.0	8990.7	11542.9	12455.7	15384.3
福建	Fujian	2981.8	4287.8	5207.7	6231.2	8199.1	9910.9	12423.1
江西	**Jiangxi**	**2683.6**	**3301.9**	**4745.4**	**6643.1**	**8772.3**	**8737.6**	**10774.2**
山东	Shandong	11111.4	12537.7	15435.9	19034.5	23280.5	26749.7	31256.0
河南	Henan	5904.7	8010.1	10490.6	13704.5	16585.9	17769.0	21761.5
湖北	Hubei	3343.5	4330.4	5647.0	7866.9	10262.7	12557.3	15591.8
湖南	Hunan	3175.5	4154.8	5534.0	7703.4	9663.6	11880.9	14523.2
广东	Guangdong	7973.4	9294.3	10868.7	12933.1	15623.7	17069.2	18749.4
广西	Guangxi	2198.7	2939.7	3756.4	5237.2	7057.6	7990.7	9808.6
海南	Hainan	423.9	502.4	705.4	988.3	1317.0	1657.2	2126.3
重庆	Chongqing	2407.4	3127.7	3979.6	5214.3	6688.9	7473.4	8732.3
四川	Sichuan	4412.9	5639.8	7127.8	11371.9	13116.7	14222.2	17036.5
贵州	Guizhou	1197.4	1488.8	1864.5	2412.0	3104.9	4235.9	5517.8
云南	Yunnan	2208.6	2759.0	3435.9	4526.4	5528.7	6191.0	7831.1
西藏	Tibet	231.1	270.3	309.9	378.3	462.7	516.3	670.5
陕西	Shanxi	2480.7	3415.0	4614.4	6246.9	7963.7	9431.1	12044.5
甘肃	Gansu	1022.6	1304.2	1712.8	2363.0	3158.3	3965.8	5145.5
青海	Qinghai	408.5	482.8	583.2	798.2	1016.9	1435.6	1848.4
宁夏	Ningxia	498.7	599.8	828.9	1075.9	1444.2	1644.7	2096.9
新疆	Xinjiang	1567.1	1850.8	2260.0	2725.5	3423.2	4632.1	6158.4
不分地区	Not Classified by Region	1947.6	2530.8	3734.9	5779.7	6759.1	5651.3	5032.7

注：从2011年起，固定资产投资项目统计起点由过去的计划投资50万元及以上提高到计划投资500万元及以上。

a)From 2011 onwards, the statistical starting point of the fixed assets investment projects from the previous plan to invest 500,000yuan and above to plans to invest 5,000,000 million and above.

21-8 各省(市、区)居民消费价格指数

Consumer Price Index of Provinces,Autonomous Regions and Municipalities

(上年=100) (preceding year=100)

地 区	Region	2006	2007	2008	2009	2010	2011	2012
全 国	**National Total**	**101.5**	**104.8**	**105.9**	**99.3**	**103.3**	**105.4**	**102.6**
北 京	Beijing	100.9	102.4	105.1	98.5	102.4	105.6	103.3
天 津	Tianjin	101.5	104.2	105.4	99.0	103.5	104.9	102.7
河 北	Hebei	101.7	104.7	106.2	99.3	103.1	105.7	102.6
山 西	Shanxi	102.0	104.6	107.2	99.6	103.0	105.2	102.5
内蒙古	Inner Mongolia	101.5	104.6	105.7	99.7	103.2	105.6	103.1
辽 宁	Liaoning	101.2	105.1	104.6	100.0	103.0	105.2	102.8
吉 林	Jilin	101.4	104.8	105.1	100.1	103.7	105.2	102.5
黑龙江	Heilongjiang	101.9	105.4	105.6	100.2	103.9	105.8	103.2
上 海	Shanghai	101.2	103.2	105.8	99.6	103.1	105.2	102.8
江 苏	Jiangsu	101.6	104.3	105.4	99.6	103.8	105.3	102.6
浙 江	Zhejiang	101.1	104.2	105.0	98.5	103.8	105.4	102.2
安 徽	Anhui	101.2	105.3	106.2	99.1	103.1	105.6	102.3
福 建	Fujian	100.8	105.2	104.6	98.2	103.2	105.3	102.4
江 西	**Jiangxi**	**101.2**	**104.8**	**106.0**	**99.3**	**103.0**	**105.2**	**102.7**
山 东	Shandong	101.0	104.4	105.3	100.0	102.9	105.0	102.1
河 南	Henan	101.3	105.4	107.0	99.4	103.5	105.6	102.5
湖 北	Hubei	101.6	104.8	106.3	99.6	102.9	105.8	102.9
湖 南	Hunan	101.4	105.6	106.0	99.6	103.1	105.5	102.0
广 东	Guangdong	101.8	103.7	105.6	97.7	103.1	105.3	102.8
广 西	Guangxi	101.3	106.1	107.8	97.9	103.0	105.9	103.2
海 南	Hainan	101.5	105.0	106.9	99.3	104.8	106.1	103.2
重 庆	Chongqing	102.4	104.7	105.6	98.4	103.2	105.3	102.6
四 川	Sichuan	102.3	105.9	105.1	100.8	103.2	105.3	102.5
贵 州	Guizhou	101.7	106.4	107.6	98.7	102.9	105.1	102.7
云 南	Yunnan	101.9	105.9	105.7	100.4	103.7	104.9	102.7
西 藏	Tibet	102.0	103.4	105.7	101.4	102.2	105.0	103.5
陕 西	Shanxi	101.5	105.1	106.4	100.5	104.0	105.7	102.8
甘 肃	Gansu	101.3	105.5	108.2	101.3	104.1	105.9	102.7
青 海	Qinghai	101.6	106.6	110.1	102.6	105.4	106.1	103.1
宁 夏	Ningxia	101.9	105.4	108.5	100.7	104.1	106.3	102.0
新 疆	Xinjiang	101.3	105.5	108.1	100.7	104.3	105.9	103.8

21-9 各省(市、区)城镇居民家庭人均可支配收入

Per Capita Disposable Income of Urban Households of Provinces, Autonomous Regions and Municipalities

单位：元 (yuan)

地区	Region	2006	2007	2008	2009	2010	2011	2012
全国	**National Total**	**11759.5**	**13785.8**	**15780.8**	**17174.7**	**19109.4**	**21809.8**	**24564.7**
北京	Beijing	19977.5	21988.7	24724.9	26738.5	29072.9	32903.0	36468.8
天津	Tianjin	14283.1	16357.4	19422.5	21402.0	24292.6	26920.9	29626.4
河北	Hebei	10304.6	11690.5	13441.1	14718.3	16263.4	18292.2	20543.4
山西	Shanxi	10027.7	11565.0	13119.1	13996.6	15647.7	18123.9	20411.7
内蒙古	Inner Mongolia	10358.0	12377.8	14432.6	15849.2	17698.2	20407.6	23150.3
辽宁	Liaoning	10369.6	12300.4	14392.7	15761.4	17712.6	20466.8	23222.7
吉林	Jilin	9775.1	11285.5	12829.5	14006.3	15411.5	17796.6	20208.0
黑龙江	Heilongjiang	9182.3	10245.3	11581.3	12566.0	13856.5	15696.2	17759.8
上海	Shanghai	20667.9	23622.7	26674.9	28837.8	31838.1	36230.5	40188.3
江苏	Jiangsu	14084.3	16378.0	18679.5	20551.7	22944.3	26340.7	29677.0
浙江	Zhejiang	18265.1	20573.8	22726.7	24610.8	27359.0	30970.7	34550.3
安徽	Anhui	9771.1	11473.6	12990.4	14085.7	15788.2	18606.1	21024.2
福建	Fujian	13753.3	15506.1	17961.5	19576.8	21781.3	24907.4	28055.2
江西	**Jiangxi**	**9551.1**	**11451.7**	**12866.4**	**14021.5**	**15481.1**	**17494.9**	**19860.4**
山东	Shandong	12192.2	14264.7	16305.4	17811.0	19945.8	22791.8	25755.2
河南	Henan	9810.3	11477.1	13231.1	14371.6	15930.3	18194.8	20442.6
湖北	Hubei	9802.7	11485.8	13152.9	14367.5	16058.4	18373.9	20839.6
湖南	Hunan	10504.7	12293.5	13821.2	15084.3	16565.7	18844.1	21318.8
广东	Guangdong	16015.6	17699.3	19732.9	21574.7	23897.8	26897.5	30226.7
广西	Guangxi	9898.8	12200.4	14146.0	15451.5	17063.9	18854.1	21242.8
海南	Hainan	9395.1	10996.9	12607.8	13750.9	15581.1	18369.0	20917.7
重庆	Chongqing	11569.7	12590.8	14367.6	15748.7	17532.4	20249.7	22968.1
四川	Sichuan	9350.1	11098.3	12633.4	13839.4	15461.2	17899.1	20307.0
贵州	Guizhou	9116.6	10678.4	11758.8	12862.5	14142.7	16495.0	18700.5
云南	Yunnan	10069.9	11496.1	13250.2	14423.9	16064.5	18575.6	21074.5
西藏	Tibet	8941.1	11130.9	12481.5	13544.4	14980.5	16195.6	18028.3
陕西	Shanxi	9267.7	10763.3	12857.9	14128.8	15695.2	18245.2	20733.9
甘肃	Gansu	8920.6	10012.3	10969.4	11929.8	13188.6	14988.7	17156.9
青海	Qinghai	9000.4	10276.1	11640.4	12691.9	13855.0	15603.3	17566.3
宁夏	Ningxia	9177.3	10859.3	12931.5	14024.7	15344.5	17578.9	19831.4
新疆	Xinjiang	8871.3	10313.4	11432.1	12257.5	13643.8	15513.6	17920.7

21-10 各省(市、区)农村居民家庭人均纯收入
Per Capita Net Income of Rural Households of Provinces, Autonomous Regions and Municipalities

单位：元 (yuan)

地 区	Region	2006	2007	2008	2009	2010	2011	2012
全 国	**National Total**	**3587.0**	**4140.4**	**4760.6**	**5153.2**	**5919.0**	**6977.3**	**7916.6**
北 京	Beijing	8275.5	9439.6	10661.9	11668.6	13262.3	14735.7	16475.7
天 津	Tianjin	6227.9	7010.1	7910.8	8687.6	10074.9	12321.2	14025.5
河 北	Hebei	3801.8	4293.4	4795.5	5149.7	5958.0	7119.7	8081.4
山 西	Shanxi	3180.9	3665.7	4097.2	4244.1	4736.3	5601.4	6356.6
内蒙古	Inner Mongolia	3341.9	3953.1	4656.2	4937.8	5529.6	6641.6	7611.3
辽 宁	Liaoning	4090.4	4773.4	5576.5	5958.0	6907.9	8296.5	9383.7
吉 林	Jilin	3641.1	4191.3	4932.7	5265.9	6237.4	7510.0	8598.2
黑龙江	Heilongjiang	3552.4	4132.3	4855.6	5206.8	6210.7	7590.7	8603.8
上 海	Shanghai	9138.7	10144.6	11440.3	12482.9	13978.0	16053.8	17803.7
江 苏	Jiangsu	5813.2	6561.0	7356.5	8003.5	9118.2	10805.0	12202.0
浙 江	Zhejiang	7334.8	8265.2	9257.9	10007.3	11302.6	13070.7	14551.9
安 徽	Anhui	2969.1	3556.3	4202.5	4504.3	5285.2	6232.2	7160.5
福 建	Fujian	4834.8	5467.1	6196.1	6680.2	7426.9	8778.6	9967.2
江 西	**Jiangxi**	**3459.5**	**4044.7**	**4697.2**	**5075.0**	**5788.6**	**6891.6**	**7827.8**
山 东	Shandong	4368.3	4985.3	5641.4	6118.8	6990.3	8342.1	9446.5
河 南	Henan	3261.0	3851.6	4454.2	4807.0	5523.7	6604.0	7524.9
湖 北	Hubei	3419.4	3997.5	4656.4	5035.3	5832.3	6897.9	7851.7
湖 南	Hunan	3389.6	3904.2	4512.5	4909.0	5622.0	6567.1	7440.2
广 东	Guangdong	5079.8	5624.0	6399.8	6906.9	7890.3	9371.7	10542.8
广 西	Guangxi	2770.5	3224.1	3690.3	3980.4	4543.4	5231.3	6007.5
海 南	Hainan	3255.5	3791.4	4390.0	4744.4	5275.4	6446.0	7408.0
重 庆	Chongqing	2873.8	3509.3	4126.2	4478.4	5276.7	6480.4	7383.3
四 川	Sichuan	3002.4	3546.7	4121.2	4462.1	5086.9	6128.6	7001.4
贵 州	Guizhou	1984.6	2374.0	2796.9	3005.4	3471.9	4145.4	4753.0
云 南	Yunnan	2250.5	2634.1	3102.6	3369.3	3952.0	4722.0	5416.5
西 藏	Tibet	2435.0	2788.2	3175.8	3531.7	4138.7	4904.3	5719.4
陕 西	Shanxi	2260.2	2644.7	3136.5	3437.6	4105.0	5027.9	5762.5
甘 肃	Gansu	2134.1	2328.9	2723.8	2980.1	3424.7	3909.4	4506.7
青 海	Qinghai	2358.4	2683.8	3061.2	3346.2	3862.7	4608.5	5364.4
宁 夏	Ningxia	2760.1	3180.8	3681.4	4048.3	4674.9	5410.0	6180.3
新 疆	Xinjiang	2737.3	3183.0	3502.9	3883.1	4642.7	5442.2	6393.7

21-11 各省(市、区)社会消费品零售总额

Total Retail Sales of Consumer Goods of Provinces, Autonomous Regions and Municipalities

单位：亿元 (100 million yuan)

地 区	Region	2006	2007	2008	2009	2010	2011	2012
全 国	**National Total**	**79145.2**	**93571.6**	**114830.1**	**132678.4**	**156998.4**	**183918.6**	**210307.0**
北 京	Beijing	3295.3	3835.2	4645.5	5309.9	6229.3	6900.3	7702.8
天 津	Tianjin	1383.1	1650.6	2078.7	2430.8	2860.2	3395.1	3921.4
河 北	Hebei	3435.7	4053.8	4991.1	5764.9	6821.8	8035.5	9254.0
山 西	Shanxi	1635.4	1953.3	2421.1	2809.0	3318.2	3903.4	4506.8
内蒙古	Inner Mongolia	1628.6	1964.0	2463.0	2855.3	3384.0	3991.7	4572.5
辽 宁	Liaoning	3471.6	4097.8	5032.4	5812.6	6887.6	8095.3	9346.6
吉 林	Jilin	1697.6	2038.3	2549.2	2957.3	3504.9	4119.8	4772.9
黑龙江	Heilongjiang	2029.0	2386.2	2928.3	3401.8	4039.2	4750.1	5491.0
上 海	Shanghai	3375.2	3873.3	4577.2	5173.2	6070.5	6814.8	7412.3
江 苏	Jiangsu	6706.2	7985.9	9905.1	11484.1	13606.8	15988.4	18331.3
浙 江	Zhejiang	5358.0	6271.3	7533.3	8622.3	10245.4	12028.0	13588.3
安 徽	Anhui	2056.5	2451.9	3045.2	3527.8	4197.7	4955.1	5736.6
福 建	Fujian	2717.6	3212.3	3866.7	4481.0	5310.0	6276.2	7256.5
江 西	**Jiangxi**	**1448.2**	**1718.9**	**2141.8**	**2484.4**	**2956.2**	**3485.1**	**4027.2**
山 东	Shandong	7217.1	8607.5	10658.8	12363.0	14620.3	17155.5	19651.9
河 南	Henan	3932.6	4690.3	5815.4	6746.4	8004.2	9453.6	10915.6
湖 北	Hubei	3461.1	4115.8	5109.7	5928.4	7013.9	8275.2	9562.5
湖 南	Hunan	2869.4	3419.2	4222.6	4913.7	5839.5	6884.7	7921.9
广 东	Guangdong	9194.3	10731.3	12986.6	14891.8	17458.4	20297.5	22677.1
广 西	Guangxi	1620.3	1932.7	2395.8	2790.7	3312.0	3908.2	4516.6
海 南	Hainan	313.4	370.9	463.2	537.5	639.3	759.5	870.8
重 庆	Chongqing	1431.5	1711.1	2147.1	2479.0	2938.6	3487.8	4033.7
四 川	Sichuan	3472.5	4105.6	4944.8	5758.7	6810.1	8044.6	9268.6
贵 州	Guizhou	710.0	858.2	1075.2	1247.3	1482.7	1751.6	2027.6
云 南	Yunnan	1204.8	1422.5	1764.7	2051.1	2542.4	3000.1	3511.6
西 藏	Tibet	90.0	112.6	130.0	156.6	185.3	219.0	254.6
陕 西	Shanxi	1542.4	1837.3	2317.1	2699.7	3195.7	3790.0	4383.8
甘 肃	Gansu	729.5	854.4	1023.6	1183.0	1394.5	1648.0	1906.5
青 海	Qinghai	182.6	212.6	259.7	300.5	350.8	410.5	476.0
宁 夏	Ningxia	202.5	239.5	295.4	339.3	403.6	477.6	548.8
新 疆	Xinjiang	733.2	857.5	1041.5	1177.5	1375.1	1616.3	1858.6

21-12 各省(市、区)进出口总额

Total Imports & Exports of Provinces,Autonomous Regions and Municipalities

单位：亿美元 (USD 100 million)

地 区	Region	2006	2007	2008	2009	2010	2011	2012
全 国	**National Total**	**17604.4**	**21765.7**	**25632.6**	**22075.4**	**29740.0**	**36418.6**	**38667.6**
北 京	Beijing	1580.4	1930.0	2716.9	2147.3	3017.2	3895.6	4079.2
天 津	Tianjin	644.6	714.5	804.0	638.3	821.0	1033.8	1156.2
河 北	Hebei	185.3	255.2	384.2	296.3	420.6	536.0	505.5
山 西	Shanxi	66.3	115.8	144.0	85.7	125.8	147.4	150.4
内蒙古	Inner Mongolia	59.6	77.4	89.2	67.7	87.3	119.3	112.6
辽 宁	Liaoning	483.9	594.7	724.3	629.3	807.1	960.4	1039.9
吉 林	Jilin	79.1	103.0	133.3	117.4	168.5	220.6	245.7
黑龙江	Heilongjiang	128.6	173.0	231.3	162.3	255.2	385.2	378.2
上 海	Shanghai	2275.2	2828.5	3220.6	2777.1	3689.5	4375.5	4365.4
江 苏	Jiangsu	2839.8	3494.7	3922.7	3387.4	4658.0	5395.8	5480.9
浙 江	Zhejiang	1391.4	1768.5	2111.3	1877.3	2535.3	3093.8	3122.3
安 徽	Anhui	122.5	159.3	201.8	156.8	242.7	313.1	393.3
福 建	Fujian	626.6	744.5	848.2	796.5	1087.8	1435.2	1559.3
江 西	**Jiangxi**	**61.9**	**94.5**	**136.2**	**127.8**	**216.0**	**314.7**	**334.1**
山 东	Shandong	952.1	1224.7	1584.1	1390.5	1891.6	2358.9	2455.4
河 南	Henan	97.9	127.9	174.8	134.8	178.3	326.2	517.5
湖 北	Hubei	117.6	148.7	207.1	172.5	259.3	335.9	319.6
湖 南	Hunan	73.5	96.9	125.5	101.5	146.6	189.4	219.4
广 东	Guangdong	5272.0	6341.9	6849.7	6110.9	7849.0	9134.7	9838.2
广 西	Guangxi	66.7	92.6	132.4	142.5	177.4	233.6	294.7
海 南	Hainan	28.5	35.1	45.3	48.8	86.5	127.6	143.3
重 庆	Chongqing	54.7	74.4	95.2	77.1	124.3	292.1	532.0
四 川	Sichuan	110.2	143.8	221.1	241.7	326.9	477.2	591.3
贵 州	Guizhou	16.2	22.7	33.7	23.0	31.5	48.9	66.3
云 南	Yunnan	62.2	87.9	96.0	80.5	134.3	160.3	210.0
西 藏	Tibet	3.3	3.9	7.7	4.0	8.4	13.6	34.2
陕 西	Shanxi	53.6	68.9	83.3	84.1	121.0	146.5	148.0
甘 肃	Gansu	38.2	55.2	61.0	38.7	74.0	87.3	89.0
青 海	Qinghai	6.5	6.1	6.9	5.9	7.9	9.2	11.6
宁 夏	Ningxia	14.4	15.8	18.8	12.0	19.6	22.9	22.2
新 疆	Xinjiang	91.0	137.2	222.2	139.5	171.3	228.2	251.7

21-13 各省(市、区)入境旅游情况
Development of Overseas Visitor Arrivals of Provinces, Autonomous Regions and Municipalities

地区	Region	入境游客（万人次） Number of Overseas Visitor Arrivals (10000 Person-times)			外汇收入（万美元） Foreign Exchange Earnings from International Tourism (USD 10000)		
		2010	2011	2012	2010	2011	2012
北京	Beijing	490.07	520.40	500.86	504461	541600	514900
天津	Tianjin	166.07	73.06	73.75	141951	175553	222641
河北	Hebei	97.74	114.14	129.32	35071	44765	54494
山西	Shanxi	130.29	155.32	189.18	46460	56719	72024
内蒙古	Inner Mongolia	142.80	151.52	159.17	60190	67097	77196
辽宁	Liaoning	361.80	405.33	473.13	225933	271314	326369
吉林	Jilin	82.01	99.32	118.27	30492	38528	49477
黑龙江	Heilongjiang	172.42	206.52	207.62	76250	91762	83548
上海	Shanghai	733.72	668.61	651.23	634092	575118	549323
江苏	Jiangsu	653.55	737.33	791.54	478343	565297	629972
浙江	Zhejiang	684.71	773.69	865.93	393020	454173	515174
安徽	Anhui	198.42	262.87	331.47	70898	117918	156267
福建	Fujian	368.14	427.42	493.67	297824	363444	422567
江西	**Jiangxi**	**113.97**	**135.83**	**156.18**	**34603**	**41500**	**48473**
山东	Shandong	366.79	424.23	469.91	215504	255076	292365
河南	Henan	146.84	168.29	190.77	49877	54903	61141
湖北	Hubei	181.74	213.52	264.72	75116	94018	120297
湖南	Hunan	189.87	227.63	224.55	90622	101434	92836
广东	Guangdong	3140.93	3331.63	3489.43	1238261	1390619	1561067
广西	Guangxi	250.24	302.79	350.27	80615	105188	127887
海南	Hainan	66.33	81.43	81.58	32236	37615	34802
重庆	Chongqing	137.02	186.40	224.28	70320	96806	116832
四川	Sichuan	104.93	163.97	227.34	35409	59383	79815
贵州	Guizhou	50.01	58.52	70.50	12958	13507	16894
云南	Yunnan	329.15	395.38	457.84	132365	160861	194708
西藏	Tibet	22.83	27.08	19.49	10359	12963	10570
陕西	Shanxi	212.17	270.41	335.24	101596	129505	159747
甘肃	Gansu	7.02	9.11	10.20	1481	1740	2235
青海	Qinghai	4.67	5.17	4.73	2045	2659	2432
宁夏	Ningxia	1.80	1.95	1.90	599	620	545
新疆	Xinjiang	50.94	56.37	62.49	18542	46519	55057

2012年江西统计调查工作大事记

1 月

1月4日 据省委办公厅、省政府办公厅和省直机关文明办通报，省统计局被评为2011年全省发展提升年活动先进单位，省统计局和江西调查总队被评为省直机关文明单位。

1月10日 省统计局在南昌分二期召开企业一套表数据处理软件应用培训会。

1月10日 江西调查总队召开市级调查队新任职纪检组长集体谈话会议。

1月16日 省统计局局长王建农应邀就经济发展形势接受江西日报、江西卫视等新闻媒体采访。

1月16日 省委办公厅分别致函省统计局局长王建农和江西调查总队总队长邓盛平，对2011年省统计局和江西调查总队信息报送工作表示感谢。

1月19日 江西调查总队与省统计局联合召开2011年全年经济形势分析座谈会。

1月19日 据省委保密委员会办公室和省国家保密局通报，江西调查总队保密办被评为2011年度省直单位保密工作先进集体，省统计局机要员被评为先进个人。

2 月

2月3日 江西调查总队开展全省居民"一户一表"用电情况抽样调查。

2月8日-9日 全省统计调查工作会议在南昌召开，省政府副秘书长朱希主持，常务副省长凌成兴作重要讲话。

2月11日 常务副省长凌成兴致信各设区市常务副市长，要求各设区市政府高度重视，高位推动，及时协调解决企业一套表统计改革发展中遇到的各种困难和问题。

2月14日 江西调查总队成立作风整治领导小组及办公室。

2月22日 省统计局撰写的研究报告《江西在赶超中破解经济社会和生态协调发展难题的可喜成效及启示》获省委苏荣书记批示。

2月22日-24日 国家统计局总统计师鲜祖德率调研组来赣调研调查队系统管理工作和统计调查业务开展情况。

2月中旬 省统计局局领导带队，到全省各地对企业一套表统计改革工作情况进行全面督查。

2月29日 全省服务业重点企业调查工作暨报表制度培训会议在南昌召开。

2月 江西调查总队开展全省采购经理调查样本扩点工作。

3 月

3月5日 江西调查总队成立全省城乡住户调查一体化改革工作领导小组。

3月7日 省编办批复同意省统计局信息咨询中心加挂"江西省社情民意调查中心"牌子。

3月14日 江西调查总队与省统计局在南昌联合召开全省畜禽监测调查工作会议。

3月27日 江西调查总队与省统计局联合发文，要求做好城乡住户调查一体化改革工作。

3月27日—4月30日 省统计局对全省"三上"企业和房地产开发经营企业联网直报数据质量进行全面检查。

3月28日 全省鄱阳湖生态经济区建设统计工作会议在景德镇市浮梁县召开。

3月28日 省统计局编发的《重要统计信息专报》第1期获省委书记苏荣批示。

3月29日 省统计局撰写的《鄱阳湖生态经济区建设成效显著》一文，先后获省委书记苏荣、省长鹿心社、常务副省长凌成兴批示。

4 月

4月6日-7日 国家统计局副局长李强，中组部办公厅巡视员、副主任兼信息管理中心主任纪红出席在景德镇市召开的全国组织工作满意度民意调查工作座谈会，会后李强到景德镇、九江考察指导工作。

4月10日 全省统计法制与设计管理工作暨统计"五五"普法表彰会议在南昌召开。

4月18日 江西调查总队启动制造业微型企业采购经理调查国家样本扩充工作。

4月19日 全国统计部门财务工作会议在南昌召开。

4月19日 省统计局王建农局长就一季度经济形势接受江西卫视采访。

4月20日 一季度全国工业生产数据联审会在南昌召开，国家统计局副局长许宪春主持会议，局长马建堂出席并作重要讲话，常务副省长凌成兴到会致辞。

4月20日—22日 国家统计局局长马建堂一行，在常务副省长凌成兴、省政府副秘书长朱希、省统计局局长王建农、江西调查总队总队长邓盛平等陪同下，先后到南昌、景德镇两市视察调研。省委书记苏荣、省长鹿心社、常务副省长凌成兴会见了马建堂一行。

4月28日 省统计局、省发展改革委、省工信委、省住建厅、省商务厅联合转发国家统计局等五部委《关于做好企业“一套表”联网直报工作保障统计数据质量的通知》（赣统字〔2012〕78号）。

5 月

5月4日 省统计局下发《关于建立统计新闻宣传联络员制度的通知》（赣统字〔2012〕86号）。

5月7日 省委常委、常务副省长凌成兴对江西调查总队呈报的《关于开展新一轮农村贫困监测工作情况的汇报》作出批示。

5月8日 省统计局局长王建农致信国家统计局局长马建堂，探讨企业一套表改革和数据质量问题，获马建堂批示。

5月12日 常务副省长凌成兴在国家统计局局长马建堂致市县统计局负责同志一封信上作出批示。

5月17日 江西调查总队开展“讲党性、重操守、优行风”宣传教育活动。

5月20日 省政府办公厅下发《关于进一步加强服务业统计工作的若干意见》（赣府厅发〔2012〕32号）。

5月21日— 22日 受省统计局王建农局长委托，孙菊生副局长就工业统计数据质量问题，逐一约谈南昌、永修、鄱阳三县政府领导及统计局长。

5月23日 江西调查总队、省统计局、省发展改革委、省农业厅、省财政厅联合下发《关于做好县级粮食产量抽样调查工作的通知》。

5月29日 省政府办公厅下发《关于做好全省城乡住户调查一体化改革工作的通知》（赣府厅〔2012〕101号）。

6 月

6月1日 省委农工部、省统计局联合发文开展全省乡镇社会经济发展综合评价发布活动。

6月4日 省统计局、省工信委、省中小企业局联合下发江西省重点工业园区统计划分标准。

6月4日 江西调查总队召开全省党风廉政建设和国有企业反腐倡廉民意调查工作会议。

6月5日 江西调查总队召开全省县级粮食产量抽样调查工作布置会。

6月8日 省统计局与省工信委联合发布2011年工业企业能源利用状况报告。

6月11日 省统计局、省发改委决定在新余市开展资源产出率统计试点调查。

6月11日 省统计局成立《江西省志·统计调查志》编委会，并与江西调查总队联合制定第二轮江西省统计调查志编纂工作方案。

6月14日 省统计局与江西调查总队联合参加江西人民广播电台《政风行风热线》直播，介绍统计调查机构职能和企业一套表、城乡住户调查一体化改革等问题，并在线回答民生领域相关的统计调查热点问题。

6月14日-15日 全省统计新闻宣传暨统计年鉴工作会议在南昌召开。

6月15日 国家统计局新闻发言人、综合司司长盛来运，应邀来赣就当前宏观经济形势做专题报告，并在南昌调研。

6月20日 江西调查总队会同省统计局部署2012年生猪大型规模养殖户（单位）联网直报试点工作。

6月27日 全省统计信息化工作会议在南昌召开。

6月27日 江西调查总队下发《全省城乡住户调查一体化改革试点实施方案》。

7 月

7月2日 省委常委、省政法委书记、省公安厅厅长舒晓琴带领省公安厅党委成员一行，到省社情民意调查中心调研指导工作。

7月3日 江西调查总队下发《江西采购经理调查基础工作规范化规程》和《江西采购经理调查数据质量控制办法》。

7 月 12 日　省统计局决定建立全省统计新闻宣传工作联席会议制度。

7 月 14 日　省统计局撰写的《争先创优促发展，和谐秀美共富裕—2011 年度市县政府绩效考核结果基本评价》一文获省委书记苏荣批示。

7 月 15 日　江西调查总队与省委农工部联合撰写的报告《我省农村劳动力转移就业情况及建议》获省长鹿心社批示。

7 月 16 日-21 日　省统计局与江西调查总队联合组成 5 个督导组，分赴粮食主产地指导、督促早稻预测产工作。

7 月 18 日　省统计局新闻宣传办公室和江西调查总队新闻宣传办公室联合参加江西日报社大江网网络直播节目，共同解读上半年江西经济运行情况。

7 月 19 日　全省企业一套表联网直报阶段性工作总结暨并轨工作会议在南昌召开。

7 月 19 日　省统计局新闻宣传办公室做客省政府网站，就上半年江西经济运行情况开展在线访谈。

7 月 21 日-22 日　江西调查总队召开全省国家样本一体化住户调查工作会议。

7 月 23 日　江西调查总队全面开展 2012 年度组织工作满意度民意调查工作，并派出 7 个督导组分赴各地督查。

7 月 24 日　省统计局下发《关于认真做好企业一套表联网直报并轨工作的通知》(赣统字〔2012〕127 号)。

7 月 25 日　省政府办公厅下发《关于不得将统计部门作为经济发展任务第一责任单位的通知》(赣府厅字［2012］134 号)。

8　月

8 月 1 日—2 日　省统计局与江西调查总队在南昌联合召开上半年经济形势分析会。

8 月 2 日　省统计局在南昌召开全力支持南昌发展打造核心增长极座谈会。

8 月 13 日　省统计局与省发改委在南昌联合召开服务业统计与核算会议。

8 月 20 日　省统计局下发《关于加强企业一套表联网直报“一址多企”管理工作的通知》(赣统字〔2012〕141 号)。

8 月 21 日　南昌市委、市政府致信省统计局，感谢对南昌打造核心增长极的大力支持。

9　月

9 月 7 日　省统计局编印的《科学发展绿色崛起——从十六大到十八大江西经济社会发展成就》彩色宣传画册获省长鹿心社批示。

9 月 7 日　省住建厅和省统计局联合下发《关于做好建筑企业一套表统计改革工作的通知》(赣建〔2012〕23 号)。

9 月 12 日　第 28 届国际官方统计大会在乌克兰召开，省统计局提交的论文《社情民意调查是统计应用于科学决策、执政为民的重要工具》进行了大会发言和交流。

9 月 17 日　省统计局颁布《江西统计信息网运行与信息发布管理办法（试行）》(赣统字[2012]147 号)。

9 月 17 日-21 日　江西调查总队和省统计局在国家统计局举办的第三届全国统计建模大赛中分别荣获二、三等奖。

9 月 17 日　江西调查总队下发《江西调查队系统目标考核评比办法（试行)》和《江西调查队系统廉政风险防控工作实施方案》。

9 月 20 日　江西调查总队召开全省调查队系统廉政风险防控工作动员暨培训会。

9 月 20 日　省统计局与江西调查总队联合举办第三届“中国统计开放日”庆祝大会暨全省统计调查系统典型事迹报告会。

9 月 25 日　省政府办公厅下发《关于认真做好 2012 年全省投入产出调查工作的通知》(赣府厅字［2012］164 号)。

9 月中下旬　江西调查总队开展“基层行”活动，走访慰问辅助调查员、调查户，宣传统计调查工作，督查城乡住户调查一体化改革等重点工作的推进情况。

10 月

10 月 16 日　省统计局报送的分析材料《前三季度全省经济运行稳中有进》获省委书记苏荣批示。

10 月 16 日　省服务业发展领导小组办公室与省统计局牵头，会同各有关部门建立省服务业统计工作部门联席会议制度。

10 月 16 日-18 日　全国文化产业统计工作会议在南昌召开。

10 月 18 日－20 日　第六次全国人口普查技术业务研讨会在南昌召开。

10 月 26 日　省人社厅、省统计局、江西调查总队联合发文，表彰全省统计系统先进集体和先进工作者。

10 月 29 日　江西调查总队启动服务业小微企业核查工作。

10 月 29 日-31 日　全国基本单位年报布置暨程序培训会议在南昌召开。

11 月

11 月 5 日 国家统计局任命游会龙为江西调查总队巡视员。

11 月 19 日 省统计局出台《江西省统计系统应对突发事件管理办法（试行）》及 4 个应急预案，并成立应对突发事件工作领导小组及其办公室。

11 月 30 日 江西调查总队撰写的《关于 2012 年我省粮食生产情况的汇报》，先后获省委书记苏荣、副省长姚木根批示。

12 月

12 月 6 日-7 日 江西调查总队围绕城乡住户调查一体化改革等统计调查中心工作开展法制宣传活动。

12 月 11 日 中共江西省委下发通知，韩志生同志任省统计局党组成员。

12 月 11 日 全省投入产出调查工作会议在南昌召开。

12 月 13 日 江西调查总队印发《江西主要农产品中间消耗调查样本调整方案》。

12 月 18 日 全省基本单位年报布置暨第三次全国经济普查筹备工作会议在南昌召开。

12 月 24 日 江西调查总队印发《国家统计局江西调查总队统计信息网络管理规定（试行）》和《国家统计局江西调查总队计算机及其设备使用、维护及维修管理制度（试行）》。

12 月 25 日-26 日 江西调查总队召开机关党员大会，选举新一届中共国家统计局江西调查总队机关委员会，并举办全省调查队系统学习贯彻党的十八大精神培训班。

12 月 25 日 省政府办公厅下发《关于认真做好第三次全国经济普查工作的通知》（赣府厅字[2012]204 号）。

12 月 31 日 省统计局下发《江西省企业一套表统计调查制度有关说明的通知》（赣统发[2012]4 号）。

中国统计出版社最新图书简目

统计资料

中国统计年鉴-2013　中国统计摘要-2013　国际统计年鉴-2013
2013中国发展报告　中国第三产业统计年鉴-2013　中国区域经济统计年鉴-2013
中国劳动统计年鉴-2013　中国社会统计年鉴-2013　中国城市统计年鉴-2013
中国建筑业统计年鉴-2013　中国人口和就业统计年鉴-2013　中国工业经济统计年鉴-2013
中国商品交易市场统计年鉴-2013　中国房地产统计年鉴-2013　中国能源统计年鉴-2013
中国民政统计年鉴-2013　中国贸易外经统计年鉴-2013　2013中国地区经济监测报告
中国科技统计年鉴-2013　中国农村统计年鉴-2013　中国农产品价格调查年鉴-2013
中国高技术产业统计年鉴-2013　中国教育经费统计年鉴-2013　中国农村贫困监测报告-2013
全国农产品成本收益资料汇编-2013　中国科学技术协会统计年鉴-2013　工业企业科技活动资料-2013
大中型批发零售和住宿餐饮企业统计年鉴-2013　中国价格统计年鉴-2013
第二次全国R&D资源清查资料汇编—工业企业卷　中国住户调查年鉴-2013　中国县域统计年鉴-2013　中国农村全面建设小康监测报告-2013
第二次全国R&D资源清查资料汇编—综合卷　中国人才资源统计报告-2011　中国民族统计年鉴-2013　中国零售和餐饮连锁企业统计年鉴-2013
2010年中国第六次人口普查公报

2013年省级综合统计年鉴系列

北京　天津　河北　山西　内蒙古　辽宁　吉林　黑龙江　上海　江苏　浙江　安徽　福建　江西　山东
河南　湖北　湖南　广东　广西　海南　重庆　四川　贵州　云南　西藏　陕西　甘肃　青海　宁夏
新疆　新疆生产建设兵团

2013年市(县)级综合统计年鉴系列

天津滨海新区　石家庄　唐山　邯郸　太原　大同　长治　阳泉　晋城　朔州　晋中
运城　忻州　临汾　呼和浩特　包头　沈阳　大连　长春　吉林市　四平　哈尔滨　黑龙江垦区
上海浦东新区　南京　苏州　无锡　常州　徐州　南通　盐城　镇江　江阴　丹阳
杭州　宁波　绍兴　台州　温州　金华　嘉兴　衢州　福州　福州经济技术开发区
厦门经济特区　南昌　上饶　济南　青岛　潍坊　郑州　洛阳　三门峡　南阳　武汉　宜昌
十堰　荆州　咸宁　长沙　广州　东莞　惠州　深圳　桂林　南宁　柳州　来宾　河池　海口　成都　绵阳
贵阳　昆明　庆阳　西安　兰州　银川　乌鲁木齐

2010年人口普查资料系列

中国2010年人口普查资料　北京　天津　河北　山西　内蒙古　辽宁　吉林　黑龙江　上海　江苏
浙江　安徽　福建　江西　山东　河南　湖北　湖南　广东　广西　海南　重庆　四川　贵州　云南
西藏　陕西　甘肃　青海　宁夏　新疆　新疆生产建设兵团　河南省各市2010年人口普查资料丛书
中国分县2010年人口普查资料　中国分乡镇、街道2010年人口普查资料　中国分民族2010年人口普查资料

“十一五”规划教材

统计学（“十二五”规划，黄良文）　抽样调查理论与实践（“十二五”规划，冯士雍）
统计学（“十二五”规划，单微）　试验设计（“十二五”规划，茆诗松）　贝叶斯统计（“十二五”规划，茆诗松）
统计学：从数据到结论（十二五规划，吴喜之）　医学统计学（陆守曾）
非参数统计（吴喜之）　概率论与数理统计（茆诗松）　现代金融投资统计分析（李腊生）
多元统计分析（任雪松）　应用时间序列分析（王振龙）　统计指数理论及应用（徐国祥）
经济计量学教程（贺铿）　质量管理统计方法（茆诗松）　统计实验系列教材（许涤龙）
社会统计学（蒋萍）　市场调查与预测（蒋志华）　统计学原理（非统计专业用，朱胜）
国民经济核算教程(杨灿)　概率论与数理统计(经济、管理类专业使用，朱胜)

重点图书

挑大学选专业2013—高考志愿填报指南　挑大学选专业2013—考研择校指南

中国统计出版社发行部电话：（010）63376907，63376908　同楫行书店电话：68783171，68783172
通讯地址：北京市西城区三里河月坛南街57号　邮政编码：100826
网址：http://csp.stats.gov.cn